Kommentar

zum

Aktiengesetz.

Von

Dr. Hermann Staub,

Rechtsanwalt in Berlin.

Sonderabdruck aus des Verfassers **Kommentar** zum Allgemeinen Deutschen **Handelsgesetzbuch (2. Auflage).**

Berlin 1894.

J. J. Heines Verlag.

Vorrede und Einleitung.

I.

Mannigfachen Anregungen folgend, habe ich mich entschlossen, beim Erscheinen der zweiten Auflage meines Kommentars zum Handelsgesetzbuch einen Sonderabdruck*) der das Aktienrecht betreffenden Abschnitte jenes Werkes zu veranstalten und als „Kommentar zum Aktiengesetze" besonders herauszugeben. Derselbe wendet sich an diejenigen Kreise, deren Interessen hauptsächlich im Aktienrechte wurzeln.

Für die Anfertigung des Registers sage ich meinem verehrten Kollegen und Vetter, Herrn Rechtsanwalt Dr. Max Staub II hierselbst meinen herzlichsten Dank.

Staub.

*) Des leichteren Citirens wegen sind auch die Seitenzahlen des Kommentars zum Handelsgesetzbuch hier beibehalten.

II.

1. Das Aktiengesetz trägt die Ueberschrift:

Gesetz
betreffend
die Kommanditgesellschaften auf Aktien und die Aktiengesellschaften
vom 18. Juli 1884.

2. Es ist publizirt im Reichsgesetzblatt von 1884 S. 123—1700.
3. Es enthält 7 §§.

a. Der Wortlaut des § 1 ist folgender:

§ 1.

Die Bestimmungen im zweiten Abschnitte des zweiteren Titels und im dritten Titel vom zweiten Buche dees Handelsgesetzbuchs Artikel 173—249 a werden durch nachfolgende Bestimmungen ersetzt.

b. Es folgen nunmehr die Artikel 173 ff. des Handelsgesetzbuchs, wie sie als Text des vorliegenden Kommentars nachstehend abgedruckt sind.

c. Die §§ 2—7 enthalten die Uebergangsbestimmungen. Dieeselben sind von uns am Schlusse des vorliegenden Kommentars abgedruckt und kommentirt.

Inhaltsverzeichniß.

Verzeichniß der Abkürzungen.

Behrend = Lehrbuch des Handelsrechts von Dr. J. Fr. Behrend, Reichsgerichtsrath.
Bolze = Die Praxis des Reichsgerichts in Civilsachen von A. Bolze, Reichsgerichtsrath.
Cosack = Lehrbuch des Handelsrechts von Prof. Dr. Konrad Cosack; 2. Auflage 1893.
Esser = Gesetz betreffend die Kommanditgesellschaften auf Aktien und die Aktiengesellschaften vom 18. Juli 1884. Erläutert von Robert Esser II. 5. Auflage 1891.
Förtsch = Kommentar zum Allg. Deutsch. H.G.B. von Dr. Ernst Sigismund Puchelt. 4. Auflage, bearbeitet von R. Förtsch, Reichsgerichtsrath.
G.Z. = Zeitschrift für das gesammte Handelsrecht. Herausgegeben von Dr. L. Goldschmidt u. s. w.
Hergenhahn = Das Reichsgesetz betreffend die Kommanditgesellschaften auf Aktien und die Aktiengesellschaften. Erläutert von Th. Hergenhahn. 1891.
Holdheim = Wochenschrift für Aktienrecht und Bankwesen, von Dr. Paul Holdheim. Berlin, Carl Heymanns Verlag.
Johow (oder Johow u. Küntzel) = Jahrbuch für Entscheidungen des Kammergerichts. Herausgegeben von Reinhold Johow (früher auch von Oscar Küntzel).
J.W. oder J.W. = Juristische Wochenschrift. Organ des deutschen Anwaltsvereins. Berlin. Mösers Verlag.
Katz = Die strafrechtlichen Bestimmungen des H.G.B. Mit Kommentar von Dr. Edwin Katz. 1885.
Kayser = Gesetz betreffend die Kommanditgesellschaften auf Aktien und die Aktiengesellschaften. Von Dr. Paul Kayser. 2. Auflage. 1891.
Makower = Das Allgemeine Deutsche Handelsgesetzbuch. Mit Kommentar herausgeben von H. Makower. 11. Aufl. 1893.
P. = Protokolle der Kommission zur Berathung des Allgemeinen Deutschen H.G.B. Herausgegeben von J. Lutz. 9 Theile. 1858—1863.
Petersen u. Pechmann = Gesetz betreffend die Kommanditgesellschaften auf Aktien und die Aktiengesellschaften vom 18. Juli 1884. Erläutert durch Dr. Julius Petersen und Wilhelm Freiherrn v. Pechmann. 1890.
Renaud = Das Recht der Aktiengesellschaften von Achilles Renaud. 2. Aufl. 1875.
R.G. = Entscheidungen des Reichsgerichts in Civilsachen. Leipzig. Veit & Co.
Ring = Das Reichsgesetz betreffend die Kommanditgesellschaften auf Aktien und die Aktiengesellschaften. Erläutert von Viktor Ring, Landrichter in Berlin. 2. Aufl. Berlin 1893.
R.O.H. = Entscheidungen des Reichsoberhandelsgerichts, herausgegeben von den Räthen des Gerichtshofes. 25 Bände.
Simon, Bilanzen = Die Bilanzen der Aktiengesellschaften von Dr. Hermann Veit Simon. 1886.
Schultze-Görlitz = Die Führung des Handels- und Musterregisters von R. Schultze-Görlitz, Landgerichtsrath in Berlin. 1893.
Willenbücher = Das Allgemeine Deutsche Handelsgesetzbuch. Für die Praxis bearbeitet von Willenbücher. 1891.

Zweiter Abschnitt.

Von der Kommanditgesellschaft auf Aktien insbesondere.[1])

Artikel 173.

Das Gesammtkapital der Kommanditisten kann in Aktien zerlegt werden.

Die Aktien sind untheilbar.

Dieselben können auf Inhaber oder auf Namen lauten.

Antheilscheine, in welchen der Bezug der Aktien zugesichert wird oder welche sonst über das Antheilsrecht der Kommanditisten vor Ausgabe der Aktien ausgestellt werden (Interimsscheine), dürfen nicht auf Inhaber lauten.

I. **Vorbemerkungen,** betreffend die Geschichte der Vorschriften über die Aktien-Kommandit-Gesellschaft, die Anwendung derselben auf die älteren Aktien-Kommandit-Gesellschaften, und über die Auslegung der Vorschriften siehe zu Art. 207. § 1.

Zu der dort gemachten historischen Bemerkung ist nur hinzuzufügen, daß die Errichtung der Aktien-Kommanditgesellschaft auch früher von der Genehmigung der Behörde nicht abhängig war, wenigstens in Preußen, und gerade deshalb in der früheren Praxis begünstigt wurde. Seit dem Wegfall der Konzessionspflicht für die Aktiengesellschaften ist das Institut der Aktien-Kommanditgesellschaften in den Hintergrund getreten. Neu gegründet werden nur wenige. Aktien-Kommanditgesellschaften aus früherer Zeit aber sind gerade einzelne unserer größten Finanz-Institute (die Diskonto-Gesellschaft in Berlin, die Berliner Handelsgesellschaft).

II. **Wegen der Erläuterung des vorliegenden Artikels** ist im Allgemeinen auf die Erläuterung zu Art. 207 zu verweisen. An Besonderheiten sind folgende zu verzeichnen: § 2.

1. **Das juristische Wesen der Aktien-Kommanditgesellschaft.** Das Gesetz geht von der Grundanschauung aus, daß die Aktien-Kommanditgesellschaft eine Unterart der Kommanditgesellschaft ist. Das ergeben deutlich die Ueberschriften zu dem ersten und zweiten Abschnitt des zweiten Titels: „Von der Kommanditgesellschaft im Allgemeinen", und „von der Kommanditgesellschaft auf Aktien insbesondere". Auch das neue Aktiengesetz wollte hieran nichts ändern (Motive I S. 267 ff.). Demgemäß ist es auch herrschende Meinung, daß die Aktien-Kommanditgesellschaft keine juristische Person ist, sondern eine Unterart der Kommanditgesellschaft und also wie diese eine Societät (R.O.H. 7 S. 415; 24 S. 166; Kammergericht bei Johow und Küntzel 6 S. 62; Ring S. 25; Goldschmidt in G.Z. 36 S. 314 und im System, 4. Aufl. S. 140; Keyßner Anm. 2; Hergenhahn S. 2; Petersen und Pechmann S. 5; Laband in G.Z. 30 S. 469 ff.; 31 S. 1 ff.; Dernburg, Preußisches Privatrecht II § 215).

Im Widerspruch zu dieser herrschenden Ansicht erachten wir die Aktien-Kommanditgesellschaft für eine juristische Person.

Wenn ein Personenverein sich derart bildet, daß für die von ihm eingegangenen Verbindlichkeiten nicht alle Mitglieder des Vereins persönlich haften sollen, während doch der ganze Personenverein haften soll, so ist das nur so möglich, daß die Personenvereinigung als selbstständige Trägerin der Verbindlichkeiten, als Rechtssubjekt gedacht wird. Alsdann ist der Fall vorhanden, für welchen die Rechtssysteme das Rechtsgebilde der juristischen Person fingirt haben.

Wenn Goldschmidt (System, 4. Aufl., S. 132) das Wesen der Korporation darin findet, daß der Verein normaler Weise auf einen unbestimmt wechselnden Personenkreis angelegt ist, so ist schon im § 2 zu Art. 150 versucht worden, das Unzutreffende

[1]) In diesem Kommentar soll die Aktiengesellschaft ausführlich erläutert, bei den Bestimmungen über die Aktien-Kommanditgesellschaft dagegen sollen nur die Besonderheiten derselben erörtert und im übrigen auf das bei der Aktiengesellschaft Ausgeführte verwiesen werden. Daß diese Art der Behandlung allein geeignet ist, dem praktischen Bedürfniß zu entsprechen, darüber kann ein Zweifel nicht aufkommen. Auch das Gesetz hätte so verfahren sollen.

dieses Kriteriums darzulegen. Ueberdies würde dasselbe auf die Aktien-Kommandit-Gesellschaft passen und sie zur juristischen Person machen. Denn bei Kommanditantheilen auf den Inhaber ist der Personenkreis ganz eminent ein unbestimmt wechselnder.

Laband andrerseits formulirt, wie ebenfalls in § 2 zu Art. 150 von uns bemerkt worden, nicht richtig, wenn er sagt: eine juristische Person sei vorhanden, wenn eine Personen-Vereinigung haften soll und doch keines der Vereinsmitglieder persönlich. Von diesem Standpunkte aus ist ihm die Aktien-Kommanditgesellschaft keine juristische Person, weil wenigstens eines der Mitglieder, der Komplementar, persönlich haftet. Allein nicht blos dann, wenn kein einziges Mitglied des Vereins persönlich haftet, sondern schon dann, wenn nicht alle Mitglieder persönlich haften und doch der ganze Verein haften soll, liegt die Nothwendigkeit desjenigen Auskunftsmittels vor, welches das Recht in der juristischen Person darbietet.

Daß aber nicht alle Mitglieder der Gesellschaft persönlich haften, unterliegt bei der Aktien-Kommanditgesellschaft keinem Zweifel. Die Kommanditisten haften hier den Gläubigern in keiner Weise persönlich (R.O.H. 22 S. 344). Auch der Anspruch der Gläubiger aus Art. 198 ändert hieran nichts. Denn immerhin ist der Grund einer solchen Klage nicht die Betheiligung an der Gesellschaft, sondern die Rechtswidrigkeit der Zahlungsempfangnahme. Nicht weil er sich als Kommanditist betheiligt hat, haftet er in solchem Falle, sondern weil er sich nicht in den Grenzen seiner Kommanditistenbetheiligung gehalten; nicht auf Grund des Kommanditistenverhältnisses, sondern weil er dieses verletzt hat.

Hiernach ist die Aktien-Kommanditgesellschaft eine juristische Person.[1] Ihre Eigenthümlichkeit, ihr Unterschied von der Aktiengesellschaft ist, daß sie zweierlei Arten von Mitgliedern hat. Während die Aktiengesellschaften nur solche Mitglieder hat, welche sich mit einer Einlage betheiligen, ohne irgendwie den Gläubigern persönlich haften zu wollen, hat die Aktien-Kommanditgesellschaft solche Mitglieder und außerdem noch persönlich haftende Mitglieder. Der Charakterisirung der Gesellschaft als juristischer Person steht dies nicht entgegen. Es ist nicht abzusehen, warum die juristische Person dann keinen Bestand mehr haben könnte, wenn eines der Mitglieder öffentlich erklärt hat, neben der Gesellschaft, der er angehört, persönlich haften zu wollen.

§ 3. Die Aktien-Kommanditgesellschaft ist daher keine Unterart der Kommanditgesellschaft, aber auch keine Unterart der Aktiengesellschaft. Sie enthält wohl Elemente beider Gesellschaften: von der Kommanditgesellschaft den persönlich haftenden Gesellschafter als gesetzlichen Vertreter und ständigen Geschäftsführer, von der Aktiengesellschaft die organisirte Kommanditistengesammtheit. Aber sie ist eine juristische Person sui generis. Immerhin ist der Umstand, daß der Gesetzgeber sich die Aktien-Kommanditgesellschaft als Unterart der Kommanditgesellschaft gedacht hat, von großem Einfluß auf ihre rechtliche Gestaltung im Einzelnen. Denn es ist richtig, wenn das R.O.H. (7 S. 415; 24 S. 166) sagt, daß nach dem Willen des Gesetzes die für die einfache Kommanditgesellschaft geltenden Vorschriften insoweit auch auf die Aktien-Kommanditgesellschaften Anwendung finden, als sie nicht durch Sondervorschriften abgeändert sind. - Aber andererseits ist nicht aus dem Auge zu lassen, daß die Abänderungen sehr erhebliche sind. Der persönlich haftende Gesellschafter ist hier nicht blos Gesellschafter, sondern auch Vertreter einer juristischen Person, nach Innen steht ihm die organisirte Gesammtheit gegenüber, ohne deren zustimmenden Beschluß eine Reihe der wichtigsten Maßregeln nicht getroffen werden kann.

Die Frage, ob jurististische Person oder Societät, ist übrigens von erheblicher praktischer Bedeutung. Es mag hier nur darauf hingewiesen werden, daß nach der Ansicht der Gegner Jeder, der eine Aktie der Aktien-Kommanditgesellschaft erwirbt, in

---

[1]) Daß die Gesetze des öffentlichen Rechts sie als solche betrachten, giebt Ring (S. 26) zu. Soll sie nun nach dem einen Gesetze dies, nach dem andern jenes sein? Das wäre ein Dualismus, der ohne Beispiel dastände.

demselben Augenblicke die Fähigkeit verliert, in einem Prozeß der Gesellschaft als Zeuge vernommen zu werden!

2. **Die Organisation der Kommanditgesellschaft** ergiebt sich aus den eben gemachten Ausführungen. Sie wird im einzelnen noch erörtert werden. Doch ist schon jetzt darauf aufmerksam zu machen, daß der persönlich haftende Gesellschafter (nur einer ist nothwendig, vergl. Art. 199 Abs. 2) gesetzlicher Vertreter und Geschäftsführer der Gesellschaft ist, letzterer nicht in der Stellung eines Bevollmächtigten, dessen Vollmacht jederzeit widerruflich ist, sondern in der Bedeutung eines ein Vertragsrecht ausübenden Socius. Ohne seine Zustimmung kann daher nichts geschehen, was die Schicksale der Gesellschaft betrifft. Die Generalversammlung ist hier nicht das oberste Gesellschaftsorgan, sondern eine Parteiversammlung. Es ist ferner zu erwähnen, daß mindestens 3 Kommanditisten bei der Gründung vorhanden sein müssen, da Art. 175 Abs. 3 einen Mehrheitsverband der Kommanditisten voraussetzt (Ring Anm. 1). § 4.

3. **Zu Abs. 1. Das Gesammtkapital der Kommanditisten muß in Aktien zerlegt werden.** Eine rechtliche Gestaltung mit Komplementaren, einfachen und Aktienkommanditisten ist unzulässig. Die Aufnahme eines stillen Gesellschafters aber ist zulässig. Ein vom Gesammtkapital verschiedener Begriff ist das Gesellschaftsvermögen. Dasselbe besteht bei der Gründung der Aktien-Kommanditgesellschaft aus den Einlagen der Kommanditisten und den Einlagen der Komplementare zusammengenommen, später aus der stetem Wechsel ausgesetzten Summe der Aktiva. Im Gegensatz zu dieser Summe ist die Passivziffer des Gesammtkapitals eine unveränderliche fiktive Ziffer (vergl. § 1 zu Art. 207). § 5.

4. **Bei der Anwendung des Artikels auf ältere Gesellschaften ist es zweifelhaft geworden, ob dieselben auch ihre Namensaktien in Inhaberaktien umwandeln können.** Früher durften nämlich die Aktien-Kommanditgesellschaften keine Inhaberaktien haben. Wir bejahen die Zulässigkeit mit der herrschenden Ansicht (Ring S. 48; Esser Anm. 4; Kayser Anm. 5; Keyßner in G.Z. 32 S. 265). Ebenso die Praxis des Berliner Amtsgerichts (vergl. Registerakten der Aktien-Kommanditgesellschaft Böhmisches Brauhaus A. Knoblauch). § 6.

Artikel 173a.

Die Aktien müssen auf einen Betrag von mindestens eintausend Mark gestellt werden.

Für ein gemeinnütziges Unternehmen kann im Falle eines besonderen örtlichen Bedürfnisses der Bundesrath die Ausgabe von Aktien, welche auf Namen lauten, zu einem geringeren, jedoch mindestens zweihundert Mark erreichenden Betrage zulassen. Die gleiche Genehmigung kann in dem Falle ertheilt werden, daß für ein Unternehmen das Reich oder ein Bundesstaat, ein Provinzial-, Kreis- oder Amtsverband oder eine sonstige öffentliche Korporation auf die Aktien einen bestimmten Ertrag bedingungslos und ohne Zeitbeschränkung gewährleistet hat.

Auf Namen lautende Aktien, deren Uebertragung an die Einwilligung der Gesellschaft gebunden ist, dürfen auf einen Betrag von weniger als eintausend, jedoch nicht von weniger als zweihundert Mark gestellt werden.

Die vorstehenden Bestimmungen gelten auch von Interimsscheinen.

Der Artikel lautet wörtlich wie Art. 207a. Auf die Erläuterung desselben ist zu verweisen.

Artikel 174.

Eine Kommanditgesellschaft auf Aktien gilt als Handelsgesellschaft, auch wenn der Gegenstand des Unternehmens nicht in Handelsgeschäften besteht.

Der Artikel geht parallel mit Art. 208. Auf diesen ist zu verweisen.

Artikel 174a.

Die persönlich haftenden Gesellschafter haben sich bei Errichtung der Gesellschaft mit Einlagen zu betheiligen, welche zusammen mindestens den zehnten Theil des Gesammtkapitals der Kommanditisten und, wenn dieses drei Millionen Mark übersteigt, für den übersteigenden Betrag den fünfzigsten Theil desselben darstellen.

Der Artikel verpflichtet die persönlich haftenden Gesellschafter, sich bei der Gesellschaft mit Einlagen zu betheiligen.

§ 1. 1. **Die Tendenz der Bestimmung** ist, einen festeren Anschluß der persönlich haftenden Gesellschafter an die Schicksale der Gesellschaft herzustellen, damit sie wie wirkliche Gesellschafter sich für dieselbe interessiren. nicht zur bloßen Direktion herabgedrückt werden und damit sie als Korrelat ihrer persönlichen Haftung auch die vermögensrechtliche Gewähr dafür bieten, daß sie dieser Haftung evenl. gerecht werden (vergl. Motive I S. 273; II S. 181).

§ 2. 2. **Rechtlicher Charakter der Vorschrift.** Die Einlagepflicht der persönlich haftenden Gesellschafter ist zwar begrifflich nicht erforderlich, aber aus öffentlich-rechtlichen Gründen zum Essentiale des Gründungsvertrages erhoben. Die Statuten können daher den Komplementar von dieser Einlagepflicht nicht befreien (O.H.G. Kolmar in G.Z. 40 S. 467).

§ 3. 3. **Subjekte der Verpflichtung** sind die bei Errichtung der Gesellschaft vorhandenen persönlich haftenden Gesellschafter und im Falle einer Kapitalserhöhung in den ersten 2 Jahren auch die inzwischen hinzutretenden (vergl. Art. 180h).

§ 4. 4. **Die Art der Einlage.** Sie kann in baarem Gelde oder auch in Sachen bestehen. Der Gesellschaftsvertrag muß sich darüber verhalten Art. 175 Ziffer 1). Der gesetzlich erforderte Anschluß an die Gesellschaft (vergl. § 1) kann aber auch in der Weise geschehen, daß die persönlich haftenden Gesellschafter in Höhe ihrer Einlagepflicht Aktien zeichnen. Dieselben gewähren dann kein Stimmrecht (Art. 190 Abs. 4) und sind auch nicht veräußerlich (Art. 181 Abs. 2). Darin, daß der Aktionär hier persönlich für die Schulden haftet, liegt kein Widerspruch mit Art. 173 und 207, keine Anomalie. Der persönlich haftende Gesellschafter ist in solchem Falle dieses und Aktionär zugleich.

§ 5. 5. **Die Höhe der Einlagen** ist insofern klar festgesetzt, als bestimmt ist, wie hoch die Einlagen der Komplementare zusammengerechnet sein müssen. Es ist aber zweifelhaft geworden, ob jeder persönlich haftende Gesellschafter eine Einlage machen muß, oder ob sich ein oder mehrere Komplementare einer Einlage enthalten können, wenn nur die Summe der Komplementareinlagen die vorschriftsmäßige Höhe erreicht. Die Motive (I. S. 297) sagen das letztere, und Gareis-Fuchsberger (S. 313 Note 9) begnügen sich mit diesem Ausspruch der Motive. Auch Petersen und Pechmann (S. 20) stehen auf dem Standpunkte der Motive, begründen denselben auch, jedoch nicht zutreffend. Nach der Fassung des Gesetzes liegt eine Einlagepflicht jedes einzelnen persönlich haftenden Gesellschafters vor. Schon die Fassung des vorliegenden Artikels läßt nur diese Auffassung zu, noch deutlicher ist aber die Bestimmung des Art. 175 Ziffer 1, welcher von Höhe und Art der Einlagen *jedes persönlich haftenden Gesellschafters* spricht. Solch präciser Gesetzesfassung gegenüber, zumal es sich um die Feststellung der Fundamente der Gesellschaft handelt, ist es nicht statthaft, wenn Petersen und Pechmann eine unklare Gesetzesfassung annehmen, die nicht auf alle in Betracht kommenden Fälle, sondern nur auf den Regelfall berechnet sei.

Muß sich hiernach jeder Gesellschafter mit einer Einlage betheiligen, so kann allerdings die Höhe einzelner Einlagen minimal sein, wenn nur die Gesammtsumme der Komplementareinlagen die vorschriftsmäßige Höhe hat. (Ring Anm. 3; Förtsch Anm. 4.)

§ 6. 6. **Haften die persönlich haftenden Gesellschafter für einander auf Erfüllung der Einlageverpflichtung?** Eine solche Haftung wird von den Motiven (I. S. 297) angenommen, und die herrschende Ansicht folgt auch hier den Motiven (Esser Anm. 1; Kayser Anm. 6; Völdernborff S. 65; Petersen und Pechmann S. 20; Gareis-Fuchsberger S. 313 Note 9). Nur Ring (Anm. 4) und jetzt auch Förtsch (Anm. 4) verneinen jene Verpflichtung. Wir schließen uns der verneinenden Ansicht an. Was zunächst die Motive anlangt, so ist deren

Ausführung in keiner Weise stichhaltig. Sie sagen: „Daraus, daß die Verpflichtung zur Einlage der Gesellschaft gegenüber eine Solidarschuld ist, folgt die Haftung jedes Komplementars für die Erfüllung der Verpflichtung aller übrigen Komplementare". Das ist aber kein Beweis, sondern ein idem per idem. Es frägt sich ja eben, ob die Prämisse richtig ist, daß die Verpflichtung zur Einlage der Gesellschaft gegenüber eine Solidarschuld ist. Für eine solidarische Verpflichtung aber müßte ein besonderer Rechtsgrund bestehen. Die Tendenz des Gesetzes allein, auf welche Petersen und Pechmann sowie Gareis-Fuchsberger hinweisen, ist hierzu nicht genügend, wenn sie im Gesetze keinen Ausdruck gefunden hat. Das ist aber eben nicht der Fall. Zwar schließt die Fassung des vorliegenden Artikels die Annahme einer solidarischen Verpflichtung nicht gerade aus, aber sie reicht auch nicht aus, um eine solche zu normiren, um einen Rechtsgrund für die solidarische Haftung zu statuiren.

Ein anderer Rechtsgrund aber besteht nicht. Insbesondere kann Art. 280 H.G.B. nicht herangezogen werden, nicht blos, wie Gareis-Fuchsberger sagen, weil meistens kein Handelsgeschäft vorliegt, sondern auch in den Fällen, wo ausnahmsweise ein solches vorläge. Denn es würde dann nicht, wie Art. 280 erfordert, das gemeinschaftliche Eingehen einer gemeinsamen Verpflichtung vorliegen, sondern jeder persönlich haftende Gesellschafter würde sich zu seiner Einlage verpflichten. Nur wo deutlich ein gemeinschaftliches Eingehen einer Verpflichtung vorläge, würde eine Solidarhaft Platz greifen. Für solche Fälle aber bestände keine Kontroverse, wenigstens nicht nach Handelsrecht und nach preußischem Recht (§ 424 I. 5 A.L.R.).

7. **Rechtlicher Charakter der Einlage und des Einlagevertrages.** Der Einlagevertrag des Komplementars ist kein Kaufvertrag, sondern ein Gesellschaftsvertrag und **als solcher zu verstempeln** (vergl. den Zusatz zu Art. 175b). Die Einlage wird Eigenthum der Aktien-Kommanditgesellschaft, die ja selbstständige juristische Persönlichkeit mit selbstständigem Vermögen hat (§ 1 zu Art. 173). Das Einbringen von Grundstücken erfordert daher Auflassung, dies insbesondere auch, wenn eine einfache Kommanditgesellschaft ihr Vermögen in eine Kommanditgesellschaft auf Aktien einbringt. Wenn man die Aktien-Kommanditgesellschaft nicht als juristische Person betrachtet, so gilt über Einlage und Einlagevertrag das in §§ 1 und 6 zu Art. 91 Ausgeführte. § 7.

Artikel 175.

Der Inhalt des Gesellschaftsvertrages (Statut) muß durch die persönlich haftenden Gesellschafter in gerichtlicher oder notarieller Verhandlung festgestellt werden.

Der Gesellschaftsvertrag muß enthalten:

1. den Namen, Vornamen, Stand und Wohnort, sowie die Höhe und Art der Einlage jedes persönlich haftenden Gesellschafters;
2) die Firma der Gesellschaft und den Ort, wo sie ihren Sitz hat;
3) den Gegenstand des Unternehmens;
4) die Zahl und den Betrag der Aktien;
5) die Art der Aktien, ob sie auf Inhaber oder auf Namen lauten und im Falle der Ausgabe beider Arten die Zahl der Aktien einer jeden Art;
6. die Form, in welcher die Zusammenberufung der Generalversammlung der Kommanditisten geschieht;
7. die Form, in welcher die von der Gesellschaft ausgehenden Bekanntmachungen erfolgen.

Bekanntmachungen, welche durch öffentliche Blätter erfolgen sollen, sind in den Deutschen Reichsanzeiger einzurücken. Andere Blätter außer diesem hat der Gesellschaftsvertrag zu bestimmen.

Vorbemerkung. Die folgenden Artikel behandeln die Gründung der Aktien-Kommanditgesellschaft. Im Gegensatze zur Gründung der Aktiengesellschaft (vergl. die Vorbemerkung zu Art. 209) kann die Gründung der Aktien-Kommanditgesellschaft nur auf einerlei Weise erfolgen: als Successivgründung. Die persönlich haftenden Gesellschafter stellen das Statut fest, werben die Kommanditaktionäre und errichten mit diesen die Gesellschaft.

Einleitung. **Der vorliegende Artikel handelt von der Feststellung des Statuts,** doch nur in Absatz 1 und 2, während Abs. 3 einen hiermit organisch nicht zusammenhängenden Gegenstand behandelt.

§ 1. **Wegen der Erläuterung dieses Artikels ist auf die §§ 1—17 zu Art. 209 zu verweisen.** Im einzelnen ist zusätzlich zu bemerken:

1. **Die prinzipielle Vorschrift der Statutfeststellung** hat hier die gleiche rechtliche Bedeutung, wie sie im § 1 zu Art. 209 auseinandergesetzt ist. Die persönlich haftenden Gesellschafter stellen das Statut fest: d. h. sie fixiren die Satzungen, nach denen sich die Rechte und Pflichten der Mitglieder der zu gründenden Gesellschaft für den Fall ihrer Errichtung regeln sollen. Die Statutfeststellung ist auch hier kein bindender Rechtsakt, sondern der erste Theil eines geplanten Gesellschaftsvertrages. Die Rolle der Gründer übernehmen hier die persönlich haftenden Gesellschafter. Daß die Statutfeststellung, für sich betrachtet, kein rechtlich bindender Akt ist, geht hier schon daraus hervor, daß es ja auch einen einzigen Komplementar geben kann, der doch mit sich allein nicht kontrahiren kann. Anders Ring Anm. 3, der beim Vorhandensein mehrerer Komplementare in der Statutfeststellung einen bindenden Akt erblickt.

§ 2. 2. **zu Ziffer 1:** Genaue Bezeichnung der persönlich haftenden Gesellschafter und der Einlage. Ueber die Einlage der Komplementare vergl. zu Art. 174a. Was die Personen der persönlich haftenden Gesellschafter betrifft oder vielmehr die Fähigkeit, Komplementar zu sein, so gilt Folgendes. Wer in der A.K.G. eine Sozietät erblickt und deshalb annimmt, daß das Handelsgewerbe im Namen der Komplementare und Kommanditisten betrieben wird, der muß hier dieselben Grundsätze zu Grunde legen, wie in der Frage nach der Mitgliedschaft bei der o. H.G. (Vergl. § 6 zu Art. 85), d. h. er wird weder die o. H.G., noch die A.G. für fähig erachten, Komplementar einer A.K.G. zu sein. Anders der, der mit uns die A.K.G. für eine juristische Person erklärt. Das Gewerbe wird alsdann betrieben im Namen der Korporation.[1]) Der Komplementar haftet zwar persönlich für die kontrahirten Schulden, aber es ist dies eine bürgschaftsartige Haftung für eine fremde Schuld.

§ 3. 3. **zu Ziffer 2.** Ueber den Sitz der Aktien-Kommanditgesellschaft vergl. § 6 zu Art. 209. Die Firma anlangend, so ist für dieselbe Art. 17 Abs. 2 maßgebend. Obgleich die Aktien-Kommanditgesellschaft in Wahrheit keine Unterart der Kommanditgesellschaft, sondern eine Korporation und zwar eine solche eigner Art ist, so hat sich doch das Gesetz die Aktien-Kommanditgesellschaft als Unterart der Kommanditgesellschaft gedacht und deshalb findet Art. 17 Abs. 2 von der Firma hier Anwendung (vergl. § 3 zu Art. 173). Hiernach muß die Aktien-Kommanditgesellschaft den Namen wenigstens eines persönlich haftenden Gesellschafters mit einem das Vorhandensein einer Gesellschaft andeutenden Zusatze enthalten (unrichtig wäre nach dem H.G.B. die Firma: Direktion der Diskontogesellschaft, dieselbe stammt aus der Zeit vor der Geltung des H.G.B., nämlich aus dem Jahre 1856. Das Gleiche gilt von der „Berliner Handelsgesellschaft"). Entspricht die Firma diesem Erfordernisse schon in den Händen des Vorbesitzers des Geschäfts, so kann sie unverändert übernommen werden. So z. B. wenn die bisherige Firma des Geschäfts Schulze & Co. lautet und Schulze persönlich haftender Gesellschafter der gegründeten und das Geschäft übernehmenden Aktien-Kommanditgesellschaft wird. Tritt Schulze nach der Gründung aus, so kann die Firma unverändert bleiben (Art. 24). Als Aktiengesellschaft darf sich die Aktien-Kommanditgesellschaft nicht bezeichnen (Art. 17 Abs. 3), wohl aber als Kommanditgesellschaft auf Aktien. Nennt sie sich so und will sie ihre Firma mit dem Geschäft ver-

---

[1]) Der Komplementar einer A.K.G. wird hiernach von uns nicht als Kaufmann angesehen.

äußern, so darf der Nachfolger diese Bezeichnung trotz Art. 22 nicht fortführen, wenigstens nicht ohne einen Nachfolgerzusatz, weil die Firma nicht dem Zwecke direkter Täuschung dienen darf (vergl. § 7 zu Art. 22). Zusätze sind in größter Freiheit gestattet (vergl. § 4 zu Art. 16).

Artikel 175a.

Der Aufnahme in den Gesellschaftsvertrag bedürfen Bestimmungen, nach welchen

1. das Unternehmen auf eine gewisse Zeit beschränkt wird;
2. Aktien für einen höheren als den Nominalbetrag ausgegeben werden;
3. Eine Umwandlung der Aktien rücksichtlich ihrer Art statthaft ist;
4. für einzelne Gattungen von Aktien verschiedene Rechte, insbesondere betreffs der Zinsen oder Dividenden oder des Antheils am Gesellschaftsvermögen, gewährt werden;
5. über gewisse Gegenstände die Generalversammlung der Kommanditisten nicht schon durch einfache Stimmenmehrheit, sondern nur durch eine größere Stimmenmehrheit oder nach anderen Erfordernissen Beschluß fassen kann;
6. ein Austreten einzelner persönlich haftender Gesellschafter die Auflösung der Gesellschaft nicht zur Folge hat.

Für einen geringeren als den Nominalbetrag darf die Ausgabe der Aktien nicht festgesetzt werden.

Die Vorschrift stimmt mit der für die Aktiengesellschaft in Art. **209a** enthaltenen überein, mit Ausnahme der Ziffer 6, welche bei Art. 199 erläutert werden soll.

Artikel 175b.

Jeder zu Gunsten einzelner Gesellschafter bedungene besondere Vortheil muß in dem Gesellschaftsvertrage unter Bezeichnung des Berechtigten festgesetzt werden.

Werden von persönlich haftenden Gesellschaftern oder von Kommanditisten Einlagen, welche nicht durch Baarzahlung zu leisten sind, gemacht, so müssen die Person des Gesellschafters, der Gegenstand der Einlage und der für sie zu gewährende Antheil an dem Gesammtkapital der Kommanditisten oder dem sonstigen Gesellschaftsvermögen in dem Gesellschaftsvertrage festgesetzt werden. Imgleichen sind, falls seitens der zu errichtenden Gesellschaft vorhandene oder herzustellende Anlagen oder sonstige Vermögensstücke übernommen werden, die Person des Kontrahenten, der Gegenstand der Uebernahme und die für ihn zu gewährende Vergütung festzusetzen.

Von diesen Festsetzungen gesondert ist der Gesammtaufwand, welcher zu Lasten der Gesellschaft an Gesellschafter oder Andere als Entschädigung oder Belohnung für die Gründung oder deren Vorbereitung gewährt wird, in dem Gesellschaftsvertrage festzusetzen.

Jedes Abkommen der persönlich haftenden Gesellschafter über die vorbezeichneten Gegenstände, welches nicht die vorgeschriebene Festsetzung in dem Gesellschaftsvertrage gefunden hat, ist der Gesellschaft gegenüber unwirksam.

Die Vorschriften stimmen im Wesentlichen überein mit Art. **209b**[1]), auf dessen Erläuterung hier zu verweisen ist. Einer besonderen Beantwortung bedarf hier die Frage, **was bei den persönlich haftenden Gesellschaftern als besonderer Vortheil zu gelten hat.** § 1.

Während im Art. 197 Abs. 2 für die Kommanditaktionäre gesagt ist, daß sie nach Maßgabe ihres Aktienbesitzes Anspruch auf den zu vertheilenden Gewinn haben, enthalten die für die Aktien-

---

[1]) Dienste können auch hier nicht als Einlage zugelassen werden (Ring Anm. 3).

Kommanditgesellschaft gegebenen Vorschriften nichts darüber, welchen Antheil der persönlich haftende Gesellschafter an den Früchten der Gesellschaft hat. Nach dem System des Gesetzes gilt hierüber dasselbe, was für den persönlich haftenden Gesellschafter der einfachen Kommanditgesellschaft bestimmt ist. Er hat demnach von seinen besonderen Einlagen, d. h. von denjenigen, die er nicht auf das Kommanditistenkapital macht, 4% Zinsen zu fordern (Art. 150 Abs. 2, Art. 106); an Gewinn und Verlust nimmt er nach Maßgabe des Gesellschaftsvertrages und in Ermangelung eines solchen nach richterlichem Ermessen Theil (Art. 162). Hiernach hat der persönlich haftende Gesellschafter für seine persönliche Haftung und für seine Mühewaltung — beides sind Gesellschaftsleistungen, zu denen er als Socius verpflichtet ist — wenn nichts Besonderes vereinbart ist, denjenigen Antheil am Gesellschaftsgewinn zu beanspruchen, der nach Maßgabe seiner Leistungen als angemessen gilt. Zusicherungen, die darüber hinaus gemacht werden oder den Antheil fixiren, sind besondere Vortheile, müssen im Gesellschaftsvertrage festgesetzt sein und können nur durch Abänderung der Statuten abgeändert, verkürzt oder erhöht werden. Diese von Ring (Anm. 2) vertretene Ansicht ist durchaus zutreffend und geht nicht zu weit, wie Esser (Anm. 1) meint. Es widerspricht durchaus dem Wesen der Aktien-Kommanditgesellschaft und der Stellung des persönlich haftenden Gesellschafters, wenn derselbe außerdem noch, wie dies allerdings häufig geschieht, durch Engagementsvertrag, etwa abgeschlossen vom Aufsichtsrath, gegen ein bestimmtes Gehalt auf bestimmte Zeit zum Direktor bestellt wird. Die Berliner Praxis geht dahin, daß Gehalt und Tantieme des Komplementars durch einfachen Generalversammlungsbeschluß festgesetzt und erhöht werden (vergl. die Registerakten Soergel, Parrisius & Co.), zuweilen wird auch der Aufsichtsrath durch Statut ermächtigt, das Gehalt festzusetzen (vergl. die Statuten des Berliner Aquariums).

§ 2. **Zusatz. Stempelfrage.** Wenn der Komplementar eine Sacheinlage macht, ist dies kein Kaufvertrag, sondern ein Gesellschaftsvertrag und als solcher zu verstempeln (vergl. § 10 zu Art. 209b).

Artikel 175c.

Die Zeichnung der Aktien erfolgt durch schriftliche Erklärung, aus welcher die Betheiligung nach Anzahl und, im Falle einer Verschiedenheit der Aktien, nach Betrag, Art oder Gattung derselben hervorgehen muß.

Die Erklärung (Zeichnungsschein), welche in zwei Exemplaren unterzeichnet werden soll, hat zu enthalten:

1. das Datum des Statuts, die im Artikel 175 Absatz 2, 175b vorgesehenen Festsetzungen und im Falle verschiedener Gattungen von Aktien den Gesammtbetrag einer jeden;
2. den Betrag, für welchen die Ausgabe der Aktie stattfindet und den Betrag der festgesetzten Einzahlungen;
3. den Zeitpunkt, mit dessen Eintritt die Zeichnung unverbindlich wird, sofern nicht bis dahin die Errichtung der Gesellschaft beschlossen ist.

Zeichnungsscheine, welche diesen Inhalt nicht vollständig haben oder außer dem unter Ziffer 3 bezeichneten Vorbehalte Beschränkungen in der Verpflichtung des Zeichners enthalten, sind ungültig. Ist ungeachtet eines hiernach ungültigen Zeichnungsscheines die Eintragung des Gesellschaftsvertrages in das Handelsregister erfolgt, so ist der Zeichner, wenn er auf Grund einer dem ersten Absatze entsprechenden Erklärung in der zur Beschlußfassung über die Errichtung der Gesellschaft berufenen Generalversammlung gestimmt oder später als Kommanditist Rechte ausgeübt oder Verpflichtungen erfüllt hat, der Gesellschaft wie aus einem gültigen Zeichnungsscheine verpflichtet.

Jede nicht in dem Zeichnungsscheine enthaltene Beschränkung ist der Gesellschaft gegenüber unwirksam.

Die Vorschrift stimmt im Wesentlichen mit der Vorschrift des Art. 209e überein. Vergl. daher die Erläuterung zu diesem Artikel. Zu bemerken ist hier nur Folgendes: In § 13 zu Art. 209e ist auseinandergesetzt, welche Bedeutung die Zeichnung hat und wann die Zeichnung als acceptirt gelte. Bei der Aktien-Kommanditgesellschaft stellt sich die Sache analog. Auch hier liegt in der Aufforderung zur Zeichnung nur eine Aufforderung zur Abgabe von Offerten, in der Zeichnung liegt die an die persönlich haftenden Gesellschafter gerichtete Offerte, den Gesellschaftsvertrag mitschließen, die Gesellschaft mitbilden zu wollen, wenn die Generalversammlung dies per maiora beschließen sollte. In der durch die Komplementare erfolgenden Einladung der Zeichner zur Errichtungsversammlung liegt die Zurückweisung der Nichtgeladenen; in der Anmeldung des Gesellschaftsvertrages durch die Komplementare nach Art. 176 endlich liegt die definitive Acceptation der Zeichnerofferten. Bis dahin können die persönlich haftenden Gesellschafter die Offerten zurückweisen, da sie ja für eine bis dahin eintretende Zahlungsunfähigkeit noch haften (Art. 180 Abs. 3), eventl. haben sie eine neue Errichtungsversammlung einzuberufen. In der Einladung der Aktionäre zur Errichtungsversammlung liegt hiernach noch keine definitive Acceptation, sondern nur eine Acceptation unter Vorbehalt und eine Zurückweisung der Uebrigen. Die Acceptation ist unter dem Vorbehalt ausgesprochen, daß nicht noch nachträglich bis zur Anmeldung des Gesellschaftsvertrages eine Zurückweisung erfolgt. Die Zeichner aber sind mit der Zeichnung definitiv gebunden: sie haben zwar die Freiheit, in der Errichtungsversammlung nach Belieben zu stimmen, sind jedoch dem Majoritätsbeschluß unterworfen und haben nicht die Möglichkeit, die Offerte zurückzuziehen.

Artikel 175d.

Die persönlich haftenden Gesellschafter haben in dem Falle des Artikels 175b Absatz 2 in einer von ihnen zu unterzeichnenden Erklärung die Umstände darzulegen, mit Rücksicht auf welche ihnen die Höhe der für die eingelegten oder übernommenen Gegenstände gewährten Beträge gerechtfertigt erscheint. Hierbei haben sie insbesondere die dem Erwerbe der Gesellschaft vorausgegangenen Rechtsgeschäfte, welche auf denselben hingezielt haben, sowie die früheren Erwerbs- und Herstellungspreise aus den letzten zwei Jahren anzugeben.

Der Artikel geht konform mit Art. 209g, auf dessen Erläuterung verwiesen wird. Die dort den Gründern auferlegte Verpflichtung trifft hier die persönlich haftenden Gesellschafter.

Artikel 175e.

Jede Kommanditgesellschaft auf Aktien muß einen Aufsichtsrath haben.

Zur Wahl des ersten Aufsichtsraths ist die Generalversammlung der Kommanditisten sofort nach der Zeichnung des Gesammtkapitals von den persönlich haftenden Gesellschaftern zu berufen.

Die Mitglieder des Aufsichtsraths haben den Hergang der Gründung zu prüfen. Die Prüfung hat sich auf die im Artikel 174a bestimmte Betheiligung sowie auf die Richtigkeit und Vollständigkeit der Angaben zu erstrecken, welche rücksichtlich der Zeichnung und Einzahlung des Gesammtkapitals der Kommanditisten und rücksichtlich der im Artikel 175b vorgesehenen Festsetzungen von den persönlich haftenden Gesellschaftern, insbesondere in der im Artikel 175d vorgeschriebenen Erklärung gemacht sind.

Ueber die Prüfung ist unter Darlegung der im vorstehenden Absatze bezeichneten Umstände schriftlich Bericht zu erstatten.

Der Artikel behandelt die Nothwendigkeit des Aufsichtsraths (Abs. 1), **die Bestellung desselben im Stadium der Gründung** (Absatz 2) **und seine Pflichten in diesem Stadium** (Absatz 3 und 4). Einleitung.

§ 1. 1. (Abs. 1) **Die Nothwendigkeit des Aufsichtsraths.** Die Vorschrift deckt sich mit Art. **209f.** Auf diesen sei verwiesen.

§ 2. 2. (Abs. 2) **Die Bestellung desselben im Stadium der Gründung.** Eine entsprechende Vorschrift bei der Aktiengesellschaft fehlt, ein Mangel, der dort zu Zweifeln Anlaß giebt (vergl. § 1 zu Art. 209f).

§ 3. 3. (Abs. 3 und 4). **Pflichten des Aufsichtsraths im Stadium der Gründung.** Die Vorschriften decken sich wesentlich mit denen des Art. **209h.** Auf die Erläuterung desselben sei verwiesen. Zu bemerken ist hier nur:

a) Eine Prüfung durch Revisoren findet bei der Aktien-Kommanditgesellschaft nicht statt.

b) Die Prüfung hat sich hier auch auf die gehörige Vermögensbetheiligung der Komplementare zu erstrecken. (Vergl. Ring Anm. 2).

Artikel 175f.

Ueber die Errichtung der Gesellschaft muß in einer durch die persönlich haftenden Gesellschafter zu berufenden Generalversammlung der Kommanditisten Beschluß gefaßt werden.

Vor der Beschlußfassung hat sich der Aufsichtsrath über die Ergebnisse der ihm rücksichtlich der Gründung obliegenden Prüfung auf Grund seines Berichts und dessen urkundlichen Grundlagen zu erklären.

Die der Errichtung der Gesellschaft zustimmende Mehrheit muß mindestens ein Viertheil der sämmtlichen berufenen oder als Rechtsnachfolger derselben in der Generalversammlung zugelassenen Kommanditisten begreifen, und der Betrag ihrer Antheile muß mindestens ein Viertheil des Gesammtkapitals darstellen. Die Zustimmung aller erschienenen Kommanditisten ist erforderlich, wenn die in den Artikeln 175 Ziffer 1 bis 5 und 175a bezeichneten Bestimmungen des Gesellschaftsvertrages abgeändert oder die im Artikel 175b vorgesehenen Festsetzungen zu Lasten der Gesellschaft erweitert werden sollen.

§ 1. **Die Generalversammlung**[1]) **der Kommanditisten, welche über die Errichtung der Gesellschaft Beschluß zu fassen hat.**

1. **Die rechtliche Bedeutung dieser Versammlung** besteht nicht darin, daß durch sie die Gesellschaft errichtet wird. Dies nehmen allerdings die Motive (I. S. 301) und Ring (Anm. 1) an, beide von verschiedenen Gesichtspunkten. Die Motive und im Anschluß an sie Petersen und Pechmann (S. 61) sowie Gareis-Fuchsberger (S. 322 Note 21) sind der Ansicht; daß der Komplementar sich dem Errichtungsbeschluß zu unterwerfen habe, weil er seine Offerte nicht zurückziehen könne; Ring verlegt die definitive Vereinbarung des Komplementars mit der Kommanditistengesammtheit in die hier vorgesehene Generalversammlung. Beides ist nicht zutreffend. Da der Komplementar nach Art. 180 Abs. 3 noch für eine nach der Errichtungsversammlung, nämlich bis zur Anmeldung des Gesellschaftsvertrages eintretende Zahlungsunfähigkeit des Zeichners haftet, so muß ihm als Korrelat bis dahin das Recht zustehen, die Zeichner nach seinem Ermessen zurückzuweisen. Es liegt daher die definitive Acceptation seitens des Komplementars in der durch ihn bewirkten Anmeldung des Gesellschaftsvertrages. Die hier vorgesehene Generalversammlung ist nicht mehr als ihr Name deutlich sagt: der Beschluß der Kommanditisten über die Errichtung der Gesellschaft (vergl. zu Art. 175c).

§ 2. 2. **Die Formalien der Versammlung** unterscheiden sich von der im Art. 210a für die Aktiengesellschaft vorgesehenen dadurch, daß nicht der Richter sie beruft und abhält. Berufen wird sie von den persönlich haftenden Gesellschaftern. Wer sie leitet, ist nicht gesagt, es findet daher die Vorschrift des Art. 175g Anwendung. Eine Mitwirkung des persönlich

[1]) Aus der Nothwendigkeit einer G.-V. folgt, daß mindestens drei Kommanditisten bei der Gründung vorhanden sein müssen. (Vergl. § 4 zu Art. 173).

haftenden Gesellschafters, sei es auch nur als formeller Leiter der Versammlung, findet nicht statt, außer wenn sie statutarisch angeordnet ist (anders Ring S. 100 ffg.). Eine feierliche Form ist vom Gesetze nicht vorgeschrieben, doch regelmäßig vom Statut, und man wird annehmen müssen, daß der Registerrichter sie stets fordern kann (vergl. § 2 zu Art. 180f).

Die Generalversammlungen der Art. 175e und 175f können nicht zusammengefaßt werden (Kayser Anm. 2; anders Ring Anm. 2). Das Gesetz hat sich, wie Ring zugiebt, getrennte Versammlungen gedacht und hat diesem Gedanken einen Ausdruck verliehen, der deutlich genug ist.

3. **Die Komplementare dürfen nicht mitstimmen,** selbst wenn sie Aktien gezeichnet haben (Art. 190 Abs. 4; Art. 175g). Bei der Berechnung des Viertheils aber wird das ganze Kommanditistenkapital einschließlich der Aktien des Komplementars zu Grunde gelegt (vergl. § 1 zu Art. 180e). § 3.

4. **Eine Vertagung ist hier nicht vorgesehen.** Sie ist gestattet (Ring Anm. 4). § 4.

5. **Im Uebrigen vergl. die Erläuterung zu Art. 210a.** § 5.

Artikel 175g.

Auf die Berufung und Beschlußfassung der im Artikel 175e und 175f bezeichneten Generalversammlungen finden, soweit nicht in letzterem Artikel ein Anderes bestimmt ist, die Regeln entsprechende Anwendung, welche für die Gesellschaft nach der Eintragung maßgebend sind.

Die Vorschrift deckt sich im Wesentlichen mit Art. **210b.** Vergl. die dort gegebene Erläuterung.

Artikel 176.

Der Gesellschaftsvertrag muß bei dem Handelsgerichte, in dessen Bezirke die Gesellschaft ihren Sitz hat, in das Handelsregister eingetragen werden.

Der Anmeldung behufs der Eintragung in das Handelsregister müssen beigefügt sein:

1. in dem Falle des Artikels 175b die den bezeichneten Festsetzungen zum Grunde liegenden oder zu ihrer Ausführung geschlossenen Verträge, die im Artikel 175d vorgesehene Erklärung und eine Berechnung des Gründungsaufwandes, in welcher die Vergütungen nach Art und Höhe und die Empfänger einzeln aufzuführen sind;
2. zum Nachweise der Zeichnung des Gesammtkapitals der Kommanditisten die Duplikate der Zeichnungsscheine und ein von den persönlich haftenden Gesellschaftern in beglaubigter Form unterschriebenes Verzeichniß der sämmtlichen Kommanditisten, welches die auf jeden entfallenen Aktien, sowie die auf letztere geschehenen Einzahlungen angiebt;
3. die Urkunden über die Bestellung des Aufsichtsraths und der in Gemäßheit des Artikels 175e erstattete Bericht nebst dessen urkundlichen Grundlagen;
4. in dem Falle, daß der Gegenstand des Unternehmens der staatlichen Genehmigung bedarf, sowie in den Fällen des Artikels 173a Absatz 2 die Genehmigungsurkunde.

In der Anmeldung ist die Erklärung abzugeben, daß auf jede Aktie, soweit nicht andere als durch Baarzahlung zu leistende Einlagen gemacht sind, der eingeforderte Betrag baar eingezahlt und im Besitze der persönlich haftenden Gesellschafter sei. Die Einforderung muß mindestens ein Viertheil des Nominalbetrages und im Falle einer Ausgabe der Aktien für einen höheren als den Nominalbetrag auch den Mehrbetrag umfassen. Als Baarzahlung gilt die Zahlung in deutschem Gelde, in Reichskassenscheinen, sowie in gesetzlich zugelassenen Noten deutscher Banken.

Die Anmeldung muß von sämmtlicheu persönlich haftenden Gesellschaftern und sämmtlichen Mitgliedern des Aufsichtsraths vor dem Handelsgerichte unterzeichnet oder in beglaubigter Form eingereicht werden.

Die der Anmeldung beigefügten Schriftstücke werden bei dem Handelsgerichte in Urschrift oder in beglaubigter Abschrift aufbewahrt.

Die Vorschrift deckt sich im Wesentlichen mit Art. 210.[1]) Vergl. die Erläuterung zu demselben. Zu bemerken ist nur:

1. Was die Betheiligung der persönlich haftenden Gesellschafter als solcher am Gesellschaftsvermögen betrifft, so ist hierfür dem Registerrichter ein besonderer Nachweis nicht zu erbringen. Das Gesetz schreibt das nicht vor. Vielmehr genügt in dieser Beziehung die Prüfung durch den Aufsichtsrath in Verbindung mit den Bestimmungen des Gesellschaftsvertrages (Art. 175 Ziffer 1 und Art. 175 Abs. 3). Betheiligen sich die Komplementare am Kommanditkapital, so ist selbstverständlich Zeichnung erforderlich.
2. Im Anschluß an die im § 5 zu Art. 210 erörterte Frage, ob auf Anmeldung des Gesellschaftsvertrages geklagt werden kann, ist hier noch zu bemerken, daß gegen die persönlich haftenden Gesellschafter nicht geklagt werden kann, wenn die diesseitige Auffassung richtig ist, daß diese erst durch die Anmeldung des Gesellschaftsvertrages die Offerte der Zeichner, die Gesellschaft errichten zu wollen, acceptiren. Denn dann besteht vorher keine Gebundenheit der Komplementare (vergl. § 1 zu Art. 175f).

   Wer freilich, wie Gareis-Fuchsberger (vergl. S. 322 Note 21) die Ansicht vertritt, die Kommanditgesellschaft auf Aktien sei nach innen mit dem Errichtungsbeschlusse der Kommanditisten errichtet, der muß konsequenter Weise ein Klagerecht der Kommanditisten gegen den persönlich haftenden Gesellschafter auf Anmeldung der Gesellschaft annehmen (so konsequent Ring Anm. 1). Der bedarf aber wiederum nicht der Gareis-Fuchsberger'schen Hinweisung auf Verpflichtungen aus Gesellschaftsvorverträgen. (S. 329 Note 32.)

Artikel 177.

Der eingetragene Gesellschaftsvertrag ist im Auszuge von dem Handelsgerichte zu veröffentlichen.

Die Veröffentlichung muß enthalten:

1. Das Datum des Gesellschaftsvertrages und die im Artikel 175 Absatz 2 und 3, 175a Ziffer 1, 4 und 6 und 175b bezeichneten Festsetzungen;
2. den Namen, Stand und Wohnort der Mitglieder des Aufsichtsraths.

Der Artikel korrespondirt mit Art. 210e. Abweichend ist hier die Vorschrift, daß die Bestimmung des Gesellschaftsvertrages über die Betheiligung des persönlich haftenden Gesellschafters zu veröffentlichen ist, daß dagegen die Bekanntmachung über die Form der Willenserklärungen des Komplementars unterbleibt.

Artikel 178.

Vor erfolgter Eintragung in das Handelsregister besteht die Kommanditgesellschaft als solche nicht.

Ist vor der Eintragung im Namen der Gesellschaft gehandelt worden, so haften die Handelnden persönlich und solidarisch.

Diese Vorschrift deckt sich mit Art. 211. Vergl. die Ausführungen zu demselben.

Artikel 179.

Die Vorschriften der Artikel 152 und 153 sind auch bei der Kommanditgesellschaft auf Aktien zu befolgen.

---

[1]) Selbstverständlich muß auch der nach Art. 175f gefaßte Errichtungsbeschluß beigefügt werden.

Die Anmeldung der Zweigniederlassung muß die im Artikel 177 Absatz 2 bezeichneten Angaben und den Nachweis der Eintragung des Gesellschaftsvertrages bei dem Handelsgerichte der Hauptniederlassung enthalten. Eines Nachweises, daß die für diese im Artikel 176 vorgeschriebenen Erfordernisse beobachtet sind, bedarf es nicht.

Befindet sich die Hauptniederlassung im Auslande, so hat die Anmeldung der Zweigniederlassung außer dem Nachweise des Bestehens der Kommanditgesellschaft auf Aktien als solcher die im Artikel 177 Absatz 2 bezeichneten Angaben und in dem Falle, daß der Gegenstand des Unternehmens oder die Zulassung zum Gewerbebetriebe im Inlande der staatlichen Genehmigung bedarf, den Nachweis der ertheilten Genehmigung zu enthalten.

Der Artikel enthält Vorschriften über die Zeichnung der Firma durch die persönlich haftenden Gesellschafter vor dem Handelsgericht und über die Anmeldung der Zweigniederlassungen.

1. **Die Vorschrift über die Zeichnung der Firma durch die persönlich haftenden Gesellschafter** ist gegeben durch die in Abs. 1 erfolgte Bezugnahme auf Art. 153. Die betreffende Pflicht kann erzwungen werden durch Ordnungsstrafe (Art. 249g). § 1.

2. **Die Vorschrift über die Anmeldung der Zweigniederlassung** ist gegeben theils durch Bezugnahme auf Art. 152, theils durch selbstständige Vorschriften. Es sind hiermit folgende Bestimmungen getroffen: § 2.

a) Die prinzipielle Bestimmung der Anmeldung der Zweigniederlassung vor dem Handelsgericht des betreffenden Bezirks. Diese Bestimmung ist gegeben durch Bezugnahme auf Art. 152. Ueber den rechtlichen Charakter der Vorschrift vergl. § 1 zu Art. 212.

b) Die Form, in welcher die Anmeldung bewirkt werden soll, ist gleichfalls vorgeschrieben durch die Bezugnahme auf Art. 152 (vergl. hierüber § 2 zu Art. 212).

c) Der Inhalt der Anmeldung ist vorgeschrieben durch Abs. 2 des vorliegenden Artikels, durch welchen gleichzeitig die in Art. 152 erfolgte Bezugnahme auf Art. 151 Ziffer 1—4 für die Aktien-Kommanditgesellschaft beseitigt bezw. ersetzt ist. Die Personalien und Vermögenseinlagen der Kommanditisten sind hiernach nicht anzugeben.

d) Sondervorschriften für die Zweigniederlassungen ausländischer Gesellschaften. Wegen der Erläuterung vergl. §§ 4 ffg. zu Art. 212. Was insbesondere die im § 8 zu Art. 212 berührte Vorschrift des § 12 der Reichsgewerbeordnung betrifft, wonach es hinsichtlich des Gewerbebetriebes juristischer Personen bei den Landesgesetzen bewendet, so gehören zu diesen juristischen Personen auch die Aktien-Kommanditgesellschaften, da diese ja nach unserer Auffassung Korporationen sind (vergl. § 2 zu Art. 173). Vom Standpunkte der herrschenden Anschauung, nach welcher die Aktien-Kommanditgesellschaft eine Sozietät ist, ist es willkürlich, wenn Kayser (Anm. 8) sagt, daß die Aktien-Kommanditgesellschaft in jenem Paragraph der Gewerbeordnung mitgemeint sei. § 3.

Artikel 180.

Der Gesellschaft sind die persönlich haftenden Gesellschafter für die Richtigkeit und Vollständigkeit der Angaben, welche sie rücksichtlich der Zeichnung und Einzahlung des Kapitals der Kommanditisten sowie rücksichtlich der im Artikel 175b vorgesehenen Festsetzungen behufs Eintragung des Gesellschaftsvertrages in das Handelsregister machen, solidarisch verhaftet; sie haben unbeschadet der Verpflichtung zum Ersatze des sonst etwa entstandenen Schadens, insbesondere einen an der Zeichnung des Gesammtkapitals der Kommanditisten fehlenden Betrag zu übernehmen, fehlende Einzahlungen zu leisten und eine Vergütung, welche nicht unter den zu bezeichnenden Gründungsaufwand aufgenommen ist, zu ersetzen. Imgleichen sind der Gesellschaft in dem Falle, daß sie von persönlich haftenden Gesellschaftern durch Einlagen oder Uebernahmen der im Artikel 175b bezeichneten Art böslicherweise geschädigt ist, die sämmtlichen persönlich haftenden Gesellschafter zum Ersatze des entstandenen Schadens solidarisch verpflichtet.

Von dieser Verbindlichkeit ist ein persönlich haftender Gesellschafter befreit, wenn er beweist, daß er die Unrichtigkeit oder Unvollständigkeit der Angabe oder die bösliche Schädigung weder gekannt habe, noch bei Anwendung der Sorgfalt eines ordentlichen Kaufmanns habe kennen müssen.

Entsteht durch Zahlungsunfähigkeit eines Kommanditisten der Gesellschaft ein Ausfall, so sind ihr die persönlich haftenden Gesellschafter, welche bei der Anmeldung des Gesellschaftsvertrages die Zahlungsunfähigkeit kannten, zu Ersatze solidarisch verpflichtet.

Außer den persönlich haftenden Gesellschaftern sind der Gesellschaft zum Schadensersatze solidarisch verpflichtet:

1. in dem Falle, daß eine Vergütung nicht unter den zu bezeichnenden Gründungsaufwand aufgenommen ist, der Empfänger, wenn er zur Zeit des Empfangens wußte oder nach den Umständen annehmen mußte, daß die Verheimlichung beabsichtigt oder erfolgt war, und jeder Dritte, welcher zur Verheimlichung wissentlich mitgewirkt hat;
2. in dem Falle einer böslichen Schädigung durch Einlagen oder Uebernahmen jeder Dritte, welcher zu derselben wissentlich mitgewirkt hat.

Der Artikel stimmt inhaltlich überein mit der Vorschrift des Art. **213a.**

1. Nur ist dort in Abs. 1 von der Sorgfalt eines ordentlichen Geschäftsmannes, hier von der Sorgfalt eines ordentlichen Kaufmanns die Rede. Ueber den Unterschied dieser beiden Begriffe vergl. § 2 zu Art. 213a.
2. Dagegen ist auch hier (vergl. § 4 zu Art. 213a) für den Umfang des Schadens Art. 283 nicht ohne Weiteres anwendbar, wie dies Ring (Anm. 2) annimmt. Auch der persönlich haftende Gesellschafter ist nach unserer Ansicht nicht Kaufmann (vergl. § 2 zu Art. 175), auf keinen Fall kann er eher als solcher betrachtet werden, als bis die Gesellschaft eingetragen ist, nicht schon im Stadium der Gesellschaftsentstehung, es sei denn, daß er es aus sonstigen Gründen ist.

Artikel 180a.

Wer vor der Eintragung des Gesellschaftsvertrages in das Handelsregister oder in den ersten zwei Jahren nach der Eintragung, um Aktien in den Verkehr einzuführen, eine öffentliche Ankündigung derselben erläßt, ist der Gesellschaft im Falle der Unrichtigkeit oder Unvollständigkeit von Angaben, welche die persönlich haftenden Gesellschafter rücksichtlich der Zeichnung oder Einzahlung des Gesammtkapitals der Kommanditisten oder der im Artikel 175b vorgesehenen Festsetzungen behufs Eintragung des Gesellschaftsvertrages in das Handelsregister gemacht haben, sowie in dem Falle einer böslichen Schädigung der Gesellschaft durch Einlagen oder Uebernahmen für den Ersatz des ihr daraus entstandenen Schadens neben den im Artikel 180 bezeichneten Personen solidarisch verhaftet, sofern ihm nachgewiesen wird, daß er die Unrichtigkeit oder Unvollständigkeit der Angaben oder die bösliche Schädigung gekannt hat oder bei Anwendung der Sorgfalt eines ordentlichen Geschäftsmannes hat kennen müssen.

Wegen der Erläuterung dieses Artikels ist zu verweisen auf den inhaltlich übereinstimmenden Art. **213b.**

Artikel 180b.

Mitglieder des Aufsichtsraths, welchen nachgewiesen wird, daß sie bei der ihnen durch Artikel 175e Absatz 3 auferlegten Prüfung die Sorgfalt eines ordentlichen Geschäftsmannes verletzt haben, haften der Gesellschaft solidarisch für den ihr daraus entstandenen Schaden, soweit der Ersatz desselben von den in Gemäßheit der Artikel 180, 180a verpflichteten Personen nicht zu erlangen ist.

Hier gilt die Erläuterung zu der inhaltlich übereinstimmenden Vorschrift des Art. 213c, jedoch mit der Aenderung, daß bei der A.K.G. naturgemäß nicht von der Verantwortlichkeit des Vorstandes die Rede ist. Einen Vorstand giebt es hier nicht, der persönlich haftende Gesellschafter aber gehört nicht zu den Prüfungsorganen, weil er seine eigenen Handlungen nicht prüfen kann.

Artikel 180c.

Vergleiche oder Verzichtleistungen, welche die der Gesellschaft aus der Gründung zustehenden Ansprüche gegen die in Gemäßheit der Artikel 180 bis 180b verpflichteten Personen betreffen sind erst nach Ablauf von drei Jahren seit Eintragung des Gesellschaftsvertrages in das Handelsregister und nur mit Zustimmung der Generalversammlung der Kommanditisten zulässig. Die Zeitbeschränkung findet nicht Anwendung, sofern der Verpflichtete im Falle der Zahlungsunfähigkeit zur Abwendung oder Beseitigung des Konkursverfahrens mit seinen Gläubigern sich vergleicht.

Vergl. die Bemerkungen zu Art. 213d. Derselbe stimmt im Allgemeinen überein, doch ist dort einer qualifizirten Minderheit ein Widerspruchsrecht gegeben.

Artikel 180d.

Die Ansprüche der Gesellschaft gegen die in Gemäßheit der Artikel 180 bis 180b verpflichteten Personen verjähren in fünf Jahren seit Eintragung des Gesellschaftsvertrages in das Handelsregister.

Vergl. die Erläuterung zu dem inhaltlich übereinstimmenden Art. 213e.

Artikel 180e.

Werden vor Ablauf von zwei Jahren seit Eintragung des Gesellschaftsvertrages in das Handelsregister seitens der Gesellschaft Verträge geschlossen, durch welche sie vorhandene oder herzustellende Anlagen oder unbewegliche Gegenstände für eine den zehnten Theil des Gesammtkapitals der Kommanditisten übersteigende Vergütung erwerben soll, so bedürfen dieselben zu ihrer Gültigkeit der Zustimmung der Generalversammlung der Kommanditisten.

Vor der Beschlußfassung hat der Aufsichtsrath den Vertrag zu prüfen und über die Ergebnisse seiner Prüfung schriftlich Bericht zu erstatten.

Die Antheile der zustimmenden Mehrheit der Kommanditisten müssen in dem Falle, daß der Vertrag im ersten Jahre geschlossen wird, mindestens ein Viertheil des Gesammtkapitals, anderenfalls mindestens drei Viertheile des in der Generalversammlung vertretenen Gesammtkapitals darstellen.

Der genehmigte Vertrag ist in Urschrift oder in beglaubigter Abschrift mit dem Berichte des Aufsichtsraths nebst dessen urkundlichen Grundlagen und mit dem Nachweise über die Beschlußfassung zum Handelsregister einzureichen.

Hat der Erwerb in Ausführung einer vor der Errichtung der Gesellschaft von den persönlich haftenden Gesellschaftern getroffenen Vereinbarung stattgefunden, so kommen in Betreff der Rechte der Gesellschaft auf Entschädigung und in Betreff der ersatzpflichtigen Personen die Vorschriften der Artikel 180 und 180c zur Anwendung.

Die vorstehenden Bestimmungen finden auf den Erwerb unbeweglicher Gegenstände nicht Anwendung, sofern auf ihn der Gegenstand des Unternehmens gerichtet ist oder der Erwerb im Wege der Zwangsvollstreckung geschieht.

Vergl. die Erläuterung zu Art. **213 f.** An Besonderheiten ist hervorzuheben:

§ 1. 1. Bei Berechnung des Viertheils des Gesammtkapitals in Abs. 3 ist der Aktienbesitz der persönlich haftenden Gesellschafter mitzuzählen (Ring Anm. 1, Petersen und Pechmann S. 102). Wenn Völderndorff (S. 127) und, ihm folgend, Gareis-Fuchsberger (S. 368 Note 96), darauf hinweisen, daß in Konsequenz dieser Ansicht ein Nachgründungsvertrag unmöglich ist, wenn die Komplementare etwas über $^3/_4$ der Aktien besitzen, so ist zuzugeben, daß diese Konsequenz mißlich ist. Der Gesetzgeber mag dieselbe nicht bedacht haben. Aber sie muß unerbittlich gezogen werden, weil sie sich mit logischer Nothwendigkeit aus dem Gesetze ergiebt.

§ 2. 2. Eine Ordnungsstrafe zur Erzwingung der Pflicht im Abs. 4 ist nicht angedroht, während dies für die analoge Vorschrift in Art. 213f bei der Aktiengesellschaft geschehen ist. (Art. 249g.)

Artikel 180f.

Jede Bestimmung, welche die Fortsetzung der Gesellschaft oder eine Abänderung des Inhalts des Gesellschaftsvertrages zum Gegenstande hat, bedarf zu ihrer Gültigkeit der notariellen oder gerichtlichen Abfassung.

Die Bestimmung muß in das Handelsregister eingetragen und in gleicher Weise wie der ursprüngliche Vertrag veröffentlicht werden (Art. 177, 179). Dieselbe hat keine rechtliche Wirkung, bevor sie bei dem Handelsgerichte, in dessen Bezirke die Gesellschaft ihren Sitz hat, in das Handelsregister eingetragen ist.

§ 1. **Der Artikel normirt die formellen Voraussetzungen der Gültigkeit von Bestimmungen über Abänderung des Gesellschaftsvertrages oder Fortsetzung der Gesellschaft.** Eine Bestimmung über Abänderung des Gesellschaftsvertrages kann nach der Organisation der Aktienkommanditgesellschaft nur durch eine Vereinbarung der Komplementare mit der Kommanditistengesammtheit getroffen werden. Für diese Vereinbarung ist „Abfassung" in gerichtlicher oder notarieller Form vorgeschrieben. Es ist daher eine Verhandlung aufzunehmen, in welcher die zu einer Generalversammlung berufene Kommanditistengesammtheit den Beschluß faßt und die Komplementare ihre Zustimmung ertheilen.[1] (Vergl. Ring Anm. 1).

Ueber die Form der gerichtlichen oder notariellen Abfassung entscheiden des Näheren die Landesgesetze. Nur ist dabei zu bemerken, daß es sich hier nicht, wie in Art. 238a, um Beurkundung eines Rechtsvorganges, sondern um Abfassung einer Vereinbarung, also eines auf mutuus consensus beruhenden zweiseitigem Rechtsgeschäfts handelt, ein Unterschied, den Ring (Anm. 1) nicht gelten lassen will. In Preußen ist daher ein Protokoll mit Unterschrift[2] erforderlich.

Die hier von uns für erforderlich erachtete Art der gerichtlichen oder notariellen Abfassung des Uebereinkommens ist in der Berliner Praxis nicht üblich. Hier wird der Schwerpunkt in die Generalversammlung der Kommanditisten gelegt, die Beschlüsse derselben werden stets notariell beurkundet, der in dieser gefaßte Kommanditistenbeschluß wird alsdann von den Komplementaren in beglaubigter Form angemeldet, und dabei erklären die Komplementare ihre Zustimmung zu dem Beschlusse. Von abwesenden Komplementaren wird in notarieller oder notariell beglaubigter Form die Beitrittserklärung zu dem Beschlusse beigebracht. (Vergl. hierfür die Registerakten der Berliner Handelsgesellschaft, der Genossenschaftsbank Sörgel, Parrisius & Co. u. A.) Das ist nach dem Aufgeführten nicht genügend. Man darf aber dem hier gewonnenen Ergebniß nicht den Vorwurf machen, als sei es unpraktikabel, besonders in den Fällen, wo einzelne Komplementare abwesend sind. Denn in diesem Falle steht nichts entgegen, daß die Abwesenden einem Anwesenden beglaubigte Vollmacht ertheilen, damit dieser die zustimmende Erklärung protokollarisch abgebe.

Die Anmeldung zur Eintragung erfolgt durch sämmtliche Komplementare. Dies folgt daraus, daß der vorliegende Artikel den Art. 179 und dieser wieder den Art. 152 citirt (vergl. § 3

[1]) Die in der 1. Auflage vertretene Meinung, daß die G.-V. nur beschließen könne, und absolut unfähig wäre, als Kollegium zu handeln, Vereinbarnngen zu treffen, kann nicht aufrecht erhalten werden; (vergl. § 2 zu Nr. 221).

[2]) Wer hat das Protokoll zu unterschreiben? Unseres Erachtens die Komplementare und die zustimmenden Kommanditisten.

zu Art. 214). Anders Ring Anm. 2, der sämmtlichen geschäftsführenden Gesellschaftern die Anmeldungspflicht auferlegt.

Zusatz: Für sonstige Uebereinkommen der Komplementare und Kommanditisten ist nur ausnahmsweise die gerichtliche oder notarielle Form vorgeschrieben (vergl. Art. 206a). Wo sie nicht vorgeschrieben ist, z. B. bei der gegenseitigen Uebereinkunft auf Auflösung der Gesellschaft (§ 12 zu Art. 200 ferner §§ 9, 10, 15 zu Art. 206), da ist sie nicht erforderlich. Immer aber ist materiell dasselbe erforderlich: ein Vertrag, abgeschlossen zwischen den Komplementaren und der Kommanditistenversammlung. § 2.

Artikel 180g.

Die Abänderung des Inhalts des Gesellschaftsvertrages kann nicht ohne Beschluß der Generalversammlung der Kommanditisten erfolgen. Sofern der Gesellschaftsvertrag für eine Abänderung derjenigen Bestimmung, welche den Gegenstand der Beschlußfassung bildet, nicht andere Erfordernisse aufstellt, bedarf der Beschluß einer Mehrheit von drei Viertheilen des in der Generalversammlung vertretenen Gesammtkapitals.

Diese Vorschrift findet auch dann Anwendung, wenn mehrere Gattungen von Aktien mit verschiedener Berechtigung ausgegeben sind.

Soll durch die Beschlußfassung das bisherige Rechtsverhältniß unter den verschiedenen Gattungen zum Nachtheile einer derselben abgeändert werden, so bedarf es zu dem von der gemeinschaftlichen Generalversammlung gefaßten Beschlusse der Zustimmung einer besonderen Generalversammlung der benachtheiligten Kommanditisten, deren Beschlußfassung gleichfalls nach der Vorschrift des ersten Absatzes sich richtet.

Die Bestimmung des Gesellschaftsvertrages, Inhalts deren die Uebertragung von Aktien, welche in Gemäßheit des Artikels 173a Absatz 3 auf einen geringeren Betrag als eintausend Mark gestellt sind, an die Einwilligung der Gesellschaft gebunden ist, kann nicht abgeändert werden.

Der Artikel giebt im Anschluß an den vorigen weitere Vorschriften über die Erfordernisse einer Statutenänderung. Im vorigen Artikel war gesagt, daß eine Bestimmung über eine Statutenänderung gerichtliche oder notarielle Abfassung zu ihrer Gültigkeit voraussetzt. Nach dem vorliegenden Artikel erfordert die betreffende Vereinbarung in materieller Hinsicht zu ihrer Gültigkeit den Konsens der Kommanditisten. Gleichzeitig wird bestimmt, in welcher Weise dieser Konsens rechtsgültig zu Stande kommt. Einleitung.

1. **Für den Konsens der Kommanditisten ist ausreichend und erforderlich ein Generalversammlungsbeschluß der Kommanditisten.** Ausreichend: nicht nothwendig ist die Zustimmung jedes einzelnen Kommanditisten. Erforderlich: nicht genügend ist die Zustimmung eines anderen Gesellschaftsorgans, keinerlei Delegation, etwa an den Aufsichtsrath, ist gestattet, und insbesondere vermögen die persönlich haftenden Gesellschafter nicht, ohne den solcher Gestalt dokumentirten Konsens der Kommanditisten den Gesellschaftsvertrag abzuändern. Ueber die Form des Generalversammlungsbeschlusses vergl. § 1 zu Art. 180f. § 1.

2. Im Uebrigen vergl. die Erläuterung zu Art. 215, mit welchem der vorliegende übereinstimmt. Nur sind die Absätze 3 und 4 des Art. 215 hier fortgelassen. § 2.
   a) Es ergiebt sich aus dieser Fortlassung des Abs. 3, daß hier diejenige Statutenänderung, welche die Abänderung des Gegenstandes des Unternehmens betrifft, keine besonderen, sondern die allgemeinen Voraussetzungen jeder anderen Statutenänderung hat (Ring Anm. 1).
   b) Aus der Fortlassung des Abs. 4 folgt nach Ring Anm. 1, daß auch die Fusion nicht mit besonderen Schutzvorschriften umgeben ist, aber nicht, daß die Fusion für unzulässig erklärt werden soll. Ueber diese Frage vergl. jedoch § 11 zu Art. 206a.

Artikel 180h.

Eine Erhöhung des Gesammtkapitals der Kommanditisten darf nicht vor der vollen Einzahlung desselben erfolgen. Für Versicherungsgesellschaften kann der Gesellschaftsvertrag ein Anderes bestimmen.

Die Erhöhung kann nicht ohne Beschluß der Generalversammlung der Kommanditisten stattfinden. Für die neu auszugebenden Aktien kann die Leistung eines höheren als des Nominalbetrages festgesetzt werden; der Beschluß hat den Mindestbetrag zu bezeichnen, für welchen die Aktien auszugeben sind. Ein geringerer als der Nominalbetrag darf nicht festgesetzt werden.

Auf eine Erhöhung, welche in den ersten zwei Jahren seit Eintragung des Gesellschaftsvertrages in das Handelsregister beschlossen wird, findet die Vorschrift im Artikel 174a über die Betheiligung der persönlich haftenden Gesellschafter mit der Maßgabe Anwendung, daß die Betheiligung nach dem Gesammtkapitale einschließlich dessen Erhöhung zu bemessen ist und aus dem Beschlusse hervorgehen muß, welche Einlagen demzufolge noch gemacht werden.

Die Beschlußfassung unterliegt den Vorschriften im Artikel 180g Absatz 1 und 3. Die Bestimmung über die Erhöhung ist in das Handelsregister einzutragen. Die Anmeldung hat die Angabe zu enthalten, daß das bisherige Gesammtkapital eingezahlt sei; für Versicherungsgesellschaften, inwieweit die Einzahlung desselben stattgefunden habe. Auf die Abfassung und die Eintragung finden die Vorschriften im Artikel 180f Anwendung.

Eine Zusicherung von Rechten auf den Bezug neu auszugebender Aktien, welche vor dem Beschlusse auf Erhöhung des Gesammtkapitals erfolgt, ist der Gesellschaft gegenüber unwirksam.

Erfordernisse der Kapitalserhöhung.

§ 1. 1. Die Kapitalserhöhung kann schon deshalb, weil sie auf eine Statutenänderung abzielt (vergl. § 3 zu Art. 215a), nur durch eine gerichtlich oder notariell verlautbarte Vereinbarung der persönlich haftenden Gesellschafter und der Kommanditisten erfolgen, für deren formelle und materielle Voraussetzungen die Art. 180f und 180g maßgebend sind.

§ 2. 2. Im vorliegenden Artikel ist disponirt über die Erfordernisse des Konsenses der Kommanditisten. Dieselben entsprechen denen des Art. 215a, nur daß dort selbstverständlich die Bestimmung des Abs. 3 des vorliegenden Artikels über die Betheiligung des persönlich haftenden Gesellschafters fehlt. Im Uebrigen aber vergl. die Erläuterung zu Art. 215a.

3. Die Sondervorschrift über die Versicherungsgesellschaften ist übrigens hier unpraktisch; bis zum Erlaß des neuen Gesetzes gab es solche in Form der Aktien-Kommanditgesellschaft nicht (Motive II. S. 201), und schwerlich dürften neue in dieser Form gegründet werden.

Artikel 180i.

Die Zeichnung der neu auszugebenden Aktien erfolgt durch schriftliche Erklärung, welche in zwei Exemplaren unterzeichnet werden soll.

Die stattgefundene Erhöhung des Kapitals der Kommanditisten ist behufs der Eintragung in das Handelsregister anzumelden. Die Vorschriften im Artikel 176 und 179 finden entsprechende Anwendung.

Vor der Eintragung der stattgefundenen Erhöhung in das Handelsregister desjenigen Gerichts, in dessen Bezirke die Gesellschaft ihren Sitz hat, sollen Aktien oder Interimsscheine nicht ausgegeben werden.

Der Artikel beschäftigt sich mit der Ausführung der beschlossenen Kapitalserhöhung.

§ 1. 1. Abs. 1 und 2 dieses Artikels stimmen überein mit Art. 215b; Abs. 3 findet sich in Art. 215c Abs. 3. Vergl. die Erläuterung zu diesen Artikeln.

2. Besonders zu bemerken ist hier nur: Esser (Anm. 3); Hergenhahn (Anm. 3) und Ring (S. 72) weisen darauf hin, daß nach der Vorschrift dieses Artikels nur die Erhöhung des Kapitals der Kommanditisten, nicht auch im Falle des Art. 180 Abs. 3 die Erhöhung des Kapitals der persönlich haftenden Gesellschafter zum Handelsregister anzumelden sei. Allein wenn es sich um denjenigen persönlich haftenden Gesellschafter handelt, der schon bei der Gründung mitgewirkt hat, so liegt in der Erhöhung seiner Einlage eine Statutenänderung, und sie ist um deßhalb zur Eintragung anzumelden (Art. 175 Ziffer 1). § 2.

Artikel 181.

Die Einlagen, mit welchen ein persönlich haftender Gesellschafter sich in Gemäßheit der Artikel 174a, 180h Absatz 3 betheiligt hat, dürfen ihm weder ganz noch theilweise zurückgegeben oder erlassen werden.

Er darf den Antheil, welcher ihm am Gesellschaftsvermögen einschließlich des Gesammtkapitals der Kommanditisten auf solche Einlagen zugewiesen ist, nur an andere persönlich haftende Gesellschafter veräußern. In gleicher Weise ist, wenn er als persönlich haftender Gesellschafter ausscheidet, die Veräußerung desjenigen, was ihm auf solche Einlagen bei der Auseinandersetzung zugewiesen ist, bis zum Ablauf von drei Jahren seit dem Ausscheiden, jedoch nicht länger als bis zum Ablauf von zehn Jahren seit Eintragung des Gesellschaftsvertrages in das Handelsregister beschränkt. Während der Dauer dieser Beschränkung darf der Antheil des Gesellschafters oder dasjenige, was ihm bei der Auseinandersetzung zugewiesen ist, nicht ausgeliefert und für Privatgläubiger desselben nur insoweit gepfändet werden, als diese Gegenstände nicht bis zum Ablauf der Zeitbeschränkung wegen Forderungen der Gesellschaft oder solcher Gesellschaftsgläubiger, deren Ansprüche vor dem Ausscheiden des persönlich haftenden Gesellschafters entstanden waren, verwendet oder gepfändet sind.

Soweit die Einlagen auf das Gesammtkapital der Kommanditisten gemacht sind, hat der Aufsichtsrath die hierfür auszustellenden Aktien oder Interimsscheine in Verwahrung zu nehmen und mit dem Vermerk „unveräußerlich" zu versehen. Die Löschung des Vermerkes findet durch den Aufsichtsrath nach dem Wegfalle der bezeichneten Beschränkungen statt.

Einleitung. **Der Artikel stellt Vorschriften über die Erhaltung der gesetzlich erforderten Einlagen des Komplementars auf.** Nachdem die Art. 174a und 180h Abs. 3 im Interesse der Gesellschaftsgläubiger eine Betheiligung der Komplementare bei der Gründung und bei einer in den ersten 2 Jahren erfolgenden Kommanditkapitalserhöhung absolut vorschrieben, war es erforderlich, durch weitere Vorschriften zu verhindern, daß der Komplementar alsbald nach diesen Rechtsakten wieder ausscheidet und damit seine Einlage wieder zurückzieht. Demgemäß zielen die Vorschriften des vorliegenden Artikels darauf ab, daß die Sicherheit, welche durch die Einlage des Komplementars den Gläubigern gewährt wird, ihnen, so lange dieser Komplementar der Gesellschaft angehört, überhaupt nicht, und im Falle seines Ausscheidens nicht vor Ablauf einer bestimmten Sperrfrist entzogen werde. Die Vorschriften beziehen sich, wie betont werden soll, lediglich auf die bei der Gründung oder bei einer in den ersten zwei Jahren erfolgenden Kapitalserhöhung gemachten Einlagen. Sonstige Einlagen auf das Kommanditkapital oder außerhalb desselben sind von diesen Beschränkungen frei.

Die in Bezug auf die Einlage der Komplementare gegebenen Vorschriften dieses Artikels sind:

1. Verbot der Rückgabe und des Erlasses (Abs. 1).
2. Veräußerungs-, Auslieferungs- und Pfändungsbeschränkungen (Abs. 2).
3. Eine besondere Vorschrift zur Durchführung der Veräußerungsbeschränkungen bei Einlagen auf das Kommanditkapital (Abs. 3).

§ 1. 1. (Abs. 1.) **Verbot der Rückgabe und des Erlasses von Einlagen.** Der Artikel sagt nichts davon, wie für die Einziehung der stipulirten Einlagen zu sorgen ist. Einer solchen Vorschrift bedarf es bei Einlagen auf das Kommanditkapital nicht. Die Aktien müssen ja eingezahlt sein, ehe sie ausgegeben werden. (Art. 176 Abs. 3 und Art. 184 ff.) Wegen der Einziehung sonstiger Einlagen aber trifft Art. 175c Vorsorge. Denn danach hat sich die Prüfung des Gründungsherganges durch die Mitglieder des Aufsichtsraths auf die in Art. 174a bestimmte Betheiligung der Komplementare zu erstrecken, also darauf, ob die Einlagen bereits geleistet sind. Freilich ist nicht absolut erforderlich, daß die Einlagen bei der Gründung geleistet sind. Die Einlagepflicht kann auch befristet sein. In solchem Falle ist es Pflicht der Gesellschaftsorgane, für Einziehung Sorge zu tragen.

Gegen Rückgabe und Erlaß aber ist die kategorische Vorschrift des Absatzes 1 gerichtet. Die Folge der Verbotsverletzung ist die Verantwortlichkeit der Gesellschaftsorgane nach Art. 204, auch den Gesellschaftsgläubigern gegenüber. Außerdem sind die Akte rechtlich nichtig, was durch die Worte „dürfen nicht" ausgedrückt wird. Der Erlaß ist daher nichtig, die Rückgabe ist ohne Rechtsgrund erfolgt und begründet einen Anspruch auf abermalige Rückleistung.

Handelt es sich um Einlagen auf das Kommanditkapital, so ist Erlaß und Rückzahlung schon auf Grund dessen, was für die Aktien gilt, ausgeschlossen.

§ 2. 2. (Abs. 2.) **Veräußerungs-, Auslieferungs- und Pfändungsbeschränkungen.**

a) **Die Veräußerungsbeschränkung.** Der Komplementar darf, während er der Gesellschaft angehört, seinen Antheil am Gesellschaftsvermögen nur an einen anderen Komplementar veräußern; ebenso darf er sein Auseinandersetzungsguthaben während einer bestimmten Sperrfrist nur an einen Komplementar veräußern.

Es fragt sich hierbei, was das Gesetz unter dem Antheil an dem Gesellschaftsvermögen versteht. Von uns wird dieser Begriff anderweit erörtert. Zunächst wird im § 6 zu Art. 91 und § 1 zu Art 216 dargelegt, was darunter nicht zu verstehen ist, nämlich nicht ein bestimmter Bruchtheil des Gesellschaftsvermögens. Ein solcher steht den Gesellschaftern nicht zu. Die Petersen'- und Pechmann'sche Anschauung (S. 134), welche gerade in dieser Weise den Gesellschaftsantheil formulirt, ist deßhalb unrichtig. Auch positiv haben wir bereits anderweit dargelegt, was das Gesetz unter dem Antheil am Gesellschaftsvermögen versteht. Im Art. 98 sind, da das Gesetz von einer Abtretung des Antheils spricht, diejenigen Rechte des Gesellschafters gemeint, welche übertragbar sind: nämlich die Ansprüche auf Zinsen und Gewinn während des Bestehens der Gesellschaft, und das Guthaben, welches sich bei der Auseinandersetzung ergiebt, kurz: die gesellschaftlichen Bezüge. (Vergl. § 6 zu Art. 98.) Im Art. 106 dagegen ist der Aktivsaldo des Gesellschafters gemeint, der, wie § 5 daselbst ausgeführt ist, während des Bestehens der Gesellschaft eine fiktive Ziffer ist und kein Recht im juristischen Sinne darstellt, welches Gegenstand von Rechtsgeschäften, insbesondere der Uebertragung, sein könnte. Hier bei der Aktien-Kommanditgesellschaft findet sich dieser letztere Begriff in Art. 185a Ziffer 5. (Vergl. die Erläuterung zu Art. 185a.) Im vorliegenden Artikel kann nur der erstere Begriff gemeint sein, wie er dem Art. 98 zu Grunde liegt. Denn hier handelt es sich um eine Uebertragungsbeschränkung, es kann daher nur ein der Uebertragung fähiges Recht gemeint sein. Demgemäß wäre unter dem Antheil am Gesellschaftsvermögen in diesem Absatze die Gesammtheit der Ansprüche an die Gesellschaft auf vermögensrechtliche Bezüge, nämlich die Ansprüche auf Zinsen und Gewinn während des Bestehens der Gesellschaft und der Anspruch auf das Guthaben bei der Auseinandersetzung zu verstehen, wenn nicht der Wortlaut der vorliegenden Gesetzesstelle eine kleine Modifikation ergäbe. Die Unsicherheit des Gesetzgebers beim Gebrauche des Wortes Antheil am Gesellschaftsvermögen dokumentirt sich nämlich im vorliegenden Artikel darin, daß er hier in den ersten zwei Sätzen des zweiten Absatzes den Antheil am Gesellschaftsvermögen und das Auseinandersetzungsguthaben als zwei selbstständige Begriffe neben einander stellt. Während daher im Art. 98 der Antheil am Gesellschaftsvermögen die Gesammtheit der Vermögensansprüche an die Gesellschaft bedeutet, also die Ansprüche bei bestehender Gesellschaft und nach dem Ausscheiden, ist hier der letztere Begriff als selbstständiger hingestellt, so daß der Antheil am Gesellschaftsvermögen nur die Vermögensansprüche an die Gesellschaft während ihres Bestehens umfaßt. Diese aber fallen sämmtlich darunter: also sämmtliche Ansprüche auf Zinsen und Gewinn, soweit sie gesetzlich oder vertraglich dem Komplementar zustehen.

Handelt es sich um Einlagen auf das Kommanditkapital, also um Aktien, so ist eine Veräußerung an eine andere Person als einen anderen Komplementar gleichfalls nichtig. Die Spezialvorschrift des vorliegenden Artikels („darf nicht") geht der allgemeinen Vorschrift der Art. 306 und 307 vor. Jeder spätere gutgläubige Erwerber aber wird, wenn es sich um Inhaberaktien handelt, durch Art. 307 geschützt, bei Namensaktien durch die Vorschrift des Art. 306 und, soweit dessen Voraussetzungen nicht vorhanden sind, durch das bürgerliche Recht (in Preußen greift das Einlösungsrecht Platz). Dies ist auch die herrschende Ansicht. (Ring Anm. 7; Petersen und Pechmann S. 136; Gareis-Fuchsberger S. 361 Note 82). Zu weit geht Makower, wenn er jeden gutgläubigen Erwerber, zu weit nach der anderen Richtung Kayser (Anm. 19), wenn er keinen Erwerber für geschützt erachtet.

Auf Aktien, die der Komplementar sonst besitzt, bezieht sich diese Veräußerungsbeschränkung nicht. (Vergl. die Einleitung.) Nur mitstimmen darf er auch mit diesen letzteren nicht (Art. 170 Abs. 4).

b) **Die Auslieferungsbeschränkung.** Dieselbe bezieht sich auf das Auseinandersetzungsguthaben, nicht auch auf die dem Komplementar zustehenden Bezüge während der Dauer der Gesellschaft. In Ansehung dieser ist nur seine Veräußerungsbefugniß beschränkt (vergl. § 2). Hinsichtlich der Terminologie ist bemerkenswerth, daß in diesem dritten Satze die Ausdrücke Antheil am Gesellschaftsvermögen und Auseinandersetzungsguthaben promiscue gebraucht werden. Was gemeint, ist klar. Es ist aber diese Schwankung in den Ausdrücken und insbesondere die Häufung der Ausdrücke im vorliegenden dritten Satze ein neues Zeichen der Unsicherheit der gesetzgeberischen Terminologie. Die Auslieferungsbeschränkung kann unter Umständen eine harte Maßregel sein, da das Gesetz weder eine Sicherung durch die Gesellschaft noch eine Verzinsung vorschreibt. Es ist Sache vertraglicher Fürsorge, dies festzusetzen (Motive I. S. 308). Worin das Auseinandersetzungsguthaben besteht, richtet sich nach den getroffenen Vereinbarungen und eventuell nach Art. 180, 181. Die letzteren sind auf Grund des Art. 172 auf einfache Kommanditgesellschaften anwendbar, auf Aktien-Kommanditgesellschaften aber um deshalb, weil das Gesetz sich die Aktien-Kommanditgesellschaft als Unterart der Kommanditgesellschaft denkt und deßhalb alle Vorschriften analog anwendbar sind, hinsichtlich deren hier nichts Abweichendes vorgeschrieben ist. (Vergl. § 3 zu Art. 173.) § 3.

Eine dem Verbote zuwider erfolgte Auslieferung macht die Gesellschaftsorgane verantwortlich nach Art. 204, ist außerdem nichtig und verpflichtet in Folge dessen den Empfänger zur Rücklieferung.

Im Falle der Betheiligung durch Aktien bleibt der Komplementar nach seinem Ausscheiden gewöhnlicher Aktionär.

c) **Die Pfändungsbeschränkung.** Dieselbe richtet sich, um den Gesellschaftsantheil des Komplementars dem Gesellschaftsvermögen zu erhalten, gegen Maßregeln seiner Privatgläubiger. Pfändungen auf das Auseinandersetzungsguthaben des ausscheidenden Gesellschafters Seitens seiner Privatgläubiger sind danach nur insofern wirksam, als die Sicherstellung der Gesellschaft und der Gesellschaftsgläubiger das Guthaben nicht absorbirt. § 4.

Die Pfändung ist an sich zulässig, aber eben nur in den angegebenen Grenzen wirksam.

Daneben sind die Privatgläubiger außerdem der Beschränkung unterworfen, daß kein in die Gesellschaft eingebrachter Gegenstand selbst, sondern nur was der Komplementar an Zinsen und Gewinn zu beziehen hat und was ihm bei der Auseinandersetzung zukommt, von ihnen gepfändet werden kann. Die Motive (I. S. 320) weisen hierauf ausdrücklich hin und nehmen hierfür auf Art. 119 Bezug. Nach unserer Auffassung folgt dies daraus, daß die Aktien-Kommanditgesellschaft eine juristische Person ist und daher ihr eigenes Vermögen hat (vergl. § 2 zu Art. 173).

§ 5. 3. (Abs. 3.) **Eine besondere Vorschrift zur Durchführung der Veräußerungsbeschränkung bei Einlagen auf das Kommanditkapital.** Die Vorschrift soll bewirken, daß die Aktien den Charakter der Unveräußerlichkeit an der Stirn tragen, damit die Gesellschaft und das Publikum gegen verbotswidrige Veräußerung geschützt werden. Auf den Fall, daß ausnahmsweise die Vorschrift nicht beobachtet ist, bezieht sich die obige Erörterung über den Schutz des redlichen Erwerbers (§ 2).

Wie die Verwahrung durch den Aufsichtsrath zu erfolgen hat, ist nicht unzweifelhaft, Ring (Anm. 6) erachtet eine Hinterlegung der Art, daß die sämmtlichen Aufsichtsrathsmitglieder die Verfügungsgewalt haben, für erforderlich. Allein es ist durchaus nicht ausgeschlossen, daß der Aufsichtsrath ein Mitglied, insbesondere den Vorsitzenden, ad hoc belegirt, wie es ja überhaupt dem Aufsichtsrath nicht verwehrt ist, einzelne Geschäfte durch ein einzelnes Mitglied vornehmen zu lassen. Die Verantwortlichkeit bleibt beim ganzen Aufsichtsrathe.

Artikel 181a.

Interimsscheine, welche auf Inhaber lauten, sind nichtig. Die Ausgeber haften den Besitzern solidarisch für allen durch die Ausgabe verursachten Schaden.

Das Gleiche gilt, wenn Aktien oder Interimsscheine auf einen geringeren als den nach Artikel 173a zugelassenen Betrag gestellt sind oder ausgegeben werden, bevor der Gesellschaftsvertrag bei dem Handelsgerichte, in dessen Bezirke die Gesellschaft ihren Sitz hat, in das Handelsregister eingetragen ist.

Aus Aktien und Interimsscheinen, welche in Gemäßheit des Artikels 173a auf einen Betrag von weniger als eintausend Mark gestellt sind, sollen im Falle des zweiten Absatzes des bezeichneten Artikels die ertheilte Genehmigung, im Falle des dritten Absatzes die Beschränkungen hervorgehen, welchen die Kommanditisten in Bezug auf die Form einer Uebertragung ihrer Rechte und die Einwilligung der Gesellschaft in dieselbe unterworfen sind.

Vergl. die Bemerkungen zu Art. 215c.

Artikel 182.

Aktien, welche auf Namen lauten, müssen mit genauer Bezeichnung des Inhabers nach Namen, Wohnort und Stand in das Aktienbuch der Gesellschaft eingetragen werden.

Sie können, soweit nicht der Artikel 181 oder der Gesellschaftsvertrag ein anderes bestimmt, ohne Einwilligung der Gesellschaft auf andere Personen übertragen werden. Zu der im Gesellschaftsvertrage vorbehaltenen Einwilligung der Gesellschaft in die Uebertragung von Aktien, welche auf einen Betrag von weniger als eintausend Mark gestellt sind, ist die Zustimmung des Aufsichtsraths und der Generalversammlung erforderlich. Die Uebertragung dieser Aktien bedarf zu ihrer Gültigkeit einer die Person des Erwerbers bezeichnenden gerichtlich oder notariell beglaubigten Erklärung.

Die Uebertragung anderer Aktien, welche auf Namen lauten, kann durch Indossament geschehen. In Betreff der Form desselben kommen die Bestimmungen der Artikel 11 bis 13 der Deutschen Wechselordnung zur Anwendung.

Dieser Artikel ist in Art. 220 auf die Aktiengesellschaft für anwendbar erklärt und dort nochmals abgedruckt und erläutert. Hinzuzufügen ist: Zur Einwilligung der Gesellschaft gehört auch die Zustimmung der Komplementare (Ring S. 80).

Artikel 183.

Wenn das Eigenthum der auf Namen lautenden Aktie auf einen Anderen übergeht, so ist dies, unter Vorlegung der Aktie und des Nachweises des Ueberganges, bei der Gesellschaft anzumelden und im Aktienbuche zu bemerken.

Im Verhältnisse zu der Gesellschaft werden nur diejenigen als die Eigenthümer angesehen, welche als solche im Aktienbuche verzeichnet sind.

Zur Prüfung der Legimitation ist die Gesellschaft berechtigt, aber nicht verpflichtet.

Es gilt das Gleiche, wie zu Art. 182.

Artikel 183a.

Die im Artikel 182 und 183 enthaltenen Bestimmungen finden auf die Eintragung der Interimsscheine und die Uebertragung derselben auf andere Personen Anwendung.

Vor der vollen Leistung des Nominalbetrages oder des in den Fällen der Artikel 175a, Ziffer 2, 180h Absatz 2 festgesetzten Betrages soll die Aktie nicht ausgegeben werden.

Vergl. die beiden vorangehenden Artikel. Zu Abs. 2 vergl. Art. 215c Abs. 3 und die dortigen Bemerkungen.

Artikel 183b.

Die Verpflichtung der Kommanditisten, zu den Zwecken der Gesellschaft und zur Erfüllung ihrer Verbindlichkeiten beizutragen, wird durch den Nominalbetrag der Aktie, in den Fällen der Artikel 175a Ziffer 2, 180h Absatz 2 durch den Betrag, für welchen die Aktie ausgegeben ist, begrenzt.

Uebereinstimmend mit Art. 219 Abs. 1 und dort erläutert.

Artikel 184.

Ein Gesellschafter, welcher den auf die Aktie eingeforderten Betrag nicht zur rechten Zeit einzahlt, ist zur Zahlung von Verzugszinsen von Rechtswegen verpflichtet.

Im Gesellschaftsvertrage können für den Fall der verzögerten Einzahlung Konventionalstrafen ohne Rücksicht auf die sonst stattfindenden gesetzlichen Einschränkungen festgesetzt werden.

Ist im Gesellschaftsvertrage keine besondere Form, wie die Aufforderung zur Einzahlung geschehen soll, bestimmt, so geschieht dieselbe in der Form, in welcher die Bekanntmachungen der Gesellschaft nach dem Gesellschaftsvertrage überhaupt erfolgen müssen.

Dieser Artikel ist in Art. 219 Abs. 2 in Bezug genommen und dort erläutert. Hinzuzufügen ist: die Bestimmung über die Einforderung der Aktienbeträge steht den geschäftsführenden Komplementaren zu, die Kommanditistenversammlung kann hier keine bindende Anweisung ertheilen (Ring S. 81).

Artikel 184a.

Im Falle verzögerter Einzahlung kann an die säumigen Gesellschafter eine erneute Aufforderung zur Zahlung unter Androhung ihres Ausschlusses mit dem Antheilsrechte erlassen werden. Die Aufforderung hat mindestens dreimal durch Bekanntmachung in den hierzu bestimmten öffentlichen Blättern, die erste Bekanntmachung mindestens drei Monate und die letzte Bekanntmachung mindestens vier Wochen vor Ablauf der für die Einzahlung gesetzten Nachfrist zu erfolgen. Statt der Bekanntmachungen in den öffentlichen Blättern genügt, falls das Antheilsrecht nicht ohne Einwilligung der Gesellschaft übertragbar ist, die Bekanntmachung der Aufforderung mit einer vier Wochen übersteigenden Nachfrist durch besonderen Erlaß an die säumigen Gesellschafter.

Ein Gesellschafter, welcher den auf die Aktie zu leistenden Betrag nicht einzahlt, obwohl die im vorstehenden Absatze bezeichnete Aufforderung stattgefunden hat, ist seiner Anrechte aus der Zeichnung der Aktie und der geleisteten Theilzahlungen zu Gunsten der Gesellschaft verlustig zu erklären. Die den Ausschluß bewirkende Erklärung erfolgt mittels Bekanntmachung durch die hierzu bestimmten öffentlichen Blätter. An Stelle der bisherigen Urkunde ist eine neue auszugeben, welche außer den früher geleisteten Theilzahlungen den eingeforderten Betrag zu umfassen hat. Wegen des Ausfalls, welchen die Gesellschaft an diesem Betrage oder den später eingeforderten Beträgen erleidet, bleibt ihr der ausgeschlossene Gesellschafter verhaftet.

Von den vorstehenden Rechtsfolgen kann der Gesellschafter nicht befreit werden.

Es gilt das Gleiche wie zu Art. 184. Hinzuzufügen ist das Gleiche wie zu Art. 184.

Artikel 184b.

Soweit der ausgeschlossene Gesellschafter den eingeforderten Betrag nicht gezahlt hat, ist für denselben der Gesellschaft der letzte und jeder frühere, in dem Aktienbuche verzeichnete Rechtsvorgänger verhaftet, ein früherer Rechtsvorgänger, soweit die Zahlung und dessen Rechtsnachfolger nicht zu erlangen ist. Dies ist bis zum Nachweise des Gegentheils anzunehmen, soweit von letzterem die Zahlung nicht bis zum Ablauf von vier Wochen geleistet wird, nachdem an ihn die Zahlungsaufforderung und an den Rechtsvorgänger die Benachrichtigung von derselben erfolgt ist. Der Rechtsvorgänger erhält gegen Zahlung des rückständigen Betrages die neu auszugebende Urkunde.

Die Haftpflicht des Rechtsvorgängers ist auf die innerhalb der Frist von zwei Jahren auf die Aktien eingeforderten Beträge beschränkt. Die Frist beginnt mit dem Tage, an welchem die Uebertragung des Antheilsrechts zum Aktienbuche der Gesellschaft angemeldet ist.

Von der vorstehenden Verbindlichkeit können die Rechtsvorgänger nicht befreit werden.

Ist die Zahlung des rückständigen Betrages von Rechtsvorgängern nicht zu erlangen, so kann die Gesellschaft das Antheilsrecht zum Börsenpreise und in Ermangelung eines solchen durch öffentliche Versteigerung verkaufen.

Es gilt das Gleiche, wie zu Art. 184.

Artikel 184c.

Die Gesellschafter können gegen die ihnen in Gemäßheit der Artikel 184 bis 184b obliegenden Zahlungen eine Aufrechnung nicht geltend machen. Ebensowenig findet an dem Gegenstande einer zu leistenden Einlage wegen Forderungen, welche sich nicht auf dieselbe beziehen, ein Zurückbehaltungsrecht statt.

Es gilt das Gleiche wie zu Art. 184.

Artikel 184d.

Die Gesellschaft soll eigene Aktien im geschäftlichen Betriebe, sofern nicht eine Kommission zum Einkauf ausgeführt wird, weder erwerben noch zum Pfande nehmen. Sie darf eigene Interimsscheine im geschäftlichen Betriebe auch in Ausführung einer Einkaufskommission weder erwerben noch zum Pfande nehmen.

Die Vorschrift entspricht dem Art. 215d Abs. 1. Vergl. diesen.

Artikel 185.

Die persönlich haftenden Gesellschafter sind verpflichtet, spätestens in den ersten sechs Monaten jedes Geschäftsjahres für das verflossene Geschäftsjahr eine Bilanz, eine Gewinn- und Verlustrechnung, sowie einen den Vermögensstand und die Verhältnisse der Gesellschaft entwickelnden Bericht dem Aufsichtsrathe und mit dessen Bemerkungen der Generalversammlung der Kommanditisten vorzulegen.

Die Vorschrift korrespondirt mit Art. 239 Abs. 2. Auf die Erläuterung zu demselben ist zu verweisen, nur ist zu bemerken:

1. Bei der Aktien-Kommanditgesellschaft ist lediglich eine 6 monatliche Frist zur Vorlegung der Bilanz bestimmt, nicht, wie bei der Aktiengesellschaft, eine 3 monatliche, welche statutarisch auf 6 Monate erstreckt werden kann.
2. Bei der Aktien-Kommanditgesellschaft ist die Auslegung der Bilanz für die Aktionäre und das Recht derselben auf Ertheilung von Abschriften nicht vorgesehen.

Zusatz. Die in Abs. 1 des Art. 239 vorgesehene Pflicht zur Bücherführung ist hier nicht erwähnt. Die persönlich haftenden Gesellschafter haben diese Pflicht auf Grund der Art. 28 ffg., Art. 5 H.G.B. Die Bilanz haben sie sämmtlich zu unterschreiben (Art. 30), und auch im Uebrigen gelten hierüber die zu Art. 239 Ab. 1 gegebenen Erläuterungen.

Artikel 185a.

Für die Aufstellung der Bilanz kommen die allgemeinen Vorschriften des Artikels 31 mit folgenden Maßgaben zur Anwendung:

1. Werthpapiere und Waaren, welche einen Börsen- oder Marktpreis haben, dürfen höchstens zu dem Börsen- oder Marktpreise zur Zeit der Bilanzaufstellung, sofern dieser jedoch den Anschaffungs- oder Herstellungspreis übersteigt, höchstens zu letzterem angesetzt werden;
2. andere Vermögensgegenstände sind höchstens zu dem Anschaffungs- oder Herstellungspreise anzusetzen;
3. Anlagen und sonstige Gegenstände, welche nicht zur Weiterveräußerung, vielmehr dauernd zum Geschäftsbetriebe der Gesellschaft bestimmt sind, dürfen ohne Rücksicht auf einen geringeren Werth zu dem Anschaffungs- oder Herstellungspreise angesetzt werden, sofern ein der Abnutzung gleichkommender Betrag in Abzug gebracht oder ein derselben entsprechender Erneuerungsfonds in Ansatz gebracht wird;
4. die Kosten der Organisation und Verwaltung dürfen nicht als Aktiva, müssen vielmehr ihrem vollen Betrage nach in der Jahresrechnung als Ausgabe erscheinen;
5. der Betrag des Gesammtkapitals der Kommanditisten, der Antheil der persönlich haftenden Gesellschafter am sonstigen Gesellschaftsvermögen und der Betrag eines jeden Reserve- und Erneuerungsfonds sind unter die Passiva aufzunehmen;
6. der aus der Vergleichung sämmtlicher Aktiva und sämmtlicher Passiva sich ergebende Gewinn oder Verlust muß am Schlusse der Bilanz besonders angegeben werden.

Dieser Artikel, sowie Art. 185b und 185c sind in Art. 239c in Bezug genommen und dort erläutert.

Hinzuzufügen ist, daß bei der Aktien-Kommanditgesellschaft nicht blos das Aktienkapital unter den Passiven aufzuführen ist, sondern auch das Einlagekapital bezw. die Antheile der Komplementare außerhalb des Kommanditkapitals. Das ist gesetzlich vorgeschrieben (Nr. 5), es folgt aber schon aus der Natur der Sache und insbesondere der doppelten Buchführung von selbst, daß eine der Einlage bzw. den Anwachsungen und Minderungen derselben entsprechende Ziffer als Reservekonto unter die sogenannten Passiven eingestellt wird, damit auf diese Weise von den vorhandenen Werthen ein entsprechender Theil von der Vertheilung zurückgehalten bzw. so lange in Werthen angesammelt werde, bis dieselben außer den Ziffern der übrigen Reservekonten auch einen dieser Ziffer entsprechenden Betrag erreicht haben, ehe an Gewinnvertheilung gedacht wird. Unter Antheil am Gesellschaftsvermögen ist hier dasselbe zu verstehen, wie in Art. 106 (vergl. § 5 daselbst): der etwaige Aktivsaldo des Komplementars, d. h. die Ziffer seiner Einlage, vermehrt um die zugeschriebenen Zinsen und Gewinne und vermindert um die Entnahmen, um die Zinsen davon, und um den Verlustantheil. Die betreffende Passivziffer ist hiernach eine veränderliche Ziffer, und nicht, wie Petersen und Pechmann (S. 271) meinen, eine stetige, d. h. eine dem Betrage der Einlage immer gleichkommende. (Zust. Ring S. 85.)

Artikel 185b.

Zur Deckung eines aus der Bilanz sich ergebenden Verlustes ist ein Reservefonds zu bilden; in denselben ist einzustellen:

1. von dem jährlichen Reingewinne mindestens der zwanzigste Theil so lange, als der Reservefonds den zehnten oder den im Gesellschaftsvertrage bestimmten höheren Theil des Gesammtkapitals nicht überschreitet;
2. der Gewinn, welcher bei Errichtung der Gesellschaft oder einer Erhöhung des Gesammtkapitals durch Ausgabe der Aktien für einen höheren als den Nominalbetrag erzielt wird.

Vergl. zu Art. 185. Keyßner und Simon verweisen bei Ziffer 1 zur Erläuterung des Wortes Reingewinn auf Art. 106, 161, wonach bei Kommanditgesellschaften Gewinn erst vorhanden ist, wenn die Einlagen mit 4 % verzinst sind. Dabei ist jedoch darauf aufmerksam zu machen, daß die Einlagen der Kommanditisten nicht zu verzinsen sind, wohl aber die von den Komplementaren außerhalb des Kommanditkapitals gemachten (vergl. §§ 3 und 4 zu Art. 197).

Artikel 185c.

Nach erfolgter Genehmigung durch die Generalversammlung sind die Bilanz, sowie die Gewinn- und Verlustrechnung ohne Verzug von den persönlich haftenden Gesellschaftern in den hierzu bestimmten öffentlichen Blättern bekannt zu machen und zu dem Handelsregister einzureichen.

Im Uebrigen werden die Grundsätze, nach welchen die Bilanz aufzunehmen, Reservefonds zu bilden und anzulegen sind und die Prüfung der Bilanz zu erfolgen hat, durch den Gesellschaftsvertrag bestimmt.

Vergl. zu Art. 185a. Hinzuzufügen ist: Die Generalversammlung hat hier nur ein Veto; positive Bewerthungsgrundsätze mit zwingender Kraft kann sie nicht aufstellen; die Komplementare müssen zustimmen. Gegen den nicht genehmigenden Beschluß haben die Komplementare die Anfechtungsklage, ebenso die Kommanditisten gegen den Beschluß, wie er auch laute, falls nur die Requisite des Art. 190a vorliegen. (Ring S. 86.)

Artikel 186.

Die Rechte, welche den Kommanditisten gegenüber den persönlich haftenden Gesellschaftern nach dem Gesellschaftsvertrage oder nach den Bestimmungen des vorigen Abschnitts in Beziehung auf die Führung der Geschäfte, die Einsicht und Prüfung der Bilanz, die Bestimmung der Gewinnvertheilung, die Auflösung oder Kündigung der Gesellschaft und die Befugniß, das Ausscheiden eines persönlich haftenden Gesellschafters zu verlangen, zustehen, werden in der Generalversammlung durch Beschlußfassung der erschienenen Kommanditisten ausgeübt.

Die Beschlüsse der Generalversammlung werden durch den Aufsichtsrath ausgeführt, wenn nicht im Gesellschaftsvertrage ein Anderes bestimmt ist.

Einleitung. **Der Artikel bestimmt, in welcher Weise die Kommanditisten ihre Rechte gegenüber den persönlich haftenden Gesellschaftern auszuüben haben.** Es geschieht dies in der Weise, daß die Aktionärversammlung beschließt (Abs. 1) und der Aufsichtsrath oder ein anderes hierzu bestelltes Organ den Beschluß ausführt (Abs. 2).

1. (Abs. 1.) **Die Rechte der Kommanditisten gegenüber den persönlich haftenden Gesellschaftern werden durch Beschlußfassung der Kommanditistenversammlung ausgeübt.** § 1.

a) Welche Rechte gemeint sind, zählt der Artikel besonders auf. Was dabei insbesondere die Rechte auf die Geschäftsführung betrifft, so ist hervorzuheben, daß sowohl aus dem sonstigen Zusammenhange des Gesetzes (vergl. § 3 zu Art. 173), als aus der Bezugnahme dieses Absatzes auf „die Bestimmungen des vorigen Abschnitts" folgt, daß die Kommanditisten hier die gleichen Rechte auf Theilnahme an der Geschäftsführung haben, wie bei der einfachen Kommanditgesellschaft, also im Wesentlichen das Recht des Widerspruchs bei ungewöhnlichen Geschäften (vergl. §§ 4, 5, 7 zu Art. 158). Das Recht auf Einsicht und Prüfung der Bilanz insbesondere anlangend, so steht den Kommanditisten nicht blos das Recht aus Art. 160, sondern auch dasjenige aus Art. 193 zu. Die Gewinnvertheilungsrechte richten sich nach dem Statut, eventuell nach Art. 162; Beschlüsse der Generalversammlung, welche dem Statut oder diesem Artikel widersprechen, unterliegen der Anfechtung.

b) Die Rechte werden ausgeübt durch Beschluß der Kommanditistenversammlung, welcher vom Aufsichtsrath ausgeführt wird. Die Rechte stehen also nicht jedem Kommanditisten einzeln, sondern der organisirten Kommanditistengesammtheit zu. § 2.

2. (Abs. 2.) **Die Beschlüsse werden ausgeführt durch den Aufsichtsrath.** Im § 2 zu Art. 221 ist dargelegt, daß die Generalversammlung ihren Einfluß auf die Geschäftsführung ihrer Natur nach nur durch eine beschließende Thätigkeit ausüben kann. Ihre Beschlüsse werden ausgeführt durch besondere Organe, hier durch den Aufsichtsrath. Da aber nach dem vorliegenden Artikel auch andere Organe hierzu bestellt sein können, so ist ein Verwaltungsrath bei der Aktien-Kommanditgesellschaft zweifelsohne zulässig. Dies ist die herrschende Ansicht (Ring S. 285; Petersen und Pechmann S. 215; Esser Anm. 6; Kayser Anm. 5; Hergenhahn Anm. 6). § 3.

Zusatz 1. **Ueber die Form der Generalversammlungsbeschlüsse** ist nichts bestimmt. (Vergl. hierüber zu Art. 180f § 2.) § 4.

Zusatz 2. Im vorliegenden Artikel sind übrigens nur die Rechte der Kommanditisten gegenüber den persönlich haftenden Gesellschaftern behandelt: **die Generalversammlung der Kommanditisten hat aber noch sonstige zahlreiche Funktionen,** vergl. Art. 175e; 175f; 180c; 180e; 180g; 180h; 182; 191; 192; 194; 195; 199; 203; 205; 206; 206a. Es gilt materiell und formell für alle diese Kommanditistenversammlungen das Gleiche, wie es in den §§ 1 u. 2 zu Art. 180f dargelegt ist. § 5.

Artikel 187.

Die Generalversammlung der Kommanditisten wird durch die persönlich haftenden Gesellschafter oder durch den Aufsichtsrath berufen, sofern nicht nach dem Gesetze oder dem Gesellschaftsvertrage auch andere Personen dazu befugt sind.

Die Generalversammlung ist außer den im Gesetze oder im Gesellschaftsvertrage ausdrücklich bestimmten Fällen zu berufen, wenn dies im Interesse der Gesellschaft erforderlich erscheint.

Der Artikel stimmt überein mit Art. 236, auf dessen Erläuterung verwiesen wird. Hinzuzufügen ist:

Das Berufungsrecht des Aufsichtsraths steht natürlich nicht jedem einzelnen Mitgliede desselben, sondern dem Aufsichtsrath als geschlossenem Organe zu (Ring S. 91). Der Aufsichtsrath muß daher die Berufung giltig beschließen und den Beschluß den Aktionären gehörig nach außen kundgeben (vergl. Art. 175 Nr. 6).

Hinsichtlich des Berufungsrechts der persönlich haftenden Gesellschafter wird gestritten, ob es jedem einzelnen derselben zustehe (so Ring S. 91; Schultze-Görlitz S. 188) oder nur allen zusammen (so Esser S. 49; Hergenhahn S. 27) oder den geschäftsführenden Komplementaren (so Renand S. 478; Puchelt-Förtsch Anm. 2). Wir sind der letzteren Ansicht, der vorliegende Artikel will nur besagen, daß das Recht der Berufung beiden Theilen zusteht, dem Organe der Kommanditisten und dem der Komplementare. In welcher Zusammensetzung letztere dabei zu fungiren haben, darüber will der Artikel nicht disponiren, insbesondere erhellt nicht, daß er hierüber anders verfügen wollte, als was sonst für die Geschäftsführung gilt.

Artikel 188.

Die Generalversammlung muß berufen werden, wenn dies von Kommanditisten, deren Antheile zusammen den zehnten Theil des Gesammtkapitals darstellen, in einer von ihnen unterzeichneten Eingabe unter Angabe des Zwecks und der Gründe verlangt wird. Ist im Gesellschaftsvertrage das Recht, die Berufung der Generalversammlung zu verlangen, an den Besitz eines geringeren Antheils am Gesammtkapital geknüpft, so hat es hierbei sein Bewenden.

Wird dem Verlangen nicht entsprochen, so kann das Handelsgericht die Kommanditisten, welche das Verlangen gestellt haben, zur Berufung der Generalversammlung ermächtigen. Mit der Berufung ist die gerichtliche Ermächtigung zu veröffentlichen.

Im Wesentlichen entspricht die Vorschrift dem Art. 237 Abs. 1 und 3, nur ist hier nicht der 20. Theil des Grundkapitals genügend, sondern der 10. Theil erforderlich. Das der Minderheit gewährte Recht, die Ansetzung einer bestimmten Tagesordnung zu verlangen, besteht hier nicht. Im Uebrigen wird auf die Erläuterung zu Art. 237 Abs. 1 und 3 verwiesen.

Artikel 189.

Die Berufung der Generalversammlung hat in der durch das Gesetz und den Gesellschaftsvertrag bestimmten Weise zu erfolgen.

Der Zweck der Generalversammluug muß jederzeit bei der Berufung bekannt gemacht werden. Ueber Gegenstände, deren Verhandlung nicht in dieser Weise angekündigt ist, können Beschlüsse nicht gefaßt werden; hiervon ist jedoch der Beschluß über den in der Generalversammlung gestellten Antrag auf Berufung einer außerordentlichen Generalversammlung ausgenommen.

Zur Stellung von Anträgen und zu Verhandlungen ohne Beschlußfassung bedarf es der Ankündigung nicht.

§ 1. Der Artikel stimmt im Allgemeinen überein mit Art. 238. An Besonderheiten ist hier nur zu verzeichnen:

1. In Abs. 1 fehlt hier eine Bestimmung, wonach zwischen der Berufung und dem Tage der Generalversammlung eine Frist von mindestens 2 Wochen liegen muß, die noch zu erstrecken ist, wenn nach den Statuten zur Ausübung des Stimmrechts Hinterlegung der Aktien erforderlich ist.

   Daraus folgt, daß eine Frist für die Berufung hier gesetzlich nicht vorgesehen ist. Wenn das Statut nicht anderweit Vorsorge trifft, ist also das Dazwischenliegen eines Tages genügend. Die Aktiendeposition für die Ausübung des Stimmrechts statutarisch zu fordern, ist nicht unzulässig (anders 1. Aufl.; vergl. § 11 zu Art. 190, kommentirt hinter Art. 221).

§ 2. 2. In Abs. 2 ist der Zweck der Generalversammlung hier nothwendiger Weise zusammen mit der Berufung derselben anzukündigen, bei der Aktiengesellschaft „soll" dies nur geschehen. Eine hiergegen verstoßende Berufung ist ungültig.

§ 3. 3. Zum Vorsitzenden der Kommanditistenversammlung kann nach Petersen und Pechmann S. 220 ein Komplementar nicht ernannt werden, weil es sich um Rechte handele, welche gegenüber den Komplementaren ausgeübt werden sollen. Allein das beeinflußt nur das Stimmrecht. Die formelle Leitung kann ihm übertragen werden (vergl. § 9 zu Art. 238), wenn sich dies auch nicht empfiehlt. Am geeignetsten für diese Leitung ist im Allgemeinen der Vorsitzende des Aufsichtsraths oder der Syndikus der Gesellschaft.

Artikel 190.

Jede Aktie gewährt das Stimmrecht. Dasselbe wird nach den Aktienbeträgen ausgeübt. Der Gesellschaftsvertrag kann für den Fall, daß ein Kommanditist mehrere Aktien besitzt, die Ausübung des Stimmrechts für dieselben durch einen Höchstbetrag oder in Abstufungen oder nach Gattungen beschränken.

Vollmachten erfordern zu ihrer Gültigkeit die schriftliche Form, sie bleiben in der Verwahrung der Gesellschaft.

Wer durch die Beschlußfassung entlastet oder von einer Verpflichtung befreit werden soll, hat hierbei kein Stimmrecht und darf ein solches auch nicht für Andere ausüben. Dasselbe gilt von einer Beschlußfassung, welche die Eingehung eines Rechtsgeschäfts mit ihm betrifft.

Persönlich haftende Gesellschafter, welchen in Gemäßheit der Artikel 174a, 180h Absatz 3 Antheile am Gesammtkapital der Kommanditisten zustehen oder welche sonst Aktien erwerben, haben kein Stimmrecht.

Im Uebrigen ist für die Bedingungen des Stimmrechts und die Form, in welcher dasselbe auszuüben ist, der Gesellschaftsvertrag maßgebend.

Dieser Artikel ist in **Abs. 2 des Art. 221** in Bezug genommen und dort erläutert. Hinzuzufügen ist:

1. Zu Abs. 3: Ob derjenige persönlich haftende Gesellschafter, der nach Abs. 4 ein Stimmrecht selbst nicht ausüben darf, andere vertreten kann, ist lebhaft bestritten. Im Anschluß an die Begründung verneinen dies Esser Anm. 2, Petersen und Pechmann S. 221 mit Rücksicht auf seine Stellung als Partei gegenüber der Generalversammlung. Allein dieser Stellung als Partei ist vom Gesetze genügend Rechnung getragen durch Abs. 4 und durch die Vorschrift des Abs. 3. Weitere Beschränkungen des Stimmrechts aber, als das Gesetz ausdrücklich vorsieht, dürfen nicht gemacht werden. Das oberste Recht des Aktionärs darf nicht über Gebühr eingeschränkt werden. (Uebereinstimmend Kayser Anm. 7; Ring Anm. 1). **§ 1.**
2. Zu Abs. 5: Das statutarische Verlangen der Aktiendeposition als Bedingung des Stimmrechts ist nicht unzulässig (vergl. § 1 zu Art. 189). **§ 2.**
3. Bei älteren Gesellschaften bleiben nach § 4 des Gesetzes die den Abs. 1 und 4 widersprechenden statutarischen Bestimmungen in Kraft. Danach kann insbesondere auch dem persönlich haftenden Gesellschafter für die ihm gehörigen Aktien das Stimmrecht gewährt sein. **§ 3.**

Artikel 190 a.

Ein Beschluß der Generalversammlung kann wegen Verletzung des Gesetzes oder des Gesellschaftsvertrages als ungültig im Wege der Klage angefochten werden. Dieselbe findet nur binnen der Frist von einem Monate statt. Zur Anfechtung befugt ist außer persönlich haftenden Gesellschaftern jeder in der Generalversammlung erschienene Kommanditist, sofern er gegen den Beschluß Widerspruch zum Protokoll erklärt hat, und jeder nicht erschienene Kommanditist, sofern er die Anfechtung darauf gründet, daß die Berufung der Generalversammlung oder die Ankündigung des Gegenstandes der Beschlußfassung nicht gehörig erfolgt war.

Die Klage ist gegen die persönlich haftenden Gesellschafter, soweit sie nicht selbst klagen, und gegen den Aufsichtsrath zu richten. Zuständig für die Klage ist ausschließlich das Landgericht, in dessen Bezirke die Gesellschaft ihren Sitz hat. Die mündliche Verhandlung erfolgt nicht vor Ablauf der im ersten Absatze bezeichneten Frist. Mehrere Anfechtungsprozesse sind zur gleichzeitigen Verhandlung und Entscheidung zu verbinden.

Ein klagender Kommanditist hat seine Aktien gerichtlich zu hinterlegen und auf

Verlangen der Gesellschaft wegen der ihr drohenden Nachtheile eine nach freiem Ermessen des Gerichts zu bestimmende Sicherheit zu leisten. Das Verlangen ist als prozeßhindernde Einrede geltend zu machen. Wird die Sicherheit binnen der vom Gerichte gestellten Frist nicht geleistet, so ist die Klage auf Antrag für zurückgenommen zu erklären.

Die persönlich haftenden Gesellschafter haben die Erhebung einer jeden Klage sowie den Termin zur mündlichen Verhandlung ohne Verzug in den für die Bekanntmachungen der Gesellschaft bestimmten Blättern zu veröffentlichen.

Soweit durch ein Urtheil rechtskräftig der Beschluß für ungültig erklärt ist, wirkt es auch gegenüber den Kommanditisten, welche nicht Partei sind. Dasselbe ist von den persönlich haftenden Gesellschaftern ohne Verzug zu dem Handelsregister einzureichen. War der Beschluß in dasselbe eingetragen, so ist auch das Urtheil einzutragen und in gleicher Weise wie der Beschluß zu veröffentlichen (Artikel 177, 179).

Der Artikel ist in Art. 222 für die Aktiengesellschaften für anwendbar erklärt und dort erläutert. Hervorzuheben ist nur:

§ 1. 1. Zu verklagen ist auch hier die Gesellschaft, obgleich es sich doch nur um Beschlüsse der Kommanditistenversammlung handelt.

§ 2. 2. Als Kläger können außer den Kommanditisten die persönlich haftenden Gesellschafter auftreten, und zwar nach gemeiner Meinung jeder von ihnen (vergl. Petersen und Pechmann S. 227, Ring S. 95). Der Aufsichtsrath hat auch hier kein Klagerecht, obgleich er doch die Beschlüsse der Kommanditistenversammlung auszuführen hat (Art. 186 Abs. 2).

Artikel 190 b.

Für einen durch unbegründete Anfechtung des Beschlusses (Artikel 190a) der Gesellschaft entstandenen Schaden haften ihr solidarisch die Kläger, welchen bei Erhebung der Klage eine bösliche Handlungsweise zur Last fällt.

Die Bestimmung ist gemäß Art. 222 auch für die Aktiengesellschaft maßgebend; vergl. demnach die Erläuterung daselbst.

Artikel 191.

Der Aufsichtsrath besteht, sofern nicht der Gesellschaftsvertrag eine höhere Zahl festsetzt, aus drei von der Generalversammlung der Kommanditisten zu wählenden Mitgliedern. Persönlich haftende Gesellschafter können nicht Mitglieder des Aufsichtsraths sein.

Die Wahl des ersten Aufsichtsraths gilt für die Dauer des ersten Geschäftsjahres und, wenn dasselbe auf einen kürzeren Zeitraum als ein Jahr seit Eintragung des Gesellschaftsvertrages in das Handelsregister bemessen ist, bis zum Ablauf des am Ende dieses Jahres laufenden Geschäftsjahres.

Später kann der Aufsichtsrath nicht auf länger als fünf Geschäftsjahre gewählt werden. Insoweit die Wahl auf einen längeren Zeitraum geschieht, ist dieselbe ohne rechtliche Wirkung.

Die Bestellung zum Mitgliede des Aufsichtsraths kann auch vor Ablauf des Zeitraums, für welchen dasselbe gewählt ist, durch die Generalversammlung widerrufen werden. Der Beschluß bedarf einer Mehrheit von drei Viertheilen des in der Generalversammlung vertretenen Gesammtkapitals.

Die Vorschrift findet gemäß Art. 224 auch auf die Aktiengesellschaft Anwendung und ist dort erläutert.

Artikel 192.

Den Mitgliedern des ersten Aufsichtsraths darf eine Vergütung für die Ausübung ihrer Thätigkeit nur durch die Generalversammlung nach Ablauf des Zeitraumes, für welchen er gewählt ist, bewilligt werden.

Durch Art. **224** ist diese Bestimmung auch auf die Aktiengesellschaft für anwendbar erklärt. Vergl. daher das dort Bemerkte.

Artikel 193.

Der Aufsichtsrath hat die Geschäftsführung der Gesellschaft in allen Zweigen der Verwaltung zu überwachen und zu dem Zwecke sich von dem Gange der Angelegenheiten der Gesellschaft zu unterrichten. Er kann jederzeit über dieselben Berichterstattung von den persönlich haftenden Gesellschaftern verlangen und selbst oder durch einzelne von ihm zu bestimmende Mitglieder die Bücher und Schriften der Gesellschaft einsehen, sowie den Bestand der Gesellschaftskasse und die Bestände an Effekten, Handelspapieren und Waaren untersuchen.

Er hat die Jahresrechnungen, die Bilanzen und die Vorschläge zur Gewinnvertheilung zu prüfen und darüber der Generalversammlung Bericht zu erstatten.

Weitere Obliegenheiten des Aufsichtsrathes werden durch den Gesellschaftsvertrag bestimmt.

Die Mitglieder des Aufsichtsraths können die Ausübung ihrer Obliegenheiten nicht anderen Personen übertragen.

Die Vorschrift entspricht dem Art. **225** fast wörtlich. Vergl. daher die Erläuterung zu demselben. Zu bemerken ist nur:

1. Der allgemeine Charakter des Aufsichtsraths ist hier dahin zu präcisiren: daß der Aufsichtsrath das Kontrolorgan der Gesellschaft und das Exekutivorgan der Generalversammlung ist (Art. 186 und 193), in einzelnen Beziehungen auch gesetzlicher Vertreter der Gesellschaft. **§ 1.**
2. In Art. 225 findet sich der Zusatz, daß der Aufsichtsrath eine Generalversammlung zu berufen hat, wenn dies im Interesse der Gesellschaft erforderlich ist. Für die Aktienkommanditgesellschaft ist diese Bestimmung zwar nicht hier, wohl aber in Artikel 187 Abs. 2 gegeben. **§ 2.**
3. Gemäß Art. 249g sind die persönlich haftenden Gesellschafter zur Befolgung der im Art. 193 Abs. 2 enthaltenen Vorschrift durch Ordnungsstrafen anzuhalten. Allein diese Bezugnahme ist perplex, da den Komplementaren in Abs. 2 keine Verpflichtung auferlegt ist. Sicherlich ist Abs. 1 gemeint. Und so ist das Gesetz auch anzuwenden (Ring S. 98). Der A.R. kann übrigens unter Umständen auch klagen (Vergl. Art. 194 Abs. 2). **§ 3.**

Artikel 194.

Der Aufsichtsrath ist ermächtigt, gegen die persönlich haftenden Gesellschafter die Prozesse zu führen, welche die Generalversammlung beschließt.

Handelt es sich um die Verantwortlichkeit der Mitglieder des Aufsichtsraths, so kann letzterer ohne und selbst gegen den Beschluß der Generalversammlung gegen die persönlich haftenden Gesellschafter klagen.

Die Vorschrift ist durch Art. **223 Abs. 3** auf die Aktiengesellschaften für anwendbar erklärt. Vergl. § 9 zu Art. 223. Bei Klagen nach Abs. 1 ist die Kommanditistengesammtheit (nicht die Gesellschaft) Prozeßpartei, für Prozeßkosten haften diejenigen Kommanditisten, für welche die G.V. den Prozeß beschließen durfte. Für Klagen nach Abs. 2 ist der Aufsichtsrath selbstständige Partei, er klagt nicht als Repräsentant der Kommanditistengesammtheit, noch weniger als Vertreter der Gesellschaft (Vergl. ausführlich Ring S. 99).

Artikel 195.

Wenn die Kommanditisten selbst in Gesammtheit und im gemeinsamen Interesse gegen die persönlich haftenden Gesellschafter auftreten wollen oder gegen die Mitglieder des Aufsichtsraths einen Prozeß zu führen haben, so werden sie durch Bevollmächtigte vertreten, welche in der Generalversammlung gewählt werden.

Falls aus irgend einem Grunde die Bestellung von Bevollmächtigten durch Wahl in der Generalversammlung gehindert wird, kann das Handelsgericht auf Antrag die Bevollmächtigten ernennen.

Auch diese Vorschrift ist im Art. **223 Abs. 3** für die Aktiengesellschaft entsprechend anwendbar erklärt. Aber sie paßt in die Organisation der Aktiengesellschaft nicht. Hier bei der Aktienkommanditgesellschaft, wo sich die Gesammtheit der Kommanditisten und die Komplementare als zwei Parteien gegenüberstehen, ist die Rechtserscheinung möglich, daß die Gesammtheit der Kommanditisten gegen die Komplementare klagend auftritt. Klägerin ist die Kommanditistengesammtheit (Ring S. 100; vergl. oben zu Art. 194). Der Fall ist der, daß die G.V. einen Prozeß beschließt, sich aber vom A.R. nicht vertreten lassen will.

Artikel 196.

Die Gesellschaft wird durch die persönlich haftenden Gesellschafter berechtigt und verpflichtet; sie wird durch dieselben vor Gericht vertreten.

Zur Behändigung von Vorladungen und anderen Zustellungen an die Gesellschaft genügt es, wenn dieselbe an einen der zur Vertretung befugten Gesellschafter geschieht.

Die Bestimmung des Artikels 167 in Betreff des Kommanditisten, welcher für die Gesellschaft Geschäfte schließt, findet bei der Kommanditgesellschaft auf Aktien keine Anwendung.

Der Artikel ist dem Art. 167 nachgebildet, nur daß in Abs. 3 das Gegentheil angeordnet ist von dem, was in dem korrespondirenden Absatz des Art. 167 bestimmt wird.

§ 1. 1. **Der Schwerpunkt des Artikels liegt in Abs. 1, der die Vertretungsbefugniß der Komplementare normirt.** Da nach unserer Auffassung die Aktienkommanditgesellschaft juristische Person ist (vergl. § 2 zu Art. 173), so sind die Komplementare hiermit zu gesetzlichen Vertretern der juristischen Person bestellt, wie der Vorstand gesetzlicher Vertreter der Aktiengesellschaft ist. Gleichwohl ergiebt sich aus anderweit entwickelten Gründen alles Nähere für den Umfang dieser gesetzlichen Vertretungsbefugniß aus der Analogie dessen, was für die Komplementare der einfachen Kommanditgesellschaft gilt (vergl. § 3 zu Art. 173). Wie dort sind daher auch hier die für die offene Handelsgesellschaft im Art. 114 bis 118 gegebenen Bestimmungen anwendbar, soweit nicht die Sondervorschriften über die Aktienkommanditgesellschaft Aenderungen treffen. Insbesondere sind auch die persönlich haftenden Gesellschafter zu allen Rechtshandlungen ermächtigt, soweit nicht das Gesetz selbst Ausnahmen macht; auch bei ihnen können einzelne, nicht aber alle von der Vertretung gänzlich ausgeschlossen werden oder alle zusammen als Kollektivvertreter bestellt werden; auch ihre Vertretung ist Dritten gegenüber uneinschränkbar; auch ihre Vertretungsmacht erstreckt sich insbesondere auf die Vertretung vor Gericht; und auf die Ernennung von Prokuristen, die auch hier zulässig ist (R.=O.H. 7 S. 415). Auch hinsichtlich der Prokura gilt hier lediglich die Bestimmung des Art. 167. Es ist daher nicht ersichtlich, aus welchem Grunde die Berliner Aktienkommanditgesellschaften zur Anmeldung der Prokura die Zustimmung des Aufsichtsraths beibringen (vergl. Registerakten von Diskontogesellschaft, Berliner Handelsgesellschaft Ludwig Löwe & Co). Ja der Berliner Registerrichter verlangt sogar einen Beschluß des Aufsichtsraths zur Eintragung der Prokura. (Vergl. die Registerakten, Sörgel, Parrisius & Co.). Es mag dabei wohl an den Art. 234 gedacht werden, der aber nur für Aktiengesellschaften gilt, und übrigens nur interne Bedeutung hat, oder man erachtet die statutarische Bestimmung, daß die Prokura nur mit Zustimmung des Aufsichtsraths ertheilt werden könne, für durchschlagend; das Letztere wäre nicht richtig, da die gesetzliche Vertretungsbefugniß auch durch Statut nicht beschränkt werden kann.

Weiteres vergl. in §§ 1—5 zu Art. 167.

2. (Abs. 2.) **Behändigungen.** Hierüber vergl. § 6 zu Art. 167. § 2.

3. (Abs. 3.) **Ausschluß der Haftbarkeit des für die Gesellschaft kontrahirenden Kommanditisten.** Hier tritt die Persönlichkeit des Einzelkommanditisten hinter der Gesammtheit der Kommanditisten zurück, selbst wenn man die Aktienkommanditgesellschaft als Societät auffaßt. Es gelten daher über die Haftbarkeit des Kommanditisten die allgemeinen Grundsätze. § 3.

Zusatz: Der Artikel handelt nur von der gesetzlichen Vertretung nach außen. Die Geschäftsführungsbefugniß der Komplementare ist bei der Aktienkommanditgesellschaft nicht besonders geregelt. Es finden daher, soweit hier nicht abweichende Sondervorschriften gegeben sind, die Geschäftsführungsvorschriften der einfachen Kommanditgesellschaft Anwendung (§ 3 zu Art. 173), also die Vorschriften des Art. 158. Danach wird die Geschäftsführung durch die persönlich haftenden Gesellschafter besorgt. Es können jedoch Einzelne von ihnen von der Geschäftsführung ausgeschlossen oder alle beschränkt werden durch die erforderliche Zustimmung der Kommanditistengesammtheit oder des Aufsichtsraths. So sind z. B. die Komplementare der Aktienkommanditgesellschaft Aquarium in Berlin dahin beschränkt, daß sie nur mit Genehmigung des Aufsichtsraths Beamte mit einem Gehalte über 1500 Mk. anstellen, Thiere zum Preise von über 500 Mk. anschaffen, Grundstücke veräußern und erwerben können. Nach außen sind solche Beschränkungen einflußlos. § 4.

Sondervorschriften für die Aktienkommanditgesellschaft sind insofern gegeben, als schon von Gesetzes wegen zu einzelnen Geschäftsführungsakten die Zustimmung der Kommanditisten gehört, und daß die Kommanditisten ihre Mitwirkung bei der Geschäftsführung überhaupt nur durch Majoritätsbeschluß bethätigen können.

Artikel 196 a.

Die Bestimmungen der Artikel 96 und 97 über den Betrieb von Geschäften in dem Handelszweige der Gesellschaft sowie über die Theilnahme an einer anderen gleichartigen Gesellschaft finden auf die persönlich haftenden Gesellschafter mit der Maßgabe Anwendung, daß

1. die Genehmigung seitens der Kommanditisten durch die Generalversammlung erfolgt, sofern nicht die Befugniß zur Ertheilung durch den Gesellschaftsvertrag oder durch Beschluß der Generalversammlung dem Aufsichtsrath übertragen worden ist;
2. das Recht der Gesellschaft, in ein von einem persönlich haftenden Gesellschafter für eigene Rechnung gemachtes Geschäft einzutreten oder Schadensersatz zu fordern, nach drei Monaten von dem Zeitpunkte an erlischt, in welchem die übrigen persönlich haftenden Gesellschafter und der Aufsichtsrath von dem Abschlusse des Geschäfts Kenntniß erhalten haben.

Da diese Bestimmung durch Art. 232 auch auf die Mitglieder des Vorstandes einer Aktiengesellschaft für anwendbar erklärt ist, so kann auf die Erläuterung zu diesem Artikel verwiesen werden. Dabei ist zu bemerken,

a) zu § 2 der Erläuterung, daß, da es sich hier um Gesellschafter handelt, die Heranziehung der für die offenen Handelsgesellschafter geltenden Vorschriften ganz naturgemäß ist,

b) zu § 15, daß für die Komplementare älterer Gesellschaften die Vorschriften sofort in Kraft treten; § 6 Abs. 2 des Gesetzes bezieht sich auf sie nicht (Motive II S. 263).

Artikel 197.

Die Einlagen können den Kommanditisten, so lange die Gesellschaft besteht, nicht zurückgezahlt werden.

Zinsen von bestimmter Höhe können für die Aktien nicht bedungen noch ausbezahlt werden; es darf nur dasjenige auf sie vertheilt werden, was sich nach der jährlichen Bilanz als reiner Gewinn ergiebt.

Einleitung. **Der Artikel schließt die Rückzahlung von Einlagen an die Kommanditisten aus** (Abs. 1) **und verbietet die Ausbedingung fester Zinsen an sie** (Abs. 2).

§ 1. 1. (Abs. 1). **Die Rückzahlung von Einlagen ist verboten,** jedoch nicht ausnahmslos. Vergl. Art. 203. Werden Einlagen außerhalb dieser Ausnahmevorschrift an die Kommanditisten zurückgezahlt, so greift Art. 198 Platz, außerdem haften die Organe der Gesellschaft nach Art. 204.

Die Einlagen können auch nach der Auflösung der Gesellschaft nicht zurückgefordert werden, sondern nur die Liquidationsquoten.

§ 2. 2. (Abs. 2). **Verbot der Ausbedingung fester Zinsen.** Die Vorschrift entspricht dem ersten Absatz des Art. 217. Vergl. die Erläuterung dazu. Die Bestimmung des zweiten Absatzes des Art. 217 ist hier nicht wiederholt, Bauzinsen sind daher hier ausgeschlossen.

§ 3. **Zusatz.** Der Artikel beschäftigt sich nur mit den Bezügen der Kommanditisten. Auf den Komplementar (sc. hinsichtlich seiner Einlagen außerhalb des Kommanditistenkapitals) greifen bezüglich der Zinsen und Gewinne die für den Komplementar der einfachen Kommanditgesellschaft gegebenen Vorschriften Platz, soweit sich nicht aus den Sondervorschriften der Aktienkommanditgesellschaft Abweichungen ergeben.

Hiernach nimmt der Komplementar am Gewinne Theil nach Maßgabe des Gesellschaftsvertrages, eventuell entscheidet richterliches Ermessen (Art. 162). Von seinem Aktivsaldo sind ihm jährlich 4% Zinsen gutzuschreiben, welche den Gewinn vermindern und den Verlust vermehren (Art. 161, 106). Aus Art. 185a folgt in dieser letzteren Hinsicht nichts Gegentheiliges, wie Esser (Anm. 4) meint, da der dortige Begriff des „Antheiles" nach richtiger Anschauung die Zinsen in sich begreift (vergl. die Erläuterung zu Art. 185a.)

§ 4. Zinsen und Gewinne kann der Komplementar auch entnehmen, letztere, soweit es nicht zum offenbaren Nachtheil für die Gesellschaft gereicht. (Art. 150, Abs. 2; 108). Doch ist der Komplementar der Aktien-Kommanditgesellschaft in Bezug auf die Entnahme insofern einer Beschränkung unterworfen, als durch die Auszahlung der statutenmäßige Betrag seiner Einlage nicht gemindert werden darf, bezw. die ziffermäßig geminderte wieder gedeckt werden muß (Art. 175 Abs. 2 Ziffer 1; 181). Hinsichtlich der Gewinnentnahme erklären zwar Petersen und Pechmann (S. 265) eine solche Gestaltung, daß Gewinn für den Komplementar entstanden ist, aber wegen Unvollständigkeit der statutenmäßigen Einlage nicht ausgezahlt werden kann, nach Art. 185a für unmöglich. Sie bemerken: „Es ist unmöglich, daß sich aus der Bilanz ein Gewinn ergiebt, wenn die Aktiva nicht einmal ausreichen, um den vertragsmäßigen Antheil des persönlich haftenden Gesellschafters zu decken." Allein nach Art. 185a Ziffer 5 soll nicht die vertragsmäßige Einlage als fixe Größe unter den Passiven stehen, sondern der jeweilige Gesellschaftsantheil des Komplementars, also der ursprünglich durch die Einlage gebildete, später aber durch Gewinn und Zinsen anwachsende, und durch Entnahmen, Zinsenabschreibung und Verlustantheil sich vermindernde Kontostand des Komplementars (vergl. unsere Erläuterung zu Art. 185a). Unter dieser Voraussetzung aber kann Gewinn vorhanden, die Auszahlung aber unzulässig sein, weil die vertragsmäßige Einlagepflicht ungedeckt bleibt (Ring Anm. 7).

Artikel 198.

Die Kommanditisten haften für die Verbindlichkeiten der Gesellschaft, wenn und insoweit sie den gesetzlichen Bestimmungen entgegen Zahlungen von der Gesellschaft empfangen haben; sie sind jedoch nicht verpflichtet, die in gutem Glauben bezogenen Dividenden zurückzuzahlen.

Als Folge rechtswidriger Zahlung ist im vorliegenden Artikel die Haftung des Kommanditisten für die Verbindlichkeiten der Gesellschaft statuirt. Ausnahmsweise ist hier der Gläubiger in ein direktes Verhältniß zum Kommanditisten gebracht (vergl. § 8 zu Art. 173).

Der Grund der Klage ist die Rechtswidrigkeit der Zahlungsempfangnahme. Zahlungsunfähigkeit der Gesellschaft ist nicht vorausgesetzt; auch nicht, daß der Empfänger noch im Besitze des Empfangenen ist.

Beklagter ist der die Zahlung in Empfang nehmende Kommanditist, bezw. sein Universalsuccessor. Die Schuld geht nicht etwa auf den Aktienerwerber über.

Außer den Gläubigern kann nach Bewandtniß der Umstände auch die Gesellschaft das Gezahlte zurückfordern.

Als Einrede kann der Beklagte seinen guten Glauben vorschützen, jedoch nur bei Dividendenzahlungen, nicht auch bei Empfang von Einlagen und Zinsen. Der Schlußsatz, in welchem dies angeordnet ist, entspricht der Vorschrift des Art. 218, auf dessen Erläuterung hiermit verwiesen wird.

Inhaber von Dividendenscheinen als solche sind der Bestimmung des vorl. Art. nicht unterworfen.

Artikel 199.

Eine Uebereinkunft, durch welche das Austreten eines oder mehrerer persönlich haftender Gesellschafter bestimmt wird, steht der Auflösung der Gesellschaft gleich. Zu derselben bedarf es der Zustimmung der Generalversammlung der Kommanditisten.

Es kann jedoch durch den Gesellschaftsvertrag bestimmt werden, daß das Austreten eines oder mehrerer persönlich haftender Gesellschafter die Auflösung der Gesellschaft dann nicht zur Folge habe, wenn mindestens noch ein persönlich haftender Gesellschafter bleibt.

Der Artikel behandelt die Rechtsfolgen einer Uebereinkunft über das Austreten eines Komplementars. § 1.

I. **Sinn und Zweck der Vorschrift sind nicht ohne Weiteres klar.** Um sich den Sinn klar zu machen, muß zunächst auf Abs. 2 eingegangen werden. Derselbe besagt: eine Uebereinkunft über das Austreten eines Gesellschafters hat nur dann die beabsichtigte Rechtswirkung, wenn der Gesellschaftsvertrag eine Klausel enthält, daß beim Austreten eines Komplementars die Gesellschaft fortbestehen solle, so lange noch ein Komplementar verbleibt. Nun besteht darüber kein Zweifel, daß diese Gesellschaftsfortbestandsklausel nicht im ursprünglichen Gesellschaftsvertrage enthalten zu sein braucht, sondern auch im abgeänderten Gesellschaftsvertrage enthalten sein kann.

Damit scheint inhaltlich das Gleiche vorgeschrieben zu sein, wie für die offene Handelsgesellschaft in Art. 127, und die Vorschrift des Abs. 2 erscheint überflüssig, zumal der Art. 200 u. A. auch den Art. 127 auf die A.K.G. für entsprechend anwendbar erklärt. Der Unterschied besteht jedoch darin, daß aus dem vorliegenden Artikel folgt, daß die Fortbestandsklausel rechtswirksam sein muß, ehe die konkrete Uebereinkunft auf Ausscheiden des Gesellschafters getroffen wird (vergl. R.G. 24 S. 58). Die Fortbestandsklausel muß daher eingetragen sein, ehe die Uebereinkunft getroffen wird. Sonst ist letztere ungültig.

Was sodann den Abs. 1 anlangt, so würde er wiederum überflüssig sein, wenn er nichts weiter besagen wollte, als daß eine Uebereinkunft über das Austreten eines Komplementars ohne statutarische Gesellschaftsfortbestandsklausel wirkungslos ist. Denn alsdann wäre er nur die Umkehrung des in Abs. 2 ausgesprochenen Rechtssatzes. Immerhin würde er, wenn er diesen Inhalt hätte, nicht der Klarheit entbehren und einem praktischen Gedanken Ausdruck geben. Aber der Abs. 1 besagt dies nicht. Vielmehr erklärt er eine Uebereinkunft über das Austreten eines Komplementars, welche ohne statutarische Fortbestandsklausel getroffen wird, nicht für wirkungslos, sondern legt ihr die Folge der Auflösung bei. So aber giebt der Absatz einem unpraktischen Gedanken Ausdruck und wird auf die praktische Anwendung wohl vergebens harren. Denn es wäre eigenthümlich, wenn die Organe einer Kommanditgesellschaft auf Aktien angesichts dieses Absatzes auf Grund von Statuten, welche die Fortbestandsklausel nicht enthalten, eine Uebereinkunft über das Austreten eines Gesellschafters treffen würden, während ihnen das Gesetz sagt, daß die

Wirkung des Austretens in diesem Falle doch nicht eintritt, sondern die Rechtswirkung der Auflösung. Wollen sie die Auflösung, so steht nichts im Wege, daß sie diese expressis verbis beschließen.

§ 2. II. Die Erläuterung wendet sich den beiden Absätzen des Artikels in der gesetzlichen Reihenfolge zu.

1. (Abs. 1.) **Die Uebereinkunft über das Austreten eines Gesellschafters ohne statutarische Gesellschaftsfortbestandsklausel hat die Wirkung der Auflösung.**

Die Uebereinkunft über das Austreten eines Gesellschafters ist eine Abänderung des Gesellschaftsvertrags (vergl. Art. 175 Ziffer 1) und unterliegt daher in Bezug auf die Form und die Abstimmungsmodalitäten den Vorschriften des Art. 180f und 180g.

Aus dem gleichen Grunde bedarf die Uebereinkunft der Zustimmung der Generalversammlung, sodaß dies nicht erst besonders angeordnet zu werden brauchte.

Und endlich bedarf aus dem gleichen Grunde der Beschluß der Eintragung, um rechtswirksam zu sein. Die Anmeldung erfolgt dabei durch die persönlich haftenden Gesellschafter, denn es greift, da eine Statutenänderung vorliegt, Art. 180f Platz. Dieser allegirt den Art. 179 und dieser den Art. 152, wo dies angeordnet ist. Unrichtiger Weise lassen Petersen und Pechmann (S. 274), sowie Willenbücher (Anm. 1) den in Art. 200 in Bezug genommenen Art. 129 Abs. 4 Platz greifen, der aber von der Eintragung einer durch andere Thatsachen erfolgten Auflösung handelt, während hier ein Rechtsakt in Rede ist, dessen Eintragung die Auflösung zur Folge hat.

Einzutragen ist, wenn die Uebereinkunft angemeldet wird, die Auflösung. Denn die Uebereinkunft gilt ja der Auflösung gleich. (Petersen und Pechmann S. 273; anders Ring Anm. 1). Um Kontroversen zu vermeiden, wird es sich empfehlen, einzutragen, daß die Uebereinkunft getroffen und damit gemäß Art. 199 die Gesellschaft aufgelöst sei. Allein auch dieser Rath erscheint überflüssig, weil, wie oben § 1 bemerkt, die Vorschrift des Abs. 1 der praktischen Anwendung wohl entbehren wird.

§ 3. 2. (Abs. 2.) **Die Uebereinkunft über das Austreten eines Gesellschafters hat die beabsichtigte Wirkung nur, wenn der Gesellschaftsvertrag die Fortbestandsklausel enthält.**

a) Ring (Anm. 3) behauptet im Anschluß an die Motive, daß dieser zweite Absatz eine allgemeinere Bedeutung habe, indem er alle Fälle des Austretens, nicht blos den des Ausscheidens auf Grund einer Uebereinkunft zum Gegenstande habe. (Ebenso Kammergericht bei Johow 11 S. 29; vergl. auch Förtsch Anm. 4.) Allein bei dem innigen Zusammenhang der beiden Absätze und bei der Gegenüberstellung des zweiten zum ersten kann es keinem Zweifel unterliegen, daß der zweite Absatz nur den Gegensatz zum ersten enthalten und daher besagen wollte, daß eine Austrittsübereinkunft unter einer Bedingung die ihr in Abs. 1 versagte Wirkung habe, nämlich unter der Bedingung, daß das Statut eine Fortbestandsklausel enthält. Ob dabei an eine Fortbestandsklausel allgemeineren, alle möglichen Fälle des Austretens umfassenden Inhalts gedacht wurde, oder nur an eine solche, welche den Fall des Abs. 1 im Auge hat, ist gleichgültig. Jedenfalls sollte hier nur die Wirkung einer Fortbestandsklausel auf den Fall des freiwilligen Austretens festgestellt werden. Es lag übrigens für den Gesetzgeber keine Veranlassung vor, die Wirkung von Fortbestandsklauseln anderer Art bezw. für andere Fälle des Ausscheidens hier ohne allen Zusammenhang zu behandeln, da diese letztere Materie durch Inbezugnahme des Art. 127 in Art. 200 behandelt ist (vergl. § 24 zu Art. 200). — Zust. Schultze-Görlitz S. 281, 282. —

§ 4. b) Die Fortbestandsklausel kann allgemein oder auf einen bestimmten Fall lauten (vergl. das eben Gesagte). Sie muß im Gesellschaftsvertrage enthalten sein, und nach dem Sprachbrauche des Gesetzes kann dies auch das abgeänderte

Statut sein. Nur muß sie vor der Uebereinkunft in Rechtswirksamkeit getreten sein (vergl. oben § 1).

c) Es muß noch ein Komplementar verbleiben. Sonst löst sich die Gesellschaft auf, auch wenn das Gegentheil statutarisch angeordnet wäre (Johow 11 S. 29; Ring Anm. 4). § 4a.

d) Die konkrete Uebereinkunft über das Austreten eines Gesellschafters ist auch in diesem Falle eine Abänderung des Gesellschaftsvertrags. Das geht auch aus Art. 175 Ziffer 1 hervor. Es gilt daher auch hier das oben § 2 Gesagte. Darum kann es auch nicht für richtig gehalten werden, wenn Hergenhahn (Anm. 3) die Ansicht ausspricht: Ist im Gesellschaftsvertrage bestimmt, was der Abs. 2 des Art. 199 vorsieht, so bedarf es zum Austritt eines persönlich haftenden Gesellschafters nicht der Zustimmung einer Generalversammlung. (Zust. Ring Anm. 2.) § 5.

e) Die Wirkung des Austritts gegen Dritte tritt selbverständlich erst mit der Publikation des Austritts ein, nicht mit der Publikation der Vereinbarung der Gesellschaftsfortbestandsklausel (vergl. Art. 180 f; Ring Anm. 5; Motive I S. 317). Jenes ist ja blos die generelle Zulassung der Ausscheidung, dieses der konkrete Ausscheidungsbeschluß.

Artikel 200.

Wenn ein Kommanditist stirbt oder in Konkurs verfällt, oder zur Verwaltung seines Vermögens rechtlich unfähig wird, so hat dies die Auflösung der Gesellschaft nicht zur Folge. Der Artikel 126 findet in Bezug auf die Privatgläubiger eines Kommanditisten keine Anwendung. Im Uebrigen gelten die Artikel 123 bis 129 auch für die Kommanditgesellschaft auf Aktien. Die im Artikel 129 vorgesehene Eintragung ist auch bei dem Handelsgerichte einer jeden Zweigniederlassung zu bewirken; Dritten gegenüber entscheidet die Eintragung bei dem Handelsgerichte, in dessen Bezirke die Gesellschaft ihren Sitz hat.

Der Artikel behandelt die verschiedenen Fälle der Auflösung der Gesellschaft, und zwar in der Weise, daß er hierfür die Art. 123—129 für anwendbar erklärt, jedoch mit einigen Abänderungen. Einleitung.

Ueber das Wesen und die Folgen der Auflösung vergl. zunächst die §§ 1—2 zu Art. 242; die dortigen Ausführungen gelten hier entsprechend. Insbesondere ist auch hier eine einfache Fortsetzung der aufgelösten Gesellschaft nicht möglich, sondern nur Neugründung (vergl. Ring Anm. 1, Petersen und Pechmann S. 278).

Die Anwendung der Art. 123—129 gestaltet sich nun wie folgt:

I. **Art. 123. Danach wird die Gesellschaft aufgelöst:** § 1.

1. **durch die Eröffnung des Konkurses über die Gesellschaft.**

a) Zur Stellung des Konkursantrages ist außer den Konkursgläubigern jeder persönlich haftende Gesellschafter und jeder Liquidator berechtigt § 199 K.O.), letzterer insofern, als auch die in Liquidation befindliche Aktienkommanditgesellschaft noch in Konkurs gerathen kann (§ 198 Abs. 2 K.O.). Die Generalversammlung oder der Aufsichtsrath in Ausführung eines Generalversammlungsbeschlusses oder gar ein einzelner Kommanditist sind zur Stellung des Konkursantrages nicht berechtigt, letzterer höchstens insofern, als er Konkursgläubiger ist, z. B. wegen festgestellter Dividende. (Vergl. hierüber § 4 zu Art. 216).

Eine Verpflichtung zur Stellung des Konkursantrags, wie bei der Aktiengesellschaft, besteht hier nicht.

Voraussetzung der Konkurseröffnung ist hier Zahlungsunfähigkeit, nicht auch Ueberschuldung (§ 198 K.O.).

b) Die Folge der Konkurseröffnung ist derjenige Zustand, den das Gesetz Auflösung der Gesellschaft nennt, der aber nicht eine vollständige Auflösung, sondern § 2.

nur eine Zerstörung der produktiven Seite der Gesellschaft beim Fortbestehen der Organisation derselben ist. (Vergl. hierüber § 5 zu Art. 242.) Daß insbesondere das ganze von den Kommanditisten gezeichnete Grundkapital, zu dessen Hereinbringung in die Masse der Konkursverwalter befugt ist, zum Konkursvermögen gehört, darüber vergl. Urtheil des Reichsgerichts vom 31. Dezember 1879 in Blums Annalen I S. 299; vergl. R.G. 1 S. 69. Hinzuzufügen ist, daß auch das gesammte Kapital, welches der persönlich haftende Gesellschafter einzubringen sich verpflichtet hatte, zum Konkursvermögen gehört; auch dieses zur Masse zu ziehen, ist Sache des Konkursverwalters.

§ 3. c) Ein Zwangsvergleich ist zulässig. Wir haben dies auch für die Aktiengesellschaft angenommen, wo es vielleicht zweifelhaft sein kann (vergl. § 5 zu Art. 242). Hier beruht aber die Zulässigkeit auf positiver Gesetzesvorschrift (§ 198, 200 K.O.). Der Akkordvorschlag muß von den sämmtlichen Komplementaren ausgehen (§ 200 K.O.), dagegen bedarf es nicht der Zustimmung der G.V., wie Gareis-Fuchsberger (S. 375 Note 104) irrig annehmen. Die von ihnen citirte Entscheidung (R.O.H. 16 S. 285) bezieht sich auf das frühere Recht.

§ 4. d) Die Konkurseröffnung über das Vermögen der Gesellschaft hat den Konkurs des Komplementars nicht ohne Weiteres zur Folge, und ebenso umgekehrt (Motive zur K.O. S. 459).

§ 5. 2. **Durch den Tod eines der Gesellschafter, wenn nicht der Vertrag bestimmt, daß die Gesellschaft mit dessen Erben fortbestehen soll.**

a) Der Tod eines Kommanditisten hat nach vorliegendem Artikel die Auflösung der Aktien-Kommanditgesellschaft nicht zur Folge.

§ 6. b) Im Uebrigen vergl. die Erläuterung § 5 zu Art. 123. Zu bemerken ist hier nur:

α) Die Bestimmung, daß die Gesellschaft mit den Erben fortbestehen soll, muß dies nicht wörtlich, wohl aber dem Sinne nach unzweideutig anordnen. Dies ist aber der Fall, wenn sie denjenigen allgemeinen Inhalt hat, wie die in Art. 199 Abs. 2 erwähnte Gesellschaftsfortbestandsklausel, deren Folgen dort für einen andern Fall des Austretens eines Komplementars festgestellt sind.

§ 7. β) Eine nachträgliche Vereinbarung über den Fortbestand zwischen den Erben einerseits und dem überlebenden Komplementar andrerseits ist auch hier unwirksam (vergl. Ring Anm. 3).

§ 8. γ) Außerdem kann vereinbart werden, daß beim Tode eines Komplementars die Gesellschaft **ohne** die Erben fortbesteht (Art. 127; vergl. unten § 24). Es muß jedoch noch ein Komplementar übrig bleiben (Johow 11 S. 29).

§ 9. 3. **Durch den Konkurs oder die sonstige vermögensrechtliche Dispositionsunfähigkeit eines Gesellschafters.**

a) Der Konkurs oder die sonstige Dispositionsunfähigkeit des Kommanditisten ist auf Grund des vorliegenden Artikels kein Auflösungsgrund der Gesellschaft.

§ 10. b) Im Uebrigen vergl. § 6 zu Art. 123.

Ueber die Frage, ob im Gesellschaftsvertrage vereinbart werden kann, die Gesellschaft solle sich ohne den in Konkurs gerathenen Socius unter den übrigen Socien fortsetzen, darüber vergl. unten § 24.

§ 11. 4. **Durch gegenseitige Uebereinkunft.**

a) Während bei der Aktiengesellschaft das Gesetz ausdrücklich bestimmt, wie die Auflösung der Gesellschaft zu beschließen ist, fehlt hier eine solche besondere Bestimmung. Es ist hier nur Bezug genommen auf Art. 123 Nr. 4. Eine Anwendung dieses Artikels auf die Aktienkommanditgesellschaft ergiebt, daß die gegenseitige Uebereinkunft getroffen werden muß von den Komplementaren und der Kommanditistengesammtheit (vergl. Erläuterung zu Art. 180f).

b) Die Zustimmung der Generalversammlung erfolgt, da nichts Besonderes vorgeschrieben ist, mit einfacher Majorität, außer wenn die Auflösung gleichzeitig eine Statutenänderung involvirt (vergl. c). Die Konsequenz, daß hier einfache Stimmenmehrheit genügt, ist um so eigenthümlicher, als bei theilweiser Zurückzahlung des Kapitals in Art. 208 eine qualificirte Mehrheit vorgesehen ist. § 12.

c) Eine Form für diese Uebereinkunft ist nicht vorgeschrieben. Art. 180f kann hierfür nicht angewendet werden, weil die Aufhebung des Gesellschaftsvertrages vom Gesetze nicht als „Abänderung des Inhalts des Gesellschaftsvertrages" aufgefaßt wird. (Vergl. Petersen und Pechmann S. 278; Erläuterung in diesem Kommentar § 3 zu Art. 180f.) Unter Umständen aber involvirt die Aufhebung gleichzeitig eine Statutenänderung. Alsdann ist die gerichtliche oder notarielle Abfassung der Uebereinkunft erforderlich (vergl. § 3 zu Art. 242). — Vergl. Ring Anm. 5. — § 13.

d) Im Uebrigen vergl. § 7 zu Art. 123.

5. **Durch Ablauf der Zeit.** § 14.

Ist die Gesellschaft nach Inhalt des Gesellschaftsvertrages (Art. 175a Ziffer 1) auf bestimmte Zeit geschlossen, so tritt mit Ablauf der Zeit ihre Auflösung und damit der Liquidationszustand von selbst ein, es sei denn, daß vor Ablauf dieser Zeit die Fortsetzung der Gesellschaft beschlossen wird (Art. 180f). Auflösung und Liquidation sind einzutragen. Stillschweigende Fortsetzung ist bei der Aktien-Kommanditgesellschaft nicht möglich (Art. 180f), ebensowenig nach eingetretener Auflösung Fortsetzung der Gesellschaft durch ausdrückliche Vereinbarung. Nur Neubildung ist dann noch möglich. (Vergl. die Einleitung.) Im Uebrigen vergl. § 8 zu Art. 123. — Vergl. Ring Anm. 6. —

6. **Durch Aufkündigung bei Gesellschaften von unbestimmter Dauer.** § 15.

a) Vergl. zunächst § 9 zu Art. 123.

b) Hinzuzufügen ist, daß die Kündigung von jedem einzelnen Komplementar oder von der Kommanditistengesammtheit ausgehen kann. Die Letztere muß von der G.V. beschlossen und vom A.R. gethätigt werden. (Zust. Ring Anm. 7.)

c) Ueber die Fortsetzung der Gesellschaft ohne den Kündigenden vergl. unten § 24.

II. **Art. 124. Form und Frist der Kündigung.** Hierüber vergl. die Erläuterung zu Art. 124. Zu bemerken ist dabei, daß die Kündigung der Komplementare an die Kommanditistengesammtheit dem Aufsichtsrath zu übermitteln ist. Eine Kündigung an die Gesellschaft wird genügen, wenn sie rechtzeitig allen Komplementaren und einer beschlußfähigen Zahl von Aufsichtsrathsmitgliedern zur officiellen Kenntniß gelangt (vergl. § 12 zu Art. 196a, kommentirt hinter Art. 232). § 16.

III. **Art. 125. Auflösung der Gesellschaft auf Verlangen eines Theiles aus wichtigen Gründen.** § 17.

Vergl. zunächst die Erläuterung zu Art. 125.

Zu bemerken ist hier:

1. Zu § 1 daselbst: das Erforderniß der Wichtigkeit der Gründe ist begrifflich dasselbe. Nur wird es sich in der konkreten Anwendung mit Rücksicht auf das Wesen und die Organisation der Aktien-Kommanditgesellschaft wesentlich modificiren. So ist z. B. unter den Gesellschaftern in Ziffer 2 und 5 des Art. 125 nur der Komplementar zu verstehen, und auch die Ziffer 4 wird nur angewendet werden können, wenn ein Komplementar sich die betreffende Handlung zu Schulden kommen läßt (vergl. Esser Anm. 4).

2. Zu § 2. Das Verlangen auf Auflösung wird geltend gemacht durch einen Komplementar oder die Kommanditistengesammtheit. Diese wird dabei durch den Aufsichtsrath vertreten, der den Beschluß der Generalversammlung auszuführen, d. h. das von dieser beschlossene Auflösungsverlangen geltend zu machen hat. (Art. 186). § 18.

3. Zu § 3. Die Erhebung der Klage durch die Kommanditistengesammtheit steht dem Aufsichtsrath zu. Dieser vertritt dabei die Kommanditistengesammtheit, nicht die Gesellschaft (Art. 186). Der Einwand Petersen und Pechmanns (S. 280), daß die Kommanditistengesammtheit kein geeignetes Prozeßsubjekt ist, ist hinfällig, da dieselbe ja auch § 19.

ein geeignetes Vertragssubjekt innerhalb der Gesellschaft ist (vergl. Art. 180 f, Art. 200 in Verbindung mit 123 Nr. 4; übereinstimmend im Ergebniß Renaud § 66 S. 456). Der Aufsichtsrath wird hiernach die Klage erst anstellen, wenn die Generalversammlung ihn wegen der Kosten sicher gestellt hat, auf seine Kosten sie anzustellen, kann man ihm nicht zumuthen. Als Partei figuriren: „die Kommanditisten der Aktien-Kommanditgesellschaft X. X., vertreten durch den Aufsichtsrath."

Die Annahme, daß das Urtheil konstitutive Bedeutung hat, ist hier mindestens ebenso gebieterisch, wie bei der offenen Handelsgesellschaft.

§ 20. 4. Daß durch den Gesellschaftsvertrag bestimmt werden könne, die Gesellschaft solle ohne den die Auflösung begehrenden Gesellschafter fortgesetzt werden, nimmt Ring Anm. 8 mit Unrecht an. In Art. 199 Abs. 2, auf welchen Ring verweist, ist nur die Folge einer allgemeinen Fortbestandsklausel für einen bestimmten Fall normirt, nicht aber entschieden, daß eine etwaige allgemeine Fortbestandsklausel auch allgemeine Rechtswirkung habe.

§ 21. IV. **Art. 126. Recht des Privatgläubigers eines Gesellschafters auf Exekution in das Gesellschaftsguthaben.**

1. Vergl. zunächst die Erläuterung zu Art. 126.
2. Die Kündigung des Privatgläubigers muß den Gesellschaftern zugehen (vergl. § 2 zu Art. 126) hier den Komplementaren und dem Aufsichtsrath als dem Vertreter der Kommanditistengesammtheit.

§ 22. 3. Das Recht ist den Gläubigern des Kommanditisten versagt. Vergl. Art. 200.

4. Eine weitere Beschränkung der Exekutionsrechte des Gläubigers geht aus Art. 181 hervor.

§ 23. 5. Die Abwendung der Auflösung kann erfolgen gemäß Art. 132 durch Ausschließung des Komplementars, die analoge Anwendbarkeit dieses Artikels auf die A.K.G. kann nicht bezweifelt werden (vergl. Art. 172; § 3 zu Art. 178; Esser Art. 200 Anm. 5) und wird von Ring (Anm. 10) mit Unrecht bestritten. Sein Bedenken, es werde durch die Ausschließung nach Art. 132 doch die Auflösung nach sich gezogen, trifft nicht zu, da nach Art. 132 jene Ausschließung gerade „statt der Auflösung" eintritt. Hiernach ist die Erläuterung des Art. 132 auch hier maßgebend. Insbesondere setzt die Anwendung des Artikels das Verbleiben mindestens eines Komplementars voraus.

§ 24. V. **Art. 127. Fortsetzung der Gesellschaft beim Ausscheiden eines Socius ohne diesen.** Durch diese Bezugnahme ist diejenige Materie geregelt, welche Ring unzutreffender Weise in Art. 199 Abs. 2 geregelt sieht (vergl. § 3 zu Art. 199). Die Anwendung des Art. 127 auf die Aktien-Kommanditgesellschaften ergiebt, daß durch Gesellschaftsvertrag vereinbart werden kann, daß durch das Ausscheiden eines persönlich haftenden Gesellschafters die Aktien-Kommanditgesellschaft sich nicht auflöst, sondern sich unter den übrigen Gesellschaftern fortsetzen soll, wenn mindestens ein Komplementar übrig bleibt.

Der Artikel bezieht sich auf alle Fälle des Ausscheidens (vergl. § 2 zu Art. 127). Auch im Uebrigen vergl. die Erläuterung zu Art. 127. Selbstverständlich muß überall wenigstens ein Komplementar übrig bleiben. Sonst ist die Auflösung die unvermeidliche Rechtsfolge, auch wenn das Statut das Gegentheil bestimmen sollte (Kammergericht bei Johow 11 S. 29).

§ 25. VI. **Art. 128. Ausschließung eines Gesellschafters.**

1. Vergl. zunächst die Erläuterung zu Art. 128 und § 4 zu Art. 170.
2. Die Ausschließung bezieht sich nach dem Zusammenhang des Gesetzes nur auf die Komplementare, für die Ausschließung von Kommanditisten sind allein die Art. 184—184c maßgebend.

§ 26. 3. Vorausgesetzt ist eine Klage aller übrigen Komplementare und des Aufsichtsraths nach vorheriger Beschlußfassung der Kommanditistenversammlung. Der Komplementar ist nicht etwa von den übrigen Komplementaren oder gar bloß durch Beschluß der Generalversammlung absetzbar; er ist nicht Vorstand, sondern Gesellschafter (R.O.H. 18 S. 394). Auch eine etwaige Bestimmung des Gesellschaftsvertrages, welche das festsetzte, könnte hieran nichts ändern; sie wäre ungültig, weil sie dem Komplementar den Rechtsweg entziehen würde (R.O.H. 18 S. 395; 21 S. 84).

4. Eine Statutenbestimmung, daß die Gesellschaft ohne den Ausgeschlossenen fortgesetzt werde, ist überflüssig, weil der Ausschluß des einen ja die Fortsetzung durch die anderen involvirt. Mit Unrecht meint Ring (Anm. 9), daß ohne eine solche statutarische Klausel der Ausschluß die Auflösung zur Folge hat. § 26a.

VII. **Art. 129. Eintragung und Publikation der Auflösung.** § 27.

1. Vergl. die Erläuterung zu Art. 129.

2. Die in Abs. 4 gedachten Betheiligten sind die persönlich haftenden Gesellschafter und der Aufsichtsrath (vergl. § 4 zu Art. 171; Petersen und Pechmann S. 283; Ring Anm. 12).

Zusatz. Andere Auflösungsgründe? Bei der Aktiengesellschaft verweist das Gesetz ausdrücklich auf das Vorhandensein anderer Auflösungsgründe (Art. 242 Abs. 2), hier nicht. Doch folgt daraus nicht, daß andere Auflösungsgründe hier nicht vorhanden sind. Was die in den §§ 6 ff. zu Art. 242 erörterten anderen Auflösungsgründe anlangt, so gilt hier Folgendes: § 28.

1. Die Fusion (hierüber vergl. 11 zu Art. 206a).

2. Entziehung der obrigkeitlichen Genehmigung, wenn dieselbe zur Existenz der Gesellschaft erforderlich ist, ist auch hier Auflösungsgrund, auch aus sonstigen öffentlichen Gründen kann die Auflösung erfolgen, wobei jedoch zu bemerken ist, daß Art. 12 § 5 des preußischen Einführungsgesetzes sich nur auf Aktiengesellschaften bezieht, § 29.

3. Die Vereinigung aller Aktien in einer Hand ist auch hier kein Auflösungsgrund, nicht, wenn eine fremde Person der Aktienbesitzer ist, wofür die in § 8 zu Art. 242 angeführten Gründe maßgebend sind; aber auch nicht, wenn die persönlich haftenden Gesellschafter alle Aktien erworben haben. Sie besitzen dann eben eine doppelte Mitgliedschaft, während deren Dauer allerdings in der Kommanditistenversammlung das Stimmrecht ruht. Aber durch Uebertragung der Kommanditistenmitgliedschaft auf Andere kann auch dieses Hinderniß beseitigt werden und es liegt auf Grund des zeitweiligen Ruhens des Stimmrechts kein Grund vor, die Auflösung der Gesellschaft anzunehmen. (Anders Ring S. 357.) Neukamps Einwand (bei Holdheim II S. 338), daß dies gerade dann nicht gelten könne, wenn die A.K.G. als juristische Person aufgefaßt werde, erscheint nicht haltbar. Es fehlt dann nicht die korporative Gestaltung, sondern sie ruht, wie in dem Falle, wo bei der A.G. alle Aktien in einer Hand vereinigt sind. § 30.

4. Die Amortisation sämmtlicher Aktien bedeutet bei der Aktiengesellschaft den Untergang der Gesellschaft (vergl. § 9 zu Art. 242). Hier bei der Aktien-Kommanditgesellschaft wird dadurch bewirkt, daß es keine Kommanditisten mehr giebt. Es fällt daher die rechtliche Grundlage für jenen Zustand fort, den das Gesetz Auflösung nennt. Denn in diesem Zustande bleibt die Organisation der Gesellschaft noch gewahrt. Es geht demnach auch hier die Gesellschaft unter. Nur wird bei der A.K.G. das Vermögen nicht herrenlos, sondern bleibt im Eigenthum der Komplementare, die sich nach civilrechtlichen Grundsätzen darüber auseinandersetzen können. Es steht auch nichts entgegen, daß die Komplementare eine offene Handelsgesellschaft auf Grundlage der ihnen verbleibenden Vermögensstücke gründen. Das ist aber eine Neubildung. § 31.

5. Die Verlegung des Sitzes in das Ausland ist auch hier Auflösung der Gesellschaft und daher nur in den Formen der Auflösung zu beschließen (§ 10 zu Art. 242). § 32.

6. Der einzelne Kommanditist hat auch hier kein Recht, die Auflösung zu verlangen, wohl aber der einzelne Komplementar nach Maßgabe der oben erörterten Voraussetzungen und ebenso die Kommanditistengesammtheit. Für das Auflösungsrecht der Kommanditistengesammtheit war im Entwurf I eine qualificirte Minderheit vorgesehen. Diese Sonderbestimmung ist hier, wie bei der Aktiengesellschaft, aufgegeben worden, doch folgt daraus hier nicht der Fortfall des Auflösungsrechts, sondern nur, daß für die Geltendmachung desselben die allgemeinen Grundsätze Anwendung finden (vergl. Kayser Anm. 9). § 33.

Artikel 201.

Bei der Auflösung einer Kommanditgesellschaft auf Aktien, welche außer dem Falle der Eröffnung des Konkurses erfolgt, darf die Vertheilung des Vermögens unter die Gesellschafter nicht eher vollzogen werden, als nach Verlauf eines Jahres von dem Tage an gerechnet, an welchem die Auflösung der Gesellschaft in das Handelsregister eingetragen ist.

Die Vorschrift stimmt im Allgemeinen überein mit Art. **245 Abs. 1 u.** 2. Vergl. die Erläuterung dazu. Zu bemerken ist:

§ 1. 1. zu § 1. Auch hier ist die Liquidation ex jure publico vorgeschrieben. Es kann daher zwar bei der Aktien-Kommanditgesellschaft durch Uebereinkunft beschlossen werden, daß die Liquidatoren das ganze Geschäft in Pausch und Bogen zu veräußern haben; auch kann dies in der Weise geschehen, daß das Geschäft auf eine von den bisherigen Gesellschaftern zu bildende Kommanditgesellschaft übergeht. Immerhin ist damit nicht, wie das Kammergericht (bei Johow 5 S. 36) annimmt, die Liquidation überflüssig geworden oder beseitigt, das Sperrjahr muß auch hier innegehalten, die Gläubiger müssen auch hier durch die Liquidatoren sicher gestellt oder befriedigt werden, früher darf die Ausschüttung des Vermögens nicht erfolgen, und eine solche würde in der ohne Gegenleistung erfolgenden Ueberlassung des Geschäfts an die bisherigen Gesellschafter liegen.

Vergl. hierüber auch § 4 zu Art. 245.

§ 2. 2. zu § 4. Bei der Vertheilung des Gesellschaftsvermögens sind nicht nur die Kommanditisten, sondern auch die Komplementare zu berücksichtigen mit ihrem Aktivsaldo. Einen etwaigen Passivsaldo haben sie einzuschießen.

Artikel 202.

Die aus den Handelsbüchern der Gesellschaft ersichtlichen oder in anderer Weise bekannten Gläubiger sind durch besondere Erlasse aufzufordern, sich zu melden; unterlassen sie dies, so ist der Betrag ihrer Forderungen gerichtlich zu hinterlegen.

Das letztere muß auch in Ansehung der noch schwebenden Verbindlichkeiten und streitigen Forderungen geschehen, sofern nicht die Vertheilung des Gesellschaftsvermögens bis zu deren Erledigung ausgesetzt bleibt, oder den Gläubigern eine angemessene Sicherheit bestellt wird.

Diese Bestimmung ist im Art. 345 **Abs.** 3 auf die Aktiengesellschaften für anwendbar erklärt und dort erläutert (vergl. §§ 1—3 daselbst).

Artikel 203.

Eine theilweise Zurückzahlung des Kapitals der Kommanditisten oder eine Herabsetzung desselben kann nicht ohne Beschluß der Generalversammlung der Kommanditisten und nur unter Beobachtung derselben Vorschriften erfolgen, welche für die Vertheilung des Gesellschaftsvermögens im Falle der Auflösung maßgebend sind. Die Bestimmung über die Zurückzahlung oder Herabsetzung hat zugleich die Art, in welcher dieselbe erfolgen soll, und die zu ihrer Durchführung erforderlichen Maßregeln festzusetzen. Die Bestimmung ist in das Handelsregister einzutragen. Auf die Eintragung und die Beschlußfassung finden die Vorschriften im Artikel 180f und im Artikel 180g Absatz 1 und 3 entsprechende Anwendung.

Die gleichen Erfordernisse gelten für eine Amortisation der Aktien. Ohne Beobachtung dieser Erfordernisse darf die Gesellschaft ihre Aktien nur aus dem nach der jährlichen Bilanz sich ergebenden Gewinne und nur in dem Falle amortisiren, daß dies durch den ursprünglichen Gesellschaftsvertrag oder durch einen, den letzteren vor Ausgabe der Aktien abändernden Vertrag zugelassen ist.

Die Vorschrift des Abs. 1 entspricht der Vorschrift des Art. **248**, Abs. 2 derjenigen des **Art. 215 d Abs. 2.** Jedoch erfordert die Beschlußfassung dort zum mindesten eine Mehrheit von $^3/_4$ des in der Generalversammlung vertretenen Grundkapitals, während hier der Gesellschaftsvertrag wegen des Art. 180g Abs. 1 auch eine geringere Mehrheit zulassen kann.

Hervorzuheben ist, daß selbstverständlich eine Uebereinkunft zwischen den Komplementaren und der Kommanditistengesammtheit vorliegen muß (Motive I S. 319). Das ergiebt sich sowohl aus dem Wesen der Sache (es liegt ja Vertragsänderung vor), als auch aus der Verweisung auf Art. 180f. Ueber diese Uebereinkunft, ihre formellen und materiellen Erfordernisse vergl. zu Art. 180f.

Artikel 204.

Die Mitglieder des Aufsichtsraths haben bei Erfüllung der ihnen nach Artikel 193 zugewiesenen Obliegenheiten die Sorgfalt eines ordentlichen Geschäftsmannes anzuwenden.

Sie sind der Gesellschaft neben den persönlich haftenden Gesellschaftern solidarisch zum Ersatze verpflichtet, wenn mit ihrem Wissen und ohne ihr Einschreiten entgegen den gesetzlichen Bestimmungen

1. **Einlagen an persönlich haftende Gesellschafter oder an Kommanditisten zurückgezahlt,**
2. **Zinsen oder Dividenden gezahlt,**
3. **eigene Aktien oder Interimsscheine der Gesellschaft erworben oder zum Pfande genommen,**
4. **Aktien vor der vollen Leistung des Nominalbetrages oder des in den Fällen der Artikel 175a Ziffer 2, 180h Absatz 2 festgesetzten Betrages, oder Aktien oder Interimsscheine im Falle einer stattgefundenen Erhöhung des Gesammtkapitals vor Eintragung derselben in das Handelsregister (Artikel 180i Absatz 3) ausgegeben sind,**
5. **die Vertheilung des Gesellschaftsvermögens, eine theilweise Zurückzahlung oder eine Herabsetzung des Kapitals der Kommanditisten oder eine Amortisation von Aktien erfolgt ist.**

Der Ersatzanspruch kann in den Fällen des zweiten Absatzes auch von den Gläubigern der Gesellschaft, soweit sie von dieser ihre Befriedigung nicht erlangen können, selbstständig geltend gemacht werden. Die Ersatzpflicht wird ihnen gegenüber dadurch nicht aufgehoben, daß die Handlung auf einem Beschlusse der Generalversammlung beruht.

Die Ansprüche auf Grund der vorstehenden Bestimmungen verjähren in fünf Jahren.

Die Vorschrift, die einen eigenthümlichen Platz mitten unter den Auflösungs- und Liquidationsbestimmungen erhalten hat, stimmt im Wesentlichen überein mit Art. **226**, vergl. daher die Erläuterung dazu.

Zu bemerken ist:

1. Der Fall der gesetzwidrigen Fusion (vergl. Art. 226 Nr. 5) ist hier nicht erwähnt. Ob Fusion überhaupt zulässig ist, darüber vergl. § 11 zu Art. 206a.
2. Wie weit ein General-Versammlungsbeschluß die haftbaren Personen deckt, muß hier besonders untersucht werden. Petersen und Pechmann (S. 304) erachten ihn bei der Aktien-Kommanditgesellschaft nicht für geeignet hierzu. Allein, was die Mitglieder des Aufsichtsraths anlangt, so trifft diese Ansicht nicht zu. Nimmt auch die Generalversammlung hier nicht, wie bei der Aktiengesellschaft, die Stellung als oberstes Organ der Gesellschaft ein, so ist sie doch dem Aufsichtsrath gegenüber das höhere, befehlende, der Aufsichtsrath ihr gegenüber das ausführende Organ. Art. 186 ist nur eine Anwendung dieses Princips. Das greift allerdings dort nicht Platz, wo es sich um eine Maßregel handelt, welche der

Zustimmung der Komplementare bedarf. Hier ist der Beschluß der G.V. so aufzufassen, daß er den Vorbehalt jener Zustimmung enthält. (Vergl. Ring Anm. 2.) Die Komplementare dagegen können sich durch einen Generalversammlungsbeschluß nicht decken. Ihnen gegenüber enthält dieser Beschluß keinen Befehl, sondern nur die Zustimmung eines koordinirten Organs. Es hört aber der Gesellschaft gegenüber dadurch eine Handlung nicht auf, eine Pflichtverletzung zu sein, daß ein anderes, gleichberechtigtes Organ die Handlung gebilligt hat. Den Gläubigern gegenüber können auch die Mitglieder des A.R. sich auf einen Beschluß der G.V. nicht berufen.

3. Die Pflichten der Komplementare richten sich nach den Regeln der o.H.G. (§ 3 zu Art. 173; Ring Anm. 1).

Artikel 205.

Die Liquidation erfolgt, sofern der Gesellschaftsvertrag nicht ein Anderes bestimmt, durch sämmtliche persönlich haftende Gesellschafter und eine oder mehrere von der Generalversammlung der Kommanditisten gewählte Personen.

Auf die Anmeldung der Liquidatoren und die Zeichnung ihrer Unterschrift bei dem Handelsgerichte einer Zweigniederlassung findet die Vorschrift im Schlußsatze des Artikels 200 Anwendung.

Die Liquidatoren haben bei Beginn der Liquidation eine Bilanz aufzustellen. Dieselbe ist von ihnen ohne Verzug in den hierzu bestimmten öffentlichen Blätttern bekannt zu machen und zu dem Handelsregister einzureichen.

1. Die Vorschrift des Abs. 1 ist erläutert sub II zu Art. 206, woselbst die Liquidation der Aktien-Kommanditgesellschaft im Zusammenhang dargestellt ist (vergl. §§ 4 u. 5 daselbst).
2. Ueber Abs. 2 vergl. § 8 zum Art. 206.
3. Die Vorschrift des Abs. 3 stimmt überein mit Art. **244a Abs.** 3 und ist dort erläutert.

Artikel 206.

Zu dem Antrage auf Ernennung von Liquidatoren durch den Richter sind außer jedem persönlich haftenden Gesellschafter und der Generalversammlung der Kommanditisten **auch der Aufsichtsrath sowie Kommanditisten befugt, deren Antheile zusammen den zwanzigsten Theil des Gesammtkapitals darstellen. Die Kommanditisten haben bei Stellung des Antrages glaubhaft zu machen, daß sie die Aktien seit mindestens sechs Monaten besitzen.**

Die Abberufung der Liquidatoren kann durch den Richter unter denselben Voraussetzungen, wie die Bestellung erfolgen. **Vom Richter ernannte Liquidatoren können nur durch diesen abberufen werden.**

§ 1. I. Die Vorschrift ist sub II im Zusammenhang erläutert (vergl. unten §§ 6 u. 7).

§ 2. II. Das Gesetz giebt bei der Aktien-Kommanditgesellschaft in den Artikeln 205 und 206 nur zwei die Materie nicht erschöpfende Vorschriften über die Liquidation. Im Uebrigen sind die für die offene Handelsgesellschaft gegebenen Vorschriften anzuwenden, soweit nicht aus dem Wesen der Aktien-Kommanditgesellschaft ein Anderes folgt (Art. 172; § 3 zu Artikel 173). **Es erscheint jedoch für diesen Kommentar erforderlich, die ganze Materie der Liquidation im Zusammenhang** zu untersuchen, und zwar am besten an der Hand und in der Reihenfolge der für die offene Handelsgesellschaft gegebenen Vorschriften.

§ 3. 1. **Art. 133.** Dieser Artikel enthält die allgemeine Anordnung der Liquidation und bestimmt die Person der Liquidatoren, indem er vertragsmäßige, gesetzliche und richterliche Berufung vorsieht.

a) **Die allgemeine Vorschrift der Liquidation** ist für die Aktien-Kommanditgesellschaft enthalten in Art. 205. Sie hat hier eine schärfere Bedeutung, als bei der offenen

Handelsgesellschaft: sie ist die absolute gesetzliche Folge der Auflösung (vergl. § 1 zu Art. 201 und §1 zu Art. 244). Hier bei der Aktien-Kommanditgesellschaft gilt das Gleiche, wie bei der Aktiengesellschaft. (Zust. Ring Anm. 1).

Auch über das Wesen der Liquidation gilt das in § 2 zu Art. 244 für die Aktiengesellschaft Gesagte.

b) **Die Personen der Liquidatoren.** Das Gesetz kennt auch hier gesetzliche, vertragliche und richterliche Berufung. Die gesetzliche und vertragliche ist vorgesehen in den Art. 133 Abs. 1, 205 Abs. 1; die richterliche in den Art. 133 Abs. 2 und 206 Abs. 1. § 4.

α) Die vertragliche Berufung. Zunächst entscheidet der Gesellschaftsvertrag. Wer dort zum Liquidator ernannt ist, ist nach Auflösung der Gesellschaft von selbst dazu berufen.

β) Das Gesetz beruft im Art. 205 zu Liquidatoren für den Fall, daß die Bestimmung des Gesellschaftsvertrages nicht Platz greift, sämmtliche Komplementare und außerdem noch diejenigen Personen, welche von der Generalversammlung der Kommanditisten gewählt werden. Damit soll aber nur ein Recht der Generalversammlung statuirt werden. A. M. Petersen und Pechmann S. 308: „Auf die Wahl kann nicht verzichtet werden," ebenso Willenbücher Anm. 2: „Die Wahl ist unerläßlich." Allein zur Statuirung einer Wahlpflicht lag kein gesetzgeberischer Anlaß vor, und überdies pflegt der Gesetzgeber nicht Pflichten zu normiren ohne Zwang zur Erfüllung und ohne Präjudiz für deren Nichterfüllung. Hiernach sind die Komplementare die gesetzlichen Vertreter, und die Generalversammlung ist berechtigt, neben ihnen noch andere zu wählen. Es war daher nicht richtig, daß der Handelsrichter von Berlin in den Registerakten der Gesellschaft „Direktion des Berliner Lloyd" den Komplementar aufforderte, eine Wahl der Generalversammlung herbeizuführen, und weil diese nicht erfolgte, blos die Auflösung, nicht aber die Liquidation eingetragen hat. Es mußte vielmehr der frühere Komplementar als gesetzlicher Liquidator eingetragen werden (vergl. § 4 zu Art. 133). § 5.

Richtig ist, wenn Petersen und Pechmann (S. 308) sagen: die Wahl der Generalversammlung müsse auf eine andere Person als die Komplementare fallen. Aus dem Wortlaut des Gesetzes geht dies klar hervor. (Anders Ring Anm. 1).

γ) Die richterliche Berufung. Diese Materie ist geordnet im Art. 133 Abs. 2 und Art. 206. Die Vorschrift der ersteren Gesetzesstelle ist durch Art. 206 u. A. dahin geändert worden, daß die Ernennung hier auf einen einfachen Antrag an das Handelsgericht ohne ordentliches Prozeßverfahren erfolgt. Zur Begründung dieser Modifikation gilt dasselbe, was in § 4 zu Art. 244 vorgebracht ist. Daß es sich hier um die Komplementare, also die Gesellschafter, handelt, macht keinen Unterschied. Denn das Vertragsrecht auf die gesetzliche Vertretung und Geschäftsführungsbefugniß ist durch die Auflösung erloschen (Art. 140; Wiener in G.Z. 27 S. 351, 362. Abgesehen davon führt der im § 4 zu Art. 244 für maßgebend erklärte Sprachgebrauch des Aktiengesetzes zu der hier gezogenen Konsequenz. § 6.

Da nach β die Komplementare gesetzliche Liquidatoren sind, so enthält jede Ernennung eines anderen Liquidators gleichzeitig eine Abberufung des gesetzlichen.

Wichtige Gründe müssen auch hier vorliegen. In dieser Beziehung gilt Art. 133 Abs. 2.

Vergl. im Uebrigen §§ 3—5 zu Art. 244.

2. **Art. 134. Die Abberufung der Liquidatoren** ist geordnet durch Art. 134 und 206 Abs. 2. Sie kann erfolgen: § 7.

a) durch Zurückziehung des Auftrages durch die Auftraggeber. Bei der offenen Handelsgesellschaft und einfachen Kommanditgesellschaft gehört dazu ein einstimmiger Beschluß aller Gesellschafter. Der abweichenden Organisation der Aktien-Kommanditgesellschaft gemäß wird hier verlangt werden müssen eine Zurückziehung des Auftrages durch die Komplementare und den Aufsichtsrath unter Zustimmung der Generalversammlung (Art. 186). Verschieden davon ist die Frage, ob die Kommanditistenversammlung den von ihr gemäß Art. 205 gewählten Liquidator einseitig abberufen kann. Ring (Anm. 1) bejaht dies. Wir möchten es verneinen. Einmal gewählt, ist er Liquidator der Gesellschaft und kann nur unter den gesetzlichen Voraussetzungen abberufen werden, wie jeder andere Liquidator, also insbesondere nicht ohne wichtigen Grund.

Die vom Richter bestellten Liquidatoren können aber nach Art. 206 hier nur durch den Richter abberufen werden.

b) Durch den Richter (vergl. § 7b zu Art. 244). Vergl. die Erläuterung zu Art. 134.

§ 8. 3. **Art. 135. Die Anmeldung** wird hier gemäß der Organisation der Aktien-Kommanditgesellschaft bewirkt durch die Komplementare und den Aufsichtsrath als das ausführende Organ der Kommanditisten. Die Mitwirkung des Aufsichtsraths leugnet Ring, weil diese Mitwirkung hier nicht besonders hervorgehoben sei. Aber eine entsprechende Anwendung des Art. 135 führt zu der hier vertretenen Ansicht. Auch das Austreten eines Liquidators wird von den persönlich haftenden Gesellschaftern und dem Aufsichtsrath in entsprechender Anwendung des Art. 135 Abs. 2 u. 3 angemeldet; es ist daher ein völlig indifferenter Akt, wenn der sein Amt niederlegende Liquidator selbst dem Registerrichter hiervon Mittheilung macht. Eine solche Anzeige kann nur die Anregung für den Registerrichter bilden, seine Officialthätigkeit behufs Bewirkung der Anmeldung eintreten zu lassen. Es ist aber nicht richtig, wenn der Registerrichter (in den Akten der Aktien-Kommanditgesellschaft Quistorp u. Co.) dabei die Ansicht aussprach, die Anmeldung müsse von sämmtlichen Liquidatoren erfolgen, denn Abs. 3 des Art. 135 nennt die Gesellschafter als anmeldungspflichtig. In Folge des Art. 205 Abs. 2 muß die Anmeldung auch bei der Zweigniederlassung stattfinden.

Die Anmeldung wird durch Ordnungsstrafen erzwungen. (Art. 135 Abs. 3.)

§ 9. 4. **Art. 136. Auch hier gilt die Kollektivvertretung,** sofern nicht ein Anderes ausdrücklich bestimmt ist. Die abweichende Bestimmung wird hier getroffen durch den Gesellschaftsvertrag oder durch Uebereinkunft der Komplementare und Kommanditisten. Ueber diese Uebereinkunft vergl. § 2 zu Art. 180f.

§ 10. 5. **Art. 137. Aufgabe und Rechtsstellung der Liquidatoren.** Dieser Artikel gilt hier voll und ganz (vergl. § 3 zu Art. 244a.). Auch ist zu bemerken, daß hier nur Schranken für die Liquidatoren, nicht für die Gesellschaft gezogen sind. Diese kann die Machtbefugnisse der Liquidatoren erweitern. Es erfolgt dies durch eine Uebereinkunft, über welche das in § 2 zu Art. 180f Gesagte gilt. Eine solche Uebereinkunft genügt auch zur Ermächtigung der Liquidatoren, Grundstücke freihändig zu verkaufen (R.G. 3 S. 54; Keyßner in Busch' Archiv 31 S. 319; Ring Anm. 2).

§ 11. 6. **Art. 138** gilt hier.

7. **Art. 139** ist analog anwendbar (vergl. § 4 zu Art. 244a).

8. **Art. 140** ist anwendbar. Als einstimmige Anordnung wird hier eine Uebereinkunft der Komplementare und der Kommanditistenversammlung nach Art. 180f zu gelten haben. (Ring Anm. 2).

9. **Art. 141.** Derselbe kommt nicht zur Anwendung. An seiner Stelle gelten Art. 201 u. 202.

10. **Art. 142** findet analoge Anwendung.

§ 12. 11. **Art. 143** kann auf den Kommanditisten nicht angewendet werden, weil dieser in Aktien definitiv abgefunden ist, wohl aber auf den Komplementar. Doch kann der Fall des Abs. 2 nicht eintreten, weil nach Art. 175b Abs. 2 der Werth angegeben sein muß, für welchen die Sache übernommen wurde.

12. **Art. 144** findet analoge Anwendung (vergl. § 5 zu Art. 244a).

§ 13. 13. **Art. 145** findet ebenfalls analoge Anwendung. Es gilt hiernach für das, was nach Beendigung der Liquidation zu geschehen hat, nicht dasselbe, wie bei der Aktiengesellschaft.

a) Von einer Schlußrechnung ist hier nichts gesagt (abweichend von Art. 245 Abs. 4). Es gilt daher die allgemeine Rechnungslegungspflicht. Danach haben die Liquidatoren, wenn es fremde Personen sind, den Komplementaren und dem Aufsichtsrath, wenn die Komplementare allein die Liquidation besorgen, dem Aufsichtsrath Rechnung zu legen. Dieser theilt die ihm gelegte Rechnung der Generalversammlung mit. Ueber die Rechnungslegung der Liquidatoren vergl. Näheres § 21 zu Art. 137. Die Rechte der Kommanditisten nimmt dabei überall der Aufsichtsrath wahr (Art. 186). Bilanzen zu ziehen sind die Liquidatoren einer Aktien-Kommanditgesellschaft nach wie vor verpflichtet. Die Anfangsliquidationsbilanz ist ihnen durch Art. 205 Abs. 3 zur Pflicht gemacht (vergl. hierüber § 7 zu Art. 244 a).

b) Die Beendigung der Liquidation ist bei der A.K.G. von den Liquidatoren nicht bekannt zu machen (abweichend von Art. 245 Abs. 4). Im Namen der Kommanditisten wird sich hier der Aufsichtsrath zu bekümmern haben, wie weit die Liquidation gediehen und ob sie schon beendet ist. **§ 14.**

Wohl aber ist richtiger Ansicht nach die Liquidationsbeendigung zum Register anzumelden und dort einzutragen, ferner ist die Firma abzumelden und dies sogar von Amtswegen zu erfordern (vergl. §§ 6 u. 7 zum Art. 245; Ring Anm. 3). Vergl. auch § 8 daselbst über Schwierigkeiten nach Beendigung der Liquidation.

c) Die Aufbewahrung der Handelsbücher und deren Benutzung. Ueber die Aufbewahrung bestimmt hier, abweichend von Art. 246, zunächst die Uebereinkunft der Gesellschafter (über diese vergl. § 2 zu Art. 180 f), erst subsidiär das Handelsgericht. Die Aufbewahrung erfolgt auch hier wie bei den Aktiengesellschaft auf 10 Jahre. (Vergl. § 4 zu Art. 145.) Das Recht zur Einsicht haben hier die Gläubiger nicht, die Gesellschafter aber haben das unbedingte Recht auf Einsicht (beides abweichend von Art. 246). **§ 15.**

Zusatz. **Die Haftung der Gesellschafter gegenüber den Gläubigern nach Auflösung der Gesellschaft.** Bei der Aktiengesellschaft ist von einer solchen keine Rede, höchstens ist ein Bereicherungsanspruch denkbar (vergl. § 9 zu Art. 245). Hier aber haften die Gesellschafter in doppelter Richtung den Gläubigern direkt: zunächst die Komplementare, worauf ja das Wesen der Aktienkommanditgesellschaft beruht, und ferner die Kommanditisten im Falle des Art. 198. Für die erste Haftung gilt die 5jährige Verjährungsfrist nach Art. 146 (vergl. Art. 172; § 3 zu Art. 173) für die letztere nicht, weil es sich nicht nur um eine Haftung aus der Gesellschaftereigenschaft, sondern wegen Verletzung der Gesellschafterpflichten handelt (Förtsch Anm. 6 zu Art. 202; anders Ring Anm. 3 zu Art. 205). **§ 16.**

Artikel 206 a.

Die Gesellschaft kann sich in eine Aktiengesellschaft umwandeln, sofern dies durch den Gesellschaftsvertrag zugelassen ist.

Die Uebereinkunft über die Umwandlung bedarf zu ihrer Giltigkeit der notariellen oder gerichtlichen Abfassung und der Zustimmung einer Generalversammlung der Kommanditisten; die Antheile der zustimmenden Mehrheit müssen mindestens ein Viertheil des Gesammtkapitals darstellen. Die Uebereinkunft hat die zur Durchführung der Umwandlung erforderlichen Maßregeln, insbesondere die Firma sowie die Art der Bestellung und Zusammensetzung des Vorstandes, zu enthalten.

Die Uebereinkunft und die in Gemäßheit derselben vollzogene Bestellung der Mitglieder des Vorstandes ist unter Beifügung der Legitimation der letzteren behufs der Eintragung in das Handelsregister (Art. 177, 179) durch die persönlich haftenden Gesellschafter anzumelden. Zugleich haben diese eine Bilanz von dem Tage der Anmeldung einzureichen und in den hierzu bestimmten öffentlichen Blättern bekannt zu machen. Auf die Eintragung der Uebereinkunft findet die Vorschrift im Schlußsatze des Artikel 180f Anwendung.

Mit der Eintragung gelten die persönlich haftenden Gesellschafter als ausgeschieden und die Gesellschaft als Aktiengesellschaft fortbestehend. Die Beschränkungen, welchen persönlich haftende Gesellschafter nach der Vorschrift im Artikel 181 Abs. 2 unterworfen sind, dauern nach Maßgabe der letzteren fort.

In Ansehung der bisherigen Gläubiger der Gesellschaft sind die Vorschriften im Artikel 202 zu beobachten. Für die Beobachtung derselben sind den Gläubigern die Mitglieder des Vorstandes und des Aufsichtsraths persönlich und solidarisch verantwortlich, die Mitglieder des Aufsichtsraths, soweit die Befriedigung oder Sicherstellung mit ihrem Wissen und ohne ihr Einschreiten unterlassen ist. Die Ersatzpflicht wird dadurch nicht aufgehoben, daß die Unterlassung auf einem Beschlusse der Generalversammlung beruht.

Einleitung. **Das Gesetz regelt hier die Umwandlung einer Aktien-Kommanditgesellschaft in eine Aktiengesellschaft** und zwar in folgender Weise:

1. Prinzipielle Zulassung und Vorbedingung derselben (Abs. 1).
2. Erfordernisse einer auf die Umwandlung hinzielenden Uebereinkunft (Abs. 2).
3. Pflichten der Komplementare nach getroffener Uebereinkunft, insbesondere Pflicht zur Anmeldung (Abs. 3).
4. Rechtsfolge der Eintragung (Abs. 4).
5. Schutzvorschriften für die Gläubiger (Abs. 5).

§ 1. 1. (Abs. 1.) **Principielle Zulassung der Umwandlung und Vorbedingung derselben.**

a) Principielle Zulassung. Der Artikel verdankt seine Entstehung einem Beschlusse der Reichstagskommission. Es sollte einer Reihe von großen Unternehmungen, zumal solchen, welche die Form der Aktien-Kommanditgesellschaft nur gewählt hatten, um der Koncessionspflicht enthoben zu sein, Gelegenheit gegeben werden, ohne Liquidation und Neugründung die Form der Aktiengesellschaft anzunehmen (K.B. 33). Nach der juristischen Konsequenz ist eine Umwandlung ohne Auflösung und Neugründung nur auf Grund derjenigen Anschauung möglich, die wir vertreten, d. h. von dem Standpunkte aus, daß auch die Aktien-Kommanditgesellschaft eine juristische Person ist. Denn alsdann gehört zur Umwandlung nichts Anderes, als daß einzelne Mitglieder der Korporation, nämlich die Komplementare, ausscheiden. Es verbleiben dann nur die Kommanditisten, also nur beschränkt sich betheiligende und persönlich nicht haftende Mitglieder; aber das Rechtssubjekt wechselt nicht, und deshalb ist Auflösung und Neugründung nicht erforderlich. Wer in der Aktien-Kommanditgesellschaft eine Societät erblickt, und die gemeine Meinung thut dies (vergl. § 2 zu Art. 173), der muß im vorliegenden Artikel eine Durchbrechung der juristischen Konsequenz durch einen Machtspruch des omnipotenten Gesetzgebers erblicken.

§ 2. b) Vorbedingung der Zulassung ist ein darauf gerichteter Passus im Gesellschaftsvertrage. Darunter ist aber sowohl der ursprüngliche, wie der abgeänderte zu verstehen (K.B. 33). Nur muß die Abänderung rechtswirksam, also eingetragen sein, ehe die Uebereinkunft getroffen wird, sonst wäre letztere ungültig (vergl. R.G. 24 S. 58.)

§ 3. 2. (Abs. 2.) **Erfordernisse der auf Umwandlung zielenden Uebereinkunft.**

a) Form. Gemäß der Organisation der Aktien-Kommanditgesellschaft kann ein die Gesellschaft in ihren Tiefen berührender, auf Abänderung des Gesellschaftsvertrages abzielender Rechtsakt nur vorgenommen werden durch Uebereinkunft der Komplementare und der Kommanditisten. Wie im Art. 180f, ist hierzu erforderlich, daß die Komplementare und die Generalversammlung zu gerichtlichem oder notariellem Protokoll die Uebereinkunft erklären. Die Berliner Praxis verfährt unrichtig. Sie hat sich dahin gestaltet, daß die Komplementare ein notarielles Generalversammlungsprotokoll dem Handelsgericht überreichen und hierbei die Umwandlung anmelden und ihre Zustimmung zu derselben erklären. Das ist keine Abfassung der Uebereinkunft in notarieller Form. Gleichwohl billigt das Berliner Handelsgericht dieses Verfahren (vergl. Registerakten der Aktien-Kommanditgesellschaft Berliner Unionsbrauerei Bonwitt & Co.; der Berliner Brauereigesellschaft Tivoli).

Es ist ferner eine bestimmte Mehrheit vorgeschrieben, und es ist endlich darauf hinzuweisen, daß ein solcher Beschluß stets auch ein Statutenänderungsbeschluß ist, sodaß auch die Erfordernisse eines solchen vorhanden sein müssen, was zu beachten ist, da sie ja auch erschwertere sein können.

b) Der Inhalt der Uebereinkunft ist zunächst die Einigung darüber, daß die Gesellschaft umgewandelt werden, also die Komplementare ausscheiden sollen. Die zur Durchführung erforderlichen Maßregeln, welche der Beschluß ferner enthalten soll, sind nach dem Gesetze insbesondere die Wahl der Firma, die sich den Vorschriften über die Firma der Aktiengesellschaften anpassen muß, und die Bestimmung über die Zusammensetzung des Vorstandes. In letzterer Beziehung ist zu bemerken, daß der erste Vorstand auch durch die Umwandlungs-Uebereinkunft bestellt werden kann, wenn die Komplementare, was zulässig ist, den Vorstand bilden sollen. Ueberhaupt aber ist hervorzuheben, daß zu den Durchführungsmaßregeln vor Allem die Anpassung des Statuts an die Organisation der Aktiengesellschaft gehört: Ausmerzung des für die Aktiengesellschaft Unzulässigen und Einfügung des für sie Erforderlichen. Der Kommissionsbericht (S. 33) hebt ferner hervor, daß über die Auseinandersetzung mit den Komplementaren das Nöthige enthalten sein muß. Das ist aber nur cum grano salis aufzufassen. Ein nothwendiger Bestandtheil der Uebereinkunft ist das nicht, weil beim Mangel einer solchen das Gesetz ausreichende Vorschriften giebt (Art. 180 ffg.) Es empfiehlt sich aber, daß die Uebereinkunft hierüber Bestimmung trifft, insbesondere darüber, wie die Komplementare wegen ihres etwaigen Aktivsaldos abgefunden werden. Diese Abfindung kann auch geschehen durch Aktien, und zwar in der Weise, daß die Gesellschaft ihr Aktienkapital um den erforderlichen Betrag erhöht (Ring Anm. 2). § 4.

3. (Abs. 3.) **Pflichten der Komplementare nach getroffener Uebereinkunft, insbesondere die Anmeldungspflicht.** § 5.

a) Die Uebereinkunft und die Urkunden über die Bestellung des Vorstandes sind einzureichen. Also muß der Vorstand schon bestellt sein. Die Bestellung kann geschehen durch die Uebereinkunft selbst (vergl. oben § 4), oder auf diejenige Art und Weise, welche die Uebereinkunft zu bestimmen hat.

b) Die Einreichung erfolgt auch zum Register der Zweigniederlassung Das folgt aus der Bezugnahme auf Art. 179. Doch ist nur die Eintragung im Hauptregister für die Rechtswirksamkeit wesentlich.

c) Die Eintragung begründet die Rechtswirksamkeit der Uebereinkunft.

d) Die Publikation durch das Handelsgericht erfolgt in analoger Anwendung des hier in Bezug genommenen Art. 177. Es wird also nur das publicirt, was dort vorgeschrieben ist, und auch nur, was sich in dieser Hinsicht ändert. Auch die Namen der Aufsichtsrathsmitglieder werden von Neuem zu veröffentlichen sein (Ring Anm. 3).

e) Einreichung einer Bilanz. Es ist den Komplementaren zur ferneren Pflicht gemacht, eine Bilanz vom Tage der Anmeldung einzureichen. Esser (Anm. 3) erblickt hierin eine große Schwierigkeit, weil die Bilanz regelmäßig nicht an einem Tage fertiggestellt werden könne, und räth daher den Gesellschaften, die Anmeldung nicht direkt beim Gericht, sondern vor dem Notar zu bewirken; der Tag der Ausstellung dieses Schriftstücks sei dann für die Bilanz entscheidend, die Einreichung aber könne später geschehen. Der letztere Rath ist nicht richtig; der Tag der Anmeldung ist nicht das Datum des Anmeldungsschriftstücks, sondern der Tag der Einreichung bei Gericht. Aber es scheint uns, als ob ein Rath nicht erforderlich sei, da die von Esser behauptete § 6.

Schwierigkeit nicht besteht, Da nämlich die Bilanz vom Tage der Anmeldung lauten muß, so kann zunächst die Bilanz aufgenommen und nach Fertigstellung die Anmeldung bewirkt werden (Zust. Ring Anm. 3).

Die weiteren Bilanzen sind nach Maßgabe des bisherigen Geschäftes jährlich zu fertigen, vorzulegen und zu publiciren. Das Geschäftsjahr ändert sich nicht, da keine Neugründung, sondern nur Umwandlung vorliegt.

§ 7. 4. (Abs. 4.) **Rechtsfolgen der Eintragung.**

Die persönlich haftenden Gesellschafter sind ausgeschieden, die Gesellschaft ist fortan Aktiengesellschaft. Die Beschränkungen des Art. 181 Abs. 2 dauern fort. Zu beachten ist, daß Art. 181 Abs. 3 nicht angezogen ist. Die dort aufgestellte formelle Sperrungspflicht ist daher gesetzlich nicht vorgeschrieben, aber das Recht hierzu wird den Gesellschaftsorganen nicht abgesprochen werden können, und die Sorgfalt ordentlicher Geschäftsleute wird es gebieten, von diesem Rechte Gebrauch zu machen.

§ 8. 5. (Abs. 5.) **Schutzvorschriften zu Gunsten der Gläubiger.**

Die hier gegebenen sind nicht die einzigen Schutzmittel. Der Schluß des Abs. 4 enthält auch ein solches, und die auf Art. 146 beruhende 5jährige Verjährung ist ein fernerer Schutz. Der hier vorgesehene Schutz ist dem Art. 202 nachgebildet. Zu beachten ist, daß Art. 201 nicht angezogen ist, das Sperrjahr gilt daher hier nicht. Als Pflicht der Gesellschaftsorgane wird es erachtet werden müssen, daß sie von vornherein soviel Geld zurückhalten, als zur Befriedigung und Sicherstellung der Gläubiger gehört (Ring Anm. 4).

§ 9. **Zusatz 1. Stempelfrage.** Die vorhandenen Aktien können mit einem bezüglichen Vermerke versehen werden und sind einer nochmaligen Besteuerung nicht unterworfen. Das ist die Annahme des Provinzialsteuerdirektors zu Berlin. Diese Annahme trifft zu, weil nach dem Gesetze keine Neugründung, sondern nur eine Umwandlung vorliegt. Daß die Namensaktien in Inhaberaktien umgewandelt werden, ändert an dieser Stempelfrage nichts (Esser Anm. 2; Ring Anm. 4).

Auflassung ist nicht erforderlich, weil das Rechtssubjekt nicht wechselt, also keine Veräußerung vorliegt (Ring Anm. 4).

§ 10. **Zusatz 2. Andere Umwandlungen?**

a) Die Umwandlung einer Aktien-Kommanditgesellschaft in eine einfache Kommanditgesellschaft. Eine solche kann nach der Ansicht des Kammergerichts (bei Johow 5 S. 36) einfach dadurch vorgenommen werden, daß die Aktien-Kommanditgesellschaft beschließt, fortan sollen die bisherigen Gesellschafter mit ihren bisherigen Rollen als Komplementare und Kommanditisten das Geschäft fortführen. Allein von unserem Standpunkte aus ist dies schon deshalb nicht richtig, weil die Aktien-Kommanditgesellschaft juristische Person ist, was die einfache Kommanditgesellschaft nicht ist; es ist deshalb nur Auflösung der ersteren und Gründung der letzteren möglich. Ueberdies ist die Liquidation bei der Aktien-Kommanditgesellschaft ex jure publico angeordnet und nicht zu umgehen. Eine Auflösung ohne Liquidation ist daher nicht statthaft (vergl. § 8 zu Art. 206, Petersen und Pechmann S. 320). Bei einer solchen Umwandlung einer A.K.G. in eine einfache K.G. ist auch Auflassung von Grundstücken erforderlich, was gleichfalls vom Kammergericht (6 S. 12) verneint wird. Letzteres Gericht ging sogar soweit, auch bei der Umwandlung einer einfachen Kommanditgesellschaft in eine Aktiengesellschaft keine Auflassung zu fordern (Johow u. Küntzel 2 S. 92).

§ 11. b) Die Fusion einer Kommanditgesellschaft auf Aktien mit einer andern ist gesetzlich nicht geregelt. Sie wird von Ring (Anm. 5) nicht für unzulässig erachtet. Wir können aber seinen Ausführungen nicht beitreten. Aus dem Schweigen des Gesetzes folgt vielmehr die Unzulässigkeit der Fusion. Wie schon anderweit ausgeführt ist, beruht es auf öffentlichem Rechte, insbesondere auf der Rücksicht gegen die Gläubiger, wenn bestimmt ist, daß die Liquidation erfolgen, das Sperrjahr eingehalten werden muß, und daß bis zur Befriedigung oder Sicherstellung der Gläubiger eine Ausschüttung des Vermögens nicht erfolgen solle. Mit anderen Worten: Die Liquidation ist zwingende Vorschrift.

Die Fusion verstößt hiergegen. Denn ihr Wesen besteht darin, daß die Gesellschaft mehr als aufgelöst wird, nämlich untergeht; daß sie ihr gesammtes Vermögen auf eine andere Gesellschaft überträgt; daß das bisherige Rechtssubjekt untergeht und die Gläubiger einen neuen Schuldner erhalten, der nur das Vermögen des bisherigen Rechtssubjekts besonders verwaltet (vergl. § 1 zu Art. 247). Einen für die Gläubiger und auch für die Aktionäre so folgenschweren Akt kann die Gesellschaft nur vornehmen, wenn das Gesetz es zuläßt. Schweigen ist hier verbieten. (Zust. Neukamp bei Holdheim II S. 338).

Dritter Titel.

Von der Aktiengesellschaft.

Erster Abschnitt.

Allgemeine Grundsätze.

Artikel 207.

Eine Gesellschaft ist eine Aktiengesellschaft, wenn sich die sämmtlichen Gesellschafter nur mit Einlagen betheiligen, ohne persönlich für die Verbindlichkeiten der Gesellschaft zu haften.

Das Einlagekapital (Grundkapital) wird in Aktien zerlegt.

Die Aktien sind untheilbar.

Dieselben können auf Inhaber oder auf Namen lauten.

Antheilscheine, in welchen der Bezug der Aktien zugesichert wird oder welche sonst über das Antheilsrecht des Aktionärs vor Ausgabe der Aktien ausgestellt werden (Interimsscheine), dürfen nicht auf Inhaber lauten.

I. **Vorbemerkungen zu den Vorschriften über das Aktienrecht.**

1. **Historisch ist zu bemerken,** daß die Vorschriften über das Aktienrecht auf einem Gesetze aus der jüngsten Zeit beruhen, nämlich auf dem Gesetze vom 18. Juli 1884, dessen § 1 bestimmt, daß die bisherigen Vorschriften des H.G.B. nunmehr die folgende Fassung haben sollen. (Das Gesetz ist hier abgedruckt im Zusatz zu Buch 2.) Durch dieses Gesetz sind die Vorschriften des H.G.B. über das Aktienrecht schon zum zweiten Male geändert worden, das erste Mal geschah dies durch das Gesetz vom 11. Juni 1870.

   Der Grundzug dieser Entwicklung ist der, daß nach dem H.G.B. die Aktiengesellschaften nur mit staatlicher Genehmigung entstehen konnten, die Novelle von 1870 an Stelle derselben die Eintragung in das Handelsregister nach Erfüllung von Normativbestimmungen setzte, das jüngste Gesetz aber diese Normativbestimmungen verschärfte, weil die bisherigen sich als unzureichend erwiesen hatten, um den im Aktienverkehr hervorgetretenen Mißständen zu begegnen. (Näheres über die geschichtliche Entwickelung der Aktiengesellschaft siehe bei Behrend (§ 97) und Ring (S. 1—20.)

2. **Anlangend die Anwendung der Vorschriften des neuen Gesetzes auf die älteren Aktiengesellschaften,** d. h. auf diejenigen, welche vor dem neuen Gesetze bestanden, so ist diese Frage gesetzlich nur dürftig geregelt. Da die neuen Vorschriften zahlreiche und einschneidende Aenderungen des früheren Rechts enthalten, und es nicht minder wichtig ist, zu wissen, wie die alten Gesellschaften die neuen Vorschriften auf sich anzuwenden haben, wie die Gesichtspunkte zu kennen, nach denen die Verhältnisse der neuen Gesellschaften sich regeln, so hätte es gelohnt, bei jeder Neuerung zu sagen, ob und wie sie auf die älteren Gesellschaften anwendbar ist. An Stelle dessen giebt das Gesetz vom 18. Juli 1884 nur einige summarische Uebergangsbestimmungen.

Die Frage der Anwendbarkeit der neuen Vorschriften auf die alten Gesellschaften ist daher oft schwierig und zweifelhaft. Es soll bei der Wichtigkeit dieser Fragen in diesem Kommentar überall dort, wo diese Frage zweifelhaft sein kann, in einem Zusatze beleuchtet werden, wie es sich mit der Anwendung der Vorschrift auf die älteren Gesellschaften verhält.

Vorauszuschicken ist hier als Princip, daß das Gesetz grundsätzlich auf die bestehenden Gesellschaften Anwendung findet. Dies sprechen die Motive (II S. 256) aus, und insoweit ist ihnen zuzustimmen. Wenn sie aber von der Anwendbarkeit ausnehmen diejenigen Rechtsverhältnisse, welche auf vertragsmäßiger Grundlage beruhen, so ist hiermit die Frage weder erschöpfend, noch in unanfechtbarer Weise geregelt. Es ist vielmehr wie folgt zu unterscheiden: Maßregeln, welche die alten Gesellschaften unter der Herrschaft des alten Gesetzes nach den früheren Vorschriften endgültig getroffen hatten, bleiben bestehen. Soweit dies nicht der Fall ist, die Maßregel vielmehr unvollendet und nicht völlig abgeschlossen ist, muß sie nach den Vorschriften des neuen Gesetzes vollendet werden. So z. B. sind Aktien unter 1 000 M., welche nach dem früheren Rechte ausgegeben sind, giltig. War aber nach dem früheren Recht nur die Ausgabe in Theilabschnitten beschlossen, so müssen die bei Inkrafttreten des neuen Gesetzes noch nicht ausgegebenen Abschnitte den neuen Mindestbetrag haben. (Hergenhahn in Busch' Archiv 48 S. 235; Petersen und Pechmann S. 330.) Ferner sind die öffentlich-rechtlichen Vorschriften des neuen Gesetzes derart zwingender Natur, daß sie auch im Gegensatze zu abweichenden Verträgen beobachtet werden müssen. So kann z. B. eine Herabsetzung des Grundkapitals nicht anders als nach den neuen Vorschriften erfolgen, auch wenn sich die Gesellschaft vertragsmäßig zu einem andern Modus verpflichtet hätte (R.G.S. 22 S. 1).

3. **Hinsichtlich der Auslegung der neuen aktienrechtlichen Vorschriften** ist streitig geworden, ob sie im Zweifel streng oder milde auszulegen sind. Petersen und Pechmann (S. 57) vertreten die erstere Ansicht, weil es sich um ein Reformgesetz handle, bestimmt, gewissen Uebelständen für die Zukunft vorzubeugen, und man daher den Sinn des Gesetzes am sichersten treffen werde, wenn man es im Zweifelsfalle so auslegt, wie es im Interesse der wirksamen Verfolgung seiner Reformzwecke erforderlich ist. Dieser Auffassung ist Simon (in G.Z. 36 S. 354) energisch entgegengetreten, Pertersen und Pechmann aber halten an derselben fest (S. XVIII). Sie muß auch diesseits bekämpft werden. Daß der Satz von der milderen Auslegung im Zweifelsfalle sonst allgemeiner Rechtsgrundsatz ist, wird von Petersen und Pechmann nicht bestritten. Aber sie meinen, daß hier das Gegentheil Platz greifen müsse, weil es sich um ein Reformgesetz handle, bestimmt Uebelständen für die Zukunft vorzubeugen. Allein mit dieser Begründung müßte jedes Strafgesetz im Zweifel streng ausgelegt werden, und doch gilt gerade hier das in dubio mitius in besonderem Grade. Wie weit der Gesetzgeber gehen will, um die Ziele seiner Reform zu verwirklichen, ist seine Sache. Spricht er klar, so hat der Richter das Gesetz anzuwenden, und wenn es noch so streng wäre. Aber wo die Tragweite seiner Vorschrift nicht klar erkennbar, wo also zweifelhaft ist, ob er soweit hat gehen wollen, wie dies die strengere Auslegung, oder nur soweit, als die mildere Auslegung ergiebt, da kann der Richter nicht der strengeren Auslegung den Vorzug geben. Denn dies würde die Gefahr in sich schließen, daß er weiter geht, als der Gesetzgeber gehen wollte.

Einleitung. II. **Die Erläuterung des Art. 207.**

Der vorliegende Artikel giebt die begrifflichen Merkmale der Aktiengesellschaft an (Abs. 1 und 2) **und enthält Grundbestimmungen über Aktien und Interimsscheine** (Abs. 3—5). Die letzteren stehen nicht in einem so engen Zusammenhange zu den ersteren, daß ihre gemeinsame gesetzliche Regelung in einem und demselben Artikel geboten erschien.

§ 1. 1. (Absatz 1 und 2.) **In diesen beiden Absätzen sind die begrifflichen Merkmale der Aktiengesellschaft gegeben.** Zum Wesen der Aktiengesellschaft gehört zunächst nach Abs. 1, daß keiner der Gesellschafter persönlich für die Verbindlichkeiten der Gesellschaft haftet. Sie ist in Folge dessen juristische Person. Wir erblicken ja das Wesen der juristischen Person schon darin, daß *nicht alle Mitglieder einer Vereinigung persönlich* haften und doch die ganze Vereinigung persönlich haftet (§ 2 zu Art. 173). Wenn daher kein Mitglied einer in das Verkehrsleben tretenden Vereinigung für die Verbindlichkeiten derselben persönlich haften, die Vereinigung aber doch haften soll, so ist ganz eminent der Fall gegeben, für welchen das Recht zu dem Auskunftsmittel der juristischen Persönlichkeit als des fingirten, gedachten Rechtssubjekts, der Trägerin der Verbindlichkeiten greift. Auf die juristische Persönlichkeit scheint auch das Gesetz ausdrücklich hindeuten zu wollen, wenn es in Art. 213 sagt: die Aktiengesellschaft habe „als solche" ihre Rechte und Pflichten, was viel weiter geht, als die bei den anderen Handelsgesellschaften vorgesehene Möglichkeit des Rechtserwerbs und der Pflichtenübernahme unter eigener Firma. So ist es denn auch herrschende Ansicht, daß die Aktiengesellschaft juristische Person ist (vergl. Goldschmidt System § 42; Laband in G.Z. 30 S. 469—532; 31 S. 1—62; Behrend § 62 Nr. I und § 96 III; Cosack S. 542; Gareis, Handelsrecht § 36; Endemann, Handelsrecht § 61; v. Hahn § 1 zu Art. 213; Keyßner Anm. 2; Esser Anm. 1 zu Art. 213; Ring S. 148; Pertersen und Pechmann S. 323; Renaud, Aktiengesellschaften §§ 9—16; R.O.H. 22 S. 241; R.G. 6 S. 71; 7 S. 69; 23 S. 202). (Behrend's und Goldschmidt's Begründung, daß die Möglichkeit des Mitgliederwechsels entscheide, kann allerdings auch hier nicht beigetreten werden — vergl. § 2 zu Art. 150 —, da es Aktiengesellschaften giebt, bei denen die Uebertragung der Mitgliedschaft ebenso erschwert ist, wie bei der offenen Handelsgesellschaft — Art. 207a Abs. 3. —).

Ist nun aber die Aktiengesellschaft juristische Person und damit für die Definition derselben das genus proximum gewonnen, so fragt es sich weiter, wodurch sich diese juristische Person von jeder anderen unterscheidet, mit anderen Worten: Worin liegt die differentia specifica?

Dieselbe besteht in drei Momenten.

Das erste unterscheidende Merkmal ist, daß keines der Mitglieder persönlich haftet. Daß nicht alle haften, macht sie zur juristischen Person, daß keines haftet, unterscheidet sie von der Kommanditgesellschaft auf Aktien, bei welcher neben der Gesellschaft selbst der Komplementar für die Vereinsschulden persönlich haftet (vergl. § 2 zu Art. 173).

Das zweite unterscheidende Merkmal ist, daß sämmtliche Gesellschafter sich mit Einlagen betheiligen. Das hat eine doppelte Bedeutung. Einmal, daß die Mitgliedschaft a priori nur begründet werden kann durch die Einlegung eines Vermögenswerthes. Es giebt Korporationen genug, bei denen die Mitgliedschaft ohne dieses Erforderniß entsteht. Man denke nur an die öffentlichen Korporationen, Staat, Gemeinde und Kirche. Aber die andere Bedeutung dieses Merkmals liegt darin, daß die Gesellschafter sich nur mit Einlagen betheiligen. Hiermit will der Gesetzgeber nicht ausdrücken, daß, wie beim Kommanditisten, durch die Einlage die Grenze der Haftung nach außen fixirt wird. Denn eine Haftung nach außen findet ja hier nicht statt. Damit soll hier vielmehr ausgedrückt werden, daß dem Gesellschafter gegenüber der Gesellschaft keine anderen und keine höheren Pflichten begrifflich obliegen können, als die Einbringung der Einlage, und daß hiermit sich seine Verpflichtung gegen die Gesellschaft erschöpft. Diese Vorschrift hat der Gesetzgeber zum wesentlichen Merkmal erhoben, um dem Mitgliedsrechte diejenige Gestaltung zu geben, die ihm vorschwebte, nämlich die Qualität eines möglichst leicht übertragbaren Verkehrsobjektes, und nur zur Bestätigung dieses Erfordernisses dient es, wenn Art. 219 nochmals vorschreibt, daß die Verpflichtungen des Aktionärs sich in seiner Einlage erschöpfen. Daß dieses Moment zum Wesen der Aktiengesellschaft gehört, hebt auch das Reichsgericht Bd. 21 S. 156 hervor. Zahlreiche andere juristische Personen haben diese Vertragsbeschränkung nicht, es sei nur an die Versicherungsgesellschaften auf Gegenseitigkeit mit ihrer Zuschußpflicht erinnert.

Aber diese Kriterien sind nicht die einzigen Merkmale, welche diese juristische Person von anderen unterscheidet. Eine juristische Person wird dadurch noch nicht zur Aktiengesellschaft, daß sie ihren Mitgliedern eine fest begrenzte Einlageverpflichtung auferlegt. Vielmehr giebt der Gesetzgeber noch ein unterscheidendes Kriterium an. Dasselbe ist in Abs. 2

dieses Artikels enthalten und lautet: „Das Einlagekapital (Grundkapital) wird in Aktien zerlegt." (Daß diese Worte zu den Begriffsmerkmalen der Aktiengesellschaft gehören, nimmt auch das Reichsgericht a. a. O. an.)

Danach wäre das Kriterium darin zu erblicken, daß das von den Gesellschaftern eingelegte Kapital in einzelne Beträge zerlegt wird und in dieser Weise das Betheiligungsverhältniß der Mitglieder an den Ergebnissen der Gesellschaft zum Ausdruck kommt.

Allein die solcher Gestalt im Gesetz erfolgte, von den Auslegern und auch von der Rechtsprechung (vergl. z. B. R.G. 17 S. 14) adoptirte Formulirung des Kriteriums erweist sich als unpräcis, wenn man die sonstigen Bestimmungen des Gesetzes in Betracht zieht. Nicht immer wird nämlich gerade die Summe dessen, was eingelegt ist, in einzelne Beträge zerlegt, um das Betheiligungsverhältniß zu fixiren. Denn da man unter Einlage füglich nichts Anderes verstehen kann, als denjenigen Vermögenswerth, den der Gesellschafter vertragsmäßig an die Gesellschaft zu leisten hat, damit derselbe ein Theil des Gesellschaftsvermögens werde, als solcher den Zwecken der Gesellschaft diene und für die Verbindlichkeiten der Gesellschaft hafte, auf dessen Rückgabe er keinen Anspruch hat und dessen Aequivalent in seinem Mitgliedsrecht liegt, so wird bei der Ueberpari-Emission (Art. 209a Nr. 2; 215a Abs. 2) mehr eingelegt, als diejenige Grundziffer beträgt, welche in einzelne Beträge zerlegt wird, um das Betheiligungsverhältniß der einzelnen Gesellschafter zu fixiren. Und bei der Unterpari-Emission, welche zwar jetzt nicht mehr gestattet ist, aber als historische Erscheinung für die begriffliche Erörterung herangezogen werden kann, wurde umgekehrt weniger eingelegt, als jene Grundziffer betrug.[1])

So entspricht die in Theilbeträge zerlegte Grundziffer nicht nothwendig der Summe der in Wahrheit eingelegten Vermögenswerthe; und es ist daher nicht korrekt, wenn der Gesetzgeber sagt: das Einlagekapital wird in Aktien zerlegt. Nicht das Einlagekapital wird in Aktien zerlegt, nicht darin also besteht das specifische Wesen der Aktiengesellschaft, ihr Unterschied von anderen juristischen Personen, sondern darin, daß das Betheiligungsverhältniß der Gesellschafter zum Ausdruck gebracht wird in Theilbeträgen irgend einer Grundziffer. Diese Formulirung mag allerdings auf den ersten Augenblick befremden. Es erscheint einerseits für ein unterscheidendes Kriterium zu äußerlich, das innere Wesen einer juristischen Person nicht berührend; und andererseits erscheint es willkürlich, daß die Zerlegung einer anscheinend beliebigen Grundziffer das Antheilsverhältniß ausdrücken soll.

Allein so äußerlich das Kriterium auch erscheinen mag, so hohe Bedeutung hat es für den Verkehr. In Verbindung mit dem anderen Momente, daß die Einlage die Verpflichtung des Aktionärs erschöpft, liegt die Bedeutung der Aktie als eines Werthpapiers darin, daß ihr Werth nicht ausgedrückt wird in einer Quote des Gesellschaftsvermögens, sondern in einer bestimmten Ziffer.

Andrerseits birgt dieses Moment große Gefahren in sich, weil eine solche fixe Ziffer den Schein erweckt, als stelle die Aktie einen unwandelbaren Vermögenswerth dar, der dieser Ziffer gleichkommt, und als sei ein jener Grundziffer entsprechender Baarbetrag von Anfang an vorhanden gewesen und stets vorhanden.

Den Gefahren, die dieser Schein in sich birgt, sucht der Gesetzgeber durch seine Einzelbestimmungen vorzubeugen.

Insbesondere hat das neue Aktiengesetz in dieser Hinsicht die Unterpari-Emission verboten und damit die Wahl der Grundziffer der Willkür entrückt, womit allerdings einem unhaltbaren Zustand ein Ziel gesetzt wurde. Denn nach früherem Recht konnte, wenn nur 100000 Mark eingelegt wurden, das Grundkapital auf 200000 Mark angegeben werden. Die Aktien wurden eben 50 % unter Pari ausgegeben. Jetzt muß die Grundziffer mindestens ebenso groß sein, wie das eingelegte Kapital; das soll eine Gewähr dafür sein,

---

[1]) Es ist nicht angängig, die Ueberpariemission bei der Definition unberücksichtigt zu lassen, weil sie — Ring S. 153 — eine anomale Erscheinung sei. Eine Begriffsbestimmung ist nur dann richtig, wenn sie alle Fälle, nicht bloß die Regelerscheinungen, umfaßt. Ueberdies: von welchem Gesichtspunkte aus sollte die Ueberpariemission eine anomale Erscheinung sein? Vom statistischen? Der Beweis würde wohl kaum gelingen und wäre, wie gesagt, nicht erheblich.

daß wenigstens bei Entstehung der Gesellschaft ein der gewählten Grundziffer entsprechender Werthbetrag zum Gesellschaftsvermögen gehört.

Begrifflich bleibt jene Grundbetheiligungsziffer gleichwohl auch jetzt noch eine fiktive Ziffer. War sie es im eminenten Sinne bei der früheren Unterpari-Emission, so ist sie es, wenn auch nicht in so flagranter Weise, in anderer Hinsicht noch heute. Sie ist es zunächst bei jeder Ueberpari-Emission. Denn wenn mehr eingelegt ist, als die Grundziffer der Betheiligung angiebt, so ist in solchem Falle das, was der Gesetzgeber Einlagekapital nennt, nicht die Summe der Einlagen, sondern eine von den Schöpfern der Gesellschaft willkürlich gewählte Ziffer, welche bei Fixirung des Betheiligungsverhältnisses in Betracht kommen soll.

Jene Grundziffer, oder, wie das Gesetz sagt, das Grundkapital ist ferner eine fiktive Ziffer immer dort, wo Sacheinlagen gemacht werden. Schätzungen sind und bleiben ewig Meinungssachen, keine objektiv feststehenden unverrückbaren Begriffe. Mindestens aber ist bei jeder Abweichung vom wahren Werthe, nach unten oder nach oben, das sogenannte Grundkapital eine fiktive Ziffer; denn es ist dann mehr oder weniger eingelegt, als die Ziffer des Grundkapitals anzeigt.

Und endlich wird jedes Grundkapital eine fiktive Ziffer in dem Augenblicke, wo die Gesellschaft ihre Geschäfte beginnt. Gesetzt, die Gesellschaft erhielte bei ihrer Entstehung einen dem Grundkapital genau entsprechenden Baarbetrag, so ist doch dieser Betrag in dem Augenblicke, wo die Gesellschaft ihr Geschäftsleben beginnt, einem unaufhörlichen Wechsel ausgesetzt, und jene ein für alle mal festgesetzte Grundziffer, genannt Grundkapital, wird zur Fiktion. Sie bedeutet kein Recht im juristischen Sinne, sondern sie ist nur ein Rechnungsfaktor, die Grundziffer einer Berechnung. Sie bedeutet, daß die einzelnen Gesellschafter in demjenigen Verhältniß an den Ergebnissen der Gesellschaft Theil nehmen sollen, in welchem der Betrag ihrer Aktien zu der ein für allemal festgesetzten Grundziffer steht.

Nach alledem ist die Aktiengesellschaft diejenige juristische Person, bei welcher sich die Mitglieder ohne persönliche Haftung nur mit einer festbegrenzten Vermögenseinlage betheiligen und bei welcher das Betheiligungsverhältniß der Gesellschafter an den Ergebnissen der Gesellschaft angegeben wird durch Theilbeträge einer Grundziffer, deren Höhe nach jetzigem Rechte der Summe der Einlagen mindestens gleichkommen muß.

2. (Abs. 3, 4 und 5) **Grundbestimmungen über die Aktie.** Unter der Aktie versteht das Gesetz sowohl das Mitgliedsrecht des Aktionärs, als auch die dasselbe verbriefende Urkunde. Die Ausgabe von Aktienurkunden ist obligatorisch. Zwar ist das nicht expressis verbis zum Ausdruck gebracht, dennoch folgt es deutlich aus den Vorschriften des Gesetzes, so insbesondere aus dem vorliegenden Artikel Abs. 4 (vergl. ferner Art. 207a Abs. 1 und 3; 209 No. 4; 215a Abs. 2, 220, 222a, 223; R.O.H. 19 S. 232; Ring S. 156; Behrend § 117; Petersen u. Pechmann S. 14; für Namensaktien abweichend Förtsch Anm. 3 zu Art. 182 u. Kayser Anm. 15). Es geht ferner aus dem Gesetze hervor, daß über jede Aktie eine Urkunde ausgestellt werden muß, nicht eine Urkunde über mehrere Aktien, was Keyßner in G.Z. 32 S. 256 und Ring Anm. 6 für zulässig halten. Als Trägerin des verbrieften Rechts hat die Aktie die Bedeutung einer selbstständigen Sache (R.G. 22 S. 129). § 2.

a) (Abs. 3.) **Die Aktien sind untheilbar.** Das in der Aktie verkörperte Recht tritt der Gesellschaft als Einheit gegenüber und soll das unbedingt. Weder kann der Aktionär dies ändern, noch die Gesellschaft. Nicht der Aktionär; er vermag nicht nach seinem Willen durch Austheilung von Antheilscheinen das Aktienrecht derart zu theilen, daß der Gesellschaft nunmehr mehrere gegenübertreten, um ihre Rechte theilweise geltend zu machen; noch kann auch die Gesellschaft solche Antheilscheine ausgeben, wie dies früher gestattet war und, wenn auch selten, vorkam, z. B. in der Weise, daß jeder Antheilscheininhaber antheilweise Bezugsrechte hatte, aber nur die ganze Aktie das Recht zu stimmen gab. § 3.

Auch eine ideelle Theilbarkeit der Aktie ist der Gesellschaft gegenüber nicht möglich. Erwerben daher mehrere zusammen eine Aktie, so müssen sie sich darüber einigen, wer der Gesellschaft gegenüber als Berechtigter auftritt; so insbesondere beim

Uebergang einer Aktie auf mehrere Erben. Nicht entgegen aber steht diese Erwägung dem Erwerbe einer Aktie durch eine offene Handelsgesellschaft, da diese nach dem H.G.B. als formelle Einheit gilt. Es kann daher sehr wohl eine offene Handelsgesellschaft oder eine Kommanditgesellschaft Aktionär sein, sicherlich aber auch eine Aktiengesellschaft, da diese ja ein selbstständiges Rechtssubjekt darstellt.

Die Betheiligung eines Dritten an einem Aktienrechte ist hiernach nur möglich außerhalb des Verhältnisses zur Gesellschaft. Es bleibt ein Internum zwischen dem Aktionär und dem Dritten, erzeugt aber zwischen diesen wirksame Rechte und Pflichten. (Ring Anm. 4).

§ 4. b) (Abs. 4). **Die Aktien können auf Namen oder auf Inhaber lauten.** Das ist die einzige Vorschrift über die Form der Aktien (vergl. unten § 6). Dieselbe Gesellschaft kann auch beide Arten von Aktien ausgeben (Art. 209 No. 4). Die Namensaktie ist ein sogenanntes Orderpapier, und als solches durch Indossament, auch durch Blanko-Indossament übertragbar. Der Name muß der einer bestimmten physischen oder juristischen Person oder einer Handelsgesellschaft sein (vergl. oben § 3), beim Einzelkaufmann kann die Aktie auch auf seine Firma lauten (Art. 15). Die Stellung auf Inhaber macht die Aktie zum reinen Inhaberpapier mit allen den Eigenschaften, welche die juristische Konsequenz an die Inhaberqualität eines Werthpapieres knüpft, insbesondere mit der Eigenschaft, den Inhaber als Berechtigten zu legitimiren. Aus dieser Eigenschaft werden im Verlaufe der Darstellung wichtige Folgerungen gezogen werden. (Vergl. § 5 zu Art. 183, kommentirt hinter Art. 220).

§ 5. c) (Abs. 5). **Interimsscheine dürfen nicht auf Inhaber lauten.** Unter den Interimsscheinen im Sinne dieses Artikels sind nur solche zu verstehen, in welchen die Gesellschaft den Bezug von Aktien zusichert oder welche das Mitgliedsrecht provisorisch bestätigen vor Ausgabe der Aktienbriefe. Entspricht der Schein diesem Erfordernisse, so kommt es auf die Bezeichnung desselben nicht an. Hiernach fallen bloße Quittungen über gezahlte Einlagebeträge nicht darunter, auch wenn sie Interimsscheine genannt werden sollten; sie brauchen demgemäß auch nicht als Interimsscheine versteuert zu werden; wohl aber sogenannte „Quittungsbogen", wie sie im Verkehr üblich sind, in denen nicht nur über die Zahlung quittirt, sondern gleichzeitig der Bezug der Aktie zugesichert oder sonst das Antheilsrecht zum Ausdrucke gelangt ist (R.G. 22 S. 118; 30 S. 18). Es fallen darunter ferner nicht Scheine, in denen zwar der Aktienbezug zugesichert wird, aber nicht von der Gesellschaft, sondern von den Gründern (K.B. 2). Die Ausgabe wirklicher Interimsscheine setzt die Existenz der Gesellschaft voraus (Art. 215c Abs. 2). (Gründerinterimsscheine auf Inhaber werden aber schon aus anderen Gründen ungiltig sein.) Und endlich sei der Deutlichkeit wegen hervorgehoben, daß von diesen Antheilscheinen, wie das Gesetz die Interimsscheine nennt, wohl zu unterscheiden sind die oben in § 3 erwähnten und dort für ungültig erklärten. Die letzteren haben zum Inhalt die Gewährung eines Antheilsrechts an einer ausgegebenen Aktie, die hier in Rede stehenden haben die Zusicherung einer vollen Aktie, eines Antheils an der Gesellschaft zum Gegenstande.

Ueber wirkliche Interimsscheine nun hat der Gesetzgeber die Vorschrift für nothwendig erachtet, daß sie auf Namen lauten müssen. Der Grund hierfür liegt darin, daß das Gesetz grundsätzlich den zeitigen Aktionär in erster Linie für die Vollzahlung der Aktie haften läßt. Erst subsidiär sind die Zeichner und eingetragenen Zwischenmänner zur Zahlung verbunden. Um diese Haftung der späteren Erwerber einer Aktie nicht illusorisch zu machen, bedurfte es deß Verbots der Ausstellung von Interimsscheinen auf Inhaber (Motive II S. 79). Der Interimsschein kann auch über mehrere Antheilsrechte lauten (R.G. 22 S. 118). Auf Inhaber gestellte Interimsscheine sind nichtig (Art. 215c). Materiell ist darauf hinzuweisen, daß der Interimsschein das volle Mitgliedsrecht gewährt: volles Stimmrecht, volles Dividendenrecht, volles Recht auf die Liquidationsrate (Esser Art. 173 Anm. 7; Kayser Anm. 18; Petersen und Pechmann S. 423). Dennoch sind Interimsscheine und Aktien nicht untereinander fungible Dinge. Wer seiner Einlagepflicht voll genügt hat, kann Aktien verlangen, und wer zur Lieferung von Aktien verurtheilt ist, genügt dem Urtheil nicht, wenn er sich zur Lieferung von Interimsscheinen erbietet (Bolze 1 Nr. 1188). Ueber die Lieferbarkeit der Interimsscheine und Kursberechnung siehe Näheres bei Ring S. 159.

Zusätze. 1. **Zu Abs. 4.** Die hier gegebene Vorschrift, daß die Aktie auf Namen oder auf Inhaber lauten kann, ist die einzige Bestimmung über den Inhalt der Aktie. Welchen Inhalt sonst die Aktienurkunde haben müsse, um gültig zu sein, sagt das Gesetz nicht. Erforderlich ist nichts weiter, als eine Erklärung, durch welche das Recht der Mitgliedschaft von der betreffenden Aktiengesellschaft bestätigt wird, und die Angabe des auf die einzelne Aktie entfallenden Theilbetrages der gewählten Grundziffer, also die Angabe des Aktienbetrages. Nicht wesentlich ist das Datum, weder ob es darauf gesetzt ist, noch wie es lautet. Ja nicht einmal die Unterschrift ist wesentlich. Denn wenn man auch aus den Vorschriften des Gesetzes mit Sicherheit folgern kann, daß es die Ausstellung von Aktienurkunden obligatorisch vorschreiben will, (vergl. oben § 2) so kann man doch nicht weiter gehen und auch das noch folgern, daß diese Urkunden auch unterschrieben sein müssen. Vielmehr wird man sich beim Mangel der Aufstellung weiterer Erfordernisse mit den Minimalerfordernissen einer Urkunde begnügen müssen. Zu diesen Minimalerfordernissen gehört aber die Unterschrift nicht (vergl. C.P.O. §§ 404, 405, 381; R.G. 2 S. 415; R.G. in Strafsachen 4 S. 3; 18 S. 168). Um so mehr sind daher Aktienurkunden mit faksimilirten Unterschriften giltig, denn diese sind als Unterschriften zu betrachten, welche, wenn auch nicht eigenhändig, so doch mit dem Willen des Ausstellers hergestellt sind (vergl. R.G. 14 S. 97; Bolze 1 Nr. 681; 2 Nr. 686). Auch aus Art. 229 folgt nichts Gegentheiliges. Dort ist nur bestimmt, wie die Unterschrift des Vorstandes lauten müsse, damit sie die Gesellschaft verpflichtet, nicht aber, daß alle urkundlichen Erklärungen der Gesellschaft unterschrieben sein müssen. Praktisch und üblich ist es ja, daß das Statut die Form der Aktien vorschreibt. Hinsichtlich der Unterschrift wird dabei meist das Faksimile der Gesellschaftsvertreter gewählt. Wo das Statut die Form aber nicht vorschreibt, da hat der Vorstand die Form nach seinem Ermessen zu wählen; nicht der Vorstand und Aufsichtsrath, wie Esser Anm. 3 meint; der Aufsichtsrath hat vielmehr nur das Recht und die Pflicht zu überwachen, daß die gewählte Form dem Gesetze entspricht. (Musterbeispiele siehe in Friedbergs Formelbuch S. 64 ffg.) § 6.

2. **Zu Abs. 5.** Auch über die Interimsscheine ist nur gesagt, daß sie auf Namen lauten sollen. Ihr sonstiger Inhalt ist nicht vorgesehen, doch ist derselbe nicht zweifelhaft. (Ein Musterbeispiel in Friedbergs Formelbuch S. 63.) § 7.

3. **Die Stempelpflichtigkeit** der Aktien und Interimsscheine richtet sich nach dem Reichsgesetze vom 1. Juli 1881 mit den Abänderungen durch das Gesetz vom 29. Mai 1885. Der Stempel beträgt 5 pro mille. Auch Interimsscheine sind steuerpflichtig, wenn das Antheilsrecht eines Aktionärs zum Ausdruck gebracht ist, nicht jedoch schon dann, wenn sie bei bedingten Bezugsrechten zum Nachweise einer der erforderlichen Voraussetzungen, nämlich der Zahlung zu dienen bestimmt sind (R.G. 22 S. 116; 30 S. 18). Die für Interimsscheine nachweislich gezahlten Steuerbeträge werden auf die Steuer für Aktien angerechnet (R. G. 5 S. 193). Von der bevorstehenden Ausgabe haben die Mitglieder des Vorstandes die Stempelbehörde zu unterrichten. Sonst sind sie strafbar. Die Ausgabe steht bevor, wenn die Generalversammlungsbeschlüsse gefaßt sind, nicht aber schon dann, wenn die betreffenden Anträge angekündigt sind (R.G. in Strafsachen 21 S. 90). Ausgabe ungestempelter Aktien macht ebenfalls strafbar. Die Strafe beträgt das 25=fache des Stempels, mindestens aber 20 Mark für jede Aktie. Außerdem betrachtete das Reichsgericht früher die Uebernahme der Aktien bei der Gründung oder Neuemission als Anschaffungsgeschäft, also für ein steuerpflichtiges Geschäft. Es war also eine doppelte Steuer, eine Urkunden= und eine Geschäftssteuer zu entrichten. Den ersteren Stempel hat die Gesellschaft, den letzteren hatten die Gründer zu entrichten (R. G. 22 S. 127; 26 S. 34; Bolze 11 Nr. 476). Das Plenum des Reichsgerichts sieht aber in der Aktienübernahme bei der Gründung ein An= § 8.

schaffungsgeschäft nicht und das Gleiche muß von der Uebernahme bei der Neuemission gelten (R.G. vom 30. Juni 1893 in Band 31 S. ?; auch abgedruckt bei Holdheim II S. 275). Nach § 5 des preußischen Gesetzes vom 19. Mai 1889 müssen die auf Handels- oder Gewerbetrieb gerichteten Aktienkommanditgesellschaften und nach dem Gesetze vom 25. Mai 1857 die auf Handels- oder Gewerbetrieb gerichteten Aktiengesellschaften den Stempelfiskalen die Einsicht ihrer Schriften gestatten.

§ 9. 4. **Anwendung auf die älteren Gesellschaften.** Aenderungen gegen das frühere Recht sind nur enthalten in Abs. 2 und 5.

a) Abs. 2 verbietet durch sein Schweigen die Ausgabe von Aktienantheilen. Nach dem in Vorbem. 2 zu Art. 207 aufgestellten Prinzip stellt sich die Anwendung dieser Vorschrift auf die älteren Gesellschaften wie folgt: Auch die älteren Gesellschaften dürfen Aktienantheile nicht ausgeben, auch dann nicht, wenn solche vertraglich zugesichert waren. Dagegen sind die aus früherer Zeit bestehenden Antheilscheine nach wie vor gültig (K.B. 2; Völdernborff S. 48 Anm. 24). Zust. Ring S. 160.

§ 10. b) Abs. 5. Interimsscheine müssen auf Namen lauten. Auch ältere Gesellschaften dürfen fortan keine Interimsscheine auf Inhaber ausgeben, selbst wenn sie vertragsmäßig zugesichert sein sollten. Hatten sie dagegen zur Zeit der Gesetzeskraft des alten Gesetzes Interimsscheine auf den Inhaber schon ausgegeben, so behalten dieselben ihre Gültigkeit. (Zust. Ring S. 160.)

Artikel 207a.

Die Aktien müssen auf einen Betrag von mindestens eintausend Mark gestellt werden.

Für ein gemeinnütziges Unternehmen kann im Falle eines besonderen örtlichen Bedürfnisses der Bundesrath die Ausgabe von Aktien, welche auf Namen lauten, zu einem geringeren, jedoch mindestens zweihundert Mark erreichenden Betrage zulassen. Die gleiche Genehmigung kann in dem Falle ertheilt werden, daß für ein Unternehmen das Reich oder ein Bundesstaat oder ein Provinzial-, Kreis- oder Amtsverband oder eine sonstige öffentliche Korporation auf die Aktien einen bestimmten Ertrag bedingungslos und ohne Zeitbeschränkung gewährleistet hat.

Auf Namen lautende Aktien, deren Uebertragung an die Einwilligung der Gesellschaft gebunden ist, dürfen auf einen Betrag von weniger als eintausend, jedoch nicht von weniger als zweihundert Mark gestellt werden.

Die vorstehenden Bestimmungen gelten auch von Interimsscheinen.

Einleitung. **Der Artikel bestimmt den gesetzlichen Mindestbetrag der Aktien,** und zwar in der Weise, daß er denselben regelmäßig auf 1000 Mark festsetzt (Abs. 1), von dieser Regel zwei Ausnahmen gestattet (Abs. 2 u. 3), und endlich die getroffenen Bestimmungen auch auf Interimsscheine ausdehnt (Abs. 4).

§ 1. 1. (Abs. 1.) **Der regelmäßige Mindestbetrag der Aktie ist 1000 Mark.** Gerade in dieser Beziehung sind sowohl in der Gesetzgebung, als in den verschiedenen Stadien der Entstehung des jüngsten Aktiengesetzes die mannigfachsten Schwankungen hervorgetreten. Der auf der Novelle von 1870 beruhende Mindestbetrag von 150 Mark bei Namensaktien und von 300 Mark bei Inhaberaktien wurde für zu gering erachtet, weil dadurch das kleine Kapital allzu sehr angelockt werde, sich bei gewagten Unternehmungen und leichtsinnigem Börsenspiel zu betheiligen. Um hier einen Riegel vorzuschieben, schlug der Entwurf, wenigstens für Inhaberaktien, einen Mindestbetrag von 5000 Mark vor. Die jetzige Fassung beruht auf einem Kompromiß der entgegenstehenden Meinungen.

Die Bestimmung ist dahin aufzufassen, daß fortan keine Aktien unter 1000 Mark geschaffen werden dürfen. Inwieweit ältere Gesellschaften hieran gebunden sind, soll Gegenstand besonderer Untersuchung sein (vergl. unten § 7). Die unter der Herrschaft des neuen Gesetzes errichteten Gesellschaften dürfen jedenfalls weder neue Aktien unter 1000 Mark ausgeben, noch den Nominalbetrag ihrer Aktien derart verändern, daß derselbe nunmehr auf weniger als 1000 Mark lautet, mag es sich dabei um eine Herabminderung oder eine Zusammenlegung des Grundkapitals oder um eine sonstige Operation handeln.

Als Schaffung neuer Aktien gilt auch die Schaffung von Stammprioritäten aus Stammaktien gegen Zuzahlung von Beträgen, wie dies das Reichsgericht (21 S. 24) mit Bezug auf die Frage der Stempelpflichtigkeit angenommen hat. (Ueber die rechtliche Zulässigkeit der Schaffung solcher Stammprioritäten vergl. § 6 zu Art. 209a.) Nicht aber fällt darunter die infolge Aenderung der Gesellschaftsfirma erforderlich werdende Abstempelung der Aktien mit der neuen Firma. Darin liegt nur eine neue demonstratio, nicht die Schaffung eines neuen Werthes, was übrigens auch für die Stempelfrage von Bedeutung werden kann. Nicht fällt ferner darunter die Ausgabe eines neuen Exemplars einer Aktie anstatt eines verlorenen und für kraftlos erklärten, oder an Stelle eines beschädigten. Hierin liegt nicht die Beurkundung eines neuen Aktienrechts, sondern die neue Beurkundung eines schon bestehenden Aktienrechts.

Die Aktien einer Gesellschaft können auch auf verschiedene Beträge lauten. Doch kommt dies der Verkehrsfähigkeit der Aktien nicht zu Statten und kommt wohl nur bei Neuemissionen vor, namentlich Seitens älterer Gesellschaften.

Zuwiderhandlungen gegen diese Vorschrift haben Nichtigkeit und Schadensersatz (Art. 215c Abs. 2), nicht aber Strafe zur Folge.

2. (Abs. 2 u. 3.) **In zwei bestimmt vorgesehenen Fällen kann der Mindestbetrag der Aktie bis herab auf 200 Mark lauten.** § 2.

a) (Abs. 2.) **Der erste Fall ist das Vorliegen der Genehmigung des Bundesraths zur Ausgabe solcher Aktien.** Die Genehmigung kann nur ertheilt werden für ein gemeinnütziges oder seinem Ertrage nach garantirtes Unternehmen.

α) Die Stellung der Interessenten gegenüber dieser Genehmigung ist eine verschiedene, je nachdem es sich um die Frage der Ertheilung oder um die ertheilte Genehmigung handelt. Auf die Ertheilung der Genehmigung haben die Interessenten kein Recht: der Bundesrath bestimmt nach seinem Ermessen, nicht nur ob die Voraussetzungen der Genehmigung vorliegen, sondern auch ob er nach Feststellung dieser Voraussetzungen die Genehmigung ertheilen will. Denn wie das Gesetz ausdrücklich sagt, „kann" sie der Bundesrath ertheilen, muß sie aber nicht. (Das Gesuch ist an den Reichskanzler zu richten, Kayser Anm. 7.) Die ertheilte Genehmigung aber gewährt den Interessenten, wenn die sonstigen Voraussetzungen erfüllt sind, ein Recht auf Eintragung. Der Registerrichter hat kein Nachprüfungsrecht. Dies nimmt die herrschende Ansicht mit Recht an, und auch Ring (Anm. 4) giebt dies zu für den Fall, daß es sich um ein gemeinnütziges Unternehmen handelt. Wenn aber Ring mit Bezug auf den andern Fall, wo es sich um Gesellschaften mit garantirtem Ertrage handelt, das Gegentheil annimmt, so ist das inkonsequent. In beiden Fällen muß das Gleiche gelten, und es kann keinen Unterschied machen, daß im ersteren Falle das Kriterium der Gemeinnützigkeit ein minder präzises ist, als in dem andern das des garantirten Ertrages. Die Frage nach dem richterlichen Nachprüfungsrecht ist vielmehr nur prinzipiell zu beantworten, dasselbe kann, wenn es in dem einen Fall besteht, in dem andern Fall dadurch nicht ausgeschlossen werden, daß das zu prüfende Kriterium dehnbar ist. Gerade umgekehrt wäre in letzterem Falle für ein richterliches Nachprüfungsrecht der geeignete Boden vorhanden. Ueberdies ist der Unterschied zwischen festen und schwankenden Kriterien doch ein sehr vager. Unter Umständen kann das sogenannte feste Kriterium zu Zweifeln Anlaß geben, das schwankende aber zweifellos sein. So giebt es sicherlich Fälle, in denen die Frage der Gemeinnützigkeit mit Sicherheit zu beantworten ist, die Frage der unbedingten und unbeschränkten Garantie aber den erheblichsten Meinungsdifferenzen ausgesetzt ist. Mit der hier vertheidigten Auffassung stimmt auch Art. 210 Abs. 2 Nr. 4 überein, der nur die Vorlegung der Genehmigungsurkunde, nicht der Unterlagen der erwirkten Genehmigung anordnet. (Zust. Behrend § 117 Anm. 8; Neukamp S. 14.)

§ 3. β) Die Voraussetzungen der Genehmigung sind in dem einen Falle ein gemeinnütziges Unternehmen und Ortsbedürfniß, in dem anderen Falle Ertragsgarantie.

αα) Gemeinnütziges Unternehmen und örtliches Bedürfniß.

Als gemeinnütziges Unternehmen ist ein solches zu betrachten, dessen Betrieb nicht ausschließlich privaten Zwecken dient; daß es nur allgemeinen Zwecken dienen soll, geht zu weit. In den Motiven I S. 102 wurden genannt Sekundärbahnen, Kanäle, Straßen und sonstige Verkehrsverbindungen, Gas-, Wasser-, Badeanstalten; in den Berathungen wurden ferner genannt: Kasinos, zoologische Gärten, ja es wurde auch betont, daß unter Umständen die Anlegung einer Fabrik, z. B. einer Zuckerfabrik, ein gemeinnütziges Unternehmen sein kann.

Unter dem örtlichen Bedürfniß ist ein lokal begrenztes, jedoch nicht etwa nur ein auf einen einzelnen Ort oder Gemeindebezirk begrenztes gemeint (Motive I S. 102). Es kann auch einen Kreis, eine Provinz, bei Kleinstaaten sogar ein ganzes Land umfassen; es darf nur kein allgemeines, örtlich unbegrenztes Bedürfniß sein.

Eine Veränderung des Gegenstandes des Unternehmens ohne Erhöhung des Nennwerths der Aktien auf 1000 Mark ist nicht zulässig. Da die Genehmigung nur für ein bestimmtes Unternehmen ertheilt, d. h. der Aktiengesellschaft nur ertheilt ist, insofern ihr Unternehmen einen gemeinnützigen Charakter hat, so muß sie entweder diesen gemeinnützigen Charakter ihres Unternehmens wahren, oder aber den Aktienbetrag auf 1000 Mark erhöhen. Jede andere Beschlußfassung widerspricht dem Gesetze und ist nicht eintragungsfähig. Es bedarf in dieser Hinsicht keines Vorbehalts in der Genehmigungsurkunde, wie Ring (Anm. 5) will, noch weniger einer gesetzlichen Zusatzbestimmung, wie Esser (S. 75) will (Zust. Behrend § 117 Anm. 8).

§ 4. ββ) Garantirter Ertrag.

Der Garant muß eine öffentliche Korporation sein. Inwieweit dieses Erforderniß vorliegt, richtet sich nach dem Staatsrecht der einzelnen Bundesstaaten; maßgebend wird hierfür sein, daß die Korporation in einer organischen Verbindung zum Staatsganzen steht (K.B. S. 5). Die Banken, auch die privilegirten und landesherrlichen, gehören nicht dazu (Völderndorff S. 58), wohl aber die Reichsbank (R.G. 15 S. 236).

Die Beschaffenheit der Garantie anlangend, so muß ein bestimmter Ertrag bedingungslos und ohne Zeitbeschränkung gewährleistet sein. Der garantirte Ertrag muß also bestimmt sein. Eine Höhe des Ertrages ist gesetzlich nicht vorgeschrieben, hier waltet das freie Ermessen des Bundesraths, der sich eventuell auch mit einem halben Prozent begnügen kann. — Die Garantieerklärung muß unbedingt und ohne Zeitbeschränkung sein. Das bezieht sich aber nur auf den Ertrag, und es scheint uns Völderndorff (S. 58) zu weit zu gehen, wenn er verlangt, die Garantie müsse derart beschaffen sein, daß die Aktie dauernd in ihrem Werthe gesichert erscheint. Nicht als Bedingung und nicht als Zeitbeschränkung gilt es z. B., wenn die Korporation sich ausbedingt: Uebernahme des ganzen Unternehmens gegen volle Rückzahlung der Aktien und Fixirung der Garantiedauer bis zu diesem Zeitpunkte. Es ist keine Bedingung, sondern das Ausbedingen einer Gegenleistung; und keine Zeitbeschränkung, weil die Garantie ja solange währen soll, wie die Gesellschaft.

Die Form der Gewährleistung ist vom Gesetze nicht bestimmt. Der Bundesrath entscheidet, in welcher Form sie ihm als genügend erscheint.

§ 5. b) (Abs. 3.) **Die zweite Ausnahme ist die der vinkulirten Namensaktien**, d. h. Namensaktien, deren Uebertragung an die Einwilligung der Gesellschaft gebunden ist. Für diesen Fall ist der sonst vorgeschriebene Höchstbetrag nicht nothwendig, weil Aktien von so schwerfälliger Uebertragbarkeit für die Verwerthung zur Agiotage nicht geeignet sind, so daß der Grund jenes hohen Mindestbetrages fortfällt. Eine Genehmigung des Bundesraths ist hier selbstverständlich nicht nothwendig. Die Bestimmung muß im Statut enthalten sein, aber nicht gerade im ursprünglichen; war sie im ursprünglichen Statut nicht enthalten, so kann sie nur mit Zustimmung aller Aktionäre in das Statut aufgenommen werden, weil die freie Uebertragbarkeit der Aktie ein unentziehbares Recht (ein Sonderrecht) des Aktionärs ist (Ring Anm. 6).

Die Kreirung einer solchen Aktienform erfolgte mit Rücksicht auf die damalige Gestaltung des Genossenschaftsrechts, welches die Bildung von Genossenschaften mit beschränkter Haftpflicht nicht kannte. Das ist inzwischen anders geworden durch das neue Genossenschaftsgesetz vom 1. Mai 1889 und noch mehr durch das Gesetz betreffend die Gesellschaften mit beschränkter Haftung vom 20. April 1892.

Weitere Vorschriften über diese vinkulirten Namensaktien giebt das Gesetz in Art. 215 Abs. 7 (die betreffende Statutenbestimmung ist für unabänderlich erklärt); Art. 220 (als Einwilligung der Gesellschaft gilt die des Aufsichtsraths und der Generalversammlung; die Form der Uebertragung ist die Cession in beglaubigter Urkunde); Art. 215c Abs. 4 (die Beschränkung muß aus der Urkunde selbst hervorgehen). Alles Uebrige muß aus allgemeinen Rechtsgrundsätzen ergänzt werden. Hervorzuheben ist, daß der Anspruch auf den statutenmäßigen Antheil am Geschäftsgewinne übertragbar ist, auch wenn es die Aktie nicht ist (Petersen in Holdheim's Wochenschrift für Aktienrecht II S. 227); daß das Veräußerungsverbot auch den Zugriff durch die Exekutionsgläubiger trifft (Petersen ebenda S. 230; Behrend § 119 Anm. 8; Neukamp S. 35; vergl. auch R.G. 26 S. 88); daß es endlich auch die Verpfändung trifft, da diese ja in ihrem letzten Ziel zur Veräußerung führt.

3. (Abs. 4.) **Für Interimsscheine gilt das Gleiche,** was jedoch nicht dahin zu verstehen ist, daß auch der Interimsschein über mindestens 1000 Mark eingezahlten Betrages lauten muß, sondern über eine Aktie von mindestens 1000 Mark Nennwerth (K.B. S. 5). Interimsscheine über Aktien von weniger als 1000 Mark sind nur zulässig unter den Voraussetzungen der Abs. 2 u. 3. § 6.

Zusatz. Was für ältere Gesellschaften Rechtens ist, ergiebt sich aus dem Principe, welches in Vorbemerkung 2 zu Art. 207 diesseits dargelegt ist. Die von ihnen unter der Herrschaft des alten Gesetzes geschaffenen Aktien bleiben giltig, auch wenn sie unter 1000 Mark lauten. Sobald sie aber daran gehen, neue Aktien zu schaffen, sind sie der Vorschrift des neuen Gesetzes unterworfen, auch dann, wenn sich die Gesellschaft vertraglich verpflichtet haben sollte, Aktien unter 1000 Mark auszugeben. § 7.

Die einfache Anwendung dieses Princips ist bei dieser Vorschrift zweifelhaft geworden durch die Fassung des § 2 des Gesetzes vom 18. Juli 1884 (vergl. den Zusatz zu Buch 2). Weil es in diesem Paragraphen heißt, daß eine Reihe von Vorschriften, darunter auch der vorliegende Artikel, auf diejenigen früheren Gesellschaften keine Anwendung findet, welche vor dem Gesetze angemeldet, aber erst nachher eingetragen sind, so wird hieraus gefolgert, daß die gedachten Vorschriften erst recht keine Anwendung finden dürfen auf diejenigen früheren Gesellschaften, welche vor dem Gesetze angemeldet *und eingetragen* waren. Es wird hieraus in Bezug auf den vorliegenden Artikel gefolgert, daß ältere Gesellschaften den im neuen Aktiengesetze festgesetzten Mindestbetrag des Nennwerths der Aktien nicht inne zu halten brauchen, sondern auch fernerhin Aktien unter 1000 Mark ausgeben können. (Vergl. Laué, Gutachten S. 13; Kammergericht in Johow u. Küntzel 8 S. 18).

Diese Argumentation ist nicht richtig. Es ist von dem unbestrittenen Satze auszugehen, daß grundsätzlich die neuen Bestimmungen auf die alten Gesellschaften Anwendung finden. Ausnahmen müssen besonders hervorgehoben sein.

Eine solche Ausnahme ist nun allerdings im § 2 des Gesetzes vorgesehen, aber eben nur für die beim Inkrafttreten des neuen Gesetzes im Stadium zwischen der geschehenen Anmeldung und der bevorstehenden Eintragung befindlichen Gesellschaften.

Es ist aber nicht gestattet, hieraus den Schluß zu ziehen: also müsse diese Ausnahme für Gesellschaften, welche über dieses Stadium schon hinaus waren, erst recht gelten.

Dieser Schluß wäre selbst dann nicht gestattet, wenn der Gesetzgeber wirklich von einem solchen Gedanken geleitet worden wäre. Denn er hätte dann eben seinem Gedanken entsprechend seine Vorschrift formuliren müssen; aber durch Analogie dürfen Ausnahmebestimmungen nicht über den klaren Sinn ihrer Worte hinaus erweitert werden.

Aber es ist auch nicht einmal richtig, daß der Gesetzgeber jenen Gedanken gehabt hat. Aus den Motiven zu § 2 des Gesetzes geht hervor, daß der Gesetzgeber nichts weiter beabsichtigt hat, als den im Stadium der Anmeldung befindlichen Gesellschaften die Verpflichtung abzunehmen, das Stadium der Gründung nochmals durchzumachen und die Gesellschaft gewissermaßen nach dem neuen Gesetze umzugründen. Aus diesem Gesichtspunkte ist solchen Gesellschaften nachgegeben worden, daß, wenn sie bei der Gründung die Ausgabe von Aktien unter 1000 Mark beschlossen hatten, es hinsichtlich der Gründungsaktien zu belassen sei, obwohl die Gründung noch nicht eingetragen sei. (Motive I S. 394).

Keine Veranlassung aber lag für den Gesetzgeber vor, eine ähnliche Konzession auch solchen Gesellschaften zu machen, welche beim Inkrafttreten des Gesetzes schon gegründet und eingetragen waren und etwa in späterer Zeit einmal an die Kreirung neuer Aktien herangehen wollten. Die beiden Fälle haben nichts mit einander gemein.

Diejenigen Bestimmungen, welche der Gesetzgeber für die eben angemeldeten und schon bestehenden Gesellschaften ausnehmen wollte, sind im 2. Absatz des § 2 des Gesetzes aufgezählt.

Geben daher alte Gesellschaften neue Aktien aus, so muß der Aktienbetrag mindestens 1000 Mark betragen, handelt es sich um Gesellschaften nach Abs. 2 u. 3 des vorliegenden Artikels, mindestens 200 Mark. Vergl. O.L.G. Dresden, G.Z. 35 S. 239; Ring Anm. 8. (Vergl. daselbst die Literatur für und wider); ferner Förtsch Anm. 6; Behrend § 117 Anm. 5; Schultze-Görlitz S. 225 Anm. 1.

Was als Schaffung neuer Aktien gilt, ist schon oben § 1 auseinandergesetzt. So liegt insbesondere die Schaffung neuer Aktien vor, wenn beschlossen wird, daß gegen zwei alte Aktien über 300 Mark eine neue über 300 Mark ausgegeben werden soll. (Petersen u. Pechmann S. 22 und die dort citirte Entscheidung).

Artikel 208.

Eine Aktiengesellschaft gilt als Handelsgesellschaft, auch wenn der Gegenstand des Unternehmens nicht in Handelsgeschäften besteht.

Einleitung. **Der Artikel erklärt alle Aktiengesellschaften zu Handelsgesellschaften.** Die Vorschrift beruht auf der Novelle von 1870. Ihre rechtliche Bedeutung besteht darin, daß jede Aktiengesellschaft, worin auch immer der Gegenstand ihres Unternehmens bestehen mag, als Handelsgesellschaft gilt und damit alle Rechten und Pflichten eines Kaufmanns übernimmt (Art. 5). Das bezieht sich insbesondere auf die Pflicht zur Bücherführung, die Registerpflicht, das Prokurenrecht, die Formfreiheit der Verträge, das Bürgschaftsrecht u. s. w. Doch handelt es sich nur um die Pflichten des Kaufmanns auf Grund des H.G.B.; daß die Aktiengesellschaft auch im Sinne anderer Gesetze als Kaufmann zu betrachten sei, folgt daraus nicht ohne weiteres. (Vergl. Einleitung zu Art. 4; auch Ring Anm. 1.)

Daraus folgt:

§ 1. 1. Handelsgesellschaften sind auch diejenigen Aktiengesellschaften, deren Gegenstand in solchen Geschäften besteht, welche nach ausdrücklicher Vorschrift niemals Handelsgeschäfte sein können, wie z. B. Aktiengesellschaften zum Bau von Häusern oder Eisenbahnen, oder zum Betriebe eines Bergwerks.[1])

---

[1]) Nicht aber wird dadurch ihr Gewerbe ein Handelsgewerbe im Sinne der gewerbrechtlichen Vorschriften über die Sonntagsruhe (vergl. Note 1 zu Art. 5).

2. Auch diejenigen Aktiengesellschaften sind Handelsgesellschaften, deren Betrieb den Einzelkaufmann zum Minderkaufmann macht. Denn wenn auch Art. 10 Abs. 2 die allgemeine Regel aufstellt, daß derartige Vereinigungen keine Handelsgesellschaften sein können, so ist eben hier für Aktiengesellschaften eine Sonderbestimmung gegeben, welche als lex specialis jener allgemeinen Regel vorgeht. Demnach sind Aktiengesellschaften zum Zwecke des Hotelbetriebes Handelsgesellschaften (vergl. Ring Anm. 2; anders Keyßner Aktiengesellschaften S. 68). § 2.

3. Die Rechtsgeschäfte der Aktiengesellschaft werden immer so angesehen, als seien es Rechtsgeschäfte eines Vollkaufmanns, auch wenn die Aktiengesellschaft kein Handelsgewerbe betreibt. Daher sind z. B. ihre Vollmachten Handelsvollmachten; ihre Bürgschaften Handelsbürgschaften; für ihre Geschäftsbesorgung können sie Provision fordern; ihre Kontokurrente sind nach dem H.G.B. zu beurtheilen; für ihre einzelnen Geschäfte gilt die Vermuthung des Artikel 274. Aber nicht folgt daraus, daß ausnahmslos alle ihre Geschäfte Handelsgeschäfte sind. Denn auch die Rechtsgeschäfte eines Vollkaufmanns sind nicht ausnahmslos Handelsgeschäfte. Vielmehr giebt es Geschäfte, welche niemals Handelsgeschäfte sind, auch wenn sie ein Vollkaufmann vornimmt. Das sind die von uns sog. absoluten Nichthandelsgeschäfte, von denen Art. 275 handelt (Verträge über Grundstücke). (Vergl. die Erläuterung zu Art. 275.) Diese sind auch bei Aktiengesellschaften keine Handelsgeschäfte (R.O.H. 22 S. 326). Wohl aber sind die Veräußerungsgeschäfte der selbstproduzirenden Aktiengesellschaften Handelsgeschäfte, dergleichen die Engagementsverträge mit ihrem Personal. Daß ihre Gehilfen nicht nothwendig Handlungsgehilfen sind, beruht auf anderen Gründen, die bei jedem Kaufmann gelten. (Vergl. § 1 zu Art. 57.) § 3.

Zusatz. Der vorliegende Artikel stellte in der ursprünglichen Fassung des H.G.B. das Erforderniß der staatlichen Genehmigung auf. Dieses ist fortgefallen. Nicht aber ist beseitigt, sondern im Gegentheil durch § 8 der Novelle von 1870 aufrecht erhalten die nach Reichs- oder Landesgesetzen etwa erforderliche Genehmigung des Unternehmens, mit welchem sich die Aktiengesellschaft beschäftigen will. Die betreffende Genehmigungsurkunde ist sogar dem Handelsrichter vorzulegen. Hierüber Art. 210 Abs. 2 Nr. 4. § 4.

Artikel 209.

Der Inhalt des Gesellschaftsvertrages (Statut) muß durch mindestens fünf Personen, welche Aktien übernehmen, in gerichtlicher oder notarieller Verhandlung festgestellt werden. In derselben ist zugleich der Betrag der von jedem Einzelnen übernommenen Aktien anzugeben.

Der Gesellschaftsvertrag muß bestimmen:

1. Die Firma und den Sitz der Gesellschaft;
2. den Gegenstand des Unternehmens;
3. Die Höhe des Grundkapitals und der einzelnen Aktien;
4. Die Art der Aktien, ob sie auf Inhaber oder auf Namen lauten, und im Falle der Ausgabe beider Arten die Zahl der Aktien einer jeden Art;
5. Die Art der Bestellung und Zusammensetzung des Vorstandes;
6. die Form, in welcher die Zusammenberufung der Generalversammlung der Aktionäre geschieht;
7. Die Form, in welcher die von der Gesellschaft ausgehenden Bekanntmachungen erfolgen.

Bekanntmachungen, welche durch öffentliche Blätter erfolgen sollen, sind in den Deutschen Reichsanzeiger einzurücken. Andere Blätter außer diesem hat der Gesellschaftsvertrag zu bestimmen.

Vorbemerkung. Die folgenden Artikel behandeln die Gründung der Aktiengesellschaft. Dieselbe kann in zweierlei Weise erfolgen: als Simultan- oder als Successivgründung. Erstere liegt dann vor, wenn sämmtliche Aktien von den Gründern übernommen werden; letztere dann, wenn dies nicht der Fall ist und für die von den Gründern nicht übernommenen Aktien andere Zeichner geworben und der Gesellschaftsvertrag erst dann errichtet wird.

In beiden Fällen geht der Errichtung des Gesellschaftsvertrages die Feststellung des Statuts voran.

Einleitung. **Der vorliegende Artikel handelt von der Feststellung des Gesellschaftsstatuts,** doch nur in Abs. 1 und 2, während Abs. 3 einen hiermit organisch nicht zusammenhängenden Gegenstand betrifft.

§ 1. 1. (Abs. 1.) **Der erste Absatz enthält die prinzipielle Vorschrift, daß vor Allem der Inhalt des Gesellschaftsvertrages festgestellt werden muß;** ferner **die Personen,** durch welche dies erfolgen muß, und endlich **die Form** der Feststellung.

a) Die prinzipielle Vorschrift und ihre rechtliche Bedeutung. Als wohldurchdachte Neuerung, bestimmt, Uebelständen der früheren Gesetzgebung abzuhelfen, enthält das Gesetz die Vorschrift, daß bei der Gründung der Aktiengesellschaft vor allem das Statut festgestellt werden muß (Motive I S. 140). Die Vorschrift ist legislativ zu billigen, weil sie in der That dem Uebelstande begegnet, daß Zeichnungen erfolgen, ehe das Statut feststeht, wodurch die Verpflichtung des Zeichners, ja die Existenz der Gesellschaft in Frage gestellt werden kann (vergl. R.O.H. 11 S. 375; Bolze 1 Nr. 1187).

Die materielle Bedeutung der Vorschrift anlangend, so ist dieselbe nicht so hoch anzuschlagen, als der Gesetzgeber dies thut. Der Gesetzgeber will „mit Schärfe die Feststellung des Inhalts des Gesellschaftsvertrages von der Errichtung des letzteren scheiden."

Dieser Ausspruch darf nicht kritiklos hingenommen werden. Zur Errichtung des auf die Bildung der Aktiengesellschaft abzielenden Gesellschaftsvertrages gehört begrifflich einmal die Einigung über die Höhe der Betheiligung der einzelnen Mitglieder, welche die Gesellschaft errichten, und zweitens die Festsetzung der Normen, welche für das Gesellschaftsleben maßgebend sein sollen. Sobald über alle diese Punkte Einigkeit erzielt ist, ist die Gesellschaft errichtet, nicht eher und nicht später. Dabei ist es begrifflich völlig indifferent, in welcher Reihenfolge die Einigung über die einzelnen Punkte erfolgt, ob erst die Höhe der Betheiligung oder erst die Normen für das Rechtsverhältniß der Mitglieder vereinbart werden, oder erst einzelne dieser Normen und dann die Höhe der Betheiligung und zuletzt der Rest der Normen, oder ob endlich alles uno actu vereinbart wird. Und auch der Gesetzgeber kann daran kein Interesse haben, daß jene Vereinbarungen in verschiedenen Rechtsakten niedergelegt werden, weshalb es auch zulässig ist, Statutfeststellung und Aktienübernahme uno actu vorzunehmen (Art. 209d Abs. 2). Und sicherlich ist es, wenn diese letztere Form gewählt wird, gleichgültig, welche Erklärung vorangestellt wird, ob die Statutfeststellung oder die Aktienübernahme.

Nur das will der Gesetzgeber anordnen, daß, wenn die Statutfeststellung und die Uebernahme sämmtlicher Aktien nicht in einem Akte erfolgen, jener erstere Akt vorangehen soll. Aber wenn dies auch geschieht, wenn die Statutfeststellung in gesondertem Akte bethätigt wird und vorangeht, so ist doch immer festzuhalten, daß in rechtlichem Sinne nicht ein zu gesonderter rechtlicher Existenz bestimmter, mit selbstständigen Rechtswirkungen ausgestatteter Rechtsakt vorliegt, sondern nur der erste Theil eines geplanten Gesellschaftsvertrages. Wie immer aber, so ist auch hier die Verständigung über einen Theil des Vertrages ohne Rechtswirkung; erst mit dem Hinzukommen der Verständigung über den letzten wesentlichen Theil ist der Vertrag perfekt. Jener erste Theil ist für sich betrachtet, nur die Schablone, nach welcher das geplante Rechtsbild hergestellt werden soll, oder, wie Ring sagt, das „Rohmaterial" für den abzuschließenden Gesellschaftsvertrag. Es ist daher auch nicht korrekt, wenn das Gesetz von der Feststellung des Inhalts des Gesellschaftsvertrages spricht. Nicht der Gesellschaftsvertrag wird festgestellt, sondern ein Theil desselben, und nicht etwa der wesentlichere; denn die Uebernahme sämmtlicher Aktien ist ebenso wesentlich zur Perfektion. Nur ist die Statutfeststellung derjenige Theil, der sich von dem andern Theil, der Aktienübernahme, dadurch auszeichnet, daß sein Inhalt ein bleibender und als maßgebende Satzung für alle Mitglieder von größerem Interesse ist, während die Höhe der Betheiligung, wie sie sich bei der Gründung stellte, so wesentlich die Einigung darüber auch juristisch sein mag, weil ohne sie die Gesellschaft nicht zur Existenz gelangt, doch nur ein Interesse geringeren Grades beansprucht. Denn sie hat einmal einen persönlichen, die Allgemeinheit nicht tangirenden und hinter der Thatsache der dadurch bewirkten Gesellschaftserrichtung zurücktretenden Werth und ferner nur ephemere Bedeutung, weil sie raschem Wechsel ausgesetzt ist. Mit diesen Ausführungen stimmt im Ergebniß überein Ring (Anm. 1), während Petersen und Pechmann (S. 28) in der Statutfeststellung einen selbstständigen, bindenden Rechtsakt erblicken. Das ist nicht zutreffend. Daß die Feststeller des Statuts einander verpflichtet sein können, auch Aktien zu übernehmen und die Gesellschaft formell zu errichten, ist freilich nicht zu leugnen. Aber wenn eine solche Verpflichtung besteht, so hat sie eine andere Quelle, nämlich einen nebenher bestehenden Vertrag unter den Gründern (vergl. § 16). Auch Behrend (§ 100) erblickt in der Feststellung einen Vertragsschluß. Allein der Wortlaut des Art. 209, dem nach seiner Meinung (vergl. a. a. O. Anm. 1) die diesseitige Meinung nicht gerecht wird, enthält nichts für die Ansicht Behrends und die Begründung zu dem Artikel ist zu unklar gedacht, als daß sie zu entscheidender Verwerthung geeignet wäre. Behrend giebt selbst zu, daß sie Wahres und Falsches neben einander enthält und eher spricht sie für die diesseitige Auffassung, als für die Behrendsche, wenn sie sagt: „der Entwurf sucht mit Schärfe die Feststellung des Inhalts des Gesellschaftsvertrages von der Errichtung des letzteren zu scheiden". Es wird also die Errichtung des Vertrages von der Feststellung seines Inhalts unterschieden, und damit zum Ausdruck gebracht, daß durch den betreffenden Akt nur in deutlicher, feierlicher Form konstatirt werden soll, welchen Inhalt der intendirte Vertrag haben soll. Zur Konstruirung eines Vertrages gelangt auch Behrend nur dadurch, daß er von der „Feststellung des Gesellschaftsvertrages" spricht, statt, wie Motive und Gesetz „von der Feststellung des **Inhalts** des Gesellschaftsvertrages". Würde das Gesetz so sprechen, wie Behrend, so würde das schon eher an einen Vertragsschluß anklingen, aber immer noch nicht zwingend auf einen solchen hindeuten, sondern immer noch eine ungewöhnliche Ausdrucksweise für die Schließung eines Vertrages darstellen. Zwingend **gegen** die Behrendsche Aufassung aber spricht die Erwägung, daß der Vertrag, den er im Sinne hat, nur ein Gesellschaftsvertrag sein kann, ein solcher aber wesentlich voraussetzt, daß die Antheilsquoten feststehen.

b) **Die Personen**, durch welche die Feststellung des Stututs erfolgen soll, sind mindestens 5 Personen, welche Aktien übernehmen. **§ 2.**

α) Diese Personen sind nicht nothwendig die sämmtlichen Gründer, da nach Art. 209c auch diejenigen, welche sich bei der Errichtung der Gesellschaft dadurch betheiligen, daß sie Sacheinlagen machen, zu den Gründern gehören.

β) Ueber die Qualität dieser Personen sagt das Gesetz nichts. Es gilt demzufolge in dieser Hinsicht nichts besonderes. Wer fähig ist, sich durch Uebernahme von Aktien an einer Aktiengesellschaft zu betheiligen, kann Gründer sein. Daher können als Gründer physische oder juristische Personen, auch Handelsgesellschaften auftreten: offene Handelsgesellschaften; Aktiengesellschaften; Kommanditgesellschaften. Der Umstand, daß für die Gründer eine strafrechtliche Verantwortlichkeit vorgesehen ist, ändert hieran nichts. Die strafrechtliche Verantwortlichkeit übernehmen dann (und zwar unzweideutig, dies gegen Förtsch Anm. 5) diejenigen Personen, welche als gesetzliche Vertreter der juristischen Person oder Handelsgesellschaft auftreten, wie sich dieses Verhältniß auch hinsichtlich der Bücherpflicht stellt. (Behrend § 99 Anm. 5; Ring Anm. 2; Cosack S. 545; Kammergericht in G.Z. 40 S. 471; auch in Friedbergs Formelbuch S. 22 sind die Diskontogesellschaft in Berlin und die Deutsche Bank als Gründer bezeichnet.) Auch davon, daß die Gründer persönlich oder daß mindestens 5 Personen an der Verhandlung theilnehmen müssen, ist nichts angeordnet. Auch aus dem Wesen der Sache folgt dies nicht. (Die divergirenden Meinungen sind verzeichnet bei Petersen und Pechmann S. 335.) Nach alledem können auch Minderjährige durch ihre gesetzlichen Vertreter als Gründer auftreten.

§ 3. c) Die Form ist die der gerichtlichen oder notariellen Verhandlung. Beglaubigung ist nicht genügend. Die Erfordernisse der gerichtlichen oder notariellen Verhandlung richten sich nach Landesrecht. In Preußen reicht ein protokollarisches Bekenntniß zum Inhalt des bereits fertiggestellten Vertrages aus. (Werner, die preußischen Notariatsgesetze S. 18). Der Mangel der Form bewirkt Nichtigkeit, welche aber nicht unheilbar ist. Ob gerade die bloße Eintragung die Heilung bewirkt, wie Ring (Anm. 2) annimmt, ist eine andere Frage, die von uns in anderem Zusammenhange erörtert wird (§ 5 zu Art. 211).

§ 4. 2. (Abs. 2.) **Der zweite Absatz enthält den wesentlichen d. h. absolut nothwendigen Inhalt des Gesellschaftsvertrages.** Er bezweckt, Zweifeln vorzubeugen, welche die frühere Fassung mit sich brachte, indem sie eine Reihe von Erfordernissen des Statuts aufstellte, ohne zu bezeichnen, welche wesentlich sind. Beim Mangel eines dieser Erfordernisse ist der Gesellschaftsvertrag nichtig und muß von der Eintragung zurückgewiesen werden.

Zu beachten ist, daß nach dem oben Ausgeführten alle diese Punkte den Gesellschaftsvertrag nicht erschöpfen, insofern man darunter das versteht, was das Recht sonst unter dem Gesellschaftsvertrage versteht, d. h. den Vertrag, durch welchen die Gesellschaft zustande kommt. Hier in diesem Artikel sind nämlich unter „Gesellschaftsvertrag" alle übrigen Theile desselben außer der Festsetzung der Höhe der Betheiligung verstanden, die Satzungen, die für alle Mitglieder gemeinsam gelten sollen.

Im Einzelnen ist über die aufgezählten essentialia des Gesellschaftsvertrages das Folgende zu bemerken.

§ 5. **Ziffer 1. Firma und Sitz der Gesellschaft.**

a) Firma und Name der Gesellschaft sind bei der Aktiengesellschaft identisch (R.G. 1 S. 26; 3 S. 68). Ueber die Firma vergl. Art. 18, sowie § 7 zu Art. 22. Hinzuzufügen ist nur noch, daß es nicht unzulässig ist, der Gesellschaft bei ihrer Entstehung die Firma des Geschäftsvorgängers mit einem das Nachfolgeverhältniß andeutenden Zusatze zu geben. Es ist das praktisch ebenso wichtig, wie in Wahrheit häufig vorkommend. Die Bedenken Rings (Anm. 7) und Völderndorffs (S. 294) hiergegen können nicht getheilt werden. Es ist nicht abzusehen, warum nicht durch den Illationsvertrag mit dem Geschäfte das Firmenrecht inferirt und durch das Statut bestimmt werden kann, es solle die so erworbene Firma von der Aktiengesellschaft mit einem das Nachfolgeverhältniß andeutenden Zusatze fortgeführt werden. (Gleicher Ansicht Petersen und Pechmann S. 337.)

§ 6. b) Der Sitz der Gesellschaft ist nicht blos der Ort, in welchem sich der Mittelpunkt der geschäftlichen Thätigkeit befindet oder auch nur der Ort, von welchem aus der Vorstand die Verwaltung leitet. Vielmehr kann der Sitz hier willkürlich gewählt werden (übereinstimmend Ring Anm. 9 mit Literaturnachweisen für und wider; vergl. R.O.H. 17 S. 815, 21 S. 37). Die hierin liegende Abweichung von dem, was bei der offenen Handelsgesellschaft und Kommanditgesellschaft Rechtens ist, ergiebt sich aus dem Gesetze. Bei diesen letzteren Gesellschaften ist der Sitz der Gesellschaft anzumelden, d. h. nicht ein frei gewählter, sondern der Ort, wo die Gesellschaft in Wahrheit ihren Sitz hat. Hier bei der Aktiengesellschaft ist dem Gesellschaftsvertrage ausdrücklich anheim gegeben, den Sitz zu vereinbaren.

Der Sitz ist ein einheitlicher. Die Aktiengesellschaft kann nicht einen mehrfachen Sitz haben (Art. 210 Abs. 1; 211 Abs. 1; 212 Abs. 8; 214 Abs. 2; 222;

Ring Anm. 1). Insbesondere begründet eine Zweigniederlassung kein zweites Domizil (R.O.H. 17 S. 315), wenn auch vielleicht einen besonderen Gerichtsstand. Der Begriff „Sitz der Gesellschaft" ist übrigens gleichbedeutend mit Hauptniederlassung in Art. 179 (Behrend § 78 Anm. 10; Ring Anm. 9).

Der Sitz muß selbstverständlich in Deutschland sein.

Der Sitz kann auch verlegt werden, nämlich in den Formen der Statutenänderung.[1]) Ueber Verlegung des Sitzes nach dem Auslande siehe § 10 zu Art. 242.

Ziffer 2. **Gegenstand des Unternehmens.** Hier wird behauptet, daß der Gegenstand des Unternehmens bestimmt umgrenzt sein müsse (Ring; Völderndorff; Behrend; Holdheim — letzterer in seiner Wochenschrift II S. 291), und es werden daher allgemeine Wendungen, wie z. B. „Betrieb von Handel und Industrie", „ähnliche verwandte Geschäfte" u. s. w. für unzulässig erklärt. Dagegen wird eine freiere Ansicht von Primker (bei Endemann I S. 527) vertreten und diese beherrscht auch die Praxis. (Beispiele: Nationalbank für Deutschland: Betrieb von Handelsgesellschaften aller Art; Schlesischer Bankverein: Betrieb von Bank-, Handels- und industriellen Geschäften aller Art; Allgemeine Häuserbau-Aktiengesellschaft zu Berlin: sowie der Betrieb von Bank- und Handelsgeschäften aller Art). Die freiere Ansicht ist zutreffend. Das Gesetz schreibt nicht vor, daß der Gegenstand des Unternehmens bestimmt angegeben werden müsse, obwohl ein einziges, von dem Gesetze so oft angewandtes Wort (das Wort: bestimmt) dazu genügt hätte. Es ist aber auch aus dem Geiste des Gesetzes nicht zu folgern, daß dies Erforderniß habe aufgestellt werden sollen. Warum sollte der Gesetzgeber der Privatautonomie der zu einer Aktiengesellschaft vereinigten Personen verwehren wollen, zu bestimmen, daß die Gesellschaft Geschäfte in dem allerweitesten Umfange machen könne? Ist dies doch auch dem Einzelkaufmann und der offenen Handelsgesellschaft nicht verwehrt. Die Vorschrift soll keinen andern Zweck haben, als offen zu legen, in welchem Umfange die Organe der Gesellschaft befugt sind, ihren Geschäftsbetrieb auszudehnen, ob dies nach einer speziellen Richtung der Fall ist, und in diesem Falle nach welcher, oder ob dies in mehr oder weniger allgemeiner Richtung der Fall ist. Wen eine Bewegungsfreiheit letzterer Art stört, braucht der Gesellschaft nicht beizutreten. Auch Art. 215 Abs. 3, auf welchen Petersen und Pechmann (S. 85), sowie Willenbücher (Anm. 6 zu Art. 175) verweisen, wird durchaus nicht gegenstandslos nach dieser Auffassung. Er hat seine Bedeutung immer dann, wenn der Gegenstand des Unternehmens geändert wird, sei es, daß ein spezieller Gegenstand im Statut enthalten war und eine Veränderung oder Erweiterung erfolgen soll, oder daß ein allgemeiner Gegenstand angegeben war und eine Einschränkung erfolgen soll. § 7.

Ziffer 3. **Die Höhe des Grundkapitals und der einzelnen Aktien.** Die Feststellung einer Grundziffer, welche der Antheilsberechnung zu Grunde gelegt wird, ist der Aktiengesellschaft ebenso wesentlich, wie die Einlegung von Vermögenswerthen bei Entstehung der Gesellschaft. Daher ist nach der vorstehenden Ziffer 3 absolut nothwendig die Angabe der Grundziffer und der Theilbeträge, in welche sie zerlegt wird. Enthält das Statut über diesen Punkt keine weitere Angabe, so entspricht die Grundziffer dem eingelegten Baarbetrage oder dem festgestellten Werthe der Sacheinlagen. Es bleibt aber den Errichtern der Gesellschaft unbenommen, eine niedrigere Grundziffer als die Summe der Einlagen, der Betheiligung zu Grunde zu legen. Wollen sie dies, so müssen sie auch dies im Gesellschaftsvertrage genau bestimmen (vergl. Art. 209a Ziffer 2). Ueber Festsetzung des Grundkapitals mit der Maßgabe, daß zunächst nur eine Serie zur Ausgabe gelangen soll, vergl. § 9. § 8.

Ziffer 4. **Die Art der Aktien und die Zahl der Aktien jeder Art.** Unter der Art versteht das Gesetz den Unterschied zwischen Inhaber- und Namensaktien. Nicht mehr zulässig ist nach der jetzigen Fassung des Gesetzes eine Statutenbestimmung, daß die Aktionäre nach ihrer Wahl Inhaber- oder Namensaktien verlangen können. § 9.

---

[1]) Die Sitzverlegung erfolgt in der Weise, daß der Beschluß im Register des bisherigen und alsdann im Register des neuen Sitzes eingetragen wird. Erst mit der letzten Eintragung ist der Beschluß rechtswirksam, der Sitz also verlegt. (Vergl. L.G. Mannheim bei Holdheim II S. 288). Unzutreffend ist die Praxis des Amtsgerichts I Berlin, welches die umgekehrte Reihenfolge fordert (vergl. Registerakten der Gesellschaft für Kraftfuttererzeugung).

Das Gesetz verlangt nicht, daß die Aktien einer Gesellschaft alle über einen gleichen Betrag lauten. Bei Erhöhung können daher Aktien von anderem Nennwerthe, als die bisherigen, ausgegeben werden.

Dagegen ist es in Konsequenz der vorliegenden Vorschrift nicht gestattet, ein Grundkapital festzusetzen mit der Maßgabe, daß zunächst nur ein Theil desselben (erste Serie) zur Ausgabe gelangen soll. Jedes nicht ganz gezeichnete, nicht ganz emittirte Kapital ist kein solches in gesetzlicher Bedeutung. Solche Scheinkapitalien waren bisher in der Praxis gebräuchlich; gegen sie wendet sich die vorliegende Vorschrift, und der Registerrichter hat ihre Eintragung zurückzuweisen (Ring Anm. 11).

§ 10. Ziffer 5. **Die Art der Bestellung und Zusammensetzung des Vorstandes.** Da einerseits der Vorstand als gesetzlicher Vertreter der Aktiengesellschaft wesentlich ist, das Gesetz aber andererseits keine Vorschriften für die Bildung des Vorstandes enthält, so war die Bestimmung nothwendig, daß der Gesellschaftsvertrag hierüber zu disponiren habe. Das Statut muß hiernach feststellen, wer den Vorstand zu bestellen hat (Aufsichtsrath, Generalversammlung, die Gründer, wohl auch Behörden, so namentlich bei Dividendengarantieen), und aus wieviel Personen der Vorstand besteht. (Ring Anm. 14.) Mehr aber braucht das Statut hierüber nicht zu enthalten: insbesondere nicht, ob der Vorstand aus besoldeten Personen oder ob er aus Aktionären bestehen soll. Die Frage nach der Besoldung liegt auf anderem Gebiete, und aus Aktionären braucht der Vorstand eben nicht zu bestehen, wenn das Statut dies nicht besonders vorschreibt. Auch braucht der Gesellschaftsvertrag nicht zu bestimmen, ob die Vorstandsmitglieder kollektiv zeichnen müssen; das versteht sich mangels abweichender Bestimmung von selbst (Kammergericht bei Johow Bd. 10 S. 34). Nicht vorgeschrieben ist in der neuen Fassung der Gesetzesstelle eine statutarische Bestimmung über die Bestellung des Aufsichtsraths (vergl. zu Art. 209f); ebensowenig, daß das Statut über die Legitimation des Vorstandes und der Beamten Bestimmung enthalten müsse. Die Legitimationsfrage ergiebt sich aus den sonstigen Vorschriften der Gesetze (Firmenauszug).

§ 11. Ziffer 6. **Die Form der Berufung der Generalversammlung.** Dieselbe braucht nicht nothwendig in der Inserirung in öffentlichen Blättern zu bestehen. Es können in den Statuten auch Einberufungen auf andere Weise festgesetzt werden: etwa durch Zustellungsurkunden, Einschreibebriefe oder öffentlichen Anschlag. In der Praxis sind immer öffentliche Blätter bestimmt und aus Art. 237 Abs. 3 geht hervor, daß das Gesetz davon ausgeht, die Berufung werde regelmäßig durch öffentliche Blätter erfolgen. Auch ist es zulässig, festzusetzen, daß außer der Publikation in öffentlichen Blättern Einladungen durch besondere Briefe erfolgen sollen, z. B. bei vinkulirten Namensaktien, auch so, daß gleichwohl die Annoncirung in öffentlichen Blättern zur Giltigkeit ausreichend und erforderlich ist. (Vergl. Statuten der Aktiengesellschaft Logenhaus in Berlin.) Bestimmungen über den Vorsitz in der Generalversammlung, sowie überhaupt eine Geschäftsordnung für die Leitung der Generalversammlung braucht das Statut nicht zu enthalten, wiewohl es angezeigt erscheinen möchte, solches von Gesetzes wegen zu bestimmen. (Vergl. Näheres § 9 zu Art. 238).

§ 12. Ziffer 7. **Die Form der Bekanntmachung.** Dazu gehört vornehmlich die Frage der Unterzeichnung, und von wem die Bekanntmachungen ausgehen sollen. Das Statut kann nach seiner Wahl bestimmen, ob unter der Bezeichnung „Der Vorstand" auch noch der Name der Vorstandsmitglieder stehen müsse u. s. w. Aber es muß eben Bestimmungen hierüber enthalten. Daß die Aktiengesellschaften sich als Publikationsmittel der öffentlichen Blätter bedienen müssen, ist nicht vorgeschrieben, aber allgemein üblich.

§ 13. 3. (Abs. 3.) **Der dritte Absatz giebt Vorschriften über die Bekanntmachungen der Gesellschaft, welche durch öffentliche Blätter erfolgen sollen.** (Wohl zu unterscheiden von den Publikationen des Handelsgerichts nach Art. 14.) Mit dem wesentlichen Inhalt des Gesellschaftsvertrages hat dieser Absatz nichts zu thun und hängt daher nicht organisch mit dem sonstigen Inhalt dieses Artikels zusammen.

§ 14. a) Die Vorschriften dieses Absatzes beziehen sich auf alle diejenigen Bekanntmachungen, welche durch öffentliche Blätter erfolgen sollen, d. h. welche die Gesellschaft aus irgend einem Rechtsgrunde in öffentlichen Blättern zu erlassen verpflichtet ist, sei es auf Grund einer gesetzlichen Vorschrift oder ihrer statutarischen Vorschriften oder sonstiger von der Gesellschaft übernommener Verpflichtungen, z. B. auf Grund von Obligationsbedingungen. (Ring Anm. 17.)

b) Der Inhalt der] Vorschrift ist nun erstens, daß im Reichsanzeiger stets publicirt werden muß, zweitens, daß weitere obligatorische Publikationsorgane bestimmt werden können, aber nur im Gesellschaftsvertrage selbst. Diese letztere Vorschrift hat zwei Seiten: § 15.

α) der Gesellschaftsvertrag kann in bindender Weise weitere Publikationsorgane bestimmen, selbstverständlich nach seiner Wahl auch keines oder auch eines. (Ring Anm. 17.) Geht ein solches ein, so kann eben der Gesellschaftsvertrag insoweit nicht erfüllt werden; die Publikation in den übrigen Blättern, eventuell im Reichsanzeiger allein, genügt alsdann (Kammergericht bei Johow und Küntzel 4 S. 44 u. 45).

β) Nur der Gesellschaftsvertrag kann in bindender Weise diese Bestimmung treffen, weder Vorstand, noch Aufsichtsrath, noch Generalversammlung; selbst dann nicht, wenn der Gesellschaftsvertrag die Bestimmung der obligatorischen Publikationsorgane einem dieser Organe überlassen hätte. Solche Delegation wäre eben ungültig, weil sie den Gesetzen zuwiderläuft. (Ring Anm. 17.)

Nicht bezweifelt kann werden, daß der Gesellschaftsvertrag auch fakultative Publikationsorgane anordnen könne, d. h. bestimmen kann, daß die Publikation in gewissen Organen erfolgen solle, doch so, daß die Publikation im Reichsanzeiger zur Gültigkeit genüge. (Vergl. z. B. die Statuten der Berliner Messinglinienfabrik und Façonschmiede-Aktiengesellschaft.) Die Wahl solcher fakultativer, die Gültigkeit der Publikation nicht bedingender Organe kann auch dem Aufsichtsrath überlassen werden. (Vergl. z. B. die Statuten der Kaiser-Bazar-Aktiengesellschaft zu Berlin § 31.) Zust. Behrend § 98 Anm. 13, Ring Anm. 17.

Zusätze zu Art. 209.

1. **Das Rechtsverhältniß der Gründer unter einander** richtet sich nach den von ihnen selbst getroffenen besonderen Vereinbarungen, wie dies schon oben § 8 betont ist. Diese Vereinbarungen bilden einen nach bürgerlichem Recht zu beurtheilenden Gesellschaftsvertrag, gerichtet auf Gründung einer Aktiengesellschaft. (R.O.H. 18 S. 360.) Ob eine Gelegenheitsgesellschaft nach dem H.G.B. vorliegt, hängt davon ab, ob in der geplanten Gründung ein Handelsgeschäft liegt. Sie kann es wegen der Kaufmannsqualität der mitwirkenden Personen jedenfalls sein, insbesondere ist auch die Vermuthung des Art. 274 hier anwendbar, auch dann, wenn die Gründerthätigkeit Rechtsgeschäfte über Immobilien mit umfaßt (R.O.H. 20 S. 198). Aber es wird darüber hinaus auch noch behauptet, daß die Gründung einer Aktiengesellschaft ganz abstrakt betrachtet ein Handelsgeschäft sei (Primker S. 547). Das geht zu weit. Art. 271 Nr. 1 wäre nur anwendbar, wenn stets die Anschaffung einer Aktie zum Zwecke der Weiterveräußerung vorläge. Aber wenn man auch im Hinblick auf die Urtheile des Reichsgerichts (22 S. 129 u. 26 S. 34) ein Anschaffungsgeschäft für vorliegend erachtete (anders jetzt das Plenum des Reichsgerichts, vergl. § 4 zu Art. 271), so läßt sich doch nicht ganz abstrakt sagen, daß der Zweck der Weiterveräußerung stets obwalte. Auch die Aktienzeichnung ist nicht ihrem Wesen nach ein Handelsgeschäft (R.G. 4 S. 311). § 16.

Von dem vereinbarten oder nach dem Gesetz zu ergänzenden Inhalt des unter den Gründern bestehenden Gesellschaftsvertrages hängt es ab, welches Maß von Leistung und persönlicher Thätigkeit die Einzelnen aufzuwenden haben, um die geplante Gründung zu Ende zu führen.

Das Gründerkonsortium kann auch weitergehende Pläne vereinbart haben: nämlich die Begebung der Aktien an das große Publikum. Auch das ist ein Gesellschaftsverhältniß, welches sich nach allgemeinen Grundsätzen richtet. Hier wird wohl meist eine Gelegenheitsgesellschaft nach dem H.G.B. vorliegen. Ueber die Rechtsverhältnisse eines solchen Konsortiums vergl. insbesondere R.O.H. 13 S. 310; 15 S. 252; 17 S. 208; 22 S. 386; R.G. 1 S. 78; 7 S. 103; Busch Archiv 35 S. 334; Sydow in G.Z. 19 S. 429; Primker bei Endemann I S. 546; Ring S. 177 ffg; endlich auch in unserem Kommentar § 1 zu Art. 266. Ein Anschaffungsgeschäft im Sinne des Stempelgesetzes liegt in dem Abschlusse eines auf Uebernahme und demnächstige Veräußerung von Aktien für gemeinschaftliche Rechnung gerichteten Konsortialvertrages nicht, in dem Abschlusse eines Unterkonsortialvertrages dann, wenn der Uebernahmevertrag bereits perfekt war (R.G. 26 S. 46 ffg.).

§ 17. 2. **Die älteren Gesellschaften anlangend,** so sind die Vorschriften der Abs. 1 u. 2 auf sie naturgemäß nicht anwendbar, da sie die Gründung betreffen. Auch für die im Stadium der Anmledung befindlichen und zur Zeit des Inkrafttretens des Gesetzes der Eintragung entgegensehenden Gesellschaften sind durch § 2 des Gesetzes die Abs. 2 und 3 für nicht anwendbar erklärt, damit sie die Stadien der Gründung nicht noch einmal durchzumachen brauchen. Was aber den Abs. 3 anlangt, so findet derselbe auch auf ältere Gesellschaften Anwendung. Er ist in § 2 des Gesetzes auch auf die im Stadium der Anmeldung befindlichen Gesell chaften nicht für unanwendbar erklärt, und dies bestätigt die diesseitige Auslegung des § 2, daß es sich bei demselben nur um Gründungserleichterungen handelt, nicht um die Thätigkeit der bestehenden Gesellschaft.

Aus der Anwendbarkeit des Abs. 3 auf ältere Gesellschaften folgt, daß fortan für sie der Deutsche Reichsanzeiger als Zwangspublikationsorgan gilt; daß ferner auch für sie die Vorschrift gilt, daß, wenn die Gültigkeit der Publikation von der Annoncirung in anderen Blättern abhängig sein soll, der Gesellschaftsvertrag diese anderen Blätter bezeichnen muß. Damit sind diejenigen Statutenbestimmungen der älteren Gesellschaften, welche dem Aufsichtsrath oder Vorstand größere oder geringere Freiheiten in Bezug auf die Bestimmung der Publikationsorgane einräumten, von selbst aufgehoben (Laué, Gutachten S. 35; Ring Anm. 19).

Artikel 209a.

Der Aufnahme in den Gesellschaftsvertrag bedürfen Bestimmungen, nach welchen

1. das Unternehmen auf eine gewisse Zeit beschränkt wird;
2. Aktien für einen höheren als den Nominalbetrag ausgegeben werden;
3. eine Umwandlung der Aktien rücksichtlich ihrer Art statthaft ist;
4. für einzelne Gattungen von Aktien verschiedene Rechte, insbesondere betreffs der Zinsen oder Dividenden oder des Antheils am Gesellschaftsvermögen, gewährt werden;
5. über gewisse Gegenstände die Generalversammlung der Aktionäre nicht schon durch einfache Stimmenmehrheit, sondern nur durch eine größere Stimmenmehrheit oder nach anderen Erfordernissen Beschluß fassen kann.

Für einen geringeren als den Nominalbetrag darf die Ausgabe der Aktien nicht festgesetzt werden.

Einleitung. **Der vorliegende Artikel enthält die relativ nothwendigen Bestandtheile des Gesellschaftsvertrages** (Abs. 1) und ferner die Anordnung, daß die Unterpari-Emission im Gesellschaftsvertrage nicht zugelassen werden könne (Abs. 2).

§ 1. 1. (Abs. 1.) **Die relativ nothwendigen Bestandtheile des Gesellschaftsvertrages.** Die hier aufgezählten Anordnungen gehören nicht zum Wesen des Gesellschaftsvertrages, es bleibt der Privatautonomie der Gesellschafter überlassen, sie zu treffen oder nicht, sie können aber, wenn sie getroffen werden, gültiger Weise nur im Gesellschaftsvertrage getroffen werden. Das bedeutet die von uns gewählte Bezeichnung „relativ nothwendiger Bestandtheil“. Solche Anordnungen können nicht durch Verwaltungsmaßregeln getroffen werden; wohl aber in Statutennachträgen, da sie ja eben zu den Essentialien des Gesellschaftsvertrages nicht gehören und daher nicht schon bei der Gründung festgesetzt zu sein brauchen.

Die hier aufgezählten relativ nothwendigen Bestandtheile oder accidentalia des Gesellschaftsvertrags sind übrigens nicht erschöpfend angegeben. Das Gesetz zählt an zerstreuten Stellen noch andere Punkte auf, die giltig nur im Gesellschaftsvertrage vereinbart sein können; vor Allem im Art. 209b, sodann im 209 Abs. 3; Art. 229, 215d Abs. 2; 217 Abs. 2; 225 Abs. 3; 185c.

Für die in vorliegendem Artikel aufgezählten einzelnen Punkte gilt Folgendes:

Ziffer 1. **Die Festsetzung der Zeitgrenze.** Ist die Dauer der Gesellschaft nicht angegeben, so ist sie auf unbestimmte Zeit errichtet; eine Zeitgrenze muß, wenn sie gelten soll, im Gesellschaftsvertrage fixirt sein. Der Unterschied beider Fälle (Nichtfixirung und Fixirung der Zeitgrenze) ist folgender: im ersten Falle dauert die Gesellschaft so lange, bis die Auflösung beschlossen wird; im letzteren Falle tritt mit Ablauf der fixirten Zeit die Auflösung von selbst ein (Art. 242 Nr. 1). Die Auflösung kann zwar auch bei fixirter Zeitdauer vorher beschlossen werden, dann aber nur in Form der Statutenänderung, was bei nicht fixirter Zeitdauer anders ist (Ring Anm. 2). § 2.

Es kann aber auch, wie die accidentalia des Vertrages überhaupt, die hier erwähnte Zeitgrenze durch Statutennachtrag hinzugefügt, und umgekehrt die vorgesehene Zeitgrenze durch Statutennachtrag verkürzt oder beseitigt werden. Eine Verkürzung der Zeitgrenze erfordert aber außerdem noch die Beobachtung der für den Auflösungsbeschluß gegebenen Vorschriften, weil sie auf die Auflösung abzielt (Laué Gutachten S. 9 ffg.).

Desgleichen ist auch eine Verlängerung der fixirten Zeitdauer zulässig, und auch ein diesbezügliches Verbot in dem ursprünglichen Vertrage steht nicht im Wege (Ring Anm. 2). Vielmehr haben die Aktionäre hierin ein freies Selbstbestimmungsrecht (R.G. 6 S. 120).

Die Fixirung der Zeitdauer muß bestimmt sein. Doch wird man dabei nicht formalistisch verfahren und nicht bestimmte Daten auch dann verlangen, wenn schon aus anderen Vertragsbestimmungen, z. B. über den Gegenstand des Unternehmens, die in Aussicht genommene Zeitdauer der Gesellschaft als eine zeitlich bestimmte sich ergiebt.

Ziffer 2. **Bestimmungen betreffend Ueberpariemission.** Wesentlich ist nach Art. 209 Ziffer 5 nur die Angabe des Grundkapitals. Dabei setzt der Gesetzgeber voraus, daß normaler Weise die Grundziffer der Höhe der eingelegten Werthe entspricht. Das ist aber nicht nothwendig der Fall. Vielmehr bleibt es den Gründern überlassen, der Antheilsberechnung eine niedrigere Ziffer zu Grunde zu legen, als die Einlagen betragen, oder, wie das Gesetz, indem es die Sache von einer anderen Seite betrachtet, sagt: „Bestimmungen zu treffen, nach welchen Aktien für einen höheren, als den Nominalbetrag ausgegeben werden.“ Das Gesetz will aber, indem es auf der einen Seite die Ueberpariemission trotz der ihr entgegenstehenden juristischen Bedenken, trotz des in ihr liegenden Zwiespalts zwischen Einlageziffer und Betheiligungsgrundziffer zuläßt, auf der andern Seite anordnen, daß Bestimmungen, nach welchen dies geschieht, dem Gesellschaftsvertrage einverleibt werden. Da es dem Gesetzgeber wohl zum Bewußtsein gekommen ist, wie durch eine solche Zulassung die wahre Einlagesumme von der Grundziffer abweicht und die letztere von vornherein zu einer Scheinziffer wird, so muß angenommen werden, daß der Gesetzgeber beabsichtigt hat, aus dem Gesellschaftsvertrage wenigstens den Grad jener Verschiedenheit hervorgehen zu lassen, damit auf solche Weise wenigstens für jeden Interessenten und für alle Zeit Klarheit darüber geschaffen wird, auf welcher realen Basis die Gesellschaft ruht. Aus dieser Tendenz der Vorschrift geht hervor, daß dem Gesellschaftsvertrage nicht bloß im Allgemeinen die Bestimmung einverleibt werden muß, es dürfe eine Ueberpariemission stattfinden, sondern auch der Kurs derselben. So wird ja auch die Nr. 4 nicht dahin ausgelegt, es sei in das Statut aufzunehmen, Prioritätsaktien könnten ausgegeben werden, sondern dahin, daß der Inhalt der statuirten Rechtsverschiedenheiten aufzunehmen ist. (In dieser Beziehung im Ergebniß übereinstimmend Ring Anm. 3; anders Behrend § 117 Anm. 160.) Daß aber der Kurs, wie Ring a. a. O. und Hergenhahn in Busch Archiv 48 S. 192 meinen, ein einheitlicher sein müsse, geht weder aus dem Wortlaut, noch aus der Tendenz der Gesetzesbestimmung hervor. Die Bestimmtheit und Ersichtlichkeit sollte vorgeschrieben werden, nicht die Einheitlichkeit. Die Bestimmtheit und Ersichtlichkeit aber vermißt Ring bei Ausgabe zu verschiedenen Kursen mit Unrecht. Warum sollte, da doch die verschiedenen Kurse im Statute angegeben sind, desgleichen die Zahl der Aktien — Art. 209 Nr. 3 — (und wie sinngemäß hinzugefügt werden muß, auch die Zahl der zu den einzelnen Kursen ausgegebenen Aktien), der Zeichner über die Mittel der Gesellschaft im Unklaren sein? § 3.

(Uebereinstimmend Behrend § 117 Anm. 16.) So wird z. B., wenn Aktien verschiedener Gattung schon bei der Gründung geschaffen werden, gewöhnlich ein verschiedener Ausgabekurs die Grundlage bilden (vergl. Ziffer 4).

§ 4. Ziffer 3. **Bestimmungen, nach welchen eine Umwandlung der Aktien rücksichtlich ihrer Art statthaft ist,** d. h. von Inhaberaktien in Namensaktien und umgekehrt. Eine solche Bestimmung kann naturgemäß nur dahin lauten, daß die Gesellschaft in Zukunft die Umwandlung beschließen kann. Der Umwandlungsbeschluß selbst ist ja eine Statutenänderung, da der Gesellschaftsvertrag die Arten der Aktien und bei verschiedenen Arten die Zahl einer jeden bestimmt angeben muß (Art. 209 Ziffer 4; Ring 1. Aufl. S. 60). Dagegen betrachtet Völderndorff und ihm jetzt folgend Ring 2. Aufl. S. 188, desgleichen Förtsch (Anm. 5 zu Art. 175a) die auf Grund einer solchen Statutenbestimmung erfolgende Umwandlung als Verwaltungsmaßregel, deren Ausführung aber wegen Art. 209 Ziffer 4 einzutragen, jedoch nicht zu publiciren ist. Keyßner (in G.Z. 32 S. 257) sieht auch von der Eintragung ab. Allein seine Ausführungen, denen Petersen u. Pechmann S. 88 unbedingt beitreten, können nicht für zutreffend erachtet werden. Schreibt einmal das Gesetz vor, daß die Angabe über die Zahl der Inhaber- und Namensaktien ein wesentlicher Bestandtheil des Statuts ist, so ist jede Aenderung in dieser Hinsicht eine Statutenänderung, die den Vorschriften über Statutenänderung und der Eintragung unterliegt, auch wenn das Gesetz nicht besondere Vorschriften darüber erlassen hätte. Der Hinweis darauf, daß auch die Aufsichtsrathsmitglieder nur das erste Mal dem Namen nach zu veröffentlichen sind, ist nicht stichhaltig weil es sich hierbei nicht um den Inhalt des Gesellschaftsvertrages handelt.

§ 5. Ziffer 4. **Bestimmungen, nach welchen einzelne Gattungen von Aktien bevorzugt werden sollen.** Der Aktienverkehr hatte aus sich heraus das Institut der Prioritätsaktien geschaffen. Es herrschten aber, weil die Materie jeder gesetzlichen Regelung entbehrte, über das Wesen derselben, insbesondere über den Inhalt der Vorrechte die erheblichsten Streitfragen (vergl. R.O.H. 22 S. 361; R.G. 9 S. 80). Diesen sucht der Gesetzgeber für die Zukunft vorzubeugen, zwar nicht dadurch, daß er die Rechte der Prioritätsaktien normirt, wohl aber dadurch, daß er für den Fall der Ausgabe von Aktien verschiedener Rechte eine Bestimmung im Gesellschaftsvertrage über den Umfang der Vorrechte verlangt. Bei dieser Art der Regelung der Materie wird es nicht ausbleiben, daß auch künftig zahlreiche Streitfragen entstehen werden.

Eine kurze Betrachtung der Materie ist nicht zu umgehen.

§ 6. a) Der Weg, auf welchem Prioritätsaktien geschaffen werden, ist vom Gesetze nicht angegeben. Man wird annehmen müssen, daß sie sowohl bei der Gründung, als später möglich sind; später bei Erhöhung des Aktienkapitals, um durch Gewährung von Vorzugsrechten wirksamer zu werben.

In neuerer Zeit sind aber vielfach Vorzugsaktien noch auf eine dritte Art geschaffen worden, nämlich in der Weise, daß beschlossen wurde, die Inhaber der bisherigen Aktien sollten das Recht haben, durch Zuzahlung eines bestimmten Betrages ihre Stammaktien in Vorzugsaktien umzuwandeln. Unbedenklich ist dies zulässig mit Zustimmung aller Aktionäre. Für nicht zulässig ist aber ein Majoritätsbeschluß dieses Inhalts zu erachten.[1]) Das nimmt auch das Kammergericht (Band 8 S. 16) an. Doch sind seine Gründe nicht einwandfrei. Zwar insofern hat es Recht, als es annimmt, daß die Entscheidung des Reichsgerichts (Bd. 21 S. 24 ffg.) nicht entgegen steht. Wenn diese auch erklärt, daß so zu Stande gekommene Vorzugsaktien als neue Aktien zu verstempeln sind, so ist damit noch nicht entschieden, ob der Beschluß, durch welchen solche Aktien geschaffen werden, auf gesetzmäßige Weise gefaßt wurde. Aber wenn das Kammergericht in jener Entscheidung weiter sagt, der ihm

---

[1]) Für die Zulassung: Sächs. Just.-Minist. in G.Z. 35 S. 240; O.L.G. Hamburg in Holdheims Wochenschrift für Aktienrecht 1892 S. 17; besonders Ring Anm. 10; dagegen Kammergericht bei Johow 8 S. 16; Petersen und Pechmann S. 114; 389; Förtsch Anm. 6 zu Art. 175a; Alexander, Sonderrechte der Aktionäre S. 88.

vorliegende Beschluß sei schon um deßhalb ungiltig, weil sich solche Zuzahlung als verschleierte Kapitalserhöhung darstelle und weil ferner die Bildung eines Dispositionsfonds des Aufsichtsraths, zu welchem die Zuzahlung in dem ihm zur Entscheidung stehenden Fall bestimmt war, ein den Gesetzen unbekanntes Institut sei, so kann dem nicht beigetreten werden. Von einer verschleierten Kapitalserhöhung kann keine Rede sein. Es soll wohl ein ähnlicher wirthschaftlicher Zweck erreicht werden, wie es bei der Kapitalserhöhung erstrebt wird, nämlich der Gesellschaft neue Mittel zuzuführen, aber gerade ohne Kapitalserhöhung, d. h. ohne Erhöhung der Betheiligungsziffer. Es kann aber den Aktionären nicht verwehrt werden, durch ihren freien Entschluß der Gesellschaft neue Mittel zuzuführen, ohne zugleich den Anspruch zu erheben, nunmehr auch in entsprechend erhöhter Weise am Gewinne betheiligt zu sein. Daß sie die so zugeführten Mittel als Dispositionsfonds des Aufsichtsraths buchen lassen, ist wiederum sehr verständig und durchaus zulässig. Würden sie dieselben keinem Passivkonto einverleiben, so würde der Zweck der ganzen Operation vereitelt werden, weil es dann leicht kommen kann, daß die vorhandene Aktivziffer die Ziffer der Passiva übersteigt und so das eben zugeführte Geld nach der Bilanz vertheilungsfähig ist und wieder zur Vertheilung gelangt. Daß ein solches Reservekonto dem Gesetze unbekannt ist, ist gleichgiltig. Welcher Gesetzgeber könnte die Absicht haben, den Aktionären das Recht zu nehmen, eine Bestimmung zu treffen, daß ein Theil des Gesellschaftsvermögens von der Vertheilnng ausgeschlossen werde? Im Uebrigen geht aus Art. 185c Abs. 2 klar hervor, daß die Gesellschaft völlige Freiheit in der Bildung von Reservekonten hat. Die Gründe des Kammergerichts sind daher nicht zutreffend. Aber aus einem anderen Grunde ist der hier in Rede stehende Majoritätsbeschluß rechtsungiltig.

Der Aktionär muß sich nämlich allerdings Majoritätsbeschlüsse gefallen lassen, durch welche seine Rechte geschmälert werden. Der Grundsatz der Gleichberechtigung ist daher freilich nicht verletzt. Aber das wird auch von uns nicht behauptet — wie hiermit gegen Ring bemerkt sein mag — und das ist auch nicht unser Bedenken gegen die hier bekämpfte Zulässigkeit der fraglichen Operation. Unser — von Ring nicht widerlegtes — Bedenken besteht darin, daß der Aktionär sich solche Majoritätsbeschlüsse nicht gefallen zu lassen braucht, durch welche ihm eine Verpflichtung auferlegt wird (Art. 219). Seine Verpflichtung erschöpft sich in dem für den Erwerb des Mitgliedsrechts eingezahlten Betrage. Das gehört zum Wesen der Aktiengesellschaft. Hier aber wird ihm eine neue Verpflichtung auferlegt. Zwar sagt der Beschluß, es stehe ihm frei, zuzuzahlen. Aber das ist keine Freiheit, wenn denjenigen, der von ihr keinen Gebrauch macht, ein schwerer Nachtheil trifft. In Wahrheit wird ihm die Verflichtung auferlegt nachzuzahlen, wenn auch nicht unter dem Präjudiz der gerichtlichen Erzwingung, so doch unter dem vielleicht noch schwereren Präjudiz, daß er sonst in seinen Rechten geschmälert wird. Die Freiheit, die dabei gewährt wird, ist dieselbe Freiheit, wie bei der Drohung: La bourse ou la vie. Schon das Stellen der Alternative ist unzulässiger Zwang.

Die Fälle, in denen im Uebrigen Vorzugsaktien geschaffen werden, stehen mit diesem Grundsatze nicht in Widerspruch. Wenn bei der Gründung Stamm- und Vorzugsaktien gegen verschiedene Einzahlungen ausgegeben werden, so wird dem Aktionär von vornherein die betreffende Leistung als Theil der Einlage auferlegt und das entspricht dem Artikel 219.

Wenn später bei Erhöhung des Aktienkapitals Vorzugsaktien ausgegeben werden, so muß er sich allerdings auch gefallen lassen, daß seine Aktie Trägerin geringerer Rechte wird. Aber das müssen sich gleich ihm alle bisherigen Aktionäre gefallen lassen, und zwar glatt und unbedingt, nicht als Folge des Ausbleibens einer Leistung.

Nach alledem ist die Schaffung von Vorzugsaktien gegen Zuzahlung zwar zulässig, aber nicht im Wege des Majoritätsbeschlusses.

Den wirthschaftlichen Zweck, der durch Schaffung von Vorzugsaktien ohne Erhöhung des Grundkapitals bezweckt wird, erreichen die Aktiengesellschaften jetzt, da die Zuzahlungstransaktion nicht mehr unzweifelhaft ist, auf andere Weise (z. B. Aktienbauverein Unter den Linden; Berliner Kohlenwerke Akt.-Ges.). Es wird so zu Werke gegangen, daß die Erhöhung des Grundkapitals durch Ausgabe von Vorzugsaktien beschlossen und gleichzeitig den bisherigen Aktionären gestattet wird, ihre Aktien zu einem gewissen geringeren Kurse behufs Amortisation derselben in die Gesellschaft einzubringen d. h. in Zahlung auf Vorzugsaktien zu geben und den Rest baar einzuzahlen. Das ist zulässig (vergl. Esser Anm. 5 zu Art. 215); denn hierbei werden ja die Sondervorschriften über Kapitalserhöhung einerseits und Amortisation andererseits gewahrt.

§ 7. b) Welcher Art die Vorzugsrechte sein können, sagt das Gesetz nicht. Es hebt nur hervor: daß sie sich auf Zinsen und Dividenden und den Antheil am Gesellschaftsvermögen beziehen können.

α) Unzulässig ist eine Bevorzugung hinsichtlich derjenigen Rechte, welche das Gesetz aus Gründen öffentlichen Rechts grundsätzlich allen Aktionären gleichmäßig gewährt. Das gilt in Bezug auf das Stimmrecht (Art. 221, 190) und in Bezug auf die Ausübung der Minderheitsrechte. Hier sind keine Einschränkungen, also auch keine Bevorzugungen statthaft.

§ 8. β) Zulässig ist eine Bevorzugung in den Sonderansprüchen auf vermögensrechtliche Leistungen der Gesellschaft: in Bezug auf Zinsen, Dividenden, sowie Antheil am Ausschüttungsvermögen. Der Dividendenvorzug besteht häufig darin, daß zunächst den Vorzugsaktien ein bestimmter Prozentsatz zugesichert ist, der Rest aber den Stammaktien oder beiden Gattungen gleichmäßig zufließen soll. Sehr häufig ist auch das Nachbezugsrecht von Dividenden für Jahre, in welchen die Gesellschaft keinen Reingewinn hatte, zugesichert. Der Charakter von Dividenden geht dadurch nicht verloren, da doch immerhin das Vorhandensein eines Reingewinnes die Voraussetzung des Rechts ist. Immerhin ist das Nachbezugsrecht kein echter Dividendenanspruch (Ring Anm. 7, R.G. 15 S. 101). Ob ein solches Nachbezugsrecht anzunehmen ist, entscheidet lediglich die Auslegung (Bekker in G.Z. 16 S. 77). Dem Nachbezugsrecht geht der laufende Dividendenschein vor (R.G. 9 S. 30). Unter den Nachbezugsrechten verschiedener Jahre wohnt dem älteren ein Vorzugsrecht vor dem jüngeren inne (R.O.H. 22 S. 872; dagegen Keyßner in Holtzendorf, Rechtslexikon sub verbo Prioritätsaktie). Auch eine Ablösung von Vorzugsrechten zum Zwecke der Herstellung der Rechtsgleichheit und Abschaffung der Verschiedenheit der Gattungen in späterer Zeit kann vorgesehen sein, wie dies z. B. schon vorgesehen ist in der Weise, daß ausbedungen wurde, die Prioritätsaktionäre müßten sich gefallen lassen, daß sie gegen Zahlung einer bestimmten Summe ihrer Vorrechte verlustig gehen. („Glückauf"! Aktiengesellschaft für Braunkohlenverwerthung.)

Weiter können die Vorzugsaktien darin bevorzugt sein, daß ihnen bei Auflösung der Gesellschaft ein Vorrecht in Höhe des Nennbetrages ihrer Aktien zusteht. Auch dafür spricht keine Vermuthung (Renaud S. 770; Ring Anm. 8).

§ 9. **Zu unterscheiden von den Prioritätsaktien sind die Prioritätsobligationen.** Die Obligationsgläubiger sind reine Darlehnsgläubiger. Prioritätsobligationen kommen häufig mit hypothekarischen Verpfändungen oder Grundschuldverschreibungen vor, wobei die Sicherheit auf den Namen einer bestimmten Person als Pfandhalterin lautet, die mehreren Gläubiger sich Majoritätsbeschlüssen unterwerfen und sich gewissermaßen korporativ organisiren. Immerhin muß solche Unterwerfung im Einzelfalle gewollt sein, wenn sie gelten soll. Weder Handelsgebrauch, noch Präsumption sprechen für sie (R.G. 22 S. 61).

§ 10. Ziffer 5. **Die Abstimmungsart, wenn eine andere Abstimmung als durch bloße einfache Mehrheit festgesetzt wird.** Unter der einfachen Stimmenmehrheit ist (mit Esser Anm. 3 und gegen Ring Anm. 13, dem jetzt auch Behrend (§ 122 Anm. 17) und Förtsch (Anm. 7 zu Art. 175a) folgen) die sogenannte relative Mehrheit zu verstehen, d. h. die für eine Meinung abgegebene relativ größte Stimmenzahl, nicht die absolute Mehrheit: d. h. eine Stimme mehr als die Hälfte der in Frage kommenden Stimmen.

Entscheidend ist hierfür einmal, daß auch die sonstigen Reichsgesetze, was Behrend übersieht, von dieser Bedeutung des Begriffes einfache Mehrheit ausgehen (Reichsbankstatut §§ 17 und 22; Reichsverfassung Art. 7 und 28), daß ferner für Wahlen und andere Beschlüsse, in denen mehr als eine Meinung möglich ist, Vorsorge getroffen werden muß und endlich, daß der ungezwungene Wortsinn zur diesseitigen Meinung führt. „Einfache Stimmenmehrheit" entscheidet, wenn einfach festgestellt wird, wofür die meisten Stimmen abgegeben sind; die Sache komplizirt sich, wenn auch nicht erheblich, doch immerhin so, daß man nicht mehr von einfacher Stimmenmehrheit sprechen kann, wenn erst die sämmtlichen abgegebenen Stimmen gezählt, alsdann hiervon die Mehrheit ausgerechnet und endlich konstatirt werden soll, ob diese Mehrheit erreicht ist.

Nicht unzulässig ist ferner (nach Esser und gegen Ring) eine Bestimmung, daß bei Stimmengleichheit die Stimme des Vorsitzenden oder das Loos entscheidet Dem stimmt auch Behrend zu.

Dabei werden überall nur die abgegebenen Stimmen gezählt, nicht die Stimmen derjenigen Aktionäre, welche zwar anwesend sind, aber sich der Abstimmung enthalten oder enthalten müssen (R.G. 20 S. 144). (Vergl. hierüber noch § 4 zu Art. 215.) Statutarische Abänderungen in Bezug auf diese Majoritätsvorschriften sind zulässig. Zu beachten aber ist, daß die statutarischen Abänderungen so beschaffen sein müssen, daß mindestens die einfache Mehrheit, also die relative Mehrheit aller Aktionäre zu ermitteln sein muß („nicht schon einfache Mehrheit"). Es ist dies um deshalb nothwendig, weil für Beschlüsse, welche zu Stande kommen müssen, z. B. für Wahlen, eine bestimmte ausschlaggebende Mehrheit aller Aktionäre sich ergeben muß. Statutenbestimmungen, welche dem zuwiderlaufen, sind ungültig. So z. B. die Bestimmung des Statuts der Eisenbahnhotelgesellschaft zu Berlin, daß die Beschlüsse regelmäßig so gefaßt werden, daß Stamm- und Vorzugsaktionäre gesondert abstimmen. Hier kann es vorkommen und ist es schon vorgekommen, daß jede Gruppe ein anderes Aufsichtsrathsmitglied zur nothwendigen Ergänzung dieses Organs wählt. Dem will der Gesetzgeber vorbeugen. Es ist auch aus Art. 215 ersichtlich, daß die Abstimmung in der Generalversammlung als gemeinschaftliche aller Gattungen gedacht ist. (Vergl. auch Art. 221; Motive II S. 72, wonach die Beschlüsse von allen Aktionären gleichmäßig und gemeinsam zu fassen sind.)

2. (Abs. 2.) **Die Unterpariemission ist verboten.** Das Gesetz drückt dies im vorliegenden Artikel dadurch aus, daß es eine Anordnung des Gesellschaftsvertrages untersagt, welche die Unterpariemission zuläßt. Aber es soll damit die Unterpariemmission überhaupt verboten sein, selbst wenn der Gesellschaftsvertrag schweigt. Eine Gesellschaft, deren Aktien unter pari stehen, wird daher kaum in der Lage sein, ihr Aktienkapital zu erhöhen. Denn Niemand wird für das Mitgliedsrecht, dessen Börsenpreis 60 beträgt, der Gesellschaft 100 geben. Die Gesellschaft kann in solchen Fällen ihr Kapitalbedürfniß nur durch Aufnahme von Obligationen oder durch freiwillige Zuzahlungen Seitens der Aktionäre befriedigen. Auch eine Verschleierung der Unterpariemission durch Gewährung von Diskonten, Zinsvergütungen, Provisionen u. s. w. ist unzulässig (Hergengahn in Busch Archiv 48 S. 194). § 11.

Zusatz 1. Zu Ziffer 4. **Die Stempelfrage** anlangend, so hat das Reichsgericht (Bd. 21 S. 25) Vorzugsaktien, gebildet durch Umwandlung gegen Zuzahlung, als neue Aktien und daher als stempelpflichtig betrachtet: desgleichen ist nach dieser Entscheidung der Bezug der Vorzugsaktie ein Anschaffungsgeschäft und daher gleichsfalls stempelpflichtig. In letzterer Hinsicht ist jetzt die Rechtsprechung anderer Ansicht (vergl. § 4 zu Art. 271).

Zusatz 2. Die älteren Gesellschaften. Gemäß dem in Vorbem. 2 zu Art. 207 entwickelten Prinzip verhält es sich mit der Anwendung dieses Artikels auf die älteren Gesellschaften derart, daß alle diejenigen Maßregeln, welche die älteren Gesellschaften auf Grund des § 12.

früheren abweichenden Rechts getroffen hatten, weiterhin giltig sind. So sind ihre Prioritätsaktien giltig, auch wenn die Vorzugsrechte nicht im Gesellschaftsvertrage normirt sind; ihre über pari ausgegebenen Aktien sind giltig, auch wenn der Gesellschaftsvertrag die Ausgabe über pari nicht vorgesehen hatte; auch ihre unter pari ausgegebenen Aktien sind giltig. Wollen sie aber solche Maßregeln jetzt nach dem Inkrafttreten des neuen Gesetzes treffen, so kann dies nur im Einklang mit den Vorschriften dieses Artikels, also unter Aufnahme in den Gesellschaftsvertrag geschehen, bezw. die Unterpariemission überhaupt nicht.

Artikel 209b.

Jeder zu Gunsten einzelner Aktionäre bedungene besondere Vortheil muß in dem Gesellschaftsvertrage unter Bezeichnung des Berechtigten festgesetzt werden.

Werden auf das Grundkapital von Aktionären Einlagen, welche nicht durch Baarzahlung zu leisten sind, gemacht oder seitens der zu errichtenden Gesellschaft vorhandene oder herzustellende Anlagen oder sonstige Vermögensstücke übernommen, so müssen die Person des Aktionärs oder des Kontrahenten, der Gegenstand der Einlage oder der Uebernahme und der Betrag der für die Einlage zu gewährenden Aktien oder die für den übernommenen Gegenstand zu gewährende Vergütung in dem Gesellschaftsvertrage festgesetzt werden.

Von diesen Festsetzungen gesondert ist der Gesammtaufwand, welcher zu Lasten der Gesellschaft an Aktionäre oder Andere als Entschädigung oder Belohnung für die Gründung oder deren Vorbereitung gewährt wird, in dem Gesellschaftsvertrage festzusetzen.

Jedes Abkommen über die vorbezeichneten Gegenstände, welches nicht die vorgeschriebene Festsetzung in dem Gesellschaftsvertrage gefunden hat, ist der Gesellschaft gegenüber unwirksam.

Einleitung. **Der Artikel ordnet an, daß etwaige bei der Gründung getroffene Abreden über Sondervortheile (Abs. 1), Sacheinlagen und Uebernahmen (Abs. 2) und Gründerlohn (Abs. 3) in den Gesellschaftsvertrag aufzunehmen sind, widrigenfalls sie der Gesellschaft gegenüber unwirksam sind (Abs. 4).**[1]

§ 1. 1. (Abs. 1.) **Besondere Vortheile.** Es bleibt den Gründern unbenommen, die Aktiengesellschaft mit der Maßgabe zu errichten, daß einzelnen Aktionären besondere Vortheile eingeräumt werden, so z. B. wenn bei Einbringung eines Patentes dem bisherigen Patentinhaber ein fortdauernder Anspruch auf einen Theil des Reingewinns zugesichert wird. Zum Wesen dieser besonderen Vortheile gehört, daß sie den Aktionären als solchen, also verknüpft mit ihrer Aktie, gewährt werden; doch sind sie wohl zu unterscheiden von den im Art. 209a Ziffer 4 vorgesehenen Vorzugsrechten, welche letzteren einer ganzen Gattung von Aktien eingeräumt, während die hier vorgesehenen einzelnen Aktionären zugesichert werden.

Der Inhalt der Sondervortheile kann nur bestehen in Ansprüchen auf vermögensrechtliche Leistungen (Dividenden, Ansprüche bei der Auflösung, freies Entree in das Etablissement der Gesellschaft u. s. w.). Die gesellschaftlichen Herrschaftsrechte (Stimmrecht und Minoritätsrechte) stehen dagegen ex jure publico allen Gesellschaftern gleichmäßig zu, weßhalb ja auch die Gattungsvorrechte im Sinne des Art. 209a Ziffer 4 nach dieser Richtung nicht bevorzugt sein können (vergl. §§ 7 u. 8 zu Art. 209a). Die Sonderansprüche auf vermögensrechtliche Leistungen werden häufig in Genußscheinen verbrieft. Die früher üblichen Gründerrechte (Bezugsrecht auf die Aktien neuer Emissionen) sind jetzt nicht mehr stipulirbar (Art. 215a Abs. 4).

Aus dem hier Entwickelten ergiebt sich von selbst die Lösung zweier von den Kommentatoren ventilirten Streitfragen; einmal, ob es auch dann der Festsetzung im Gesellschaftsvertrage bedarf, wenn die besonderen Vortheile zu Gunsten sämmtlicher ursprüng-

---

[1] Auch ein etwa abgeändertes Statut muß diese Festsetzungen enthalten. (L.G. Mannheim bei Holdheim II S. 288).

lichen Gesellschafter ausbedungen werden. — Die Frage ist gegen Ring (Anm. 2) aus begrifflichen Gründen zu verneinen, weil es sich ja dann nicht mehr um einen besonderen Vortheil handelt. Sodann: ob besondere Vortheile auch nach der Entstehung der Gesellschaft eingeräumt werden können — das erachtet Ring (Anm. 2) im Wege der Statutenänderung mit Recht für zulässig.

2. (Abs. 2.) **Sacheinlagen und Uebernahmen sind in den Gesellschaftsvertrag aufzunehmen.** (Qualifizirte Gründung.) § 2.

a) **Sacheinlagen.** Für den Begriff der Einlage ist es nicht erheblich, ob sie in Sachen oder in baarem Gelde geschieht; man kann, um Mitglied zu werden, das eine wie das andere hergeben. Eine von den Errichtern der Gesellschaft getroffene Abrede, inhalts deren einer von ihnen als Aequivalent seiner Mitgliedschaft, also für die von ihm übernommenen Aktien einen anderen Gegenstand als baares Geld hergeben soll, ist daher ein Theil des geschlossenen Gesellschaftsvertrages. Das haben die vereinigten Civilsenate des Reichsgerichts bei der Frage, ob der Illationsvertrag als Kaufvertrag zu verstempeln sei, im Gegensatze zu einer Plenarentscheidung des Obertribunals (Bd. 76 S. 20) ausgesprochen. Der Illationsvertrag ist hiernach kein Kaufvertrag, sondern ein Theil des Gesellschaftsvertrages. (R.G. 2 S. 303; vergl. R.G. 21 S. 246; ferner Ring (Anm. 6); Behrend § 107 Anm. 14). Es bezieht sich dies naturgemäß nur auf eine bei Errichtung getroffene Einwerfungsabrede; ein nach Errichtung, wenn auch vor Eintragung der Gesellschaft geschlossener Einwerfungsvertrag wird vom Reichsgericht (21 S. 244) als Kaufvertrag angesehen, allein ein solcher Vertrag ist ungiltig. (Vergl. § 3 zu Art. 209d; Bolze 3 Nr. 804).

Geeigneter Gegenstand der Einlage ist „jeder Werthgegenstand, der als Aktivum in die Bilanz aufgenommen werden kann" (Motive I S. 151): Sachen, Rechte (Urheber-, Patentrechte, Aktienrechte an anderen Gesellschaften, dingliche Rechte, auch immaterielle Güter: wenn sie verkehrsfähig sind, z. B. das Firmenrecht, Fabrikationsgeheimnisse (vergl. Simon Bilanzen S. 96 ffg.), auch außenstehende Forderungen (so daß es z. B. zulässig ist, daß ein Gründer sein Geschäft mit Aktiven und Passiven, ein anderer seine Forderungen an den erstgedachten Inferenten einbringt; L.G. Frankfurt a. M. bei Holdheim II S. 100), nicht aber Dienstleistungen, schon weil bei ihnen ein Erwerbs- oder Herstellungspreis nicht vorhanden ist (Art. 209g) — vergl. Behrend § 107 Anm. 13) —, wohl aber Gebrauchsüberlassungen. Keine geeignete Einlage ist ein vom Aktionär selbst acceptirter Wechsel; denn es muß hier überall davon ausgegangen werden, daß das Gesetz unter Einlage einen solchen Vermögenswerth verstanden wissen will, durch den auch die 25%ige Minimalbaareinzahlung surrogirt werden kann. Dazu gehört begrifflich, daß die Einlage schon vor ihrer Uebertragung in der Hand des sie leistenden Aktionärs ein Aktivum, einen Vermögenswerth darstellt (vergl. Pemsel in G.Z. 36 S. 44, Behrend § 117 Anm. 12; abweichend Makower ebenda S. 444; Cosack S. 564). § 3.

Der Sacheinleger braucht nicht noch außerdem zu zeichnen, worauf Kayser (Anm. 9) mit Recht aufmerksam macht. Mit Unrecht verlangt besondere Zeichnung Ring (Anm. 5) unter Bezugnahme auf Art. 209e, während doch gerade dieser Artikel ihn widerlegt. Denn daraus geht hervor, daß nur die übrigen Aktien, welche nicht durch die Gründer übernommen sind, zu zeichnen sind. Zu den Gründern aber gehört auch der Sacheinleger. Selbstverständlich muß er in einer zusammen mit den übrigen Gründern aufzunehmenden Verhandlung sich zur Einlage verpflichten, dem Statut unterwerfen und gleichzeitig Aktien übernehmen (§ 1 zu Art. 209d).

b) **Uebernahmen.** Von der Illation wohl zu scheiden ist die Uebernahme. Diese ist ein von den Errichtern der Gesellschaft mit einem Dritten geschlossener Vertrag, inhalts dessen derselbe der künftigen Gesellschaft einen Gegenstand überläßt. Zwar kann der Dritte auch eine von denjenigen Personen sein, welche Aktien übernehmen. Aber das Wesen des Uebernahmevertrages ist, daß die Gegenleistung nicht in der Mitgliedschaft, § 4 nicht in gewährten Aktien besteht. Solche Verträge sind je nach Art der gewährten Gegenleistung reine Kauf- oder Tauschverträge. Die Gründer schließen sie in der Absicht, damit die Gesellschaft bei ihrer Entstehung aus ihnen berechtigt und verpflichtet werde, und kraft positiver Bestimmung des Gesetzes — gleichviel, wie man diese Rechtserscheinung auch immer subsumiren möge oder ob sie eine Rechtserscheinung eigner Art sei, die der Subsumption spottet — entsteht die Gesellschaft ausgestattet und belastet mit den so konstituirten Rechten und Pflichten (vergl. R.G. 24 S. 22). Das Reichsgericht hat in dieser Entscheidung hieraus die interessante Folgerung gezogen, daß eine von den Gründern bei dem Uebernahmevertrage verübte Fraudulosität die Anfechtung gegen die Gesellschaft begründet. Eine unzulässige Umgehung der für die Uebernahmegründung gegebenen erschwerenden Vorschriften würde es bedeuten, wenn die Gründer alle Aktien in baar übernehmen, zugleich aber Vorstand und Aufsichtsrath zu einem Uebernahmevertrage schon im Gründungsstadium ermächtigen würden. Es müssen dann die Uebernahmevorschriften erfüllt werden, widrigenfalls die Eintragung zu versagen ist. (Kammergericht bei Johow Bd. 10 S. 29.) Abgesehen davon wäre der im Gründungsstadium vom Vorstande geschlossene, in den Gesellschaftsvertrag aber nicht aufgenommene Uebernahmevertrag ungiltig, weil eben von der in der Gründung begriffenen Gesellschaft Rechtsgeschäfte mit Dritten nur in den gesetzlich vorgeschriebenen Formen geschlossen werden können. (Vergl. § 8 zu Art. 209d.) Ein nach Eintragung der Gesellschaft abgeschlossener Uebernahmevertrag ist ein gewöhnlicher Kauf u. s. w.

§ 5. 3. (Abs. 3.) **Der Gesammtgründungsaufwand ist im Gesellschaftsvertrage gesondert festzusetzen.** Den Gründern eine Belohnung zu gewähren, erfordert oft die Gerechtigkeit; die Gewährung von Gründerlöhnen für unzulässig zu erklären, würde entweder der Bildung von Aktiengesellschaften hinderlich oder der Aufsuchung unerlaubter oder unmoralischer Wege förderlich sein. Die Idee, die Reklame, die Vorarbeiten, die Beschaffung der etwa erforderlichen Konzessionen, die Besorgung der Lokalitäten und Arbeitskräfte, die Vorbereitung und Abschließung von Verträgen, die Redaktion des Statuts, die Besorgung der Zeichenstellen u. s. w. (vergl. Primker bei Endemann 1 S. 456), all das sind Dinge, die des Lohnes werth sind. Da nun der Gründerlohn naturgemäß nur aus dem Stammvermögen der Gesellschaft entnommen werden kann, so soll wenigstens das Statut ersehen lassen, wieviel daraus zu diesem Zwecke entnommen ist. Es ist das ein für die Solidität der Gründung wichtiger Faktor.

Der Gründerlohn kann in Geld oder geldwerthen Leistungen bestehen. Wird er an Aktionäre als solcher gewährt, so ist er zugleich ein besonderer Vortheil im Sinne des Abs. 1.[1]) Er kann nicht bestehen in unentgeltlicher Gewährung von Aktien, obwohl die Motive gerade diese Art von Gründerlohn erwähnen; denn Aktien können nach positiver Gesetzesvorschrift nur entweder gegen Baarzahlung oder gegen Sacheinlagen abgegeben werden (vergl. Ring Anm. 10; Behrend § 107 Anm. 21, abweichend Petersen und Pechmann S. 461, Willenbücher S. 185).

Zu bemerken ist, daß nur der gesammte Aufwand in das Statut gehört, die Specifikation ist nur bei der Anmeldung zu überreichen (Art. 210 Ziff. 1).

---

[1]) Die Statuirung eines begrifflichen Unterschiedes zwischen den besonderen Vortheilen im Sinne des Abs. 1 und dem Gründerlohn im Sinne des Abs. 3 (Behrend § 107 Anm. 20) erscheint uns verfehlt. Als Gründerlohn kann vielmehr im gegebenen Falle auch ein besonderer Aktionärvortheil im Sinne des Abs. 1 festgesetzt werden. Es können aber als Gründerlohn auch Vortheile für andere Personen als Aktionäre und an Aktionäre andere als besondere Vortheile im Sinne des Abs. 1 (z. B. rein persönliche, nicht mit der Aktie verknüpfte) Vortheile stipulirt sein; Absatz 3 will nur bestimmen, daß der Gesammtgründungsaufwand, also alle zum Lohn für die Gründung zu Lasten der Gesellschaft stipulirten Vortheile, besonders angegeben werden, um hierdurch über die Solidität der Gründung ein anschauliches Bild zu geben. Es findet im Gesetze keine Stütze, wenn Behrend wie folgt unterscheidet: „Gründerlohn und die einzelnen Aktionären gewährten besonderen Vortheile unterscheiden sich in der Weise, daß ersterer das Grundkapital belastet, während derselbe durch die besonderen Vortheile keine Verkürzung erleidet". Das Gesetz sieht vielmehr als Gründerlohn Alles an, was als Lohn für die Gründung zu Lasten der Gesellschaft gewährt wird; ob gerade das Grundkapital belastet wird, ist nach dem Gesetze nicht entscheidend.

4. (Abs. 4.) **Abkommen über die vorbezeichneten Gegenstände, welche nicht im Gesellschaftsvertrage festgesetzt sind, sind der Gesellschaft gegenüber unwirksam.** § 6.

a) Sie müssen im Gesellschaftsvertrage festgesetzt sein. Der im Abs. 1 erwähnte Vortheil muß genau bezeichnet sein, insbesondere muß auch, obwohl dies nicht ausdrücklich erwähnt ist, der Aktionär bezeichnet sein, dem der Vortheil gewährt ist.

Die Festsetzung in Abs. 2 anlangend, so müssen die hier vorgesehenen Hauptpunkte (Person des Aktionärs oder des Gegenkontrahenten, Gegenstand der Einlage oder Uebernahme; Betrag der gewährten Aktien oder die sonstige Gegenleistung) im Gesellschaftsvertrage festgesetzt sein. Es müssen aber nicht etwa die Verträge, auf welchen diese Festsetzungen beruhen, detaillirt in den Gesellschaftsvertrag aufgenommen werden. So kann die Gesellschaft bei Sacheinlagen Rechte aus Zusicherungen über die Beschaffenheit des einzulegenden Gegenstandes auch auf Grund mündlicher Versicherung erwerben; nur muß klar sein, daß die Zusicherung in der Absicht gegeben ist, damit die Gesellschaft daraus Rechte erwerbe. Die zu solchen Erklärungen vornehmlich bestimmte Stelle ist die Gründererklärung nach Art. 209 g. (R.G. 18 S. 68). Zusicherungen, die an dieser Stelle nicht verzeichnet sind, sind darauf hin besonders zu prüfen, ob sie mit der Absicht abgegeben sind, damit die Gesellschaft daraus Rechte erwerbe.

Einlage- und Uebernahmeverträge müssen, wenn auch nicht um gültig zu sein, so doch in Folge der rechtspolizeilichen Vorschrift des Art. 210 Abs. 2 Ziff. 1 schriftlich fixirt sein.

b) Sie sind, wenn im Gesellschaftsvertrage nicht festgesetzt, der Gesellschaft gegenüber unwirksam. Es sollte durch diese Fassung angedeutet werden, daß die Frage, ob etwa die Gründer persönlich aus solchen Verträgen verpflichtet seien, offen bleibe und sich nach sonstigem Civilrechte richte. Haben nun die Gründer mit dem ausgesprochenen Willen gehandelt, daß die von ihnen abgeschlossenen Rechtsgeschäfte nur der geplanten Gesellschaft zugute kommen und zur Last fallen sollen, so ist für die Gründer Recht und Pflicht nicht begründet. Es kann aber sein, daß die Rechtsgeschäfte in konkreten Fällen dahin gedeutet werden können, daß die Gründer persönlich sich verpflichtet haben, die Leistung der Gesellschaft, also die Leistung eines Dritten, zu beschaffen (§ 40, I, 5 A.L.R.). § 7.

Der Gesellschaft gegenüber aber sind solche Verträge unwirksam. Die Vorschrift darf auch nicht umgangen werden, insbesondere nicht dadurch, daß Baarzahlung versprochen wird und alsdann Sachen an Zahlungsstatt angenommen werden (Wiener in G.Z. 25 S. 60; Petersen u. Pechmann S. 42).

Auch aus anderen Gründen kann die Festsetzung des Gründungsaufwandes unwirksam sein. Ist in Folge der Kollusion einzelner Gründer der Gründungsaufwand niedriger, der Illationspreis aber höher angegeben, als dies der wahren Absicht der kolludirenden Gründer entspricht, so entspricht dies nicht dem Gesetze. Das R.G. (in Strafsachen 18 S. 105) hat dies unter dem Gesichtspunkte der Strafbarkeit ausgesprochen; die civilrechtliche Folge ist Schadensersatz, der zunächst in der Erstattung der Differenz zwischen dem von den kolludirenden Gründern heimlich gewollten und dem der Gesellschaft in Anrechnung gebrachten Illationspreise besteht. (R.G. 26 S. 41.)

Aus dem Präjudiz der Unwirksamkeit folgt übrigens nicht, daß das Registergericht den klar liegenden (etwa aus dem Revisionsberichte sich ergebenden) Verstoß gegen das Gebot nicht zu rügen hätte, so z. B. wenn in Wirklichkeit eine Anlage erworben worden wäre, ohne daß dies aus dem Statute ersichtlich wäre. (Ring Anm. 11; Johow 10 S. 26.) Daraus folgt auch, daß auch in der Nichtangabe einer wirklich getroffenen, in das Statut aber nicht aufgenommenen Abmachung ein strafbarer Verstoß gegen Art. 249 a liegen kann. (R.G. vom 22. Februar 1893.)

Zusätze. 1. **Petersen und Pechmann nehmen außer dem Illationsvertrage noch einen Erfüllungsvertrag an** und behaupten, daß beide von den Gründern abgeschlossen und dem Handelsgerichte überreicht werden müssen (S. 42). Daß zunächst das Letztere nicht richtig ist, ergiebt § 8.

die Fassung des Art. 210 Abs. 2 Nr. 1. Das Gesetz hat hierbei überhaupt nicht die Erfüllung der Verträge im Auge, geht vielmehr davon aus, daß die festgesetzten Hauptpunkte in Betreff der Sacheinlagen und Uebernahmen entweder auf vorher abgefaßten Verträgen beruhen oder nachher in Verträgen näher ausgeführt werden. Das Letztere ist unter Ausführung der Festsetzung gemeint.

Es ist aber verfehlt, zu fordern, daß außer dem Illationsvertrage auch noch die Erfüllung vor der Entstehung der Gesellschaft erfolgen müsse und noch dazu durch einen förmlichen Erfüllungsvertrag. Die Gründer können freilich, weil sie ja Rechte für die entstehende Gesellschaft erwerben können, im Princip auch die Erfüllung für dieselbe entgegennehmen. Aber nicht immer wird dies möglich sein, so sicherlich nicht bei Grundstücken im Gebiete des preußischen Rechts, wo die Auflassung erst an die eingetragene Gesellschaft erfolgen kann; in anderen Fällen wird ein besonderer Erfüllungsvertrag nicht nothwendig sein, z. B. wenn ausstehende Forderungen inferirt werden; in wieder andern Fällen erfolgt die Erfüllung naturgemäß ohne Urkunde, wie die Uebergabe, wenn der Illationsvertrag ein Miethsvertrag ist oder ein Kauf beweglicher Sachen. (Zust. Ring Anm. 6; Förtsch Anm. 3 zu Art. 175b; anders Behrend § 107 Anm. 17 u. 33.)

§ 9. 2. **Die Art. 209a und 209b erschöpfen nicht den Inhalt der Statuten, wie er gang und gäbe ist.** Denn außer dem absolut nothwendigen Inhalt des Art. 209a und dem relativ nothwendigen Inhalt des Art. 209b ist es den Gründern überlassen, beliebig andere Punkte statutarisch festzusetzen, selbstverständlich im Einklang mit den zwingenden Gesetzesvorschriften. **Das ist der fakultative Inhalt der Statuten,** so z. B. die Bestimmungen über Verjährung der Dividendenansprüche; über die Gestalt der Aktienurkunden; die Amortisation derselben; die Vereinbarung des Gerichtsstandes; die Qualität der Aufsichtsrathsmitglieder; über die Vertretung der Aktionäre in der Generalversammlung; über die Verwaltungsbefugnisse des Aufsichtsraths u. s. w.

§ 10. 3. **Stempelfrage.** Illationsverträge sind keine Kaufverträge sondern Gesellschaftsverträge, und als solche zu verstempeln (vergl. oben § 2), Uebernahmeverträge dagegen sind Kaufverträge (vergl. oben § 4, Bolze 11 Nr. 582). Wird der Preis theils durch Aktien, theils in anderer Weise z. B. durch Uebernahme von Hypotheken belegt, so ist in letzterer Hinsicht der Kaufstempel zu entrichten. (Bolze ebenda.) Unterschied dieses Falles von der Illation eines Geschäftes mit Aktiven und Passiven unter Berechnung eines Gesammtpreises: Bolze ebenda.

§ 11. 4. **Auf ältere Gesellschaften** findet der Artikel keine Anwendung, da es sich um Gründungsvorschriften handelt. Sondervortheile, Sacheinlagen und Uebernahmen bleiben daher giltig, auch wenn sie von diesen Gesellschaften in einer Weise festgesetzt wurden, die von der Vorschrift dieses Artikels abweicht (Ueber ältere Aktienbezugsrechte vergl. insbesondere § 10 zu Art. 215a). Alten Gesellschaften beigezählt werden in dieser Hinsicht die im Stadium der Anmeldung befindlichen (§ 2 des Gesetzes vom 18. Juli 1884, kommentirt im Zusatz zu Buch 2).

Artikel 209c.

Die Aktionäre, welche das Statut festgestellt haben, oder welche andere als durch Baarzahlung zu leistende Einlagen machen, gelten als die Gründer der Gesellschaft.

Der Artikel stellt den Begriff der Gründer fest.

1. Die Veranlassung zu dieser Begriffsfeststellung hatte der Gesetzgeber, weil er auf die Schultern der Gründer eine Reihe von Verantwortlichkeiten, civilrechtlicher und strafrechtlicher Natur, wälzte.
2. Als Gründer gelten dem Gesetzgeber diejenigen Personen, welche gewissermaßen die Hauptakteure der Gründung und daher berufen sind, die Verantwortung für die mit der Gründung für das Publikum verbundenen Konsequenzen zu tragen.
3. Zu diesen Hauptakteuren rechnete der Entwurf nur diejenigen Personen, welche das Statut feststellten. Mit Recht aber hat die Reichstagskommission einer Anregung Wiener's (Aktien-

gesetzentwurf S. 18) folgend, auch die Sacheinleger dazu gerechnet, d. h. diejenigen Aktionäre, welche sich bei Errichtung der Gesellschaft durch Einwerfung anderer Vermögensobjekte als baaren Geldes betheiligen. Insbesondere sollen damit die Inhaber des Etablissements getroffen werden, dessen Fortbetrieb die Basis der Aktiengesellschaften werden soll. Daß die Sacheinleger außerdem an der Statutfeststellung theilnehmen müssen, um als Gründer zu gelten, ist (hierin abweichend vom Wiener'schen Vorschlage) nicht vorgeschrieben (Ring Anm. 1).

4. Ein Aktionär dagegen, der sich weder durch Statutfeststellung, noch durch Sacheinlegung bei Errichtung der Gesellschaft betheiligt, gehört nicht zu den Gründern im technischen Sinne.

5. Darüber, ob nur physische Personen Gründer sein können, vergl. § 2 zu Art. 209; über das Verhältniß der Gründer unter sich § 16 ebenda.

Artikel 209d.

In dem Falle, daß sämmtliche Aktien durch die Gründer übernommen werden, gilt mit der Uebernahme die Gesellschaft als errichtet.

Soweit die Uebernahme nicht schon bei Feststellung des Statuts erfolgt ist, kann sie in einer besonderen gerichtlichen oder notariellen Verhandlung unter Angabe der Beträge, welche die einzelnen Gründer noch übernehmen, bewirkt werden.

Der Artikel bestimmt, wann bei der Simultangründung die Gesellschaft als errichtet gelten soll.

1. Begriff der Simultangründung. Das Gesetz unterscheidet zwei Arten der Gründung: die Simultan- und die Successivgründung. Erstere liegt vor, wenn sämmtliche Aktien von den Gründern, d. h. von den Statutfeststellern und Sacheinlegern übernommen werden (vergl. Art. 209c). Successivgründung liegt vor, wenn die Statutfeststeller und die Sacheinleger nicht sämmtliche Aktien übernehmen; alsdann wird der Rest der Aktien durch Zeichnung anderer Personen aufgebracht und die Gesellschaft in einer richterlichen Generalversammlung errichtet. **§ 1.**

Zum Begriffe der Simultangründung gehört nicht etwa, wie dieser zwar nicht vom Gesetze, aber übereinstimmend von der Wissenschaft gebrauchte Name vielleicht vermuthen ließe, daß alle zu derselben erforderlichen Erklärungen in einem Akte stattfinden müssen. In gewissem Umfange kann vielmehr auch die Simultangründung durch successive Akte erfolgen. Denn es brauchen in der Statutfeststellungsverhandlung nicht sofort alle Aktien übernommen zu werden; vielmehr kann, wenn dies nicht der Fall ist, der Rest der Aktien in einer nachträglichen Verhandlung übernommen werden, und es liegt auch dann noch Simultangründung vor (vergl. Abs. 2 des vorliegenden Artikels). Es ist aber dabei zu bemerken, daß an der letzteren Verhandlung sämmtliche Gründer theilnehmen müssen, daß auch in ihr das Statut zu Grunde zu legen ist und die neuen Uebernehmer sich diesem zu unterwerfen haben (Motive I S. 153—154), und endlich, daß diese letztere Verhandlung in der That eine Uebernahme des ganzen Aktienrestes enthalten muß, widrigenfalls der Versuch der Simultangründung als gescheitert zu betrachten ist. Es ist in solchem Falle die letztere Verhandlung nichtig, und die von den Gründern in der ersten Verhandlung nicht übernommenen Aktien müssen im Wege der Zeichnung aufgebracht werden. Ebenso Ring (Anm. 2). Dagegen erblickt Behrend (§ 100 Anm. 9) darin eine unmotivirte Beschränkung der Vertragsfreiheit, für die sich im Gesetze kein Anhalt finde. Indessen liegt der gesetzliche Anhalt sowohl in dem Wortlaute des Abs. 2, der nur von einer Verhandlung spricht, in welcher angegeben werden muß, welche Beträge die einzelnen Gründer „noch" übernehmen, als auch in dem scharfen Unterschiede, welchen das Gesetz zwischen Simultan- und Sukzessivgründung macht, und welcher sich verwischen würde, wenn man bei der Simultangründung eine unbegrenzte Zahl von sukzessiven Uebernahmeverhandlungen zuließe.

2. Begriff der Gesellschaftserrichtung. Die Gesellschaft wird errichtet durch den gemeinschaftlichen Willen der bei der Errichtung mitwirkenden Personen. **§ 2.**

Jeder Gründer offerirt seinen Vertragsgenossen die Betheiligung an der Gesellschaft unter den aufgestellten Bedingungen; mit der gegenseitigen Akzeptation dieser Offerte ist die Gesellschaft errichtet. Jeder Einzelne setzt sich, wie das Reichsgericht (18 S. 66) sagt, auf diese Weise zum Gliede der Körperschaft und alle setzen dadurch zusammen das Ganze.

§ 3. Diese errichtete Gesellschaft ist aber noch keine Aktiengesellschaft, dazu gehört vielmehr noch die Eintragung (Art. 211). Immerhin kann diese Gesellschaft schon im Rechtsverkehr thätig sein, Rechte erwerben und Pflichten übernehmen mit der Tendenz und dem Erfolge, daß die Aktiengesellschaft mit diesen Rechten und Pflichten zur Entstehung gelangt (R.G. 21 S. 244), jedoch immer nur zum Zwecke der Ausführung und Erfüllungsentgegennahme der bei Errichtung zulässiger Weise eingegangenen Rechtsgeschäfte. (Näheres hierüber § 1 zu Art. 211).

Daraus, daß die errichtete Gesellschaft noch keine Aktiengesellschaft ist, folgt, daß die Errichtung auch noch rückgängig gemacht werden kann, ohne daß Art. 242 anzuwenden wäre. Dritte, deren Rechte hierdurch verletzt werden, können nur gegen die Gründer klagen.

§ 4. **Zusatz: Stempelfrage.**

Die Aktienübernahme bei der Simultangründung war nach der bisherigen Rechtsprechung ein Anschaffungsgeschäft im Sinne der Stempelgesetze (R.G. 22 S. 127; 26 S. 34, Bolze 11 No. 562); die Stempelabgabe traf nur die Gründer als Kontrahenten, nicht die gegründete Aktiengesellschaft (R.G. 26 S. 34; Bolze 11 Nr. 476). Die vereinigten Civilsenate des R.G. haben indessen in einer Entscheidung vom 30. Juni 1893 diesen Standpunkt für unrichtig erklärt und ausgesprochen, daß die Aktienübernahme bei der Simultangründung ein Anschaffungsgeschäft nicht sei (vergl. § 4 zu Art. 271).

Artikel 209e.

Werden nicht sämmtliche Aktien durch die Gründer übernommen, so muß der Errichtung der Gesellschaft die Zeichnung der übrigen Aktien vorhergehen. Die Zeichnung erfolgt durch schriftliche Erklärung, aus welcher die Betheiligung nach Anzahl und, im Falle einer Verschiedenheit der Aktien, nach Betrag, Art oder Gattung derselben hervorgehen muß.

Die Erklärung (Zeichnungsschein), welche in zwei Exemplaren unterzeichnet werden soll, hat zu enthalten:

1. das Datum des Statuts, die im Artikel 209 Absatz 2, 209b vorgesehenen Festsetzungen und im Falle verschiedener Gattungen von Aktien den Gesammtbetrag einer jeden;
2. den Namen, Stand und Wohnort der Gründer;
3. den Betrag, für welchen die Ausgabe der Aktie stattfindet, und den Betrag der festgesetzten Einzahlungen;
4. den Zeitpunkt, mit dessen Eintritt die Zeichnung unverbindlich wird, sofern nicht bis dahin die Errichtung der Gesellschaft beschlossen ist.

Zeichnungsscheine, welche diesen Inhalt nicht vollständig haben oder außer dem unter Ziffer 4 bezeichneten Vorbehalte Beschränkungen in der Verpflichtung des Zeichners enthalten, sind ungiltig. Ist ungeachtet eines hiernach ungiltigen Zeichnungsscheines die Eintragung des Gesellschaftsvertrages in das Handelsregister erfolgt, so ist der Zeichner, wenn er auf Grund einer dem ersten Absatze entsprechenden Erklärung in der zur Beschlußfassung über die Errichtung der Gesellschaft berufenen Generalversammlung gestimmt oder später als Aktionär Rechte ausgeübt oder Verpflichtungen erfüllt hat, der Gesellschaft wie aus einem giltigen Zeichnungsscheine verpflichtet.

Jede nicht in dem Zeichnungsscheine enthaltene Beschränkung ist der Gesellschaft gegenüber unwirksam.

Der Artikel trifft Bestimmungen über: Einleitung.

1. **die Form und den Inhalt des Zeichnungsscheins** (Abs. 1, 2 und 3);
2. **die Folgen von Mängeln und die Möglichkeit ihrer Heilung** (Abs. 3);
3. **die Rechtsbedeutung von Beschränkungen, die der Zeichnungsschein nicht enthält** (Abs. 4).

Zeichnungsscheine kommen nur bei der Successivgründung vor. Denn in dem Falle, daß sämmtliche Aktien von den Gründern übernommen werden, gilt mit der Uebernahme die Gesellschaft als errichtet (Art. 209d). Ist aber auch nur eine einzige Aktie von den Gründern nicht übernommen, muß also auch nur eine einzige Aktie gezeichnet werden, so liegt Successivgründung vor.

1. Abs. 1, 2 und 3.) **Die Form und der Inhalt des Zeichnungsscheins.** § 1.

a) **Die Form der Zeichnung.** Eine schriftliche Erklärung, ein Zeichnungsschein, muß vorliegen, und zwar in zwei Exemplaren.

α) **Die schriftliche Erklärung oder der Zeichnungsschein.** Die schriftliche Form ist derart wesentlich, daß ihr Mangel unheilbar ist. Das ergiebt Abs. 3. Mündliche Betheiligungszusagen sind daher der Gesellschaft gegenüber unwirksam. Streitig ist aber, ob die schriftliche Erklärung in einer besonderen Urkunde erfolgen muß — Petersen und Pechmann (S. 50); Förtsch (Anm. 3 zu Art. 175c) — oder ob Einzeichnung in eine Zeichnerliste genügt — Ring (Anm. 2); Behrend (§ 104 Anm. 5). Dem Worte Zeichnungsschein ist das erstere zu entnehmen. § 2.

Ueber die sonstigen Erfordernisse des Zeichnungsscheins entscheidet gemäß Art. 1 in Ermangelung von Handelsgebräuchen das bürgerliche Recht, da das H.G.B. über die Erfordernisse einer schriftlichen Erklärung nichts enthält (Behrend § 104 Anm. 4). Danach beurtheilt sich, ob bei Zeichnungen von Blinden oder Taubstummen eine erhöhte Form der Schriftlichkeit erforderlich ist. Die Frage, inwieweit Stellvertretung in der Unterschrift oder nachträgliche Genehmigung zulässig ist, beantwortet sich, je nachdem die Aktienzeichnung im gegebenen Falle ein Handelsgeschäft ist oder nicht, nach handelsrechtlichen oder civilrechtlichen Grundsätzen. Im Gebiete des preußischen Rechts ist nach Handels- und nach Civilrecht die nachträgliche Genehmigung gültig (R.G. 4 S. 307).

β) Die Vorschrift zweier Exemplare ist nur instruktionell („soll").

b) **Der obligatorische Inhalt des Zeichnungsscheins** ist theils im ersten Absatze dieses Artikels, theils im zweiten enthalten; im dritten ist die negative Vorschrift enthalten, daß der Zeichnungsschein keine Beschränkungen oder Vorbehalte außer der zeitlichen Gebundenheit enthalten darf. § 3.

α) Nach dem ersten Absatze muß der Zeichnungsschein die näheren Daten der betreffenden, von dem Zeichnenden intendirten Aktienbetheiligung enthalten: Zahl, Betrag, Art (ob Inhaber- oder Namensaktien), Gattung (Aktien, welcher Berechtigung). Von selbst versteht es sich, daß der Zeichnungsschein auch die Identität der Gesellschaft, um welche es sich handelt, zweifellos erkennen lassen muß.

β) Nach dem zweiten Absatze muß der Zeichnungsschein eine Reihe von Bestimmungen, welche für alle Zeichner gemeinsam gelten, enthalten: und zwar: § 4.

Nr. 1. Das Datum des Statutes (worin implicite die zwingende Vorschrift liegt, daß das Statut erst rite festgestellt sein muß, ehe die Zeichnung erfolgt, und nur eine auf ein bereits festgestelltes Statut Bezug nehmende Zeichnung gültig ist) und den in Art. 209 Abs. 2 und 209b enthaltenen absolut und relativ nothwendigen Inhalt des Gesellschaftsvertrages, sowie endlich den Gesammtbetrag von Aktien einer jeden Gattung. § 5.

Nr. 2. Die genaue Bezeichnung der Gründer, was die Würdigung der Solidität des Unternehmens und der Unternehmer erleichtern soll (Mot. II 102). § 6.

Nr. 3. Den Emissionskurs und den Betrag der festgesetzten Einzahlungen, damit der Zeichner sich klar sei über die Verpflichtungen, die er § 7.

übernimmt. Die festgesetzten Einzahlungen sind nur die ersten Einzahlungen, die mindestens 25% betragen müssen (Esser Anm. 3), doch nicht bloß die im Statut vorgesehene Einzahlung, wie Ring (Anm. 7) meint; gegen ihn Behrend (§ 104 Anm. 13).

§ 8. Nr. 4. Den Endtermin der Gebundenheit, damit die Unsicherheit des früheren Rechts, wie lange die Gebundenheit des Zeichners dauert, beseitigt werde. Der Endtermin muß natürlich ein gemeinsamer für alle Zeichner sein. Er darf auch nicht, wie Völderndorf S. 344 meint, in das Ungemessene gerückt, also z. B. auf das jüngste Gericht verlegt sein. Sonst fehlt ihm das Erforderniß der Ernstlichkeit und die Erklärung ist aus diesem Grunde ungültig. (Zust. Ring Anm. 8.) Verstreicht der Endtermin, ohne daß die Errichtung erfolgt, so wird der Zeichnungsschein kraftlos (Ring Anm. 8). Der Registerrichter darf die Anmeldung nicht mehr annehmen (Förtsch Anm. 6 zu 175c). Die dennoch erfolgte Eintragung ist nichtig, weil in dieser Hinsicht eine Heilbarkeit nicht vorgesehen ist. (In diesem Punkte anders Ring Anm. 8.)

Zu beachten ist, daß die Errichtung als Endtermin der Bindung genannt ist, also nicht der Zeitpunkt der Gesellschaftsentstehung, der ja erst mit der Eintragung eintritt. Das Gesetz geht offensichtlich davon aus, daß die Eintragung normaler Weise der Errichtung unmittelbar folgt, indem es der Mitwirkung der Betheiligten hierzu nicht mehr bedarf, und daß Verzögerungen in dieser Hinsicht daher einerseits nicht zu erwarten sind, andrerseits aber den Gründern nicht zur Last fallen.

Ist der im Zeichnungsschein angegebene Zeitpunkt verstrichen, ohne daß die Gesellschaft errichtet worden, so ist die Zeichnung hinfällig geworden und es bedarf eventuell neuer Zeichnungen.

c) Der dritte Absatz enthält die negative Vorschrift, daß der Zeichnungsschein keine Beschränkungen oder Vorbehalte außer der zeitigen Gebundenheit erhalten darf. Bedingungen gelten als Beschränkungen.

§ 9. 3. (Abs. 3.) **Die Folgen von Mängeln und die Möglichkeit ihrer Heilung.**

a) Regel ist, daß ein Zeichnungsschein, der den aufgestellten Erfordernissen nicht entspricht, ungültig ist. Allein die Erfordernisse sind doch nicht durchweg derart wesentlich, daß ihr Mangel nicht mehr heilbar wäre. **Vielmehr gilt die Unheilbarkeit nur von den Erfordernissen des Abs. 1.** Lag daher eine schriftliche Erklärung nicht vor, sondern nur eine mündliche Beitrittszusage, oder läßt der Zeichnungsschein die Betheiligung nach Anzahl, Betrag, Art oder Gattung der Aktien nicht erkennen (ein Tintenklex z. B. hat die Zahl der gezeichneten Aktien absolut unleserlich gemacht), so ist der Zeichnungsschein unheilbar ungültig (vergl. R.G. 14 S. 93; 19 S. 194). Die Folge der Ungültigkeit ist, daß es so angesehen wird, als sei nihil actum. Es kann auch nicht etwa ein Theil vom anderen Schadensersatz oder Ausstellung eines richtigen Zeichnungsscheins fordern.

§ 10. b) **Dagegen sind Mängel in den übrigen Erfordernissen heilbar,** und zwar unter einer doppelten Voraussetzung:

α) daß der Gesellschaftsvertrag unter Benutzung des Zeichnungsscheins eingetragen ist,

β) daß der Zeichner in der Errichtungsversammlung oder später Aktionärrechte geltend gemacht oder Aktionärverpflichtungen erfüllt hat. Die erste Voraussetzung ist klar, aber auch die zweite sollte eigentlich Zweifeln nicht ausgesetzt sein: der Zeichner muß eben Rechte oder Pflichten „als Aktionär" bethätigt haben, d. h. es muß sich um Rechte oder Pflichten handeln, welcher der Aktionär als solcher nach dem Gesetze hat (Stimmrecht, Dividendenrecht, Antrag auf Einberufung einer Generalversammlung; Recht, Abschrift der Bilanz und des Geschäftsberichts zu verlangen nach Art. 289 u. s. w.) Dagegen ist nicht jede Bethätigung des Interesses an den Schicksalen der Gesellschaft, z. B. die Besichtigung der Gesellschaftsfabrik, eine Anfrage an den Vorstand über den Stand der Gesellschaftsverhältnisse, dahin zu rechnen, denn darin liegt keine Ausübung von Rechten, da dem Aktionär als solchem Rechte dieser Art nicht zustehen.

Die Ausübung von Rechten und Pflichten muß erfolgt sein in der richterlichen Generalversammlung oder später, also nicht vorher, etwa in der Verhandlung betreffend die Wahl des Aufsichtsraths, aber nicht nothwendig nach der Eintragung der Gesellschaft, sondern so, wie es im Gesetze steht, nach der Errichtungsversammlung. (Dies gegen Völderndorff S. 350; Zust. Ring Anm. 11; Behrend § 104 Anm. 10.)

Die Folge der Konvalescenz ist, daß der Aktionär verpflichtet wird „wie aus einem gültigen Zeichnungsschein“. Es wird nicht etwa der Zeichnungsschein so gültig, wie er beschaffen ist, insbesondere in Bezug auf Vorbehalte und Verpflichtungsbeschränkungen, sondern es wird so angesehen, als sei er von vornherein gültig abgegeben, d. h. das Ungültige gilt nunmehr pro non scripto (Ring Anm. 10; Behrend § 104 Anm. 177; Bolze 12 Nr. 507).

4. (Abs. 4.) **Beschränkungen der Verpflichtung.** Beschränkungen, die der Zeichnungsschein nicht enthält, sind der Gesellschaft gegenüber unwirksam, Das sagt der vorliegende Absatz. Von denen, die er enthält, spricht schon Abs. 3: sie bewirken eine heilbare Ungültigkeit des Zeichnungsscheins, sind aber selbst dann ungültig, wenn der Zeichnungsschein in der Folge gültig wird. § 11.

Hinsichtlich anderer Angaben in dem Zeichnungsschein ist wie folgt zu unterscheiden:

a) Sie dürfen selbstverständlich keine Beschränkungen der übernommenen Zeichnungsverpflichtung enthalten, sonst machen sie den Zeichnungsschein ungültig (Abs. 3).

b) Dagegen steht nichts im Wege, daß den Gründern gegenüber Beschränkungen und Bedingungen eingefügt werden, z. B. daß dem Zeichner die Aktien zu einem bestimmten Kurse wieder abgenommen werden, oder daß auch Erweiterungen der Verpflichtung in der Weise übernommen werden, z. B. die Verbindlichkeit, an den Kosten der etwa vereitelten Gründung zu participiren.

c) Abreden endlich, welche neben der Verpflichtung zur Zahlung des Aktienbetrags der Gesellschaft gegenüber getroffen werden, sind ungültig. Wenn sie so aufzufassen sind, daß die Aktionäreigenschaft mit der Maßgabe übernommen werden soll, daß auch diese Abreden gültig seien, so machen sie auch den Zeichnungsschein ungültig (Näheres vergl. zu Art. 219). § 12.

Zusatz 1. **Die juristische Konstruktion der Aktienzeichnung und die sonstigen civilrechtlichen Momente derselben.** § 13.

a) **Begriff der Aktienzeichnung.** Eine juristische Person wird errichtet durch den gemeinschaftlichen Errichtungswillen aller Theilnehmer, durch die gegenseitige Acceptation der gegenseitigen Offerten zur Betheiligung an der zu bildenden Gesellschaft. Bei der Simultangründung vollzieht sich dieser Rechtsvorgang einfach in der Weise, daß die sämmtlichen Gründer sich gegenseitig zur Aktienübernahme, d. h. zur Betheiligung, zur Mitgliedschaft an der geplanten Gesellschaft verpflichten. Bei der Successivgründung tritt eine Modifikation und Komplikation durch die Eigenthümlichkeit ein, daß nach gesetzlicher Vorschrift der letzte entscheidende Akt der Errichtung in einem Majoritätsbeschlusse der Interessenten liegt (Art. 210a Abs. 4). Ein Majoritätsbeschluß kann nur dann den allseitigen Konsens ersetzen, wenn alle Betheiligten sich vorher demselben unterworfen haben. Die Unterwerfung aller Betheiligten unter den in der Errichtungsversammlung zu fassenden Majoritätsbeschluß liegt einmal in der Zeichnung. Durch die Zeichnung erklärt der Zeichner, er sei bereit, Mitglied der Aktiengesellschaft zu werden, für den Fall, daß die Errichtungsversammlung ihre Entstehung mit der gesetzlichen Mehrheit beschließt, sei es ohne seine Mitwirkung, sei es sogar gegen seinen Widerspruch in dieser Versammlung. Diese Verpflichtungserklärung oder Offerte wird von den Gründern acceptirt durch die Anmeldung des Gesellschaftsvertrages (Art. 210. Vergl.

Motive I S. 161).[1] Das sind die Akte, durch welche die Gründer in öffentlicher und feierlicher Form der Gesammtheit der Zeichner gegenüber erklären, welche Zeichenofferten sie acceptiren, mit welchen Zeichnern zusammen sie die Gesellschaft bilden wollen, für den Fall, daß die Errichtungsversammlung die Entstehung der Gesellschaft beschließt. Bis zu diesem Zeitpunkte haben die Gründer das Recht, jede Zeichnerofferte nach reiner Willkür, nicht bloß wenn mangelnde oder zweifelhafte Kreditwürdigkeit des Zeichners vorliegt, abzulehnen. Sonstige Acceptationserklärungen an einzelne Zeichner oder auch an alle gelten nicht (vergl. auch § 5 zu Art. 210). Durch den Beschluß der Errichtungsversammlung kommt dann die Bedingung zu Stande, unter welcher die in der Zeichnung liegende Erklärung abgegeben ist. Das ist aber keine Potestativbedingung, keine condicio si voluero, wie sie von Gareis-Fuchsberger (S. 322 Note 21 u. S. 413 Anm. 1) bezeichnet wird. Denn jetzt entscheidet die Majorität, auch gegen den Willen des Einzelnen. Auf diese Weise beantwortet sich die Frage, ob schon die Aufforderung zur Zeichnung seitens der Gründer, oder erst die Zeichnung eine Offerte ist, und eventuell eine Offerte welchen Inhalts und wann sie acceptirt gilt.

Daß die Aufforderung zur Zeichnung keine bindende Offerte ist,[2]) von der die Gründer nach Acceptation durch den Zeichner blos wegen mangelnder Zahlungsfähigkeit des Zeichners zurücktreten könnten, wie Petersen u. Pechmann S. 48 ffg. meinen, ist schon von Simon (in G.Z. 36 S. 358) zutreffend durch den Hinweis darauf widerlegt, daß die Gründer doch nicht gezwungen werden können, alle Zeichner als Gesellschafter zu acceptiren, da sie doch nicht hindern können, daß sich mehr Zeichner melden, als Aktien ausgegeben werden sollen. Die Geister, die sie riefen, werden sie dann nicht los. Es ist die Frage angeregt worden, ob aus der Acceptation der Zeichnung eine Klage auf Leistung der festgesetzten Einzahlung (mindestens 25 %) entspringe. Nach dem hier Gesagten könnte es den Anschein haben, als sei die Frage zu bejahen. Allein durch Zeichnungsofferte und Gründeracceptation wird kein Vertrag begründet, durch welchen dem einen Kontrahenten gegen den andern Leistungsansprüche erwachsen. Vielmehr wird nichts Anderes erzeugt, als die Verpflichtung, Mitglied der Gesellschaft zu werden, wenn dieselbe begründet wird, und alsdann an die Gesellschaft den Mitgliedsbeitrag zu leisten; aber in irgend einer Weise dafür zu sorgen, daß sie begründet wird, sei es durch Theilnahme an der Errichtungsversammlung oder durch Leistung der festgesetzten Einzahlung, dazu verpflichtet sich der Zeichner nicht. (Anders Behrend § 105 Anm. 12). Der Umsicht und dem Geschicke der Gründer ist es überlassen, das Gründungsgeschäft derart zu besorgen, daß die nachzuweisenden Einzahlungen auch geleistet werden. Am besten geschieht dies dadurch, daß von vornherein erklärt wird, es würden nur solche Zeichnungen berücksichtigt, denen die Zahlung beigefügt wird (vergl. Ring Anm. 1).

§ 14. b) **Ist die Aktienzeichnung ein Handelsgeschäft?** Ein absolutes Handelsgeschäft ist sie schon deshalb nicht, weil sie nicht nothwendig zum Zwecke der Weiterveräußerung geschieht. Liegt aber auch in concreto diese Absicht vor, so fehlt das andere Kriterium des Art. 271 Nr. 1, da in Konsequenz der neuesten Rechtsprechung ein Anschaffungsgeschäft nicht vorliegt (unter § 17). Sie kann aber accessorisches Handelsgeschäft sein. (R.G. 4 S. 311; Ring

---

[1]) Behrend (§ 105 Anm. 11) nimmt die Möglichkeit jeder civilrechtlich gültigen Acceptation an, auch durch konkludente Handlungen. Indessen die offizielle Acceptation als Gründer mit der Wirkung, daß die Annahmeerklärung für die werdende Gesellschaft unwiderruflich ist, kann nur in jenem offiziellen Akte gefunden werden. Anderweite Acceptationserklärungen binden nur die Personen der Gründer in ihren privaten Rechtssphären.

[2]) Behrend (§ 105 Anm. 2) giebt nur zu, daß dieser Standpunkt in den meisten Fällen der Sachlage entspricht; er will aber dann, wenn die Aufforderung zur Zeichnung an bestimmte Personen gerichtet wird, ja selbst dann, wenn sie sich allgemein an das Publikum richtet, doch mit vorgesehenem Vertheilungsmaaßstab für den Fall der Ueberweisung, in der Zeichnung die Annahme einer Offerte erblicken. Allein eine an das Publikum gerichtete Offerte ist niemals eine bindende Offerte (Art. 338). Eine an bestimmte Personen gerichtete Einladung aber mag (vergl. Note 1) die Gründer persönlich binden. In ihrer offiziellen Eigenschaft als Bildner einer werdenden Gesellschaft muß ihnen im öffentlichen Interesse das Recht zustehen, die Zeichnerschaft nach freiem, schrankenlosen Ermessen zurückzuweisen und das steht der civilrechtlichen Einladung immer entgegen, das Behrend (Anm. 10) mit Unrecht leugnet.

Anm. 2; Behrend § 104 Anm. 3). Völlig abzuweisen ist die Idee Gareis-Fuchsbergers (S. 323 Anm. 22), welche in der Aktienzeichnung ein absolutes Nichthandelsgeschäft sehen (Vergl. hierüber § 3 zu Art. 273).

c) **Die civilrechtlichen Erfordernisse und Folgen der gültigen Aktienzeichnung** sind außer der im Gesetze hervorgehobenen Schriftform auch die allgemeinen Erfordernisse und Folgen jeder gültigen Erklärung. Wesentlicher Irrthum, insbesondere ein solcher, der durch Betrug veranlaßt ist, hebt daher die Rechtsgültigkeit der Aktienzeichnung auf. Nur ist festzuhalten, daß der durch Betrug oder sonst veranlaßte Irrthum erst dann wesentlich ist, wenn der Zeichner eine Aktienzeichnung überhaupt gar nicht beabsichtigt hat (R.O.H. 5 S. 415: R.G. 9 S. 37—40; Wiener in G.Z. 24 S. 459; 472—474). Wollte dagegen der Zeichner eine Betheiligungserklärung abgeben und schützt er nur vor, er sei von den Gründern oder ihren Agenten durch falsche Vorspiegelungen dazu verleitet worden, so ist dies der Gesellschaft gegenüber nicht erheblich (Bolze 7 Nr. 644), desgleichen der Einwand, er habe laut Abrede mit den Gründern nur zum Scheine gezeichnet (R.G.H. 7 Nr. 107; Bolze 12 Nr. 509), noch weniger ist der Einwand erheblich, er habe zuviel gezeichnet, weil er sich in einem thatsächlichen Irrthum über den Umfang einer Vorverpflichtung befunden habe (R.G. 19 S. 124). Auch Scheinzeichnungen, oder daß die Gesellschaft nicht gehörig entstanden sei wegen ungenügender Akienzeichnung, kann er nicht einwenden (R.O.H. 20 S. 275 u. R.G. 5 S. 77). Ein Zwangsvergleich im Konkurse des Aktienzeichners bindet aber auch die Gesellschaft. Der Aktienzeichner kann nur auf die Akkordrate belangt werden, er kann aber auch nicht gegen Zahlung derselben die Vollaktien verlangen (R.O.H. 25 S. 293). Anspruch hat er immer nur auf Aktien gleicher Gattung. Wenn ihm diese von der Gesellschaft oder dem klagenden Konkursverwalter derselben gewährt werden, so kommt es nicht darauf an, daß ihm ursprünglich andere Aktien derselben Gattung zugedacht waren und er als Besitzer dieser anderen Aktien in das Aktienbuch eingetragen war (Bolze 2 Nr. 1115b). Die Abmachung mit Gründern und Vorstand vor dem Entstehen der Gesellschaft, daß statt Baarzahlung Waare geliefert werden solle, ist der Gesellschaft gegenüber ungültig (R.G. 18 S. 3). Ob der Zeichner für eigene Rechnung zeichnet oder nur in eigenem Namen, ist rechtlich belanglos „die Strohmänner sind wahre Zeichner" (R.G. 28 S. 77: vergl. R.G. 30 S. 51). § 15.

Zusatz 2. In welcher Weise die Zeichner geworben werden, ist im Gesetze nicht gesagt. Insbesondere ist **ein Prospekt nicht obligatorisch, aber gestattet.** Die Verantwortlichkeit für seinen Inhalt richtet sich nach bürgerlichem Recht. (Vergl. Behrend § 105.) § 16.

Zusatz 3. **Ist die Aktienzeichnung zu verstempeln?** Daß sie weder Kauf-, noch Lieferungsgeschäft und daher nach Tarif Nummer 4a des Reichsstempelgesetzes vom 1. Juli 1881 nicht zu verstempeln gewesen ist, hat das Reichsgericht (in Bolze 5 Nr. 760) ausgesprochen. Sie ist aber in Konsequenz der neuesten Indikatur auch kein Anschaffungsgeschäft und daher auch nicht nach Nr. 4 des Tarifs des Reichsgesetzes vom 29. Mai bezw. 3. Juni 1885 zu verstempeln (vergl. § 7 zu Art. 215b). § 17.

Zusatz 4. **Die älteren Gesellschaften** kommen, da es sich um Gründungsvorschriften handelt, nicht in Frage. Die zur Zeit des Inkrafttretens des Gesetzes im Stadium der Anmeldung befindlichen Gesellschaften sind mit den älteren Gesellschaften auf gleiche Linie gestellt (§ 2 des Gesetzes). § 18.

Artikel 209f.

Jede Aktiengesellschaft muß außer dem Vorstande einen Aufsichtsrath haben.

Der Artikel gebietet die Nothwendigkeit eines Aufsichtsraths neben dem Vorstande.

1. **Form der Bestellung des Aufsichtsraths.** Das Gesetz giebt keinen Anhalt dafür, in welcher Weise der Aufsichtsrath bei der Gründung zu wählen ist. Im Entwurf war die Wahl in derselben Weise angeordnet, wie sie Art. 175e für die Aktien-Kommanditgesellschaft vorschreibt. Im Gesetze fehlt eine Bestimmung. Aus der Analogie des Art. 175e und in entsprechender Anwendung der für die bestehende Aktiengesellschaft gegebenen Vorschriften muß für die werdende Aktiengesellschaft folgendes als Rechtens angenommen werden: Die § 1.

Wahl des ersten Aufsichtsraths erfolgt durch eine von den Gründern zu berufende Generalversammlung derjenigen Zeichner, deren Mitgliedschaft die Gründer in Aussicht nehmen (vergl. § 5 zu Art. 210). Aber bei der Simultangründung kann der Apparat einer Berufung zur Generalversammlung dadurch erspart werden, daß die Gründer in der Statutfeststellungsverhandlung oder in der Nachtragsverhandlung nach Art. 209 Abs. 2 die Wahl des Aufsichtsraths bewirken. Denn hier liegt eine Universalversammlung vor, und auf die Einhaltung der Vorschriften des Art. 238 kann verzichtet werden. (Vergl. Petersen und Pechmann S. 348; Behrend § 101 Anm. 3; anders Ring Anm. 1; Esser S. 88.) In der Praxis ist auch bei einer Successivgründung die Sache so gehandhabt worden, daß die Gründer den Aufsichtsrath wählten. Das ist vom Registerrichter für unzulässig erklärt, in der Beschwerdeinstanz aber gebilligt worden (nach unserer Ansicht zu Unrecht). (Vergl. die Registerakten Dampfstraßenbahn Groß-Lichterfelde-Seehof-Teltow beim Amtsgericht II Berlin).

2. Der Name „Aufsichtsrath" muß als obligatorisch erachtet werden und es erscheint daher unzulässig, die Namen Verwaltungsrath oder Kuratorium zu wählen. Der Charakter des Organs muß aus dem Namen hervorgehen und darf nicht unnöthig zu Zweifeln Anlaß geben (anders Behrend § 127 Anm. 3). Ob ältere Gesellschaften, welche einen Verwaltungsrath oder ein Kuratorium haben, doch so, daß ihnen nach Statut die Funktionen des Aufsichtsraths obliegen, zur Wahl eines Aufsichtsraths schreiten müssen, darüber vergl. § 3.

§ 2. 3. **Die Folge der Nichtbestellung des Aufsichtsraths**, ein Fall, der z. B. eintreten kann, wenn Niemand zur Annahme der Wahl sich bereit erklärt, ist, daß die Gesellschaft nicht eingetragen werden kann. (Zust. Ring Anm. 1; anders Keyßner in G.Z. 32 S. 262.) Daraus folgt zugleich, daß der Aufsichtsrath erst bestellt ist, wenn die Gewählten die Wahl angenommen und fähig sind, Mitglieder des Aufsichtsraths zu sein. (Behrend § 101 Anm. 4.)

§ 3. Zusatz. **Aeltere Gesellschaften.** Die Nothwendigkeit eines Aufsichtsraths war schon in der Novelle von 1870 vorgesehen, nicht aber war dies der Fall in der ursprünglichen Fassung des H.G.B., und in der That giebt es nicht wenig Aktiengesellschaften aus der Zeit vor 1870, die keinen Aufsichtsrath haben. Es ist nun zweifelhaft geworden, ob diese jetzt in Folge der Vorschrift dieses Artikels einen Aufsichtsrath bestellen müssen. (Dafür Ring Anm. 2; Petersen und Pechmann S. 350; Julian Goldschmidt bei Gruchot 29 S. 95; Förtsch Anm. 4; dagegen Laué, Gutachten S. 18 ffg.; Esser Anm. 2.)

Die Frage ist zu bejahen. „Jede Aktiengesellschaft muß einen Aufsichtsrath haben" bedeutet soviel, als jede Aktiengesellschaft muß einen Aufsichtsrath schaffen. Das Wie wird hier nicht erörtert, nicht einmal für die nach dem neuen Gesetze zu gründenden Gesellschaften.

Bedeutet aber die Vorschrift, daß jede Aktiengesellschaft einen Aufsichtsrath schaffen muß, so ergiebt sich in Anwendung des in der Vorbemerkung 2 zu Art. 207 entwickelten Prinzips, daß, da grundsätzlich das Gesetz auf die älteren Gesellschaften Anwendung findet, dies auch von der vorliegenden Vorschrift, die es an kategorischer Fassung wahrlich nicht fehlen läßt, gelten muß. Giltig nach dem neuen Gesetze bleiben allerdings Maßregeln, welche die früheren Gesellschaften getroffen haben, andererseits sind sie in Folge des neuen Gesetzes verpflichtet, Maßregeln, Einrichtungen, die sie noch nicht getroffen haben, die aber jetzt ex jure publico angeordnet sind, zu treffen.

Bestätigt wird diese Auffassung durch den Hinweis darauf, daß das neue Gesetz in wesentlichen Punkten die Existenz eines Aufsichtsraths voraussetzt (vergl. Art. 222; 222a; 234; 289; 244 Abs. 2, 4; 215b Abs. 2; 232).

Nicht entgegen aber steht die Stellung des Artikels unter den Gründungsvorschriften. Der Gesetzgeber ergriff hier die Gelegenheit, um auch diese Materie abzuhandeln. Auch Art 208 steht unter den Gründungsvorschriften und hat unbestritten prinzipielle Bedeutung weit über das Gründungsstadium hinaus.

Nicht entgegen steht ferner § 2 des Aktiengesetzes. Es ist schon im § 7 zu Art. 207a ausgeführt, daß der Schluß nicht richtig ist, es seien die für eben angemeldete Gesellschaften eximirten Vorschriften für frühere Gesellschaften erst recht eximirt. Es kommt aber hier hinzu, daß die Eximirung des vorliegenden Artikels sich auf den Art. 209f in seiner im Entwurf geplanten Fassung bezog, wo für die Bestellung des Aufsichtsraths eine besondere Form vorgeschrieben war. Diese Bestellungsform sollte für eben angemeldete Gesellschaften eximirt werden. Keineswegs aber sollte die Bestellung des Aufsichtsraths selbst den eben angemeldeten Gesellschaften erlassen werden, da die im Juli 1884 angemeldeten Gesellschaften doch wenigstens unter der Herrschaft der Novelle von 1870 standen, nach welcher gleichfalls der Aufsichtsrath obligatorisch war, und § 2 des Gesetzes ausdrücklich hervorhebt, daß die bisherigen Vorschriften mindestens erfüllt sein müssen. Die Eximirung des vorliegenden Artikels ist vielmehr jetzt, nachdem in demselben eine Bestellungsform für den Aufsichtsrath nicht mehr enthalten ist, überhaupt gegenstandslos. Denn was soll es für eine Bedeutung haben, wenn der Gesetzgeber vorschreiben wollte: die Vorschrift des neuen Gesetzes finde keine Anwendung, sondern nur die des bis jetzt bestehenden, wenn beide gleich lauten, beide die Nothwendigkeit des Aufsichtsraths vorschreiben?

Nur eine Konsequenz des Gesagten ist es, daß ältere Gesellschaften, welche einen Verwaltungsrath oder ein Kuratorium haben, aber kein Organ, welches sich Aufsichtsrath nennt, verpflichtet sind, einen Aufsichtsrath zu wählen. Denn diese Bezeichnung ist obligatorisch und es muß aus den Statuten erkennbar sein, daß das betreffende Organ die gesetzlichen Funktionen des Aufsichtsraths haben soll (vergl. oben § 1).

Was die Praxis anbelangt, so hat der Berliner Registerrichter obige Auffassung durchführen wollen: er hat Gesellschaften, welche keinen Aufsichtsrath hatten, zur Bildung eines solchen unter Androhung von Ordnungsstrafen, ja sogar unter Hinweis auf die Strafe nach Art. 249c aufgefordert, insbesondere auch in einem Falle, wo die Gesellschaft einen Verwaltungsrath hatte (vergl. die Registerakten der Aktienbrauerei Friedrichshain). Seine Ansicht ist aber in den höheren Instanzen reprobirt worden und es ist daher die Durchführung dieser Organisation unterblieben. (Vergl. die bei Esser [Anm. 2] citirten landgerichtlichen Beschlüsse.)

Artikel 209g.

Die Gründer haben in dem Falle des Artikels 209b Absatz 2 in einer von ihnen zu unterzeichnenden Erklärung die Umstände darzulegen, mit Rücksicht auf welche ihnen die Höhe der für die eingelegten oder übernommenen Gegenstände gewährten Beträge gerechtfertigt erscheint. Hierbei haben sie insbesondere die dem Erwerbe der Gesellschaft vorausgegangenen Rechtsgeschäfte, welche auf denselben hingezielt haben, sowie die früheren Erwerbs- und Herstellungspreise aus den letzten zwei Jahren anzugeben.

Der Artikel schreibt einen besonderen Gründerbericht bei qualificirten Gründungen vor. Einleitung.
Die qualificirten Gründungen d. h. die mit Sacheinlagen und Uebernahmen verknüpften bergen die besondere Gefahr in sich, daß die Gesellschaft mit Vermögensrechten zur Entstehung gelangt, deren Werth geringer ist, als der ihr angerechnete. Dadurch wird die Gesellschaft von vornherein unrentabel, der Zweck ihrer Bildung vereitelt und die künftigen Erwerber von Aktien getäuscht. Deßhalb wird hier möglichste Offenlegung der Verhältnisse angeordnet. Das soll geschehen in der Gründererklärung.

1. **Der Inhalt des Gründerberichts** ist die Begründung der von den Gründern der Gesellschaft angerechneten Preise für Sacheinlagen und Uebernahmen. Insbesondere sind die im Hinblick auf die Gründung abgeschlossenen Rechtsgeschäfte, sowie die früheren Erwerbs- und Herstellungspreise aus den letzten zwei Jahren anzugeben. § 1.

Bei der Berechnung der Preisangemessenheit ist, auch wenn der Inferent ganz oder zum Theil Aktien erhält, der Werth der Aktien der zu bildenden Gesellschaft zum vollen Nennwerthe zu rechnen. Denn das ist ja gerade der Sinn der Vorschrift, daß eine Gewähr dafür geschaffen werde, daß der der Gesellschaft angerechnete Werth ein wahrer, d. h. dem entsprechenden Geldbetrage gleichkommender, und die Aktie daher mindestens ihren Nennbetrag werth sei. (Richtig Petersen u. Pechmann S. 56; ebenso jetzt Ring [Anm. 2] unter Verlassung seines in der 1. Auflage [S. 90] vertretenen Standpunktes, welchem letzteren wiederum Behrend [§ 107 Anm. 29] beigetreten ist.)

§ 2. 2. **Die Vorschrift ist absolut.** Die Gründer können sich der Erklärung nicht durch die Bemerkung entziehen, daß sie nicht in der Lage seien, die Angemessenheit der Preise zu schätzen. Wenn sie nicht sachverständig genug sind, um sich eine eigene Ueberzeugung zu bilden, so dürfen sie die Gründerrolle nicht übernehmen. Zu ihrer Deckung mögen sie immerhin ihre Erklärung durch Taxen belegen. Erwerbs- und Herstellungspreise anzugeben, sind sie absolut verpflichtet: bei Sacheinlagen sind sie dazu ohne Weiteres in der Lage, denn der sacheinlegende Gründer muß doch seine Selbstkosten kennen. Bei Uebernahmen aber liegt es in ihrer Hand, das Offenlegen der betreffenden Angaben als Vertragsbedingung zu stellen. Gleichgiltig ist, ob Konkurrenten durch solche Angaben Vortheil ziehen können.

Liegt kein Zwischenerwerb vor, so muß dies negative Ergebniß erklärt werden, und dieses muß dem Registerrichter, dem nur eine formelle Kontrole zusteht, genügen (Ring Anm. 1; Förtsch Anm. 2 zu Art. 175d).

Simultan- und Successivgründung erfordern diese Erklärung gleichmäßig.

Vertretung ist nicht zulässig, außer der nothwendigen (juristische Personen u. s. w.). — Ring Anm. 1; Behrend § 107 Anm. 28; Cosack S. 545.

§ 3. 3. **Der Zeitpunkt der Erklärung** ist vom Gesetze nicht angegeben. Aus den sonstigen Vorschriften des Gesetzes ist nichts Anderes zu entnehmen, als daß die Erklärung abgegeben sein muß, ehe der Aufsichtsrath seinen Prüfungsbericht abgegeben hat; denn diesem dient sie zur Grundlage (Art. 209h), nicht schon, wie Völderndorff und Hergenhahn (S. 60) ohne gesetzliche Stütze annehmen, vor der Zeichnung. (Willenbücher Anm. 8 zu Art. 175d.)

§ 4. 4. **Die Form des Berichts** ist die schriftliche, wie daraus hervorgeht, daß die Urkunde der Anmeldung des Gesellschaftsvertrages beigefügt sein muß (Art. 210 Ziffer 1).

§ 5. 5. **Die rechtliche Bedeutung des Gründerberichts** ist, daß die Gründer dafür civilrechtlich und strafrechtlich verantwortlich sind (Art. 213a; Art. 249a Nr. 1; R.G. 26 S. 41; R.G. in Strafsachen 18 S. 105). Außerdem ist der Gründerbericht der geeignete Ort für Zusicherungen über die Beschaffenheit der Sacheinlagen bezw. Uebernahmen gegenüber der Gesellschaft. Zusagen, die hierin nicht enthalten sind, werden daher eher den Gründern persönlich, als der Gesellschaft gegenüber abgegeben zu gelten haben (R.G. 18 S. 68).

Artikel 209h.

Die Mitglieder des Vorstandes und des Aufsichtsraths haben den Hergang der Gründung zu prüfen. Sind Mitglieder zugleich Gründer oder haben sie der Gesellschaft ein Vermögensstück überlassen oder sich einen besonderen Vortheil ausbedungen (Artikel 209b), so muß außerdem eine Prüfung durch besondere Revisoren stattfinden, welche das für die Vertretung des Handelsstandes berufene Organ und in Ermangelung eines solchen der Vorstand und der Aufsichtsrath zu bestellen hat.

Die Prüfung hat sich auf die Richtigkeit und Vollständigkeit der Angaben zu erstrecken, welche rücksichtlich der Zeichnung und Einzahlung des Grundkapitals und der im Artikel 209b vorgesehenen Festsetzungen von den Gründern, insbesondere in der im Artikel 209g vorgeschriebenen Erklärung, gemacht sind.

Ueber die Prüfung ist unter Darlegung der im vorstehenden Absatze bezeichneten Umstände schriftlich Bericht zu erstatten.

Einleitung. **Der Artikel schreibt die Erstattung eines besonderen Prüfungsberichts über den Hergang der Gründung vor,** indem er

1. in Abs. 1 die Personen, welche die Prüfung vorzunehmen haben, und den Gegenstand der Prüfung im Allgemeinen bezeichnet,
2. in Abs. 2 einzelne Punkte der Prüfung hervorhebt,
3. in Abs. 3 die Form des Prüfungsberichts festsetzt.

Der Prüfungsbericht ist sowohl bei der Simultan-, als bei der Successivgründung erforderlich; bei der ersteren folgt er der Errichtung der Gesellschaft nach, bei der letzteren geht er ihr voraus.

1. (Abs. 1.) **Die Personen und der Gegenstand der Prüfung.** § 1.

a) **Die prüfenden Personen** sind jedenfalls die Mitglieder des Vorstandes und des Aufsichtsraths. Nicht die Organe als solche, sondern die Mitglieder als solche, also alle haben den Bericht zu erstatten, keinen Mehrheitsbeschluß zu fassen.

Außerdem haben unter Umständen besondere Revisoren die Prüfung vorzunehmen, nämlich dann, wenn ein Mitglied des Vorstandes oder des Aufsichtsraths zugleich Gründer ist oder ein Uebernahmevertrag mit ihm geschlossen ist oder er sich einen besonderen Vortheil ausbedungen hat. Unter letzterem ist nicht blos ein Aktionärvortheil im Sinne des Art. 209 b Abs. 1, sondern auch ein Gründerlohn anderer Art zu verstehen (Behrend § 107 Anm. 32; Sattler a. a. O. S. 19).

Ueber die Revisoren und den Revisionsbericht[1]) gilt im Einzelnen Folgendes:

α) Die Revisoren sind zu bestellen principaliter von dem für die Vertretung des Handelsstandes berufenen Organe (in Preußen nach der Verfügung vom 26. Juli 1879, Justizministerialblatt S. 211, durch die Handelskammern, bzw. in Königsberg, Memel, Danzig, Elbing, Berlin, Stettin, Magdeburg durch die Vorstände der kaufmännischen Korporationen, für die Stadt Altona durch das Kommerzkollegium, (vergl. § 112 G.VG.); eventuell, in Ermangelung eines solchen Organs, durch den Vorstand und den Aufsichtsrath, d. h. diese beiden Organe als solche haben in der im Gesellschaftsvertrage vorgesehenen Form die Ernennung vorzunehmen. (Etwas abweichend Kayser Anm. 11; Ring Anm. 2). Zu bestellen sind mindestens 2, doch ist diese Zahl auch ausreichend (Ring Anm. 1; Behrend § 103 Anm. 2).

β) Eine gesetzliche Pflicht, die Funktion eines Revisors zu übernehmen, besteht reichsgesetzlich nicht. Durch besonderen Vertrag können sich Personen zur Uebernahme verpflichten. Findet sich Niemand, der die Funktion übernimmt, so kann nicht etwa von der Revision Umgang genommen werden, vielmehr fehlt dann ein gesetzliches Erforderniß der Gründung und die Gesellschaft kann nicht eingetragen werden.

γ) Die Revisoren üben ein ihnen im öffentlichen Interesse übertragenes officium aus (Behrend § 103 Anm. 2); ihre Thätigkeit ist Amtsführung, doch nicht als Beamte der Gesellschaft, sondern von Staatswegen, wenn sie auch nicht Staatsbeamte sind. Ihre Stellung ist vergleichbar der des Konkursverwalters (Sattler a. a. O. S. 17).

Bestimmte Eigenschaften für den Revisor sind nicht vorgesehen. Das weibliche Geschlecht ist daher kein Hinderniß; Geschäftsfähigkeit aber ist selbstverständliche Voraussetzung; desgleichen folgt aus der Natur der Sache, daß der Revisor nicht selbst Gründer sein darf, denn er soll eben uninteressirt sein (vergl. Ring Anm. 2).

δ) Eine Verantwortlichkeit der Revisoren ist im Aktiengesetze nicht vorgesehen, außer soweit Art. 213 a Abs. 4 Platz greift (Behrend § 103 Anm. 2); im übrigen entscheidet das bürgerliche Recht. Nach gemeinem Recht Haftung für jedes Versehen, weil dies für jede Amtsführung gilt, nach preußischem ebenso wegen der Analogie der §§ 32, 91 der Vormundschaftsordnung, § 144 des Ges. vom 13. Juni 1883 (so Sattler S. 45). Zur Geltendmachung der Rechte aus der Haftung ist allein die Gesellschaft berechtigt (Sattler S. 46).

ε) Eine etwa zu Lasten der Gesellschaft versprochene Entschädigung der Revisoren verbindet die Gesellschaft nur, wenn sie im Gründungs-Aufwande verzeichnet ist (Behrend § 103 Anm. 2).

b) **Der Gegenstand der Prüfung** ist im ersten Absatz des Artikels im Allgemeinen dahin angegeben, daß der Hergang der Gründung zu prüfen ist. In Abs. 2 sind einzelne Punkte hervorgehoben. Eine Auslegung dahin, daß nur die im 2. Absatz enthaltenen Punkte Gegenstand der Prüfung sind, ist nicht gestattet. Zum Hergang der Gründung gehört eben mehr; vor Allem gehört dazu die Feststellung des Statuts nach seinen materiellen und formellen Erfordernissen; dann die ordnungsmäßige Bestellung der Gesellschaftsorgane; das Vorhandensein etwa erforderlicher Staatsgenehmigung u. s. w.

[1]) Näheres hierüber siehe bei Sattler, Die Revision bei Gründung von Aktiengesellschaften. Berlin 1893.

(Uebereinstimmend Sattler S. 50 und die dort Citirten; anders Schmidt, die civilrechtliche Gründerverantwortlichkeit S. 65; Ring Anm. 5). Ob die Revisoren auch den richtigen Ansatz der Preise nachzuprüfen haben, darüber vergl. § 3 zu Art. 213 c und die Verfügung des Reichsjustizamts vom 10. April 1890 bei Hergenhahn S. XLI, welche letztere diese Frage bejaht.

§ 2. 2. (Abs. 2.) **Einzelne Punkte der Prüfung sind besonders hervorgehoben.** Es betreffen dieselben die Zeichnung und Einzahlung des Grundkapitals und die Festsetzungen des Art. 209 b. Hier ist überall nur die Richtigkeit und Vollständigkeit der Angaben zu prüfen. Hieraus ergiebt sich im Einzelnen:

a) Die Zeichnung des Grundkapitals und die Einzahlung auf dasselbe. Es ist hier streitig geworden, ob die Prüfung sich nur auf die formelle Zeichnung oder auch auf die Zahlungsfähigkeit der Zeichner zu erstrecken habe. (Für letzteres Sattler S. 55.) Sicherlich besteht diese letztere Pflicht insoweit, als die Gründer hierüber Angaben gemacht haben. Im Uebrigen aber ist die Zahlungsfähigkeit der Gründer zwar nicht zu prüfen, d. h. es sind nicht besondere Nachforschungen darüber anzustellen; wohl aber dürfen die prüfenden Personen ihnen bekannt gewordene Umstände nicht unberücksichtigt lassen, aus welchen sich ergiebt, daß es sich um bloße Scheinzeichnungen handelt, was insbesondere bei fingirten Namen oder bei solchen Personen der Fall ist, welche frustra excussi, notorisch zahlungsunfähig sind. Denn in solchem Falle fehlt die Ernstlichkeit der Zeichnungserklärung. (Zust. Ring Anm. 7).

b) Besondere Vortheile für einzelne Aktionäre.

c) Sacheinlagen und Uebernahmen. Hier haben sie, wie der Kommisionsbericht nach Streichung eines weitergehenden Passus des Entwurfs hervorhebt, nicht selbstschätzend ein eigenes Urtheil über die Angemessenheit der angesetzten Preise abzugeben, sondern nur die Richtigkeit und Vollständigkeit der von den Gründern zum Zwecke der Rechtfertigung der Ansätze gemachten Angaben zu prüfen. Anders Petersen und Pechmann (S. 354); Förtsch Anm. 2 zu Art. 209 b; besonders Sattler S. 69. Letzterer zieht aus dem Worte Vollständigkeit den Schluß, daß die Revisoren ein eigenes Urtheil abzugeben haben. Allein jenes Wort legt ihnen nur die Pflicht auf, zu prüfen, ob die Gründer alle diejenigen Angaben gemacht haben, die zur Bildung eines Urtheils über die Angemessenheit bezw. zur Nachprüfung des von den Gründern abgegebenen Urtheils erforderlich sind. Das deckt sich keineswegs mit der Abgabe eines eigenen Urtheils. So sind auch nach Art. 213 a die Gründer für die Richtigkeit und Vollständigkeit ihrer Angaben verantwortlich, womit ihnen sicher nicht eine Haftung für die Richtigkeit ihres Urtheils auferlegt werden sollte. (Unklar Reichsjustizamt bei Hergenhahn S. XLI ffg.)

d) Der Gründungsaufwand. Um die Richtigkeit und Vollständigkeit des im Statut festgesetzten Gründungsaufwandes prüfen zu können, werden die zur Prüfung berufenen Organe sich denselben von den Gründern specificiren lassen müssen. Sonst ist eine Prüfung nicht möglich.

e) Ein auf Empfehlung oder Abrathen lautendes Votum abzugeben, sind die Prüfungsorgane nicht verpflichtet, da sie ja nur die einzelnen Gründungshergänge zu prüfen haben (anders Willenbücher Anm. 3 zu Art. 175 e). Man kann nicht sagen, daß Mangels eines solchen Schlußvotums der Bericht dem Gesetze nicht entspricht. Doch sind sie an der Abgabe eines solchen nicht behindert.

§ 3. 3. **Die Form des Prüfungsberichts** ist die schriftliche. Unterzeichnet muß dieselbe von allen Mitgliedern des Vorstandes und des Aufsichtsraths werden; zulässiger Weise auch in einer gemeinschaftlichen Urkunde. Der Bericht der Revisoren dagegen ist ein selbstständiger, neben diesem zu erstattender. Wer von den prüfenden Personen abweichender Meinung ist, muß sein Separatvotum verzeichnen. Sonst macht er sich für den Inhalt des gemeinschaftlichen Votums verantwortlich. Oder aber er mag seine Funktion niederlegen.

§ 4. **Zusatz. In welcher Weise die Prüfungspersonen die Prüfung vorzunehmen haben,** ist Sache ihres Ermessens. Insbesondere bleibt es ihnen überlassen, Gutachten einzuholen und eventuell auch beizulegen. Auch können sie die Gründer zu jeder Angabe und Erklärung veranlassen. Daß diese zu näheren Angaben nicht civilrechtlich verpflichtet sind, ist richtig. Aber wenn die Prüfungspersonen eine Aufklärung für nothwendig gehalten haben und eine solche von den Gründern nicht erlangen konnten, so wird ihnen nichts übrig bleiben, als entweder die Abgabe des Prüfungsberichts abzulehnen, oder aber denselben in negativer Form dahin abzugeben, daß es ihnen nicht möglich war, über diesen oder jenen Punkt Aufklärung zu erhalten.

Aufklärung einzuholen, werden sie besondere Veranlassung dann haben, wenn der Gesellschaftsvertrag keinen Gründungsaufwand erwähnt. Das erregt den Verdacht, als sei eine Sacheinlage zu einem höheren Scheinpreise angesetzt unter der heimlichen Vereinbarung, daß der Sacheinleger einem andern Gründer oder einer dritten Person eine Summe abgeben soll. (Vergl. R.G. in Strafsachen 18 S. 105, und in Civilsachen Bd. 26 S. 42.)

Artikel 210.

Der Gesellschaftsvertrag muß bei dem Handelsgerichte, in dessen Bezirke die Gesellschaft ihren Sitz hat, in das Handelsregister eingetragen werden.

Der Anmeldung behufs der Eintragung in das Handelsregister müssen beigefügt sein:

1. in dem Falle des Artikels 209b die den bezeichneten Festsetzungen zum Grunde liegenden oder zu ihrer Ausführung geschlossenen Verträge, die Artikel 209g vorgesehene Erklärung und eine Berechnung des Gründungsaufwandes, in welcher die Vergütungen nach Art und Höhe und die Empfänger einzeln aufzuführen sind;
2. in dem Falle, daß nicht alle Aktien von den Gründern übernommen sind, zum Nachweise der Zeichnung des Grundkapitals die Duplikate der Zeichnungsscheine und ein von den Gründern in beglaubigter Form unterschriebenes Verzeichniß der sämmtlichen Aktionäre, welches die auf jeden entfallenen Aktien sowie die auf letztere geschehenen Einzahlungen angiebt;
3. die Urkunden über die Bestellung des Vorstandes und des Aufsichtsraths, die in Gemäßheit des Artikels 209h erstatteten Berichte nebst deren urkundlichen Grundlagen;
4. in dem Falle, daß der Gegenstand des Unternehmens der staatlichen Genehmigung bedarf, sowie in den Fällen des Artikels 207a Absatz 2 die Genehmigungsurkunde.

In der Anmeldung ist die Erklärung abzugeben, daß auf jede Aktie, soweit nicht andere als durch Baarzahlung zu leistende Einlagen gemacht sind, der eingeforderte Betrag baar eingezahlt und im Besitze des Vorstandes sei. Die Einforderung muß mindestens ein Viertheil des Nominalbetrages und im Falle einer Ausgabe der Aktien für einen höheren als den Nominalbetrag auch den Mehrbetrag umfassen. Als Baarzahlung gilt die Zahlung in deutschem Gelde, in Reichskassenscheinen, sowie in gesetzlich zugelassenen Noten deutscher Banken.

Die Anmeldung muß von sämmtlichen Gründern und Mitgliedern des Vorstandes und Aufsichtsraths vor dem Handelsgerichte unterzeichnet oder in beglaubigter Form eingereicht werden.

Die der Anmeldung beigefügten Schriftstücke werden bei dem Handelsgerichte in Urschrift oder in beglaubigter Abschrift aufbewahrt.

Der Artikel statuirt die Nothwendigkeit der Eintragung des Gesellschaftsvertrages (Abs. 1) **und die Voraussetzungen der Eintragung** (Abs. 2, 3 u. 4), in einem Schlußabsatz wird bestimmt, was mit den beim Eintragungsantrage eingereichten Schriftstücken geschehen soll (Abs. 5). Einleitung.

1. (Abs. 1.) **Die Nothwendigkeit der Eintragung des Gesellschaftsvertrages am Handelsgerichte des Gesellschaftssitzes.** § 1.

a) **Das Handelsgericht** ist in Preußen das Amtsgericht (vgl. Näheres zu Art. 3).

b) **Der Gesellschaftssitz** ist der im Statut als solcher bezeichnete (vgl. Erläuterung zu Art. 209 Abs. 1 Ziffer 1).

§ 2. c) **Der Gesellschaftsvertrag** muß eingetragen werden. Der ganze oder nur Auszüge aus demselben? Siehe hierüber § 3 zu Art. 12. Hinzuzufügen ist, daß Behrend (§ 103 Anm. 6) die auszugsweisen Eintragungen billigt, Förtsch (Anm. 3 zu Art. 176) dieselben mißbilligt.

§ 3. d) Der Gesellschaftsvertrag **muß eingetragen werden.** Das bedeutet nicht etwa, daß das Gericht die Eintragung erzwingen kann. Der Staat hat vielmehr kein Interesse daran, daß in der Bildung begriffene Gesellschaften zur Existenz gelangen. Bei offenen Handelsgesellschaften liegt die Sache anders, da sie schon vor der Eintragung bestehen, wenn sie ihre Geschäfte vorher beginnen. Hier aber hat die Eintragung rechtsbegründende Kraft (Art. 211). Die Vorschrift, daß der Gesellschaftsvertrag eingetragen werden müsse, bedeutet nur die Umkehr von Art. 211: die Eintragung muß erfolgen, wenn die Aktiengesellschaft zur rechtlichen Existenz gelangen soll. (Vergl. Ring Anm, 2.)

Eine ganz andere, der Erörterung aber werthe Frage ist, ob gegen diejenigen, welche im Absatz 4 dieses Artikels als anmeldungspflichtig bezeichnet sind, Seitens der Interessenten ein civilrechtlicher Zwang auf Bewirkung der Anmeldung möglich ist. Hier muß unterschieden werden:

§ 4. α) Bei der Simultangründung können die Gründer gegen einander und gegen die Mitglieder des Vorstandes und des Aufsichtsraths auf Anmeldung klagen: die Gründer gegen einander, weil sie sich durch die Uebernahmeverhandlung gegenseitig definitiv verbunden haben, gegen die Mitglieder des Vorstandes und des Aufsichtsraths, weil diese durch die Annahme der Bestellung sich verpflichtet haben, bei der Anmeldung mitzuwirken. Allen Anmeldungspflichtigen aber ist der Einwand gestattet, daß der Hergang der Gründung Unregelmäßigkeiten aufweist, welche civilrechtliche oder gar strafrechtliche Gefahren für sie involviren.

§ 5. β) Bei der Successivgründung können die Zeichner gegen den Vorstand und Aufsichtsrath nicht klagen, weil diese ihre Unterschrift sogar noch bis zum Schlusse der Errichtungsversammlung zurückziehen können (Art. 210a Abs. 3). Aber auch gegen die Gründer können sie nicht klagen, weil erst in der Anmeldung die definitive Acceptation der Zeichnungserklärungen liegt (vergl. § 13 zu Art. 209e). Petersen u. Pechmanns Hinweis darauf, daß ja schon vorher eine Generalversammlung zur Wahl des Aufsichtsraths stattfindet, steht dem nicht entgegen. Denn nichts zwingt zu der Annahme, daß in der Einladung zu einer solchen Generalversammlung eine definitive Acceptation der eingeladenen Zeichner als künftige Gesellschafter liegt; vielmehr können dieselben ebensowohl als die in Aussicht genommenen Zeichner betrachtet werden.[1]) Verbleibt es bei dieser Liste bei Anmeldung des Gesellschaftsvertrages, so sind die bei jener Anmeldung in Aussicht genommenen Zeichner nunmehr definitiv acceptirt; erfährt jene Liste eine Veränderung, so bleibt nichts übrig, als eine neue Generalversammlung zur Wahl des Aufsichtsraths einzuberufen.

§ 6. 2. (Abs. 2, 3 u. 4.) **Die Voraussetzung der Eintragung** ist eine Anmeldung, welcher alle Schriftstücke beigefügt sind, die dem Registerrichter die Prüfung ermöglichen, ob die Gesellschaft dem Gesetze gemäß errichtet ist.

Die Prüfung des Registerrichters erstreckt sich auf den ganzen Gründungshergang, es erübrigt sich, die einzelnen Akte hier aufzuzählen. Was den Inhalt seines Prüfungsrechtes betrifft, so ist dasselbe insofern ein formales, als er nicht die Wahrheit der ihm urkundlich bezeugten Thatsachen, sondern nur die Gültigkeit der Erklärungen zu prüfen hat. Er hat nicht zu prüfen, ob der vielleicht schon begonnene Betrieb des Unternehmens oder

[1]) Auch die Thatsache der eingezahlten Einlagen, auf welche Förtsch (Anm. 2) entscheidenden Werth für die gegenseitige Ansicht legt, steht unserem Standpunkte nicht entgegen, denn auch diese Einzahlung kann als vorläufige, bedingte betrachtet werden.

die Vorbereitung zu demselben dem statutarisch angegebenen Gegenstande desselben entsprechen, ob die Gründerbelohnungen vertheilt sind, ob die eingeforderten Beträge wirklich gezahlt sind (vergl. Ring Anm. 5). Anlangend insbesondere den Inhalt des Gesellschaftsvertrages, so erstreckt sich sein Prüfungsrecht zunächst auf den absolut nothwendigen und den relativ nothwendigen Inhalt desselben (Art. 209, 209a und 209b). Dieser muß klar und unzweideutig festgesetzt sein. Was den sonstigen Inhalt der Statuten betrifft, so darf derselbe gegen zwingende Gesetze nicht verstoßen, was aber nicht schon dann der Fall ist, wenn die Geltung derselben nicht ausdrücklich vorbehalten ist. So darf der Registerrichter z. B. die Eintragung eines Statuts nicht deshalb ablehnen, weil es die Bestimmung enthält, daß die Generalversammlungsbeschlüsse für alle, auch für die abwesenden Aktionäre, bindend seien. Er darf darin nicht den Versuch erblicken, das Anfechtungsrecht der Aktionäre zu beschränken; denn der Vorbehalt der Geltung zwingender Gesetzesvorschriften ist selbstverständlich (Kammergericht bei Johow u. Küntzel 5 S. 31). Auch redaktionelle Aenderungen kann er in Bezug auf den fakultativen Inhalt der Statuten nicht verlangen, nur gesetzwidrigen Bestimmungen in dem erörterten Sinne hat er entgegenzutreten (Johow u. Küntzel 3 S. 13; 5 S. 31; 8 S. 12). Der Berliner Registerrichter verlangt allerdings, ehe er einträgt, oft Statutenbestimmungen, die vom gesetzlichen Standpunkte aus nicht wesentlich, aber doch zur Klarstellung der Gesellschaftsverhältnisse nützlich sind. Die Interessenten kommen regelmäßig derartigen Aufforderungen nach, weil sie keine Veranlassung haben, sich gegen dieselben zu wehren, überdies der Beschwerdeweg die Eintragung mehr verzögert, als die Erfüllung des richterlichen Verlangens.

Im Einzelnen disponiren die Absätze 2, 3 u. 4 in der Weise, daß Abs. 2 das Nähere über die Beläge der Anmeldung, Abs. 3 über den Inhalt der Anmeldung selbst, Abs. 4 über die anmeldungspflichtigen Personen und die Form der Anmeldung enthält. § 7.

a) (Abs. 2.) **Die Beilagen der Anmeldung.** Zur Erläuterung ist zu bemerken:

Zu Ziffer 1. Der Gründungsaufwand ist zwar zu berechnen, aber nicht zu belegen, und auch die Berechnung braucht sich nicht ins kleinste Detail zu erstrecken, so z. B. braucht bei den Porti nicht jeder abgesendete Brief verzeichnet zu werden (Motive I S. 168).

Zu Ziffer 2. Das Aktionärverzeichniß ist in beglaubigter Form zu unterschreiben. Ein Mehr zu verlangen, wie es Völderndorff thut, ist der deutlichen Gesetzesvorschrift gegenüber nicht gerechtfertigt.

Zu Ziffer 3. Nur die Urkunden über die Bestellung sind nothwendig, die Annahme der Wahl braucht nicht besonders beurkundet zu werden, da sie in der Mitwirkung bei der Anmeldung liegt. Die urkundlichen Grundlagen der Berichte sind etwaige Gutachten oder sonstige Bescheinigungen, welche die Berichtenden zur Begründung ihres Berichts beigefügt haben. § 8.

Zu Ziffer 4. Die Genehmigungsurkunde, wenn der Gegenstand des Unternehmens staatlicher Genehmigung bedarf.[1] In Uebereinstimmung mit den Motiven (II S. 117) und gegen Ring (Anm. 10) ist anzunehmen, daß der Registerrichter keine Entscheidung darüber hat, ob das Unternehmen konzessionspflichtig ist. Er kann vielmehr nur eine Bescheinigung darüber erfordern, daß die Konzession von der Verwaltungsbehörde ertheilt oder nach Ansicht derselben eine Konzession nicht erforderlich ist. Es ist in keiner Weise ersichtlich, daß das Gesetz bei Aktiengesellschaften noch eine besondere Prüfung der Konzessionsfrage durch den Registerrichter hat anordnen wollen, gleich als wenn bei Aktiengesellschaften die Prüfung der Verwaltungsbehörde nicht genügte. Es hat vielmehr lediglich verhindern wollen, daß eine Aktiengesellschaft zur Eintragung gelange, ohne daß die Verwaltungsbehörde die etwa erforderliche Konzession ertheilt hätte. (Zust. Neukamp. S. 15; Förtsch Anm. 11 zu Art. 176; vergl. § 9.

[1] Erst wenn die Genehmigungsurkunde beigebracht ist, wird das Registergericht mit der Sache befaßt. Eine Entscheidung im Voraus, daß nach Beibringung der Genehmigungsurkunde der Eintragung Bedenken nicht entgegenstehen, kann nicht verlangt werden. (Johow 11 S. 23.)

auch Behrend § 103 Anm. 9 zustimmend für den Fall, daß die Verwaltungsbehörde attestirt, das Unternehmen sei nicht konzessionspflichtig).

Die Frage der Konzessionspflichtigkeit tritt auch hervor bei Beschränkungen der Gewerbeordnung in Bezug auf Gastwirthschaften, Schauspielunternehmungen und Heilanstalten. Hier führt Ring (Anm. 12) gegen das preußische Oberverwaltungsgericht (Entscheidungen 9 S. 287) überzeugend aus, daß solche Konzessionen auch Aktiengesellschaften und A.K.=Gesellschaften ertheilt werden können. (Vergl. auch Behrend § 103 Anm. 9.)

§ 10. b) (Abs. 3.) **Der Inhalt der Anmeldung selbst.** Sie muß insbesondere die Erklärung enthalten, daß der eingeforderte Betrag baar eingezahlt und im Besitze des Vorstandes sei.

§ 11. α) Baar eingezahlt, Gutschrift bei einem Bankier genügt nicht. Es muß wirklich eingezahlt werden. (R.G. in Strafsachen 24 S. 9.) Zahlung von Reichskassenscheinen oder Scheinen von Notenbanken soll dabei genügend sein, womit aber nicht gesagt sein soll, daß hierdurch eine sonst nicht bestehende Pflicht zur Annahme von solchen Scheinen begründet werde (K.B. 10). Auf jeden Aktienbetrag muß der Betrag eingezahlt sein; ein Herüberziehen der von Einem gezahlten Beträge auf die Einlagepflicht des Andern ist nicht zulässig, selbst wenn die Gesammtsumme der Einzahlungen die eingeforderten Beträge repräsentiren sollte; andererseits ist nicht nothwendig, daß der Zeichner selbst den Betrag einzahlt, es kann auch ein Anderer für ihn gezahlt haben (Ring Anm. 13; Behrend § 102 Anm. 5).

§ 12. β) Im Besitze des Vorstandes. Wohl aber kann der Vorstand das baar erhaltene Geld wieder bei einem Bankier deponirt haben, als depositum irregulare, nicht blos als depositum regulare, wie der K.B. 10 hervorhebt. Alsdann steht es dem Vorstande zu jederzeitiger Verfügung und ist im Sinne des Gesetzes in seinem Besitze. Dem Gesetze genügt es ferner, wenn ein Bankier mit der Einkassirung des Geldes beauftragt ist, das Geld in Empfang genommen und dem Vorstande angezeigt hat, daß es bei ihm deponirt sei (Bolze 9 Nr. 481). Jedenfalls aber muß wirkliche Baareinzahlung erfolgt sein (vergl. § 11), auch darf der Betrag nicht wieder verausgabt sein, wenn auch gleichwerthige Objekte dafür angeschafft und vorhanden sein sollten. Selbst die Gründungskosten, wie z. B. das Revisorhonorar, darf nicht verausgabt sein. (Sattler, die Revision bei Gründung von Aktiengesellschaften S. 50). Eine Bestimmung dahin, daß auch die Sacheinlagen vor der Gesellschaftserrichtung dem Vorstande übergeben sein müßten, trifft das Gesetz nicht (Ring Anm. 15). Gleichwohl behaupten Behrend (§ 117 Anm. 12 und Cosack S. 565), daß Sacheinlagen noch vor der Anmeldung zum Handelsregister voll geleistet werden müssen, es sei dies eine Voraussetzung für die Entstehung der Gesellschaft. Diese Ansicht entbehrt der gesetzlichen Stütze. Wo die Sacheinlagen in Grundstücken bestehen und die Veräußerung solcher Auflassung erfordert, kann einem solchen Erfordernisse gar nicht genügt werden.

§ 13. c) (Abs. 4.) **Die Personen der Anmeldung und die Form derselben.** Sämmtliche Gründer, sämmtliche Mitglieder des Vorstandes und des Aufsichtsraths müssen die Anmeldung vor dem Handelsgerichte unterzeichnen oder in beglaubigter Form einreichen. Stellvertretung ist nicht unzulässig (vergl. R.G. 26 S. 70). Nur muß alsdann beglaubigte Vollmacht vorgelegt werden (Zust. Ring Anm. 16). Ueber die Folge des Formmangels bei trotzdem erfolgter Eintragung vergl. § 5 zu Art. 211.

§ 14. 3. (Abs. 5). Dem Handelsgericht sind die Urschriften der Schriftstücke vorzulegen, bei Notariatsakten versteht man darunter die Ausfertigung der Verhandlungen. Es müssen aber die Urschriften der der Anmeldung beigefügten Schriftstücke nicht beim Handelsgericht verbleiben, vielmehr können auch beglaubigte Abschriften zu diesem Zwecke gefertigt werden, sei es, daß sie von den Interessenten überreicht oder vom Handelsgericht auf Kosten der Interessenten gefertigt werden.

Artikel 210a.

In dem Falle, daß die Gründer nicht alle Aktien übernommen haben, beruft das Handelsgericht ohne Verzug eine Generalversammlung der in dem Verzeichnisse aufgeführten Aktionäre zur Beschlußfassung über die Errichtung der Gesellschaft.

Die Versammlung findet unter der Leitung des Gerichts statt.

Vorstand und Aufsichtsrath haben sich über die Ergebnisse der ihnen rücksichtlich der Gründung obliegenden Prüfung auf Grund der Berichte (Artikel 209h) und deren urkundlichen Grundlagen zu erklären. Jedes Mitglied des Vorstandes und des Aufsichtsraths kann bis zur Beschlußfassung die Unterzeichnung der Anmeldung zurückziehen.

Die der Errichtung der Gesellschaft zustimmende Mehrheit muß mindestens ein Viertheil sämmtlicher in dem Verzeichnisse aufgeführten oder als Rechtsnachfolger derselben in der Generalversammlung zugelassenen Aktionäre begreifen und der Betrag ihrer Antheile muß mindestens ein Viertheil des gesammten Grundkapitals darstellen. Die Zustimmung aller erschienenen Aktionäre ist erforderlich, wenn die im Artikel 209 Ziffer 1 bis 5 und 209a bezeichneten Bestimmungen des Gesellschaftsvertrages abgeändert oder die im Artikel 209b vorgesehenen Festsetzungen zu Lasten der Gesellschaft erweitert werden sollen.

Die Beschlußfassung ist zu vertagen, wenn es von den Aktionären mit einfacher Stimmenmehrheit verlangt wird.

Der Artikel bestimmt die Nothwendigkeit und die Modalitäten der bei der Successivgründung erforderlichen Errichtungsversammlung oder konstituirenden Generalversammlung. Einleitung.
Die Materie wird in 5 Absätzen wie folgt abgehandelt:

1. Die Zeit der Berufung (Abs. 1).
2. Die Leitung der Versammlung (Abs. 2).
3. Pflichten und Rechte der Gesellschaftsorgane in der Generalversammlung (Abs. 3).
4. Modalitäten der Abstimmung (Abs. 4).
5. Vertagungsmöglichkeit (Abs. 5).

1. **Die Zeit der Berufung.** Darüber ist im Gesetze nur gesagt, sie müsse „ohne Verzug“ erfolgen. Daraus folgt, daß das Gericht die Generalversammlung so schnell anzuberaumen, d. h. die Einladungen so schnell ergehen zu lassen und den Termin so nahe anzusetzen hat, als es nach seinem Geschäftsgang nur irgend möglich ist. Es liegt sonst eine Verletzung seiner Pflichten vor, welche die gewöhnlichen Folgen hat (Beschwerde, disciplinarische Ahndung und civile Verantwortlichkeit). § 1.

Mehr aber folgt aus dieser Vorschrift nicht. Der Richter darf weder die ihm obliegende Prüfungspflicht unterlassen, weil sie etwa einen Verzug verursachen könnte, noch darf er aus diesem Grunde sonst vorgeschriebene Fristen abkürzen. In diesen beiden Beziehungen ist zu bemerken:

a) Es geht dem Akte der Einberufung, wie immer den Akten des Gerichts, eine Prüfung seiner Voraussetzungen voran. Der Registerrichter hat die Pflicht, die Anmeldung und ihre Unterlagen auf ihre gesetzlichen Erfordernisse zu prüfen, und kann und darf die Errichtungsversammlung erst einberufen, wenn jene Erfordernisse in Ordnung sind. Eine vielleicht nutzlose Generalversammlung ohne Vorhandensein der Voraussetzungen einzuberufen, dazu hat er keine Veranlassung. Auch ist die Errichtungsversammlung nicht für seine Prüfungsthätigkeit, sondern zur Verhandlung und Beschlußfassung der Interessenten bestimmt. (Uebereinstimmend Petersen und Pechmann S. 367; anders Ring Anm. 3; Förtsch Anm. 3; O.L.G. Dresden in G.Z. 35 S. 240.) § 2.

b) Auf die Einberufung finden die Formen und Fristen der ordentlichen Generalversammlung Anwendung, wie das Art. 210b vorschreibt. Daraus folgt einmal die Nothwendigkeit der zweiwöchigen Frist (abweichend besonders Ring § 3.

Anm. 2) und ferner das Erforderniß der Publikation in Gemäßheit des Gesellschaftsstatuts als Minimum und Maximum. (Abweichend Völderndorff, der besondere Zustellung an jeden Aktionär verlangt; übereinstimmend Ring Anm. 2).

§ 4. 2. (Abs. 2.) **Die Leitung der Versammlung.** Sie erfolgt durch den Richter. Seiner Stellung und Aufgabe gemäß hat er nicht die Wahrheit der ihm erklärten Thatsachen zu erforschen und etwa durch Beweiserhebung festzustellen, sondern nur auf die Abgabe der gesetzlichen Erklärungen hinzuwirken. Es soll, wie der K.B. 10 hervorhebt, den Zeichnern das schriftliche Material zum Bewußtsein gebracht werden. Wenn der K.B. a. a. O. weiter sagt, daß auch etwaige Anstände noch beseitigt werden sollen, so ist dies insofern richtig, als Anstände, die sich noch beseitigen lassen, jetzt noch erörtert und beseitigt werden können. Aber es ist daraus nicht der weitere Schluß gerechtfertigt, als sei die Versammlung der einzige Ort zur Hebung von Anständen und der Registerrichter nicht befugt, Anstände vorher nach Anmeldung des Gesellschaftsvertrages zu rügen und auf Beseitigung derselben vor Anberaumung der Generalversammlung hinzuwirken (vergl. oben § 2).

Ob die Zuziehung eines Protokollführers nothwendig ist, richtet sich nach Landesrecht. Für Preußen ist sie nicht erforderlich. (Anhangs-§ 421 zu § 17, II, 2 A.G.O.) Die Verhandlung ist nicht öffentlich (Ring Anm. 4). Ein bei der Gründung irgendwie betheiligter Richter kann als befangen abgelehnt werden (Ring Anm. 4).

§ 5. 3. (Abs. 3.) **Pflichten und Rechte der Gesellschaftsorgane in der Generalversammlung.**

a) Die Pflichten dieser Organe bestehen in der Erklärung über die Ergebnisse ihrer Prüfung. Auf diese Erklärung kann die Versammlung nicht verzichten. Sie ist abzugeben von den beiden Organen als solchen, also nicht nothwendig von allen Mitgliedern, wohl aber mindestens von je einem Mitgliede eines jeden Organs. Wer abweichender Meinung ist, muß dieselbe ebenfalls kundgeben, sonst haftet er für die im gemeinsamen Namen abgegebenen Erklärungen. Ein Bericht der Revisoren ist nicht geboten, aber statthaft (Ring Anm. 5; Kayser Anm. 11).

b) Die Rechte dieser Organe bestehen in der weitgehenden Befugniß, die Unterschrift der Anmeldung bis zur Beschlußfassung auf Grund freier Entschließung zurückzuziehen. Geschieht dies, so ist die Generalversammlung gegenstandlos und aufzulösen. Die Ansetzung einer neuen Generalversammlung ist nicht ausgeschlossen, wenn nur die im Zeichnungsscheine vorgesehene Frist nicht abgelaufen ist. Sonst muß von Neuem gezeichnet werden. (Ring Anm. 5.) Ein Recht der Gründer, die Unterzeichnung der Anmeldung zurückzuweisen, ist nicht anerkannt.

§ 6. 4. (Abs. 4.) **Die Modalitäten der Abstimmung.**

a) **Stimmberechtigt sind auch die Gründer,** einschließlich der Sacheinleger. Die Zweifel, welche in letzterer Beziehung auf Grund von Art. 210b, 221 Abs. 2 und 190 angeregt sind (Völderndorff S. 111) sind in keiner Weise begründet. Denn weder handelt es sich um eine Entlastung dieser Personen, noch soll die Gesellschaft mit den Gründern und Sacheinlegern ein Rechtsgeschäft abschließen. Das Rechtsgeschäft, welches bei der Errichtung mit den Gründern, einschließlich der Sacheinleger, geschlossen wird, ist dasselbe, wie das mit den gewöhnlichen Zeichnern abgeschlossene; es ist ein Vergesellschaftungsvertrag, nur daß als Gegenleistung für die zugesagte Mitgliedschaft hier baares Geld, dort Sachen versprochen werden (vergl. Ring Anm. 8). Einem Aktionär aber, mit welchem ein Uebernahmevertrag geschlossen wird, ist das Stimmrecht zu versagen. Er ist ein Dritter, mit welchem die werdende Gesellschaft ein Rechtsgeschäft eingehen soll. (Zust. Schultze-Görlitz S. 350 u. 204 Note 3; anders Ring Anm. 9.) Vorstands- und Aufsichtsrathsmitglieder sind als solche am Mitstimmen nicht verhindert. (Ring Anm. 10.) Eine statutarisch angeordnete Aktiendeposition als Vorbedingung des Stimmrechts cessirt hier. (Vergl. § 1 zu Art. 210b.)

§ 7. b) Es besteht absolute Freiheit der Abstimmung. Weder die Zeichner, noch die Gründer sind behindert, nach ihrer Willkür für oder gegen die Errichtung der Gesellschaft zu stimmen. Aber andererseits sind sie durch die Zeichnung bezw. durch die

Anmeldung des Gesellschaftsvertrages insofern gebunden, als sie verpflichtet sind, an der Gesellschaft Theil zu nehmen, wenn die Errichtung per maiora auch gegen ihre Stimmen beschlossen wird.

c) Die erforderlichen Majoritäten sind: § 8.

α) absolute Mehrheit der anwesenden Stimmen, nach Aktienbeträgen (Ring Anm. 7).

β) 1/4 aller Aktionäre, auch der nicht erschienenen, nach Kopfzahl,

γ) 1/4 des Grundkapitals, selbstverständlich des nominellen; vom eingezahlten ist nicht die Rede (dies gegen Völderndorff).

Für qualificirte Beschlüsse (Aenderungen in Bezug auf Statutenbestimmungen, Sacheinlagen oder Uebernahmen) erweitert sich das Erforderniß zu α zur Zustimmung aller erschienenen Aktionäre.

d) Die zugelassenen Rechtsnachfolger. Die Einführung dieses Begriffes verursacht nicht unerhebliche Schwierigkeiten. Wer hat zuzulassen? Der Richter oder die Generalversammlung? Wird durch die Zulassung der Urzeichner frei? Hat der Rechtsnachfolger ein Recht auf Zulassung? Ueber alle diese Fragen herrscht Streit (vergl. Willenbücher Anm. 4; Ring Anm. 6). § 9.

Unser Standpunkt ist folgender: Anerkannt ist durch die vorliegende Vorschrift die abstrakte Möglichkeit, die Rolle des Zeichners auf einen Andern zu übertragen. Zunächst aber ist davon auszugehen, daß man Pflichten durch einseitige Abtretung nicht übertragen kann. Es bleibt daher der Gesellschaft gegenüber der Urzeichner zunächst verpflichtet. Er giebt durch die Uebertragung nur den Willen zu erkennen, daß nicht er, sondern statt seiner ein Anderer die vom ihm ursprünglich angestrebte Mitgliedschaft erwerben solle. Aber es hängt nicht von dem Willen des Zeichners allein ab, ob statt seiner ein Anderer die Mitgliedschaft erwerben solle. Mag auch bei der bestehenden Aktiengesellschaft das Mitgliedsrecht frei veräußerlich sein (auch hier ist es nicht immer der Fall), so besteht doch im Stadium der Gründung zunächst nur eine gegenseitige Bindung bestimmter Individuen, die nicht ohne Weiteres für berechtigt gehalten werden können, einander andere Personen als Mitgesellschafter zu oktroyiren. Nur eine besondere gesetzliche Vorschrift könnte dieses Recht statuiren. Aber eine solche ist nicht gegeben (dies gegen Förtsch Anm. 6). Der Artikel spricht nur von in der Generalversammlung zugelassenen Rechtsnachfolgern. Dadurch wird einmal die Auffassung bestätigt, daß die Rechtsnachfolge von den Betheiligten zugelassen werden muß, um rechtswirksam zu sein (nicht, wie Petersen und Pechmann S. 369 wollen, vom Richter, dem nur die formelle Leitung zusteht; zust. Förtsch Anm. 6; ebenso Schultze-Görlitz S. 349); aber andererseits liegt hierin ausgesprochen, daß nicht jeder einzelne Gesellschaftsgenosse der Rechtsnachfolge zustimmen muß, wie es wohl sonst bei Gesellschaften der Fall ist, sondern daß die Versammlung als solche in geordneter Abstimmung, d. h. nach den statutarischen Abstimmungsvorschriften, über die Zulassung beschließt (vergl. Art. 210b, und zwar nach freier Willkür (Cosack S. 550; anders Behrend § 106 Anm. 8, der die Willkür leugnet, aber andrerseits die Anfechtung des Beschlusses nicht zuläßt).

Hat die Versammlung solcher Gestalt die Zulassung ausgesprochen, so wird der Urzeichner von seiner Verbindlichkeit frei, weil ein solcher Zulassungsbeschluß nicht wohl anders ausgelegt werden kann, als dahin, daß an Stelle des Urzeichners der Rechtsnachfolger desselben Mitglied werden solle, wie es der Urzeichner und sein Rechtsnachfolger gewollt und offerirt haben (vergl. Ring Anm. 6; anders Völderndorff, der den Rechtsnachfolger nur im Namen und in Vertretung des Urzeichners auftreten läßt, was aber mit dem Begriff Rechtsnachfolger in Widerspruch steht, auch Behrend § 106 Anm. 8, der eine ausdrückliche gesetzliche Vorschrift vermißt, wonach der Urzeichner frei werde; ebenso Cosack S. 550).

Kann auch bei den Gründern die Zulassung der Rechtsnachfolger erfolgen? Behrend (§ 106 Anm. 8) bejaht die Frage Mangels einer gesetzlichen Vorschrift, welche die Uebertragung der Aktien verbietet oder einschränkt; Ring (Anm. 6) verlangt, daß der Gründer wenigstens eine Aktie behält. Entgegen diesen Ansichten müssen wir die aufgeworfene Frage unbedingt verneinen. Den Gründern ist vom Gesetze eine höchst persönliche Rolle zugewiesen worden, die, einmal übernommen, von ihnen nicht abgelegt und auf Andere übertragen werden kann, und zwar, weil ein öffentliches Interesse vorliegt, selbst nicht mit Zustimmung eines formgerechten Beschlusses der gegenwärtigen Betheiligten; und auch die Frage, wie viel Aktien dieser oder jener Gründer übernommen, ist derart erheblich, daß eine Aenderung in dieser Hinsicht durch Majoritätsbeschluß nicht angängig erscheint.

§ 10. 5. (Abs. 5.) **Die Vertagung** beschließt die Versammlung, der Richter spricht sie aus. Die neue Generalversammlung muß so zeitig anberaumt werden, daß die im Zeichnungsscheine vorgesehene Frist nicht verstreicht.

Artikel 210b.

Auf die Berufung und Beschlußfassung der vor der Eintragung des Gesellschaftsvertrages stattfindenden Generalversammlungen kommen, soweit nicht im Artikel 210a ein Anderes bestimmt ist, die Regeln zur entsprechenden Anwendung, welche für die Gesellschaft nach der Eintragung maßgebend sind.

Einleitung. **Der Artikel bestimmt in Ergänzung des Art. 210a, daß auf die Berufung und Beschlußfassung der der Eintragung vorangehenden Generalversammlungen im Uebrigen die für die eingetragenen Gesellschaften maßgebenden Vorschriften Anwendung finden sollen.**

§ 1. 1. **Die Bedeutung der Bestimmung.** Einer solchen bedurfte es, weil ohne sie die analoge Anwendung jener Vorschriften zweifelhaft gewesen wäre. Denn sie beziehen sich ihrem Inhalte nach nur auf die Rechtsverhältnisse einer *bestehenden* Gesellschaft, sprechen überall nur von Aktionären, während es solche doch vor der Eintragung nicht giebt.

Daher kommt es auch, daß die Anwendung der Vorschriften nur eine *entsprechende* sein kann und nur soweit stattfindet, als die immerhin doch vorhandene Verschiedenheit der Rechtsverhältnisse eine Abweichung nicht nothwendig bedingt. So wird z. B. die etwa angeordnete Deposition von Aktien hier cessiren müssen, da es Aktien in diesem Stadium noch nicht giebt.

Unter den für die eingetragene Gesellschaft geltenden Vorschriften sind sowohl die gesetzlichen, als die statutarischen zu verstehen.

§ 2. 2. **Der Inhalt der Vorschrift.**

a) **Auf die Berufung** findet insbesondere die zweiwöchige Frist (vergl. § 8 zu Art. 210a) und das Erforderniß der Publikation Anwendung. Zu laden sind, wenn etwa besondere Ladung statutarisch vorgesehen ist, die im Aktionärverzeichniß aufgeführten Aktionäre. Auf etwaige Cessionen ist dabei nicht Rücksicht zu nehmen, wie Kayser Anm. 1 annimmt. Denn acceptirt ist von den Gründern zunächst nur die Mitgliedschaft des Urzeichners, nur mit der Maßgabe, daß dieselbe einem etwaigen Rechtsnachfolger zu Theil werden soll, wenn die Versammlung als solche ihn zuläßt (vergl. § 9 zu Art. 210a). Um diese Zulassung mögen sich der Unterzeichner und seine Rechtsnachfolger bei der Versammlung bewerben.

Eine etwaige Hinterlegung von Aktien ist hier nicht durchführbar und fällt daher fort (vergl. oben § 1).

§ 3. b) **Die Beschlußfassung** anlangend, so finden auch in Bezug auf den Errichtungsbeschluß selbst die Sonderbestimmungen des Art. 210a Anwendung. Aber die Beschlußfassung kann auch noch andere Gegenstände betreffen, z. B. den fakultativen Inhalt der Statuten, die Zulassung von Rechtsnachfolgern. Hier greifen die gewöhnlichen statutarischen Regeln der Abstimmung Platz.

Zu den gewöhnlichen Regeln gehören auch die etwaigen statutarischen Begrenzungen des Stimmrechts nach Art. 190 Abs. 1. Auch diese finden in diesem Stadium schon Anwendung.

Auch die Regeln von der Anfechtung hat man hierauf anwenden wollen (Art. 190a). So insbesondere Ring (Anm. 12 zu Art. 210a) und ihm sich anschließend Behrend (§ 106 Anm. 6), der jedoch den Beschluß über die Zulassung von Rechtsnachfolgern

(Art. 210a) seiner Sondernatur wegen der Anfechtung entzieht (§ 106 Anm. 8). Rings Ansicht kann nicht gebilligt werden. Nur auf die Berufung und Beschlußfassung, also auf die Fassung der Beschlüsse, finden die Vorschriften über die bestehende Gesellschaft Anwendung. Eine weitere analoge Anwendung über diesen Wortlaut hinaus ist nicht gestattet, da jene Vorschriften die bestehende Gesellschaft zur Voraussetzung haben. Auch entspricht es nicht dem Geiste des Gesetzes und seinem vermuthlichen Willen, daß wegen jeder geringfügigen Verletzung einer gesetzlichen oder statutarischen Vorschrift der Errichtungsbeschluß angefochten werden und so die Frage der Errichtung in langwieriger Schwebe bleiben soll. Vielmehr ist der Registerrichter gehalten, das Vorhandensein der gesetzlichen und statutarischen Voraussetzungen zu prüfen. Sind sie nicht vorhanden, so hat er die Eintragung abzulehnen; trägt er aber ein, so kommt es darauf an, ob die angeblich nicht befolgten Vorschriften wesentliche oder nicht wesentliche sind (vergl. §§ 2—5 zu Art. 211). In ersterem Falle besteht die Gesellschaft trotz ihrer Eintragung nicht, im letzteren Fall besteht sie.

Artikel 210c.

Der eingetragene Gesellschaftsvertrag ist im Auszuge von dem Handelsgerichte zu veröffentlichen.

Die Veröffentlichung muß enthalten:

1. das Datum des Gesellschaftsvertrages und die im Artikel 209 Absatz 2 und 3, 209a Ziffer 1 und 4 und 209b bezeichneten Festsetzungen;
2. den Namen, Stand und Wohnort der Gründer und die Angabe, ob sie die sämmtlichen Aktien übernommen haben;
3. den Namen, Stand und Wohnort der Mitglieder des Vorstandes und des Aufsichtsraths sowie der in Gemäßheit des Artikels 209h bestellten Revisoren.

Ist im Gesellschaftsvertrage eine Form bestimmt, in welcher der Vorstand seine Willenserklärungen kundgiebt und für die Gesellschaft zeichnet, so ist auch diese Bestimmung zu veröffentlichen.

Der Artikel ordnet die Publikation eines Auszuges aus dem Gesellschaftsvertrage durch das Handelsgericht an.

1. **Die Bedeutung der Vorschrift** ist lediglich die einer Ordnungsvorschrift. Die Gesellschaft entsteht durch die Eintragung, die Publikation ist hierbei rechtlich bedeutungslos. Auch begründet die erfolgte oder nicht erfolgte Publikation nicht die Vermuthung des Art. 25 (vergl. Ring Anm. 1), da derselbe eine Ausnahmevorschrift darstellt und deshalb analoger Anwendung, welcher Behrend (§ 108 Anm. 1) das Wort redet, nicht fähig ist. § 1.
2. **Der Inhalt der Publikation** ist ein Auszug aus dem Gesellschaftsvertrage, dessen nothwendige Bestandtheile das Gesetz ergiebt. Dabei ist hervorzuheben: § 2.
   a) Nur die Mitglieder des ersten Aufsichtsraths sind zu publiciren: bei späterer Neuwahl ist allerdings das betreffende Protokoll gemäß Art. 238a einzureichen; diese Einreichung bedingt aber weder eine Anmeldung zur Eintragung in das Register, noch auch eine Eintragung von Amts wegen, noch endlich eine Veröffentlichung. (Unzutreffend läßt sich Völdernborff S. 666 durch das Citat des Art. 210c in Art. 214 zur gegentheiligen Ansicht verleiten.)
   b) Nur ob die Gründer alle Aktien übernommen haben, ist zu publiciren, nicht wieviel jeder Einzelne übernommen hat. § 3.
   c) Nicht zu publiciren sind Bestimmungen über den Vorsitzenden des Aufsichtsraths; über die Aktienumwandlung; die Verjährung und den Verlust von Dividendenscheinen, und auch die Festsetzungen des Art. 209b sind nicht ihrem vollen Inhalt nach anzugeben, vielmehr genügt eine summarische Angabe (Ring Anm. 2).
   d) Nicht vorgeschrieben ist die Veröffentlichung des Datums der Eintragung, also der Entstehung der Gesellschaft. Doch empfiehlt sich die Hinzufügung dieses Datums.

§ 4. 3. **Die Art der Publikation** ist die in Art. 14 vorgesehene. Nicht etwa kommen die Vorschriften des Statuts über die Bekanntmachungen der Gesellschaft in Anwendung. (Vergl. Behrend § 108 Anm. 1.)

Artikel 211.

Vor erfolgter Eintragung in das Handelsregister besteht die Aktiengesellschaft als solche nicht.

Ist vor der Eintragung im Namen der Gesellschaft gehandelt worden, so haften die Handelnden persönlich und solidarisch.

Einleitung. **Der Artikel stellt fest, durch welche Thatsache die Aktiengesellschaft als solche entsteht** (Abs. 1) und statuirt eine persönliche Haftung für die vor dieser Thatsache im Namen der Gesellschaft handelnden Personen (Abs. 2).

§ 1. 1. (Abs. 1.) **Vor der Eintragung besteht die Aktiengesellschaft als solche nicht.** Die Bedeutung dieses Satzes ist nach zweierlei Richtung zu erörtern: es ist einmal zu handeln von der rechtlichen Bedeutung der Gesellschaft vor der Eintragung, und zweitens von der Rechtswirkung der Eintragung.

a) **Die rechtliche Bedeutung der Gesellschaft vor der Eintragung.** Die Gesellschaft entsteht durch die gegenseitige Bindung mehrerer Personen, Mitglieder einer Aktiengesellschaft zu werden. Als Aequivalent der angestrebten Mitgliedschaft verpflichten sie sich zu Vermögenseinlagen, welche das Stammvermögen der Aktiengesellschaft bilden sollen, die ja ohne Vermögen nicht entstehen kann. Die Einlagen sind entweder Baar- oder Sacheinlagen. Hiernach würde die Aktiengesellschaft zur Entstehung gelangen, lediglich ausgestattet mit denjenigen Rechten und Pflichten, welche von den Gründern und Zeichnern durch ihre gegenseitigen Zusagen für die Gesellschaft begründet werden, wenn nicht das Gesetz darüber hinaus noch gestattet hätte, daß die werdende Gesellschaft auch mit dritten Personen Uebernahmeverträge schließe d. h. Verträge, durch welche sie vorhandene oder herzustellende Anlagen oder sonstige Vermögensstücke von Dritten übernimmt. Diese Uebernahmeverträge müssen nach gesetzlicher Vorschrift in den Gesellschaftsvertrag aufgenommen sein, also spätestens bei Errichtung der Gesellschaft feststehen (Art. 209b), und nur noch zu ihrer Ausführung können weitere Verträge mit rechtlicher Wirkung gegen die Gesellschaft nach ihrer Errichtung nach innen und vor der Eintragung geschlossen werden (Art. 210 Abs. 2 Ziffer 1).

Hier aber ist die Grenze. Die Grundlagen, auf denen eine Aktiengesellschaft zur Entstehung gelangen kann, sind hiermit vom Gesetze erschöpfend normirt. Es ist den Gründern nicht überlassen, eine Aktiengesellschaft mit Verpflichtungen beliebiger Art und von beliebiger Tragweite zur Entstehung zu bringen. Alle Vorsorge, mit welcher das Gesetz die Errichtung der Gesellschaft umgiebt, würde durch solche Freiheit ihren Zweck verfehlen. Im Uebrigen kann daher eine solche Gesellschaft im Rechtsverkehr mit Dritten nicht thätig sein (R.G. 21 S. 250; Förtsch Anm. 4 zu Art. 178; Ring Anm. 1).

Nach innen aber besteht die Gesellschaft schon vor der Eintragung. Das hat die Rechtsfolge, daß sie schon materielle Beschlüsse in Gemäßheit der Statuten fassen kann (Ring 1. Aufl. S. 135), wodurch sie freilich nicht die Grundlage der Gründung verrücken darf. Sonst wären die Beschlüsse eo ipso ungültig und die Gesellschaft könnte auf der veränderten Grundlage nicht eingetragen werden. In der 2. Auflage hat Ring zu der Frage, ob die errichtete, aber noch nicht eingetragene Gesellschaft, schon statutenmäßige Beschlüsse fassen kann, nicht ausdrücklich Stellung genommen, aber er vertritt auch hier mit Klarheit und Schärfe den Standpunkt, daß nach innen der Aktiengesellschaftsvertrag geschlossen ist, und daraus folgt die von uns gezogene Konsequenz mit Nothwendigkeit. Die Meinung Cosacks (S. 555), die Gründergesellschaft sei, falls die Gründer nichts anderes vereinbaren, ohne feste Organisation und alle ihre Beschlüsse müßten einstimmig gefaßt werden, scheitert an dem Wortlaute des

Art 209d, wonach nicht eine, sondern die Gesellschaft errichtet ist, d. h. die Gesellschaft mit dem vereinbarten Aktiengesellschaftsvertrage.

b) **Die Rechtswirkung der Eintragung.** Sie bewirkt die Entstehung der Gesellschaft und zwar ausgestattet und belastet mit denjenigen Rechten und Pflichten, welche die Gründer als offizielle Organe der werdenden Aktiengesellschaft im Bereiche ihrer Zuständigkeit (vergl. § 1) für die Gesellschaft konstituirt haben. Die rechtliche Konstruktion dieser Rechtserscheinung ist sehr bestritten. Wir erblicken darin mit Ring und Behrend nicht eine Succession; auch nicht Rechtserwerb durch contractus in favorem tertii, sondern den Abschluß eines eigenartigen einheitlichen Werdeprozesses, durch welchen die Aktiengesellschaft mit denjenigen Rechten und Pflichten geboren wird, die während der Entstehung zulässiger Weise für sie konstituirt sind. (Näheres bei Ring Anm. 1; Behrend § 114.) Ein weiteres und schwieriges Gebiet wird betreten mit der Frage, **welche Wirkung die Eintragung dann hat, wenn die Voraussetzungen der Eintragung an einem Mangel leiden,** die Eintragung also eigentlich nicht hätte erfolgen sollen. Diese Frage läßt sich nicht einheitlich beantworten. Vielmehr muß unterschieden werden: § 2.

α) Mängel in materiellen wesentlichen Erfordernissen machen den Gesellschaftsvertrag und damit die Gesellschaft nichtig. Sie ist zwar eingetragen, aber sie besteht nur scheinbar. In Wahrheit besteht sie nicht. Die materiellen wesentlichen Erfordernisse sind einmal die im Art. 209 aufgezählten essentialia des Gesellschaftsvertrages und zweitens die auf Grund des Statuts erfolgten Betheiligungserklärungen, die entweder nur in den Aktienübernahmen oder in diesen und den Zeichnungen bestehen. Ermangelt der Gesellschaftsvertrag eines dieser wesentlichen Erfordernisse, so kann die Gesellschaft nicht zur Entstehung kommen, auch wenn sie eingetragen wird. (Beispiel: Es fehlt die Bestimmung über die Firma, die Angabe der Grundkapitalsziffer). § 3.

Die Nichtigkeit kann von jedem Interessenten, insbesondere von jedem Aktionär geltend gemacht werden. Einer Anfechtungsklage nach Art. 190a bedarf es nicht (vergl. § 8 zu Art. 210b). Es liegt nicht verzichtbare Anfechtbarkeit, sondern unverzichtbare, absolute Nichtigkeit vor. Die Frage, wie ein solches Wesen, welches fälschlich als A.G. eingetragen ist, und die Lebensäußerungen derselben zu beurtheilen sind, liegt außerhalb des Aktienrechts. Der Inhalt der Eintragung wird unter einem anderen rechtlichen Gesichtspunkt regelmäßig nicht aufrecht zu erhalten sein; denn die Interessenten haben eine A.G. und nur diese gewollt. Es ist daher regelmäßig die Eintragung ein nihil actum und die für die Pseudoaktiengesellschaft Handelnden haften als falsi procuratores. Eine Präjudizialklage gegen die Gesellschaft auf Nichtigkeitserklärung, die Ring anzunehmen scheint, ist nicht gegeben. (Vergl. Behrend § 115 Anm. 10).

β) Verletzung von Ordnungsvorschriften, welche die die Eintragung vorbereitenden Akte betreffen, machen die Eintragung nicht nichtig (R.O.H. 16 S. 358; R.G. 5 S. 78; Reichsgericht bei Seuffert Bd. 44 S. 332 ffg.). Beispiel: Der Anmeldung haben die Spezifikation des Gründungsaufwandes oder die Zeichenscheinduplikate nicht beigelegen. — Behrend § 115 II. — § 4.

γ) Nichtbeobachtung der vorgeschriebenen Formen. In Betracht kommen die gerichtlichen oder notariellen Formen für die Feststellung des Gesellschaftsvertrages und für die Aktienübernahme durch die Gründer, die Anmeldung vor Gericht oder in beglaubigter Form und ferner die Vorschrift über den Inhalt des Zeichnungsscheins. § 5.

Was zunächst den letzteren betrifft, so bestimmt das Gesetz, daß die Zeichnungserklärung, sobald sie nur schriftlich gegeben ist, gültig werden kann, wenn sie auch des sonst für die Gültigkeit vorgeschriebenen Inhalts entbehrt. Die Konvalescenz tritt ein durch Bethätigung von Aktienrechten oder Erfüllung von Aktionärverpflichtungen in oder nach der Errichtungsversammlung (Art. 109c Abs. 3).

Die hier niedergelegte Auffassung hat aber nicht den Charakter einer singulären Vorschrift, sondern ist nur der Ausfluß eines auf allgemeinen Rechtsgrundsätzen ruhenden Prinzips. Auch die Reichstagskommission, welche diese Vorschrift vorschlug, stellte sie als selbstverständlich hin (K.B. 6). Und auch das Reichsgericht (26 S. 73) erblickt in jener Vorschrift ein Princip, aus welchem es für die anderen hier in Betracht kommenden Fragen Konsequenzen herleitet.

In dem dem Reichsgericht zu Grunde liegenden Falle war die Art der in gehöriger Form erklärten Aktienübernahme in einem wesentlichen Punkte durch eine Nachtrags-Erklärung geändert, welche selbst nur schriftlich abgegeben wurde. Auf Grund dieser schriftlichen Erklärung erfolgte die Anmeldung zum Gesellschaftsvertrage, auch nur in schriftlicher, unbeglaubigter Form. Das Reichsgericht erachtete die auf dieser Basis erfolgte Eintragung für geeignet, die Gesellschaft zur Entstehung zu bringen und die Mängel des Gründungsherganges konvalesciren zu lassen, indem es in der Anmeldung des Gesellschaftsvertrages eine Bethätigung des Aktienrechts erblickte, welche ausreiche, um Formmängel der immerhin doch schriftlich abgegebenen Grunderklärungen zu heilen.

Dieser Auffassung ist durchaus beizutreten. Sie ist dahin zu erweitern und zu verallgemeinern, daß alle Formmängel der im Stadium der Gründung abgegebenen Erklärungen als geheilt zu betrachten sind, wenn nur nachherige, d. h. nach der Errichtung abgegebene Erklärungen der Betheiligten vorliegen, welche die Absicht, Aktionärrechte geltend zu machen oder Aktionärverpflichtungen zu erfüllen, unzweideutig dokumentiren. Eine solche Erklärung ist immer zu finden in der Anmeldung des Gesellschaftsvertrages durch die Betheiligten selbst oder auch nur mit ihrem festgestellten Willen. Daraus folgt, daß auch das Fehlen der notariellen Form des Gesellschaftsvertrages die Entstehung der Aktiengesellschaft nicht absolut hindert, daß vielmehr auch dieser Mangel geheilt werden kann, freilich nicht, wie Ring (Anm. 2 zu Art. 209) und Behrend (§ 115 Anm. 8) — letzterer im Widerspruch mit § 98 Anm. 4 — annehmen, durch bloße Eintragung, sondern, um dies kurz zu formuliren, durch eine mit dem deutlich dokumentirten Willen aller Betheiligten erfolgte Eintragung.

§ 6. 2. (Abs. 2.) **Handeln vor Entstehung der Gesellschaft Namens derselben erzeugt persönliche solidarische Verpflichtung der Handelnden.**

a) Die Vorschrift bezieht sich nur auf das Handeln im Namen der Gesellschaft, d. h. ein Handeln derart, daß darin das Vorgeben liegt, es sei die Gesellschaft schon entstanden. (Behrend § 109 Anm. 4). Es liegt darin eine Anwendung des im Art. 55 zum Ausdruck gebrachten Prinzips, und es ist daher Voraussetzung, daß der Gegenkontrahent die Nichtexistenz der Gesellschaft nicht kennt. (Uebereinstimmend Petersen und Pechmann S. 81, Behrend § 109 Anm. 6, abweichend Ring Anm. 3, Cosack S. 560, Förtsch Anm. 4 zu Art. 178).

§ 7. b) Als handelnde Personen sind diejenigen zu betrachten, die sich als Vertreter der Aktiengesellschaft geriren (Behrend § 109 Anm. 8), dagegen nicht ohne weiteres diejenigen, mit deren Wissen und Zustimmung gehandelt ist, wie in den Berathungen irrig angenommen wurde (P. 1039; 1450).

Artikel 212.

Jede Zweigniederlassung muß bei dem Handelsgerichte, in dessen Bezirke sie sich befindet, behufs der Eintragung in das Handelsregister angemeldet werden.

Die Anmeldung ist von sämmtlichen Mitgliedern des Vorstandes vor dem Handelsgerichte zu unterzeichnen oder in beglaubigter Form einzureichen.

Dieselbe hat die im Artikel 210c Absatz 2 und 3 bezeichneten Angaben zu enthalten. Im Uebrigen finden die Vorschriften im Artikel 179 Absatz 2 und 3 Anwendung.

(Artikel 179 Abs. 2 u. 3.)

Die Anmeldung der Zweigniederlassung muss die im Artikel 177 Absatz 2 bezeichneten Angaben und den Nachweis der Eintragung des Gesellschaftsvertrages bei dem Handelsgerichte der Hauptniederlassung enthalten. Eines Nachweises, dass die für diese im Artikel 176 vorgeschriebenen Erfordernisse beobachtet sind, bedarf es nicht.

Befindet sich die Hauptniederlassung im Auslande, so hat die Anmeldung der Zweigniederlassung ausser dem Nachweise des Bestehens der Kommanditgesellschaft auf Aktien als solcher die im Artikel 177 Absatz 2 bezeichneten Angaben und in dem Falle, dass der Gegenstand des Unternehmens oder die Zulassung zum Gewerbebetriebe im Inlande der staatlichen Genehmigung bedarf, den Nachweis der ertheilten Genehmigung zu enthalten.

Der Artikel beschäftigt sich mit Zweigniederlassungen inländischer und ausländischer Aktiengesellschaften. Einleitung.

Ueber den Begriff der Zweigniederlassung vergl. Einleitung und § 1 zu Art. 21.

Seinen Stoff behandelt der vorliegende Artikel theils selbstständig, theils durch Bezugnahme auf Art. 179 Abs. 2 u. 3, welche der Uebersicht wegen in unmittelbarem Anschluß an diesen Artikel hier abgedruckt werden.

Der Inhalt der so zusammengestellten Gesetzesvorschriften ist nun folgender:

1. Zweigniederlassungen inländischer Aktiengesellschaften (Abs. 1, 2 u. 3 sowie Art. 179 Abs. 2).

2. Zweigniederlassungen ausländischer Aktiengesellschaften (Art. 179 Abs. 3).

1. **Zweigniederlassungen inländischer Aktiengesellschaften** (Abs. 1, 2 u. 3 und Art. 179 Abs. 2). Es wird die Nothwendigkeit der Anmeldung (Abs. 1), die Form derselben (Abs. 2) und ihr Inhalt (Abs. 3 und Art. 179 Abs. 2) geregelt. § 1.

a) (Abs. 1.) **Die Nothwendigkeit der Anmeldung.** Diese Nothwendigkeit ist nicht etwa in dem Sinne aufzufassen, als wenn die Zweigniederlassung durch sie erst rechtlich existent würde. Die Zweigniederlassung besteht vielmehr rechtlich auch ohne Anmeldung und Eintragung. Die Eintragung ist nur Ordnungsvorschrift, deren Befolgung durch Ordnungsstrafen erzwungen werden kann (Art. 249 g). Die Errichtung einer Zweigniederlassung ist ein reiner Verwaltungsakt und erfordert, wenn die Statuten nichts Anderes besagen, keine Statutenänderung (R.O.H. 22 S. 278; Ring Anm. 6).

b) (Abs. 2.) **Die Form der Anmeldung.** Die letztere muß von sämmtlichen Vorstandsmitgliedern eingereicht werden, obwohl, da nach dem eben Gesagten ein reiner Verwaltungsakt vorliegt, die Anmeldung jedes voll vertretungsberechtigten Vorstandsmitgliedes genügen sollte. § 2.

c) (Abs. 3 u. Art. 179 Abs. 2.) **Der Inhalt der Anmeldung** muß nach Abs. 3 des vorstehenden Artikels die in Art. 210c enthaltenen Angaben und nach Art. 179 Abs. 2 den Nachweis der Eintragung bei dem Handelsgericht der Hauptniederlassung, d. h. des Sitzes der Gesellschaft (vergl. § 6 zu Art. 209), nicht aber den Nachweis gehöriger Gründung enthalten. Dieser Nachweis wird durch ein Attest beigebracht (Preußische Ministerialinstruktion vom 12./12. 1861 §§ 34 Abs. 1; 60 Abs. 2; 71; 79). Daß die Eintragung zunächst beim Hauptgericht erfolgen muß, folgt übrigens schon aus Art. 21 und dem Wesen der Sache, da eine Aktiengesellschaft vor der Eintragung nicht besteht. Ueber Firma und ihre Prüfung durch den Registerrichter siehe unten § 10. § 3.

2. **Zweigniederlassungen ausländischer Aktiengesellschaften** (Art. 179 Abs. 3). Ausländische Gesellschaften sind solche, deren statutarisch festgesetzter Sitz im Auslande liegt; wo sie gegründet sind, ist ebenso unerheblich, wie die Frage, ob die Gründer Inländer oder Ausländer sind. Es ist nicht ausgeschlossen, daß auch von Ausländern im Auslande eine inländische Aktiengesellschaft gegründet wird, freilich nicht durch Successivgründung, da bei dieser eine richterliche Generalversammlung stattfinden muß, zu deren Abhaltung nur ein deutscher Richter zuständig erscheint. § 4.

Die früher bestandene Kontroverse, ob die Zulassung von Zweigniederlassungen ausländischer Aktiengesellschaften abhängig zu machen sei von der Erfüllung der Normativbestimmungen des deutschen Gesetzes oder ob lediglich die Vorschriften der auswärtigen Gesetze zu Grunde zu legen seien (vergl. Motive I S. 200), beseitigt das neue Aktiengesetz durch Einschlagung eines Mittelweges.

Hiernach ist erforderlich:

a) Der Nachweis des Bestehens der Aktiengesellschaft.

b) Die Angaben des Art. 177 Abs. 2.

c) Der Nachweis der erforderlichen Staatsgenehmigung.

§ 5. Zu a) **Der Nachweis des Bestehens der Aktiengesellschaft als solcher.** Es muß der Nachweis geführt werden, daß die ihre Zulassung nachsuchende Aktiengesellschaft als solche bestehe. Darin liegt zweierlei:

α) Daß sie besteht, muß nachgewiesen werden, nicht daß sie ordnungsmäßig gegründet sei, weshalb weder unter Zugrundelegung der deutschen, noch der auswärtigen Gesetze der Gründungshergang zu prüfen ist, gleichviel, welche Gesetzgebung höhere Erfordernisse aufstellt (Motive II S. 192). Auch ist trotz Art. 21 Abs. 3 nicht absolut nothwendig, daß die Hauptniederlassung eingetragen sei, wenn die rechtliche Möglichkeit hierzu nach dem ausländischen Rechte nicht besteht. So wird z. B. in Frankreich kein Handelsregister geführt. (O.L.G. Dresden in G.Z. 34 S. 565.)

§ 6. β) Daß sie als solche besteht, d. h. daß sie die begrifflichen Merkmale aufweist, an welche das deutsche Recht das Vorhandensein einer Aktiengesellschaft knüpft. Hierbei ist Art. 207 zu Grunde zu legen. Demnach sind nicht Aktiengesellschaften diejenigen ausländischen Gesellschaften, bei welchen die Direktoren die uneingeschränkte Haftung übernehmen, wohl aber die compagnies limited by shares; Aktiengesellschaften sind auch die französischen sociétés anonymes à capital variable, bei welchen nach Maßgabe des Statuts das Grundkapital durch successive Einlagen oder durch Aufnahme neuer Mitglieder vermehrt oder andererseits durch gänzliche oder theilweise Rückzahlung der geleisteten Einzahlungen vermindert werden kann (Ring S. 442).

§ 7. Zu b) **Die Angaben des Art. 177 Abs. 2.** Bei diesem Erfordernisse ist auf das ausländische Recht Rücksicht zu nehmen. Es ist davon auszugehen, daß conditio sine qua non nur das Erforderniß zu a ist: der Nachweis, daß eine Aktiengesellschaft nach unseren Rechtsbegriffen im Auslande besteht. Die Angaben des Art. 177 Abs. 2 dagegen können naturgemäß nur in entsprechender Weise und nur insoweit gefordert werden, als sie nach Maßgabe des ausländischen Rechts überhaupt gemacht werden können. So z. B. wird das Institut der Gründer im ausländischen Recht nicht immer vorkommen, es müssen dann diejenigen Personen angegeben werden, welche Aktien übernommen haben; die Revisoren, der Aufsichtsrath werden nicht überall vorkommen, alsdann entfallen diese Angaben. (Vergl. hier überall Ring Anm. 12.)

Als Publikationsorgan muß der deutsche Reichsanzeiger bestimmt sein. Das ergiebt der Sinn der Bezugnahmen auf Art. 177 Abs. 2 und auf 175 Abs. 3 (vergl. Ring Anm. 12).

§ 8. Zu c) **Die etwa erforderliche Staatsgenehmigung hinsichtlich des Gegenstandes des Unternehmens und des Gewerbebetriebes.** Auch die mit einzelnen Staaten (z. B. Schweiz, Großbritannien, Belgien, Italien, Serbien, Spanien; vergl. Motive II S. 190) bestehenden Staatsverträge befreien hiervon nicht, da diese nur die rechtliche Anerkennung der gegenseitigen Aktiengesellschaften regeln, nicht aber die Befugniß zum Geschäftsbetriebe, sowie die Aufsichtsrechte des Staats über den Gegenstand des Unternehmens berühren. Es kommt hierbei besonders in Betracht § 12 der Gewerbeordnung, nach welchem es hinsichtlich des Gewerbebetriebes ausländischer juristischer Personen bei den Landesgesetzen bewendet; nach preußischem Recht dürfen juristische Personen nur mit Erlaubniß des Ministeriums ein stehendes Gewerbe betreiben (§ 18 des Gesetzes vom 22. Juni 1861), und auch nur mit Staatsgenehmigung Grundstücke erwerben (Gesetz vom 4. Mai 1846), außer Bergwerkseigenthum (Bescheid des Ministers vom 8. Juni 1877, Zeitschrift für Bergrecht Bd. 20 S. 396). Ob die letztere Beschränkung für deutsche, aber außerpreußische Aktiengesellschaften gilt, darüber vergl. § 3 zu Art. 213.

Zusatz 1. **Was späterhin nach Eintragung der Zweigniederlassung in das Zweigregister einzutragen sei,** war nach früherem Recht zweifelhaft. Das neue Aktiengesetz ordnet die in dieser Beziehung erforderlichen Eintragungen bei den betreffenden Artikeln ausdrücklich an (vergl. Art. 214, 215a, 215b, 222). Daraus folgt, daß andere Anmeldungen und Eintragungen in das Zweigregister nicht zu machen sind. § 9.

Zusatz 2. **Ueber die Firma der Zweigniederlassung** sagt der vorliegende Artikel nichts Besonderes, wohl aber Art. 21. Wenn aber dieser Artikel bestimmt, daß die Firma der Zweigniederlassung einen Zusatz annehmen muß, sobald dies die Unterscheidung von anderen Firmen erfordert, so kann dies nicht ohne Weiteres auf die Aktiengesellschaften angewendet werden. Denn die Aktiengesellschaft hat nur eine Firma, die statutarisch festgesetzt ist und einen integrirenden Theil des Gesellschaftsvertrages bildet. Nur durch Aenderung des Gesellschaftsvertrages kann die Firma geändert und auch nur einheitlich geändert werden, d. h. so, daß die Aktiengesellschaft überhaupt ihre Firma ändert. Ist daher am Orte der Zweigniederlassung bereits eine gleichlautende Firma, so bleibt nichts übrig, als daß die Aktiengesellschaft durch Abänderung ihres Statuts ihre Firma ändert. (Zust. Ring Anm. 8; Förtsch Anm. 3 zu Art. 179.) § 10.

Im Uebrigen aber hat bei der Anmeldung der Zweigniederlassung einer Aktiengesellschaft der Registerrichter die Zulässigkeit der gewählten Firma nicht zu prüfen, nachdem dieselbe im Register der Hauptniederlassung eingetragen ist. Dadurch hat sie das Recht erworben, unter der bezeichneten Firma Geschäfte zu betreiben. (O.L.G. Hamburg in G.Z. 40 S. 472.)

Ausländische Aktiengesellschaften aber müssen sich die Prüfung gefallen lassen, ob ihre Firma nach deutschem Rechte zulässig ist. Es kann Ring (Anm. 12), der das Gegentheil annimmt, nicht beigetreten werden. Denn die vom ihm betonte Rücksicht auf die wirthschaftlichen Werthe der Ausländer findet ihre Grenze in der Rücksicht auf die Interessen der eigenen Reichsbürger. Diese aber würden verletzt werden, wenn man den ausländischen Aktiengesellschaften das Privileg vindiciren wollte, durch nach deutschem Recht unzulässige Firmen, z. B. durch Wahl eines bloßen Personennamens, unser Register zu verwirren.

Zusatz 3. **Vertretung der Zweigniederlassung.** So hierüber § 5 zu Art. 21. Hinzuzufügen ist: Ein besonderer Prokurist für die Zweigniederlassung kann nur dann bestellt werden, wenn die letztere eine verschiedene (aber wirklich verschiedene, als solche gewollte und äußerlich erkennbare) Firma hat (Kammergericht vom 4./4. 1892 bei Johow 12 S. 30.) Ein besonderer Vorstand für die Zweigniederlassung ist überhaupt unzulässig (Ring Anm. 9; Johow 12 S. 34). § 11.

Zusatz 4. **Auch bei Anmeldung der Zweigniederlassungen älterer Gesellschaften** ist Art. 212 zu beachten. (O.L.G. Dresden in den Sächsischen Annalen 1887 S. 411; Förtsch Anm. zu Art. 212.) § 12.

Artikel 213.

Die Aktiengesellschaft als solche hat selbstständig ihre Rechte und Pflichten; sie kann Eigenthum und andere dingliche Rechte an Grundstücken erwerben, sie kann vor Gericht klagen und verklagt werden.

Ihr ordentlicher Gerichtsstand ist bei dem Gerichte, in dessen Bezirke sie ihren Sitz hat.

Der Artikel statuirt die juristische Selbstständigkeit der Aktiengesellschaft (Abs. 1) und bestimmt ihren ordentlichen Gerichtsstand (Abs. 2).

1. (Abs. 1.) **Die juristische Selbstständigkeit der Aktiengesellschaft** besteht, wie schon anderweit erörtert ist (§ 1 zu Art. 207), darin, daß sie juristische Person ist. Daraus ergeben sich die hier aufgezählten rechtlichen Fähigkeiten der Aktiengesellschaften von selbst. § 1.

Als einzelne rechtliche Fähigkeiten sind hervorgehoben:

a) **Die Aktiengesellschaft hat als solche selbstständig ihre Rechte und Pflichten.**

α) Die Aktiengesellschaft als solche ist selbstständige Trägerin von Recht und Pflicht. Damit ist unverkennbar angedeutet, daß die Aktiengesellschaft ein von den Mitgliedern verschiedenes Rechtssubjekt sein soll. Sie als solche ist selbstständig berechtigt und verpflichtet.

§ 2. β) Rechte und Pflichten bestehen für sie, scheinbar aller Art, in Wahrheit aber nur Privatrechte und privatrechtliche Verpflichtungen. Sie kann daher keine Delikte begehen und ist strafrechtlich nicht verantwortlich (R.O.H. 13 S. 291; R.G. in Strafsachen 16 S. 123), wenn ihr auch die civilrechtliche Haftung für die Delikte ihrer gesetzlichen Vertreter nicht erspart bleibt (vergl. Zusatz zu Art. 230). Dagegen können selbstverständlich gegen sie Delikte begangen werden, jedoch solche nicht, welche sich ihrem Wesen nach gegen eine physische, empfindende Person wenden. Daher können strafrechtlich verfolgbare Beleidigungen im Allgemeinen nicht gegen die Aktiengesellschaft begangen werden (R.G. in Strafsachen 1 S. 178; 9 S. 2), wohl aber kann das Delikt der kreditgefährdenden Verleumdung gegen die A.G. begangen werden (Olshausen, Kommentar zum Strafgesetzbuch § 187 Anm. 6) und zwar nicht blos, wie Willenbücher (Anm. 2) annimmt, mit der Wirkung, daß die A.G. auf Zahlung einer Buße antragen oder auf Entschädigung klagen kann, sondern auch mit dem Erfolge der Bestrafung. (Vergl. Str.P.O. § 414 Abs. 3.) Ob die Aktiengesellschaft wegen Beleidigung civilrechtlich vorgehen kann, richtet sich nach den Grundsätzen des bürgerlichen Rechts über außerkontraktliche Schadensansprüche. Keinesfalls ist die Frage schlechtweg zu verneinen. So kann z. B. in der Aeußerung: „die Gesellschaft betreibe ein Schwindelgeschäft" (vergl. den Fall in Busch Archiv 17 S. 210) sehr wohl eine Schädigung liegen; wenn auch ihre Höhe vielleicht schwer zu beziffern sein mag, so hat dies mit der Begriffsfrage nichts zu thun. (Uebereinstimmend Renaud Aktiengesellschaft S. 190.)

Die Aktiengesellschaft kann auch Erbin und Legatarin sein (Ring Anm. 1), auch Vollmachtträgerin, da hierzu die Geschäftsfähigkeit des Vertreters nicht gehört (Dernburg Pandekten 1. Band § 119 Note 4; § 29, I, 13 A.L.R.; Motive zum bürgerlichen Gesetzentwurf Bd. I S. 227, O.L.G. Dresden in G.Z. 35 S. 242). Es steht daher nichts entgegen, daß eine Aktiengesellschaft die Vertretung eines Aktionärs in der Generalversammlung einer andern Gesellschaft übernimmt.

§ 3. b) **Sie kann Eigenthum an Grundstücken und andere dingliche Rechte erwerben.** Hierdurch ist die Rechtsfähigkeit jeder deutschen Aktiengesellschaft ohne jede Einschränkung für Grunderwerb ausgesprochen. Landesrechtliche Beschränkungen für den Eigenthumserwerb juristischer Personen sind hierdurch für deutsche Aktiengesellschaften beseitigt es gilt also auch die preußischrechtliche Beschränkung hinsichtlich des Erwerbes von Grundeigenthum nicht für die Aktiengesellschaften anderer Bundesstaaten (vergl. § 8 zu Art. 212). Die Berliner Zweigniederlassung der in Dresden domizilirenden Dresdner Bank z. B. kann ungehindert in Berlin Grundstücke erwerben. (A. M. hinsichtlich der landesgesetzlichen Beschränkungen für Gesellschaften anderer Bundesstaaten Gareis-Fuchsberger S. 22 Note 5, Ring S. 289; Förtsch Anm. 4; Kgl. Preußischer Erlaß vom 14. Februar 1882, Gesetzsammlung S. 18.)

§ 4. c) **Sie kann vor Gericht klagen und verklagt werden.** Da die Gesellschaft juristische Person ist, so gestalten sich die Rechtsverhältnisse im Prozesse der Aktiengesellschaft sehr einfach und ohne die mannigfachen Zweifel und Bedenken, die bei der offenen Handelsgesellschaft (§§ 5—8 zu Art. 111) auftauchen.

§ 5. α) Die Aktiengesellschaft ist parteifähig, aber nicht prozeßfähig. Sie wird vertreten durch den Vorstand als gesetzlichen Vertreter; an eines von den Vorstandsmitgliedern erfolgen gültig Zustellungen und Ladungen; die Eide sind zu leisten von den Mitgliedern des Vorstandes als gesetzlichen Vertretern; als Zeugen können diese daher nicht vernommen werden (R.G. 2 S. 400), wohl aber kann jeder Aktionär als Zeuge vernommen werden, weil er eben nicht Partei ist, ja es kann sogar der Aktionär als Richter im Gesellschaftsprozesse fungiren (R.G. 7 S. 812).

β) Die Auflösung der Gesellschaft hat auf das schwebende Verfahren folgenden Einfluß. Der Prozeß setzt sich mit den Liquidatoren fort, nachdem er allerdings zunächst unterbrochen ist. Die Unterbrechung wird von Wilmowski und Levy (Kommentar zur C.P.O. 6. Aufl. S. 338) für den Fall geleugnet, daß der Vorstand Liquidator wird. Allein auch in diesem Falle hört die gesetzliche Vertretungsbefugniß des Vorstandes auf, die Mitglieder desselben erhalten eine neue Vertretungsbefugniß anderer Art. Nicht der Wechsel der vertretenden Person, sondern der Wechsel der Vertretungsbefugniß ist nach § 219 C.P.O. entscheidend, vergl. § 6 zu Art. 111). Wie aber, wenn die Liquidatoren ihr Amt niederlegen? Alsdann kann der Prozeßrichter einen Prozeßpfleger bestellen (§ 55 C.P.O.). Verschieden von der Auflösung ist der Untergang der Gesellschaft, wie er durch Amortisation sämmtlicher Aktien und durch Fusion (§ 1 zu Art. 247) eintritt. Im Falle der Amortisation sämmtlicher Aktien kann der Prozeß nicht fortgesetzt werden (§ 9 zu Art. 242). Es liegt herrenloses Gut vor. Im Falle der Fusion auch nicht, jedoch kann das eingeklagte Recht im neuen Prozesse von der neuen Gesellschaft und ebenso gegen dieselbe die eingeklagte Schuld von Neuem geltend gemacht werden. § 6.

γ) Die Wirkung des gegen die Gesellschaft ergangenen Urtheils ist einfach die, daß dasselbe lediglich gegen die Gesellschaft rechtskräftig und vollstreckbar ist. Die Aktionäre werden davon nicht berührt, weil die Aktiengesellschaft ein selbstständiges Rechtssubjekt ist. § 7.

2. (Abs. 2.) **Ihr ordentlicher Gerichtsstand ist der Sitz der Gesellschaft.** (Ueber diesen Begriff vergleiche § 6 zu Art. 209.) Die Vorschrift ist überflüssig, da schon § 19 C.P.O. dasselbe bestimmt. Sie hat, wie oft das Ueberflüssige dem bekannten Rechtssprüchwort entgegen schadet, zu dem Zweifel Anlaß gegeben, ob § 19 Abs. 3, der außerdem statutarische Gerichtsstände zuläßt, etwa aufgehoben sein soll, weil er hier nicht wiederholt ist. Aber die Reichstagskommission hat ausdrücklich hervorgehoben, jener Absatz der C.P.O. solle nicht beseitigt sein (K.B. 11). Es sind daher auch statutarische Gerichtsstände zulässig, jedenfalls neben dem ordentlichen (Ring Anm. 5), streitig, ob auch mit Ausschluß des ordentlichen. Wir verneinen das letztere. Hierüber vergl. Anm. 5 zu § 19 C.P.O. im Kommentar von Wilmowski und Levy. Daß für die A.G. auch die Vorschriften über die besonderen Gerichtsstände, z. B. des Erfüllungsortes nach § 29 C.P.O., gelten, ist selbstverständlich (vergl. § 9 zu Art. 111). § 8.

Zusatz. **Auf deutsche, aber auch nur auf deutsche Aktiengesellschaften** bezieht sich dieser Artikel. Ueber ausländische vergl. § 4 zu Art. 12. Ueber Verlegung des Sitzes nach dem Auslande siehe § 10 zu Art. 242.

Artikel 213 a.

Der Gesellschaft sind die Gründer für die Richtigkeit und Vollständigkeit der Angaben, welche sie rücksichtlich der Zeichnung und Einzahlung des Grundkapitals sowie rücksichtlich der im Artikel 209b vorgesehenen Festsetzungen behufs Eintragung des Gesellschaftsvertrages in das Handelsregister machen, solidarisch verhaftet; sie haben unbeschadet der Verpflichtung zum Ersatze des sonst etwa entstandenen Schadens insbesondere einen an der Zeichnung des Grundkapitals fehlenden Betrag zu übernehmen, fehlende Einzahlungen zu leisten und eine Vergütung, welche nicht unter den zu bezeichnenden Gründungsaufwand aufgenommen ist, zu ersetzen. Imgleichen sind der Gesellschaft in dem Falle, daß sie von Gründern durch Einlagen oder Uebernahmen der im Artikel 209b bezeichneten Art böslicherweise geschädigt ist, die sämmtlichen Gründer für den Ersatz des entstandenen Schadens solidarisch verpflichtet.

Von dieser Verbindlichkeit ist ein Gründer befreit, wenn er beweist, daß er die

Unrichtigkeit oder Unvollständigkeit der Angabe oder die bösliche Schädigung weder gekannt habe, noch bei Anwendung der Sorgfalt eines ordentlichen Geschäftsmannes habe kennen müssen.

Entsteht durch Zahlungsunfähigkeit eines Aktionärs der Gesellschaft ein Ausfall, so sind ihr die Gründer, welche bei der Anmeldung des Gesellschaftsvertrages die Zahlungsunfähigkeit kannten, zum Ersatze solidarisch verpflichtet.

Außer den Gründern sind der Gesellschaft zum Schadensersatze solidarisch verpflichtet:

1. in dem Falle, daß eine Vergütung nicht unter den zu bezeichnenden Gründungsaufwand aufgenommen ist, der Empfänger, wenn er zur Zeit des Empfanges wußte oder nach den Umständen annehmen mußte, daß die Verheimlichung beabsichtigt oder erfolgt war, und jeder Dritte, welcher zur Verheimlichung wissentlich mitgewirkt hat;
2. in dem Falle einer böslichen Schädigung durch Einlagen oder Uebernahmen jeder Dritte, welcher zu derselben wissentlich mitgewirkt hat.

Einleitung. **Der Artikel statuirt die Verantwortlichkeit der Gründer und Gründergenossen gegenüber der Gesellschaft.**[1]) Er enthält eine Neuerung, die den Zweck hat, den früheren unsicheren Rechtszustand zu beseitigen, wonach die Frage, wann und inwieweit die Gründer wegen Pflichtverletzung haftbar sind, sehr zweifelhaft und bestritten war.

Das Gesetz erklärt für haftbar: 1. die Gründer für eine Reihe von Unregelmäßigkeiten unter verschiedenen Voraussetzungen im Einzelnen (Abs. 1, 2 u. 3); 2. ihre Verbündeten, d. h. Personen, welche verheimlichten Gründungsaufwand empfangen, oder bei der Verheimlichung mitgewirkt haben, und Personen, welche bei der böslichen Schädigung durch Sacheinlagen oder Uebernahmen mitgewirkt haben (Abs. 4).

§ 1. 1. **Die civilrechtliche Verantwortlichkeit der Gründer.** Ueber diese treffen die Abs. 1, 2 u. 3 erschöpfende Fürsorge, jedoch in einer Anordnung, welche kein System enthält und daher hier nicht befolgt werden kann. Die Abs. 1, 2 u. 3 werden daher hier in zusammenfassender Weise erläutert.

Dabei ist zu untersuchen: a) Wem haften die Gründer? b) Wofür haften sie?

a) **Wem haften die Gründer?** „Der Gesellschaft". Das ist die an die Spitze der Vorschrift gestellte präcise Antwort, welche das Gesetz auf diese Frage giebt. Es läßt dadurch unzweideutig erkennen, daß beim Vorliegen der hier behandelten Voraussetzungen lediglich die Gesellschaft es sein soll, welche befugt ist, die Rechte aus der Gründerverantwortlichkeit geltend zu machen. Das Gesetz nimmt dabei keine Rücksicht darauf, ob das Interesse der geschädigten Einzelaktionäre wirklich befriedigt wird durch Ersatz des der Gesellschaft erwachsenen Schadens. Auch den Gesellschaftsgläubigern stehen aus der Gründung selbst gegen die Gründer und ihre Verbindeten Ansprüche nicht zu — Ring Anm. 1; Behrend § 110 Anm. 3; vergl. R.O.H. 20 S. 280.

Indessen ist damit nicht gesagt, daß den Einzelaktionären jedes Klagerecht hiermit genommen sein soll. Es können die Gründer neben der Thätigkeit, welche sie behufs Errichtung der Gesellschaft entwickelt haben, durch Erklärungen und Zusicherungen gegenüber einzelnen Personen noch in besondere vertragliche und außerkontraktliche Beziehungen getreten sein, welche ein besonderes Klagerecht des geschädigten Einzelaktionärs, insbesondere auf Rücknahme der Aktien, begründen können. Die Voraussetzungen solcher Rechte ruhen im Civilrecht und sollten hier nicht geordnet und insbesondere nicht beseitigt sein. Auf Schadensersatz können diese Ansprüche jedenfalls nur dann gerichtet werden, wenn der Schaden nicht auf dieselben Erklärungen (wobei Identität der Erklärungen, nicht Erklärungen gleichen Inhalts gemeint sind) zurückgeführt wird, hinsichtlich deren eine Haftung der Gesellschaft gegenüber besteht. (Vergl. Behrend § 110 Anm. 3.)

---

[1]) Literatur: Richard Schmidt, die civilrechtliche Verantwortlichkeit der Gründer, München 1888.

Auch der Gesellschaft gegenüber ist das Maß der Haftung mit der Vorschrift des vorliegenden Artikels erschöpft. Die Gründer haften bei Sacheinlagen und Uebernahmen für unrichtige Angaben in den Gründungsschriften und für bösliche Schädigung, in den übrigen Punkten für unrichtige Angaben in den Gründungsschriften. Mag es auch begrifflich denkbar sein, daß die Gründer auch darüber hinaus für jede andere officielle Angabe, z. B. den um Auskunft bittenden Prüfungsorganen gegenüber haften (vergl. R.G. 5 S. 19), so ist die Tendenz des neuen Gesetzes doch unverkennbar die, die Ersatzansprüche der Gesellschaft erschöpfend zu regeln, aus einer zersplitterten und unsicheren Rechtsmaterie eine einheitliche sichere zu schaffen.

b) **Wofür haften die Gründer?** § 2.

α) für die Richtigkeit und Vollständigkeit der Angaben rücksichtlich der Zeichnung und Einzahlung des Grundkapitals und der Festsetzungen des Art. 209b.

β) für bösliche Schädigung durch Sacheinlagen und Uebernahmen.

γ) für Ausfälle durch Zahlungsunfähigkeit eines Aktionärs.

Zu α) Erste Voraussetzung der Haftung ist, daß eine Angabe der Gründer im Sinne dieses Artikels vorliegt. Unter den Angaben der Gründer, welche sie behufs Eintragung in das Gesellschaftsregister machen, können füglich keine anderen verstanden werden, als diejenigen, welche sie in den Gesellschaftsvertrag aufnehmen oder in der Anmeldung bezw. deren Beilagen, insbesondere im Gründerberichte machen, nicht, wie Kayser Anm. 6 will, jede officielle Angabe; auch nicht, wie Schmidt a. a. O. S. 12 formulirt, jede officielle Angabe, welche gemacht wird, um die Erfüllung einer Voraussetzung für die Registrirung herbeizuführen, sei es auch den prüfenden Organen gegenüber oder der konstituirenden Generalversammlung. (Uebereinstimmend Petersen und Pechmann S. 90; daß insbesondere die Angaben in der Gründererklärung des Art. 209g dazu gehören, darüber vergl. R.G. 26 S. 42.) Für die so gemachten Angaben aber sind sie verantwortlich ohne Rücksicht darauf, ob dieselben die unbedingt nothwendigen Daten über Zeichnungen, Einzahlungen des Grundkapitals und die Festsetzungen des Art. 209b betrafen, oder ob sie weitergehende Erklärungen über diese Punkte abgaben. So haben sie allerdings nicht nöthig, über die Zahlungsfähigkeit der Zeichner im Gründerbericht eine Erklärung abzugeben. Geben sie eine solche Erklärung nicht ab, so haften sie nur nach Maßgabe des Abs. 3. Geben sie aber eine die Zahlungsfähigkeit versichernde Erklärung ab, so ist dies eine Angabe, welche sie rücksichtlich der Zeichnung des Grundkapitals gemacht haben, und sie haften daher objektiv für die Richtigkeit derselben. Ebenso verhält es sich mit Angaben über die Konzessionspflichtigkeit, die Rentabilität des Unternehmens, die Beschaffenheit von Sacheinlagen. Die Motive (II S. 120) äußern sich zwar in entgegengesetztem Sinne, aber Wortlaut und Geist des Gesetzes sprechen für die hier vertretene Auffassung. (Theilweise anders auch Ring Anm. 6; ganz anders Behrend § 110 Anm. 8, der die vorliegende Haftung der Gründer nur für diejenigen Angaben gelten läßt, die gesetzlich im Gründungsvertrage enthalten sein müssen.)

Was hier über Angaben betreffend Zeichnung des Grundkapitals gesagt ist, muß ebenso gelten hinsichtlich der Aktienübernahmen bei der Simultangründung. (Behrend § 110 Anm. 6.)

Zweite Voraussetzung ist, daß die Angabe unrichtig oder unvollständig ist. Nur objektive Unrichtigkeit ist vorausgesetzt. Die mala fides wird also vermuthet, weil es Pflicht der Gründer ist, sich über die gemeinschaftlich gemachten Angaben gehörig zu informiren. Indessen ist dem Gründer in Abs. 2 ein Exkulpationsbeweis freigelassen. § 3.

Wenn das Gesetz die Sorgfalt eines ordentlichen Geschäftsmannes erfordert, so ist darunter eine solche Sorgfalt zu verstehen, wie sie ein ordentlicher Mann, welcher geschäftliche Unternehmungen der betreffenden Art für eigene Rechnung leitet, aufzuwenden pflegt. Handelt es sich um kaufmännische Unternehmungen, so muß die Sorgfalt eines ordentlichen Kaufmanns prästirt werden. Der Ausdruck Geschäftsmann ist gewählt, weil die Unternehmungen auch anderer Art sein können. (So mit Recht Neukamp S. 151; soweit unsere 1. Auflage von dieser Auffassung abweicht, wird sie hiermit korrigirt.)

§ 4. Die Folge der Verantwortlichkeit ist, daß die Gründer solidarisch haften für allen der Gesellschaft in Folge der unrichtigen oder unvollständigen Angabe entstandenen Schaden. Um den Schadensbeweis zu erleichtern, ist hervorgehoben, daß sie vorbehaltlich weiterer Schadensersatzpflicht jedenfalls einen am Grundkapital fehlenden Betrag, fehlende Einzahlungen[1]) (d. h. wenn weniger eingezahlt ist, als sie als eingezahlt angegeben haben) und einen verheimlichten Gründungsaufwand zu ersetzen haben. (Für das Letztere vergleiche den Fall in R.G. 26 S. 37.)

Im Uebrigen ist das bürgerliche Recht maßgebend, falls nicht wegen der Qualität des Gründers als Kaufmann das Handelsrecht Platz greift und daher Art. 283 H.G.B. in Anwendung kommt. Allerdings soll nach den Motiven zunächst Art. 283 Anwendung finden. Allein dieser Ausspruch hat in dem Gesetze keinen Ausdruck gefunden und darf daher nicht, wie dies von Gareis-Fuchsberger (S. 432 Note 222) geschieht, ohne Weiteres, oder wie es Schmidt S. 34 thut, mit der Bemerkung adoptirt werden, daß die Gründerthätigkeit eine dem Handelsverkehr so nahestehende sei, daß die Anwendung des Princips naturgemäß erscheine. Denn nach Art. 1 H.G.B. entscheidet nicht das, was naturgemäß ist, sondern in gesetzlich fixirter Reihenfolge das H.G.B. mit seinen Konsequenzen, eventuell das Gewohnheitsrecht und eventuell das bürgerliche Recht. (Uebereinstimmend Ring Anm. 3.)

§ 5. Zu β. Bösliche Schädigung durch Sacheinlagen oder Uebernahmen. Die Angaben in den Gründungsschriften können in diesen Punkten richtig sein, aber durch Bethätigung der Rechtsakte selbst kann eine Schädigung der Gesellschaft bewirkt sein, in der Anrechnung über den wahren Werth. In solchen Fällen kann der Gesetzgeber unmöglich eine Haftung schon bei dem objektiven Thatbestand der Schädigung eintreten lassen, weil Schätzungen den Charakter des Festen und Objektiven überhaupt nicht an sich tragen. Aber wenn eine bösliche Schädigung vorliegt, sollen die Gründer haften. Das Erforderniß der böslichen Handlungsweise ist ein dem Handelsrecht bekanntes (vergl. Art. 396, 427) und von der Judikatur festgestelltes. Es umfaßt außer dem dolus auch die luxuria, d. h. den frevelhaften Muthwillen, welcher zwar die Schädigung nicht beabsichtigt, aber sich doch der mit dem Handeln verbundenen Gefahr bewußt ist (R.O.H. 10 S. 218; R.G. 1 S. 22 u. 38; 7 S. 125; Motive I S. 189; K.B. 12). Eine Werthbemessung von Einlagen und Uebernahmen, welche zweifellos übermäßig ist, ist regelmäßig eine bösliche Handlungsweise (Motive a. a. O.). Die bösliche Handlungsweise braucht nur bei einem Gründer vorhanden zu sein[2]); alsdann haften alle solidarisch, außer demjenigen, der sich nach Abs. 2 exkulpirt. Es haftet also, wie Cosack (S. 627) richtig bemerkt, keiner, wenn alle Gründer nur grobfahrlässig gehandelt haben; wenn aber auch nur einer „böslich" gehandelt hat, so haften alle auch für geringe Fahrlässigkeit.

---

[1]) Das Verhalten des säumigen Zeichners zu dem für ihn eintretenden Gründer ist dem Civilrecht zu entnehmen.

[2]) Etwaige Regresse unter den Gründern regeln sich nach bürgerlichem Rechte.

Als Folge der Verantwortlichkeit ist nur im Allgemeinen der Ersatz des entstandenen Schadens genannt. Zunächst ist es die Differenz zwischen dem der Gesellschaft angerechneten und dem wahren Werthe. Es ist dabei vollständig unerheblich, daß nach den Vorschriften über die Bilanz nur der Anschaffungswerth in derselben zu figuriren braucht, der Schaden besteht in dem der Gesellschaft entzogenen Vermögenswerthe (Zust. Ring Anm. 8). Ueber den Umfang des Schadens vergl. im übrigen § 4.

Zu γ. Voraussetzung der Verantwortlichkeit ist hier, daß der Gesellschaft durch Zahlungsunfähigkeit eines Aktionärs ein Ausfall entsteht, und daß der Gründer bei Anmeldung des Gesellschaftsvertrages die Zahlungsunfähigkeit kannte. § 6.

Die Zahlungsunfähigkeit ist ein aus dem Konkursrecht bekannter Begriff. Sie besteht in dem Unvermögen, die fälligen Verbindlichkeiten in der Allgemeinheit zu erfüllen, und ist wohl zu unterscheiden von der Insufficienz. (§ 94 K.O.; R.G. in Strafsachen 3 S. 195).

Der Ausfall steht fest, wenn die Zahlungsunfähigkeit feststeht. Wenn die ursprünglichen Gründer oder Zeichner die Aktien weiter begeben, so haften die Gründer nur dann, wenn nach Erledigung des Kaduzirungs- und Regreßverfahrens gegenüber dem ursprünglichen Aktienerwerber als dem letzten Gliede in der Kette der Regreßpflichtigen ein Anspruch besteht und nur insoweit dies der Fall ist (Schmidt S. 24). Vorgängige Einklagung oder gar Zwangsvollstreckung ist nicht nothwendig, ebensowenig in dem Falle, daß der ursprüngliche Aktienerwerber die Aktie nicht begeben hat, die Kaduzirung der Aktie oder ihr öffentlicher Verkauf (Schmidt a. a. O.; Behrend § 110 Anm. 26). Der Gründer muß bei Anmeldung des Gesellschaftsvertrages Kenntniß haben von der Zahlungsunfähigkeit. Spätere Kenntniß ist einflußlos. Kennen müssen steht der Kenntniß nicht gleich (Behrend § 110 Anm. 25).

Folge der Haftung ist hier im Gegensatz zu den übrigen Haftungen des Gründers, daß nicht alle Gründer, sondern nur diejenigen, welche in dolo waren, solidarisch haften.

2) (Abs. 4.) **Die Gründergenossen**, d. h. die Empfänger verheimlichten Gründungsaufwandes, oder diejenigen, welche bei dieser Verheimlichung mitgewirkt haben, oder endlich diejenigen, welche bei einer böslichen Schädigung mitgewirkt haben. § 7.

Diese sind außer den Gründern, d. h. neben denselben, mit ihnen solidarisch und unter einander solidarisch, verantwortlich.

a) Der Empfänger verheimlichten Gründungsaufwandes muß, um verantwortlich zu sein, gewußt haben, daß die Verheimlichung beabsichtigt oder erfolgt war, oder die Umstände müssen so liegen, daß er dies annehmen mußte. Das letztere Requisit ist auch im Strafgesetzbuch bei der Hehlerei (§ 259) erwähnt und hat schon dort zu einer großen Kontroverse geführt; ob damit blos eine Beweisfrage geregelt und nur darauf aufmerksam gemacht sein soll, daß schon aus den Umständen auf das Wissen geschlossen werden könne (R.G. in Strafsachen 7 S. 86), oder ob damit ein besonderer Begriff, nämlich diejenige Fahrlässigkeit gemeint ist, vermöge deren der Dritte sich der Erwägung der ihm bekannten Umstände, nach welchen sich ihm die Ueberzeugung von der Rechtswidrigkeit seiner Handlung hätte aufdrängen müssen, absichtlich entzogen hat (R.G. in Strafsachen 2 S. 143). Ring (Anm. 12) giebt der ersteren Ansicht den Vorzug. Allein wenn es auch vom formalen Standpunkte der Logik richtig ist, daß die Fälle, wo Jemand etwas gewußt hat und wo er es den Umständen nach annehmen mußte, begrifflich nicht verschieden sind — denn was man annehmen muß, das nimmt man eben an, und weiß man also —, so ist doch nicht zu verkennen, daß der Gesetzgeber doch immerhin etwas Verschiedenes sagen wollte. Er wollte nicht zweimal dasselbe sagen, und das andere, was er sagen wollte, liegt gar nicht so fern, und ist so, wie es das Reichsgericht im 2. Bande ausdrückt, durchaus getroffen. Zutreffend formulirt Ring (Anm. 12) den praktischen Unterschied der beiden Auffassungen dahin, daß nach der Entscheidung im 7. Bande auch die Nichtbeachtung der verdächtigsten Umstände nicht haftbar macht, wenn nicht wirkliches Wissen bewiesen wird.

§ 8. b) Der Begriff der Mitwirkung setzt mehr als bloßes Wissen voraus, ist aber nicht mehr als eine Handlung, welche dazu bestimmt und geeignet ist, der Durchführung der Verheimlichung zu dienen. Mitwirkende können z. B. Bedienstete sein, die sich zu solcher Manipulation gebrauchen lassen.

§ 9. Zusätze: 1. **Ueber die Geltendmachung der Rechte aus der Gründerverantwortlichkeit,** durch wen und unter welchen Voraussetzungen sie erfolgt, vergl. Art. 223.

2. **Durch Verträge** kann die Verantwortlichkeit der Gründer zwar verschärft, nicht aber gemildert werden. Das gesetzliche Mindestmaß der Verantwortlichkeit ist publici juris.

3. **Auf ältere Gesellschaften** findet der vorstehende Artikel keine Anwendung. Wer unter dem früheren Recht gegründet hat, stand unter der Verantwortlichkeit des früheren Rechts (vergl. über dieselbe R.G. 5 S. 19). Die Unanwendbarkeit des vorliegenden Artikels für ältere Gesellschaften besonders auszusprechen, hatte das Gesetz (§ 2) keine Veranlassung, weil sie aus allgemeinen Rechtsgrundsätzen folgt. Wenn § 2 Abs. 2 des Gesetzes bezüglich des Art. 213b ausdrücklich die Unanwendbarkeit auf ältere Gesellschaften ausspricht, so lag dazu genügender Anlaß in dem Umstande vor, daß es sich dort nicht bloß um Vorgänge bei der Gründung, sondern auch um Vorgänge handelt, welche nachher sich ereignen können, also schon unter der Herrschaft des neuen Gesetzes. Da konnte die Frage zweifelhaft werden, welches Gesetz maßgebend sein soll.

Artikel 213b.

Wer vor der Eintragung des Gesellschaftsvertrages in das Handelsregister oder in den ersten zwei Jahren nach der Eintragung, um Aktien in den Verkehr einzuführen, eine öffentliche Ankündigung derselben erläßt, ist der Gesellschaft im Falle der Unrichtigkeit oder Unvollständigkeit von Angaben, welche die Gründer rücksichtlich der Zeichnung oder Einzahlung des Grundkapitals oder der im Artikel 209b vorgesehenen Festsetzungen behufs Eintragung des Gesellschaftsvertrages in das Handelsregister gemacht haben, sowie in dem Falle einer böslichen Schädigung der Gesellschaft durch Einlagen oder Uebernahmen für den Ersatz des ihr daraus entstandenen Schadens neben den im Artikel 213a bezeichneten Personen solidarisch verhaftet, sofern ihm nachgewiesen wird, daß er die Unrichtigkeit oder Unvollständigkeit der Angaben oder die bösliche Schädigung gekannt hat oder bei Anwendung der Sorgfalt eines ordentlichen Geschäftsmannes hat kennen müssen.

Einleitung. **Der Artikel bürdet auch noch den Emissionshäusern eine Verantwortlichkeit für den richtigen Gründungshergang auf.** Das Gesetz geht dabei von der Erwägung aus, daß die Firma des Emissionshauses nicht zum geringsten Theil bestimmend ist für die Betheiligung des Publikums an dem Unternehmen. Es verpflichtet daher den Inhaber des Emissionshauses, das in ihn gesetzte Vertrauen zu rechtfertigen durch gehörige Prüfung der Gründerangaben.

§ 1. 1. **Wer ist für verantwortlich erklärt?** Diejenigen, welche vor der Eintragung des Gesellschaftsvertrages oder in den ersten zwei Jahren nachher öffentliche Ankündigungen erlassen, um Aktien in den Verkehr einzuführen.

a) Die Ankündigung setzt nicht nothwendig ein ausdrückliches Bekenntniß der Autorschaft, also die Unterzeichnung, voraus, wie Ring Anm. 3 meint. Andererseits geht Völderndorff zu weit, wenn er jede gedruckte Notiz, hinter welcher das Emissionshaus steckt, für genügend hält. Vielmehr wird der Begriff des „Erlassens einer Ankündigung" darin zu finden sein, daß eine bestimmte, aus der Unterzeichnung oder dem Inhalte der Ankündigung ersichtliche Person sich direkt an das Publikum wendet. So wird ein im redaktionellen Theil einer Zeitung befindlicher Artikel über das Unternehmen nicht für genügend zu erachten sein, selbst wenn das Emissionshaus ihn in die Zeitung lancirt hat; wohl aber ein im Inseratentheil befindlicher, wenn auch nicht unterzeichneter, eine Unterscheidung, die von Ring mit Unrecht als willkürlich bezeichnet wird. Denn im ersteren Falle spricht zum Publikum die Redaktion, im letzteren der Inserent. Wer dieser ist, kann aber aus dem Inhalt des Inserats mit solcher Deutlichkeit hervorgehen, daß es formalistisch wäre, an dem Erforderniß der Unterzeichnung festzuhalten. Andererseits geht es zu weit, wenn Behrend (§ 111 bei Anm. 16) nicht einmal erfordert, daß die Urheberschaft irgendwie aus der Ankündigung zu ersehen ist. Denn eine Bekanntmachung „erläßt" nur der, der erkennbar als Publikant auftritt.

b) Die öffentliche Ankündigung ist diejenige, welche geeignet ist, einem unbegrenzten Personenkreise bekannt zu werden. Eine auf begrenztem Interessentenkreise, etwa die Kunden des Emittenten, beschränkte Mittheilung ist damit nicht getroffen (Ring Anm. 3); doch kann schon im Versenden von Circularen eine öffentliche Bekanntmachung liegen (Behrend § 111 Anm. 5.) § 2.

c) Die Absicht, Aktien in den Verkehr einzuführen, besteht auch schon bei der Aufforderung zu Primitivzeichnungen (Motive II S. 127; ohne Grund geleugnet von Esser Anm. 4), ebenso in der Aufforderung zur Zeichnung bei einer innerhalb des tempus clausum von 2 Jahren stattfindenden Kapitalserhöhung. Doch muß es sich um Aktien, nicht um Obligationen, handeln, und um eine Thätigkeit, welche darauf abzielt, den Aktien ganz oder zum Theil den öffentlichen Markt zu erschließen. Verkauf durch Notare oder durch Gerichtsvollzieher zum Zwecke der Verwerthung für eine Masse fallen nicht darunter, ebenso nicht Zuführung zur Börse, wenn die Aktien daselbst schon gehandelt wurden und einen Kurs hatten. Doch bemerkt Behrend (§ 111 Anm. 10) gegen Ring (Anm. 5) zutreffend, daß das Erforderniß der Einführung nur auf die angekündigten Aktien zu beziehen ist. Eine Einführung ist auch möglich, wenn sich Aktien derselben Gesellschaft bereits im Verkehr befinden. § 3.

2. **Die Voraussetzungen der Verantwortlichkeit** sind

a) daß objektiv unrichtige oder unvollständige Angaben der Gründer vorliegen, in dem Umfange, wie sie im vorigen Artikel erläutert sind, oder eine bösliche Schädigung der Gesellschaft durch Einlagen oder Uebernahmen. Es ist nicht nothwendig, daß in der Ankündigung des Emissionshauses Unwahrheiten enthalten sind; § 4.

b) daß auf Seiten des Emittenten dolus oder die Verletzung der Sorgfalt des ordentlichen Geschäftsmannes vorliegt (über den letzteren Begriff vergl. § 3 zum vorigen Artikel). Daß die Prüfungsorgane keinen Anstand erhoben haben, entschuldigt das Emissionshaus nicht. § 5.

Das Vorliegen dieser beiden Voraussetzungen muß dem Emittenten nachgewiesen werden, ihn trifft kein Exkulpationsbeweis.

3. **Die Folge der Verantwortlichkeit** ist Ersatz des Schadens. Diese regelt sich nach allgemeinen Vorschriften, wobei meist Art. 283 anwendbar sein wird. (Vergl. § 3 zu Art. 213a.) Daß unter allen Umständen die im vorigen Artikel bezeichneten Ersatzleistungen zu machen sind, ist hier nicht vorgeschrieben. Aber aus der Natur der Sache wird sich regelmäßig das Gleiche ergeben. § 6.

4. **Wem haften die Emittenten?** Auch diese der Gesellschaft, also nicht den Aktionären. Das bezieht sich aber nur auf den durch diesen Artikel festgestellten Thatbestand, d. h. auf die Haftung für unrichtige oder unvollständige Gründerangaben oder für bösliche Schädigung der Gesellschaft durch Sacheinlagen oder Uebernahmen. § 7.

Inwieweit sie für eigene falsche Angaben in der Ankündigung den einzelnen Erwerbern haften, darüber entscheiden allgemeine Grundsätze, insbesondere die Regeln des Kaufs (R.O.H. 18 S. 180; 22 S. 388; Bolze 10 Seite 276), aber auch nur darüber, während eine Haftung des Emmissionshauses für unrichtige Angaben der Gründer gegenüber den einzelnen Aktionären durch den vorliegenden Artikel ausgeschlossen ist.

§ 8. **Zusatz 1.** Der Artikel hat nur die Emittenten im Auge. **Die Zeichenstelle** ist ein bloßes Werkzeug des Emittenten für Entgegennahme von Zeichnungen (R.O.H. 17 S. 49, 18 S. 188), außer wenn besondere Umstände vorliegen, aus welchen die Selbstständigkeit der Zeichenstelle folgt (R.O.H. 20 S. 255). Vergl. hierüber Ring Anm. 4.

§ 9. **Zusatz 2. Auf ältere Gesellschaften** findet der Artikel keine Anwendung (§ 2 Abs. 2 des Gesetzes; und Zusatz 3 zum vorigen Artikel).

Artikel 213c.

Mitglieder des Vorstandes und des Aufsichtsraths, welchen nachgewiesen wird, daß sie bei der ihnen durch Artikel 209h auferlegten Prüfung die Sorgfalt eines ordentlichen Geschäftsmannes verletzt haben, haften der Gesellschaft solidarisch für den ihr daraus entstandenen Schaden, soweit der Ersatz desselben von den in Gemäßheit der Artikel 213a und 213b verpflichteten Personen nicht zu erlangen ist.

Der Artikel normirt die Verantwortlichkeit der die Gründung prüfenden Gesellschaftsorgane. Dabei sind folgende Fragen zu erörtern:

§ 1. 1. **Wer haftet?** Die Mitglieder des Vorstandes und des Aufsichtsraths. Dieselben können schon nach Art. 213a verantwortlich sein als Gründergewinnempfänger oder Mitwirkende; hier aber ist lediglich von ihrer Verantwortlichkeit als Prüfungsorgane die Rede.

§ 2. 2. **Wem haften sie?** Der Gesellschaft, und nur dieser, nicht den Einzelaktionären und nicht den Gläubigern. Lediglich die fehlerhaft entstandene Gesellschaft kann den erlittenen Schaden geltend machen.

§ 3. 3. **Voraussetzung der Haftung** ist, daß sie bei der Prüfung nach Art. 209h die Sorgfalt eines ordentlichen Geschäftsmannes verletzt haben.

a) Die Prüfung nach Art. 209h erstreckt sich, wie dort auseinandergesetzt ist, auf den ganzen Hergang der Gründung, und, was die Sacheinlagen und Uebernahmen betrifft, auf die Richtigkeit und Vollständigkeit der Gründerangaben. Die ihnen in Bezug auf Sacheinlagen und Uebernahmen obliegende Prüfung ist hiernach bestimmt begrenzt, und darf nicht weiter dahin ausgedehnt werden, daß ihnen auch die Prüfung obliegt, ob die angesetzten Preise angemessen sind. Sie haben daher für Uebervortheilung an sich nicht zu haften, wenn ihnen nur kein Uebersehen in den Gründerangaben untergelaufen ist. Die das Gegentheil aussprechenden Motive (II S. 124) beziehen sich auf eine nicht Gesetz gewordene Bestimmung des Entwurfs, wonach es den Gründern obliegen sollte, die Preise zu rechtfertigen. Unter dieser Voraussetzung lag den Prüfungsorganen auch eine Kontrole hierüber ob. Auf die gegenwärtige Gesetzesfassung passen die Motive nicht mehr, und es darf ihr Ausspruch zur Auslegung des Gesetzes nicht herangezogen werden, wie dies z. B. von Kayser (Anm. 2) und von Gareis-Fuchsberger (S. 483 Anm. 2) geschieht (zutreffend Ring Anm. 1; vergl. jedoch die Verfügung des Reichsjustizamts vom 10. April 1890, mitgetheilt v. Hergenhahn Kommentar S. XLI).

§ 4. b) Die Verletzung der Sorgfalt des ordentlichen Geschäftsmannes. Diese Verletzung muß ihnen nachgewiesen werden. Irriger Weise legen ihnen Gareis-Fuchsberger (S. 484 Anm. 1) den Exkulpationsbeweis auf. Ueber die Sorgfalt des ordentlichen Geschäftsmannes siehe § 3 zu Art. 213a.

§ 5. 4. **Die Folge der Haftung** ist, daß diejenigen, welche ihre Prüfungspflicht verletzt haben, unter sich solidarisch, aber nur subsidiär für den Schaden haften.

a) Diejenigen, welche die Prüfungspflicht verletzt haben, und nur diese. Ob diese Einschränkung praktisch bedeutsam ist, kann allerdings fraglich sein, da ja alle Mitglieder der Gesellschaftsorgane die Prüfungspflicht haben, und bei festgestellter Unrichtigkeit regelmäßig alle ihre Prüfungspflicht verletzt haben. Immerhin kann die Einschränkung im Einzelfalle von Bedeutung werden, z. B. wenn der Eine durch den Andern getäuscht ist.

§ 6. b) Solidarisch, d. h. sie haften unter sich solidarisch für den Schaden, den sie angerichtet haben. Haben zwei den gleichen Schaden angerichtet, so kommt es auf den größeren oder geringeren Grad von Nachlässigkeit und auf die Verschiedenheit der Thatumstände nicht an; haben aber zwei einen verschiedenen Schaden angerichtet, so hat Jeder die von ihm erzeugten Konsequenzen selbst zu tragen (K.B. 13; Ring Anm. 2).

c) Subsidiär: d. h. wenn und soweit von den Hauptverpflichteten ein Ersatz nicht zu erlangen ist. Eine vorherige Klage oder gar Zwangsvollstreckung gegen die Hauptverpflichteten ist nicht nöthig; richterliches Ermessen entscheidet über diese Voraussetzung (Motive II S. 124). Zu beweisen hat sie die Gesellschaft (Ring Anm. 4; ohne Grund abweichend Behrend § 112 Anm. 6). Inwieweit Verzicht, Vergleich und Verjährung gegen die Hauptverpflichteten den subsidiären Anspruch beeinflußt, richtet sich nach bürgerlichem Recht (vergl. Ring Anm. 5). Beim Vergleich ist jedenfalls der Nachweis erforderlich, daß nach den Umständen nicht mehr zu erlangen war; Verjährnng ist ohne Einfluß, wenn nachgewiesen werden kann, daß die Klage keinen praktischen Erfolg gehabt hätte; der Verzicht auf den Hauptanspruch beseitigt auch den subsidiären Anspruch. (Ring Anm. 5; Behrend § 112 Anm. 5.) § 7.

Die Feststellungsklage ist auch ohne diese Voraussetzung zulässig, sofern nur das rechtliche Interesse nach § 231 C.P.O. vorliegt, wie z. B. die drohende Verjährung (vergl. R.G. 8 S. 74), ja sogar schon die Befürchtung des Verlustes von Beweismitteln (vergl. R.G. 10 S. S. 369).

Zusatz 1. **Ueber den Regreß der solidarisch Verpflichteten untereinander** entscheidet das bürgerliche Recht. Hier können Schwierigkeiten entstehen in Bezug auf die Frage, welches Recht zur Anwendung kommt. So z. B. wenn bei einer Gründung Personen aus Frankfurt a. M., Köln und Berlin sich betheiligen. Völdernborff (S. 452) will kurzer Hand das Recht am Sitze der Gesellschaft entscheiden lassen, weil hier die Prüfungspflicht verletzt sei. Doch ist dies mehr als bedenklich. Die Regeln des internationalen Privatrechts greifen hier Platz, die aber an dieser Stelle nicht erörtert werden können. § 8.

Zusatz 2. Für **die Revisoren** ist keine Verantwortlichkeit gesetzlich normirt. Sie haften nach bürgerlichem Recht. Eine Haftung der Gesellschaft gegenüber ist nicht ausgeschlossen (vergl. R.G. 5 S. 19). Vergl. § 1 zu Art. 209h. § 9.

Zusatz 3. **Auf ältere Gesellschaften** ist der Artikel nicht anwendbar (§ 2 Abs. 2 des Gesetzes). § 10.

Artikel 213 d.

Vergleiche oder Verzichtleistungen, welche die der Gesellschaft aus der Gründung zustehenden Ansprüche gegen die in Gemäßheit der Artikel 213a bis 213c verpflichteten Personen betreffen, sind erst nach Ablauf von drei Jahren seit Eintragung des Gesellschaftsvertrages in das Handelsregister und nur mit Zustimmung der Generalversammlung zulässig; sie sind unzulässig, soweit in der Versammlung eine Minderheit, deren Antheile den fünften Theil des Grundkapitals darstellen, Widerspruch erhebt. Die Zeitbeschränkung findet nicht Anwendung, sofern der Verpflichtete im Falle der Zahlungsunfähigkeit zur Abwendung oder Beseitigung des Konkursverfahrens mit seinen Gläubigern sich vergleicht.

Der Artikel beschränkt die Möglichkeit von Vergleichen und Verzichten gegenüber den wegen der Gründungsfehler verantwortlichen Personen. Die Vorschrift will dem früher geübten Mißbrauch steuern, daß die Gründer sich alsbald, womöglich noch in der konstituirenden Generalversammlung für ihre ganze Geschäftsthätigkeit Decharge ertheilen lassen. Deshalb soll erst nach Ablauf eines tempus clausum, nachdem die Beherrschung der Gesellschaft durch die Gründer präsumtiv aufgehört hat, ein Vergleich möglich sein, und auch alsdann nur mit Zustimmung der Generalversammlung. Einleitung.

1. **Absolut erforderlich ist die Zustimmung der Generalversammlung.** Ohne diese ist der Vergleich oder Verzicht stets unzulässig, also auch dann, wenn ein allgemeines Arrangement des zahlungsunfähigen Schuldners den Vergleich nothwendig macht, nach Ablauf der dreijährigen Frist. § 1.

§ 2. 2. **Zur Zustimmung der Generalversammlung gehört** einfache Stimmenmehrheit und nicht erfolgter Widerspruch Seitens einer Minderheit, deren Aktien zusammen den 5. Theil des Grundkapitals darstellen. Ueber das Stimmrecht in dieser Generalversammlung disponirt Art. 190. Diejenigen Personen, mit welchen der Vergleich geschlossen werden soll, sind hiernach nicht stimmberechtigt; wohl aber sind es die Mitglieder des Vorstandes und Aufsichtsraths, wenn es sich nicht um einen Vergleich mit ihnen handelt. Der Umstand, daß sie subsidiär haften, schließt sie von der Abstimmung nicht aus (Ring Anm. 1). Die abweichende Ansicht Petersen und Pechmanns S. 98 und Behrends § 113 Anm. 18 beruht auf der unrichtigen Annahme, die Beschränkungen des Art. 190 seien im Zweifel so weit wie möglich zu interpretiren. Im Gegentheil: das Stimmrecht, das oberste Recht des Aktionärs, darf nicht über Gebühr eingeschränkt werden.

§ 3. 3. **Vergleiche oder Verzichte, welche ohne diese Voraussetzungen abgeschlossen werden, sind unzulässig, d. h. nichtig** (K.B. 13). Kein Theil, auch nicht der entlastete Gründer, ist daran gebunden; letzterer kann es daher trotz des Vergleichs auf einen Prozeß ankommen lassen.

Allein es gilt dies nur von Vergleichen und Verzichten, d. h. von Rechtsgeschäften, welche die nach dem Civilrecht erforderlichen Requisite dieser Rechtsgeschäfte enthalten. Gleichgiltig ist es hiernach zwar, ob es sich um einen gerichtlichen oder einen außergerichtlichen, schriftlichen oder mündlichen Akt handelt. Aber es muß eine wirkliche Verzichtserklärung, ein wirklicher Vergleichsvertrag vorliegen.

Eine Ausdehnung auf ähnliche Fälle ist dagegen nicht statthaft. Eine auf Dechargeertheilung gerichtete Klage des Gründers, welche innerhalb der ersten 3 Jahre erhoben ist, oder welche die Behauptung der Zustimmung der Generalversammlung nicht enthält, ist hiernach allerdings auch bei Versäumniß der Gesellschaft abzuweisen. Aber wenn dies nicht geschehen ist, wenn nach kontradiktorischer oder Kontumacialverhandlung ein Urtheil gegen die Gesellschaft ergangen und rechtskräftig geworden ist, so muß es hierbei sein Bewenden behalten. Eine Verzichtserklärung liegt überall nicht vor. In die Vorschriften über die Rechtskraft der Urtheile sollte durch den vorliegenden Artikel nicht eingegriffen werden. (Uebereinstimmend Behrend § 113 Anm. 21, anderer Meinung Kayser Anm. 1; Ring Anm. 1 u. 2.)

Wenn umgekehrt die Gesellschaft einen Regreßanspruch geltend macht und den Termin versäumt, so ist nach den Regeln der Prozeßordnung ein klageabweisendes Versäumnißurtheil zu erlassen, das eventuell in Rechtskraft übergeht. (Uebereinstimmend Behrend § 113 Anm. 21.) Mit Unrecht berufen sich Petersen und Pechmann S. 98 und Willenbücher S. 202 zum Beweise für das Gegentheil darauf, daß das klageabweisende Versäumnißurtheil auf der Annahme eines Verzichts beruht. Denn immerhin liegt doch kein wirklicher Verzicht vor, und überdies vermag der Prozeßrichter nicht zu prüfen, ob nicht deshalb der Termin versäumt ist, weil sich die Gesellschaft von der Unbegründetheit ihres Anspruchs überzeugt hat. (A.M. auch Ring Anm. 2.)

Auf ähnlichen Erwägungen beruht es, daß der von der verantwortlichen Person geschlossene gerichtliche Zwangsvergleich die Gesellschaft bindet, auch wenn sie nicht zugestimmt hat. (Ueber ihre Zustimmungserklärung vergl. § 4.) Es liegt eben keine Verzichtserklärung, sondern die gesetzliche Konsequenz eines Zwangsvergleichs vor, der vorliegende Artikel beschäftigt sich aber nur mit der Giltigkeit freiwilliger Verzichte. Andererseits ist der Artikel auch nicht auszudehnen auf andere Fälle der Verantwortlichkeit der Gründer als auf die in Art. 213a—213c vorgesehenen. Ansprüche gegen die Gründer aus anderen Rechtsgründen, z. B. aus einer Dividendengarantie, sind den Vergleichen ohne Beschränkung zugänglich (Bolze 11 Nr. 475).

§ 4. 4. **Die Frist**, innerhalb deren regelmäßig auch mit Zustimmung der Generalversammlung der Vergleich ungiltig ist, beträgt 3 Jahre nach Eintragung des Gesellschaftsvertrages. Diese Zahl ist gewählt, weil sonst die Emissionshäuser es in der Hand hätten, kurz vor Ablauf der 2jährigen Frist des Art. 213b gegen denselben ungestraft zu fehlen.

Die Fristbeschränkung findet ausnahmsweise nicht statt, — aber auch nur die Fristbeschränkung ist eximirt, die Zustimmung der Generalversammlung ist auch dann erforderlich — wenn der Verpflichtete zahlungsunfähig geworden ist (§ 94 K.O.) und sich zur Abwendung oder zur Beseitigung des Konkurses mit seinen Gläubigern vergleicht. Gemeint ist einmal ein Zwangsvergleich im Konkurse, denn dieser dient eben zur Beseitigung des Konkurses. Sodann ist der außergerichtliche Vergleich zur Abwendung des Konkurses gemeint d. h. ein Vergleich, geschlossen von einem Schuldner, in dessen Person die Voraussetzung der Konkurseröffnung eingetreten ist, gleichgültig, ob ein Konkursantrag gestellt oder beabsichtigt ist, und gleichgültig, ob der Schuldner sich mit allen seinen Gläubigern vergleicht und mit allen gleichmäßig, wenn dies nur mit der Gesammtheit der Gläubiger geschieht (K.B. 13; Behrend § 113 Anm. 20). Solche außergerichtliche Akkorde zur Abwendung des Konkurses spielen im kaufmännischen Leben eine große Rolle, und es hält nicht schwer, festzustellen, wann die Voraussetzungen desselben vorhanden sind.

Zusatz. Der Artikel findet auf **ältere Gesellschaften** keine Anwendung (§ 2 Abs. 2 des Gesetzes). § 5.

Artikel 213e.

Die Ansprüche der Gesellschaft gegen die in Gemäßheit der Artikel 213a bis 213c verpflichteten Personen verjähren in fünf Jahren seit Eintragung des Gesellschaftsvertrages in das Handelsregister.

Der Artikel normirt eine Verjährung für die Ansprüche der Gesellschaft gegen die für fehlerhafte Gründungen verantwortlichen Personen. Die Vorschrift ist gegeben, um nicht die verantwortlichen Personen in zu langer Schwebe vor der Besorgniß einer Verfolgung zu lassen (K.B. 13). Die Bestimmung erinnert an die in Art. 146 angeordnete Verjährung, wie Behrend § 113 zu IV richtig bemerkt.

1. **Fest bestimmt ist der Zeitpunkt des Beginns** der Verjährung. Vorschriften des bürgerlichen Rechts, die in gewissen Fällen den Anfang der Verjährung hindern, sind hiernach nicht anwendbar (Behrend § 113 Anm. 24). Näheres hierüber vergl. § 10 zu Art. 146. Entgegen der Entsch. des R.G. (29 S. 26) muß auch angenommen werden, daß hier, wo der Beginn der Verjährung bestimmt fixirt ist, Vorschriften des bürgerlichen Rechts über den Nichtbeginn wegen Minderjährigkeit der Berechtigten cessiren (vergl. Behrend § 126 Anm. 30). § 1.
2. **Die Wirkung** der Verjährung ist die endgültige Befreiung von der Verbindlichkeit; auch einwandsweise kann sie nicht mehr geltend gemacht werden (Ring Anm. 2; Behrend § 113 Anm. 25). Näheres hierüber vergl. § 11 zu Art. 146. § 2.
3. **Es ist eine Verjährung, keine Präklusivfrist.** Sie ist daher Sache des Einwandes. Sie ist daher ferner der Unterbrechung zugänglich. Näheres über diese Punkte siehe §§ 12 und 13 zu Art. 146. § 3.

   In Bezug auf Ruhen und Unterbrechung der Verjährung kommen auch hier die Vorschriften des bürgerlichen Rechts zur Anwendung (Behrend § 113 u. f.) Näheres siehe § 13 zu Art. 146.
4. **Auch bei Betrug und Untreue** greift die Verjährung Platz. (Anders Art. 350, 386 Abs. 4) — Ring Anm. 1; Behrend § 113 Anm. 24. § 4.

Zusatz. Nur die Ansprüche aus Art. 213a—213c werden von der Verjährung betroffen, nicht etwaige andere Ansprüche an die Gründer z. B. aus einer von ihnen übernommenen Dividendengarantie (vergl. Bolze 11 Nr. 475). § 5.

Artikel 213f.

Werden vor Ablauf von zwei Jahren seit Eintragung des Gesellschaftsvertrages in das Handelsregister seitens der Gesellschaft Verträge geschlossen, durch welche sie vorhandene oder herzustellende Anlagen oder unbewegliche Gegenstände für eine den zehnten Theil des Grundkapitals übersteigende Vergütung erwerben soll, so bedürfen dieselben zu ihrer Gültigkeit der Zustimmung der Generalversammlung.

Vor der Beschlußfassung hat der Aufsichtsrath den Vertrag zu prüfen und über die Ergebnisse seiner Prüfung schriftlich Bericht zu erstatten.

Die Antheile der zustimmenden Mehrheit müssen in dem Falle, daß der Vertrag im ersten Jahre geschlossen wird, mindestens ein Viertheil des Grundkapitals, anderenfalls mindestens drei Viertheile des in der Generalversammlung vertretenen Grundkapitals darstellen.

Der genehmigte Vertrag ist in Urschrift oder in beglaubigter Abschrift mit dem Berichte des Aufsichtsraths nebst dessen urkundlichen Grundlagen und mit dem Nachweise über die Beschlußfassung zum Handelsregister einzureichen.

Hat der Erwerb in Ausführung einer vor der Errichtung der Gesellschaft von den Gründern getroffenen Vereinbarung stattgefunden, so kommen in Betreff der Rechte der Gesellschaft auf Entschädigung und in Betreff der ersatzpflichtigen Personen die Vorschriften der Artikel 213a und 213d zur Anwendung.

Die vorstehenden Bestimmungen finden auf den Erwerb unbeweglicher Gegenstände nicht Anwendung, sofern auf ihn der Gegenstand des Unternehmens gerichtet ist oder der Erwerb im Wege der Zwangsvollstreckung geschieht.

Einleitung. **Der Artikel trifft erschwerende Sonderbestimmungen für sogenannte Nachgründungen durch Uebernahmen.** Der Gesetzgeber will verhüten, daß die für Sacheinlagen und Uebernahmen bei der Gründung getroffenen Sondervorschriften dadurch umgangen werden, daß zunächst eine reine Geldgesellschaft gegründet und nach der Eintragung der Erwerb der Anlage durch den zur uneingeschränkten Vertretung legitimirten Vorstand mittelst einfachen Vertrages stattfindet. Geschieht dies kurz nach der Gründung, so unterliegt dies dem Verdacht, daß der Erwerb schon vorher mit den Gründern geplant und für später hinausgeschoben ist. Deshalb sind für die kurz nach der Gründung zu schließenden Uebernahmeverträge erschwerende Bedingungen vorgeschrieben, für deren Anwendung es aber gleichgültig ist, ob jener Verdacht begründet ist oder nicht. Diese Regelung der Nachgründung ist auch lediglich äußerstes Schutzmittel gegen Umgehung. Aus der Einfügung dieses Nothbehelfs folgt nicht, daß der Registerrichter verhindert ist, durch Weigerung der Eintragung die Befolgung der normalen Gründungsvorschriften des Art. 209b zu erzwingen, falls er nach der Sachlage den berechtigten Verdacht der Umgehung derselben schöpft (Johow 10 S. 32).

Die Materie wird wie folgt geregelt:

1. Begriff der Nachgründungsverträge und allgemeine Voraussetzung ihrer Gültigkeit (Abs. 1).

2. Erfordernisse des zur Gültigkeit des Vertrages erforderlichen Generalversammlungsbeschlusses (Abs. 2 und 3).

3. Gebot der Einreichung von Aufsichtsrathsbericht und Generalversammlungsbeschluß zum Handelsregister (Abs. 4).

4. Analoge Ausdehnung der Gründerverantwortlichkeitsvorschriften auf vorher geplante Nachgründungen (Abs. 5).

5. Ausnahmen (Abs. 6).

§ 1. 1. (Abs. 1.) **Begriff der Nachgründungsverträge und allgemeine Voraussetzung ihrer Gültigkeit.**

a) Begriff der Nachgründungsverträge. Es sind Verträge, durch welche die Gesellschaft in den ersten 2 Jahren seit ihrer Eintragung Anlagen oder unbewegliche Gegenstände für eine mehr als $^1/_{10}$ des Grundkapitals betragende Vergütung erwerben soll. Obwohl die Vorschrift einer Umgehung des Art. 209b vorbeugen will, so ist der Kreis der Gegenstände, um die es sich hier handelt, doch enger gefaßt, als dort. Während dort die Rede ist von Anlagen oder sonstigen Vermögensstücken, spricht der vorliegende Artikel nur von Anlagen oder unbeweglichen Gegenständen.

Was unter unbeweglichen Gegenständen zu verstehen ist, richtet sich nach dem bürgerlichen Recht (vergl. §§ 6—9, 105, I, 2 A.L.R.; Dernburg, Preußisches Privatrecht Band 1 § 63; Windscheid Pandekten Bd. 1 § 139). Von Erheblichkeit ist namentlich die Mobiliareigenschaft der Schiffe (§§ 299, 300, I, 20 A.L.R.), der Kuxe des neueren Rechts (Berggesetz § 101). Daß bei gewissen Gegenständen in bestimmter Richtung die Immobiliareigenschaft anerkannt ist, wie z. B. in Bezug auf die Versteigerung, kommt nicht in Betracht.

Unter Anlagen ist nach Rings (Anm. 2) zutreffender Begriffsbestimmung jeder dauernd zum Geschäftsbetriebe der Gesellschaft bestimmte Gegenstand zu verstehen, welcher sich als im Zusammenhang mit den charakteristischen Zwecken der Gesellschaft befindlich darstellt. Es scheiden hiernach aus Werthpapiere, sowie Waaren; ferner Patente und sonstige Rechte. Willkürlich ist es, wenn Kayser (Anm. 5), Petersen und Pechmann (S. 102) und Förtsch (Anm. 3 zu Art. 180e) unter Anlagen nur solche Vermögensstücke verstehen, welche mit dem Grund und Boden verbunden sind. Warum sollten Maschinen, die mit dem Grund und Boden nicht verbunden sind, nicht als Anlagen gelten?

b) Allgemeine Voraussetzung der Gültigkeit von Nachgründungsverträgen. Diese Voraussetzung ist die Zustimmung der Generalversammlung. Was zur Gültigkeit dieser gehört, ist in den folgenden Absätzen gesagt. Hier ist nur zu erwähnen, daß ohne diese Zustimmung der Nachgründungsvertrag nicht gültig, also nichtig, für beide Theile unverbindlich ist. Es liegt darin eine gesetzliche Ausnahme von der an sich unbeschränkten Vertretungsbefugniß des Gesellschaftsvorstandes. Die Sache liegt anders, als wenn der Vorstand statutarisch beschränkt ist. Eine Beschränkung der letzteren Art gilt nur nach innen. § 2.

2. (Abs. 2 und 3.) **Erfordernisse des zur Gültigkeit des Vertrages erforderlichen Generalversammlungsbeschlusses.** In dieser Beziehung ist ein Bericht des Aufsichtsraths und eine qualificirte Mehrheit vorgeschrieben. Doch ist nicht Alles gleichmäßig erheblich. Vielmehr muß wie folgt unterschieden werden: § 3.

a) Absolutes Gültigkeitserforderniß des Nachgründungsvertrages ist ein gültiger Zustimmungsbeschluß. Derselbe ist nach Abs. 3 im vorliegenden Falle vorhanden, wenn die dort angegebene qualifizirte Mehrheit zustimmt. (Für die Berechnung derselben vergl. § 4 zu Art. 215.) Ist sie nicht vorhanden, so liegt ein gültiger Beschluß der Generalversammlung nicht vor. Es ist nihil actum. Der trotzdem abgeschlossene Erwerbsvertrag ist ungültig. Indessen handelt es sich doch überall nur um die Voraussetzung der Gültigkeit des obligatorischen Erwerbsvertrages. Inwieweit die hinzutretende Auflassung den Mangel heilt, bestimmt sich nach bürgerlichem Recht (Ring Anm. 4), und wie der Grundbuchrichter bei der Auflassung den zu Grunde liegenden Vertrag auf seine Rechtsgültigkeit hin nicht zu prüfen hat (§ 46 der preußischen Grundbuchordnung), so entzieht sich auch vorliegend die Frage nach dem zustimmenden Generalversammlungsbeschluß seiner Prüfung (Ring Anm. 4). § 4.

b) Hat dagegen die vorgesehene Mehrheit einen Beschluß gefaßt, so ist zur Gültigkeit des Beschlusses weiter vorausgesetzt, daß der Aufsichtsrath vorher schriftlich Bericht erstattet hat. Fehlt dieser Bericht, so liegt Verletzung des Gesetzes nach Art. 190a vor und der Beschluß unterliegt der Anfechtung, konvalescirt aber, wenn von der Anfechtung kein Gebrauch gemacht wird. Der so konvalescirende Beschluß macht den Nachgründungsvertrag gültig. Es ist also der Aufsichtsrathsbericht kein absolutes Erforderniß. (Zust. Ring Anm. 5; Förtsch Anm. 4 zu Art. 180e.) § 5.

c) In keiner Weise aber gehört zur Gültigkeit des Nachgründungsvertrages die Einreichung des Beschlusses und des Berichts zum Handelsregister. Diese ist nicht zur Gültigkeit, sondern nur als Ordnungsvorschrift geboten. (Zust. Ring Anm. 7; Förtsch Anm. 6 zu Art. 180e.)

3. (Abs. 4.) **Gebot der Einreichung von Aufsichtsrathsbericht und Generalversammlungs-** § 6.

beschluß zum Handelsregister. Darüber ist vorstehend gesprochen. Eine Eintragung des Beschlusses ist nicht angeordnet, noch weniger eine Publikation.

§ 7. 4. (Abs. 5.) **Analoge Ausdehnung der Gründerverantwortlichkeit auf vorher geplante Gründungen.** Ob der Plan mit einem oder allen Gründern vereinbart war, ist gleichgültig; es handelt sich um den thatsächlichen Zusammenhang mit der Gründungsgeschichte der Gesellschaft. (Vergl. Ring Anm. 8; anders Kayser Anm. 11; Petersen und Pechmann S. 382.) Vereinbarungen nach der Errichtung, aber vor der Eintragung sind von der ausgedehnten Gründerverantwortlichkeit eigenthümlicher Weise nicht getroffen. (Ring Anm. 8; Schmidt S. 104.) Unter dem Erwerbe, der in Ausführung der Gründervereinbarung stattgefunden hat, ist der obligatorische Vertrag zu verstehen (Ring Anm. 8). Die verschärfte Verantwortung besteht nur gegenüber der Gesellschaft und nur für die Gründer und Gründergenossen der Art. 213a; nicht auch für die Emissionshäuser, noch (vergl. unten § 10) für die Mitglieder des Vorstands und Aufsichtsraths. (Näheres bei Ring Anm. 8.)

§ 8. 5. (Abs. 6.) **Ausnahmen** finden statt beim Erwerb unbeweglicher Gegenstände (also nicht von Anlagen), wenn entweder der Gegenstand des Unternehmens darauf gerichtet ist, oder der Erwerb im Wege der Zwangsvollstreckung geschieht.

a) Wenn der Gegenstand des Unternehmens auf den Erwerb unbeweglicher Gegenstände gerichtet ist. Es bezieht sich das lediglich auf solche Gesellschaften, zu deren Gegenstand der Erwerb unbeweglicher Gegenstände im Allgemeinen gehört, also auf sogenannte Baugesellschaften. Nicht hierher gehören diejenigen Gesellschaften, welche Grundstücke erwerben sollen und müssen, um auf denselben das Unternehmen zu betreiben, für welches sie errichtet sind, und deßhalb mißbräuchlicher Weise den Erwerb dieser Grundstücke neben dem Betriebe, welchem dieselben dienen sollen, als Gegenstand ihres Unternehmens bezeichnen (z. B. Gegenstand des Unternehmens ist der Erwerb und Betrieb der dem Kommerzienrath A. W. gehörigen Etablissements). Solche Gesellschaften sind es vielmehr gerade, in deren Interesse die Vorschriften des vorliegenden Artikels gegeben sind. (Ring Anm. 9; Kammergericht bei Johow Bd. 10 S. 33.)

§ 9. b) Wenn der Erwerb im Wege der Zwangsvollstreckung geschieht. Es braucht nicht gerade, wie Gareis-Fuchsberger (S. 503 Note 406) annehmen, eine solche Zwangsvollstreckung zu sein, welche sich als Folge der Beitreibung einer der Gesellschaft zustehenden Forderung darstellt; andererseits genügt es nicht, daß es sich um irgend welche Zwangsvollstreckung handelt (so Förtsch Anm. 8); vielmehr muß es eine solche sein, bei welcher die Gesellschaft als Gläubigerin betheiligt ist (Petersen und Pechmann S. 105; Ring Anm. 10), und vor Allem muß es eine Zwangsvollstreckung im Sinne der Gesetze sein. Nicht dahin gehört die Zwangsversteigerung auf Antrag des Benefizialerben, auch nicht die zum Zwecke der Auseinandersetzung (Ring Anm. 10), wohl aber die Zwangsversteigerung durch den Konkursverwalter, weil diese, wenn auch keine Zwangsvollstreckung im wörtlichen Sinne, so doch eine wirkliche Zwangsversteigerung, als Folge einer gerichtlichen Beschlagnahme, ist. (Anders Ring Anm. 10; zust. Förtsch Anm. 8 zu Art. 180e.) Ebenso ist eine Zwangsversteigerung auf Grund einer eingeklagten Hypothek, und sollte es sich auch nur um Ausübung des dinglichen Verwerthungsrechts handeln, im Sinne der Gesetze jedenfalls eine Zwangsvollstreckung, wenn auch begrifflich daran wohl gezweifelt werden kann. (Vergl. Staub: „Die juristische Konstruktion der dinglichen Rechte" in Kohler und Rings Archiv Bd. 5 S. 33.)

§ 10. Zusatz. **Die Prüfungspflicht des Aufsichtsraths und die Folge ihrer Verletzung für seinen Bericht** richten sich hier nach den allgemeinen Vorschriften der Art. 225 u. 226, nicht nach der besonderen Gründungsvorschrift des Art. 213c (K.B. 14). Weder ist die Haftung hier eine subsidiäre, noch hat die Beweispflicht eine ausdrückliche Regelung zu Gunsten des Aufsichtsraths gefunden (Ring Anm. 5).

Artikel 214.

Jeder Beschluß der Generalversammlung, welcher die Fortsetzung der Gesellschaft oder die Abänderung des Inhalts des Gesellschaftsvertrages zum Gegenstande hat, muß in das Handelsregister eingetragen und in gleicher Weise, wie der ursprüngliche Vertrag, veröffentlicht werden (Art. 210c, 212).

Der Beschluß hat keine rechtliche Wirkung, bevor derselbe bei dem Handelsgerichte, in dessen Bezirke die Gesellschaft ihren Sitz hat, in das Handelsregister eingetragen ist.

Der Artikel bestimmt, daß Beschlüsse der Generalversammlung, welche die Fortsetzung der Gesellschaft oder eine Statutenänderung zum Gegenstande haben, in das Handelsregister einzutragen sind (Abs. 1), **widrigenfalls sie keine rechtliche Wirkung haben** (Abs. 2). Einleitung.

1. (Abs. 1.) **Gesellschaftsfortsetzungs- und Statutenänderungsbeschlüsse sind eintragungspflichtig.**

a) **Gesellschaftsfortsetzungsbeschlüsse.** Richtiger Ansicht nach hätte es einer Hervorhebung dieser Beschlüsse neben den Statutenänderungsbeschlüssen nicht bedurft. Denn gemeint sind offenbar nur Beschlüsse, welche die Fortsetzung der Gesellschaft über die statutarisch festgesetzte Dauer hinaus zum Gegenstande haben. Und diese enthalten an sich eine Statutenänderung. Nach Rings überzeugenden Ausführungen (Anm. 1) ist diese Nebeneinanderstellung eine historisch zu erklärende Ungenauigkeit, aus welcher ein Schluß dahin, daß die Verlängerung an sich keine Verändekung des Vertragsinhalts enthalte, nicht gezogen werden kann. Sie enthält eine Aenderung des Gesellschaftsvertrages, auch wenn sie im Statute vorbehalten ist. Ein solcher Vorbehalt im Statute ist überflüssig, weil schon das Gesetz ihn macht. (A. M. Esser Anm. 5; Petersen u. Pechmann S. 387; Förtsch Anm. 2 zu Art. 180f). Um so mehr enthält die Verlängerung der Gesellschaftsdauer eine Aenderung des Statuts, wenn eine bestimmte Zeitdauer im Statute vorgesehen und eine Fortsetzung nur nicht ausgeschlossen ist. (Vergl. jedoch R.G. 6 S. 124). § 1.

b) **Statutenänderungsbeschlüsse.** Damit ist jeder Beschluß gemeint, der eine Veränderung des Inhalts des Gesellschaftsvertrages enthält. *Eine Ergänzung* des Vertrages fällt darunter. Gleichgültig ist ferner, *ob es sich dabei um sachliche oder um redaktionelle Aenderungen* handelt. Das Gesetz unterscheidet in dieser Hinsicht nicht und thut recht daran. Was scheinbar eine redaktionelle Aenderung ist, kann sich schließlich als materielle Aenderung von größter Tragweite ergeben. Denn jedes Wort ist mehrdeutig, und wer an die Stelle des einen Wortes ein anderes setzt, kann dadurch, ohne es zu wissen und zu wollen, die erheblichste sachliche Aenderung bewirkt haben. (Vergl. Kammergericht bei Johow und Küntzel 5 S. 31; Ring Anm. 8; A. M. Petersen und Pechmann S. 109; Esser S. 116; Förtsch Anm. 4 zu Art. 180f). § 2.

Eine Statutenbestimmung dahin, daß andere Organe, etwa der Aufsichtsrath, in der ganzen Folgezeit zu redaktionellen Statutenänderungen berechtigt seien, ist hiernach ungültig. Auch in dem eingeschränkten Umfange, daß die vom Handelsgericht zum Zwecke der Eintragung des Gesellschaftsvertrags oder von Erhöhungsbeschlüssen etwa zu erfordernden Aenderungen der Statuten vom Aufsichtsrath vorzunehmen seien, ist eine solche Delegation ungültig. Abgesehen davon, daß der Handelsregisterrichter garnicht befugt ist, wirkliche rein redaktionelle Aenderungen zu verlangen (Kammergericht bei Johow und Küntzel 4 S. 35), läßt sich, wie gesagt, die Tragweite *keiner* Aenderung übersehen. Jede Aenderung kann in ihrem Schoße sachliche Konsequenzen bergen. Indessen ist es andererseits *nicht nothwendig, daß der auf Abänderung des Statuts lautende Generalversammlungsbeschluß gerade den Wortlaut der Aenderung feststellt.* Das wird sich nicht immer machen lassen. So z. B., wenn es sich um eine Kapitalserhöhung handelt. Da das Statut die Ziffer des Grundkapitals zu benennen hat, so ist die Folge jeder Erhöhung, insbesondere auch jeder theilweisen Ausführung des Erhöhungsbeschlusses die Aenderung des Statuts in diesem Punkte. Es genügt hier, daß die Generalversammlung die Erhöhung und gleichzeitig die der Ausführung des Beschlusses entsprechende Aenderung des die Ziffer des Grundkapitals angebenden Theiles des Gesellschaftsvertrages beschließt; desgleichen, wenn Aktien verschiedener Gattung zulässiger Weise ausgegeben werden, daß in Gemäßheit der Ausführung dieser Transaktion die Statuten entsprechend geändert werden. Wenn hierbei die redaktionelle Feststellung der nothwendigen Aenderung einem Gesellschaftsorgane überlassen wird, so erscheint dies nicht unzulässig; es ist dies sogar empfehlenswerth, damit die Anmeldung zum Handelsregister in fixirter Form geschieht. Aber selbstverständlich haben die so delegirten Gesellschaftsorgane keine materiellen Befugnisse und der Registerrichter kann die von ihnen vorgenommene Feststellung nur eintragen, wenn dies nach seiner Prüfung dem Inhalt des Generalversammlungsbeschlusses entspricht.

§ 3. c) **Beschlüsse dieser Art müssen in das Handelsregister eingetragen werden.** Es ist dabei auf Art. 210c und 212 Bezug genommen. Hieraus ergiebt sich Folgendes:

α) Der Eintragung muß die Anmeldung vorausgehen. Die Bezugnahme auf Art. 212 ergiebt dabei, daß die Anmeldung in gleicher Weise geschehen muß, wie sie dort angeordnet ist, d. h. von allen Mitgliedern des Vorstandes, nicht bloß von einem allein vertretungsbefugten Vorstandsmitgliede. (Abweichend Esser Anm. 3; übereinstimmend Ring Anm. 4; Völderndorff S. 469).

β) Die Eintragung muß erfolgen auch bei dem Handelsregister der Zweigniederlassung. Auch dies folgt aus Art. 212. Doch ist hierdurch die Rechtsgültigkeit der Eintragung nicht bedingt.

§ 4. γ) Die Publikation muß in gleicher Weise erfolgen, wie die des ursprünglichen Gesellschaftsvertrages. Das folgt aus Art. 210c. Hiernach ist im Allgemeinen nur eine auszugsweise Publikation nothwendig; aber bei denjenigen Punkten, welche bei der Publikation des ursprünglichen Gesellschaftsvertrages besonders erwähnt sind, müssen auch die Aenderungen entsprechend bezeichnet werden, also nicht bloß, daß Aenderungen erfolgt sind, sondern auch welche. Daher ist es nicht immer genügend, wenn, wie es täglich im Reichsanzeiger geschieht, nur die abgeänderten Paragraphen der Statuten benannt werden; nicht genügend ist dies, wenn es sich um die im Art. 209 Abs. 2 und 3, 209a Ziffer 1 und 4 und 209b bezeichneten Festsetzungen handelt. (Völderndorff S. 470).

§ 5. 2. (Abs. 2.) **Der Beschluß hat ohne Eintragung keine rechtliche Wirkung** und zwar nach außen und nach innen (Ring Anm. 5; Förtsch Anm. 7 zu Art. 180f). Die Gesellschaft lebt bis zur Eintragung nach der bisherigen Gesellschaftsregel, von der Eintragung ab nach der geänderten. Die Generalversammlung kann nun allerdings zugleich mit Statutenänderungsbeschlüssen ausführende Beschlüsse fassen, welche die Eintragung des Gesellschaftsvertrages zur Voraussetzung haben und mit dieser Eintragung Gültigkeit erlangen, wie z. B. die Wahl neuer Aufsichtsrathsmitglieder bis zu der durch den Statutenänderungsbeschluß erhöhten Ziffer. Aber immer ist dabei festzuhalten, daß die ausführenden Beschlüsse erst mit der Gültigkeit des Hauptbeschlusses gültig werden, daß also ein in dieser Weise eventuell geschaffenes Gesellschaftsorgan bis zur Eintragung des Statutenänderungsbeschlusses nicht existirt, also nicht funktioniren kann. Faßt es dennoch Beschlüsse, so sind sie eo ipso ungültig und können auch nicht konvalesciren durch Eintragung des Statutenänderungsbeschlusses (R.G. 24 S. 58). Ein anderes Beispiel wäre, wenn die Generalversammlung in Abänderung der Statuten beschlösse, daß fortan nicht mehr zwei, sondern nur ein Vorstandsmitglied die Gesellschaft vertreten soll, und in Verbindung hiermit das eine fortan allein vertretungsberechtigte Mitglied bezeichnete. Dessen alleinige Vertretungsbefugniß beginnt in solchem Falle erst mit der Eintragung des Hauptbeschlusses. Rechtsakte, die es in der Zwischenzeit allein vornimmt, sind für die Gesellschaft nicht verbindlich und müssen, um verbindlich zu werden, von Neuem geschlossen werden, nachdem die Statutenänderung eingetragen ist.

§ 6. **Zusatz 1. Ueber die Form der Generalversammlungsbeschlüsse** vergl. Art. 238a.

§ 7. **Zusatz 2. Auf die älteren Gesellschaften** findet dieser Artikel ohne Weiteres Anwendung. Nach dem in Vorbemerkung 2 zu Art. 207 ausgesprochenen Prinzip ist das Gesetz grundsätzlich auf ältere Gesellschaften anwendbar, eine Ausnahme ist hier nicht gemacht. Zu beachten ist hierbei, daß durch das neue Gesetz die älteren Statuten in vielen Punkten ungültig geworden sind. Die Ungültigkeit ist mit dem Inkrafttreten des neuen Gesetzes von selbst eingetreten, das neue Gesetz muß selbstverständlich, mag das Statut lauten wie es will, immer befolgt werden. Die Aktiengesellschaften haben sich aber beeilt, ihre Statuten mit dem neuen Gesetze in Einklang zu bringen. Das mußte, wenn es geschah, erfolgen durch Generalversammlungsbeschlüsse in Gemäßheit des Art. 215. Dabei ist es gleichgültig, ob man mit Laud (Gutachten S. 7. 8) diese Aenderungen als redaktionelle, oder mit Esser (Art. 215 Anm. 2) als materielle ansieht. In beiden Fällen ist ein Generalversammlungsbeschluß nothwendig (vergl. oben § 2). Dagegen hat der Registerrichter kein Recht, von den älteren Gesellschaften zu verlangen, daß sie ihre Statuten dem neuen Gesetze anpassen. (O.L.G. Dresden in G.Z. 35 S. 287.) Der Handelsregisterrichter in Berlin hat gleichwohl die älteren Gesellschaften zu dieser Anpassung aufgefordert und sie als „unabweisbare Pflicht der Gesellschaft" erklärt. (Vergl. z. B. Registerakten der Aktiengesellschaft für öffentliche Wasch- und Badeanstalten zu Berlin.) Vergl. auch Erl. zu Art. 249g.

Artikel 215.

Die Abänderung des Inhalts des Gesellschaftsvertrages kann nicht anders als durch Beschluß der Generalversammlung erfolgen.

Sofern der Gesellschaftsvertrag für eine Abänderung derjenigen Bestimmung, welche den Gegenstand der Beschlußfassung bildet, nicht andere Erfordernisse aufstellt, erfolgt der Beschluß durch eine Mehrheit von drei Viertheilen des in der Generalversammlung vertretenen Grundkapitals.

Für eine Abänderung des Gegenstandes des Unternehmens muß diese Mehrheit erreicht sein; der Gesellschaftsvertrag kann außer derselben noch andere Erfordernisse aufstellen.

Dasselbe gilt von dem Falle, wenn die Gesellschaft durch Uebertragung ihres Vermögens und ihrer Schulden an eine andere Aktiengesellschaft gegen Gewährung von Aktien der letzteren aufgelöst werden soll.

Die vorstehenden Bestimmungen gelten auch dann, wenn mehrere Gattungen von Aktien mit verschiedener Berechtigung ausgegeben sind.

Soll durch die Beschlußfassung das bisherige Rechtsverhältniß unter den verschiedenen Gattungen zum Nachtheile einer derselben abgeändert werden, so bedarf es zu dem von der gemeinschaftlichen Generalversammlung gefaßten Beschlusse der Zustimmung einer besonderen Generalversammlung der benachtheiligten Aktionäre, deren Beschlußfassung gleichfalls nach der Vorschrift des zweiten Absatzes sich richtet.

Die Bestimmung des Gesellschaftsvertrages, Inhalts deren die Uebertragung von Aktien, welche in Gemäßheit des Artikels 207a Absatz 3 auf einen geringeren Betrag als eintausend Mark gestellt sind, an die Einwilligung der Gesellschaft gebunden ist, kann nicht abgeändert werden.

Das Gesetz trifft Bestimmung über mehrere qualificirte Mehrheitsbeschlüsse, insbesondere bei Statutenänderungen. Der Inhalt der Bestimmung ist folgender: Einleitung.

1. (Abs. 1.) Allgemeine Voraussetzung jeder Statutenänderung (Generalversammlungsbeschluß).
2. (Abs. 2.) Erforderniß der einfachen Statutenänderungsbeschlüsse.
3. (Abs. 3.) Besonderes Erforderniß bei Abänderung des Gegenstandes des Unternehmens.
4. (Abs. 4.) Besonderes Erforderniß bei Fusionsbeschlüssen.
5. (Abs. 5 u. 6.) Specialbestimmung beim Bestehen verschiedener Aktiengattungen.
6. (Abs. 7.) Ausnahmsweise Unabänderlichkeit einer Statutenbestimmung.

§ 1. 1. (Abs. 1.) **Allgemeine Voraussetzung jeder Statutenänderung** (über den Begriff vergl. § 2 zu Art. 214) **ist ein Beschluß der Generalversammlung.** Damit ist einmal, was im früheren Recht sehr bestritten war, gesagt, daß eine Statutenänderung durch Mehrheitsbeschluß erfolgen kann, die Zustimmung aller Gesellschafter also nicht nöthig ist,[1] andererseits aber, daß nur ein Generalversammlungsbeschluß die Statutenänderung bewirken kann, sodaß diesbezügliche Delegationen an andere Gesellschaftsorgane rechtsungültig sind. Wenn das Berliner Amtsgericht in ständiger Praxis Delegationen an den Aufsichtsrath oder gar an den Vorstand für genügend hält, so ist dies unzutreffend. Die hierbei von der Praxis beliebte und vom Berliner Gericht gebilligte Klausel geht gewöhnlich dahin, daß das betreffende Organ von der Generalversammlung ermächtigt wird, alle diejenigen Aenderungen und Zusätze vorzunehmen, welche der Registerrichter für erforderlich halten würde, um die Eintragung des Gesellschaftsvertrags oder die ausgeführte Kapitalserhöhung einzutragen. In einem Falle war der Vorstand sogar ermächtigt, alle diejenigen Zusätze vorzunehmen, welche die Staatsregierung für erforderlich halten würde, und auf Grund dieser Ermächtigung hat das alleinige Vorstandsmitglied beschlossen, den Statuten einen Zusatz zu geben, wonach die Staatsregierung berechtigt ist, das Aufsichtsrecht dnrch einen Kommissarius auszuüben. (Vergl. Registerakten des Deutschen Lloyd, Transportversicherungsaktiengesellschaft.) Siehe auch § 2 zu Art. 214 hinsichtlich der redaktionellen Aenderungen (Ueberall zust. Ring Anm. 1).

Inhaltlich können Statutenänderungen alle Rechte und Verhältnisse der Gesellschaft betreffen, nur können sie nicht die wesentlichen Merkmale einer Aktiengesellschaft beseitigen (R.G. 6 S. 120 ffg.; 17 S. 17 ffg.), auch nicht gegen sonstige zwingende Rechtsvorschriften verstoßen, also z. B. nicht dem Aktionär besondere Verpflichtungen auferlegen (Art. 219) und den gesetzlichen Reservefonds beseitigen oder einen dem Einflusse der Generalversammlung entzogenen, nur einer staatlichen Behörde unterworfenen Vorstand schaffen (R.G. 3. S. 123.)

Endlich dürfen sie nicht in diejenigen Aktionärrechte eingreifen, welche nach Gesetz oder Statut als unentziehbar gewollt sind, so z. B. das Dividendenrecht als abstraktes Recht beseitigen, oder nach Feststellung entziehen oder den Anspruch auf die Liquidationsquote nehmen (R.G. 7 S. 34) oder die Sondervortheile nach Art. 209b beseitigen oder die gesellschaftlichen Herrschaftsrechte entziehen, z. B. das Recht aus Art. 237 (vergl. § 2 zu Art. 221).

§ 2. 2. (Abs. 2.) **Erforderniß der einfachen Statutenänderungsbeschlüsse.** Unter den einfachen Statutenänderungen sind im Hinblick auf Abs. 3 alle diejenigen zu verstehen, welche nicht den Gegenstand des Unternehmens betreffen. Für diese einfachen Statutenänderungsbeschlüsse stellt das Gesetz nur ein subsidiäres Erforderniß auf. Principaliter gilt die Bestimmung des Gesellschaftsvertrages.

a) Das principale Erforderniß ist mit Rücksicht auf die Fassung des Gesetzes („für eine Abänderung derjenigen Bestimmung") dahin aufgefaßt worden, daß es nur gilt, wenn die Statuten gerade im Anschluß an die betreffende Bestimmung ein anderes Erforderniß aufstellen. Das aber ist aus dem Gesetze nicht zu folgern. Es geht nicht mehr aus demselben hervor, als daß die Statuten unzweideutig erkennen lassen müssen, die Abstimmungsordnung beziehe sich auf die betreffende Statutenänderung. (R.G. 27 S. 69.)

Die Erfordernisse, die das Statut principaliter anordnet, können leichtere oder schwerere sein, als das gesetzliche, auch einfache Mehrheit.

§ 3. b) Subsidiär, wenn das Statut keine anderen Erfordernisse aufstellt, kommt Abs. 2 zur Anwendung. Der hiernach zu fassende Beschluß muß folgende Eigenschaften haben:

α) Es ist eine Mehrheit erforderlich, welche sich nach Art. 190 bestimmt. Insbesondere greifen die statutarischen Abstimmungsbeschränkungen Platz.

§ 4. β) Diese Mehrheit muß $^3/_4$ des in der Generalversammlung vertretenen Grundkapitals repräsentiren. Bei der Berechnung des in der Generalversammlung vertretenen Grundkapitals sind diejenigen Aktien nicht mitzuzählen, deren Be-

[1] Sollte das Statut irgend einen seiner Bestandtheile als unabänderlich bezeichnen, so liegt darin nur eine Erschwerung der Beschlußfassung, nämlich dahin, daß Einstimmigkeit sämmtlicher Aktionäre zu erfordern ist (Ring Anm. 4).

sitzer sich der Abstimmung enthalten, sei es freiwillig [1]) oder in Folge gesetzlicher Pflicht; dagegen sind Aktien derjenigen Personen, welche sich an der Abstimmung betheiligen, voll zu zählen, auch wenn die Aktienbesitzer in Folge statutarischer Beschränkung nicht mit ihrem vollen Betrage stimmen dürfen, sondern mit einer statutarisch bestimmten Höchstzahl. Der solchergestalt von der Abstimmung ausgeschlossene Theil des Grundkapitals ist in der Generalversammlung vertreten durch die Inhaber der in Frage stehenden Aktien, welche die ihnen zustehenden Rechte durch Theilnahme an der Beschlußfassung ausüben und in dieser Weise ihre Befugnisse geltend machen, welche ihnen ihr Aktienbesitz gewährt; ja dieser, soweit es sich um die Aktienmehrheit handelt, ein Stimmrecht nicht gewährende Theil des Grundkapitals soll gerade durch die in Frage stehenden Vorschriften, welche ein Gegengewicht gegen die Beschränkung des Stimmrechts auf einen Höchstbetrag von Stimmen enthalten, geschützt werden (so überall R.G. 20 S. 146). Auszudehnen ist dies auf den Fall, wo ältere Gesellschaften in ihren Statuten bestimmen, daß nur derjenige stimmen darf, der eine bestimmte Minimalzahl von Aktien hat. Eine solche Statutenbestimmung ist bei früheren Gesellschaften noch heute zulässig (§ 4 des Gesetzes). Aktien eines Aktionärs, der durch solche Statutenbestimmung vom Stimmen ausgeschlossen ist, sind also in der Generalversammlung nicht vertreten (anders Petersen und Pechmann S. 111).

3. (Abs. 3.) **Besonderes Erforderniß für den Beschluß auf Abänderung des Gegenstandes des Unternehmens.** Hierin liegt immer eine Statutenänderung. Aber bei der Wichtigkeit dieses Theiles des Vertragsinhalts ist besonders vorgeschrieben, daß die erforderliche Majorität mindestens $^3/_4$ des Grundkapitals darstellen muß. Das Statut kann nur schwerere Erfordernisse aufstellen, z. B. noch größere Majorität oder gar Einstimmigkeit, wiederholte Abstimmung, wiederholte Generalversammlung u. s. w. Was als Abänderung des Gegenstandes des Unternehmens zu betrachten ist, ergiebt sich durch Auslegung der Statuten. In dem bekannten Falle des rumänischen Eisenbahnprozesses ist dem Reichsgericht nicht beizutreten, wenn es in der vollständigen Ueberlassung des als Gegenstand des Unternehmens bezeichneten Eisenbahnbetriebes an einen Andern gegen vertragliche Zusicherung einer festen Rente eine Veränderung des Gegenstandes des Unternehmens nicht erblickte. Der Gegenstand des Unternehmens bestand in jenem Falle in dem Betriebe für eigene Rechnung, und mag auch in zeitweisem, pachtweisem Ueberlassen des Betriebes an eine andere Person dieser Gegenstand nicht abgeändert werden, so ist das sicherlich der Fall, wenn die Einkünfte der Gesellschaft fortan nicht mehr erzielt werden sollen durch den Betrieb für eigene Rechnung, sondern durch den Bezug einer vertraglich ausbedungenen festen Rente, die doch von dem Gegenkontrahenten gewährt werden muß, gleichviel, ob er den Betrieb fortsetzt oder nicht. (Anders, wie gesagt, R.G. 3 S. 128; übereinstimmend mit uns Ring Anm. 6; Sachs in G.Z. 29 S. 41 ffg. [2]) Im Uebrigen ist nicht die thatsächliche Aufgabe des bisherigen Betriebes oder eines Betriebszweiges als Abänderung des Gegenstandes des Unternehmens im Sinne dieses Artikels zu betrachten, sondern eine Transaktion, durch welche der betreffende Betrieb für die Folgezeit der Gesellschaft thatsächlich oder rechtlich unmöglich wird. (Vergl. Sachs a. a. O. S. 42.) So war es z. B. keine Gegenstandsabänderung, als die Neue Berliner Omnibus- und Packetfahrtaktiengesellschaft in Berlin, welche neben der Brief- und Packetbeförderuug auch noch auf einigen Linien einen Omnibusbetrieb hatte, diesen letzteren Betrieb § 5.

[1]) In dieser Hinsicht anders Ring S. 445. Er will die Aktien dessen, der mit Stimmrecht erscheint, aber sich der Abstimmung enthält, mitzählen, weil nicht ohne weiteres anzunehmen sei, der Nichtstimmende sei indifferent, es vielmehr möglich sei, daß er das Gewicht seiner Anwesenheit in die Waagschale werfen wolle. Allein wer nicht stimmt, unterläßt Partei zu ergreifen. Die Ursache seiner Enthaltung ist immer ungewiß. Gewiß ist nur, daß er nicht mitstimmt, sich also an dem entscheidenden Akte ebenso wenig betheiligt, wie ein abwesender Aktionär. Er wirft nichts in die Waagschale, am wenigsten das Gewicht seiner Person. Denn wenn er auch bei der Diskussion für eine bestimmte Meinung eingetreten wäre, so würde gerade seine Stimmenthaltung seinen Worten das Gewicht wieder entziehen.

[2]) Daß aber ein solcher Beschluß überhaupt zulässig ist und noch nicht die Auflösung zur Folge hat, ist richtig. (Ring Anm. 6.) Ebenso ist zulässig ein solcher Beschlußmit der Maßgabe, daß die A.G. nur am Gewinne partizipirt (O.L.G. Stuttgart in G.Z. 40 S. 474.) Freilich liegt auch darin eine Gegenstandsänderung.

nebst dem ganzen dazu gehörigen Material veräußerte. Anders wäre es gewesen, wenn sich die Gesellschaft dem Erwerber gegenüber zur Konkurrenzenthaltung verpflichtet hätte oder wenn die veräußerten Linien die einzigen gewesen wären, welche konzessionsfähig waren.

§ 6. 4. (Abs. 4.) **Besonderes Erforderniß bei Fusionsbeschlüssen.** Dieser Absatz handelt von dem Falle, wo eine Aktiengesellschaft durch Uebertragung ihres Vermögens und ihrer Schulden an eine andere Aktiengesellschaft gegen Gewährung von Aktien der letzteren aufgelöst wird (vergl. Art. 247).

§ 7. 5. (Abs. 5 u. 6.) **Specialbestimmungen beim Bestehen verschiedener Gattungen von Aktien.** Aktien verschiedener Gattung sind im Stimmrecht nicht verschieden gestellt (vergl. zu Art. 190). Jede Aktie gewährt eine Stimme und das Stimmrecht soll von allen Aktionären gemeinsam ausgeübt werden. Das soll auch hier bei Statutenänderungsbeschlüssen nicht anders sein: auch hier muß die Mehrheit aller Aktionäre, auch wenn sie Aktien verschiedener Gattungen besitzen, zustimmen und außerdem muß die Mehrheit die in Abs. 2 und 3 angegebenen Eigenschaften haben. Das will Abs. 5 bestimmen. In Abs. 6 aber wird zum Schutze derjenigen Aktiengattung, die in ihren Rechten benachtheiligt werden soll, eine weitere Vorschrift gegeben. Gegen das frühere Recht enthält diese Vorschrift insofern eine Rechtsverringerung, als die communis opinio nach früherem Recht jedem benachtheiligten Vorzugsaktionär das Recht gab, gegen Beschlüsse, die seine Rechtslage verschlimmerten, zu protestiren. (R.O.H. 20 S. 93; R.G. 14 S. 127.)

Jetzt wird zu Statutenänderungen, durch welche das Rechtsverhältniß der Aktiengattungen unter einander abgeändert werden soll, die Zustimmnng einer Generalversammlung der in ihren Rechten gefährdeten Aktiengattung gefordert.

§ 8. a) Eine besondere Generalversammlung der benachtheiligten Aktionäre wird gefordert. Dieselbe kann wohl zusammen mit der gemeinschaftlichen einberufen, muß aber gesondert abgehalten, und unserer Ansicht nach auch besonders beurkundet werden. (Zust. Ring Anm. 9, während Behrend S. 828 Anm. 23 gleichzeitige Beurkundung zuläßt.) Sie stellt eben bei dem scharfen Wortlaut des Gesetzes einen besonderen Akt dar, und wie der Notar nicht befugt ist, eine Generalversammlung und einen Wechselprotest in demselben Protokoll zu beurkunden, so darf er dies auch nicht bei zwei besonderen Generalversammlungen thun. Werden mehrere Gattungen benachtheiligt, so müssen mehrere Sonderversammlungen abgehalten werden. (Ring Anm. 10.)

§ 9. b) Die Zustimmung einer besonderen Generalversammlung muß vorhanden sein. Es muß also in der besonderen Generalversammlung ein Zustimmungsbeschluß gefaßt worden sein. Es genügt nicht, daß die Generalversammlung einberufen ist. Ist es nicht zu einem Beschlusse gekommen, etwa weil kein Aktionär erschienen ist, so fehlt es an einem Zustimmungsbeschlusse. Das kann in der Praxis zu großen Belästigungen führen, besonders in den Fällen, wo eine größere Transaktion, wie Schaffung von Vorzugsaktien oder Zusammenlegung, im Großen und Ganzen ausgeführt, und nur ein kleiner Rest von Aktien übrig geblieben ist, deren Besitzer sich an der Transaktion nicht betheiligt haben, vielleicht weil sie jedes Interesse oder jede Verbindung mit der Gesellschaft verloren haben. Solche Aktionäre werden sich auch an künftigen Transaktionen und Beschlüssen schwerlich betheiligen. Eine umständliche und unnütze Kosten verursachende, aber wohl nicht zu umgehende Formalität ist das hier vorgesehene Erforderniß dann, wenn schon in der gemeinschaftlichen Generalversammlung sämmtliche vorhandene Aktien vertreten waren und zugestimmt haben.

§ 10. c) Statutenänderungen, durch welche das Rechtsverhältniß unter den verschiedenen Gattungen geändert werden soll, sind es, für welche diese besondere Vorschrift gegeben ist. Eigentlich sollte das Gesetz nicht sprechen von einem Rechtsverhältnisse unter den verschiedenen Gattungen; denn nicht unter sich stehen die Gattungen in jenem verschiedenen Rechtsverhältnisse, sondern ihr Rechtsverhältniß zur Gesellschaft ist ein verschiedenes. (Korrekter Art. 209a Ziffer 4.) Soll dieses Rechtsverhältniß zum Nachtheil einer Gattung abgeändert werden, so bedarf es der hier angeordneten besonderen Generalversammlung. Keineswegs bezieht sich dies auf sonstige Statutenänderungen, welche in ihrer Wirkung indirekt einzelnen Gattungen Vortheile oder Nachtheile bringen, z. B. wenn neue Grundsätze aufgestellt werden über Abschreibungen, reichere Dotirung des Reservefonds u. s. w. Beim Vorhandensein verschiedener Aktiengattungen wird jede irgendwie wichtige Beschlußfassung auf die einzelnen Gattungen verschiedene Wirkung ausüben. Noch weniger sind sonstige Beschlüsse der Generalversammlung, die sich nicht als Statutenänderungen darstellen, der Vorschrift unterworfen, und wären sie noch so wichtiger Natur, wie z. B. der Auflösungsbeschluß (O.L.G. Dresden in G.Z. 35 S. 242).

Ausdrücklich ausgedehnt aber ist die Vorschrift auf Kapitalserhöhungsbeschlüsse Art. 215a) und Kapitalsherabsetzungsbeschlüsse (Art. 248).

Für den, der die Schaffung von Vorzugsaktien gegen Nachzahlung à fonds perdu ohne Erhöhung des Kapitals durch Majoritätsbeschluß zuläßt (vergl. § 6 zu Art. 209a), ist zu erwähnen, daß, wenn schon mehrere Gattungen vorhanden sind, hierin eine benachtheiligende Statutenänderung liegt, welche besondere Generalversammlungen nothwendig macht. Dies besonders auch, wenn noch nachträglich Aktionäre zur Zuzahlung zugelassen werden, wie dies häufig vorkommt.

6. (Abs. 7.) **Ausnahmsweise ist die Unabänderlichkeit einer Statutenbestimmung angeordnet bei vinkulirten Namensaktien.** So lange die Aktien dieser Gesellschaften unter 1000 Mark lauten, ist eine Statutenbestimmung unmöglich, daß die Einwilligung der Gesellschaft zur Uebertragung der Aktien nicht nothwendig sei. Die Bestimmnng ist selbstverständlich, weil jus publicum privatorum practis mutari non potest. § 11.

Zusatz. Auf ältere Gesellschaften finden die Vorschriften dieses Artikels Anwendung (vergl. Ring Anm. 12). Insbesondere sind hierdurch alle statutarischen Festsetzungen älterer Gesellschaften aufgehoben, welche dem Aufsichtsrath die Ermächtigung ertheilt haben, die Statuten zu ändern. Haben ältere Gesellschaften die Statutenbestimmung, daß Statutenänderungen nur mit einfacher Stimmenmehrheit gefaßt werden, so gilt diese weiter. § 12.

Artikel 215a.

Eine Erhöhung des Grundkapitals der Gesellschaft darf nicht vor der vollen Einzahlung desselben erfolgen. Für Versicherungsgesellschaften kann der Gesellschaftsvertrag ein Anderes bestimmen.

Ueber die Erhöhung hat die Generalversammlung zu beschließen. Für die neu auszugebenden Aktien kann die Leistung eines höheren als des Nominalbetrages festgesetzt werden; der Beschluß hat den Mindestbetrag zu bezeichnen, für welchen die Aktien auszugeben sind. Ein geringerer als der Nominalbetrag darf nicht festgesetzt werden. Die Beschlußfassung unterliegt den Vorschriften im Artikel 215 Absatz 2 und 6.

Der Beschluß ist in das Handelsregister einzutragen. Die Anmeldung hat die Angabe zu enthalten, daß das bisherige Grundkapital eingezahlt sei, für Versicherungsgesellschaften, inwieweit die Einzahlung desselben stattgefunden habe. Auf die Eintragung finden die Vorschriften im Artikel 214 Anwendung.

Eine Zusicherung von Rechten auf den Bezug neu auszugebender Aktien, welche vor dem Beschlusse auf Erhöhung des Grundkapitals erfolgt, ist der Gesellschaft gegenüber unwirksam.

Die Artikel 215a und 215b ordnen die Materie der Erhöhung des Grundkapitals. Dabei regelt **der vorliegende Artikel die Erfordernisse eines gültigen Erhöhungsbeschlusses** und der folgende die Ausführung der beschlossenen Erhöhung. Der Hergang der Erhöhung wird von uns summarisch dargestellt in der Einleitung zu Art. 215b. Einleitung.

Das Wesen der Kapitalserhöhung besteht in der Aufnahme neuer Mitglieder. Es liegt keine Neugründung vor; denn eine bestehende Gesellschaft kann nicht mehr gegründet werden.

Vielmehr werden lediglich neue Mitglieder aufgenommen, welche einerseits als Aequivalent für ihre Mitgliedschaft eine Einlage zu machen haben, und andererseits dafür an den Erträgnissen der Gesellschaft in der Weise betheiligt werden, daß der Betheiligungsberechnung zu Grunde gelegt wird die Ziffer des Grundkapitals, erhöht um einen Betrag, der mindestens der Summe der neuen Einlagen gleichkommt, und diese erhöhte Ziffer wird in entsprechend mehr Theile zerlegt.

Der Inhalt des vorliegenden Artikels über die Erfordernisse eines gültigen Erhöhungsbeschlusses ist folgender:

§ 1. 1. (Abs. 1.) Erste Voraussetzung der Erhöhung: volle Einzahlung des bisherigen Grundkapitals.

2. (Abs. 2.) Der Erhöhungsbeschluß, sein Inhalt und die Art der Beschlußfassung.

3. (Abs. 3.) Vorschriften über Anmeldung, Eintragung und Publikation des Erhöhungsbeschlusses.

4. Abs. 4.) Unwirksamkeit vorher zugesicherter Bezugsrechte.

1. (Abs. 1.) **Erste Voraussetzung der Kapitalserhöhung ist volle Einzahlung des bisherigen Grundkapitals.** Zuwiderhandeln zieht Anfechtbarkeit und Nichtigkeit des Erhöhungsbeschlusses nach sich. Die trotzdem ausgegebenen Aktien sind nichtig (Ring Anm. 3). Der Erhöhungsbeschluß ist von Amtswegen zu löschen, nicht ist, wie Ring Anm. 3 meint, unter analoger Anwendung der für die Kapitalsreduktion gegebenen Vorschriften zu verfahren. Was unter voller Einzahlung zu verstehen ist, sollte eigentlich nicht zweifelhaft sein, da die beiden Worte voll und Einzahlung doch wahrlich der Klarheit nicht entbehren. Dennoch sind beide Worte von divergirender Auslegung nicht verschont geblieben.

a) Als voll eingezahlt soll nach einer, allerdings auch in der Reichstagskommission gebilligten Auslegung (K.B. 15) das Grundkapital schon dann gelten, wenn es im Großen und Ganzen, abgesehen von einzelnen Restanten, eingezahlt ist (Makower: wirthschaftliche Vollzahlung im Gegensatz zur „arithmetischen"). Allein ein so klarer unzweideutiger Ausdruck, wie es der Begriff voll ist, ist der Auslegung unzugänglich. Wer trotz dieses Wortes annimmt, daß dem Gesetze auch dann Genüge geschehen sei, wenn einzelne Restanten vorhanden sind, der legt das Gesetz nicht mehr aus, sondern beseitigt es; der setzt an die Stelle des vom Gesetze aufgestellten Erfordernisses „voll" ein anderes, das, man mag es nennen, wie man will, jedenfalls nicht die Bezeichnung voll verdient. Mit Recht hat daher das R.G. in Strafsachen 14 S. 36—45 jede Auslegung für unstatthaft erklärt, welche diesem klaren Ausdrucke entgegensteht.

§ 2. b) Was eingezahlt ist, sollte auch nicht zweifelhaft sein. Was sollte es anders bedeuten, als daß der auf die Aktien zu leistende Betrag geleistet ist? Wenn dem gegenüber Völderndorff (S. 489 ffg.) und ihm folgend Petersen und Pechmann (S. 392) sich mit Einforderung der Einzahlung begnügen, so ist das wiederum keine Gesetzesauslegung, sondern eine Substituirung von Erfordernissen anstatt der gesetzlichen. Denn der bloß eingeforderte Betrag ist doch eben nicht eingezahlt. Und wenn ferner Makower unter dem eingezahlten Betrage auch den durch Hingabe eines Wechselacceptes belegten verstehen will (G.Z. 36 S. 444), so ist dies jedenfalls dem Gesetze nicht entsprechend; sicherlich nicht, wenn die Annahme von Wechseln anstatt der Baarzahlung im Gesellschaftsvertrage nicht gestattet war, und für diesen Fall wird sie auch von Makower nicht behauptet. Aber sie kann auch statutarisch nicht vorgesehen werden, weil Wechselaccepte nicht Werthobjekte in der Hand des Gebers und daher kein geeigneter Gegenstand für die Sacheinlage sind (Pemsel in G.Z. 36 S. 40; Ring Anm. 4; vergl. § 2 zu Art. 209b u. § 10 zu Art. 215c).

Die Ausnahme für Versicherungsgesellschaften ist so zu verstehen, daß nicht blos der ursprüngliche Gesellschaftsvertrag, sondern auch der abgeänderte sie vorsehen kann; also können auch ältere Gesellschaften ihre Statuten dahin ändern (Hergenhahn in Busch Archiv 48 S. 182).

2. (Abs. 2.) **Der Erhöhungsbeschluß, sein Inhalt und die Art der Beschlußfassung.** § 3.

a) Der Erhöhungsbeschluß unterliegt der Zuständigkeit der Generalversammlung. Kein anderes Organ kann hierüber gültig beschließen. Es ist dabei zu beachten, daß richtiger Ansicht nach (anders Ring Anm. 5) in dem Beschlusse auf Erhöhung stets auch ein Beschluß auf Abänderung des Gesellschaftsvertrages liegt. Denn wenn auch das Statut die Möglichkeit einer Erhöhung vorsieht, so liegt in solchem Vorbehalt nur die Wiederholung der gesetzlichen Möglichkeit. Der Beschluß, daß diesem Vorbehalt entsprechend zur Erhöhung geschritten, die Kapitalsziffer also wirklich erhöht werden soll, stellt eine Aenderung der Statuten dar. Andererseits ist es als Eigenthümlichkeit dieses Statutenänderungsbeschlusses hervorzuheben, daß er bedingt ist. Die Generalversammlung kann naturgemäß nur beschließen, daß die Grundkapitalsziffer wenn möglich erhöht, also verändert werden soll. Ob die Erhöhung wirklich stattfindet, hängt von anderen Thatsachen ab, deren Eintritt sie nicht gebieten kann, nämlich von der Frage, ob die Aktien gezeichnet und die Viertelsdeckung eingezahlt wird. Daß diese Bedingung eingetreten ist, wird besonders zum Register angemeldet, und alsdann erst ist die von der Generalversammlung beschlossene Grundkapitalsziffererhöhung eingetreten und eintragungsfähig (vergl. § 6 zu Art. 215b).

b) Der Inhalt des Erhöhungsbeschlusses. Das Gesetz bestimmt, was der Erhöhungsbeschluß enthalten kann, was er nicht enthalten darf, und was er enthalten muß. § 4.

α) Er kann enthalten die Festsetzung eines höheren als des Nominalbetrages (Ueberpariemission vergl. § 3 zu Art. 209a).

β) Es darf nicht enthalten die Festsetzung eines geringeren als des Nominalbetrages (Verbot der Unterpariemission, vergl. § 11 zu Art. 209a).

γ) Er muß enthalten den Mindestbetrag, für welchen die Aktien auszugeben sind. (Daß ein einheitlicher Kurs nicht festgesetzt zu werden braucht, darüber vergl. § 3 zu Art. 209a.)

δ) Ein weiterer Inhalt ist nicht vorgeschrieben. Für die Praxis ist es aber außerordentlich wichtig, zu wissen, welchen weiteren Inhalt der Beschluß haben darf und muß. Um dies festzustellen, ist davon auszugehen, daß die Reform des neuen Gesetzes ihrem Wesen und Zwecke nach darin besteht, daß fortan das Aktienkapital nur dann erhöht werden soll, wenn die Gesellschaft kapitalbedürftig ist, und daß über diese Frage kein anderes Organ entscheiden soll, als das oberste Willensorgan, die Generalversammlung, die insbesondere den Mindestbetrag des Ausgabekurses zu normiren hat.

Die Generalversammlung hat hiernach allein zu bestimmen, wann die Kapitalserhöhung ins Werk gesetzt werden soll. Der Hergang ist der, daß die Generalversammlung beschließt, es solle das Kapital um einen bestimmten Betrag erhöht werden, d. h. es soll Seitens der Organe der Gesellschaft alles Zweckdienliche geschehen, um Zeichnungen in Höhe dieses Gesammtbetrages zu werben, und wenn dies geschehen, soll um diesen Betrag die Grundkapitalsziffer erhöht und so für den Betrag neue Mitgliedschaften geschaffen werden.

Daraus folgt, daß es unrichtig ist, wenn die Berliner Praxis unter Billigung des Berliner Handelsgerichts Kapitalserhöhungsbeschlüsse dahin faßt, daß das Kapital bis zu einer bestimmten Ziffer erhöht werden soll, daß aber die Bestimmung der Raten, in welchen, und der Zeitpunkte, zu welchen dies im Einzelnen geschehen soll, dem Aufsichtsrath überlassen wird. (Vergl. z. B. Allgemeine Häuserbauaktiengesellschaft; Berliner Bank.) Solche Delegation muß (mit Petersen u. Pechmann S. 133) und gegen Ring (S. 367) für unzulässig erachtet werden. Denn dadurch wird gerade das erzielt, was das neue Gesetz mit seiner Reform beseitigen will: in Folge solcher Delegation bestimmt der Aufsichtsrath, wann in Wahrheit das Kapital erhöht werden, ob dies sofort, oder nach Wochen oder Monaten oder gar nach Jahren geschehen soll. Ist mit einem solchen Generalversammlungsbeschlusse ein Aktienbezugsrecht konstituirt, so zeigt sich recht eklatant, daß dies derjenige Zustand wäre, den das neue Gesetz beseitigen wollte. Denn alsdann würden die neuen Aktien nicht mehr nothwendig sofort nach Fassung des Generalversammlungsbeschlusses ausgegeben werden, sondern nach Bestimmung des Aufsichtsraths, und die Gefahr, daß dieses nur aus sehr wenigen Mitgliedern bestehende Organ bei der künftigen Ausgabe der Aktien weniger das Kapitalsbedürfniß der Gesellschaft, sondern mehr die Sonderinteressen der Bezugsberechtigten berücksichtigen würde, wäre dann grade vorhanden. Förtsch (Anm. 5 zu Art. 180h) fürchtet alle diese Gefahren nicht, weil eine theilweise Eintragung der Erhöhung nicht zulässig sei. Doch ist diese Prämisse nicht zutreffend, mindestens noch zu beweisen.

Eine solche Delegation ist nach alle dem unzulässig. Dagegen bleibt es der Generalversammlung überlassen, ob sie bestimmen will, das Kapital dürfe nur dann erhöht werden, wenn der ganze betreffende Aktienbetrag gezeichnet ist, oder wenn ein bestimmter Mindestbetrag gezeichnet ist, oder zu jedem Betrage innerhalb der Erhöhungsziffer, welcher durch die Zeichnung bis zu einem bestimmten Zeitpunkte erreicht wird. Es ist Auslegungssache, was gemeint ist, ob insbesondere die beschlossene Kapitalserhöhung als gescheitert gelten soll, wenn die ganze Erhöhungsziffer nicht bis zu einem bestimmten Zeitpunkte erreicht ist. (Vergl. hierüber Ring Anm. 4 zu Art. 215b.)

Auch ist es völlig Sache der Generalversammlung, welchen weiteren Inhalt, außer der Bestimmung, daß und bis zu welchem Betrage das Kapital erhöht, und zu welchem Mindestbetrage die Aktien ausgegeben werden sollen, sie ihrem Beschlusse geben will.

Die Generalversammlung kann den wirklichen Emmissionskurs selbst bestimmen; desgleichen die Art, wie die Zeichnungen geworben werden sollen; sie kann für die Konstituirung von Bezugsrechten den Organen Anweisung geben oder von diesen schon gemachte Zusicherungen genehmigen; sie kann Bestimmung treffen, in welchen Raten die gezeichneten Beträge eingefordert werden sollen; sie kann beschließen, ob Sacheinlagen gemacht werden dürfen und in welchem Betrage (daß sie dies beschließen müsse, ist nicht richtig — Ring Anm. 7); sie kann anordnen, von welchem Zeitpunkte an die emittirten Aktien an der Jahresdividende theilnehmen sollen und, wenn dies für das ganze laufende Geschäftsjahr der Fall sein soll, in welcher Weise dies durch Entrichtung von Stückzinsen durch die Zeichner ausgeglichen werden soll u. s. w.[1]) Aber wohl bemerkt: Alles dies kann die Generalversammlung nur bestimmen, keineswegs muß sie es, sie kann alles dies vielmehr anderen Organen überlassen, ausdrücklich oder stillschweigend. Der Kommissionsbericht (S. 11) sagt ausdrücklich: „daß es zu weit führen würde, wenn man auch das Detail der Ausführung ausschließlich der Beschlußfassung durch die Generalversammlung vorbehalten wollte." Dieser Tendenz entsprechend enthält denn auch der vorliegende Artikel nicht, wie Art. 248 hinsichtlich der Kapitalsherabsetzung, die Bestimmung, daß der Generalversammlungsbeschluß auch die zur Durchführung erforderlichen Maßregeln festzusetzen habe.

§ 5. c) Die Beschlußfassung unterliegt den Vorschriften des Art. 215 Abs. 2 und 6.

α) Die Vorschrift des Art. 215 Abs. 2. Das ist dahin zu verstehen, daß $^3/_4$ Majorität erforderlich ist, wenn nicht der Gesellschaftsvertrag für den Erhöhungsbeschluß eine andere, schwerere oder leichtere, Bedingung aufstellt. Daß der Gesellschaftsvertrag für eine Statutenänderung überhaupt eine andere Bedingung

[1]) Wenn nichts darüber bestimmt ist, von welchem Zeitpunkte ab die neu emittirten Aktien an der Jahresdividende theilnehmen, so nehmen sie von Gesetzeswegen an der Dividende des ganzen laufenden Geschäftsjahres theil (anders Ring S. 396 — am Jahresgewinn pro rata —). Es ist aber eine Bestimmung zulässig, daß die neuen Aktien erst von einem späteren Zeitpunkte ab, etwa vom Tage der Ausgabe partizipiren. Wie die Stückzinsen zu buchen sind, darüber vergl. Art. 185b.

aufstellt, ist hier nur dann von Bedeutung, wenn sie eine schwerere ist. Wenn sie aber eine leichtere ist, so muß außerdem $^3/_4$ Majorität vorhanden sein, weil die Erhöhung zwar auch eine Statutenänderung zur Folge, aber doch einen selbstständigen Inhalt hat.[1]) (Anders Ring Anm. 8, der stets die statutarischen Bestimmungen über Statutenänderungen für maßgebend erachtet; ebenso Cosack S. 621.)

β) Die Vorschrift des Art. 215 Abs. 6. Die Anwendbarkeit dieser Vorschrift unterliegt manchem Zweifel. Zunächst ist darauf hinzuweisen, daß eigentlich nicht von einer Abänderung des Rechtsverhältnisses der verschiedenen Gattungen unter einander gesprochen werden kann, sondern von einer Abänderung der Rechte derselben gegenüber der Gesellschaft. Man könnte nun versucht sein, anzunehmen, daß bei einer Erhöhung des Grundkapitals dies nur dann der Fall ist, wenn neue Aktien geschaffen werden, welche vor den bisherigen Gattungen bevorzugt sein sollen. Allein man muß nach unserer Ansicht weiter gehen. Die Rechte einer Gattung werden auch dann zu ihrem Nachtheil abgeändert, wenn neue Aktien derselben Gattung geschaffen werden sollen. Denn die neuen Aktionäre derselben Gattung konkurriren jetzt mit den alten in der Theilnahme an den Rechten und Vortheilen, und darin liegt, wenn auch keine Abänderung in der Qualität der Rechte, so doch eine unmittelbare quantitative Abänderung und Benachtheiligung ihrer Rechte, da es ungewiß ist, ob die durch diese Konkurrenz für die alten Aktien entstehende Einbuße durch die entsprechende Theilnahme an dem neuen Kapitale die vollständige Ausgleichung erfährt (vergl. R.O.H. 25 S. 267). Hiernach sind als benachtheiligt diejenigen Gattungen anzusehen, deren Zahl erhöht werden soll oder die sich gar gefallen lassen müssen, daß neue Aktien ausgegeben werden sollen, die vor ihnen Vorrechte haben sollen. Bestehen daher z. B. Stammaktien und Vorzugsaktien, so müssen beide Gattungen zustimmen, wenn Vorzugsaktien ersten Ranges geschaffen werden, die vor beiden Vorrechte genießen sollen. Es müssen ferner beide Gattungen besonders zustimmen, wenn die Zahl der bisherigen Vorzugsaktien erhöht werden soll; soll aber nur die Zahl der Stammaktien erhöht werden, so braucht nur diese Gattung besonders zuzustimmen. (Zust. Ring Anm. 8.) § 6.

γ) In den ersten zwei Jahren muß, wenn Sacheinlagen gemacht werden, auch die Vorschrift des Art. 213f beobachtet werden. Doch ist dies nicht unbedenklich, weil dieser Artikel anscheinend nur Uebernahmen im Auge hat, nicht Einlagen (vergl. Ring Anm. 7). § 7.

3. (Abs. 3.) **Vorschriften über Anmeldung, Eintragung und Publikation des Erhöhungsbeschlusses.** Der Beschluß muß angemeldet, eingetragen und publicirt werden in Gemäßheit der Vorschriften im Art. 214, weßhalb die dort gegebenen Erläuterungen hier zu beachten sind. § 8.

Die Eintragung ist hiernach derjenige Akt, durch welchen der Erhöhungsbeschluß rechtswirksam wird. Eine Frist zur Anmeldung ist nicht vorhanden, auch kein Zwang durch Ordnungsstrafen. Es steht daher diese Pflicht unter der allgemeinen Verantwortlichkeit des Art. 241.

4. (Abs. 4.) **Unwirksamkeit vorher zugesicherter Bezugsrechte.** Die Vorschrift ist veranlaßt durch die Erwägung, daß Bezugsrechte, wenn sie vorher zugesichert sind, zur Folge haben, daß die Frage der Erhöhung nicht nach den Bedürfnissen der Gesellschaft, sondern nach den Sonderinteressen der Bezugsberechtigten beantwortet wird. Die Gesellschaft kann dadurch belastet werden mit Kapital, welches sie nicht gebraucht und welches sie daher nicht angemessen verwerthen kann. § 9.

Bezugsrechte können hiernach nur zugesichert werden nach oder zugleich mit dem Erhöhungsbeschlusse. Die Zusicherung erfolgt durch den Vorstand, als das Vertretungsorgan der Gesellschaft.

---

[1]) Der Beschluß kann auch aufgehoben werden. Der Aufhebungsbeschluß unterliegt naturgemäß der gleichen Vorschrift. Es kann nicht etwa die einfache Majorität aufheben, was die höhere Mehrheit beschlossen hat.

Der Vorstand aber wird zu seiner Deckung die Vorsicht gebrauchen, schon die Generalversammlung zugleich mit dem Erhöhungsbeschlusse den Beschluß fassen zu lassen, daß das fragliche Bezugsrecht gewährt werden kann oder soll. Das geschieht mit einfacher Mehrheit. War das Bezugsrecht durch den Vorstand vorher zugesichert, so war es der Gesellschaft gegenüber unwirksam, wird aber durch Genehmigungsbeschluß der Versammlung wirksam. Wird das Bezugsrecht einer dritten Person gewährt, so spielt sich die Sache in der Praxis in der Weise ab, daß der Generalversammlung die Offerte des Bankiers vorliegt, in welcher dieser sich verpflichtet, sämmtliche Aktien zu übernehmen oder einen Theil mit dem Rechte der Option auf den Rest. Soll das Bezugsrecht den etwaigen Aktionären gewährt werden, so erwächst denselben durch den Generalversammlungsbeschluß das betreffende Recht. Bestehen Bezugsrechte auf Grund älterer Statutenbestimmungen oder sollen sie zugleich mit dem Erhöhungsbeschlusse den Aktionären gewährt werden, soll aber dennoch das Kapitalsbedürfniß sofort befriedigt werden durch Uebernahme sämmtlicher Aktien, ohne daß die Gesellschaft warten möchte, bis sich die Bezugsberechtigten über die Ausübung ihres Bezugsrechts erklären, so ist der Ausweg üblich und zulässig, daß die Aktien dem übernehmenden Bankhause gewährt werden, jedoch mit der Verpflichtung, dieselben vorzugsweise den Bezugsberechtigten anzubieten, ehe sie in den Verkehr gebracht werden.

Zusatz 1. Ueber **Stempelfragen** vergl. zu § 8 Art. 207. (Vergl. auch § 7 zu Art. 215b.)

§ 10. **Zusatz 2. Auf ältere Gesellschaften** finden alle diese Bestimmungen Anwendung. Insbesondere kann daher die Erhöhung nicht mehr dem Aufsichtsrath übertragen werden; Statuten, die eine solche Delegation enthalten, sind insoweit ungültig. Selbst wenn zur Zeit des Inkrafttretens des Gesetzes der Erhöhungsvorgang soweit vorgeschritten ist, daß der Betrag schon eingefordert ist, muß der ganze Erhöhungsvorgang nochmals nach den Vorschriften des vorliegenden Gesetzes durchgemacht werden; erst wenn der eingeforderte Betrag (auch nur einer Rate, K.B. 39) gezahlt ist, kann die Erhöhung nach dem alten Gesetz, also insbesondere, wo die Statuten dies gestattet haben, auf bloßen Beschluß des Aufsichtsraths weiter vor sich gehen (§ 3 des Gesetzes).

Haben ältere Gesellschaften erschwerende Bedingungen, so sind sie insoweit aufgehoben, als sie etwas Anderes fordern, als einen Generalversammlungsbeschluß. Die Generalversammlung ist im öffentlichen Interesse für zuständig erklärt. Für Generalversammlungsbeschlüsse aber können sie erschwerende Bedingungen, z. B. Einstimmigkeit der erschienenen Aktionäre, fordern. (Anders Hergenhahn in Busch Archiv 48 S. 231.)

Eine große Streitfrage ist in Bezug auf den Abs. 4 entstanden: **Sind die älteren Bezugsrechte auf die Aktien neuer Emissionen (sog. Gründerrechte) aufgehoben oder nicht?** Die herrschende Ansicht verneint diese Frage (R.G. 27 S. 1; 28 S. 75; Bolze 13 Nr. 506; O.L.G. Dresden in G.Z. 40 S. 475; ebenso Esser, Kayser, Meyer, Keyßner und Simon, Petersen und Pechmann, Hergenhahn, Förtsch, Cosack; anders Rießer in G.Z. 38 S. 114; Ring Anm. II).

Wir haben in der 1. Auflage die Ansicht vertreten und ausführlich begründet, daß die älteren Bezugsrechte allerdings durch Abs. 4 nicht aufgehoben, wohl aber durch Abs. 2 modifizirt sind, indem die hier statuirte Entschließungsfreiheit der Generalversammlung auf öffentlich rechtlichem Grunde beruht und die früheren Bezugsrechte sich deshalb gefallen lassen müssen, daß sie nur in Gemäßheit der jedesmaligen Bestimmungen des Kapitalserhöhungsbeschlusses fortbestehen. An dieser Ansicht halten wir fest. In einer anderen Frage, der Aktienamortisation, hat auch das Reichsgericht den Standpunkt vertreten, daß die öffentlich rechtlichen Bestimmungen des Aktiengesetzes ohne Rücksicht auf entgegenstehende Vertragsrechte zur Anwendung kommen. (R.G. 22 S. 1).

Zu bemerken ist noch, daß hiernach die Bezugsrechte auch nicht durch Statutenänderungsbeschluß der Generalversammlung aufgehoben werden können. Doch gilt dies nur, wo das Bezugsrecht als persönlicher Vortheil konstituirt ist. Ist dagegen ein Bezugsrecht den Aktionären als solchen, allen gleichmäßig gewährt, so ist die Unentziehbarkeit als gewollt nicht anzunehmen; ein Sonderrecht liegt daher nicht vor und die Generalversammlung kann durch Statutenänderung das Bezugsrecht beseitigen (vergl. § 2 zu Art. 211).

Artikel 215 b.

Die Zeichnung der neu auszugebenden Aktien erfolgt durch schriftliche Erklärung, welche in zwei Exemplaren unterzeichnet werden soll.

Die stattgefundene Erhöhung des Grundkapitals ist behufs der Eintragung in das Handelsregister anzumelden. Die Vorschriften im Artikel 210 und 212 finden entsprechende Anwendung.

In engem Anschluß an den vorigen Artikel bringt der vorstehende die Normen über die Ausführung des Erhöhungsbeschlusses, und zwar über die Aufbringung des Zusatzkapitals (Abs. 1) und über Anmeldung, Eintragung und Publikation der stattgefundenen Erhöhung (Abs. 2). Einleitung.

Der Hergang der Emission ist hiernach folgender:

Zunächst hat die Generalversammlung den Beschluß zu fassen, daß die Erhöhung stattfinden soll.

Diesen Beschluß haben die sämmtlichen Mitglieder des Vorstandes zum Handelsregister anzumelden, und dabei die Erklärung abzugeben, daß das bisherige Grundkapital voll eingezahlt sei. Zu beachten ist, daß unmittelbar nach Fassung des Generalversammlungsbeschlusses, aber allerdings auch nicht früher, die Anzeige von der intendirten Erhöhung nach § 4 des Reichsstempelgesetzes zu erstatten ist.

Alsdann wird der Generalversammlungsbeschluß eingetragen und publicirt.

Nach erfolgter Eintragung, durch welche der Generalversammlungsbeschluß rechtswirksam wird, kann die Ausführung des Erhöhungsbeschlusses erfolgen.

Dieselbe beginnt damit, daß auf das Zusatzkapital Zeichnungen aufgenommen werden.

Nachdem die Aktien gezeichnet und die eingeforderten Einzahlungen von mindestens 25 % gemacht sind, ist dies beim Handelsgericht anzumelden. Die Anmeldung geschieht durch die Mitglieder des Vorstandes und Aufsichtsraths durch Erklärungen von gesetzlich vorgesehenem Inhalt und unter Beifügung von Belägen und Urkunden, die ebenfalls gesetzlich vorgesehen sind (vergl. unten § 4).

Alsdann erfolgt die Eintragung des Zusatzkapitals und die Publikation.

Nach erfolgter Eintragung darf die Ausgabe der neuen Aktien erfolgen.

Im Einzelnen bedürfen alle diese Punkte besonderer Erläuterung. Soweit sie den Erhöhungsbeschluß betreffen, ist sie im vorigen Artikel gegeben; die folgenden Bemerkungen betreffen die Ausführung der Erhöhung, die ja den Inhalt des vorliegenden Artikels bildet.

1. (Abs. 1.) **Die Aufbringung des Zusatzkapitals** kann nur durch Zeichnung erfolgen. § 1.

a) Wie die Zeichner geworben werden, sagt das Gesetz nicht. Es ist das vollständig Sache der Gesellschaftsorgane. Meist übernimmt ein Bankhaus das ganze Emissionskapital und bringt es alsdann auf den Markt. Dieses Verfahren ist auch dann zulässig und in Uebung, wenn Bezugsrechte bestehen. Den Bezugsrechten geschieht dann in der Weise Genüge, daß das Bankhaus das Emissionskapital übernimmt mit der Verpflichtung, die Aktien zunächst den Bezugsberechtigten (Gründern oder jeweiligen Aktionären) anzubieten (vergl. § 9 zu Art. 215 a).

b) Die Zeichnung erfolgt durch schriftliche Erklärung. Diese ist wesentlich und es ergiebt sich daraus von selbst, daß lediglich der Inhalt der schriftlichen Erklärung für maßgebend erklärt werden soll. Weder hat es Geltung, wenn die Betheiligungszusage nur mündlich erfolgt ist, noch gelten mündliche Abreden, die etwa neben der schriftlichen Erklärung getroffen werden. (Ring Anm. 1). Das bürgerliche Recht, welches Kayser (Anm. 4) und Cosack (S. 621) für solche Abreden maßgebend erklären, ist eben durch die Vorschrift des vorliegenden Artikels bezw. durch die aus ihr sich ergebenden Konsequenzen beseitigt. § 2.

Was der Zeichnungsschein enthalten muß oder nicht enthalten darf, ist hier, bei der Kapitalserhöhung, nicht gesagt. Er muß nicht etwa den ganzen Inhalt des bei der Gründung vorgesehenen Zeichnungsscheins (Art. 210e) haben, insbesondere ist der Inhalt des Erhöhungsbeschlusses nicht aufzunehmen, auch eine Bezugnahme auf bei der Erhöhung vorkommende Sacheinlagen u. s. w. ist nicht erforderlich. Aber der Zeichnungsschein muß klar erkennen lassen, hinsichtlich welchen Generalversammlungsbeschlusses und in welcher Höhe und hinsichtlich welcher Gattung von Aktien die Betheiligung ausgesprochen werden soll, auch ob sich der Zeichner durch Baarzahlung oder zu Sacheinlagen verpflichtet. Ersteres ist der Fall, wenn nicht das Letztere ausdrücklich betont ist. Beschränkungen und Bedingungen sind allerdings nicht ausgeschlossen, nur dürfen sie den Verpflichtungswillen nicht wieder aufheben, wie etwa die Bedingung, daß die Gesellschaft verpflichtet sein soll, dem Zeichner die Aktien wieder abzunehmen. Vollkommen zulässig und rathsam ist die Beifügung eines Termins der Haftung aus der Zeichnung. Doch wird man nicht annehmen können, daß der Zeichner in infinitum haftet, wenn er keinen Endtermin beigefügt hat; übermäßige Verzögerung befreit ihn (Ring Anm. 2).

In der Zeichnung liegt die Offerte, Mitglied der Gesellschaft zu werden. (Ueber die rechtliche Natur des Zeichenscheins und die sonstigen dabei in Betracht kommenden civilrechtlichen Fragen vergl. § 18 zu Art. 209e). Die Annahme der Zeichnung erfolgt durch die Anmeldung zum Handelsregister, wie bei der Gründung. Vorherige Zusagen sind nicht als definitive Annahmeerklärungen aufzufassen. (Etwas abweichend Ring Anm. 1, der vorherige Acceptation zuläßt und sie als bedingte ansieht).

Immerhin wird der Zeichner auch durch diese Annahmeerklärung noch nicht Mitglied der Gesellschaft. Die Annahmeerklärung bedeutet nur, daß der Vorstand bereit sei, den Zeichner Mitglied werden zu lassen. Er wird Mitglied erst mit der Eintragung. Bis dahin ist er nicht Mitglied, auch nicht stiller Gesellschafter, wie das R.O.H. 22 S. 220 ffg. annimmt, sondern einfacher Gläubiger, wie Jeder, der auf Grund einer Offerte eine Anzahlung gemacht hat. Er fordert sie, wenn das intendirte Rechtsverhältniß nicht zu Stande kommt, mit der condictio causa data causa non secuta zurück, nicht als Deponent, wie Ring (Anm. 2) annimmt.

§ 3. 2. (Abs. 2.) **Anmeldung, Eintragung und Publikation der Ausführung.**

§ 4. a) Die Anmeldung muß erfolgen in entsprechender Anwendung des Art. 210. Daraus folgt, daß sie vor dem Handelsgericht unterzeichnet oder in beglaubigter Form eingereicht werden muß, und zwar von sämmtlichen Mitgliedern des Vorstandes und des Aufsichtsraths. Dieselben haben in der Anmeldung die Erklärung abzugeben, daß, abgesehen von dem Fall der Sacheinlagen, $1/4$ oder die eingeforderte höhere Quote des Nominalbetrages und das etwaige Agio auf jede neue Aktie baar eingezahlt[1]) und im Besitze des Vorstandes sei. Eine vom Vorstande allein geschehene Anmeldung hat das Berliner Handelsgericht mit Recht zurückgewiesen (Registerakten der Schultheißbrauerei).

Der Anmeldung sind beizufügen:

α. die Duplikate der Zeichenscheine,

β. ein beglaubigtes Verzeichniß der einzelnen Zeichner und ihrer Einzahlungen,

γ. die etwaigen Verträge über die auf das erhöhte Kapital gemachten Erwerbungen und die Berechnung der Emissionskosten,

δ) ein Bericht über die Art der Ausführung der Erhöhung nebst den schriftlichen Ermittlungen oder Ausstellungen, welche etwa bezüglich der gedachten Erwerbungen gemacht sind.

Diese Aufstellung der der Anmeldung beizufügenden Anlagen geben die Motive (I 210) und wir folgen ihnen, weil wir die Ausführungen derselben für zutreffend erachten.

§ 5. Die einzelnen Beilagen anlangend, so ist

zu α) an dem Erfordernisse der Beifügung der Zeichenscheinduplikate nicht zu zweifeln,

[1]) Wann sind die weiteren Einzahlungen auf die Aktie zu machen und wer hat darüber zu bestimmen? Hierüber siehe § 2 zu Art. 184 (hinter Art. 219).

zu β) das Gleiche muß von diesem Erfordernisse gelten. Ring (Anm. 5) hat denn auch seine in der 1. Aufl. hiergegen erhobenen Bedenken aufgegeben.

zu γ) An die Stelle der Berechnung des Gründungsaufwandes tritt eine Berechnung der Emissionskosten. Zu diesen gehören vornehmlich die Gebühren des Notars und des Gerichts, sowie die Kosten für Herstellung der Aktienurkunden, die Provision für Einführung der Aktien an der Börse u. s. w. Eine Berechnung derselben wird oft nur approximativ zu machen sein, weil die Gerichtskosten erst nach der Anmeldung eingezogen werden. Daß bei einer Emission mit Sacheinlagen auch die diesbezüglichen Erwerbungsverträge beizufügen sind, nimmt jetzt auch Ring (Anm. 5) an.

zu δ) Diesen Bericht erachtet Ring a. a. O. für nicht erforderlich, weil sich der Bericht des Aufsichtsraths nach Art. 210 auf die Angaben der Gründer beziehe, für eine Gründererklärung aber hier in Ermangelung von Gründern kein Raum sei. Allein eine entsprechende Anwendung des Art. 210 führt, wie gesagt, zu der Annahme, daß der Emissionshergang möglichst ebenso offengelegt werden solle, wie der Gründungshergang. Es ist insbesondere nicht anzunehmen, daß bei der Emission Sacheinlagen für minder wichtig erachtet werden sollten, wie bei der Gründung. Und gerade, weil für eine Aufnahme dieser Festsetzung in den Gesellschaftsvertrag bei der Emission kein Raum ist, soll doch wenigstens die Offenlegung in anderer, der Offenlegung bei der Gründung möglichst gleichkommender Weise erfolgen. Die Funktionen der Gründer sind dabei von dem Vorstande zu erfüllen, die Mitglieder des Aufsichtsraths übernehmen die Prüferrolle. Diese Rollenzutheilung ist nicht Willkür, wie Ring sagt, sondern geht nicht weiter, als das Gebot entsprechender Anwendung dies zuläßt, wenn erwogen wird, daß auch sonst der Vorstand die Geschäfte der bestehenden Gesellschaft besorgt, wie die Gründer die der entstehenden, während der Aufsichtsrath bei der bestehenden Gesellschaft die prüfende und kontrollirende Behörde ist. Hiernach haben die Mitglieder des Vorstandes eine dem Art. 209g entsprechende Erklärung und die Mitglieder des Aufsichtsraths einen dem Art. 209h entsprechenden Prüfungsbericht abzugeben und beide Berichte sind in entsprechender Anwendung des Art. 210 Ziffer 1 und 3 der Anmeldung beizufügen. Es steht natürlich nichts entgegen, daß diese Berichte und die Anmeldung in einem und demselben Schriftstücke zusammengefaßt werden.

b) **Die Eintragung** ist als der Schlußakt des Erhöhungsvorganges gedacht, und es ist in diesem Sinne in Art. 215c Abs. 3 vorgeschrieben, daß vor der Eintragung die neuen Aktien nicht ausgegeben werden sollen. Zuwiderhandlung ist mit Strafe bedroht. Außerdem aber sind die vorher ausgegebenen Aktien, unserer Ansicht nach, nichtig. Den von Ring (Anm. 3 zu Art. 215b und Anm. 8 zu Art. 215c) erhobenen Vorwurf, daß unsere Ansicht „gegen das Gesetz" verstoße, welches „anders verfüge", lassen wir nicht gelten. Ring und Förtsch (Anm. 5 zu Art 150i) folgern die Gültigkeit trotz der ihr entgegenstehenden Bedenken aus dem „soll" des Art. 215c Abs. 3. Indessen ergiebt sich aus diesem „soll" nur, daß diese Vorschrift die Nichtigkeit nicht androhen will.[1]) Daß aber dieses „soll" das Gebot der Gültigkeit enthalte, wenn die Ungültigkeit aus anderem Grunde folgt, ist eine viel zu weit gehende, nicht gerechtfertigte Annahme. Die Ungültigkeit folgt nun aber daraus, daß die Kapitalserhöhung eine Aenderung der Statuten enthält, nämlich desjenigen Theiles der Statuten, der die Grundkapitalsziffer angiebt. Eine Statutenänderung wird aber erst dann wirksam, wenn sie eingetragen ist (Art. 214). Das Grundkapital ist also rechtlich erst dann § 6.

[1]) Eine ähnliche Erwägung, wie wir hier, macht Ring an einer andern Stelle (Anm. 8 a. E. zu Art. 215d), auch Cosack (S. 625 bei Anm. 11).

erhöht, wenn die erhöhte Ziffer eingetragen ist. Damit ist die Mitgliedschaft der neuen Zeichner entstanden und nun erst können die hierüber lautenden Urkunden ertheilt werden. Vorher ausgegebene Aktien der neuen Emission sind Bescheinigungen über eine noch nicht entstandene Mitgliedschaft, also begrifflich nichtige Urkunden. Ring ist zwar auch der Ansicht, daß die Kapitalserhöhung eine Statutenänderung enthält, zieht aber jene Konsequenz nicht, nimmt vielmehr an, daß die vor der Eintragung der stattgefundenen Erhöhung ausgegebenen Aktien giltig sind, und gelangt so zu dem mißlichen Ergebniß, daß „der Inhalt des Handelsregisters in Betreff der Höhe des Gesammtkapitals keine Gewähr mehr für die Richtigkeit bietet". Das war sicherlich nicht die Meinung des Gesetzgebers, der doch die Eintragung der veränderten Grundkapitalsziffer anordnete und so dafür sorgen wollte, daß das Register die richtige Kapitalsziffer ersehen ließ. Es erscheint uns nicht geboten, aus dem Wörtchen „soll" eine so weit gehende, das Aktienrecht in seinen Tiefen erschütternde Konsequenz zu ziehen. Man kann auch nicht mit Petersen und Pechmann (S. 131) sagen, daß die im Gesellschaftsvertrage erfolgte Festsetzung des Grundkapitals schon durch den auf Erhöhung lautenden Generalversammlungsbeschluß geändert sei, sodaß nicht erst die Eintragung der stattgefundenen Erhöhung diese Aenderung bewirke. Denn der Kapitalserhöhungsbeschluß enthält nur eine bedingte Statutenänderung, die Generalversammlung kann nur beschließen, es solle das Grundkapital *wenn möglich* erhöht werden. Aber ob die so beschlossene Kapitalserhöhung gelingt und durchgeführt wird, ob also die in Aussicht genommene Statutenänderung auch eintritt, das hängt von anderen Faktoren ab, insbesondere davon, ob gezeichnet wird. Bleiben die Zeichnungen aus, so tritt die Kapitalserhöhung trotz des Generalversammlungsbeschlusses nicht ein. (Vergl. § 4 zu Art. 215 a.) Auch *durch nachträgliche Eintragung der stattgefundenen Erhöhung werden die Aktien* richtiger Ansicht nach *nicht gültig* (vergl. § 7 zu Art. 215 c).

Die Eintragung erfolgt auch bei dem Gerichte der Zweigniederlassung, ist aber daselbst nur von dem Vorstande anzumelden, und zwar von jedem vertretungsberechtigten Mitgliede desselben (Art. 212). Für die Rechtswirksamkeit entscheidend ist nur die Eintragung am Hauptsitze.

c) **Die Publikation** erfolgt nach den Regeln des Art. 13.

§ 7. **Zusatz 1. Stempelfrage.** Die Uebernahme der Aktie bei der Erhöhung galt früher als ein Anschaffungsgeschäft. Vergl. die bei Bolze 7 Nr. 777 (auch R.G. 22 S. 116) citirte Entscheidung. Indessen ist in Konsequenz der neuesten Rechtsprechung anzunehmen, daß die Zeichnung als originäre Erwerbsart ein Anschaffungsgeschäft nicht ist (§ 8 zu Art. 207).

§ 8. **Zusatz 2. Wegen der älteren Gesellschaften** vergl. den Zusatz 2 zum vorigen Artikel.

Artikel 215 c.

Interimsscheine, welche auf Inhaber lauten, sind nichtig; die Ausgeber haften den Besitzern solidarisch für allen durch die Ausgabe verursachten Schaden.

Das Gleiche gilt, wenn Aktien oder Interimsscheine auf einen geringeren als den nach Artikel 207 a zugelassenen Betrag gestellt sind, oder wenn sie ausgegeben werden, bevor der Gesellschaftsvertrag bei dem Handelsgerichte, in dessen Bezirke die Gesellschaft ihren Sitz hat, in das Handelsregister eingetragen ist.

Vor der vollen Leistung des Nominalbetrages oder des in den Fällen der Artikel 209 a Ziffer 2, 215 a Absatz 2 festgesetzten Betrages soll die Aktie nicht ausgegeben werden. Inzwischen sollen im Falle einer stattgefundenen Erhöhung des Grundkapitals vor Eintragung derselben in das Handelsregister des im vorigen Absatze bezeichneten Gerichts Aktien oder Interimsscheine nicht ausgegeben werden.

Aus Aktien und Interimsscheinen, welche in Gemäßheit des Artikels 207 a auf einen Betrag von weniger als eintausend Mark gestellt sind, sollen im Falle des zweiten Absatzes des bezeichneten Artikels die ertheilte Genehmigung, im Falle des dritten Absatzes die Beschränkungen hervorgehen, welchen die Aktionäre in Bezug auf die Form einer Uebertragung ihrer Rechte und die Einwilligung der Gesellschaft in dieselbe unterworfen sind.

Der Artikel giebt Bestimmungen über Ausgabe von Aktien und Interimsscheinen. In der früheren Fassung waren diese Bestimmungen zerstreut und zum Theil inhaltlich verschieden. Einleitung.

1. Interimsscheine auf den Inhaber sind nichtig, die Ausgeber schadensersatzpflichtig (Abs. 1).

2. Aktien und Interimsscheine unter dem gesetzlichen Mindestbetrage oder ausgegeben vor der Eintragung des Gesellschaftsvertrages sind nichtig, ihre Ausgeber schadensersatzpflichtig (Abs. 2).

3. Die Aktien sollen nicht ausgegeben werden vor Leistung des Emissionskursbetrages; außerdem sollen bei einer Kapitalserhöhung Aktien nicht ausgegeben werden, ehe die stattgefundene Kapitalserhöhung eingetragen ist (Abs. 3).

4. Aktien und Interimsscheine unter dem gesetzlichen Mindestbetrage müssen die nothwendige Genehmigung und eventuell die Uebertragungsbeschränkung enthalten (Abs. 4).

1. (Abs. 1.) **Interimsscheine auf den Inhaber sind nichtig, die Ausgeber schadenersatzpflichtig.** Das Verbot von Interimsscheinen auf den Inhaber ist schon anderweit ausgesprochen (Art. 207 Abs. 5) und zwar schon dort in derjenigen Verbotsform, welche dem Gesetze eigenthümlich ist, wenn es an die Verletzung des Verbots die Nichtigkeit knüpft. Daher war der vorliegende Absatz im Grunde genommen überflüssig; denn auch soweit an die Zuwiderhandlung die Schadensersatzpflicht geknüpft ist, folgt die Vorschrift aus allgemeinen Rechtsgrundsätzen. § 1.

a) Interimsscheine auf den Inhaber sind nichtig. Daraus folgt aber nicht, daß der Urzeichner, der einen Interimsschein auf den Inhaber erhält, keine Rechte und keine Pflichten gegenüber der Gesellschaft habe. Seine Pflichten sind durch die Zeichnung entstanden, sein Recht auf Ausstellung eines gültigen Interimsscheins ist ihm durch die Ausgabe eines ungültigen nicht genommen (vergl. Gareis-Fuchsberger S. 392 Note 134 gegen Völderndorff S. 502). Die Uebertragung eines Inhaberinterimsscheins ist selbstverständlich ein juristisch bedeutungsloser Rechtsakt, der Uebertragungsvertrag ist nichtig, das Geleistete kann kondicirt werden. § 2.

b) Die Ausgeber sind den Besitzern schadensersatzpflichtig. § 3.

α) Die Ausgeber sind diejenigen, welchen nach dem Gesetze die Ausgabe der Aktien obliegt; es können dies die Mitglieder des Aufsichtsraths sein, die sich hieran in concreto betheiligen. Als Ausgeber sind nicht zu betrachten etwaige Beamte der Gesellschaft (zust. Ring Anm. 3; anders Petersen und Pechmann S. 139). Ob diese als Gehilfen in strafrechtlichem Sinne gelten, kommt hier nicht in Betracht. Noch weniger sind als Ausgeber diejenigen Aktionäre anzusehen, welche einem derartigen Beschlusse in der Generalversammlung zustimmen (anders Völderndorff S. 504).

β) Den Besitzern sind sie verantwortlich, also den zeitigen Besitzern (v. Hahn Bd. 1 S. 607; Behrend § 109 Anm. 14), nicht, wie Völderndorff S. 503 annimmt, auch den früheren Besitzern. So lange der Interimsschein in der Hand eines späteren Erwerbers ist, kann der frühere Erwerber keinen Schadensersatz geltend machen. Er mag seinem Nachmann den Schaden ersetzen und auf diese Weise in den Besitz der Aktie zurückgelangen. Der ursprüngliche Zeichner hat im Allgemeinen kein Recht auf Schadensersatz, da er ja den Anspruch auf Lieferung eines gültigen Interimsscheins hat. Doch kann für ihn ein Schaden durch verzögerte Ausgabe des gültigen Interimsscheins eingetreten sein oder durch den Regreß, den sein Nachmann gegen ihn genommen hat. (Ring Anm. 3.) § 4.

§ 5. γ) Der Ersatz des Schadens besteht in der Erstattung alles dessen, was der Besitzer durch die Ausgabe des ungültigen Interimsscheins eingebüßt hat, sei es auch an entgangenem Gewinn. Das folgt aus dem vorliegenden Artikel („für allen Schaden"), nicht aus Art. 282, der hier nicht immer anwendbar ist, da nicht nothwendig ein Handelsgeschäft vorliegt. (Dies gegen Willenbücher S. 215.) Hat er den Interimsschein unter dem gesetzlichen Mindestbetrag erworben, so besteht sein Schaden in dem von ihm ausgelegten Betrage, es sei denn, daß er nachweisen kann, er habe eine Kurssteigerung unbenutzt vorübergehen lassen müssen. (Vergl. R.O.H. 22 S. 218; v. Hahn Bd. 1 S. 607.) Die Verjährung richtet sich nach Civilrecht (in Preußen 3 Jahre).

§ 6. 2. (Abs. 2.) **Aktien und Interimsscheine unter dem gesetzlichen Mindestbetrage oder ausgegeben vor der Eintragung des Gesellschaftsvertrages sind nichtig, ihre Ausgeber schadensersatzpflichtig.**

a) Aktien unter 1000 Mark, schon durch Art. 207a kategorisch verboten, sind nichtig, Verträge über dieselben sind ungültig und berechtigen zur Kondiktion des etwa Gezahlten. Der ursprüngliche Zeichner aber hat den Anspruch an die Gesellschaft auf Ausgabe einer richtigen Aktie, es sei denn, daß der Gesellschaftsvertrag nichtig ist und demzufolge die Gesellschaft nicht zu Recht besteht. Dies ist der Fall, wenn nicht bloß bei der Aktienurkunde jener Fehler vorgekommen ist, sondern wenn das Aktienkapital selbst unrichtig zerlegt ist. Alsdann bleiben nur Schadensansprüche an die Gründer übrig.

§ 7. b) Aktien, ausgegeben vor der Eintragung des Gesellschaftsvertrages, sind nichtig. Wer sie vor dieser Zeit erhalten, ist nicht Aktionär geworden, kann daher die Mitgliedschaft nicht übertragen. Von anderer Anschauung geht das R.G. (10 S. 72) aus, indem es die Aktien durch Eintragung des Gesellschaftsvertrages konvalesciren läßt, doch kann seinen Ausführungen nicht beigetreten werden. Es mag ja immerhin umständlich sein, Aktienurkunden einzuziehen und gleichlautende Ersatzstücke auszugeben. Allein dieses Verfahren ist um so mehr geboten, als es nur dadurch möglich ist, die nichtigen Aktienurkunden aus dem Verkehr zu ziehen. Denn die vor der Eintragung ausgegebenen Aktien machen, wie gesagt, den späteren Erwerber nicht zum Aktionär, da sie von vornherein Bescheinigungen über ein nur vermeintliches Recht waren. Uebereinstimmend Ring (Anm. 5); Behrend (§ 109 Anm. 13a). Zutreffend bemerkt letzterer, daß, wenn die Aktien und Interimsscheine sich noch in der Hand des ersten Zeichners oder eines sich legitimirenden Rechtsnachfolgers befinden, es genügen wird, wenn die Gesellschaft die in solchen Händen befindlichen Urkunden als von ihr ausgegeben anerkennt. Das ist immer noch etwas Anderes, als eine von selbst eintretende Konvaleszenz.

c) Ueber Ausgeber, Besitzer und Schadensersatz vergl. oben §§ 3—5. Der Schadensanspruch fällt fort, wenn der Besitzer beim Erwerbe Kenntniß davon hatte, daß die Aktien vor der Eintragung des Gesellschaftsvertrages ausgegeben worden sind. Der Beweis der Kenntniß liegt den Ausgebern ob, Kennenmüssen genügt nicht. (Behrend § 109 Anm. 16.)

§ 8. 3. Abs. 3.) **Die Aktien sollen nicht ausgegeben werden vor Leistung des Emissionskursbetrages**; außerdem sollen bei einer Kapitalserhöhung die Aktien nicht ausgegeben werden, ehe die Ausführung der Kapitalserhöhung eingetragen ist.

a) Ausgabe der Aktien vor der Eintragung der stattgefundenen Kapitalserhöhung hat Bestrafung nach 249b, außerdem Regreßpflicht nach Art. 226 und 241, endlich aber unserer Ansicht nach auch Nichtigkeit der Aktien zur Folge. (Ueber Letzteres vergl. § 6 zu Art. 215b.)

§ 9. b) Die Aktien sollen nicht ausgegeben werden vor der Leistung des vollen Emissionskursbetrages. Die gleichwohl ausgegebenen Aktien sind aber nicht nichtig, da der Ausdruck „soll" die Gültigkeit bestehen läßt und die Nichtigkeit aus anderen Gründen nicht folgt. Die übrigen Folgen der Zuwiderhandlung sind dieselben wie in

§ 8. (Das frühere Gesetz hat sogar Nichtigkeit an die Verletzung dieses Verbots geknüpft, Art. 222 Nr. 1 der alten Fassung.) Das Verbot bezieht sich, wie zu beachten ist, sowohl auf die Ausgabe bei der Gründung, als bei stattgefundener Kapitalserhöhung, und ist, wie in K.B. 35 hervorgehoben wurde, dahin zu verstehen, daß die Ausgabe der einzelnen Aktie statthaft ist, sobald der für sie festgesetzte Betrag voll eingezahlt ist, nicht erst nach der Vollbezahlung aller Aktien.

c) Das Verbot bezieht sich, da für Versicherungsgesellschaften keine Ausnahme gemacht ist, auch auf diese. Hiernach liegt bei Versicherungsgesellschaften die Sache so, daß sie gemäß Art. 215a Abs. 1 zwar zu einer Kapitalserhöhung schreiten können, ehe das erste Grundkapital voll eingezahlt ist; daß sie aber über die Betheiligung nur Interimsscheine auf den Namen, aber keine Aktienurkunden ausstellen können, bevor der volle Emissionskursbetrag geleistet ist (vergl. Pemsel in G.Z. 36 S. 40; Behrend § 117 Anm. 12). Der Versuch Makowers (ebenda S. 444), in der bei Versicherungsgesellschaften üblichen Hingabe von Garantiewechseln den Begriff „Leistung des Nominalbetrages" erfüllt zu sehen, scheitert an der Erwägung, daß der Wechsel zwar wirthschaftlichen Werth besitzt, aber als Einlage im Sinne des Aktiengesetzes nur das betrachtet werden kann, was schon in der Hand des Inferenten ein Werthobjekt ist. Ein Wechsel ist aber nur ein verstärktes Schuldversprechen. Oder sollte auch ein Schuldschein als Einlage genügen? Das wäre die Konsequenz der Makowerschen Ansicht, die freilich Cosack (S. 564) unerschrocken zieht, weil ja eine Schuld des Aktionärs ein Vermögensstück der Gesellschaft sei. Die Konsequenz dieser extremen Ansicht wäre, daß diejenigen Aktionäre, welche die Einlage weder baar, noch in anderen Werthobjekten entrichten, als Sacheinleger zu betrachten wären. § 10.

4. (Abs. 4.) **Aktien und Interimsscheine unter 1000 Mark**, wo sie ausnahmsweise zugelassen sind, sollen die nothwendige Genehmigung und die Uebertragungsbeschränkung hervorgehen lassen. Die Verletzung des Gebotes hat die Nichtigkeit nicht zur Folge (Ring Anm. 9; unrichtig unsere 1. Auflage); auch ist eine besondere civilrechtliche Verantwortlichkeit nicht vorgesehen. (Behrend § 117 Anm. 11.) Strafbarkeit: Art. 249b No. 4. § 11.

Zusatz 1. Der Umtausch der Interimsscheine gegen die definitiven Stücke kann auch noch im Konkurse der Aktiengesellschaft verlangt werden (R.O.H. 19 S. 285). Er ist kein Anschaffungsgeschäft (Allgemeine Anweisung zum Stempelgesetz 6 D). Die für den Interimsschein nachweisbar gezahlten Steuerbeträge werden auf die Steuer für die Aktienurkunde angerechnet (vergl. § 8 zu Art. 207). § 12.

Zusatz 2. Auf **die bestehenden Gesellschaften** finden die Vorschriften durchweg Anwendung. Insbesondere ist zu erwähnen: § 13.

a) daß Interimsscheine auf den Inhaber auch von älteren Gesellschaften fortan nicht mehr ausgestellt werden können, außer wenn die Befreiung des Zeichners schon vor dem Gesetz eingetreten ist (§ 5 des Gesetzes). Die bisher von ihnen ausgestellten sind selbstverständlich gültig. Vergl. Vorbemerkung 2 zu Art. 207.

b) Aktien und Interimsscheine unter 1000 Mark dürfen auch die älteren Gesellschaften nicht mehr ausstellen. (Vergl. § 7 zu Art. 207a.)

Artikel 215d.

Die Aktiengesellschaft soll eigene Aktien im geschäftlichen Betriebe, sofern nicht eine Kommission zum Einkauf ausgeführt wird, weder erwerben, noch zum Pfande nehmen. Sie darf eigene Interimsscheine im geschäftlichen Betriebe auch in Ausführung einer Einkaufskommission weder erwerben noch zum Pfande nehmen.

Eine Amortisation der Aktien ist zulässig, sofern sie unter Beobachtung der für die Zurückzahlung oder Herabsetzung des Grundkapitals maßgebenden Vorschriften erfolgt. Ohne Beobachtung derselben darf die Gesellschaft ihre Aktien nur aus dem nach der jährlichen Bilanz sich ergebenden Gewinne und nur in dem Falle amortisiren, daß dies durch den ursprünglichen Gesellschaftsvertrag oder durch einen, den letzteren vor Ausgabe der Aktien abändernden Beschluß zugelassen ist.

Einleitung. **Durch die Bestimmung dieses Artikels soll der Erwerb eigener Aktien durch die Gesellschaft eingeschränkt werden.** Der Grund dieser Bestimmung ist, daß es juristisch nicht wohl angängig ist, daß die Aktiengesellschaft ihr eigener Aktionär ist, und daß es vom praktischen Standpunkte aus ungesund ist, wenn die Aktiengesellschaft mit ihren eigenen Aktien Handel treibt. Deshalb sollen diese Rechtsakte eingeschränkt und nur unter Kautelen zugelassen werden. Diese Kautelen sind deshalb geboten, weil durch jene Rechtsakte die Grundkapitalsziffer sich verringert, was die Vertheilung der vorhandenen Aktiva erleichtert und dadurch die Gläubiger gefährdet.

Zum Schutze der Gläubiger sind nun folgende Beschränkungen hinsichtlich des Erwerbes eigener Aktien durch die Gesellschaft aufgestellt:

§ 1. 1. (Abs. 1.) **Verbot des Erwerbes eigener Aktien und eigener Interimsscheine.**

a) **Eigener Aktien.** Die Aktiengesellschaft soll eigene Aktien im geschäftlichen Betriebe weder erwerben, noch zum Pfande nehmen, außer wenn eine Kommission zum Einkauf ausgeführt wird.

α) Sie soll nicht. Ungültigkeit des Geschäfts ist also an die Verletzung nicht geknüpft. Die Ungültigkeit war nach dem früheren Gesetze Rechtens (R.O.H. 17 S. 381; Ring Anm. 1); doch wurde sie als zu große Belästigung des Verkehrs erachtet, da der Dritte nicht prüfen kann, ob die Gesellschaft für eigene oder für fremde Rechnung die Aktien erwirbt. Das Geschäft ist also gültig (Bolze 8 No. 551; 12 No. 507; Ring Anm. 1). Für etwaigen Schaden sind die Gesellschaftsorgane verantwortlich (Art. 226 Ziff. 3; 204 Ziff. 3). Abweichend behauptet Cosack (S. 625) die Ungültigkeit, weil der Aktionär auf ein Geschäft, welches dem Vereinsvorstande verboten sei, nicht eingehen dürfe. Warum nicht? Ihm ist es doch nicht verboten. Es kann sogar sein, daß im konkreten Falle solche Maßregel den Interessen der Gesellschaft förderlich ist (vergl. Bolze 8 Nr. 551). Der Dritte, welcher an der Verletzung des Verbots Theil nimmt, haftet der Gesellschaft nicht (Ring Anm. 2; § 23, I, 6 A.L.R., l. 208 dig. 50, 17).

§ 2. β) Im geschäftlichen Betriebe. Gemeint ist der Erwerb im regelmäßigen Geschäftsbetriebe (Ring Anm. 4). Wohl gestattet ist der Erwerb durch Schenkung; Erbfall; Zwangsvollstreckung; außergerichtlichen Vergleich, wenn andere Befriedigungsobjekte nicht zu erreichen waren. Daß bei diesen gestatteten Erwerbsarten die Aktien nur einen durchlaufenden Posten bilden, ein Behalten derselben im Gesellschaftsportefeuille aber absolut verboten sei, wie Völderndorff S. 511 meint, ist nicht richtig. Ist der Erwerb erlaubt, so ist es auch das Behalten. Die schleunige Veräußerung gültig erworbener eigener Aktien ist der Gesellschaft nirgends zur Pflicht gemacht (vergl. Ring Anm. 4). Deßhalb ist es auch entgegen einer Bemerkung der Motive (II S. 223) nicht unerlaubt, in legal erworbenen Aktien den Reservefonds anzulegen, wenn auch dies nicht zu der Sorgfalt eines ordentlichen Geschäftsmannes gehören mag. (Ring Anm. 4.) Die legal erworbenen Aktien sind auch als Aktiva in die Bilanz einzustellen, da sie einen jederzeit zu realisirenden Vermögenswerth darstellen. Cosack, der dies (S. 625) verbietet, giebt den Grund nicht an. Ein solcher ist auch nicht vorhanden. (Vergl. Ring S. 621.)

§ 3. γ) Erwerben, das heißt zum Eigenthum erstehen. Ob auch das Report- und das Deportgeschäft in eigenen Aktien hiermit verboten ist, ist zweifelhaft. Das Reportgeschäft ist ein Kaufvertrag, verbunden mit der Abrede des Wiederverkaufs für einen späteren Zeitpunkt, der Käufer wird Reporteur genannt (R.G. 19 S. 150; vergl. R.G. in Strafsachen 12 S. 287). Man wird das Reportgeschäft in eigenen

Aktien für unzulässig halten müssen (vergl. Ring Anm. 3; Esser Anm. 3; Petersen und Pechmann S. 170). Die Gesellschaft soll eigene Aktien nicht erwerben, nicht, wenn auch nur vorübergehend, Eigenthümerin derselben werden, weil die unjuristische Erscheinung, daß eine Aktiengesellschaft ihre eigene Aktionärin ist, vermieden und der Handel der Gesellschaft mit ihren eigenen Aktien nicht geduldet werden soll (vergl. die Einleitung). Aus demselben Grunde aber muß auch das Deportgeschäft in eigenen Aktien für unzulässig gehalten werden. Es ist das Geschäft, durch welches die Gesellschaft (als Deporteur) ihre Aktien zum Tageskurse verkauft, gleichzeitig aber vom Käufer dieselben Stücke zu demselben Kurse zu einem bestimmten weiteren Termin zurückkauft. Mag auch immerhin, worauf Petersen u. Pechmann S. 170 und R.O.H. 17 S. 386 Werth legen, der Rückkauf nur erfolgen zum Zwecke der Wiederherstellung des früheren Zustandes, so erfolgt doch immerhin ein Eigenthumserwerb, auf welchen die gesetzgeberischen Gründe des Verbots in gleicher Weise zutreffen, wie bei jedem andern Erwerb eigener Aktien. (Vergl. Ring Anm. 3).

δ) Zum Pfande nehmen. Damit ist nur ein eigentlicher Pfandvertrag zu verstehen, obwohl nicht zu verkennen ist, daß durch den Abschluß von Geschäften, durch welche gesetzliche Pfandrechte begründet werden, dieselben mißlichen Folgen entstehen können. Indessen kann das Wort „zum Pfande nehmen" nicht anders verstanden werden, als im Sinne eines Vertrages. Zum Pfande nehmen kann man nur, was zum Pfande gegeben ist, und Geben und Nehmen ist eben ein Vertrag. Das gesetzliche Pfandrecht entsteht von selbst an den Gegenständen, die man nicht zum Pfande, sondern aus anderen Gründen erhalten hat. Nur darf das gesetzliche Pfandrecht nicht in einer Weise erworben werden, die auf eine Umgehung des Verbotes hinausläuft. So z. B. würde es unzulässig sein, wenn die Gesellschaft für insolvente Auftraggeber kommissionsweise ohne Sicherheit eigene Aktien ankaufte, um an denselben ein gesetzliches Pfandrecht zu erlangen. Das würde die Haftpflicht nach Art. 226, 241 begründen (Ring Anm. 7). Das Retentionsrecht ist selbstverständlich darunter nicht einbegriffen. Völderndorffs (S. 512) weite Ausdehnung des Begriffes ist nicht zutreffend. (Ring Anm. 7). § 4.

Das Annehmen von Beamtenkautionen ist wohl ein Pfandnehmen, aber nicht ein Pfandnehmen im regelmäßigen Geschäftsbetriebe (Ring Anm. 7; anders Förtsch Anm. 3 zu Art. 184d).

ε) Außer wenn eine Kommission zum Einkauf ausgeführt wird. In Ausführung einer solchen darf die Gesellschaft eigene Aktien (nicht auch eigene Interimsscheine) erwerben und zum Pfande nehmen. Petersen u. Pechmann S. 172 erachten es für eine unstatthafte Umgehung des Gesetzes, wenn die Gesellschaft über die in Ausführung der Kommission erworbenen Aktien nachträglich für eigene Rechnung verfügen und den Kommittenten andere Stücke liefern würde. Dem kann nicht beigetreten werden. Ist dies Verfahren dem Kommittenten gegenüber an sich in concreto statthaft, was der Fall ist, wenn nach Lage der Sache der Kommittent keinen Anspruch auf bestimmte Nummern hatte (R.G. 5 S. 2 ffg.), so liegt auch keine Umgehung des Gesetzes darin. Die Ersatzstücke kann ja die Gesellschaft ebenfalls legal erworben haben, z. B. durch Schenkung, im Wege der Zwangsvollstreckung. § 5.

ζ) Die Veräußerung eigener Aktien ist gestattet. Dieselbe kann vorkommen, wenn die Gesellschaft zulässiger Weise Aktien erworben hat, ebenso wenn dieselbe als Verkaufskommissionärin auftritt. Nur ist der mit einer Verkaufskommission ihrer eigenen Aktien betrauten Gesellschaft verwehrt, die Aktien als Selbstkäuferin zu behalten. Hiernach modifizirt sich auch der Art. 376 Abs. 3 (vergl. R.G. 2 S. 40). Näheres § 26 zu Art. 376.

b) Eigene Interimsscheine darf die Gesellschaft im Geschäftsbetriebe überhaupt nicht erwerben oder in Pfand nehmen, auch nicht als Einkaufskommissionärin. Die Ueber=

tretung des Verbots erzeugt Nichtigkeit („darf nicht"; K.B. 16). Außerhalb des geschäftlichen Betriebes darf sie auch eigene Interimsscheine erwerben (vergl. oben § 2).

§ 6. 2. (Abs. 2.) **Die Amortisation von Aktien.**

a) **Allgemeines.** Den Begriff anlangend, so ist Amortisation von Aktien die Einziehung derselben mit der Absicht, sie nicht wieder auszugeben, zu dem Zwecke, damit Recht und Pflicht aus der Aktie sich vereinigen und beide dadurch untergehen.

Die Amortisation erfolgt durch den in dieser Absicht geschehenen Erwerb der Aktien seitens der Gesellschaft. Dieser Erwerb vollzieht sich durch freihändigen Ankauf oder durch Auslosung. Einem gültig gefaßten Auslosungsbeschlusse müssen sich die Aktionäre unterwerfen. Er enthält keine Benachtheiligung Einzelner und Bevorzugung Anderer, vielmehr trifft, da der Zufall entscheiden soll, Alle das gleiche Schicksal. Im Fall der Auslosung ist durch diesen Akt die Aktie amortisirt, im Falle des Kaufs durch Abschluß des Kaufvertrages und Lieferung der Aktie an die Gesellschaft. In diesem Momente sind Recht und Pflicht der Gesellschaft durch Konfusion untergegangen. Eine besondere Vernichtung der Aktienurkunden ist dazu nicht nothwendig und vom Gesetze auch nicht erwähnt. Daraus folgt, daß die Gesellschaft zwar einen Amortisationsbeschluß aufheben kann, ehe der Erwerb vollzogen ist; daß sie aber, was in der Praxis doch vorgekommen ist (Allgemeine Häuserbau-Akt.-Ges. in Berlin) nicht beschließen kann, die von ihr zum Zwecke der Amortisirung erworbenen und bereits in ihrem Tresor befindlichen Aktien sollen wieder ausgegeben werden. Vielmehr kann das definitiv verminderte Grundkapital nur wieder erhöht werden nach Maßgabe der für die Kapitalserhöhung vorgesehenen Vorschriften. (Zust. Ring Anm. 10.)

Der Betrag der erworbenen Aktien ist vom Grundkapital abzuschreiben. In der nächsten Bilanz (vergl. § 10 zu Art. 248) figurirt dann der verminderte Betrag des Aktienkapitals im Passivum. Dadurch wird der Betrag der Passiva, d. h. der Werthserfordernisse der Gesellschaft verringert. Eine Anmeldung der durch den Rückkauf bewirkten Verminderung der Grundkapitalsziffer zum Register ist nicht angeordnet. Doch wird man sie für zulässig und sogar wünschenswerth erachten und der Registerrichter, der sie anregt, dürfte seine Befugnisse damit nicht überschreiten.

§ 7. b) Voraussetzung der Zulässigkeit der Amortisation. Die Amortisation fällt unter den Begriff Erwerb eigener Aktien und ist aus diesem Grunde als Ausnahme von der regelmäßigen Unzulässigkeit dieses Erwerbes im vorliegenden Artikel mit behandelt. Die Amortisation ist unter Lösung einer diesbezüglichen Zweifelsfrage des früheren Rechts (vergl. R.O.H. 18 S. 423), für zulässig erklärt unter folgenden alternativen Voraussetzungen:

α) Entweder es werden die für die Rückzahlung oder Herabsetzung des Grundkapitals maßgebenden Vorschriften erfüllt. Die Amortisation ist ja auch eine Herabsetzung des Grundkapitals, welche von der im Art. 248 vorgesehenen nur dadurch verschieden ist, daß dort sämmtliche Aktien theilweise reduzirt, hier einzelne Aktienrechte ganz vernichtet werden. Werden nun die im Art. 248 aufgestellten bezw. in Bezug genommenen Vorschriften erfüllt, die das Gesetz für jenes ähnliche Institut zum Schutze der Gläubiger aufgestellt hat, so ist ein Weiteres nicht erforderlich. Es braucht alsdann die Amortisation nicht statutarisch vorgesehen zu sein, und sie braucht nicht aus dem Gewinn zu erfolgen. Die Gläubiger und auch die Aktionäre sind durch die Vorschriften des Sperrjahres und der $^3/_4$-Majorität genügend geschützt. Näheres über die Uebertragung jener Vorschriften auf das vorliegende Institut bei Ring (Anm. 12). Um rechtswirksam zu sein, muß der Amortisationsbeschluß auch eingetragen werden (Art. 248 Abs. 2), alsdann erst kann die Ausführung beginnen. Daher kann nicht umgekehrt die Eintragung abhängig gemacht werden von der Erfüllung der Vorschriften des Art. 245 Abs. 2 u. 3, Art. 243 (Johow u. Küntzel 5 S. 26 ffg.; 9 S. 20). Der Ankauf der Aktien bezw. die Auslosung kann hiernach sofort nach Eintragung des Generalversammlungsbeschlusses vor sich gehen; aber die Zahlung der Gegenwerthe kann erst nach Ablauf des Sperrjahres erfolgen (Ring Anm. 12).

β) Oder aber es werden zwei andere, kumulativ angeordnete Voraussetzungen erfüllt: statutarische Anordnung der Amortisation und ausschließliche Verwendung des Jahresgewinnes zu diesem Zwecke. § 8.

A) Statutarische Anordnung: Das ursprüngliche Statut oder ein späterer vor Ausgabe der Interimsscheine oder Aktienurkunden gefaßter Statutenänderungsbeschluß müssen die Zulässigkeit der Amortisation vorgesehen haben. Es kann aber nicht als genügend erachtet werden, wenn das Statut jene Zulässigkeit im Allgemeinen ausspricht, so daß das Grundkapital als ein vollständig variables erscheint. Dies hat für das frühere Recht das Kammergericht bei Johow u. Küntzel 5 S. 29 ffg. ausgesprochen (vergl. auch R.O.H. 25 S. 262). Dasselbe muß aber (gegen Ring und Petersen u. Pechmann) für das neue Recht gelten. Zu dieser Annahme zwingt die Erwägung, daß das Statut, wenn es seine Aenderung gestattet, im Interesse der Deutlichkeit und Uebersichtlichkeit den Inhalt der Aenderung erkennen lassen muß, also hier: welche Grundkapitalsziffer an Stelle der ursprünglichen treten soll. Mindestens muß daher ein Tilgungsplan gefordert werden. Enthält aber das Statut, sei es in ursprünglicher oder später veränderter Fassung, eine nach dieser Richtung genügende Bestimmung über zulässige Amortisation, so ist die Ausführung der Amortisation den Gesellschaftsorganen überlassen, wenn nichts Anderes gesagt ist.

B) Verwendung des jährlichen Reingewinnes zu diesem Zwecke. § 9. Selbstverständlich muß zunächst die zwingende Pflicht aus Art. 185b erfüllt, d. h. der Reservefond vorschriftsmäßig dotirt, alsdann erst darf ein etwa vorhandener Ueberschuß zur Amortisation verwendet werden. Die Gesellschaft kann nichts Entgegenstehendes beschließen und vornehmen.

Zusatz 1. **An die Stelle der, besonders durch Ausloosung, amortisirten Aktien treten oft Genußscheine.** Der Verkehr versteht darunter verschiedenartige Urkunden. Hier werden darunter die Bescheinigungen über diejenigen Rechte verstanden, welche den Inhabern amortisirter Aktien fortan zustehen sollen. Diese Bescheinigungen sind keine Aktien, auch wenn die Berechtigungen in Gewinnbetheiligung und Ansprüchen auf das Vermögen der aufgelösten Gesellschaft bestehen. Denn diese Rechte sind reine Gläubigerrechte, hören auf Gesellschaftsrechte zu sein in demselben Augenblicke, in welchem ihre Betheiligung nicht mehr in der Grundkapitalsziffer ihren Ausdruck findet. (Vergl. § 1 zu Art. 207). Uebereinstimmend R.G. 30 S. 17. In dem dieser Entscheidung zu Grunde liegenden Falle war den Genußscheininhabern auch das Stimmrecht versagt, und das Reichsgericht hatte auch hierauf die Folgerung gestützt, daß es sich nicht um Gesellschaftsrechte handelt. Dem ist allerdings beizutreten. Indessen muß doch betont werden, daß schon das Ausscheiden der Antheilsberechtigung aus der Grundkapitalsziffer genügt, um die Aktiennatur zu zerstören, und es ist nicht einmal als zulässig zu erachten, solchen Genußscheininhabern das Stimmrecht zu gewähren, und rechtsungültig, wenn es doch geschieht (vergl. z. B. die Statuten der A.-G. Bazar in Berlin.) Denn nur die Aktionäre haben ein Stimmrecht. Die G.V. soll begrifflich und nach dem Willen des Gesetzes den organisirten Willen der Gesellschafter und damit den obersten Willen der Gesellschaft darstellen. Dem widerstrebt es, wenn die Gesellschafter sich im voraus Majoritätsbeschlüssen unterwerfen, an denen auch Nichtgesellschafter theilnehmen, wie das Reichsgericht (3 S. 129) es auch für ungültig erklärt hat, daß der Vorstand der A.-G., da er ihren Willen zum Ausdruck bringen soll, dem Willen einer fremden Person unterworfen werde. § 10.

Zusatz 1a. **Stempelfrage.** Der Umtausch der Aktien gegen Genußscheine ist kein Anschaffungsgeschäft (Jurist. Wochenschr. 1889 S. 47), auch die Auslosung der Aktien nicht (Allgemeine Anweisung zum Reichsstempelgesetze). Genußscheine ohne Stimmrecht unterliegen nicht dem § 11.

Aktienurkundenstempel (R.G. 30 S. 16.) Von Genußscheinen mit Stimmrecht muß das Gleiche gelten, weil das Stimmrecht trotz Gewährung nicht besteht (vergl. § 10).

§ 12. **Zusatz 2. Auf ältere Gesellschaften** finden die Vorschriften dieses Artikels Anwendung. Auch sie dürfen fortan keine eigenen Aktien erwerben und auch bei ihnen ist die Amortisation nur zulässig, wenn die Vorschriften des Art. 248 beobachtet werden oder aber ihr Statut in zulässiger Weise die Amortisation vorsieht und ferner die Amortisation aus dem jährlichen Reingewinn erfolgt. Insbesondere kann von der letzteren Vorschrift selbst dann nicht abgesehen werden, wenn die Gesellschaft sich vertragsmäßig zum Rückkauf verpflichtet hätte. Die fraglichen Vorschriften sind eben öffentlichen Rechts und müssen selbst früheren Vertragsrechten gegenüber zur Geltung kommen (R.G. 22 S. 1 und Vorbemerkung 2 zu Art. 207). Vergl. auch Ring (Anm. 16.)

§ 13. **Zusatz 3.** Von der Amortisation, welche in diesem Artikel abgehandelt ist, **ist wohl zu scheiden die Amortisation oder Kraftloserklärung verlorener Aktienurkunden.** Hierüber vergl. Art. 805 H.G.B.; § 837 C.P.O.; § 20 des Preußischen Ausführungsgesetzes zur C.P.O. Vorsorglich enthalten die meisten Statuten hierüber spezielle Bestimmungen.

Zweiter Abschnitt.

Rechtsverhältniß der Aktionäre.

Artikel 216.

Jeder Aktionär hat einen verhältnißmäßigen Antheil an dem Vermögen der Gesellschaft.

Er kann den eingezahlten Betrag nicht zurückfordern und hat, so lange die Gesellschaft besteht, nur einen Anspruch auf den reinen Gewinn, soweit dieser nach dem Gesellschaftsvertrage zur Vertheilung unter die Aktionäre bestimmt ist.

Vorbemerkung. Exkurs über die Rechte der Aktionäre im Allgemeinen. Die Aktiengesellschaft ist juristische Person. Eine juristische Person entsteht, indem mehrere Personen sich derart vereinigen, daß der Verein als besonderes, gedachtes Rechtssubjekt Träger von Rechten und Verbindlichkeiten sein soll. Die Personen selbst aber, durch deren Vereinigungswillen die juristische Person gebildet ist, sind die Mitglieder des Vereins, durch welche und um deren willen die juristische Person rechtlich existirt. Diese Mitglieder sind nicht Träger der Rechte des Vereins und der Pflichten desselben; aber sie haben dem Vereine gegenüber Pflichten und Rechte.

Die Pflichten sind bei der Aktiengesellschaft durch die Einlage erschöpft (Art. 219).

Die Natur ihrer Rechte aber ergiebt sich aus dem Satze, daß die Aktiengesellschaft wie jede juristische Person, nur durch ihre Mitglieder und um dieser willen existirt.

Sie existirt nur *durch ihre Mitglieder.* Sie ist ein nur gedachtes Rechtssubjekt, hat daher in Wahrheit keinen eigenen Willen, kann ihre Schicksale nicht selbst bestimmen, ihre Geschicke müssen bestimmt werden durch willensfähige Personen. Die Mitglieder haben daher gesellschaftliche Herrschaftsrechte, Rechte mit zu herrschen, zu regieren, die Geschicke der Gesellschaft zu bestimmen, Mitverwaltungsrechte.

Die Aktiengesellschaft existirt ferner nur *um ihrer Mitglieder willen.* Sie ist nicht Selbstzweck, die Früchte ihres juristischen Lebens sollen den Mitgliedern zufließen. Diese haben daher Ansprüche an die Gesellschaft auf vermögensrechtliche Leistungen.

Die Rechte der ersteren Art, die Herrschaftsrechte, werden anderweitig abgehandelt (Art. 221). Die Rechte der letzteren Art, die Ansprüche an die Gesellschaft auf vermögensrechtliche Leistungen sind Forderungsrechte, die sich von anderen obligatorischen Ansprüchen nur durch den Ursprung, die Mitgliedschaft unterscheiden.

Einleitung. **Das Gesetz unternimmt es in diesem Artikel, die vermögensrechtlichen Ansprüche des Aktionärs an die Gesellschaft zu normiren.** Aber es geschieht dies in außerordentlich unklarer Weise. Auf Schritt und Tritt ist hier Klärung und Berichtigung erforderlich. Am besten geschieht dies durch enge Anlehnung an die einzelnen Gesetzesaussprüche selbst.

1. **Das Gesetz sagt: Jeder Aktionär habe einen verhältnißmäßigen Antheil am Vermögen der Gesellschaft.** Der Ausspruch ist nicht richtig. Das Gesellschaftsvermögen steht im ausschließlichen Eigenthum der Aktiengesellschaft als juristischer Person (Art. 213). Ein Antheil am Vermögen der Gesellschaft, also ein Miteigenthum des Aktionärs an demselben ist nicht denkbar (vergl. Ring Anm. 1, Willenbücher Anm. 1). Seine Vermögensrechte gegenüber der Gesellschaft haben die Natur von Forderungsrechten, sowohl während die Gesellschaft besteht, als auch nach Auflösung der Gesellschaft; in ersterer Hinsicht ist es vornehmlich der Anspruch auf Gewinnantheil, ausnahmsweise auch auf Zinsen, in letzterer auf die Liquidationsquote. Auch sind seine Vermögensrechte gegen die Gesellschaft nicht immer verhältnißmäßig, d. h. also dem Verhältnisse des Nennwerths seiner Aktie zur Ziffer des Grundkapitals entsprechend, da es auch Vorzugsrechte giebt. § 1.

2. **Das Gesetz sagt, der Aktionär könne den eingezahlten Betrag nicht zurückfordern.** Dieser Ausspruch ist richtig, doch nicht präzis. Was der Aktionär hingiebt, nicht bloß was er einzahlt, sondern was er überhaupt realiter einbringt, als Aequivalent seiner Mitgliedschaft, damit es Theil des Grundvermögens der Gesellschaft werde, welcher er als Mitglied angehören will, das ist Haftungsobjekt für die Gläubiger und unwiderrufliches Eigenthum der Gesellschaft. Eine Einlage kann einseitig nicht zurückgefordert werden. Aber auch freiwillige Rückzahlungen der Einlage sind — und das ist der weitere Sinn dieser Worte — unstatthaft. Weder kann sie der Vorstand vornehmen, noch auch die Generalversammlung beschließen, es sei denn, daß ein allgemeiner Beschluß auf Rückzahlung eines Theiles des Grundkapitals in Gemäßheit des Art. 248 gefaßt wird. § 2.

Die Organe der Gesellschaft haben es auch im Uebrigen nicht in der Hand, die Rechtsnatur der Einlagen zu verändern und etwa mit den Aktionären, welche einen Theil der Einlagen gemacht haben, zu vereinbaren, daß dieselben als geschenkt betrachtet werden und die Einlagepflicht wieder aufleben soll. Das Reichsgericht (R.G. 27 S. 11) erklärt dies um deshalb für unzulässig, weil darin eine Rückzahlung und eine Verschiebung der Bilanzposten liegen würde. Eine Rückzahlung liegt um deshalb vor, weil man nur das schenken kann, was man sein eigen nennt, dazu aber zunächst die Einlagen als zurückgezahlt betrachtet werden müssen.

Dagegen ist nicht ausgeschlossen, daß die Einlage mittelst der actio doli zurückgefordert werden kann. Der durch falsche Vorspiegelungen des Vorstandes zum Beitritt bewogene Aktionär kann auf Rücknahme der Aktie gegen Zahlung seiner Einlage klagen. Warum sollte der dolus in seinen Folgen vor diesem Vertrage Halt machen und nicht dieselbe Wirkung äußern, wie sonst im Rechtssystem? (Nicht ganz übereinstimmend R.G. 18 S. 116, woselbst der Gesichtspunkt der Bereicherung betont ist.)

Und ganz unzweifelhaft ist es, daß derjenige, der in Wahrheit nicht Aktionär geworden ist, sondern in der irrthümlichen Meinung, er sei es geworden, eine Einlage gemacht hat, dieselbe zurückfordern kann mit der condictio indebiti (R.O.H. 22 S. 194).

3. **Das Gesetz sagt, der Aktionär habe nur einen Anspruch auf den Reingewinn, soweit dieser nach dem Gesellschaftsvertrage zur Vertheilung unter die Aktionäre bestimmt ist.** § 3.

a) Daß der Aktionär nur diesen Anspruch habe, ist nicht richtig. Er kann noch andere Ansprüche auf vermögensrechtliche Leistungen haben. So kann in den Statuten sehr wohl bestimmt sein, daß die Aktionäre das Recht freien Eintritts in den der Gesellschaft gehörigen Garten oder das Theater oder das Recht der jederzeitigen Besichtigung der Fabrik haben (vergl. z. B. die Statuten des Berl. Zoolog. Gartens). Gemeint ist nur, daß der Aktionär, was die Erträge der Gesellschaft betrifft, lediglich den Anspruch auf den Reingewinn hat (vergl. Art. 217). Auch sonstige, durch direkte Klage gegen die Gesellschaft erzwingbare Forderungsrechte stehen dem Aktionär zu, als sogenannte Hilfsrechte, um die Durchführung der übrigen Aktionärrechte, Herrschaftsrechte und Vermögensrechte, zu fördern und zu ermöglichen, z. B. das Recht auf Eintragung in das Aktienbuch, auf Aushändigung der Aktienurkunde, auf Zulassung zur Generalversammlung (R.O.H. 19 S. 297), auf Hergabe von Aktien bei gültig stipulirten Bezugsrechten u. s. w. (vergl. Goldschmidt System § 59). Das wichtigste Vermögensrecht des Aktionärs aber ist das Dividendenrecht.

§ 4. b) **Der Anspruch auf den Reingewinn oder das Dividendenrecht.**

α) Die Natur desselben. Ein Anspruch auf den Reingewinn im Sinne eines besonders gearteten gesellschaftlichen Sonderrechts besteht vor der Feststellung der Dividende durch die Generalversammlung nicht.[1]) Was als Anspruch auf den Reingewinn in abstracto bezeichnet wird (vergl. Neukamp in G.Z. 38 S. 50; auch unsere 1. Auflage S. 412; neuerdings auch Behrend S. 800: schwebendes oder eventuelles Recht), ist, wie Ring Anm. 5 zutreffend ausführt, nichts Anderes als das allgemeine Gesellschaftsrecht, daß überall nach Gesetz und Statut verfahren werde. — (Vergl. auch R.G. 22 S. 114: „Bis zur Feststellung der Dividende hat ein Sonderrecht nicht bestanden") —.

Der Dividendenanspruch entsteht hiernach durch die Feststellung der Dividende Seitens der Generalversammlung. Vorher hat der einzelne Aktionär nur seine allgemeinen Herrschafts- oder Mitverwaltungsrechte, mittels deren er verlangen und (durch Mitstimmen, Anträge, Einberufungen, Anfechtungen, Vertagungen u. s. w.) durchsetzen kann, daß die Feststellung gemäß Gesetz und Statut erfolgt, d. h. wenn ein Reingewinn vorhanden ist und wenn der Reingewinn im Statut zur Vertheilung bestimmt ist.

Ob ein Reingewinn vorhanden ist, richtet sich nach den Ergebnissen des Betriebes und der Bewerthung, welche den vorhandenen Vermögensbestandtheilen in der von der Verwaltung vorzuschlagenden, der Genehmigung der Generalversammlung unterliegenden Bilanz zu Theil wird. Der Beschluß der Generalversammlung über die Bilanz ist maßgebend für die Frage, ob ein Reingewinn vorhanden ist, ob die Aktiva so, wie der Vorstand sie vorschlägt, in die Bilanz einzustellen sind, oder ob Abschreibungen und welche vorzunehmen oder Reservekonten für zweifelhafte Werthe, z. B. Grundstücke oder Forderungen, in die Bilanz einzustellen sind, durch welche die Gewinnziffer sich vermindert (R.G. 4 S. 103; R.O.H. 25 S. 326). Freilich darf die Generalversammlung hierbei nicht willkürlich verfahren, sondern hat die gesetzlichen und statutarischen Vorschriften über den Werthansatz zu beachten, widrigenfalls jedem Aktionär ein Klagerecht auf Anfechtung des Beschlusses zusteht. Wird dasselbe nicht ausgeübt, dann geht allerdings der rechtswidrige Beschluß in Rechtskraft über. (Näheres darüber Art. 217.)

Aber nicht immer ist der ganze Reingewinn zu vertheilen. Vielmehr bestehen gesetzliche und können statutarische Vorschriften bestehen, in deren rechnerischer und wirthschaftlicher Konsequenz der Reingewinn ganz oder zum Theil von der Vertheilung ausgeschlossen wird. Die gesetzliche Vorschrift, die wir hier im Auge haben, und welche der vorliegende Artikel nicht erwähnt, ist die Vorschrift, daß ein Theil des Reingewinnes dem gesetzlichen Reservefonds zuzuführen ist (Art. 185 b). Statutarische Vorschriften können in mannigfachster Art bestehen, insbesondere in der Verpflichtung, aus dem Reingewinn bestimmte Reservekonten zu bilden bezw. zu dotiren. Ja es kann sogar das Statut bestimmen, daß die Generalversammlung nach freiem Belieben oder nach Gutdünken über die Bildung der Reservekonten, oder gar über die Vertheilung des Reingewinnes überhaupt entscheidet. Eine Bestimmung der letzteren Art ist aber darin noch nicht zu finden, daß das Statut bestimmt, die Generalversammlung setze die Dividende fest. Damit ist nur gesagt, daß die General-

---

[1]) Es können die Statuten daher auch bestimmen, daß überhaupt kein Reingewinn vertheilt werden solle. Das steht mit Abs. 2 im Einklang, da hiernach ein Anspruch auf den Reingewinn nur insoweit besteht, als er nach den Statuten zur Vertheilung bestimmt ist. (Uebereinstimmend Behrend § 118 Anm. 3; Ring Anm. 5; Förtsch Anm. 5; dagegen Neukamp in G.Z. 38 S. 50.)

versammlung unter Beobachtung von Gesetz und Statut die Dividende bestimmt (vergl. Neukamp in G.Z. 38 S. 66). Es wird sogar unter Hinweis auf Art. 221 Abs. 1 und 225 Abs. 1 die Meinung vertreten, daß die Generalversammlung stets einen Dividendenvertheilungsbeschluß zu fassen habe, eine Meinung, die von Neukamp G.Z. 38 S. 64 mit Recht bekämpft wird. Auch das R.O.H. (19 S. 141) hat ausgesprochen, daß, wenn die Feststellung der Dividende nicht nach dem Statut von einem besonderen Generalversammlungsbeschlusse abhängig gemacht ist, mit der Gutheißung der Bilanz der konkrete Dividendenanspruch des Aktionärs erworben wird. Ein Beschluß der Generalversammlung, welcher die Dividende in irgend einer Weise schmälert, sei es in der Höhe, sei es durch Festsetzung eines späteren Auszahlungstermins, ist daher nur gültig, wenn er sich auf das Statut stützen kann.

So ist das Dividendenrecht vor der Feststellung kein besonderes Recht, vielmehr ist die Feststellung der Bedingungen des Dividendenanspruchs Sache des Herrschaftsrechts der Aktionäre, indem sie in der Generalversammlung über die Aufstellung der Bilanz und eventuell auch über die Vertheilung des Reingewinnes zu beschließen haben. Auch können sie durch Statutenänderung die Grundsätze der Bilanzaufstellung und damit die Bedingungen für die Größe des Dividendenanspruchs für die Zukunft ändern. Derartige Statutenänderungen sind in demselben Umfange zulässig, in welchem sonstige Statutenänderungen zulässig sind, und wirken sofort mit der Eintragung, also schon für das laufende Jahr, nicht aber auch für das Vorjahr, wenn die Dividendenfeststellung noch nicht erfolgt ist. (Neukamp in G.Z. 38 S. 57.)

Haben aber die Aktionäre ihr Herrschaftsrecht ausgeübt, *ist die Bilanz und* — wo statutengemäß noch ein besonderer Dividendenvertheilungsbeschluß erforderlich ist — *außerdem auch noch die Dividende von der Generalversammlung festgestellt, dann ist das Dividendenrecht ein unbedingtes Forderungsrecht geworden.* Es ist aus dem Herrschaftsbereiche der juristischen Person vollständig ausgeschieden; nur vermöge seines Ursprungs ist es Mitgliedsrecht. (Behrend § 118 Anm. 16 u. 17; Ring Anm. 7 zu Art. 217; Cosack S. 609.) Als Sonderrecht ist der Anspruch nicht zu bezeichnen, weil er kein Gesellschaftsrecht, sondern ein Gläubigerrecht ist. Derselbe ist selbstverständlich unentziehbar, den Beschlüssen oder sonstigen Eingriffen der Gesellschaftsorgane unzugänglich (R.G. 22 S. 113), insbesondere kann er auch nicht nachträglich entzogen werden wegen Verluste späterer Jahre (R.O.H. 18 S. 154), und kann sogar im nachträglich eröffneten Konkurse der Gesellschaft liquidirt werden (R.O.H. 18 S. 153; Ring Anm. 7; Förtsch Anm. 6.; Cosack S. 609).[1]) Umsoweniger wird der Anspruch dadurch be-

---

[1]) Anderer Meinung sind (außer Lippmann in G.Z. 39 S. 178)

a) *Aronius* in G.Z. 40 S. 123 ffg. Derselbe will den Anspruch auf den bilanzmäßigen Reingewinn durch den Hinweis auf Absatz 1 einengen, nach welchem der Aktionär nur einen verhältnißmäßigen Antheil am *Vermögen* der Gesellschaft habe, Vermögen aber sei nur nach Abzug der Schulden vorhanden. Indessen enthält Abs. 1 einen unbestimmten, allgemeinen Ausspruch, der in Bezug auf den Dividendenanspruch durch Abs. 2 erst seine Bedeutung und seinen Inhalt erhält. Nicht darf man umgekehrt den in Abs. 2 deutlich fixirten Inhalt des Dividendenanspruchs durch den allgemeinen (und überdies so unzuverlässigen, vergl. oben § 1) Ausspruch des Abs. 1 erklären und einengen.

b) Neukamp (S. 76 u. 241). Derselbe macht außer dem von Aronius geltend gemachten Grunde weiter geltend, daß schon deshalb eine Dividende im Konkurse nicht vertheilbar sei, weil die Aktionäre *gesellschaftliche* Leistungen nicht beanspruchen können, ehe die fremden Schulden gedeckt seien. Indessen auch der ausgeschiedene und durch Auskehrung abgefundene offene Handelsgesellschafter kann trotz des gesellschaftlichen Ursprungs seines Guthabens dasselbe im Konkurse der o. H.G. liquidiren (R.O.H. 10 S. 61). Der vorliegende Anspruch hat nun allerdings nicht bloß seinen *Ursprung* in der Mitgliedschaft, sondern ist der Anspruch eines *Mitgliedes.* Allein es besteht auch *dieses* Dogma nicht, daß gesellschaftliche Ansprüche von zeitigen Gesellschaftern mit den Ansprüchen fremder Gläubiger im Konkurse nicht konkurriren dürfen. Die Rechtsverhältnisse der stillen Gesellschaft zeigen das Gegentheil. Vergl. Art. 258 Abs. 1, besonders Art. 255 Abs. 3. Die Fälle sind analog. Wie der Aktionär, so steht auch der stille Gesellschafter in einem Rechtsverhältnisse zum Gemeinschuldner, wie bei der A.G. ist es bei der stillen Gesellschaft das der Gemeinschaft gehörige Vermögen, welches den Gläubigern haftet, aber einträchtigt, daß die zur Dividendenzahlung bestimmten Gelder nach Ablauf des Geschäftsjahres, auf welches sich die Dividende bezieht, unterschlagen werden. (Vergl. § 3 zu Art. 217).

Das Recht auf Erhebung der festgestellten Dividende unterliegt der ordentlichen Verjährung. Die kurze Verjährungsfrist des § 2 Nr. 5 des preußischen Verjährungsgesetzes vom 31. März 1838 ist darauf nicht anwendbar, weil es sich nicht um zu bestimmten Zeiten wiederkehrende Abgaben und Lasten handelt (R.G. 9 S. 35; 24 S. 205). Die regelmäßige Bestimmung der Statuten, daß nach Ablauf mehrerer Jahre (meist 4 oder 5 Jahre) die nicht erhobenen Dividenden zu Gunsten der Gesellschaft verfallen, ist giltig; sie enthält eine Präklusivfrist, deren Eintritt Verzug des Gläubigers, also Zahlungsbereitschaft der Gesellschaft, voraussetzt (R.G. 9 S. 31). Die Frist kann aber — im Gegensatz zu R.G. 7 S. 32 — nur durch den ursprünglichen Gesellschaftsvertrag eingeführt werden. Ist es hier nicht geschehen, so kann es zwar bei Gelegenheit einer Kapitalserhöhung nachgeholt werden, aber nur für die neuen Aktien. Mit Zustimmung aller Aktionäre kann die Frist auch nachträglich eingeführt oder verkürzt werden, nicht aber per maiora, selbst nicht in den Formen einer Statutenänderung. Ein solcher Beschluß wäre eine unzulässige Disposition über ein unentziehbares Aktionärrecht (vergl. § 2 zu Art. 221). Dem Dividendenbezuge zu Grunde zu legen ist der Nominalbetrag der Aktien, nicht der eingezahlte (Ring Anm. 3 zu Art. 217, vergl. auch R.O.H. in Busch Archiv 34 S. 377; anders Förtsch Anm. 3). Daß nur das eingezahlte, weil allein mitarbeitende Kapital in Betracht komme, wie Petersen und Pechmann S. 400 meinen, ist dem Gesetze nicht zu entnehmen, kann aber zweifellos durch Statut festgesetzt werden und mag geschehen, wenn man auf diesen wirthschaftlichen Gesichtspunkt den Ton legen will.

§ 5. β) Träger des Dividendenrechts ist die Aktie. Zur Erhebung der Dividende hat der Verkehr zwei Arten von Legitimationspapieren ausgebildet: den Talon und den Dividendenschein.

Der Talon oder der Zinsbogen ist dasjenige Legitimationspapier, auf Grund dessen die Dividendenscheine ausgehändigt werden. Es ist kein Inhaberpapier, sondern ein bloßes Legitimationspapier. (R.G. 3 S. 154; 4 S. 141.) In dem Taloninhaber wird der Besitzer der Aktie oder wenigstens der von diesem mit Erhebung der Zinsscheine Ermächtigte vermuthet. Diese Vermuthung wird entkräftet durch den Widerspruch des Aktienbesitzers. Im Kollisionsfalle hat daher der Letztere den Vorzug (R.O.H. 10 S. 319; 17 S. 81). Der Talon ist Zubehör der Aktie (R.G. 3 S. 155; 4 S. 141). Doch kann die Pertinenzqualität durch selbstständige Verfügung, z. B. Verpfändung der Aktie ohne den Talon, aufgehoben werden (R.G. 23 S. 270).

Der Dividendenschein wird auch bei Namenspapieren nach allgemeiner Uebung auf den Inhaber gestellt. Er ist wahres Inhaberpapier und kann auch selbstständig veräußert werden. Der Präsentant ist der Gesellschaft gegenüber der Berechtigte. (R.G. 4 S. 142.) Der Inhalt des Rechts ist der durch spätere Verwaltungsakte nicht entziehbare oder modifizirbare Anspruch auf

---

wie der Aktionär, tritt der stille Gesellschafter dem Gläubiger als Dritter gegenüber, und deshalb kann er, wie die fremden Gläubiger, seine gesellschaftlichen Ansprüche zum Konkurse anmelden.

Bei dem Dividendenanspruche kommt zu alledem die Erwägung hinzu, daß der Dividendenschein ein Inhaberpapier ist, dem durch den Feststellungsbeschluß der Werth aufgeprägt wird, der ihm durch nachträgliche Veränderungen in den Schicksalen der Gesellschaft nicht wieder entzogen werden kann.

Wenn sich Neukamp ferner auf Art. 245 beruft, so ist das eine petitio principii. Es ist doch eben hier in Frage, ob zu den Schulden der Gesellschaft, die getilgt werden müssen, ehe die Vertheilung des Gesellschaftsvermögens an die Aktionäre erfolgen kann, die festgestellten Dividendenansprüche gehören oder nicht.

die festgestellte, der betreffenden Aktie zustehende Dividende (R. G. 22 S. 114); dagegen nicht die Befugniß, bei der Feststellung der Dividende mitzuwirken, sodaß sich der Dividendenscheininhaber auch eine rechtswidrige Schmälerung der Dividende gefallen lassen muß, wenn der Generalversammlungsbeschluß unangefochten bleibt. (R.G. 15 S. 95.)

Ueber die Verjährung des Rechts aus dem Dividendenschein gilt das oben § 4 Gesagte.

Ueber Nachbezugsrecht von Dividenden vergl. § 8 zu Art. 209a. Gegen den Staat als Uebernehmer von Aktiva und Passiva kann ein Nachbezugsrecht für frühere Jahre nicht geltend gemacht werden (R.G. 14 S. 168 ffg.).

Artikel 217.

Zinsen von bestimmter Höhe dürfen für die Aktionäre nicht bedungen noch ausbezahlt werden; es darf nur dasjenige unter sie vertheilt werden, was sich nach der jährlichen Bilanz als reiner Gewinn ergiebt.

Jedoch können für den in dem Gesellschaftsvertrage angegebenen Zeitraum, welchen die Vorbereitung des Unternehmens bis zum Anfange des vollen Betriebes erfordert, den Aktionären Zinsen von bestimmter Höhe bedungen werden.

Der Artikel bestimmt, daß den Aktionären nicht feste Zinsen zu gewähren sind, sondern nur der jährliche Reingewinn unter sie vertheilt werden darf (Abs. 1), mit einer in Abs. 2 normirten Ausnahme. Der Grund der Bestimmung ist die Absicht, das Gesellschaftsvermögen zum Schutze der Gläubiger und der Aktionäre selbst möglich intakt zu halten und nicht mehr zu vertheilen, als vom wirthschaftlichen Standpunkte entbehrlich erscheint. Auch so noch ist die Bestimmung zu lax. Ein Geschäft kann nicht gedeihen, sich nicht entfalten, wenn ihm alljährlich die Gewinne entzogen werden. Die Gewinne müssen zum Theil wenigstens als Betriebsmittel erhalten werden. Kein Einzelkaufmann enzieht seinem Geschäfte die jährlichen Gewinne; in den Verträgen über Errichtung offener Handelsgesellschaften wird stets bestimmt, wie viel vom Gewinne die Gesellschafter jährlich entnehmen dürfen und daß sie den Rest dem Geschäfte belassen müssen. In Folge dessen treffen auch die Statuten der Aktiengesellschaften theils durch Bilanzansatzvorschriften, theils durch Vorschriften über die Vertheilung des Bilanzgewinnes, theils durch Autorisation der Generalversammlung Vorsorge, daß nicht der ganze Geschäftsgewinn alljährlich vertheilt, sondern daß gewisse Theile dem Geschäfte erhalten, reservirt bleiben (vergl. § 4 zu Art. 216). Im vorliegenden Artikel ist nur bestimmt, was aus öffentlich-rechtlichen Gründen allerhöchstens vertheilt werden darf. Einleitung.

Zuwiderhandlungen geben dem Geschehenen den Charakter der Rechtswidrigkeit. Entgegenstehende Abreden des Vorstandes, entgegenstehende Beschlüsse der Generalversammsung sind ungültig. Zahlungen, die der Vorstand dem entgegen vornimmt, machen ihn ersatzpflichtig (Art. 226).

I. (Abs. 1.) **Regelmäßig dürfen nicht Zinsen, sondern nur der jährliche Reingewinn vertheilt werden.** § 1.

a) **Nicht Zinsen.** Das will sagen: Für die gemachten Einlagen dürfen nicht bestimmte periodische Leistungen zugesichert und gewährt werden. In manchen Statuten ist von Zinsen die Rede, wenn den Vorzugsaktien eine Vorzugsdividende zugesichert wird. Handelt es sich dabei um Bezüge aus dem Reingewinn, so kommt es auf die Bezeichnung Zinsen nicht an.

Das Verbot bezieht sich auch auf Zinsversprechen an einen einzelnen Aktionär (R.O.H. 17 S. 388).

b) **Nur der aus der jährlichen Bilanz sich ergebende Reingewinn** ist vertheilbar. § 2.

α) Der Ausdruck *jährliche Bilanz* ist nicht absolut im Sinne eines Kalenderjahres zu verstehen. Oft, besonders das erste Mal, wird das Geschäftsjahr abgekürzt und für das gekürzte Geschäftsjahr die Dividende vertheilt. Das ist nicht unzulässig (O.L.G. Hamburg in G.Z. 37 S. 551).

Dagegen ist eine Abschlagsdividende vor Ablauf des Geschaftsjahres unzulässig.

§ 3. β) Der sich ergebende Reingewinn bestimmt sich nach der objektiven Sachlage in Verbindung mit den durch die Verwaltung vorgeschlagenen und von der Generalversammlung zu genehmigenden Verwerthungen. Das Nähere hierüber ist zu Art. 216 auseinandergesetzt. Die Generalversammlung beschließt nach Maßgabe der gesetzlichen und statutarischen Vorschriften über die Einstellung der Werthe in die Bilanz. Verletzt sie hierbei Gesetz oder Statut, so ist ihr Beschluß ungültig und unterliegt der Anfechtung, wird aber durch unterlassene Anfechtung wirksam, und es verbleibt bei den von ihr etwa rechtswidrig gemachten Abzügen vom Reingewinn (R.G. 15 S. 95). Daß der Reingewinn, um vertheilungsfähig zu sein, in flüssigen Mitteln vorhanden sei, ist nicht nothwendig. Er kann sich auch durch vortheilhafte Tauschgeschäfte gebildet haben, oder es können zur Zeit Waarenvorräthe oder sichere Hypotheken, aber kein baares Geld vorhanden sein. In solchen Fällen kann die Gesellschaft Darlehne aufnehmen, um die Dividende auszuzahlen und es muß dies geschehen, soweit nicht der Gesellschaftsvertrag anderweitige Vorschriften enthält oder anderweite Beschlüsse zuläßt (Simon, Bilanzen S. 6; R.G. 11 S. 162).

Der sich ergebende Reingewinn muß aber nicht nothwendig unter die Aktionäre voll und ganz vertheilt werden. Er ist nur vertheilungsfähig. Ob er in Wahrheit zur Vertheilung gelangt, darüber bestimmen entweder die Statuten, oder die Generalversammlung nach Maßgabe derselben. Von Gesetzes wegen ist dabei die Dotirung des gesetzlichen Reservefonds zu beachten, die statutarischen Vorschriften gewähren ihr bald größere, bald geringere Freiheiten; bald nehmen sie ihr das Vertheilungsrecht überhaupt, und bestimmen selbst erschöpfend den Vertheilungsmodus, was ebenfalls zulässig ist. Vergl. § 4 zu Art. 216. Verluste, die nach Ablauf des in Frage oder in Rede stehenden Geschätsjahres entstehen, sind jedenfalls weder ein gesetzlicher, noch ein statutarischer Grund, um die Dividende des vorigen Jahres zu schmälern. Doch ist dabei wohl zu unterscheiden zwischen einem Verluste, der erst nachträglich entsteht, und einem solchen, der vorher entstanden war und erst nachträglich erkannt wurde. So muß z. B. bei dem nachträglichen Verluste eines Bankierguthabens unterschieden werden, ob die Verhältnisse des Bankiers beim Jahresschluß gute oder schlechte waren. Im ersten Falle trifft der Verlust das neue, im zweiten das alte Geschäftsjahr (vergl. hierüber Staub in Holdheims Wochenschrift für Aktienrecht I S. 72; Zust. Ring S. 399, woselbst auch Literaturnachweise; ferner Alexander, die Sonderrechte der Aktionäre S. 125; im Prinzipe zust. auch Aronius in G.Z. 40 S. 123 ff., doch mit der Modifikation, daß im Falle eines erst im Laufe des Feststellungsjahres eintretenden und deshalb die Bilanz des Vorjahres nicht treffenden Verlustes ein etwaiger Bilanzgewinn des Vorjahres zurück zu behalten sei, bis das Vermögen wieder die Schulden — oder gar alle gesetzlichen Reserveposten — deckt. Die hierfür geltend gemachten Gründe sind widerlegt in § 4 Note 1 zu Art. 216).

§ 4. Daß bei einem Beschlusse der Generalversammlung über die Vertheilung der Dividende alle jeweiligen Aktionäre mitzustimmen berechtigt sind, ist selbstverständlich. Insbesondere wird hier kein Unterschied zwischen Vorzugsakionären und anderen gemacht (vergl. § 10 zu Art. 215), noch auch zwischen solchen, die schon im Vorjahre Aktionäre waren, und solchen, die es erst im laufenden Geschäftsjahre geworden sind, etwa durch eine Kapitalserhöhung. Das kann zu ungerechten Härten führen, weil solche Aktionäre über fremde Dividendenrechte disponiren, kann aber statutarisch auch nicht geändert werden (Art. 190).

c) **Scheinbare Ausnahmen von dieser Regel** (eine wirkliche Ausnahme behandelt Abs. 2) **sind die Fälle der Dividendengarantie und das Vorhandensein eines Dividendenergänzungsfonds.** § 5.

α) Die Dividendengarantie.[1]) Es ist zulässig, daß ein Dritter, etwa der Staat, der Gesellschaft gegenüber eine Dividendengarantie übernimmt (vergl. Art. 207a Abs. 2). Was dieses Wort wirthschaftlich bedeutet, liegt auf der Hand. Die juristische Bedeutung liegt nicht in einer Verbürgung. Dazu fehlt es an der Hauptschuld. Denn die Gesellschaft ist nicht verpflichtet, Dividenden zu gewähren, wenn sie keinen Reingewinn erzielt hat. Hier aber wird gerade für diesen Fall ein Zahlungsversprechen geleistet. Vielmehr liegt darin die auf einer Schenkung, einem Darlehn, einem Gesellschaftsvertrage oder irgend einem andern Rechtsgrunde beruhende Verpflichtung, das Gesellschaftsvermögen durch einen bestimmten Betrag zu einem bestimmten Zwecke zu vermehren. (Ring Anm. 2). In das Gebiet der Vertragsauslegung gehört die Frage, ob die Rentenzusage auch eine Rentabilitätszusage ist, sodaß der Garant auch zur Deckung eines Bilanzverlustes verpflichtet ist (im Zweifel wohl nicht); ob die Aktionäre oder die Gesellschaft die Berechtigte ist (regelmäßig letztere, R.O.H. 22 S. 226). Allgemeine Regeln hierüber, wie sie Hachenburg aufstellt, beruhen auf Willkür (Vergl. Cohn, Ring). Ist die Gesellschaft die Berechtigte, so sind die Organe derselben den Aktionären gegenüber verpflichtet, das so Erhaltene nur zu dem bestimmten Zwecke zu verwenden. Entgegenstehende Maßnahmen sind unberechtigt, und verpflichten den Vorstand zum Schadensersatz; entgegenstehende Generalversammlungsbeschlüsse aber sind nur anfechtbar, wenn eine gesetzliche oder statutarische Bestimmung dabei verletzt ist. Sonst ist die Generalversammlung Herrin des Gesellschaftsvermögens und kann es auch zu anderen Zwecken verwenden, als es ursprünglich bestimmt war. Eine Ausnahme von dem Prinzipe der in diesem Absatze niedergelegten Gesetzesvorschrift liegt bei der Dividendengarantie um deshalb nicht vor, weil diese Vorschrift nur verbietet, daß die Gesellschaft aus ihren Erträgnissen feste periodische Zahlungen leistet. Hier spielt sie, wenn sie auch juristisch anspruchsberechtigt ist, wirthschaftlich doch nur den Zahlungsvermittler zwischen dem Garanten und den Aktionären. Sie ist wirthschaftlich nur die Zahlstelle.

β) Das Vorhandensein eines Dividendenergänzungskontos oder -Ergänzungsfonds. Die Zulässigkeit desselben ist nicht zweifelhaft. Auch dies ist nur eine scheinbare Ausnahme. Verbieten will das Gesetz nur, daß mehr vertheilt wird, als verdient ist. Es bleibt aber der Selbstbestimmung der Gesellschaft überlassen, den Reingewinn eines Jahres vorsorglich aufzusparen für spätere magere Jahre. Solche Aufsparung liegt stets in dem sogenannten Gewinnvortrage. Aus Besorgniß, daß das nächste Jahr nicht genug ertragreich sein werde, oder auch aus dem rein formellen Grunde, weil der zur Vertheilung gebrachte Prozentsatz eine runde Ziffer ergab und einen kleinen Rest übrig ließ, der, wenn er mitvertheilt worden wäre, einen unhandlichen Bruchtheil ergeben hätte, wird der Rest des Gewinnes zurückbehalten und einem besonderen Reservekonto oder dem Gewinnkonto für das nächste Jahr einverleibt. (Vergl. R.G. 28 S. 43: Zulässigkeit der Ausschüttung eines freiwilligen Reservefonds als Dividende.) § 6.

II. (Abs. 2.) **Ausnahmsweise ist das Ausbedingen von Zinsen gestattet (Bauzinsen).** (Zur Literatur hierüber vergl. Keyßner in Busch Archiv 32 S. 99 ffg.; Renaud, Rechtliche Gutachten, herausgegeben von Hergenhahn Bd. 1 S. 309 ffg.; R.O.H. 22 S. 11 (Plenum) § 7.

---

[1]) Literatur Hachenburg bei Holdheim 1892 S. 102; Georg Cohn bei Holdheim 1893 S. 191; Ring Anm. 2.

und 19.) Die Bestimmung wird praktisch damit gerechtfertigt, daß die Betheiligung an manchem Aktienunternehmen eine nur geringe sein würde, wenn dem Aktionär zugemuthet würde, während der langen Vorbereitungszeit jede Vergütung für die Einlage zu entbehren (Motive I S. 242). Sie ist aber bedenklich, weil sie dem Prinzipe widerspricht, daß die Aktiengesellschaft nur das vertheilen soll, was sie an Gewinn erzielt hat. Die von den Motiven in Anlehnung an Keyßner a. a. O. versuchte theoretische Rechtfertigung, daß eine Wertherzeugung durch die Errichtung des betriebsfähigen Ganzen aus seinen einzelnen Theilen vorliegt, erscheint schon deshalb gewagt, weil der so erzielte Werthsüberschuß doch nicht immer dem Betrage der gezahlten Zinsen gleichkommt.

Diese Ausnahme hat ihre besondere Rechtsnatur und gilt nur unter besonderen Voraussetzungen.

§ 8. 1. **Die Rechtsnatur des Bauzinsenversprechens.** Der Anspruch auf Bauzinsen ist ein reines Gläubigerrecht. Einmal ausbedungen, unterliegt der Anspruch nicht mehr der Bestimmung der Generalversammlung, auch eine Statutenänderung kann den Anspruch weder aufheben noch schmälern. Er ist ein Forderungsrecht, wie der Dividendenanspruch nach der Feststellung durch die Generalversammlung (vergl. R.O.H. 22 S. 21; Ring Anm. 10; Cosack S. 607; Behrend § 118 Anm. 16; vergl. § 4 Note 1 zu Art. 216). Aber auch erhöht oder zeitlich verlängert kann der Zinsanspruch durch spätere Majoritätsbeschlüsse nicht werden. Das würde die Ausnahme des Abs. 2 ausdehnen und im Widerspruche mit der Regel des Abs. 1 stehen (vergl. Keyßner in Busch Archiv Bd. 8 S. 411; Ring Anm. 10).

Bilanzmäßig gehören die gezahlten Bauzinsen zu den Herstellungskosten und erscheinen daher unter den Aktiva (Simon, Bilanzen S. 194 ffg.; Ring Anm. 10; Cosack S. 606.)

§ 9. 2. **Die besonderen gesetzlichen Voraussetzungen des Bauzinsversprechens** sind:

a) Das Versprechen muß im Gesellschaftsvertrage abgegeben sein und zwar nur im ursprünglichen. (Oberstes L.G. München in G.Z. 40 S. 475.)

b) Die Zinsen müssen in bestimmter Höhe fixirt sein. Sonst ist die ganze Vorschrift unwirksam. (Förtsch Anm. 5).

c) Sie müssen für eine bestimmte Kalenderzeit festgesetzt sein, welche die Vorbereitung des Unternehmens erfordert.

α) Ist der Zeitraum nicht kalendermäßig bestimmt, so ist das Zinsversprechen ungültig (R.O.H. 22 S. 13 ffg.). Es genügt daher nicht, wenn im Gesellschaftsvertrage nur die Bauzeit als Frist genannt ist. Auch aus der staatlichen Konzessionsurkunde kann die Ergänzung der Frist nicht entnommen werden (R.O.H. 22 S. 22). Ist die Frist abgelaufen, so hört die Zinszahlung auf, auch wenn die Vorbereitung des Unternehmens noch nicht beendet ist (R.O.H. 22 S. 13 ffg.).

β) Diejenige Zeit, welche die Vorbereitung des Unternehmens erfordert, ist das Maximum. Ist die Frist zwar noch nicht abgelaufen, die Vorbereitung aber schon beendet, so hört die Zinszahlung auf. Ungültig ist daher die beliebte Statutenbestimmung, daß die Zinszahlung in einem gewissen markirten Zeitabschnitt nach der Beendigung der Vorbereitung aufhört, z. B. am Schlusse des betreffenden Jahres u. s. w. (vergl. Keyssner a. a. O.; Ring Anm. 10).

§ 10. **Zusatz 1. Die Vorschriften des Artikels sind auf ältere Gesellschaften anwendbar.** Sie entsprechen ja auch dem älteren Recht. Aber auch wenn die vor der Einführung des H.G.B. errichteten Gesellschaft in ihren Statuten feste Aktienzinsen zugesichert haben, so ist die Bestimmung aufgehoben. Daß damit sogenannte wohlerworbene Rechte verletzt werden, verschlägt gegenüber dieser öffentlichrechtlichen Vorschrift nicht (vergl. R.G. 22 S. 1, Vorbemerkung 2 zu Art. 207).

§ 11. **Zusatz 2. Bei der Aktien-Kommanditgesellschaft** sind die Bauzinsen nicht zulässig. (Art. 197.)

Artikel 218.

Der Aktionär ist in keinem Falle verpflichtet, die in gutem Glauben empfangenen Zinsen und Dividenden zurückzugeben.

Der Artikel will den gutgläubigen Empfänger von Zinsen und Dividenden vor Rückzahlung schützen. Die Vorschrift bedeutet: Gleichviel unter welchen Voraussetzungen eine Rückforderung von Zinsen und Dividenden nach allgemeinen Rechtsgrundsätzen möglich ist, der gute Glaube schützt jedenfalls vor der Rückzahlung, der gutgläubige Empfänger braucht in keinem Falle zurückzuzahlen. Ob umgekehrt der bösgläubige Empfänger rückzahlungspflichtig ist, damit beschäftigt sich der vorliegende Artikel nicht. Darüber läßt das Gesetz allgemeine Grundsätze entscheiden (vergl. den Zusatz). Einleitung.

1. Der Empfänger muß gutgläubig sein. Der gute Glaube muß also im Augenblicke des Empfanges vorhanden sein (R.O.H. 18 S. 157). Feststellung oder Fälligkeit des Anspruches genügen nicht. Gutgläubig empfangen muß die Dividende sein. § 1.

2. Guter Glaube ist das schützende Moment. Er ist vorhanden, wenn der Empfänger nicht wußte, daß die Dividendenfeststellung auf Irrthum beruhte. Irrig ist es, wenn Esser (Anm. 1) meint, der Beweis, daß ein Reingewinn nicht erzielt sei, mache jedes weitere Erforderniß für die Rückforderung entbehrlich. Im Gegentheil: gerade für diesen Fall ist hier zu Gunsten des gutgläubigen Empfängers Vorsorge getroffen. Die bloßen Voraussetzungen der condictio indebiti genügen daher nicht (vergl. R.O.H. 18 S. 157, Ring Anm. 2; Cosack S. 611; Völderndorff S. 538). Auch gehört der Nachweis des schlechten Glaubens zur Begründung der Rückforderungsklage (vergl. § 6 u. 7). § 2.

3. Zinsen. Das sind die Bauzinsen. (Zust. Förtsch Anm. 5, während Ring Anm. 8 zu Unrecht darunter die Dividenden verstehen will, welche in manchen Statuten ungenau Zinsen genannt werden). Die Bauzinsen können z. B. gutgläubig empfangen sein, wenn der Betrieb vor dem Ende der im Statut vorgesehenen Baufrist eröffnet wurde, ohne daß der Aktionär dies wußte (vergl. § 9 zu Art. 217). § 3.

4. Dividenden. Es muß sich um den Fall handeln, daß die Gesellschaft Dividenden für ein bestimmtes Jahr vertheilen und der Aktionär die Dividende für das betreffende Jahr empfangen wollte. War dann die Dividendenaufstellung irrig, der Aktionär aber gutgläubig, so ist er geschützt. Wenn dagegen eine Dividende gar nicht vertheilt werden sollte, die Generalversammlung z. B. beschlossen hatte, keine Dividende zu vertheilen, und der Aktionär, dies nicht wissend, den Dividendenschein präsentirte und ausgezahlt erhielt, so ist der Fall des vorliegenden Artikels nicht vorhanden; noch weniger, wenn er einen Dividendenschein einer anderen Gesellschaft oder eines früheren Jahres aus Irrthum präsentirte und ausbezahlt erhielt. § 4.

5. Der Aktionär ist geschützt. Ihm steht der Dividendenscheininhaber gleich (vergl. R.O.H. 18 S. 157). Auf Tantièmeansprüche der Gesellschaftsorgane und Beamten der Gesellschaft bezieht sich die Vorschrift nicht. Hier greifen allgemeine Grundsätze Platz. § 5.

Zusatz. Was ist Rechtens, wenn der Empfänger mala fide war? Die herrschende Ansicht geht dahin, der vorstehende negativ gefaßte Artikel enthalte implicite auch die positive Bestimmung, daß der schlechtgläubige Empfänger von Zinsen und Dividenden sie zurückzahlen muß (Völderndorff S. 536); diese Haftung bestehe sowohl gegenüber der Gesellschaft, als auch gegenüber den Gläubigern (Ring Anm. 1; Wiener in G.Z. 21 S. 610; Förtsch Anm. 3; Cosack S. 611; anscheinend auch Behrend § 116 Anm. 3), und es wird nur noch darüber gestritten, ob, wie Ring meint, den Gläubigern gegenüber die Haftung nur dann eintritt, wenn das Grundkapital durch die ungerechtfertigte Zinszahlung geändert wird oder auch dann, wenn, wie Petersen u. Pechmann (S. 407) meinen, die gesetzlichen oder freiwilligen Reserven geschwächt werden. Allerdings soll die Haftung den Gläubigern gegenüber eine höchst subsidiäre sein, d. h. nur soweit von der Gesellschaft keine Befriedigung zu erlangen ist. (Ring Anm. 1 a. E.) § 6.

Wir vertreten eine hiervon prinzipiell verschiedene Auffassung. Der vorliegende Artikel will nach seinem klaren Wortlaut nichts weiter besagen, als daß der gutgläubige Dividendenempfänger, was auch sonst aus allgemeinen Rechtsgrundsätzen hierfür sich ergeben möge, auf keinen Fall zurückzuzahlen habe. Mit dem bösgläubigen Empfänger beschäftigt er sich überhaupt nicht. Ob dieser in irgend einem Falle zur Rückzahlung verpflichtet ist, läßt er ganz dahingestellt. Hält man es wirklich für angezeigt, mit dem argumentum e contrario zu operiren, so darf man doch nicht übersehen, daß die logische Umkehrung von „in keinem Falle der Gutgläubige" nur der Satz ist: „allenfalls der Bösgläubige", nicht aber „unter allen Umständen der Bösgläubige".

Für die Frage, ob der bösgläubige Empfänger zur Rückzahlung verpflichtet ist, entscheiden vielmehr allgemeine Grundsätze. Aus ihnen ergiebt sich Folgendes:

Die Bauzinsen anlangend, so ist der Mala-fide-Empfänger zur Rückzahlung verpflichtet. Hinsichtlich ihrer ist der Aktionär einfacher Gläubiger, und wenn in Wahrheit ein Anspruch nicht besteht, so würde er schon wegen bloßen Irrthums der Gesellschaftsorgane zur Rückzahlung verpflichtet sein, wenn ihm nicht die Vorschrift des vorstehenden Artikels bei gutem Glauben schützend zur Seite stände. Bei mala fides fällt dieser Schutz weg.

Was aber den Dividendenanspruch betrifft, so beruht derselbe, wie in Art. 216 u. 217 ausgeführt ist, auf Generalversammlungsbeschlüssen, sei es, daß dieselben bloß die Bilanzaufstellung oder diese und die Dividendenvertheilung zum Gegenstande haben.

Hat nun die Generalversammlung eine Bilanz aufgestellt, aus welcher sich ein Reingewinn ergiebt, obgleich er in Wahrheit nicht oder nicht in dieser Höhe vorhanden war, oder hat sie die Dividendenvertheilung beschlossen, obgleich der vorhandene Reingewinn statutengemäß zu anderen Zwecken hätte verwendet werden sollen, so sind allerdings diese Beschlüsse dem Gesetze und den Statuten zuwider gefaßt. Aber solche Beschlüsse werden nach neuerem Rechte definitiv rechtswirksam, wenn sie nicht angefochten werden. Dieses Anfechtungsrecht steht nicht nur den Aktionären, sondern auch dem Vorstande zu (Art. 190a). Seine Pflicht ist es, hiervon Gebrauch zu machen, wenn er zu der Ansicht kommt, der Beschluß verletze die Rechte der Gesammtheit der Gesellschaft. Hat aber weder der Vorstand noch ein Aktionär von dem Anfechtungsrechte Gebrauch gemacht und ist der Beschluß dadurch rechtswirksam geworden, dann begründet er Rechte für alle Aktionäre. Jeder Aktionär kann ihn für sich geltend machen, wie er ihn auch gegen sich gelten lassen muß, wenn er ihm nachtheilig ist. Er kann daher die solchergestalt festgestellte Dividende verlangen, auch wenn er persönlich der Ansicht wäre, sie sei zu hoch, wie er sie umgekehrt nicht verlangen könnte, wenn er auch der Ansicht wäre, sie sei zu Unrecht nicht zur Vertheilung gelangt oder zu niedrig. Bona und mala fides des einzelnen Gliedes der Gesammtheit sind bei den festen Gesetzesnormen über die Anfechtungsmöglichkeit von Gesammtheitsbeschlüssen und über die Folgen unterlassener Anfechtung keine ausschlaggebenden Faktoren. Wollte man den bösgläubigen Empfänger ohne Weiteres zur Rückzahlung verpflichten, dann brauchte der Vorstand, statt den Generalversammlungsbeschluß anzufechten, nur den die festgestellte Dividende verlangenden Aktionären vorzurechnen, daß die Generalversammlung die Werthe zu hoch angesetzt habe. Das hat in der That das R.O.H. 18 S. 157 ausgesprochen. Es bleibt dahingestellt, ob dies nach früherem Recht begründet war. Heute ist es gewiß nicht mehr. Heut ist dem Vorstand ein anderer Weg gewiesen, um Generalversammlungsbeschlüsse, die ihm rechtswidrig erscheinen, aus der Welt zu schaffen. Beschreitet er diesen Weg nicht, so ist er nach Art. 241 den Gläubigern haftbar. Darin und in der Haftbarkeit der Gesellschaftsorgane für unrichtige Bekanntmachungen und Berichte liegt der Schutz der Gläubiger gegen Vertheilung fiktiver Dividenden.

Nach dieser Anschauung hat es nun freilich den Anschein, als ob der vorliegende Artikel bedeutungslos wäre; denn das Ergebniß ist, daß sowohl der gutgläubige, als auch der bösgläubige Dividendenempfänger nicht zurückzuzahlen brauchen. Zuzugeben ist, daß der Artikel hiernach geringe Bedeutung hat. Aber bedeutungslos ist er nicht. Er kommt dann zur Geltung, wenn der Generalversammlungsbeschluß durch Auszahlung der Dividende ausgeführt, alsdann aber auf Grund einer Anfechtungsklage rechtskräftig für ungültig erklärt ist. In solchem Falle ist der gutgläubige Erwerber geschützt, der bösgläubige dagegen muß das Empfangene wiedergeben.

Am wenigsten aber können wir **ein direktes Klagerecht der Gläubiger** gegen den bösgläubigen Empfänger anerkennen. Selbst wenn man sich auf den Standpunkt stellt, der bösgläubige Empfänger sei schlechtweg zur Rückzahlung verpflichtet, so besteht doch bei der Aktiengesellschaft zwischen dem Gläubiger und dem Aktionär kein direkter rechtlicher Konnex. Nur eine positive Gesetzesbestimmung wäre im Stande, denselben in diesem Einzelpunkte herzustellen. Solche positive Vorschrift ist für die Aktien-Kommanditgesellschaft in dem analogen Falle gegeben (Art. 198), hier nicht. Das Urtheil des Reichsgerichts (19 S. 115), auf welches Petersen und Pechmann (S. 406), sowie Willenbücher (S. 280) als Belag für ihre gegentheilige Ansicht hinweisen, stützt dieselbe nicht, da es sich lediglich mit der Haftbarkeit der Vorstandsmitglieder gegenüber den Gläubigern beschäftigt. Für diese direkte Haftung aber ist in Art. 241 die von uns für erforderlich erachtete positive Vorschrift enthalten. (Vorstehenden Ausführungen ist Neukamp S. 88 beigetreten.)

Der Dividendenscheininhaber steht hier überall dem Aktionär gleich. Soweit man also ein Rückforderungsrecht gewähren will, muß man es auch gegenüber dem Dividendenscheininhaber gewähren (R.O.H. 18 S. 157). Das will Ring (Anm. 1) hinsichtlich desjenigen Dividendenscheininhabers, der nicht Aktionär ist, nicht gelten lassen.

Soweit ein Rückforderungsrecht zugestanden wird, gehört der Nachweis der mala fides zur Begründung der Klage. Der gute Glaube wird hier wie sonst, präsumirt (Völderndorff S. 587; Cosack S. 611; anders Ring Anm. 2).

Artikel 219.

Die Verpflichtung des Aktionärs, zu den Zwecken der Gesellschaft und zur Erfüllung ihrer Verbindlichkeiten beizutragen, wird durch den Nominalbetrag der Aktie, in den Fällen der Artikel 209a Ziffer 2, 215a Absatz 2 durch den Betrag, für welchen die Aktie ausgegeben ist, begrenzt.

Rücksichtlich der Einzahlung der auf die Aktie zu leistenden Beträge, sowie rücksichtlich einer zu leistenden Einlage finden die Bestimmungen der Artikel 184 bis 184c auf den Aktionär und die Rechtsvorgänger desselben Anwendung.

I. **Der Artikel begrenzt die Verpflichtung des Aktionärs auf den Betrag seiner Einlage.** § 1.
Die Grenze der Verpflichtungen des Aktionärs bildet seine Einlage, d. h. der Nominalbetrag der Aktie, bei der Ueberpari-Emission der Emissionskursbetrag. Daß die Verpflichtung des Aktionärs sich hierin erschöpft, gehört zum Wesen der Aktiengesellschaft (vergl. § 1 zu Art. 207). Dies hat das Reichsgericht (21 S. 148 ffg.) mit Schärfe ausgesprochen und hierdurch die Auffassung Gierkes (die Genossenschaftstheorie und die deutsche Rechtsprechung S. 271 Note 2 u. 918 ffg.) abgewiesen, wonach der vorliegende Artikel nur von der kapitalistischen Beitragspflicht spreche und daher eine verfassungsmäßige Belastung mit einer davon verschiedenen Leistungspflicht nicht ausschließe. (Vergl. auch Lippmann in G.Z. 39 S. 155 und gegen ihn Ring Anm. 1, auch unten § 3 Note 1.) Der Standpunkt des Reichsgerichts wird auch dadurch nicht erschüttert, daß in Art. 184 Zinsen und Konventionalstrafen dem Aktionär auferlegt sind und in anderen Fällen Schadensersatzpflichten z. B. Art. 222a letzter Absatz). Denn damit sind keine besonderen Verpflichtungen dem Aktionär auferlegt, das sind vielmehr nur die sekundären Folgen der Nichterfüllung seiner Verpflichtung gegen die Gesellschaft.

II. **Aus jenem Grundsatze ergeben sich folgende praktische Konsequenzen:** § 2.

1. Die Verpflichtung zu einem Gesellschaftsamt kann dem Aktionär als solchem nicht auferlegt werden. Vergl. auch Behrend § 116 Anm. 7. . Anders R.G. 21 S. 148 ffg., indem es die Konsequenzen seiner im Uebrigen so scharfen Deduktion nicht soweit zieht.
2. Der Aktionär kann nicht gezwungen werden zu Nachzahlungen behufs Umwandlung der Aktien in Reichswährung (R.O.H. 23 S. 298).
3. Majoritätsbeschlüsse, Inhalts deren diejenigen Aktionäre, welche eine bestimmte Summe zuzahlen, in ihren Rechten bevorzugt werden sollen, sind ungültig. Die Schaffung von

Vorzugsaktien auf diesem Wege ist ungültig, weil in solchem Beschlusse gleichzeitig ausgesprochen ist, daß Aktionäre, welche die Zuzahlung nicht machen, in ihren Rechten benachtheiligt werden sollen, hierin aber ein nach vorstehendem Artikel unzulässiger Zwang zu einer Leistung liegt (vergl. § 6 zu Art. 209a).

4. Majoritätsbeschlüsse, wonach dem Aktionär die ihm statutenmäßig für den Besitz einer Aktie gewährten Rechte in Zukunft nur für den Fall des Hinzunehmens einer zweiten Aktie zustehen sollen (sogenannte Zusammenlegung von Aktien) sind ungültig. Denn darin liegt ein Zwang, zu den Zwecken der Gesellschaft mehr beizutragen, als die ursprüngliche Einlage (R.O.H. 20 S. 97; vergl. § 4 zu Art. 248).

§ 3. 5. Die dem Aktionär statutarisch auferlegte Verpflichtung, Rüben zu liefern, ist ungültig. **Diese bei Zuckerfabrikaktiengesellschaften zahlreich vorkommende Rübenbaupflicht** ist Gegenstand einer oberstrichterlichen Judikatur geworden, die in stetem Flusse und in fortschreitender Entwicklung in Bezug auf die Klarstellung der betreffenden Rechtslage begriffen ist.

Die Entscheidung im Bd. 17 S. 5 erkennt zwar an, daß die Rübenbaupflicht ein dem Wesen der Aktiengesellschaft fremdes Element enthalte, geht aber davon aus, daß die Statthaftigkeit solcher Statutenbestimmung trotz vielfacher Zweifel und Meinungsverschiedenheiten über die Natur des dadurch begründeten Rechtsverhältnisses, in der Rechtsprechung bis dahin unbeanstandet geblieben sei, wobei das Reichsgericht auch auf seine eigenen Entscheidungen in Bd. 17 S. 1 u. 3 Bezug nimmt. Das Reichsgericht weist darauf hin, daß jene Statutenbestimmungen, soweit bekannt, niemals eine Verweigerung der Eintragung in das Handelsregister oder früher der staatlichen Konzession veranlaßt haben, und endlich sei auch bei der Berathung des neuen Aktiengesetzes im Jahre 1884 die Statthaftigkeit jener Statutenbestimmungen außer Zweifel gewesen. Nach allen diesen Vorgängen könnte es heutigen Tages nicht mehr statthaft sein, die Rechtsbeständigkeit dieser Bestimmungen und der auf Grund derselben errichteten Gesellschaften wegen theoretischer Bedenken in Frage zu stellen. Es könne sich nur fragen, auf welchem Wege ihre Rechtsbeständigkeit zu konstruiren sei. Diese Konstruktion geschieht vom Reichsgericht in der Weise, daß es sich derjenigen Ansicht anschließt, welche die statutarischen Bestimmungen über die Rübenlieferungspflicht als Inhalt eines besonderen zwischen der Gesellschaft und jedem einzelnen Aktionär als einer dritten Person abgeschlossenen Vertrages betrachtet. Dieser Nebenvertrag komme zugleich mit dem Abschlusse des Gesellschaftsvertrages zu Stande.

Allein in seinen späteren Entscheidungen, insbesondere Bd. 21 S. 148 ffg. und Bd. 26 S. 85 ffg. (vergl. auch Bolze 9 Nr. 485), erkennt das Reichsgericht an, daß diese Konstruktion sich nicht ausnahmslos bei allen Gestaltungen der Rübenzuckergesellschaftsstatuten durchführen lasse, nämlich überall da nicht, wo die Verpflichtung zur Rübenlieferung dem Aktionär als solchem, also als gesellschaftlicher Beitrag, auferlegt wird. Das sei der Fall, wenn der Aktionär hinsichtlich des Preises für die Rübenlieferung mehr oder weniger der finanziellen Lage der Gesellschaft unterworfen sei. Eine solche Bestimmung verstoße gegen Art. 219, wonach die Verpflichtung des Aktionärs, zu den Zwecken der Gesellschaft beizutragen, sich in der Einlage erschöpft. Wohl aber hat das Reichsgericht alle diejenigen Gestaltungen für zulässig erklärt, bei welchen ein solcher Verstoß gegen Art. 219 nicht vorliege, so daß eine Trennung zwischen der Aktionäreigenschaft und den Verpflichtungen aus dem Rübenbaunebenvertrage möglich und durchführbar sei. Das sei insbesondere dann der Fall, wenn der Rübenpreis ein bestimmter oder objektiv bestimmbarer sei, und gegen dieses Erforderniß werde auch dadurch nicht verstoßen, daß Vorstand und Aufsichtsrath den Preis festsetzen sollen (Bolze 8 Nr. 549) oder sogar die Generalversammlung (Bolze 10 Nr. 544), weil hierin nur die Provokation auf das arbitrium boni viri liege, welches der Korrektur durch den ordentlichen Richter unterworfen sei.

So anerkennungswerth nun aber das Bestreben des Reichsgerichts ist, eine so wichtige Erscheinung des Verkehrs nach Möglichkeit rechtlich zu konstruiren, so erscheinen diese Versuche doch vergeblich.

Mit Recht sagt Wolff (in Kohler und Rings Archiv für bürgerliches Recht Bd. 3 S. 334), das Reichsgericht bleibe auf halbem Wege stehen, wenn es eine Trennung der Aktiengesellschaft von einem nebenher gehenden Rechtsverhältnisse zwischen den Aktionären und der Aktiengesellschaft nur dann verwirft, wenn die Art der Preisfestsetzung die Rübenlieferungen als gesellschaftliche Beiträge erkennen lasse, somit ein einheitliches Verhältniß gesellschaftlicher Natur für vorliegend zu erachten sei. Ein derartiges einheitliches Verhältniß ist überall vorhanden, wo die aktienrechtlichen und die die Rübenlieferungspflicht betreffenden Festsetzungen in dem Statute zusammengefaßt sind. In allen derartigen Statuten sind Bestimmungen enthalten, welche die Rübenlieferungspflicht als einen sehr wesentlichen Bestandtheil des Gesellschaftsvertrages erkennen lassen. Bald ist sie für die Veräußerung bzw. Vererbung der Aktien maßgebend, bald führt ihre Unterlassung zur Kaduzirung der Aktie, bald führt ein Verstoß gegen dieselbe zur Beeinträchtigung des Dividendenanspruchs. Ueberall widerstrebt die ganze Fassung der Statuten einer Auseinanderreißung in zwei selbstständige Rechtsverhältnisse auf das Entschiedenste, und der Fall der Beeinflussung des Rübenpreises durch die Geschäftslage ist nur ein besonders markantes Symptom des gesellschaftlichen Charakters der Rübenlieferungspflicht (so zutreffend Wolff a. a. O.).

Auch noch aus einem anderen Grunde sind die Statuten der Rübenzuckeraktiengesellschaften nicht gültig: weil die die Rübenlieferungen betreffenden Stipulationen im Stadium der Gründung getroffen sind. Denn schon an anderer Stelle ist von uns ausgeführt, daß für die in der Gründung befindliche Gesellschaft nicht alle denkbaren Rechtsverhältnisse begründet werden können, daß vielmehr die Lasten, mit denen sie entstehen kann, vom Gesetze genau begrenzt sind (Einlagen und Uebernahmen). Vergl. § 1 zu Art. 211, so auch Wolff a. a. O. Es liegt hier aber weder eine Sacheinlage, noch ein Uebernahmevertrag vor. Denn die Konstruktion von Cosack (S. 567) ist abzuweisen, und ist auch vom Reichsgericht (21 S. 153 — desgleichen von Behrend § 116 Zusatz —) abgewiesen worden, daß die Rübenlieferungspflicht eine Sacheinlage auf das Grundkapital im Sinne des Art. 209b sei. Dazu fehlt es bei der Unübersehbarkeit der zu erwartenden Leistungen und den notorischen Schwankungen der Zuckerpreise an der Möglichkeit den Preis festzusetzen (vergl. Wolff a. a. O.), und überdies kann als Einlage nur das gelten, was schon in der Hand des Einlegers ein Vermögensstück ist (§ 3 zu Art. 209b). Aus gleichem Grunde aber liegt kein Uebernahmevertrag vor, und es ist prinzipwidrig, dies zwar anzuerkennen, auch ferner zuzugeben, daß andere als Illations- und Uebernahmeverträge im Gründungsstadium nicht zulässig sind, gleichwohl aber die Gültigkeit der vorliegenden Verträge anzunehmen, weil „sie mit den Uebernahmeverträgen auf eine Stufe zu stellen seien, weil auch sie die Modalitäten beträfen, unter denen die Aktiengesellschaft zur Existenz gelangen soll." (So Behrend § 116 Zusatz.) Nicht mit allen Modalitäten, unter denen die Gesellschaft nach dem Willen der Interessenten zur Existenz gelangen „soll", kann sie zur Existenz gelangen; ein Abkommen, das sich nicht als Uebernahmevertrag darstellt, kann nicht mit den Uebernahmeverträgen „auf eine Stufe gestellt" und gültig abgeschlossen werden.

Der Annahme endlich einer gewohnsrechtlichen Bildung steht Art. 1 entgegen (Wolff S. 337; Behrend § 116 Zusatz; Ring Anm. 2).

Nach alle dem erachten wir den Standpunkt Wolff's für zutreffend, wonach die Rübenlieferungspflicht nur durch besondere Verträge stipulirt werden kann, und zwar nur nach Eintragung der Gesellschaft.[1]) (Zustimmend Förtsch Anm. 4.)[2])

---

[1]) Interessant ist die Abhandlung von Lippmann in G.Z. 39 S. 126, die sich nachzuweisen bemüht, daß die Rübenlieferungspflicht mit dem Wesen der Aktiengesellschaft wohl vereinbar sei. Daß dieselbe eine rein gesellschaftliche Leistung sei, führt auch Lippmann zutreffend aus. Daß ihre Stipulirung keinen Illations- und keinen Uebernahmevertrag darstellt, nimmt auch er an (S. 214). Allein er hält die Stipulation eines anderen gesellschaftlichen Beitrages als des in Art. 219 vorgesehenen bei der Aktiengesellschaft für zulässig, weil er in diesem Artikel nur die Vorschrift erblickt, daß eine solche anderweite Leistung nicht stipulirt werden könne, welche gleichzeitig für die Zwecke der Gesellschaft und zur Schuldentilgung bestimmt sei. Die Fähigkeit, diese beiden Zwecke gleichzeitig zu erfüllen, besitze aber die Rübenlieferungspflicht nicht. Indessen ist der Unterschied zwischen Beiträgen, welche den Zwecken

Die hiervon erheblich abweichende Judikatur des Reichsgerichts geht, kurz zusammengefaßt, dahin: daß die Rübenbaupflicht als gesellschaftliche Beitragspflicht nicht denkbar ist, daß sie also, wo sie nicht anders konstruirt werden kann, z. B. wenn der Preis der Rüben an die Finanzlage der Gesellschaft geknüpft ist (R.G. 21 S. 148 ffg., 26 S. 85 ffg.), ungültig, sonst aber, also besonders wenn der Preis ein fest bestimmter oder bestimmbarer, etwa dem billigen Ermessen des Vorstandes und Aufsichtsraths (Bolze 8 Nr. 549) oder der Generalversammlung überlassener (Bolze 10 Nr. 544) ist, ein gültiger zweiseitiger Nebenvertrag ist, den die Generalversammlung nicht abändern kann (R.G. 17 S. 5), von welchem sich der Verpflichtete auch nicht durch Verzicht auf die Aktie befreien kann (R.G. 17 S. 3), der vielmehr nur durch Vertrag zwischen der Gesellschaft und ihm abgeändert oder aufgehoben zu werden vermag, dies aber auch durch Erklärung des Vorstandes, wenn derselbe auch hiermit seine statutenmäßigen Befugnisse überschreiten sollte (R.G. 17 S. 1).

(Artikel 184.)

Ein Gesellschafter, welcher den auf die Aktie eingeforderten Betrag nicht zur rechten Zeit einzahlt, ist zur Zahlung von Verzugszinsen von Rechtswegen verpflichtet.

Im Gesellschaftsvertrage können für den Fall der verzögerten Einzahlung Konventionalstrafen ohne Rücksicht auf die sonst stattfindenden gesetzlichen Einschränkungen festgesetzt werden.

Ist im Gesellschaftsvertrage keine besondere Form, wie die Aufforderung zur Einzahlung geschehen soll, bestimmt, so geschieht dieselbe in der Form, in welcher die Bekanntmachungen der Gesellschaft nach dem Gesellschaftsvertrage überhaupt erfolgen müssen.

Vorbemerkung zu Art. 184—184c. In diesen Artikeln ist die Haftung für den Aktienbetrag gesetzlich geregelt und zwar in der Weise, daß für die Vollzahlung des Aktienbetrages in erster Linie der zeitige Aktionär, in zweiter Linie die Zwischenaktionäre bis herab zum Zeichner haften. Rückstände können dabei regelmäßig nur so lange vorkommen, als Interimsscheine vorhanden sind. Denn die Aktie selbst soll nicht vor der Vollzahlung ausgegeben werden. Damit die Gesellschaft die ihr hiernach verhafteten Personen kenne, müssen die Interimsscheine auf Namen lauten, und es gilt der Gesellschaft gegenüber als Aktionär, wer in das Aktienbuch eingetragen ist.

Der Erwerb einer Aktie, auf welcher noch eine Zahlungspflicht ruht, äußert hiernach nicht nur gegenüber dem Kontrahenten, sondern auch der Gesellschaft gegenüber verpflichtende Wirkungen. Der Erwerber wird selbständig verpflichtet, die statutarische Einzahlung zu leisten. Auch kommt es darauf, ob zwischen den Kontrahenten wirklicher Eigenthumserwerb beabsichtigt war, der Gesellschaft gegenüber hierbei nicht an (R.G. 3 S. 163).

Die gedachten Artikel beschäftigen sich, wie zu beachten ist, nur mit Geldzeichnungen. Die Folgen des Verzuges bei Sacheinlagen bestimmen sich nach allgemeinen Rechtsgrundsätzen. (Ebenso Behrend § 120 Anm. 9).

Einleitung. **Der vorliegende Artikel behandelt den Umfang der Haftung des zeitigen Aktionärs.** Dabei werden in umgekehrter Reihenfolge, als es logisch hätte geschehen sollen, zunächst die

---

der Gesellschaft, und Beiträgen, welche zur Schuldentilgung dienen, unberechtigt. Der Beitrag wird der Gesellschaft in Erfüllung der Einlagepflicht geleistet; wozu diese ihn verwendet, ist ihre Sache und hat mit der Rechtsnatur des Beitrags nichts zu thun. Auch kann man innerhalb der Lebensthätigkeit der Gesellschaft nicht zwei Arten unterscheiden: Verfolgung ihrer Zwecke und Bezahlung ihrer Schulden. Beides fließt ineinander: bei rationeller Verfolgung ihrer Zwecke muß sie auch ihre Schulden bezahlen. (Vergl. auch Ring Anm. 1.) Der Art. 219 bestimmt nun aber, daß dem Aktionär kein anderer Beitrag zugemuthet werden darf, als die statutarische Einlage. Ueberdies ist nicht ersichtlich, warum die Rübenbaupflicht nicht gleichzeitig jenen beiden Zwecken dienen könne; sicherlich dient sie dazu doch dann, wenn die Bezahlung der Rüben von der Vermögenslage der Gesellschaft abhängig gemacht ist, aber auch sonst sind die gelieferten Rüben wohl geeignete Mittel, um mit ihnen nach Versilberung oder auch in natura die Verbindlichkeiten der Gesellschaft zu erfüllen.

[2]) Für neue Zuckerrübengesellschaften ist jetzt die Gesellschaft mit beschränkter Haftung die geeignete Form. (§ 3 Abs. 2 des Gesetzes betreffend die Gesellschaften mit beschränkter Haftung.)

Folgen des Verzugs (Abs. 1 und 2) und sodann die Voraussetzungen des Verzugs (Abs. 3) behandelt.

1. (Abs. 1 und 2.) **Die Folgen des Verzugs** sind Verzugszinsen und Konventionalstrafen.

a) **Verzugszinsen.** Dieselben treten von Rechtswegen ein, d. h. ohne besondere Abrede und Mahnung (R.G. 9 S. 44). Der zeitige Aktionär haftet für Verzugszinsen, auch wenn die Ausschreibung vor seinem Erwerbe stattgefunden hat (Völdernbdorff S. 170), aber auch nur der zeitige Aktionär, die subsidiäre Haftung des Rechtsvorgängers bezieht sich nach Art. 184b nur auf den eingeforderten Betrag, nicht auf die Nebenforderungen (Ring S. 418); die Höhe der Verzugszinsen ist 6 pCt., da Art. 287 Abs. 2 Platz greift (Ring S. 418; Förtsch Anm. 3; Cosack S. 566; anders Behrend § 120 Anm. 9, der ohne ersichtlichen Grund wohl den Abs. 1, nicht aber auch den Abs. 2 des Art. 287 anwendet und deshalb, wenn kein Handelsgeschäft vorliegt, die Landesgesetze über die Höhe des Zinsfußes entscheiden läßt). § 1.

b) **Konventionalstrafen.** Dieselben treten ein, wenn der Gesellschaftsvertrag und zwar der ursprüngliche (R.O.H. 19 S. 297) sie vorsieht. Für die Vereinbarung ihrer Höhe besteht keine gesetzliche Grenze. (Ring S. 418; Behrend § 120 bei Anm. 10).

c) **Verzugszinsen und Konventionalstrafen neben einander** können gleichfalls statutarisch vorgesehen sein. Wenn dies aber nicht der Fall ist, so sind neben der Konventionalstrafe Verzugszinsen nicht zu fordern (abweichend Ring S. 418), wohl aber Prozeßzinsen (R.G. 9 S. 44).

d) **Weiterer Schaden** kann neben der Konventionalstrafe nicht gefordert werden. Das folgt aus der Fassung des Gesetzes. Es sei denn, daß das Statut sie anordnet (Ring S. 419). Wer dies nicht gelten läßt, muß mit Behrend (§ 120 Anm. 9) bei Handelsgeschäften den Art. 284 Abs. 3, sonst die Landesrechte entscheiden lassen, nicht, wie Förtsch Anm. 4, stets den Art. 284 Abs. 3.

2. (Abs. 3.) **Voraussetzung des Verzugs ist die Einforderung der Einzahlung.** § 2.

a) Sie erfolgt durch die Gesellschaftsorgane und wird nicht, wie Behrend § 120 Anm. 7 annimmt, ersetzt durch die Bestimmung des Gesellschaftsvertrages über bestimmte Zahlungstermine. Denn der Gesellschaftsvertrag wird durch das Gericht publizirt, hier aber handelt es sich um eine Publikation der Gesellschaft (Ring S. 419). Das Gleiche gilt von den im Zeichenschein enthaltenen Zahlungsterminen. Der Satz dies interpellat pro homine kann hier, da von einer ausdrücklichen Einforderung (vergl. auch Art. 184a „erneute Aufforderung") die Rede ist, nicht angewendet werden (anders auch hier Behrend § 120 Anm. 7).

b) Sie erfolgt von allen Aktionären derselben Gattung gleichmäßig (Ring S. 417; Behrend § 120 Anm. 8).

c) Die Form ist die der gewöhnlichen Gesellschaftspublikation. Daß die Unterschrift des Vorstandes dabei fehlt, hat das Reichsgericht für unerheblich erklärt (Bolze 5 Nr. 755), wie es auch im Uebrigen in diesem Urtheil für entscheidend erachtet hat, daß die Bekanntmachung deutlich genug ist, damit der Aktionär ersehen könne, sie beziehe sich auf ihn und seine Aktien. In jenem Falle waren in der Bekanntmachung die Aktien mit Nummern bezeichnet, der betreffende Aktionär aber hatte eine Interimsquittung ohne Nummern erhalten.

d) Die Fristen, wann die Einforderungen erfolgen, sind entweder im Gesellschaftsvertrage enthalten, oder die Generalversammlung bestimmt sie, oder sie überträgt die Bestimmung dem Aufsichtsrath. Sonst sind sie dem Gesellschaftsvorstande nach seinem pflichtgemäßen Ermessen überlassen, und es ist der Einwand nicht zulässig, daß die Einforderung für die Gesellschaftsbedürfnisse nicht erforderlich sei (Ring S. 417; vergl. auch Behrend § 120 Anm. 7).

Zusatz. **Die Zahlungen, welche die Gesellschaft in Folge der Nebenverpflichtungen der Aktionäre erhält, sind Reingewinn** und daher als Dividende vertheilungsfähig (K.B. 17), wenn es sich auch allerdings empfiehlt, sie um deshalb, weil sie keine Betriebsgewinne sind, § 3.

einem Reservekonto zuzuführen. Jedenfalls aber besteht keine gesetzliche Pflicht, sie dem gesetzlichen Reservefonds zuzuführen. Denn in diesen muß nur das Agio fließen, d. h. derjenige Betrag, den die Gesellschaft dadurch erzielt, daß der geforderte Ausgabepreis der Aktie mehr als die Nominalziffer betrug (Ring S. 419; Förtsch Anm. 7).

(Artikel 184 a.)

Im Falle verzögerter Einzahlung kann an die säumigen Gesellschafter eine erneute Aufforderung zur Zahlung unter Androhung ihres Ausschlusses mit dem Antheilsrechte erlassen werden. Die Aufforderung hat mindestens dreimal durch Bekanntmachung in den hierzu bestimmten öffentlichen Blättern, die erste Bekanntmachung mindestens drei Monate und die letzte Bekanntmachung mindestens vier Wochen vor Ablauf der für die Einzahlung gesetzten Nachfrist zu erfolgen. Statt der Bekanntmachungen in den öffentlichen Blättern genügt, falls das Antheilsrecht nicht ohne Einwilligung der Gesellschaft übertragbar ist, die Bekanntmachung der Aufforderung mit einer vier Wochen übersteigenden Nachfrist durch besonderen Erlass an die säumigen Gesellschafter.

Ein Gesellschafter, welcher den auf die Aktie zu leistenden Betrag nicht einzahlt, obwohl die im vorstehenden Absatze bezeichnete Aufforderung stattgefunden hat, ist seiner Anrechte aus der Zeichnung der Aktie und der geleisteten Theilzahlungen zu Gunsten der Gesellschaft verlustig zu erklären. Die den Ausschluss bewirkende Erklärung erfolgt mittels Bekanntmachung durch die hierzu bestimmten öffentlichen Blätter. An Stelle der bisherigen Urkunde ist eine neue auszugeben, welche ausser den früher geleisteten Theilzahlungen den eingeforderten Betrag zu umfassen hat. Wegen des Ausfalls, welchen die Gesellschaft an diesem Betrage oder den später eingeforderten Beträgen erleidet, bleibt ihr der ausgeschlossene Gesellschafter verhaftet.

Von den vorstehenden Rechtsfolgen kann der Gesellschafter nicht befreit werden.

Einleitung. **Die Kaduzirung als Folge der Säumigkeit des Aktionärs.** Die Gesellschaft ist zwar berechtigt, den mit seinen Zahlungen säumigen Aktionär durch Klage und Zwangsvollstreckung zur Zahlung anzuhalten, aber sie bedarf eines noch stärkeren Mittels dazu, schon um bei fruchtloser Zwangsvollstreckung die Möglichkeit anderweiter Verwerthung des Aktienrechts zu haben. Dieses stärkere Mittel ist die Kaduzirung. Sie bezieht sich, wie überhaupt die Vorschriften in Art. 184 bis 184c bis auf den Schlußsatz des letzteren Artikels, nur auf den Fall, daß Baarzahlungen ausstehen, nicht auf Sacheinlagen. (Vergl. die Vorbemerkung zu Art. 184; Behrend § 120 Anm. 13).

§ 1. 1. **Voraussetzung des Kaduzirungsverfahrens ist,** daß mindestens ein Gesellschafter säumig ist, d. h. daß er trotz der im Art. 184 vorgesehenen Einforderung nicht zahlt.

§ 2. 2. **Wer hat über die Einleitung des Kaduzirungsverfahrens zu entscheiden?** Es bleibt dem Gesellschaftsvertrage überlassen, hierüber Bestimmung zu treffen, insbesondere den Vorstand oder den Aufsichtsrath damit zu betrauen. Oder es kann auch der Generalversammlung überlassen bleiben, hierüber Anordnung zu treffen. Die letztere kann jedenfalls die Einleitung anordnen. Ist im Gesellschaftsvertrage nichts bestimmt, und enthält sich auch die Generalversammlung einer Anordnung, so hat der Vorstand nach seinem pflichtgemäßen Ermessen darüber zu beschließen, ob und wann das Kaduzirungsverfahren eingeleitet werden soll. Denn es muß nicht, sondern es kann nur eingeleitet werden. Ein Klagerecht der Aktionäre oder gar der Gläubiger auf Einleitung giebt es nicht. Doch ist es Sache des Aufsichtsraths, auf Grund seiner allgemeinen Ueberwachungspflicht im Bedürfnißfalle darauf zu dringen. Ist es aber einmal eingeleitet, so muß es auch durchgeführt und die Verfallserklärung ausgesprochen werden, und zwar gegen alle Säumigen, nicht bloß gegen einzelne, und genau in Gemäßheit des vorstehenden Artikels (K.B. 17). Irgendwelche Nachfrist oder Nachsicht oder gar

Befreiung von der Verfallserklärung oder von der Haftung für den Ausfall aus besonderen Entschuldigungsgründen oder auch nur Stundung der Beiträge ist unstatthaft. Auch statutarische Bestimmungen solchen Inhalts sind ungültig. Die Vorschriften des Gesetzes sind zwingenden Rechts — Abs. 3 — (vergl. über die Liberirung § 5 zu Art. 184b).

3. **Das Kaduzirungsverfahren zerfällt in zwei Theile:** § 3.

a) **Die Androhung der Verfallserklärung.** Sie muß dreimal in den Gesellschaftsblättern (das sind „die hierzu bestimmten Blätter", Ring S. 421) publicirt werden, die erste mindestens 3 Monate, die letzte mindestens 4 Wochen vor Ablauf der Nachfrist. Eine Frist zwischen den einzelnen Bekanntmachungen ist nicht vorgesehen. Doch muß irgend welcher Zeitraum dazwischen liegen, weil es sonst nicht verschiedene Bekanntmachungen wären. Ein Zwischenraum von einem Tage genügt. Bei Gesellschaften mit vinkulirten Namensaktien genügt eine einmalige Bekanntmachung durch besondere Zuschrift. Eine besondere Form für dieselbe ist nicht vorgeschrieben. Einschreibebriefe oder Gerichtsvollzieherzustellungen werden hierbei am geeignetsten sein. Die Androhung richtet sich, wie oben zu 2 hervorgehoben ist, gegen alle Säumigen. Doch brauchen die Aktionäre nicht nach Namen genannt zu werden, die Angabe der Aktiennummern genügt (vergl. § 2c zu Art. 184; ferner Ring S. 422; Behrend § 120 Anm. 16).

b) **Die Verfallserklärung** selbst. Sie liegt in der Bekanntmachung, daß der Aktionär seiner Rechte aus der Aktie und der geleisteten Baarzahlungen zu Gunsten der Gesellschaft verlustig erklärt wird, wobei gleichfalls die Angabe der Aktiennummern genügt. Bis zu dieser Publikation hat es der säumige Aktionär immer noch in der Hand, durch Zahlung des rückständigen Betrages nebst den Kosten des Kaduzirungsverfahrens die Verfallserklärung abzuwenden (Ring S. 424). Nachträglich aber steht ihm ein solches Recht nicht mehr zu (vergl. § 7 zu Art. 184b).

4) **Sind Form und Fristen nicht gewahrt,** so ist das Kaduzirungsverfahren von selbst ungültig, und sowohl der Aktionär selbst, als die Gesellschaft können diese Ungültigkeit geltend machen (R.G. 9 S. 42). Das Verfahren muß von Neuem beginnen, wenn auch nur ein Theil desselben fehlerhaft war (Ring S. 422). § 4.

Ist aber auf Grund des ungehörigen Kaduzirungsverfahrens das Aktienrecht veräußert, so bleibt der gutgläubige Erwerber nach den allgemeinen Rechtsgrundsätzen geschützt. Der zu Unrecht ausgeschlossene Aktionär hat nur noch Schadensansprüche gegen die Gesellschaft (R.G. 27 S. 54; Ring S. 423). Behrend (§ 120 Anm. 19) will im Gegentheile dem gutgläubigen Erwerber das Aktienrecht nicht gewähren, und diesen auf Schadensansprüche an die Gesellschaft verweisen; indessen führt Art. 307 zwingend zu der Ansicht des Reichsgerichts.

5. **Ein besonderes Rechtsmittel gegen das Kaduzirungsverfahren, gegen die Androhung und Verfallserklärung** ist im Gesetze nicht gegeben. Aus allgemeinen Rechtsgrundsätzen aber folgt, daß er eine Klage auf Anerkennung seiner fortdauernden Mitgliedschaft bezw. auf Rückgängigmachung des Beschlusses und seiner Folgen hat (Behrend § 120 Anm. 19). Auch schon während des Schwebens des Kaduzirungsverfahrens wird man ihm Klage und einstweilige Verfügung zu seinem Schutze gewähren müssen, letztere zur Abwendung der Nachtheile, welche ihm durch die Veräußerung an einem gutgläubigen Erwerber drohen (R.G. 27 S. 50; vergl. oben § 4). § 5.

6. **In Verfolg des Kaduzirungsverfahrens ist über das Aktienrecht eine neue Urkunde „auszugeben",** also nicht blos auszustellen und im Portefeuille zu behalten. Daraus folgt, daß die Gesellschaft die (von Cosack S. 567 geleugnete) Pflicht hat, gegen die Vormänner Regreß zu nehmen, und diesen die Urkunde auszuhändigen. Eine Zuwiderhandlung wäre eine Herabsetzung des Grundkapitals auf unzulässigem Wege (Ring S. 424; Behrend § 120 bei Anm. 20). Die neue Urkunde soll ersichtlich machen, daß es sich um ein kaduzirtes Recht handelt (Behrend § 120 Anm. 20). § 6.

§ 7. 7. **Folge der Kaduzirung** ist, daß der ausgeschlossene Gesellschafter sowohl seines Aktienrechts, als seiner bereits geleisteten Einzahlungen verlustig geht, andererseits aber für den Ausfall verhaftet bleibt, den die Gesellschaft an dem Aktienbetrage erleidet. Er hat hiernach fortan keine Rechte, wohl aber Pflichten, und kann auch nicht nachträglich Ueberlassung der Aktie gegen Zahlung des rückständigen Betrages verlangen, noch ist die Gesellschaft in der Lage, sie ihm zu geben (vergl. § 8 zu Art. 184b). Als Ausfall ist aber nur dasjenige anzusehen, was die Gesellschaft definitiv einbüßt, d. h. nach ausgeübtem Regreß gegen die Vormänner in Gemäßheit des Art. 184b und nach ausgeübtem Verkaufsrecht.

§ 8. 8. **Im Falle des Konkurses des Gesellschafters** kann die Gesellschaft den Anspruch wegen des Ausfalles nur als Konkursforderung geltend machen. Voraussetzung ist die Kaduzirung und Ausübung des Regreß- und Verkaufsrechts. Die Grundsätze der Kaduzirung bleiben bestehen. Der Konkursverwalter kann dieselbe nur durch Einzahlung der ausgeschriebenen Beiträge abwenden; die Gesellschaft ist nicht verpflichtet, ja sogar nicht einmal in der Lage, eine konkursmäßige Befriedigung als Vollzahlung gelten zu lassen. (So überall Behrend § 120 a. E.)

(Artikel 184b.)

Soweit der ausgeschlossene Gesellschafter den eingeforderten Betrag nicht gezahlt hat, ist für denselben der Gesellschaft der letzte und jeder frühere, in dem Aktienbuche verzeichnete Rechtsvorgänger verhaftet, ein früherer Rechtsvorgänger, soweit die Zahlung von dessen Rechtsnachfolger nicht zu erlangen ist. Dies ist bis zum Nachweise des Gegentheils anzunehmen, soweit von letzterem die Zahlung nicht bis zum Ablauf von vier Wochen geleistet wird, nachdem an ihn die Zahlungsaufforderung und an den Rechtsvorgänger die Benachrichtigung von derselben erfolgt ist. Der Rechtsvorgänger erhält gegen Zahlung des rückständigen Betrages die neu auszugebende Urkunde.

Die Haftpflicht des Rechtsvorgängers ist auf die innerhalb der Frist von zwei Jahren auf die Aktien eingeforderten Beträge beschränkt. Die Frist beginnt mit dem Tage, an welchem die Uebertragung des Antheilsrechts zum Aktienbuche der Gesellschaft angemeldet ist.

Von der vorstehenden Verbindlichkeit können die Rechtsvorgänger nicht befreit werden.

Ist die Zahlung des rückständigen Betrages von Rechtsvorgängern nicht zu erlangen, so kann die Gesellschaft das Antheilsrecht zum Börsenpreise und in Ermangelung eines solchen durch öffentliche Versteigerung verkaufen.

Einleitung. **Der vorstehende Artikel regelt den Rückgriff gegen die Vormänner** (Abs. 1, 2 u. 3) **und den Verkauf des Antheilsrechts als ultima ratio** (Abs. 4). Nachdem der vorangehende Artikel die Rechte der Gesellschaft gegen den zeitigen Aktionär, falls er säumig ist, geordnet hat, stellt der vorliegende Artikel eine Haftungspflicht der Vormänner des zeitigen Aktionärs bis herab zum ursprünglichen Zeichner auf. Es ist schon in der Einleitung zu Art. 184 gezeigt, wie der Erwerb eines Interimsscheins, auf welchen Beträge noch ausstehen, wesentlich anders wirkt als der Erwerb einer voll bezahlten Aktie, indem ersterer unmittelbare Pflichten gegenüber der Gesellschaft begründet. Während aber so die Veräußerung eines nicht voll bezahlten Interimsscheins den Erwerber belastet, wirkt sie für den Veräußerer in gewissem Grade entlastend. Indem nämlich der vorliegende Artikel eine Haftung der Zwischenaktionäre statuirt, stellt er den Grundsatz auf, daß die Veräußerung eines nicht voll gezahlten Interimsscheins die Pflichten des ursprünglichen Zeichners gegenüber der Gesellschaft wenn auch nicht aufhebt, so doch modificirt, indem derselbe zwar nicht überhaupt aufhört, für den gezeichneten Betrag zu haften, seine Verpflichtung sich aber in eine Art Bürgschaft verwandelt; er haftet bürgschaftsähnlich dafür, daß der zeitige Aktionär, eventuell dessen Vormänner die eingeforderten Beträge zahlen. Die gleiche Modifikation tritt bei jedem anderen Zwischenaktionär ein. Die Veräußerung der Interimsscheine verwandelt hiernach die principale Verpflichtung jedes zeitigen Aktionärs in eine subsidiäre.

1. (Abs. 1, 2 u. 3.) **Die Haftungspflicht der Vormänner des zeitigen Aktionärs.** § 1.

a) Die Haftung jedes einzelnen Vormannes ist eine subsidiäre, d. h. es haftet, nachdem der zeitige Aktionär nach Art. 184a ausgeschlossen ist, dessen Vormann; der Vormann dieses haftet nur, wenn der erste Vormann nicht bezahlen kann, und so fort bis zum ursprünglichen Zeichner.

Der Beweis der Zahlungsunfähigkeit kann von der Gesellschaft auf jede beliebige Weise geführt werden. Klage und Zwangsvollstreckung sind dazu nicht nöthig; der Beweis gilt sogar dann schon als geführt, wenn die Gesellschaft den betreffenden Zwischenaktionär zur Zahlung aufgefordert, den Vormann hiervon benachrichtigt und Zahlung gleichwohl innerhalb 4 Wochen nicht erhalten hat. (Bestimmte Formen für diese Aufforderung und Benachrichtigung sind nicht vorgeschrieben.) Führt sie den Beweis der Zahlungsunfähigkeit anderweit, so braucht sie die Aufforderung und Benachrichtigung nicht zu erlassen, sondern kann sofort den Vormann in Anspruch nehmen. Führt sie aber jenen Beweis nicht anderweit, so muß sie sich den Gegenbeweis gefallen lassen, daß der Nachmann zahlungsfähig ist. Der Sprungregreß ist hiernach nicht gerade ausgeschlossen, jedoch abhängig von dem Nachweise, daß die Nachmänner zahlungsunfähig sind.

b) Die Geltendmachung des Regreßrechts erfordert, daß der in Anspruch genommene Vormann die neu auszugebende Urkunde erhält. Er braucht dafür nur den rückständigen Betrag zu entrichten und unter Umständen erhält er auf diese Weise gegen einen Theil des Nominalbetrages die volle Aktie und kann auf solche Weise Gewinn machen. (Vergl. Cosack S. 577.) § 2.

c) Die Haftung erstreckt sich nur auf den eingeforderten Aktienbetrag, nicht auf Kosten oder sonstige Nebenforderungen (K.B. 17; vergl. § 1 zu Art. 184). § 3.

d) Die Haftung ist befristet. Der Rechtsvorgänger muß einmal frei werden von seiner subsidiären Haftpflicht. Er haftet daher nur für diejenigen Beträge, welche eingefordert sind (d. h. von dem zeitigen Aktionär), innerhalb 2 Jahren seit Anmeldung der Uebertragung seines Antheilrechts zum Aktienbuche der Gesellschaft. (Es hat daher der Veräußerer ein großes Interesse daran, daß der Veräußerungsakt der Gesellschaft angemeldet wird.) Soweit die Haftung besteht, dauert sie die ganze Verjährungszeit hindurch, die sich nach den Landesgesetzen richtet (Behrend § 120 Anm. 15). § 4.

e) Die Haftungspflicht ist absolut vorgeschrieben. Eine Befreiung ist nicht möglich, weder durch die Organe der Gesellschaft, noch durch statutarische Vorschrift. Jede Rechtshandlung, welche auch nur mittelbar Liberirung bezweckt, hat keinen Effekt (R.G. 2 S. 40; vergl. § 2 zu Art. 184a). Aber auch eine Verschärfung der Haftung durch das Statut, etwa der Art, daß die Zwischenaktionäre solidarisch haften, ist nicht zulässig. Die Vorschrift ist auch nach dieser Richtung zwingend. Das Gesetz will aus öffentlich-rechtlichen Gründen für die Belastung der Zwischenaktionäre ein bestimmtes Maß fixiren. Die Motive heben in dieser Beziehung hervor, daß bei einer drückenderen als der gesetzlichen Verantwortung die Zeichner Strohmänner vorschieben und die zahlungsfähigen Zeichner sich nicht in das Aktienbuch eintragen lassen würden. (Ring S. 428.) § 5.

f) Die Folge des Erwerbes durch den Aktionär ist, daß die Gesellschaft Vormann des Erwerbers wird. Die Nachmänner sind hierdurch befreit, was wichtig ist, wenn jetzt eine neue Aktienrate ausgeschrieben wird und der Erwerber in Verzug geräth. (Ring S. 429; Behrend § 120 Anm. 24; Förtsch Anm. 2; anders Cosack S. 577.) § 6.

g) Ist der Vormann berechtigt, die Aktien zu verlangen gegen Zahlung des Rückstandes? Wir müssen diese, von Petersen und Pechmann S. 164; jetzt auch von Behrend § 120 Anm. 28 verneinte Frage bejahen. Das Gesetz erklärt den Vormann für verhaftet, allerdings nur subsidiär. Aber seine subsidiäre Haftung wird eine prinzipale in dem Augenblicke, wo die Voraussetzungen der subsidiären Haftung vor- § 7.

handen sind. Sind daher seine Nachmänner zahlungsunfähig, so ist er derjenige, der nunmehr der Gesellschaft haftet. Und wenn er auch die Gesellschaft nicht zwingen kann, ihr Recht gegen ihn geltend zu machen, so ist er doch, wie jeder Schuldner, berechtigt, seine Schuld zu bezahlen. Und „gegen Zahlung des rückständigen Betrages erhält er dann die neu auszugebende Urkunde" (Ring S. 427; Förtsch Anm. 2).

§ 8. b) Der ausgeschlossene Gesellschafter dagegen ist nicht berechtigt, noch nachträglich Zahlung anzubieten und das Aktienrecht zu verlangen. Mit dem Ausschlusse hat sich seine prinzipale Verpflichtung in eine Ausfallshaftung verwandelt. Er haftet nicht mehr principaliter für die eingeforderten Beträge, sondern für den Fall, daß seine Vormänner ihrer Haftungspflicht nicht genügen und der Verkauf der Aktie erfolgt. Einmal sind seine Vormänner, wie zu g ausgeführt, berechtigt, zu zahlen und die Aktie zu erwerben, andrerseits entsteht die Ausfallsforderung erst, wenn die Aktie verkauft ist, alsdann aber kann letztere ihm gar nicht mehr gewährt werden. Auch ein Recht der Gesellschaft, vom ausgeschlossenen Gesellschafter Zahlung gegen Gewährung des Antheilsrechtes anzunehmen, müssen wir mit Ring S. 427 und gegen Petersen u. Pechmann S. 164 verneinen. Der Ausschluß ist definitiv. Die Gesellschaft kann über das betreffende Antheilsrecht nicht beliebig, sondern nur zu Gunsten der Vormänner verfügen und nur event., wenn der Regreß gegen diese vergeblich ist, zum Marktpreise oder zum Meistgebot an Jedermann verkaufen (vergl. § 6 zu Art. 184a).

§ 9. 2. (Abs. 4.) **Der Verkauf der Aktie als ultima ratio.**

a) Der Verkauf kann erfolgen. Der Vorstand hat pflichtgemäß zu ermessen, ob derselbe geschehen oder im Interesse der Gesellschaft besser unterbleiben soll. Der Vorstand haftet der Gesellschaft für Erfüllung seiner Pflicht. Der ausgeschlossene Gesellschafter aber hat keinen Anspruch auf den Verkauf, etwa damit eine günstige Börsenkonjunktur benutzt und seine Ausfallshaftung dadurch gemindert werde. Aber so lange der Verkauf nicht bewirkt ist, besteht die Ausfallshaftung des ausgeschlossenen Aktionärs nicht. Auf diese Weise kann allerdings das Grundkapital herabgesetzt werden, ohne daß die Vorschriften des Art. 248 beobachtet sind. (Vergl. R.G. 2 S. 20; Ring S. 428.)

§ 10. b) Der Verkauf in öffentlicher Versteigerung ist nur dann nothwendig, wenn ein Börsenpreis nicht vorhanden ist. Zum Börsenpreise aber kann der Verkauf auch nicht öffentlich erfolgen.

c) Die Folgen des Verkaufs sind:

§ 11. α) für den Aktionär, gegen welchen das Kaduzirungsverfahren sich richtete, daß der Ausfall gegen ihn feststeht, und hinsichtlich der Ausfallsforderung gegen ihn jetzt actio nata ist. Dabei ist zu bemerken, daß die Kaduzirung die Haftung des säumigen Aktionärs für Verzugszinsen bis zum Ausschluß und für etwaige Konventionalstrafen nicht beseitigt (Behrend § 120 Anm. 24).

β) für die Zwischenaktionäre, daß sie frei geworden sind. Denn die Gesellschaft verkauft kraft eigenen Rechts und ist dadurch unmittelbarer Vormann des Käufers geworden. Es beginnt jetzt eine neue Kette von Regreßpflichtigen. (Oben § 6.) Das Gleiche muß gelten, wenn ein Vormann das heimgefallene Aktienrecht im Wege des Regresses einlöst (Behrend § 120 Anm. 24).

γ) Der Erwerber ist Aktionär geworden und haftet für die neu ausgeschriebenen Raten. Die Gesellschaft hat das Recht, ihn (ohne, auch gegen seinen Antrag) in das Aktienbuch einzutragen (Ring S. 429; Förtsch Anm. 8). Ueber die Wirkungen des Erwerbes bei ungültigem Kaduzirungsverfahren siehe §§ 4 u. 5 zu Art 184a.

§ 12. **Zusatz: Das Verhältniß der Zwischenaktionäre unter einander** richtet sich nach bürgerlichem Recht. Regelmäßig kann sich der in Anspruch genommene Rechtsvorgänger an seinen Nachmann halten (R.O.H. 22 S. 214), auch wohl an den säumigen Aktionär, ohne positive Vorschrift aber nicht an die Zwischenmänner (Behrend § 120 Anm. 21).

(Artikel 184 c.)

Die Gesellschafter können gegen die ihnen in Gemässheit der Artikel 184 bis 184 b obliegenden Zahlungen eine Aufrechnung nicht geltend machen. Ebensowenig findet an dem Gegenstande einer zu leistenden Einlage wegen Forderungen, welche sich nicht auf dieselbe beziehen, ein Zurückbehaltungsrecht statt.

Der Artikel schließt ein Kompensations- und Zurückbehaltungsrecht gegen die Einlageverpflichtung aus. Unter den Gesellschaftern sind dabei, wie die Bezugnahme auf Art. 184—184 b ergiebt, auch die Rechtsvorgänger zu verstehen (K.B. 17), unter den Zahlungen der Aktienbetrag nebst Verzugszinsen, Konventionalstrafen und Ersatzleistung. Einleitung.

1. **Das Kompensationsrecht.** Ob nach früherem Recht dem Aktionär ein solches zustand, war sehr bestritten. Das R.O.H. gewährte es unter den civilrechtlichen Voraussetzungen (25 S. 282), das Reichsgericht versagte es wegen der Ungleichartigkeit der Forderungen (6 S. 69; 18 S. 5; 19 S. 126 ffg.). § 1.

Das neue Recht macht diesem Zweifel ein Ende: das Kompensationsrecht ist dem Aktionär genommen. Damit ist aber nur gesagt, daß der Aktionär kein Recht hat, eine gesetzliche Kompensation geltend zu machen. Ueber die Zulässigkeit von Kompensationsvereinbarungen ist hiermit nichts gesagt. Ob diese statthaft sind, ist selbstständig zu prüfen, und diese Prüfung ergiebt, daß es nicht richtig ist, ganz allgemein von der Zulässigkeit solcher Aufrechnungsvereinbarung auszugehen. Denn an sich hat zwar der Vorstand die volle Vertretungsbefugniß der Gesellschaft. Von diesem Gesichtspunkte müßte die Kompensationsvereinbarung prinzipiell zugelassen werden. Allein es giebt doch auch Rechtsakte, die dem Vorstande verwehrt sind, weil sie gegen zwingende Rechtsvorschriften verstoßen. Nun giebt es allerdings keine direkte zwingende Vorschrift, nach welcher Kompensationsvereinbarungen ausgeschlossen werden. Allein aus den Vorschriften des Art. 219, 184 bis 184b ergiebt sich zur Evidenz, daß der Aktionär den Aktienbetrag aus Gründen öffentlichen Rechts, zum Zwecke der Bildung des Aktienkapitals, leisten muß. Er kann von den Folgen des Verzugs nicht befreit werden (vergl. Art. 184a, 184b). In Folge dessen sind solche Kompensationsvereinbarungen unzulässig, die im letzten Ende darauf hinauslaufen, den Aktionär von den Folgen eines Zahlungsverzuges im Voraus zu befreien. Mit Recht hat daher das Reichsgericht (18 S. 1 ffg.) einen Kompensationsvertrag für unzulässig erklärt, Inhalts dessen gegen die Einlageverpflichtung die künftig entstehenden oder fällig werdenden Forderungen an die Gesellschaft zur Kompensation zugelassen werden (künftig zu liefernde Maschinen). Dagegen hat dasselbe Gericht ebenfalls mit Recht für statthaft erklärt eine Kompensationsvereinbarung mit fälligen Forderungen, weil dadurch der Aktionär von den Folgen des Verzugs nicht befreit, sondern nur das Hin- und Herzahlen vermieden wird. (Zust. Ring Anm. 1).

Im Gründungsstadium kann selbstverständlich dem Aktionär die Kompensation nicht zugestanden werden. Das wäre eine Vereinbarung der Gründer, welche die Gesellschaft nicht gegen sich anzuerkennen braucht. Denn sie liefe auf die Stipulirung einer Sacheinlage hinaus. Sacheinlagen können aber nur unter besonderen Voraussetzungen festgesetzt werden.

2. **Das Zurückbehaltungsrecht.** Die Vorschrift bezieht sich auf Sacheinlagen und ist nicht etwa um deshalb überflüssig, weil nach preußischem Recht das Retentionsrecht sich nur auf fremde Sachen bezieht, die Sacheinlage aber bis zur Illation die eigene des Inferenten ist. Denn der allgemeine Begriff des Zurückbehaltungsrechts reicht weiter. Es ist das Recht, eine geschuldete Leistung zu verweigern, bis der Gegner gewissen Gegenansprüchen gerecht wird. (Vergl. auch Petersen u. Pechmann S. 167.) Die Vorschrift besagt nur, daß gegenüber dem Anspruche der Gesellschaft auf die stipulirte Sacheinlage diese auf keinen Fall wegen inkonnexer Gegenansprüche zurückgehalten werden kann; inwieweit überhaupt ein solches Retentionsrecht zulässig wäre, bestimmt sich nach bürgerlichem Recht. § 2.

Artikel 220.

Für die Eintragung der Interimsscheine und der auf Namen gestellten Aktien in das Aktienbuch, sowie die Uebertragung derselben auf andere Personen sind die Vorschriften der Artikel 182 und 183 maßgebend.

(Artikel 182.)

Aktien, welche auf Namen lauten, müssen mit genauer Bezeichnung des Inhabers nach Namen, Wohnort und Stand in das Aktienbuch der Gesellschaft eingetragen werden.

Sie können, soweit nicht der Artikel 181 oder der Gesellschaftsvertrag ein anderes bestimmt, ohne Einwilligung der Gesellschaft auf andere Personen übertragen werden. Zu der im Gesellschaftsvertrage vorbehaltenen Einwilligung der Gesellschaft in die Uebertragung von Aktien, welche auf einen Betrag von weniger als eintausend Mark gestellt sind, ist die Zustimmung des Aufsichtsraths und der Generalversammlung erforderlich. Die Uebertragung dieser Aktien bedarf zu ihrer Gültigkeit einer die Person des Erwerbers bezeichnenden gerichtlich oder notariell beglaubigten Erklärung.

Die Uebertragung anderer Aktien, welche auf Namen lauten, kann durch Indossament geschehen. In Betreff der Form desselben kommen die Bestimmungen der Artikel 11 bis 13 der Deutschen Wechselordnung zur Anwendung.

Einleitung. **Der Artikel trifft Sonderbestimmungen über die Uebertragung der Namensaktie.** Während bei Inhaberaktien die Person des Aktionärs für die Gesellschaft kein Interesse hat, weil der bloße Besitz der Gesellschaft gegenüber legitimirt, ist bei Aktien, die auf Namen lauten, der Name des Aktionärs von erheblichem rechtlichen Interesse. Bei Namensaktien gilt nur der ursprüngliche Zeichner der Aktie oder derjenige, der sich unter dem Nachweis des Erwerbes der Aktie in das Aktienbuch hat eintragen lassen, der Gesellschaft gegenüber als Aktionär. Zur Ausführung dieses Grundgedankens dienen die Art. 182 u. 183.

Die Bestimmungen des vorstehenden Artikels behandeln zunächst das Aktienbuch (Abs. 1) und die Uebertragung der Namensaktie (Abs. 2 u. 3).

§ 1. 1. (Abs. 1.) **Das Aktienbuch.** Zunächst wird die allgemeine Anordnung gegeben, daß jede Aktiengesellschaft, welche Namensaktien[1]) ausgiebt, ein Aktienbuch zu führen hat, in welches die Aktionäre mit genauer Bezeichnung einzutragen sind. Das Aktienbuch gehört nicht zu den Handelsbüchern im Sinne des Art. 29 ffg., da es nicht dazu bestimmt ist, die Handelsgeschäfte der Gesellschaft zu verzeichnen und die Lage ihres Vermögens ersichtlich zu machen, sondern zu den „übrigen erforderlichen Aufzeichnungen" des Art. 32 Abs. 1. (Ring Anm. 1, a. M. Förtsch Anm. 2).

§ 2. 2. (Abs. 2 u. 3. **Die Uebertragung der Namensaktie.**

a) Sie erfordert regelmäßig nicht die Einwilligung der Gesellschaft, nur ausnahmsweise, wenn der Gesellschaftsvertrag dies anordnet. Beruht diese Anordnung auf Art. 207a Abs. 3, d. h. handelt es sich um vinkulirte Namensaktien unter 1000 Mark, so gehört zu dieser Einwilligung die Zustimmung des Aufsichtsraths und der Generalversammlung. Auf andere Fälle, in denen nach den Statuten die Einwilligung der Gesellschaft zur Klarlegung erforderlich ist, bezieht sich diese Vorschrift nicht. (Petersen und Pechmann S. 144). Mit Unrecht will Ring (Anm. 6) die Vorschrift auf diese anderen Fälle beziehen, Behrend (§ 119 Anm. 10) sie auf andere Fälle analog anwenden. Gegen ersteres spricht die Entstehungsgeschichte und der Zusammenhang der

---

[1]) Auch bei Ausgabe von Inhaberaktien pflegen die Aktiengesellschaften ein Aktienbuch zu führen, in welches die ausgegebenen Aktien mit ihren Nummern eingetragen, wesentliche Rechtsveränderungen vermerkt (Umwandlung in Vorzugsaktien) und erloschene Aktienrechte (zurückgekauft, zurückgezahlt) gelöscht werden. Als nothwendiges Handelsbuch ist dies aber nicht zu betrachten (siehe oben § 1).

gesetzlichen Bestimmungen (vergl. Ring a. a. O.), gegen letzteres der Charakter der Vorschrift als Ausnahmebestimmung. Vielmehr ist in diesen anderen Fällen nur die Zustimmung des Vorstandes erforderlich, es sei denn, daß statuatrisch etwas Anderes bestimmt wäre. Auch sonstige Beschränkungen der Uebertragbarkeit wie z. B. die Beschränkung auf Familienmitglieder oder auf Mitglieder eines bestimmten Vereins (z. B. A. G. Logenhaus in Berlin) oder gar das absolute Veräußerungsverbot, können zwar gültig getroffen werden (Behrend § 119 Anm. 6), aber nur durch Festsetzung im Gesellschaftsvertrage; sonst haftet diese Eigenschaft der Aktie selbst nicht an, sondern begründet nur eine persönliche Verpflichtung (Bolze 3 Nr. 801). Aber eines Vermerkes auf der Aktie bedarf es nicht (Ring Anm. 5; Behrend § 119 Anm. 8).

b) Die Uebertragung erfolgt regelmäßig durch unbeglaubigte Cession oder unbeglaubigtes Indossament; daß erstere zulässig ist, ergiebt Abs. 3 (Behrend § 119 bei Anm. 21). Gerichtliche oder notariell beglaubigte Cession ist nur bei vinkulirten Namensaktien im Sinne des Art. 207a Abs. 3 erforderlich, hier aber, wie das Gesetz sagt, zur Gültigkeit der Uebertragung, also auch zur Gültigkeit inter partes. Doch kann durch unbeglaubigte Cession der obligatorische Anspruch auf Uebertragung begründet werden. Die Cession braucht dabei nicht auf die Aktie gesetzt zu werden. Auch Universalsuccession kann die Uebertragung bewirken. Behrend (§ 119 Anm. 22) will auch das Vollindossament zulassen, was aber Angesichts der Fassung des Abs. 3 nicht angängig ist (Ring Anm. 6). § 3.

Bei anderen als vinkulirten Namensaktien ist zulässig die Form des Indossaments.[1]) Durch die Zulässigkeit desselben wird die Namensaktie zum Ordrepapier. Das Indossament kann, wie die Bezugnahme auf Art. 11—13 W.O. ergiebt, auf Namen oder auf Inhaber lauten. Dadurch nähert sich die Namensaktie der Inhaberaktie, kommt ihr aber nicht gleich, da ja der Gesellschaft gegenüber immer nur der in das Aktienbuch Eingetragene als Aktionär gilt.

c) **Weiter ist erforderlich das Recht und der Wille**, das Eigenthum an der Aktie zu übertragen. (R.G. 22 S. 183; Ring Anm. 2; Behrend § 119 Anm. 18.) Art. 36 W.O. ist nicht anwendbar. (Vergl. unten Note 1.) Wer also eine Namensaktie vom Nichtberechtigten erwirbt, ist Eviktionsansprüchen ausgesetzt (Behrend § 119 bei Anm. 26). Was den Willen — Eigenthum zu übertragen — betrifft, so ist dies Erforderniß allerdings aufzustellen. Doch ist zu bemerken, daß der Dritte ohne besonders rechtliches Interesse den mangelnden Eigenthumsübertragungswillen Angesichts einer formell gültigen Uebertragung nicht rügen kann, wie dies das Reichsgericht auch hinsichtlich der Cession von Forderungen ausgesprochen hat (R.G. 25 S. 207). Auch der Gesellschaft steht diese Rüge nicht zu (vergl. § 1 zu Art. 183). § 4.

d) **Endlich ist erforderlich die Uebertragung des Eigenthums, insbesondere des Besitzes an der Aktienurkunde** (Behrend § 119 Anm. 16, 17 u. 21). § 5.

(Artikel 183.)

Wenn das Eigenthum der auf Namen lautenden Aktie auf einen Anderen übergeht, so ist dies, unter Vorlegung der Aktie und des Nachweises des Ueberganges, bei der Gesellschaft anzumelden und im Aktienbuche zu bemerken.

Im Verhältnisse zu der Gesellschaft werden nur diejenigen als die Eigenthümer angesehen, welche als solche im Aktienbuche verzeichnet sind.

---

[1]) Die rechtlichen Wirkungen des Indossaments, insbesondere die Regreßverpflichtung des Indossanten, treten nicht ein. Die hierüber lautenden Bestimmungen der Wechselordnung, Art. 41, sind nicht für anwendbar erklärt. Das Gleiche gilt von Art. 74 W.O. Der gutgläubige Indossatar ist daher nicht ohne Weiteres geschützt, soweit nicht andere Schutzvorschriften Platz greifen (Art. 306 H.G.B., Landesrecht). R.G. vom 6./12. 88 im Reichsanzeiger pro 1889 Nr. 51. (Vergl. ebenso Ring (Anm. 8, auch oben § 3c).

Zur Prüfung der Legitimation ist die Gesellschaft berechtigt, aber nicht verpflichtet.

Einleitung. **Der Artikel beschäftigt sich mit der Eintragung des Aktienerwerbers in das Aktienbuch,** ein Akt, durch welchen der Erwerber der Gesellschaft gegenüber die Stellung des Aktionärs erlangt. Diese Umschreibung braucht nicht zu erfolgen, die Aktie kann auch ohne sie weiter übertragen werden. Die kategorische Bestimmung im Abs. 1 ist nur gegeben unter dem Präjudiz des Abs. 2.

§ 1. 1. (Abs. 1.) **Voraussetzung der Umschreibung** ist, daß der Aktienerwerber die Urkunde, auf welche er seinen Erwerb stützt, und die Aktie vorlegt. Durch ein Blankoindossament ist jeder Inhaber zu dem Antrage auf Umschreibung legitimirt. Bei Vollindossamenten muß eine zusammenhängende Kette vorliegen. Dabei ist die Gesellschaft nicht verpflichtet, zu prüfen, ob der Cession oder dem Indossament auch wirklich die Absicht, Eigenthum zu übertragen, zu Grunde liegt (R.G. in Blums Annalen 4 S. 47). Aber sie ist auch dazu nicht berechtigt. Durch die Cession oder das Indossament giebt der Cedent oder Indossant zu erkennen, daß nach seinem Willen der Gesellschaft gegenüber der Cessionar oder Indossatar Aktionär sein soll. Diese Absicht aber muß der Gesellschaft genügen. Welches Rechtsgeschäft im Uebrigen vorliegt, ob die Kontrahenten nur einen Pfandvertrag vereinbart haben oder gar nur ein Auftragsverhältniß vorliegt, ist der Gesellschaft gegenüber gleichgültig. Im letzteren Fall ist das Verhältniß kommissionsähnlich. Es soll nach dem Willen der Kontrahenten der Indossatar der Gesellschaft gegenüber die Rechte des Aktionärs ausüben, im eigenen Namen, aber für Rechnung des Indossanten, welches letztere aber die Gesellschaft nichts angeht. Anders Behrend (§ 119 a. E.) ohne Angabe von Gründen. Ring (Anm. 2) hält unserer Auffassung entgegen, daß nach Abs. 1 der Eigenthumsübergang nachzuweisen sei. Das aber erfordert Abs. 1 in Wahrheit nicht. Es ist nur der Eigenthumsübergang anzumelden und hierbei der Nachweis des Eigenthumsüberganges vorzulegen. Darunter kann füglich nur Vorlegung von Urkunden, welche geeignet sind, Eigenthum zu übertragen, verstanden werden. Der Nachweis des Eigenthumsübertragungswillens kann nicht wohl vorgelegt werden. Daß das Gesetz auf die Uebereinstimmung des Aktienbuchs mit den wahren Eigenthumsverhältnissen keinen entscheidenden Werth legt, ergiebt sich auch aus Abs. 2, wonach der in das Aktienbuch Eingetragene der Gesellschaft gegenüber ebenfalls als Aktionär gilt, also auch dann, wenn er sein Aktienrecht veräußert hat. (Vergl. § 4.)

§ 2. a) Die Echtheit des Uebertragungsaktes zu prüfen, ist die Gesellschaft jedenfalls berechtigt; aber auch verpflichtet. Die Bestimmung des Abs. 3 bezieht sich hierauf nicht, sondern auf die Legitimation des in das Aktienbuch Eingetragenen (vergl. Petersen und Pechmann S. 147; Ring Anm. 2). Frage des Einzelfalls ist es, was zur gehörigen Erfüllung der Prüfungspflicht gehört. Unverdächtige, wenn auch unbeglaubigte Urkunden entbinden regelmäßig von jeder weiteren Nachforschung.

§ 3. b) **Die Umschreibung** kann immer nur auf einen Eigenthümer erfolgen (Vergl. § 3 zu Art. 207).

§ 4. c) (Abs. 2.) **Wirkung der Umschreibung.** Wer in das Aktienbuch eingetragen ist, ist der Gesellschaft gegenüber jedenfalls Aktionär. Daß er seine Aktien bereits veräußert hat, interessirt die Gesellschaft nicht. Nicht der Besitz der Aktien entscheidet, sondern die Eintragung. Wer die Aktie erworben hat, mag, wenn er Mißbrauch durch seinen noch eingetragenen Rechtsvorgänger fürchtet, für seine Umschreibung Sorge tragen. Umgekehrt interessirt es die Gesellschaft nicht, ob der rite Eingetragene inter partes auch wahrer Aktionär werden sollte, oder ob er nur die Aktienrechte zwar im eigenen Namen, aber für Rechnung und im Interesse des Rechtsvorgängers ausüben sollte (oben § 1); (vergl. ferner R.G. 3 S. 163). Ist ein Unberechtigter eingetragen worden, so muß der Berechtigte sein Recht im Prozeßwege erkämpfen und alsdann seine Eintragung beantragen (vergl. Förtsch Anm. 5). Dies wird z. B. auch dann gelten, wenn demjenigen, der nur Mandatar des wahren Eigenthümers war, das Mandat gekündigt wird und er gleichwohl die Rückübertragung des Aktienrechts verweigert.

Demgemäß ist der in das Aktienbuch Eingetragene auch derjenige, der allein die Rechte aus der Aktie in der Generalversammlung ausüben kann, und es ist unzutreffend, wenn das O.L.G. Dresden (in G.Z. 35 S. 237) sagt: für das Stimmrecht in der Generalversammlung genüge der bloße Besitz der Aktie, dieser müsse, wenn die Aktionäreigenschaft sonst von den Betheiligten unbeanstandet geblieben sei, dem Registerrichter genügen. Auch Behrend (§ 119 bei Anm. 30) macht den Versuch, der Gesellschaft das Recht zu geben, auch Nichteingetragene als Aktionäre anzuerkennen. Doch scheitert dieser Versuch an dem Wörtchen „nur" (Ring Anm. 4; Förtsch Anm. 5).

Der in das Aktienbuch Eingetragene aber kann die Aktienrechte jedenfalls ausüben, es sei denn, daß er in Wahrheit nur Mandatar eines solchen Aktionärs ist, der gesetzlich oder statutarisch verhindert ist, seine Aktionärrechte geltend zu machen. Solcher Aktionär kann zurückgewiesen werden (vergl. § 5; anders unsere 1. Aufl.).

Die Umschreibung hat auf das Rechtsverhältniß der Betheiligten unter sich keinen Einfluß. Sie ist nicht etwa Beurkundung der Eigenthumsübertragung (R.G. in Juristischer Wochenschrift pro 1887 S. 495). Inter partes und auch gegenüber dritten geht vielmehr durch die Uebertragung selbst nicht bloß das Eigenthum an der Aktienurkunde, sondern das volle Antheilsrecht, das Eigenthum an dem Antheilsrecht, wenn man so sagen darf, auf den Erwerber über; die Umschreibung ist nur die Voraussetzung der Geltendmachung der erworbenen Rechte gegenüber der Gesellschaft. Oft geschieht sie der Gesellschaft gegenüber aus dem formellen Grunde, weil nicht mehrere Berechtigte, sondern immer nur einer eingetragen werden kann. Es ist daher nicht zutreffend, wenn Willenbücher (Anm. 3 zu Art. 182) die Rechtslage dahin formulirt: „Soll nicht nur das Eigenthum an der Aktienurkunde, sondern auch das an dem Aktienrecht selbst übertragen werden, so bedarf es noch der Bemerkung des Eigenthumsüberganges im Aktienbuche" (vergl. Förtsch Anm. 2).

d) (Abs. 3.) **Die Berufung auf das Aktienbuch.** Die Gesellschaft ist berechtigt, die Legitimation, d. h. die Identität dessen, der sich auf das Aktienbuch behufs Geltendmachung seiner Rechte beruft, zu prüfen. Aber sie ist dazu nicht verpflichtet. Diesen Sinn verbindet mit Recht Petersen und Pechmann (S. 147) mit diesem Absatz. Derselbe ergiebt sich aus der Anreihung dieses Absatzes an Abs. 2 (vergl. Ring Anm. 4). Andere Deutungen dieses Absatzes siehe bei Behrend § 119 VI; Cosack S. 574; Förtsch Anm. 6.

Zusatz 1. **Für die Inhaberaktie sind gleiche Bestimmungen nicht getroffen.** Ein Aktienbuch ist nicht vorgeschrieben,[1]) für die Uebertragung und die Geltendmachung der Aktienrechte ist nichts angeordnet. Hier ergeben sich die maßgebenden Rechtssätze aus dem Begriffe des Inhaberpapiers. Die Uebertragung des Aktienrechts erfolgt durch Uebergabe des Papiers (Behrend § 119 Anm. 19). Selbst eine statutarische Anordnung der Umschreibung in das Aktienbuch wäre unbeachtlich. (G.Z. 6 S. 168; 9 S. 139; Ring Anm. 1). § 5.

Die Legitimation der Gesellschaft gegenüber wird geführt durch den Besitz, die Präsentation der Aktie. Danach ist der Besitzer einer Inhaberaktie zur Ausübung der Aktionärrechte legitimirt und die Gesellschaft ist nicht berechtigt, den Ursprung des Besitzes nachzuprüfen und dem Präsentanten der Aktie das Stimmrecht um deshalb zu versagen, weil er nicht Eigenthümer der Aktie sei. Denn durch Ausgabe von Inhaberaktien hat die Gesellschaft erklärt, daß sie den bloßen Inhaber als den Berechtigten anerkennen wolle. Der sog. **Strohmann,** d. h. derjenige, der im Auftrage des wahren Aktionärs, aber im eigenen Namen,[2]) die Aktienrechte ausübt, ist daher, was in der Praxis vielfach bezweifelt wird, zum Mitstimmen und zur Ausübung sonstiger Aktionärrechte wohl berechtigt. Wir haben diesen Standpunkt in der 1. Aufl. ausführlich begründet. In der Rechtsprechung steht

---

[1]) Vergl. oben § 1 Note 1.

[2]) Der Art. 190 Abs. 2 (Vollmachten müssen schriftlich sein) hat hiernach nur die Bedeutung, daß wer sich so vertreten lassen will, daß der Vertreter im Namen des Mandanten auftritt, eine schriftliche Vollmacht ausstellen muß.

er nunmehr fest (R.O.H. 14 S. 359; R.G. 30 S. 51; Bolze 12 Nr. 510; O.L.G. Hamburg in G.Z. 40 S. 467). Anscheinend anders, doch ohne Gründe Behrend (§ 119 a. E.).

Allein der Grundsatz von der Legitimation durch den bloßen Besitz darf nicht überspannt werden. Er findet dort seine Grenze, wo die Form der Besitzübertragung mißbraucht werden soll, um die Ausübung von Rechten gegen die Gesellschaft zu ermöglichen, die dem Aktionär an sich nicht zustehen. So besonders dann, wenn der eigentliche Aktionär Aktien vertheilt, um seine Aktien bezw. alle seine Aktien mitstimmen zu lassen, obwohl er selbst bei der Abstimmung betheiligt ist, oder obwohl er in seiner Hand mehr Aktien vereinigt, als nach den Statuten in der Hand eines Aktionärs zur Abstimmung zugelassen werden. Auf diesen Fall findet der bei Geld-Inhaberpapieren bereits anerkannte Grundsatz (R.O.H. 17 S. 158) Anwendung, daß derjenige Papierinhaber, der bloßer Mandatar des wahren Berechtigten ist, sich diejenigen Einwendungen gefallen lassen muß, die gegen seinen Mandanten zustehen. Darf man also auch dem Aktieninhaber nicht einwenden, er sei bloßer Mandatar, so darf man ihm doch einwenden, er sei bloßer Mandatar und gegen seinen Auftraggeber bestünden begründete Einwendungen. Durfte sein Vormann mit den Aktien nicht stimmen, so darf es der Präsentant auch nicht, wenn er nur beauftragt ist. Stimmt er dennoch, so verletzt er das Gesetz und der auf diesen Stimmen beruhende Beschluß ist anfechtbar, was Ring (S. 454) mit Unrecht leugnet. Sicher gilt dies, wenn er von der Beschränkung und der Absicht, sie zu umgehen, wußte. Aber dies Wissen ist nicht entscheidend. Es gilt das Gleiche, wenn er das unbewußte Werkzeug in der Hand des widerrechtlich verfahrenden Aktionärs ist. Die Sache liegt analog wie bei dem Wechselindossament, das in Wahrheit nur Inkassomandat ist. (Anders unsere 1. Auflage).

§ 6. Zusatz 2. **Die civilrechtlichen Verhältnisse zwischen den Uebertragungskontrahenten** sind in den vorliegenden Artikeln nicht berührt, mögen aber hier kurz an der Hand der Praxis beleuchtet werden, insbesondere für den Fall des Kaufs.

Eine gekaufte Aktie muß börsenmäßig lieferbar sein. Sonst ist der Vertrag nicht erfüllt und ein aliud geleistet (R.G. 4 S. 196). Die Lieferbarkeit kann ausgeschlossen sein durch Amortisation, sei dieselbe vollendet (R.O.H. 11 S. 45 ffg.) oder in der Schwebe (R.G. 5 S. 204); durch körperliche Beschädigung (R.G. 4 S. 195). — Vergl. über alles dies Ring S. 435. —.

Der Verkauf von Papieren mit Dividendenscheinen vollzieht sich in der Weise, daß der Erwerber die noch nicht fälligen Koupons mit erhält, dafür aber außer dem Kaufpreise Stückzinsen von bestimmter Höhe bis zum Lieferungstage zahlen muß (R.O.H. 10 S. 307). Den bereits fälligen, d. h. auf das bereits abgelaufene Geschäftsjahr sich beziehenden Dividendenschein behält der Verkäufer. Ueber Aktien ohne Dividendenscheine vergl. R.O.H. 6 S. 146. — Vergl. über alles dies Ring S. 435 —.

Es können auch die Aktien ohne Talon und Dividendenschein veräußert werden. Ist dies geschehen, so darf der Besitzer der Aktie auch nicht die Aushändigung neuer Talons und Dividendenscheine als ihm gebührend in Anspruch nehmen (R. G. 23 S. 268). (Ausländische Kouponsteuer R.G. 22 S. 19).

§ 7. Zusatz 3. **Stempelpflichtigkeit der Uebertragungsvermerke.** Soweit die Aktien- und Interimsscheine der Reichsstempelsteuer unterworfen sind, sind die auf die Werthpapiere gesetzten Uebertragungsvermerke (Indossament, Cession) abgabefrei (Stempelgesetz § 5).

Die Stempelpflichtigkeit der Uebertragungsvermerke auf vor Inkrafttreten des Stempelgesetzes ausgegebene Aktien richtet sich nach den Landesgesetzen. Das Reichsgericht (15 S. 230) nimmt an, daß die Indossamente nach dem Preußischen Gesetz vom 7. März 1822 dem Cessionsstempel unterliegen, womit es jedoch nicht aussprechen will, daß das Indossament einer Aktie eine Cession sei, vergl. den folgenden § 8.

§ 8. Zusatz 4. **Die Rechtsnatur der Uebertragung** des Aktienrechts. Dieselbe ist Rechtsabtretung im weiteren Sinne, aber nicht Cession einer Forderung (vergl. § 7). Daher können dem Erwerber Forderungen, welche der Gesellschaft gegen den Vormann zustehen, nicht entgegengesetzt werden, und zwar auch nicht bei Erhebung von Geldansprüchen durch den Aktionär (Dividende, Liquidationsrate), selbst dann nicht, wenn dieselben zur Zeit der Uebertragung bereits begründet und dem Erwerber bekannt waren (Behrend § 119 Anm. 13; vergl. Förtsch Anm. 6 zu Art. 182; R.G. 3 S. 162). Dagegen können dem Erwerber Einwendungen gegen seinen Vormann dann entgegengehalten werden, wenn aufgedeckt wird, daß er in Wahrheit nur Mandatar des Vormannes. Es gilt hier dasselbe wie in § 5. (Vergl. § 3c zu Art. 182, auch oben § 4).

Zusatz 5. Das Aktienrecht kann übrigens nicht bloß übertragen, sondern auch verpfändet und zum Gegenstand anderer Rechtsgeschäfte gemacht werden. Zur Begründung dinglicher Rechte gehört stets die Uebergabe der Urkunde. Welche Erfordernisse sonst noch aufzustellen sind, bestimmt das Handelsrecht oder das bürgerliche Recht, je nachdem ein Handelsgeschäft vorliegt oder nicht (Behrend § 119 zu VII). § 8a.

Artikel 221.

Die Rechte, welche den Aktionären in den Angelegenheiten der Gesellschaft, insbesondere in Beziehung auf die Führung der Geschäfte, die Prüfung der Bilanz und die Bestimmung der Gewinnvertheilung zustehen, werden in der Generalversammlung durch Beschlußfassung der erschienenen Aktionäre ausgeübt.

Rücksichtlich der Bedingungen und der Ausübung des Stimmrechts kommen die Vorschriften im Artikel 190 zur Anwendung.

Der Artikel bestimmt, daß die Rechte der Akionäre in den Angelegenheiten der Gesellschaft in der Generalversammlung durch Beschlußfassung der erschienenen Aktionäre ausgeübt werden (Abs. 1). Wegen der näheren Modalitäten des Stimmrechts wird in Abs. 2 auf Art. 190 Bezug genommen, der hier besonders abgedruckt und kommentirt wird. Einleitung.

Anlangend nun den Abs. 1, so soll sich die Erläuterung an die folgenden in diesem Artikel enthaltenen drei Begriffe anschließen: 1. Die Rechte der Aktionäre in Angelegenheiten der Gesellschaft, 2. die Generalversammlung, 3. die Beschlußfassung der erschienenen Aktionäre.

1. **Die Rechte der Aktionäre in Angelegenheiten der Gesellschaft.** In der Vorbemerkung zu Art. 216, auf welche hiermit verwiesen wird, ist gezeigt, daß die Rechte der Aktionäre zweierlei sind: Ansprüche an die Gesellschaft auf vermögensrechtliche Leistungen (allen voran das Dividendenrecht) und gesellschaftliche Herrschaftsrechte, d. h. Rechte, die Schicksale der Gesellschaft mitzubestimmen. Von diesen letzteren Rechten wird in dem vorliegenden und in den folgenden Artikeln gehandelt, nicht blos im vorliegenden. Wenn das Gesetz im vorliegenden Artikel sagt: die Rechte der Aktionäre in Angelegenheiten der Gesellschaft werden in der Generalversammlung ausgeübt, so ist damit nicht gesagt, daß die Herrschaftsrechte des Aktionärs allein in der Generalversammlung ausgeübt werden, daß sich im Stimmrecht sein Herrschaftsrecht erschöpft. Vielmehr soll damit gesagt sein, daß regelmäßig die Aktionäre ihr Herrschaftsrecht in der Generalversammlung durch gemeinsame Beschlußfassung ausüben (vergl. Behrend § 121 bei Anm. 2). In dem Generalversammlungsbeschlusse kommt der Gesammtwille der Aktionäre zur Geltung. Die Aktionäre haben aber noch andere Rechte, um auf die Schicksale der Gesellschaft, die Führung der Gesellschaftsgeschäfte bestimmend einzuwirken. In gewissen Fällen giebt das Gesetz schon den einzelnen Aktionären unter der Voraussetzung eines bestimmten Aktienbesitzes solche Rechte. Dahin gehört das Recht auf Untersuchung von Gesellschaftsvorgängen (Art. 222a), auf Einberufung einer Generalversammlung (Art. 237), auf Ernennung oder Abberufung von Liquidatoren (Art. 244) u. s. w. Ja in einem Falle ist ein solches Recht jedem Aktionär, der in der Generalversammlung auch nur mit einer einzigen Aktie gestimmt hat, verliehen, nämlich das Recht, Generalversammlungsbeschlüsse anzufechten (Art. 222).[1] § 1.

[1]) Weitere Minderheitsrechte haben die Aktionäre nicht, insbesondere hat der Einzelaktionär nicht allgemein das Recht, durch Klage oder einstweilige Verfügung die Vornahme oder Nichtvornahme von Rechtshandlungen gegen den Vorstand zu erzwingen. Unzutreffend ist die Ansicht Cosacks (S. 583), daß er durch einstweilige Verfügung die Nichtvornahme jeder Maßregel bis zur Entscheidung der Generalversammlung erzwingen könne. Das ist schon deshalb nicht richtig, weil er einen entsprechenden Hauptanspruch nicht hat. Er hat nur ein Recht zu stimmen, nicht ein Recht auf einen Beschluß bestimmten Inhalts.

Von allen diesen Rechten des Aktionärs wird im vorliegenden Artikel nur das Recht, durch Theilnahme an der Abstimmung in der Generalversammlung auf die Schicksale der Gesellschaft mitbestimmend einzuwirken, abgehandelt. Das ist das Aktionärrecht κατ' ἐξοχὴν, das oberste gesellschaftliche Herrschaftsrecht des Aktionärs. Daneben stehen ihm noch andere gesellschaftliche Herrschaftsrechte zu: das Untersuchungsrecht nach Art. 222a, das Einberufungsrecht nach Art. 237, das Anfechtungsrecht nach Art. 222 u. s. w. Völlig verfehlt ist es, wenn die Motive (I S. 235) diese anderen Rechte Individualrechte nennen. Das Individuum kommt dabei nicht in Betracht, sondern der Aktienbesitz. Auch was von der Natur dieser Rechte in den Motiven gesagt wird, trifft nicht zu: „bei ihnen würden von den Einzelaktionären oder Minderheitsfraktionen als Träger und Vertreter des Gesammtwillens der Aktionäre Rechte der Gesellschaft Namens und im Interesse derselben ausgeübt." Abgesehen davon, daß diese Erwägung den Namen Individualrechte erst recht als unzutreffend erscheinen läßt, trifft sie nicht das Richtige. Der Aktionär verfolgt auch mit diesen Rechten nur sein Interesse. Er will in seinem Interesse auf die Schicksale der Gesellschaft einwirken, weil er dadurch für den Inhalt seines Antheilsrechts rechtliche Vortheile erzielen will. Ob er dabei auch das ideale Interesse verfolgt, der Gesammtheit als solcher zu nützen, wird oft recht fraglich sein; jedenfalls kommt es für die Charakterisirung dieser Rechte nicht darauf an, ob es im einzelnen Falle vorhanden ist oder fehlt. Er verfolgt jedenfalls nur *sein* Recht, auf welches er auch wirksam verzichten kann (vergl. hinsichtlich des Anfechtungsrechtes aus Art. 190a das Urtheil des Reichsgerichts Bd. 24 S. 427).

§ 2. 2. **Die Generalversammlung.** Regelmäßig werden hiernach die Rechte der Aktionäre in Angelegenheiten der Gesellschaft durch Beschlußfassung in der Generalversammlung ausgeübt. Die Generalversammlung, das heißt nicht eine Versammlung *aller* Aktionäre, sondern eine Versammlung, an welcher Theil zu nehmen allen Aktionären das Recht zusteht und Gelegenheit gegeben wurde, wird gewöhnlich als das oberste Willensorgan der Gesellschaft bezeichnet. Mit dieser abstrakten Bezeichnung ist aber nicht viel gewonnen. Ihre Stellung innerhalb der Organisation der Gesellschaft muß eingehend dargelegt werden.

Die Aktiengesellschaft als blos gedachte Person kann nur durch physische Personen regiert werden und nur durch physische Personen im Rechtsverkehr nach außen auftreten. Physische Personen müssen ihre gesetzlichen Vertreter sein, um Rechtsbeziehungen nach außen anzuknüpfen, physische Personen müssen nach innen auf die Führung der Geschäfte bestimmend einwirken.

Die gesetzliche Vertretung nach außen fällt regelmäßig und vorzüglich dem Vorstand zu, nur ausnahmsweise dem Aufsichtsrath (vergl. Art. 223 in Verbindung mit Art. 194), nicht der Generalversammlung, welche Vertreterin der Gesellschaft nach außen nicht ist.[1])

Die Geschäftsführungsorgane sind dreierlei: Generalversammlung, Aufsichtsrath und Vorstand. Von der Geschäftsführungsthätigkeit der letzteren beiden Organe wird an anderer Stelle gehandelt (Art. 225; 231).

Die Generalversammlung ist hinsichtlich der Geschäftsführung in der Weise thätig, daß sie Beschlüsse faßt, durch welche sie auf die Geschäftsführung der andern Organe (veranlassend, hindernd, genehmigend) einwirkt. In anderer Weise ist sie geschäftsführend nicht thätig. Will man die Beschlußfassung Geschäftsführung nennen, so ist dagegen nichts einzuwenden. Die Beschlüsse der Generalversammlung sind bindend für die Aktionäre und die Gesellschaftsorgane, welche letzteren durch dieselben der Gesellschaft gegenüber entlastet werden (Behrend § 121 Anm. 4). Umgekehrt verpflichten sie auch die Gesellschaft un-

[1]) Ausnahmslos gilt auch dies unserer Ansicht nach nicht. Die Anstellungsverträge, welche die G.V. mit denjenigen Personen schließt, welche ihre Organe (Vorstand oder Aufsichtsrath) werden sollen, und welche sie in dem Falle schließen *muß*, wenn ein anderes Vertretungsorgan der Gesellschaft nicht vorhanden ist, sind juristisch nur so konstruirbar, daß in solchen Fällen die G.V. selbst als Kollegium gedacht wird, welches, wie in gewissen Fällen das Aufsichtsraths-Kollegium, die Gesellschaft vertritt. Behrends Erklärung (§ 121 Anm. 8) dieser Verträge (gegenüber ihren Organen könne die Gesellschaft durch die Beschlüsse der G.V. unmittelbar berechtigt und verpflichtet werden) reicht nicht aus, weil es sich ja hier nicht um ein Kontrahiren mit den Organen, sondern mit fremden Personen, die hierdurch Organe *werden sollen*, handelt.

mittelbar gegenüber den Aktionären und den Gesellschaftsorganen (Behrend § 121 Anm. 8; vergl. hierzu Note 1).

Ihrer Zuständigkeit unterliegen zunächst diejenigen Gegenstände, welche das Gesetz ihr ausschließlich zuweist (Statutenänderung, Kapitalserhöhung, Kapitalsherabsetzung, Wahl und Abberufung von Aufsichtsrathsmitgliedern u. s. w.) Außerdem ordnen die Statuten oft ausdrücklich an, daß über diesen oder jenen Gegenstand nur die Generalversammlung Beschluß zu fassen hat. Ueberdies kann sie Alles bindend beschließen, was ihrer Zuständigkeit nicht durch Statut entzogen ist. Aber Gesetz und Statut muß ihre Beschlußfassung beobachten; sonst ist dieselbe ungültig und anfechtbar. Hiernach bestimmt sich die Frage, inwieweit die Generalversammlung zur Ueberlassung ihres Betriebes an eine andere Person ohne Statutenänderung (vergl. § 5 zu Art. 215), inwieweit sie zu Schenkungen und Intercessionen befugt ist. Das Reichsgericht (3 S. 134 ffg.) erachtet die Generalversammlung hierzu nicht für kompetent. Allein die Generalversammlung vermag in jeder Weise über das Vermögen der Gesellschaft zu disponiren, wenn nur der statutarisch vorgesehene Zweck der Gesellschaft dadurch nicht verletzt ist, weil sonst eine Verletzung des Statuts vorläge. Aber Schenkungen können sehr wohl dem Gesellschaftszwecke entsprechen. So z. B. wenn eine Terraingesellschaft etnes ihrer Grundstücke einem berühmten Arzte zur Erbauung eines Sanatoriums zur Verfügung stellt, in der Absicht, hierdurch den Werth ihrer Terrains zu erhöhen.

Ganz selbstverständlich ist ferner, daß die Generalversammlung den Aktionären nicht sogenannte Sonderrechte entziehen kann. Unter Sonderrechten sind diejenigen Rechte der Aktionäre zu verstehen, welche unentziehbar sind.[1]) Die Unentziehbarkeit kann auf öffentlichrechtlicher Bestimmung oder auf dem Gesellschaftsvertrage beruhen. Wann die Unentziehbarkeit als gewollt, angeordnet oder stipulirt zu betrachten ist, kann nur im Einzelfalle im Wege der Auslegung festgestellt werden. Auf Grund des Gesellschaftsvertrages unentziehbar sind besondere Vortheile, welche einem Aktionär auf Grund des Art. 209b zugesichert sind. Eine solche Zusicherung ist ihrem Sinne nach unentziehbar durch die Majorität der Genossen. Es kann daher ein einem bestimmten Aktionär unter dem früheren Gesetze zugesichertes Aktienbezugsrecht durch die Generalversammlung nicht aufgehoben werden, wohl aber können die den Aktionären als solchen in früheren Statuten zugesicherten Aktienbezugsrechte aufgehoben werden, weil hier weder durch jus publicum, noch durch Vertrag die Unentziehbarkeit stipulirt ist (vergl. § 10 zu Art. 215a). Zur Veranschaulichung sei ferner noch angeführt, daß das Stimmrecht zwar erweitert oder beschränkt, das Stimmrecht überhaupt aber der Aktie nicht genommen werden kann, weil dies die zwingende Vorschrift des Art. 190 verbietet. Des ferneren können die sogenannten Minderheitsrechte durch keinen Generalversammlungsbeschluß genommen oder auch nur verkürzt werden, so z. B. das Anfechtungsrecht nach Art. 222, das Recht auf Einberufung einer außerordentlichen Generalversammlung nach Art. 237.[2]) Unentziehbar ist das Recht

---

[1]) Das Gesetz kennt den Begriff Sonderrechte nicht. Der Streit um die Frage, was unter Sonderrecht zu verstehen ist, ist daher kein eigentlicher wissenschaftlicher Streit, höchstens eine systematische Frage. Als eigentlich unrichtig kann keine Begriffsbestimmung bezeichnet werden, die nur dem Ausdruck Sonderrecht in sprachlicher Hinsicht gerecht wird.

Cosack (S. 572) versteht darunter diejenigen Rechte, welche nur einzelnen im Statut individuell bezeichneten Aktionären zustehen, die Aktionärvortheile des Art. 209b, Behrend (§ 118 bei Anm. 14) die Vermögensansprüche des Aktionärs. Erstere Definition wird dem sprachlichen Ausdruck gerecht, letztere nicht. Aber auch unsere Definition ist sprachlich richtig. Es sind diejenigen Rechte, über welche nicht der Gesammtwille der Aktionäre, sondern nur der Sonderwille der berechtigten Aktionäre disponiren darf. (Vergl. auch Lippmann in G.Z. 39 S. 204 ffg.; Ring Anm. 6.) Alexander (in seiner Monographie: Die Sonderrechte der Aktionäre, Berlin 1892) versteht darunter alle Rechte, welche den Mitgliedern als solchen d. h. im Verhältniß zur Körperschaft zustehen. Diese weite Definition wird dem sprachlichen Ausdrucke nicht gerecht, denn dieser läßt deutlich erkennen, daß darunter nicht alle Aktionärrechte zu verstehen sind, sondern nur eine Art derselben, die aus irgend einem Grunde den Sondernamen Sonderrechte verdient.

[2]) Ring (Anm. 7) trennt die Minderheitsrechte scharf von den Sonderrechten. Mit Unrecht, da auch er Sonderrechte diejenigen Rechte nennt, welche unentziehbar sind. Das ist doch bei den Minderheitsrechten der Fall. Daß der Einzelaktionär nicht immer mittels ihrer allein durchdringt, ist richtig. Das haben sie aber mit dem Stimmrecht gemein. Das unentziehbare Sonderrecht besteht hier wie dort in dem Rechte der Mitwirkung.

auf Einsicht und Abschrift nach Art. 239, das Recht auf Ausantwortung einer Aktienurkunde, auf Eintragung in das Aktienbuch, auf Zulassung zur Generalversammlung, auf Beurkundung eines in dieser erklärten Widerspruchs u. s. w. Ob das Dividendenrecht dazu gehört, darüber vergl. § 4 zu Art. 216. (Vergl. überall Ring Anm. 6).

Die Generalversammlung kann endlich nicht disponiren über diejenigen Rechte, welche den Aktionären als Dritten gegen die Gesellschaft zustehen. Das sind die sogen. gemeinen Rechte (vergl. Goldschmidt, System § 59) z. B. die Ansprüche aus Kauf, Darlehn, Pfandbestellung. Diese gemeinen Rechte sind wohl zu scheiden von den Sonderrechten. Die letzteren stehen den Aktionären als Gesellschaftern, jene als Dritten zu. Gewisse Rechte, die in der Mitgliedschaft ihren Grund haben, erwachsen übrigens zu selbstständigen Gläubigerrechten, so das Dividendenrecht nach der Feststellung (§ 4 zu Art. 216).

§ 3. 3. **Die Beschlußfassung der erschienenen Aktionäre.** Der Artikel spricht nichts davon, was zu einem gehörigen Beschlusse erforderlich ist. Darüber ist an anderer Stelle abgehandelt.

a) In der Regel entscheidet einfache Mehrheit der Abstimmenden. (Ueber diesen Begriff vergl. § 10 zu Art. 209a). Oft bestimmt aber das Gesetz oder zulässiger Weise auch das Statut eine andere Mehrheit, oder daß ein bestimmter Theil des Aktienkapitals vertreten sein muß.

b) Wie sich die Berechnung der Stimmen stellt, wenn Aktionäre erschienen sind, aber, sei es freiwillig, sei es in Folge statutarischer oder gesetzlicher Nothwendigkeit nicht abgestimmt haben, darüber vergl. §§ 3 u. 4 zu Art 215.

(Artikel 190.)

Jede Aktie gewährt das Stimmrecht. Dasselbe wird nach den Aktienbeträgen ausgeübt. Der Gesellschaftsvertrag kann für den Fall, dass ein Kommanditist mehrere Aktien besitzt, die Ausübung des Stimmrechts für dieselben durch einen Höchstbetrag oder in Abstufungen oder nach Gattungen beschränken.

Vollmachten erfordern zu ihrer Gültigkeit die schriftliche Form, sie bleiben in der Verwahrung der Gesellschaft.

Wer durch die Beschlussfassung entlastet oder von einer Verpflichtung befreit werden soll, hat hierbei kein Stimmrecht und darf ein solches auch nicht für Andere ausüben. Dasselbe gilt von einer Beschlussfassung, welche die Eingehung eines Rechtsgeschäfts mit ihm betrifft.

Persönlich haftende Gesellschafter, welchen in Gemässheit der Artikel 174a, 180h Absatz 3 Antheile am Gesammtkapital der Kommanditisten zustehen oder welche sonst Aktien erwerben, haben kein Stimmrecht.

Im Uebrigen ist für die Bedingungen des Stimmrechts und die Form, in welcher dasselbe auszuüben ist, der Gesellschaftsvertrag massgebend.

§ 1. **Der Artikel trifft, wie Art. 221 Abs. 2 sagt, Vorschriften rücksichtlich der Bedingungen und der Ausübung des Stimmrechts.**

1. (Abs. 1.) **Jede Aktie gewährt das Stimmrecht. Dasselbe wird nach Aktienbeträgen ausgeübt, jedoch mit zulässigen Beschränkungen.**

a) **Jede Aktie gewährt das Stimmrecht.** Erste Bedingung ist die Aktionäreigenschaft. Sie besitzt, wer entweder ein Inhaberpapier in seinem Besitze hat oder — bei Namensaktien — in das Aktienbuch eingetragen ist. Der Interimsschein giebt, auch wenn er nicht voll eingezahlt ist, gleiche Rechte wie die Aktie (Petersen und Pechmann S. 423).

Ist diese Bedingung erfüllt, so gewährt jede Aktie, auch eine einzelne von noch so geringem Betrage, und gleichviel welcher Gattung, das Recht zu stimmen, ohne daß der Gesellschaftsvertrag dieses Recht gültig entziehen könnte. Das Stimmrecht wird dadurch zum unentziehbaren Aktionärrecht, sogenannten

Sonderrecht, indem es zwar beschränkt, aber nicht völlig entzogen werden kann (vergl. § 2 zu Art. 221).

b) Das Stimmrecht wird nach Aktienbeträgen ausgeübt. Wenn auch jede Aktie das Stimmrecht gewährt, so bedeutet dies doch nur, daß an jede Aktie mindestens eine Stimme geknüpft ist. Es können aber auch an eine Aktie mehrere Stimmen geknüpft werden, und wenn Aktien verschiedenen Betrages da sind, so versteht sich die Vermehrung der Stimmen im Verhältniß zum größeren Betrage von selbst. Dies wird besonders wichtig, wenn eine Gesellschaft alten Rechts aus früherer Zeit Aktien unter 1000 Mark hat und jetzt unter dem neuen Gesetze ihr Kapital erhöht. § 2.

c) Maximalbeschränkungen oder Beschränkungen nach Abstufungen oder nach Gattungen sind zulässig. Das Statut kann bestimmen, daß kein Aktionär mehr als 20 Stimmen abgeben darf oder auch mehr als eine Stimme (worin, wie Behrend § 122 Anm. 2 richtig bemerkt, eine Abstimmung nach Köpfen liegt, die hiernach also zulässiger Weise angeordnet werden kann), oder daß die Inhaber zweier Vorzugsaktien zwei Stimmen, die Inhaber zweier Stammaktien nur eine Stimme haben sollen u. s. w. Unzulässig ist es, einer Aktiengattung das Stimmrecht ganz zu entziehen. § 3.

Ob die Aktionäre die Wirksamkeit solcher Beschränkungen durch Vertheilung von Aktien ausschließen können, darüber vergl. § 4 und 5 zu Art. 183.

2. (Abs. 2.) **Vollmachten müssen schriftlich sein**, d. h. mindestens schriftlich, mündliche sind nicht gültig. Beglaubigung kann statutarisch vorgesehen werden (Ring Anm. 2; Behrend § 122 Anm. 11). Das Erforderniß schriftlicher Vollmacht trifft nicht den, der der Gesellschaft gegenüber als Aktionär legitimirt ist und in eigenem Namen auftritt, wenn er auch im Auftrage eines Anderen handelt (vergl. § 5 zu Art. 183), und nichts ist verfehlter, als das von Völderndorff (S. 554 Anm. 11) berichtete Vorgehen einer Steuerbehörde, welche alle Strohmänner als Steuerdefraudanten behandelte, weil sie keinen Vollmachtsstempel verwendet hatten. § 4.

Das Erforderniß der Vollmacht bezieht sich ferner blos auf den Fall der freiwilligen Vertretung. Gesetzliche Vertreter von juristischen Personen, Unmündigen u. s. w. bedürfen keiner Vollmacht. Sie müssen ihre Legitimation auf andere Weise darthun. Freiwillige Vertreter bedürfen nicht immer einer Spezialvollmacht, so z. B. dann nicht, wenn das betreffende Vertretungsverhältniß die in der Abstimmung liegende Verfügung deckt (Prokura, allgemeine Handelsvollmacht). — Vergl. Behrend § 122 Anm. 11. — Nicht beistimmen können wir aber Behrend a. a. O. in seiner Annahme, daß immer nur ein Vertreter stimmen darf, Kollektivvertreter also einem Vertreter Auftrag ertheilen müssen. Denn das Stimmrecht sei untheilbar. Letzteres ist richtig, hat aber nur zur Folge, daß Kollektivvertreter zusammen und gleichmäßig stimmen müssen, wenn ihre Stimme gelten soll. (Vergl. § 9 zu Art. 229.)

Durch nachträgliche Genehmigung wird der Mangel einer schriftlichen Vollmacht nicht ersetzt (Behrend § 122 Anm. 11).

3. (Abs. 3.) **Der Abstimmung enthalten** muß sich: Wer durch die Beschlußfassung entlastet oder von einer Verpflichtung befreit werden soll, sowie derjenige, der als Kontrahent in Frage ist, wenn es sich um eine Beschlußfassung handelt, welche die Eingehung eines Rechtsgeschäfts mit ihm betrifft. Die Folge der Verletzung dieser Vorschrift ist, daß ein durch die ordnungswidrige Abstimmung zu Stande gekommener Beschluß anfechtbar ist. War aber die Ordnungswidrigkeit auf das Ergebniß der Abstimmung einflußlos, wäre auch ohne die zu Unrecht abgegebene Stimme derselbe Beschluß zu Stande gekommen, so ist er gültig (vergl. § 1 zu Art. 190a); und ebenso wird er gültig durch unterlassene Anfechtung. Ob die Wirksamkeit dieser Beschränkung durch Vertheilung von Aktien von den Aktionären beseitigt werden kann, darüber vergl. §§ 4 und 5 zu Art. 183. § 5.

a) **Wer durch die Beschlußfassung entlastet werden soll.** Das bezieht sich hauptsächlich auf die Mitglieder der Verwaltung hinsichtlich des Dechargirungsbeschlusses. Aber auch § 6.

der Bilanzgenehmigungsbeschluß fällt hierunter, weil nach dem Gedanken des Gesetzes in der Bilanzgenehmigung auch die Dechargirung liegt (Art. 239a Abs. 3); nicht aber der Dividendenvertheilungsbeschluß.

§ 7. b) **Wer von einer Verpflichtung befreit werden soll.** Darunter fällt auch die Beschlußfassung darüber, ob Schadensersatzansprüche erhoben werden sollen.

§ 8. c) **Beschlußfassungen, welche die Eingehung eines Rechtsgeschäftes betreffen.** Das bezieht sich auf Geschäfte, welche mit einem Aktionär als Drittem abgeschlossen werden, z. B. auf den Erwerb eines Grundstücks von ihm, oder auf den Bezug von neu auszugebenden Aktien. Es bezieht sich das nicht auf Rechtsverhältnisse innerhalb der Gesellschaft, z. B. auf Ermächtigungen des Aufsichtsraths durch die Generalversammlung, oder auf sonstige Verwaltungsbeschlüsse. Die Aufsichtsrathsmitglieder dürfen z. B. mitstimmen, wenn sie von der G.V. beauftragt werden, ein Grundstück zu erwerben. Es dürfen dagegen diejenigen Personen nicht mitstimmen, deren Wahl zum Vorstand oder auch zum Aufsichtsrath in Frage steht. Denn hierbei, insbesondere auch bei der Wahl zum Aufsichtsrath, handelt es sich um Eingehung eines Dienstvertrages, also eines Rechtsgeschäftes mit der zu wählenden Person (vergl. § 1 zu Art. 191; Ring Anm. 3). Dagegen können Vorstands- und Aufsichtsrathsmitglieder mitstimmen bei der Beschlußfassung über ihre Abberufung. Denn diese ist ein einseitiger Rechtsakt, kein Rechtsgeschäft, welches mit ihm eingegangen wird (anders Ring Anm. 3).

§ 9. 4. (Abs. 4.) Dieser Absatz ist nur aus Versehen von der Bezugnahme nicht ausgenommen. Eine analoge Ausdehnung auf Vorstands- oder Aufsichtsrathsmitglieder ist unstatthaft. Diese sind, abgesehen von den Beschränkungen im dritten Absatze, durchaus stimmberechtigt; auch berechtigt, andere Aktionäre zu vertreten (Ring Anm. 4). Daß das Aufsichtsrathsmitglied nicht stimmen dürfe, wenn es sich um seine Abberufung handelt, wird von Ring S. 295 und Hergenhahn S. 122 mit Unrecht angenommen. Es liegt weder die Frage der Entlastung oder der Befreiung, noch ein mit ihm zu schließendes Rechtsgeschäft vor.

§ 10. 5. (Abs. 5.) **Im Uebrigen ist für die Bedingungen des Stimmrechts und für die Form, in welcher dasselbe auszuüben ist, der Gesellschaftsvertrag maßgebend.**

a) **Die Form der Ausübung des Stimmrechts,** ob durch Stimmzettel oder durch Zuruf oder Aufstehen und Sitzenbleiben, ist dem Gesellschaftsvertrage vorbehalten. Meist trifft der Gesellschaftsvertrag in dieser Beziehung keine Bestimmung, sondern überläßt solche dem Vorsitzenden. Dieser darf aber nicht nach Willkür verfahren, sondern nach den herkömmlichen Formen parlamentarischer Versammlungen (Behrend § 122 bei Anm. 9). Näheres § 9 zu Art. 238. Eine Abstimmung durch Zuruf (Akklamation) erachtet man in der Praxis meist nur dann für zulässig, wenn sich kein Widerspruch gegen eine solche Abstimmungsart erhebt. Das ist aber durchaus nicht richtig. Will der Vorsitzende diese Abstimmungsart wählen, so kann er dies, wenn das Statut nicht entgegensteht, stets thun. Er zählt dann die bejahenden und verneinenden Zurufe und stellt so das Ergebniß der Abstimmung fest.

§ 11. b) **Die Bedingungen des Stimmrechts.** Daß auch für diese der Gesellschaftsvertrag maßgebend sein soll, ist nicht, wie unsere 1. Auflage angenommen hat, ein Widerspruch mit Abs. 1. Das Statut darf freilich nicht an dem Grundsatze rütteln, daß jeder Aktie das Stimmrecht gebührt. Allein insoweit es bei Anerkennung dieses Prinzips die Ausübung des Stimmrechts an die Beobachtung gewisser, für alle Aktionäre gleichmäßig geltender, Voraussetzungen knüpft, ist es bindend. Das ist der Inhalt des Abs. 5. Eine solche Bedingung, deren Zulässigkeit übrigens Art. 238 voraussetzt, ist die Bestimmung der Aktiendeposition einige Zeit vor der Generalversammlung (Ring Anm. 5). Die Anwendung von Zwangsvertretungen ist ebenfalls gültig: es kann angeordnet werden, daß eine freiwillige Vertretung nur durch einen Aktionär ausgeübt werden kann; auch daß gewisse Klassen von Personen nur durch Vertreter ihr Stimmrecht ausüben können, z. B. Frauen, Ausländer, der bürgerlichen Ehrenrechte Beraubte (Behrend § 122). Dagegen ist unzulässig eine Bestimmung, die dahin führt, die Ausübung des Stimmrechts überhaupt, sei es persönlich oder durch einen Vertreter, unmöglich zu machen. Das gilt namentlich von der Bestimmung, wonach die Stimmberechtigung von einer gewissen Dauer des Aktienbesitzes abhängig gemacht ist (Ring Anm. 5; Behrend § 122 Anm. 8).

Zusatz 1. Das Recht der Theilnahme an der Generalversammlung. § 12.

a) Begriff und Verhältniß zum Stimmrecht. Das Stimmrecht ist eines derjenigen Befugnisse, welche den Inhalt des Theilnahmerechts bilden. Andere zu diesem Inhalt gehörige Befugnisse sind: das Recht zu erscheinen, an den Berathungen theilzunehmen und Anträge zu stellen, das Recht, den Beschlüssen zu widersprechen und sich dadurch die Grundlage der Anfechtung zu schaffen.

Es kann ein Aktionär das Stimmrecht nicht haben, wohl aber alle übrigen Befugnisse des Theilnahmerechts, so z. B. hat derjenige, der durch den Beschluß entlastet werden soll, sicherlich das Recht zu erscheinen, zu diskutiren, zu widersprechen und demzufolge anzufechten.

b) Sind die übrigen Befugnisse des Theilnahmerechts außer dem Stimmrecht statutarischen Beschränkungen unterworfen? Das ist zu bejahen. Es liegt kein innerer Grund zu der Annahme vor, daß die übrigen Theilnahmerechte in höherem Grade der Bestimmung durch den Gesammtwillen entzogen sein sollen, als das Stimmrecht. Demnach ist anzunehmen, daß die Statuten, wie das Stimmrecht, so auch alle übrigen Theilnahmebefugnisse an bestimmte Voraussetzungen knüpfen können, und zwar bis zu der Grenze, daß keinem Aktionär die Möglichkeit, selbst oder durch einen Vertreter die Theilnahmebefugnisse auszuüben, genommen werden kann.

Soweit aber das Statut die übrigen Theilnahmebefugnisse nicht beschränkt, insoweit bestehen sie unbeschränkt. Grundsätzlich gilt dies auch da, wo das Stimmrecht beschränkt ist, weil eben das Stimmrecht ein von den übrigen Theilnahmebefugnissen verschiedenes Recht ist und jenes fehlen kann, wo diese bestehen (vergl. zu a).

Indessen läßt sich doch nicht verkennen, daß die Gesellschaftsstatuten oft, wenn sie von Bedingungen des Stimmrechts reden, das ganze Theilnahmerecht im Auge haben. In solchen Bestimmungen wird, wenn die Absicht der Statuten klar ist, in analoger Anwendung des Art. 278 eine Beschränkung der sämmtlichen Theilnahmebefugnisse zu erblicken sein. So z. B. wenn die Statuten das Stimmrecht von Frauen, der bürgerlichen Ehrenrechte Beraubten nur durch Vertreter zulassen, nicht auch, wenn sie bestimmen, daß nur derjenige mitstimmen darf, der seine Aktien 3 Tage vorher deponirt hat. Daß durch diese, die Erleichterung des Abstimmungsgeschäfts und die Vorbereitung der Präsenzliste bezweckende Bestimmung das volle Theilnahmerecht bedingt werden soll, ist nicht ohne weiteres anzunehmen. Deshalb darf ein Aktionär, der nicht rechtzeitig deponirt hat, nicht gehindert werden, in der G.-V. zu erscheinen, zu diskutiren, Anträge zu stellen, zu widersprechen und folgeweise auch anzufechten.

Selbstverständlich ist, daß die Versammlung zum persönlichen Erscheinen, auch zum Diskutiren Jeden zulassen kann, der nicht Aktionär ist.

c) Das Theilnahmerecht kann nur persönlich oder durch Vertreter ausgeübt werden. Beistände mitzubringen, etwa Rechtsanwälte, braucht die G.-V. nicht zu gestatten.

d) Die Theilnahmebefugnisse können erzwungen werden durch Klage und einstweilige Verfügung. Der Registerrichter hat damit nichts zu thun. (Zust. Ring Anm. 1.)

Zusatz 2. Auf ältere Gesellschaften findet nach § 4 des Gesetzes vom 18. Juli 1884 die Vorschrift des Abs. 1 insofern keine Anwendung, als ihre bisherigen abweichenden Statuten aufrecht erhalten werden. Wenn also in den früheren Statuten das Stimmrecht an den Minimalbesitz einer Anzahl von Aktien geknüpft war, so ist dies auch unter der Herrschaft des neuen Gesetzes gültig. Werden dagegen die statutarischen Abstimmungsbestimmungen geändert, so sind die Vorschriften des neuen Gesetzes zu beobachten (Motive I S. 398; Kayser Anmerk. 2 zu § 4 des Gesetzes). Es widerspricht daher den gesetzlichen Bestimmungen, wenn z. B. bei der Aktiengesellschaft Schultheißbrauerei durch neue Statutenbestimmung angeordnet wurde, die alten und neuen Aktien (über 600 Mk., 1000 Mk. und 1200 Mk.) sollten in der Weise ihr Stimmrecht ausüben, daß immer der Nennbetrag von 3000 Mk. je eine Stimme gewährt. Das verstößt gegen Abs. 1: Jede Aktie gewährt das Stimmrecht. Auch bezieht sich die § 13.

salvatorische Klausel des § 4 des Gesetzes nur auf die früheren statutarischen Abstimmungsvorschriften. Statutarische Bestimmungen über den Ausschluß von Aktionären von der Theilnahme an der Generalversammlung überhaupt haben ihre Kraft verloren. (Vergl. Ring Anm. 8 zu Art. 190b; Förtsch Anm. 13 zu Art. 190a.)

Artikel 222.

Die Vorschriften im Artikel 190a, 190b über die Anfechtung eines Beschlusses der Generalversammlung finden mit der Maßgabe Anwendung, daß an die Stelle der persönlich haftenden Gesellschafter der Vorstand tritt.

Hinsichtlich **der Möglichkeit, Generalversammlungsbeschlüsse anzufechten,** verweist das Gesetz auf die entsprechenden, bei der Aktien-Kommanditgesellschaft gegebenen Bestimmungen. Dieselben werden von uns hier abgedruckt und kommentirt. Die Bezugnahme des Gesetzes ist nicht ganz korrekt. Sie hätte am Schlusse lauten sollen: „daß an die Stelle der persönlich haftenden Gesellschafter der Vorstand, an die Stelle der Kommanditisten die Aktionäre und an die Stelle der bezogenen Art. 177, 179 die Art. 210c und 212 treten."

(Artikel 190a.)

Ein Beschluss der Generalversammlung kann wegen Verletzung des Gesetzes oder des Gesellschaftsvertrages als ungültig im Wege der Klage angefochten werden. Dieselbe findet nur binnen der Frist von einem Monate statt. Zur Anfechtung befugt ist ausser persönlich haftenden Gesellschaftern jeder in der Generalversammlung erschienene Kommanditist, sofern er gegen den Beschluss Widerspruch zum Protokoll erklärt hat, und jeder nicht erschienene Kommanditist, sofern er die Anfechtung darauf gründet, dass die Berufung der Generalversammlung oder die Ankündigung des Gegenstandes der Beschlussfassung nicht gehörig erfolgt war.

Die Klage ist gegen die persönlich haftenden Gesellschafter, soweit sie nicht selbst klagen, und gegen den Aufsichtsrath zu richten. Zuständig für die Klage ist ausschliesslich das Landgericht, in dessen Bezirke die Gesellschaft ihren Sitz hat. Die mündliche Verhandlung erfolgt nicht vor Ablauf der im ersten Absatze bezeichneten Frist. Mehrere Anfechtungsprozesse sind zur gleichzeitigen Verhandlung und Entscheidung zu verbinden.

Ein klagender Kommanditist hat seine Aktien gerichtlich zu hinterlegen und auf Verlangen der Gesellschaft wegen der ihr drohenden Nachtheile eine nach freiem Ermessen des Gerichts zu bestimmende Sicherheit zu leisten. Das Verlangen ist als prozesshindernde Einrede geltend zu machen. Wird die Sicherheit binnen der vom Gerichte gestellten Frist nicht geleistet, so ist die Klage auf Antrag für zurückgenommen zu erklären.

Die persönlich haftenden Gesellschafter haben die Erhebung einer jeden Klage sowie den Termin zur mündlichen Verhandlung ohne Verzug in den für die Bekanntmachungen der Gesellschaft bestimmten Blättern zu veröffentlichen.

Soweit durch ein Urtheil rechtskräftig der Beschluss für ungültig erklärt ist, wirkt es auch gegenüber den Kommanditisten, welche nicht Partei sind. Dasselbe ist von den persönlich haftenden Gesellschaftern ohne Verzug zu dem Handelsregister einzureichen. War der Beschluss in dasselbe eingetragen, so ist auch das Urtheil einzutragen und in gleicher Weise wie der Beschluss zu veröffentlichen. (Artikel 177, 179).

Einleitung. **Der Artikel giebt Satzungen über die Möglichkeit der Anfechtung von Generalversammlungsbeschlüssen.** Dieses Recht ist das oberste derjenigen Rechte, welche die Motive mit Individualrechten bezeichnen. Nach unseren Darlegungen ist es ein Sonderrecht, ein dem Aktionär unentziehbar zustehendes gesellschaftliches Herrschaftsrecht, von dem Stimmrecht nur insofern verschieden, als es nicht in der Generalversammlung ausgeübt wird und seine Wirksamkeit nicht abhängig ist von der Zusammenwirkung einer Majorität (vergl. die Vorbemerkung zu Art. 216 und § 2 zu Art. 221).

Das Recht, Generalversammlungsbeschlüsse wegen Gesetz- oder Statutenwidrigkeit anzufechten, war zwar in den früheren Gesetzen nicht ausdrücklich gegeben, aber von der Gerichtspraxis auch früher schon anerkannt (R.O.H. 25 S. 307; R.G. 3 S. 126). Allein der Mangel einer gesetzlichen Regelung hatte die empfindliche Folge, daß über die Voraussetzungen der Anfechtung Zweifel bestanden, insbesondere ob, wie meist angenommen wurde, die Verletzung eines besonderen vermögensrechtlichen Interesses des anfechtenden Aktionärs vorhanden sein müsse. Ein weiterer Mißstand war, daß die Anfechtungsmöglichkeit zeitlich nicht beschränkt, die Frage der Rechtsgültigkeit also immerwährend in der Schwebe war.

Diesen Rechtszustand zu beseitigen, der Anfechtungsmöglichkeit einen festen Boden zu geben, das ist der ausgesprochene Zweck des vorliegenden Artikels. Er stellt fest:

1. Die materiellen und formellen Voraussetzungen der Anfechtungsklage (Abs. 1).
2. Die prozessuale Behandlung derselben (Abs. 2 und 3).
3. Eine Formalvorschrift für die Gesellschaftsorgane (Abs. 4).
4. Die Folgen der Ungültigkeitserklärung (Abs. 5).

1. (Abs. 1.) **Die Voraussetzungen der Anfechtungsklage.** § 1.

a) **Der Rechtsgrund der Anfechtung** ist Verletzung des Gesetzes oder des Gesellschaftsvertrages.

α) Unerheblich ist hiernach, ob auch ein besonderes vermögensrechtliches Interesse des anfechtenden Aktionärs verletzt ist. Er braucht ein solches nicht nachzuweisen, und es kann ihm auch nicht eingewendet werden, daß er kein Interesse an der Anfechtung habe. Auch ob der Beschluß den Interessen der Gesellschaft förderlich ist oder nicht, ist unerheblich. Es kann die Anfechtung nicht darauf gestützt werden, daß der Beschluß für die Gesellschaft nachtheilig ist. Selbst wenn er die Gesellschaft zu ruiniren geeignet ist, eine Verletzung von Gesetz und Statut aber nicht enthält, ist er der Anfechtung entzogen. Umgekehrt kann, wenn wenn solche Verletzung vorliegt, nicht der Einwand erhoben werden, er nütze gleichwohl der Gesellschaft (R.G. 3 S. 126; Bolze 6 Nr. 644).

β) Unter Verletzung des Gesetzes insbesondere ist die Verletzung jeder Rechtsnorm zu verstehen, materiellen oder formellen. Zunächst Verletzungen des Aktiengesetzes (wenn z. B. derjenige mitgestimmt hat, der durch den Beschluß entlastet werden soll, selbst oder durch einen Mandatar, § 5 zu Art. 183). Dazu gehören natürlich auch die Strafbestimmungen des Aktiengesetzes; z. B. Mißbrauch der Aktie nach Art. 249f (O.L.G. Hamburg in G.Z. 40 S. 467, dahin gestellt gelassen in Bolze 12 Nr. 510, 511); Bestechung nach Art. 249e; wissentlich falsche Darstellungen nach Art. 249b. Es braucht auch nicht gerade das Aktiengesetz zu sein, welches verletzt wurde. Auch auf die Verletzung anderer reichsrechtlicher, auch landesrechtlicher Vorschriften kann die Anfechtung gestützt werden, endlich auch auf die Verletzung von Handelsgebräuchen im Sinne des Art. 1. Letzteres ergiebt sich eben daraus, daß unter Gesetz im Sinne dieses Artikels jede Rechtsnorm zu verstehen ist (vergl. § 512 C.P.O.), und wird besonders dadurch wichtig, daß in Gemäßheit dieser Anschauung die Anfechtung auch auf die Verletzung der für die Leitung von Generalversammlungen geltenden allgemeinen parlamentarischen Regeln gestützt werden kann. Denn auch diese gelten kraft Gewohnheitsrechts (vergl. 9 zu Art. 238).

γ) Muß der Beschluß auf der gerügten Verletzung beruhen? In dieser Weise ist die Anfechtungsvoraussetzung vom Aktiengesetze nicht formulirt (anders z B. § 511 C.P.O.; § 376 St.P.O.). Es genügt daher, daß bei der Vorbereitung der Generalversammlung, bei der Versammlung oder bei der Beschlußfassung eine Verletzung von Gesetz oder Statut erfolgt ist. Der Beweis, daß der Beschluß auf ihr beruhe, braucht nicht geführt zu werden. Indessen kann es doch als Wille des Gesetzes nicht angesehen werden, daß auch eine solche Verletzung die Anfechtung begründen solle, welche auf das Ergebniß offensichtlich oder nachweisbar ohne Einfluß gewesen ist, so z. B. wenn die Berufung zur G.V. ordnungswidrig war, jedoch alle Aktionäre erschienen waren, oder wenn die Rüge lediglich darauf gestützt wird, daß der zum Aufsichtsrathsmitglied gewählte Aktionär bei seiner Wahl mitgestimmt hat, jedoch mit einer so geringen Aktienzahl, daß auch seine Stimmenthaltung auf das Abstimmungsergebniß absolut einflußlos gewesen wäre. Es ist hiernach der Nachweis der Einflußlosigkeit der Verletzung zuzulassen. Solche Verletzungen dagegen, deren möglicher Einfluß auf das Endergebniß sich nicht übersehen läßt, begründen die Anfechtung, so z. B. ungerechtfertigter Ausschluß von der Diskussion.

δ) Der Beweis der Verletzung kann durch jedes Beweismittel geführt werden. Daß dabei die Interna einer geheimen Abstimmung an das Tageslicht gezogen werden, ist gleichgültig, da das Gesetz nach dieser Richtung keine Beschränkung eingeführt hat, es aber ungerechtfertigt erscheint, dieses wichtige Aktionärrecht durch Beschränkungen zu gefährden, welche im Gesetze nicht positiv statuirt sind und für welche nur Gefühlsgründe nicht zwingender Natur sprechen.

§ 2. b) **Die anfechtungsberechtigten Personen.**

α) **Jeder anwesende Aktionär, sofern er gegen den Beschluß Widerspruch zu Protokoll erklärt hat.** Selbstverständlich darf er nicht für den Beschluß gestimmt haben. Jedoch kann er sich der Abstimmung enthalten haben. Der Widerspruch braucht nicht vor der Beschlußfassung erklärt zu werden. Der Aktionär widerspricht ja nicht der Beschlußfassung, sondern dem Beschlusse, d. h. er sagt: ich widerspreche dem hiermit bekundeten Willen der Majorität (R.G. 22 S. 161). Andererseits genügt ein vor der Abstimmung erhobener Widerspruch; derselbe braucht nach Mittheilung des Ergebnisses der Abstimmung nicht wiederholt zu werden (R.G. 20 S. 141). Eine Gutheißung der Beschlüsse kann nur dann angenommen werden, wenn der Aktionär die Verhandlung hat schließen lassen, ohne den Protest zu erklären (vergl. Petersen und Pechmann S. 227). Gründe brauchen nicht angegeben zu werden, und wenn sie angegeben sind, so können im Prozesse andere oder weitere Gründe vorgebracht werden (R.G. 20 S. 141). Schon vor dem Zustandekommen des Gesetzes ist die Frage erwogen worden, wie derjenige Aktionär gestellt sein soll, dem der Zutritt zu der Generalversammlung verweigert oder dessen Widerspruch trotz seines Verlangens nicht zu Protokoll genommen ist. Die Motive (II S. 157) erklären einen solchen Aktionär für selbstverständlich anfechtungsberechtigt. Die Annahme ist richtig, jedoch nicht gerade selbstverständlich, bedarf vielmehr der Begründung. Ist dem Aktionär der Zutritt zur Generalversammlung verweigert, so hat er ein Anfechtungsrecht aus dem gleichen Grunde, wie derjenige, der sich darauf beruft, daß die Generalversammlung nicht ordnungsmäßig berufen sei. Denn ordnungsmäßig ist die Generalversammlung nur berufen, wenn allen Gesellschaftern Gelegenheit gegeben wurde, zu erscheinen. Diese Voraussetzung liegt nicht vor, wenn einem oder einzelnen Gesellschaftern gegenüber die Wirkung jener öffentlichen Ladung durch Zutrittsverweigerung wieder genommen wurde. Der Fall liegt dann gerade so, als wenn in einem Civilprozesse der geladene Verklagte nicht in das Terminszimmer hineingelassen wird. Das Versäumnißurtheil könnte dann nicht oder wenigstens nur mit Unrecht gegen ihn ergehen. Er könnte nicht als ordnungsmäßig geladen betrachtet werden. (Gleicher Ansicht mit gleicher Begründung Behrend § 123 Anm. 17; während Ring Anm. 3 das Anfechtungsrecht versagt.) Derjenige aber, dessen Widerspruch nicht zum Protokoll genommen ist, ist durch das Gesetz genügend geschützt. Er braucht ja bloß seinen Widerspruch zum Protokoll erklärt zu haben, d. h. derart erklärt zu haben, daß der Urkundsbeamte, wenn er seiner Pflicht genügen wollte, den Widerspruch protokolliren mußte, und es kann die Rechte des Aktionärs nicht beeinträchtigen, wenn der instrumentirende Beamte pflichtwidrig den zum Protokoll erklärten Widerspruch zum Protokoll zu nehmen unterlassen hat.

§ 3. β) **Der nicht erschienene Aktionär, wenn er nicht gehörige Berufung oder Publikation**

geltend macht. Sie liegt vor, wenn nicht die richtige Zeitung gewählt ist, oder wenn das unrichtige Gesellschaftsorgan gezeichnet hat, oder wenn es nicht richtig gezeichnet hat. Hinzufügungen über die Ausübung des Stimmrechts, durch welche dasselbe in statutenwidriger Weise verkürzt wird, können die Wirkung haben, daß die Aktionäre berechtigt sind, solcher Berufung die Beachtung zu versagen. Andererseits kann der Fehler der ersten Publikation durch eine rechtzeitige zweite Einladung ersetzt werden (Bolze 4 Nr. 808). Selbstverständlich kann auch der erschienene Aktionär die ordnungswidrige Berufung geltend machen.

γ) **Der Vorstand** (nicht der Aufsichtsrath, obgleich derselbe doch für die Ausführung der Beschlüsse verantwortlich ist, Art. 226), und zwar ohne die zu α und β erwähnten Voraussetzungen, also auch wenn er abwesend, die Generalversammlung aber ordnungsmäßig berufen, oder anwesend war und keinen Widerspruch zu Protokoll erklärt hat. Ja sogar, daß er als Aktionär zugestimmt hat, hindert ihn nicht, als Vorstand zu klagen. (Zust. O.L.G. Jena bei Holdheim II S. 219.) Der Vorstand als solcher, als Organ der Gesellschaft, ist es, dem das Anfechtungsrecht zusteht, nicht die einzelnen Mitglieder desselben. Das geht aus Art. 222 deutlich hervor, und es erscheint nicht zutreffend, wenn Petersen und Pechmann (S. 426) u. Förtsch (Anm. 2) das Anfechtungsrecht den einzelnen Mitgliedern des Vorstandes geben. Der Umstand, daß jedes Mitglied für seine Person verantwortlich ist für die Ausführung eines ungesetzlichen Beschlusses, zwingt zu dieser Annahme nicht. Denn es bleibt immer noch die Demission übrig, wenn der Gesammtvorstand eine Anfechtung nicht vornehmen will, die dem einzelnen Mitgliede erforderlich erscheint. Die Sache liegt in dieser Hinsicht nicht anders, als bei allen sonstigen Maßnahmen und Beschlußfassungen des Vorstandes. Haben doch auch die Aufsichtsrathsmitglieder als solche das Anfechtungsrecht nicht und sind doch für die Ausführung gesetz- oder statutenwidriger Beschlüsse verantwortlich (Art. 226). Bedenken erregt jedoch, daß, wie aus Abs. 3 hervorgeht, die Gesellschaft die beklagte Partei ist. Denn es ist in der That eine sonderbare Konstellation, daß das zur Vertretung der Gesellschaft befugte Organ als solches gegen die Gesellschaft klagt. Immerhin ist die Konstellation nicht gerade unmöglich. Der Vorstand nimmt in solchem Falle die Interessen der Gesellschaft wahr, ohne im Namen der Gesellschaft aufzutreten. In ihrem Namen tritt formell ein anderes Organ auf, welchem für diesen Fall die gesetzliche Vertretung der Gesellschaft übertragen ist: der Aufsichtsrath. Daß der Vorstand ein selbständiges Rechtssubjekt nicht ist, ist kein stichhaltiges Gegenargument; auch die Kommanditistengesammtheit ist es nicht und kann doch klagen. (Uebereinstimmend Ring Anm. 2; Behrend § 123 Anm. 15.) § 4

c) **Die Form der Anfechtung ist die Erhebung der Klage.** Die Widerklage steht dem gleich. Aber eine Einrede genügt nicht und auch eine negatorische Klage der Gesellschaft gegen den widersprechenden Aktionär ist mit Makower und gegen Ring (Anm. 4) für unzulässig zu erklären. Für eine solche fehlt das rechtliche Interesse an alsbaldiger Feststellung, da innerhalb einer dem Gesetzgeber für kurz genug erschienenen und wahrlich recht kurz bemessenen Frist die Feststellung durch die Klage des Widersprechenden erfolgen muß. Ueberdies kann auch vor Ablauf der dem widersprechenden Aktionär gewährten einmonatlichen Frist von ihm nicht verlangt werden, daß er sich definitiv über die Gründe seines Widerspruchs erkläre. Er hat eben einen Monat Zeit, das Material hierzu zu sammeln, und dieses Recht kann ihm nicht durch ein vorbeugendes Verhalten der Gesellschaft verkürzt werden. § 5.

d) **Die Frist** ist ein Monat[1]) und zwar vom Tage der Generalversammlung. Für die Berechnung derselben ist § 200 C.P.O. zwar nicht ohne Weiteres maßgebend, weil die § 6.

[1]) Nach praktischen Erfahrungen zu kurz bemessen. Die Beschaffung des Generalversammlungsprotokolls, die Ermittelung der Mitglieder der Gesellschaftsorgane, die Hinterlegung, die Zustellung (zumal wenn sie nicht sofort gelingt) erfordern oft mehr Zeit, als einen Monat.

Vorschriften der §§ 198 ffg. C.P.O. ein anhängiges Verfahren voraussetzen (Eccius bei Gruchot 32 S. 739). Nach allgemeinen reichsrechtlichen Normen findet indessen die Berechnung von Datum zu Datum gemäß § 200 C.P.O. und Art. 328, 329 H.G.B. statt. (vergl. R.G. 11 S. 44 ffg.). Die Gerichtsferien beeinflussen den Lauf der Frist nicht (Wilmowski und Levy, C.P.O., 6. Aufl. § 200 Anm. 1). Die Frist gilt auch für den Vorstand, wenn er als solcher klagen will; auch gegen den nicht erschienenen Aktionär, selbst wenn derselbe nachweislich von der Abhaltung der Generalversammlung erst später erfahren hat. Die Frist ist von Amtswegen vom Prozeßgericht zu berücksichtigen.

§ 7. 2. (Abs. 2 u. 3.) **Die prozessuale Behandlung der Klage.**

a) **Sie ist zu richten gegen den Vorstand, und den Aufsichtsrath, und wenn der Vorstand klagt, gegen den Aufsichtsrath.** Ueber die Person des Klägers verhält sich Abs. 1. Die Beklagte ist, wie Abs. 3 ergiebt, die Gesellschaft. Vorstand und Aufsichtsrath, eventuell letzterer allein, sind für diese Klagen die gesetzlichen Vertreter der beklagten Gesellschaft. Die Klage ist daher gegen die Gesellschaft, vertreten durch den Vorstand und den Aufsichtsrath zu richten, nicht gegen die Personen, welche dem Vorstande und Aufsichtsrath angehören (R.G. 14 S. 142; Ring Anm. 4). Das Rubrum wird etwa dahin zu lauten haben: Klage des Aktionärs Müller gegen die Gasglühlicht-Aktiengesellschaft in Berlin, vertreten

1. durch ihren Vorstand, bestehend aus den Herren Meier und Schulze,
2. durch ihrem Aufsichtsrath, bestehend aus den Herren Werner, Michel und Seemann.

Der Aufsichtsrath und ev. auch der Vorstand fungiren bei dieser Vertretung als Kollegien (Alexander in G.Z. 40 S. 95). Wer die Mitglieder des Aufsichtsraths sind, wird übrigens der Kläger nicht immer leicht erfahren können. Ihre Wahl muß zwar in der Generalversammlung erfolgen, und das Protokoll hierüber zum Handelsregister eingereicht werden. Aber es können ja Mitglieder austreten, und hiervon dem Handelsgericht Mittheilung zu machen, ist der Vorstand nicht verpflichtet. Doch ist dieser Umstand nicht von schlimmen Folgen begleitet, da er höchstens die Folge haben kann, daß ein Aufsichtsrathsmitglied zu viel benannt ist. Ein Wechsel der Aufsichtsrathsmitglieder im Laufe des Prozesses tangirt die Klage nicht. Denn beklagt ist die Gesellschaft. Es wird nur der Ordnung wegen jener Wechsel zu den Akten anzuzeigen sein. Thun es die ausgeschiedenen Aufsichtsrathsmitglieder nicht, so können sie sich nicht beklagen, wenn sie weiter im Rubrum figuriren.

Uebrigens hat das Gesetz nicht für alle Fälle Vorsorge getroffen Klagen die Vorstandsmitglieder als Aktionäre, was ihnen ja nicht genommen ist, so haben sie gegen die Gesellschaft vertreten durch den Aufsichtsrath zu klagen; klagen die Aufsichtsrathsmitglieder als Aktionäre, so haben sie gegen die Gesellschaft vertreten durch den Vorstand zu klagen. Wie aber, wenn die sämmtlichen Mitglieder des Vorstandes und Aufsichtsraths als Aktionäre den Beschluß anfechten wollen? Hier wird nichts übrig bleiben, als der Gesellschaft einen Prozeßpfleger zu bestellen (§ 55 C.P.O.). Auf denselben Rechtsbehelf ist zu verweisen, wenn etwa Vorstand und Aufsichtsrath, um die Klage unmöglich zu machen, ihr Amt niederlegten. Geschieht dies so, daß der Kläger sich in entschuldbarer Unkenntniß befand, so kann er sich auf seine Unkenntniß berufen (Ring Anm. 6).

Mit Ring (Anm. 6) ist anzunehmen, daß die beiden Organe die Gesellschaft nur einheitlich vertreten, nicht verschiedene Prozeßhandlungen vornehmen können (anders Alexander in G.Z. 40 S. 108).

Wegen der Zustellung siehe unten § 12.

§ 8. b) **Zuständig ist ausschließlich das Landgericht am Sitze der Gesellschaft,** und zwar die Kammer für Handelssachen (§ 101 Nr. 3a; § 102 G.V.G.). Aus dieser Zuständigkeitsvorschrift folgt, daß die Revision ohne Rücksicht auf den Werth des Streitgegenstandes zulässig ist (§ 509 C.P.O.; R.G. in Seufferts Archiv 42 S. 441).

§ 9. c) **Mehrere Anfechtungsprozesse sind zu verbinden.** Was im § 138 C.P.O. dem Gerichte als Befugniß eingeräumt ist, ist ihm hier zur Pflicht gemacht. Die mehreren Anfechtungskläger sind nothwendige Streitgenossen (§ 59 C.P.O.) jedoch nur, wie

Wilmowski und Levy, Komm. z. C.P. 6. Aufl. S. 109 richtig bemerken, wenn sie die Anfechtung auf denselben Rechtsgrund stützen. Andernfalls ist die Abweisung der einen Klage und der Ausspruch der Ungültigkeit auf Grund der anderen Klage nicht ausgeschlossen. Jeder Aktionär kann als Nebenintervenient beitreten dem Kläger oder der Gesellschaft (§ 63 C.P.O.).

d) **Hinterlegungs- und Sicherheitspflicht.** § 10.

α) Die Hinterlegungspflicht ist absolut. Der Anfechtungskläger hat „seine" Aktien zu hinterlegen, d. h. der in der Generalversammlung anwesend gewesene Aktionär diejenigen, mit denen er gestimmt hat, nicht bloß, wie Förtsch Anm. 9 meint, eine einzige Aktie. Hat er sie theilweise veräußert, so ist er seines Anfechtungsrechts verlustig gegangen, selbst wenn er Stücke gleicher Gattung vorweist. (Ring Anm. 9.) Der in der Generalversammlung abwesend gewesene muß darlegen, daß er sie so rechtzeitig vor der Generalversammlung gehabt hat, daß er berechtigt gewesen war, an derselben Theil zu nehmen. Der Abwesende braucht nur eine Aktie, nicht, wie Ring Anm. 9 will, seinen ganzen Aktienbesitz zu hinterlegen, da er auch mit einer Aktie stimmberechtigt gewesen wäre.

Mit der Hinterlegung der Aktien wird am richtigsten wie folgt verfahren: Der Kläger reicht die Klage zur Terminsbestimmung ein zugleich mit dem Antrage auf Anordnung der Hinterlegung. Das Gericht ordnet die Hinterlegung an, auf Grund dieser Anordnung bewirkt der Kläger die Hinterlegung nach den Landesgesetzen und weist die erfolgte Hinterlegung dem Gerichte nach, welches sodann die Klage, versehen mit Terminsbestimmung, und die Hinterlegungserklärung zur gleichzeitigen Zustellung dem Kläger zurückgiebt. Eine Rückgabe der hinterlegten Aktien während der Dauer des Prozesses an den Kläger ist nicht angängig. Er kann allerdings dadurch in seinen Rechten geschädigt werden. Abgesehen davon, daß er die Aktien zwar verkaufen, aber nicht übergeben kann, kann er auch seine Gesellschaftsrechte nicht wahrnehmen, z. B. nicht an einer während des Prozesses stattfindenden Generalversammlung der Gesellschaft Theil nehmen. Doch wird man ihm die Ausübung seiner gesellschaftlichen Rechte nicht über Gebühr verschränken können und ihm in dieser Beziehung durch einstweilige Verfügung helfen, z. B. Herausgabe an den Anwalt mit der Auflage, die Aktien bei der Gesellschaft anzumelden und alsdann wieder zu hinterlegen. Werden die Aktien nicht zurückgereicht, so ist die Klage abzuweisen.

β) Die Sicherstellung ist auf Verlangen der Gesellschaft erforderlich. § 11. Es steht nichts entgegen, daß das Gericht anordnet, die hinterlegten Aktien sollen als Sicherheit dienen (sc. falls dies in concreto als genügende Sicherheit erscheint). Die Hinterlegung von Gesetzes wegen erfolgt aus anderem Grunde, nämlich um die Aktionäreigenschaft des Klägers für die Dauer des Prozesses festzuhalten. Diese Hinterlegung wird gegenstandslos im Augenblicke der Prozeßbeendigung. Erscheinen nun aber die hinterlegten Aktien als genügende Deckung, so ist kein Grund ersichtlich, warum die außerdem geforderte Sicherheitsstellung für die der Gesellschaft drohenden Nachtheile nicht durch dieselben Aktien bestellt werden kann, die erst alsdann frei werden, wenn sich herausstellt, daß der Gesellschaft Nachtheile nicht erwachsen sind, oder wenn der Kläger obsiegt. Ebenso Petersen und Pechmann S. 230; ohne Begründung abweichend Behrend (§ 123 Anm. 19); desgleichen Ring Anm. 10, weil die Sicherheitsleistung neben der Deposition angeordnet sei. Indessen ist es dem Gesetze nicht um zwei getrennte Rechtsakte, sondern um zwei getrennte Rechtswirkungen zu thun. Ist das Verlangen gestellt, so spricht das Gesetz die Festsetzung der Sicherheit nach mündlicher Verhandlung durch Zwischenurtheil aus (R.G. 24 S. 429 ffg.). Es setzt dabei eine Frist fest, nach deren Ablauf zum neuen Termine geladen wird; bis zum Termine kann die Sicherheitsstellung nachgeholt werden (§ 209 Abs. 2 C.P.O.). Erscheint der Kläger jetzt nicht, so kann die Gesellschaft Antrag auf Versäumnißurtheil stellen, und zwar nach ihrer Wahl wegen der prozeßhindernden Einrede oder in der Hauptsache. In beiden Fällen kann Einspruch eingelegt und die Sicherheit noch nachgeholt werden (R.G. a. a. O.).

§ 12. e) **Für die Zustellung der Klage** gilt der § 157 Abs. 3 C.P.O. Es muß zur Vermeidung von Kollusionen an beide Organe zugestellt werden (R.G. 14 S. 142; O.L.G. Rostock in Seufferts Archiv 48 S. 175). Der § 157 Abs. 3 kann daher nur mit einer Modifikation angewendet werden: mindestens einem Mitgliede eines jeden dieser beiden Organe muß zugestellt werden. Hinsichtlich des Aufsichtsraths genügt die Zustellung an den Vorsitzenden jedenfalls (Alexander in G.Z. 40 S. 106; vergl. § 11 zu Art. 225).

Ob sich die Mitglieder des Vorstandes und des Aufsichtsraths denselben Anwalt bestellen oder verschiedene, hängt nach Ansicht des Reichsgerichts von dem Inhalte ihrer Vertheidigung ab. Haben sie ohne Noth verschiedene Anwälte bestellt, so haftet ihnen der Kläger nicht für die Mehrkosten, weil diese zur zweckentsprechenden Rechtsverfolgung nicht erforderlich waren (R.G. 14 S. 142). Indessen ist diese Ansicht um deshalb nicht zutreffend, weil lediglich die Gesellschaft verklagt und jene beiden Organe nur ihre gesetzlichen Vertreter sind, und zwar so, daß sie nur gemeinschaftlich die Vertretung führen können (vergl. oben § 7). Daraus folgt, daß nicht jedes Organ sich einen Vertreter stellen kann, sondern nur beide Organe der Gesellschaft einen (oder auch mehrere) Vertreter bestellen können. (So Ring Anm. 6.)

§ 13. f) **Der Werth des Streitgegenstandes und die Prozeßkosten.** Der erstere ist nach einer zutreffenden Entscheidung des R.G. (24 S. 427 ffg.) lediglich das Interesse des Klägers. Es liegt, wie wir dies schon an anderer Stelle ausführten (§ 1 zu Art. 221), keine Klage im Namen der Gesellschaft, zur Wahrung der Rechte der Gesammtheit, vor, sondern lediglich eine Klage, wodurch der Aktionär seine Rechte wahrt und den Gesammtbeschluß nur anficht, um sein persönliches Interesse zu schützen. Daß das Urtheil, wenn es auf Ungültigkeitserklärung lautet, präjudiziell wirkt, ändert hieran nichts. Das ist auch bei Statusklagen nicht anders. Hiernach ist der Kurswerth der klägerischen Aktien der Höchstbetrag des Interesses. Aber er kann selbstverständlich auch geringer sein. Wenn der Vorstand klagt, dann ist das Interesse der Gesellschaft zu Grunde zu legen. Die Prozeßkosten sind, wenn der Anfechtungskläger siegt, der Gesellschaft aufzuerlegen. Auch dem Prozeßbevollmächtigten der Beklagten haftet nur die Gesellschaft, abgesehen von besonderen Abmachungen (vergl. § 7). Wird der Kläger abgewiesen, so hat nur die Gesellschaft einen Erstattungsanspruch, dies auch gegen den klagenden Vorstand. Ob die Mitglieder des Vorstandes einen Rückforderungsanspruch an die Gesellschaft haben, ist eine andere Frage, die hiermit nicht entschieden ist.

§ 14. 3. (Abs. 4) **Eine Formalvorschrift für die Gesellschaftsorgane** ist gegeben in der Verpflichtung, die Thatsache der Klageerhebung, sowie den Termin zur Verhandlung, d. h. den ersten Termin zur Verhandlung, zu publiciren. Die Verpflichtung kann erzwungen werden durch Ordnungsstrafe (Art. 249 g). Die Publikation lautet etwa wie folgt:

Gegen den Beschluß der G.V. vom 28. 5. 1892 auf Entlastung des Vorstandes hat der Aktionär Rentier Carl Müller zu Prenzlau Anfechtungsklage erhoben. Der erste Verhandlungstermin steht beim Kgl. Landgericht I zu Berlin, 4. Kammer für Handelssachen, am 7. Oktober 1892 an. (Terminzimmer 105, Jüdenstr. 58). Der Vorstand: Theophil Meier.

§ 15. 4. (Abs. 5.) **Die Folge der Ungültigkeitserklärung** ist, daß der Beschluß für die Gesellschaft und alle Aktionäre als ungültig zu betrachten ist. Alle etwaigen schwebenden Klagen werden dadurch gegenstandslos. Das die Klage abweisende, also die Gültigkeit des Beschlusses aussprechende Urtheil ist dagegen nicht präjudizirlich.

Das rechtskräftige Urtheil auf Ungültigkeitserklärung ist dem Handelsregister einzureichen, damit auch daselbst die Ungültigkeitserklärung vermerkt und publizirt werde, falls es sich um einen eingetragenen Beschluß handelt.

Daß der Beschluß nun nicht mehr ausgeführt werden kann, ist selbstverständlich. Aber eine andere Frage ist, welche Folgen die bereits erfolgte Ausführung hat. In dieser Beziehung machen die Motive (I S. 241) folgende zutreffende Bemerkung: „Man könnte zwar im Allgemeinen davon ausgehen, daß, wie der Beschluß als nicht gefaßt, so auch die auf ihn beruhende Maßregel als von Anfang an hinfällig zu betrachten sei. Allein so ganz allgemein läßt sich der Satz nicht halten. Vor Allem wird nicht zu bestreiten sein, daß die Gesellschaft gegen ihre Organe einen Schadensanspruch wegen Ausführung des Beschlusses auf dessen Ungültigkeit nicht stützen darf.[1]) Ferner werden dritte Personen, mit welchen der Vorstand eine Rechtshandlung, wenn auch auf Grund des ungültigen Beschlusses der Generalversammlung, vorgenommen hat, zumeist durch die Vorschriften der Art. 227 Abs. 1, 230, 231 Abs. 2 geschützt sein; ebenso im Falle unstatthaft gewesener Auszahlung von Dividenden die Aktionäre, welche sie in gutem Glauben empfangen haben, durch die Vorschrift des Art. 218. Die Entscheidung ist nur im einzelnen Falle nach Maßgabe des in Betracht kommenden Verhältnisses richtig zu finden."

Zusatz 1. **Die Folge der Anfechtung und die Folge der Nichtanfechtung eines Beschlusses.** § 16.
Der Abs. 5 des vorliegenden Artikels beschäftigt sich mit den Folgen der Ungültigkeitserklärung eines Beschlusses. Nicht behandelt aber ist die Frage, welche Folgen die Anfechtung an sich hat, und ferner, welche Folgen die unterbliebene Anfechtung eines ungültigen Beschlusses hat. Beide Fragen sind praktisch wichtig,

a) **Die Folge der Anfechtung.** Der Beschluß ist von dem obersten Willensorgan der Gesellschaft gefaßt. Daraus folgt, daß die Gesellschaftsorgane an sich berechtigt sind, den Beschluß auszuführen; thun sie es, so sind sie jedenfalls durch den Beschluß gedeckt (vergl. § 15, besonders aber § 1 zu Art. 226). Allein der Beschluß ist angefochten. Daraus folgt, daß sie berechtigt sind, die Ausführung zu sistiren, wenn nach ihrem verständigen Ermessen die Ausführung mit Gefahren für die Gesellschaft verbunden ist (z. B. beim Dividendenvertheilungsbeschlusse wegen Art. 218) oder wenn die Nichtausführung gefahrlos ist. Der Anfechtungskläger kann in geeigneten Fällen die Nichtausführung durch einstweilige Verfügung erzwingen. Behrends Auffassung (§ 133 Anm. 31) weicht hiervon zum Theil ab, indem er die Gesellschaftsorgane für verpflichtet hält, die Ausführung zu sistiren, wenn sie einen Beschluß, gegen welchen Widerspruch erhoben ist, nicht für unzweifelhaft gültig halten (hiergegen oben § 15: durch den Beschluß der G.V. wird ihre Thätigkeit jedenfalls gedeckt), und indem er ferner die Gesellschaftsorgane unbedingt zur Sistirung von der Klageerhebung ab für verpflichtet hält, weil sie ja zum Verlangen einer Sicherheit berechtigt seien. Indessen könnte dies doch nur eine Verpflichtung gegenüber dem Anfechtungskläger begründen, zu dem sie jedoch in einer Rechtsbeziehung gar nicht stehen. Dieser mag und kann eine einstweilige Verfügung beantragen, wie oben bemerkt.

Den Gläubigern gegenüber werden die Gesellschaftsorgane auch nicht durch einen gültigen Beschluß geschützt, auch dann nicht, wenn sie ihn mit aller Diligenz angefochten haben (Ring Anm. 14; Behrend § 123 Anm. 31 gegen eine Aeußerung des K.B).

b) **Die Folge der Nichtanfechtung** ist, daß der Beschluß, obwohl gesetz- oder statutenwidrig, gültig wird, indessen nur insoweit, als es sich um dispositive, der Verfügung der Generalversammlung unterliegende Dinge handelt. So können z. B. die ungültig gewählten Aufsichtsrathsmitglieder nunmehr ungestört fungiren und sind als gültig gewählt zu betrachten. Beschlüsse aber, welche gegen das öffentliche Recht verstoßen, werden durch unterlassene Anfechtung nicht gültig. Dazu gehören insbesondere Beschlüsse, welche gegen das Wesen der Aktiengesellschaft verstoßen (R.G. 21 S. 159), z. B. wenn den Aktionären besondere Beiträge auferlegt werden über die Einlage hinaus. Indessen darf man nicht, wie Willenbücher (S. 283), dahin formuliren, daß Art. 222 unanwendbar auf solche Beschlüsse sei. Denn die Anfechtungsklage ist auch bei ihnen gegeben, nur tritt die Gültigkeit als Folge der unterlassenen Anfechtung nicht ein. Ferner werden nicht gültig Beschlüsse über Sonderrechte der Aktionäre. Dieselben sind in § 2 zu Art. 221 dahin charakterisirt, daß ihnen auf Grund von Bestimmungen öffentlichen Rechts oder durch Gesellschaftsvertrag die Unentziehbarkeit gewährleistet ist. Werden solche Rechte dem Aktionär § 17.

[1]) Vergl. hierzu § 1 zu Art. 226.

nicht gewährt, so kann er auf Gewährung gegen die Gesellschaft klagen, und die Gesellschaftsorgane können den unangefochten gebliebenen Generalversammlungsbeschluß nicht vorschützen. Selbstverständlich kann er auch die Umstoßung des Beschlusses durch Anfechtungsklage versuchen.

Daraus folgt zugleich, daß die Anfechtungsklage nicht etwa das einzige Rechtsmittel ist, welches dem Aktionär gegen die Gesellschaft zusteht. Er bedarf desselben nur zum Schutze gegen solche Generalversammlungsbeschlüsse, welche nicht das öffentliche Recht verletzen und nicht seine unentziehbaren Sonderrechte betreffen (vergl. Neukamp in G.Z. 38 S. 57, dagegen Ring Anm. 1, gegen ihn wieder Neukamp bei Holdheim II S. 209).

§ 18. Zusatz 2. **Die Stellung des Registerrichters zu den Generalversammlungsbeschlüssen.**

a) Generalversammlungsbeschlüsse, die der Eintragung nicht bedürfen, auf ihre Gültigkeit zu prüfen, liegt außerhalb seiner Kompetenz. (Johow 12 S. 35; vergl. § 2 zu Art. 249g).

b) Bei Beschlüssen, welche zu ihrer Gültigkeit der Eintragung bedürfen, hat er unbestrittenermaßen zu prüfen, ob sie nicht dem öffentlichen Rechte zuwiderlaufen oder Rechte Dritter verletzen. Sehr streitig ist die Prüfungspflicht und das Prüfungsrecht des Registerrichters für diejenigen Fälle, in denen es sich um dispositive Vorschriften der Gesetze oder um Beobachtung der Statuten handelt. Gewichtige Stimmen haben sich dafür entschieden, daß er zwar zunächst einen gegen solche Vorschriften verstoßenden Beschluß beanstanden, daß er aber seine Beanstandung fallen lassen und den Beschluß eintragen muß, wenn nachweislich keine Anfechtung erfolgt ist. (Kammergericht bei Johow 12 S. 37; Beschluß des Kammergerichts vom 26. Juni 1893 bei Holdheim II S. 318; Ring Anm. 15; Behrend § 123 Anm. 32; Cosack S. 593). Wir sind in unserer 1. Auflage für das selbstständige Prüfungsrecht des Registerrichters eingetreten und halten hieran fest. Rings Hauptargument geht dahin, der Registerrichter habe niemals die Befugniß, einen Beschluß zu beanstanden, welcher nicht gegen das zwingende Recht verstoße und den kein Berufener bemängeln wolle. Allein daß der Registerrichter sonst niemals diese Befugniß habe, ist nicht entscheidend. Sonst ist die Eintragung Beurkundung einer ohnehin gültigen Erklärung, hier ist sie Gültigkeitserforderniß. Es ist der zu öffentlichem Glauben fixirte Ausspruch eines richterlichen Beamten, daß das Gültigkeitserforderniß vorhanden ist, ein Ausspruch, den die Interessenten als Ergebniß eigener richterlichen Prüfung anzusehen wohl berechtigt sind.

Von dieser Auffassung aus erledigt sich die Bemerkung Rings, daß „kein Berufener den Beschluß bemängelt" hat, denn danach ist der Registerrichter der Berufensten einer. Das Gesetz hat eben wohlweislich erwogen, wie Majoritätsvoten oft zu Stande kommen, wie winzig oft die Majorität der G.V. gegenüber dem Gesammtgrundkapital ist, und wie schwierig die Selbstwahrnehmung der Aktionärrechte ist, und es hat deshalb bei den wichtigsten Beschlüssen den Aktionären außer der Möglichkeit sich selbst zu schützen, noch einen obrigkeitlichen Schutz, einen zweiten Wächter ihrer Rechte bestellt. Die öffentlich-rechtliche Mission des Registerrichters besteht hier in dem Schutze der Minderheit, die oft genug, zumal wenn sie unkundig, ungewandt oder ohne Schuld an der Wahrnehmung ihrer Rechte behindert ist, des obrigkeitlichen Schutzes dringend bedarf.

Der Hinweis darauf (vergl. besonders Kammergericht a. a. O.), daß es sich hier überall um verzichtbare Rechte handelt, wird hinfällig durch die Erwägung, daß die Aktionäre davon ausgehen können, daß die Beschlüsse der G.V. nicht eher gültig werden, als bis ein richterlicher Beamter sie geprüft, für eintragungsfähig befunden und dann durch seine Eintragung gewissermaßen sanktionirt hat. Die unterlassene Anfechtung kann besten Falls als Verzicht auf ihr eigenes Anfechtungsrecht, aber noch nicht auf die Prüfung durch den Richter hindeuten. Ueberdies giebt es zahlreiche Fälle, wo die unterlassene Anfechtung unmöglich als Verzicht gedeutet werden kann, so z. B. wenn die Einladung zur G.V. statt in den Gesellschaftsblättern in irgend einem unbekannten Blatte gestanden hat. (Zust. Schultze-Görlitz S. 184, jedoch nur, soweit es sich um Gesetzesverletzungen handelt).

c) Nach alledem hat der Registerrichter lediglich das Ergebniß seiner eigenen Prüfung zu Grunde zu legen; den Beschluß einzutragen, wenn er ihn für gültig hält, sonst die Eintragung abzulehnen. Nur hat er, wenn der Beschluß nachträglich vom Prozeßgericht für ungültig erklärt ist, auch das Urtheil einzutragen, was einer Löschung des Beschlusses gleichkommt. Theoretisch rechtfertigt sich diese Gesetzesvorschrift daraus, daß der Beschluß rückwärts so anzusehen ist, als sei er überhaupt nicht gefaßt worden.

d) Durch einstweilige Verfügungen kann auf die Eintragung des Registerrichters nicht hingewirkt werden. (§ 1 zu Art. 12; Ring Anm. 15.)

e) Trägt der Registerrichter einen ungültigen Beschluß ein, so ist, wenn öffentlichrechtliche Vorschriften verletzt sind, der Beschluß darum doch nicht gültig geworden. Das öffentliche Recht läßt sich auch durch richterliche Verfügungen nicht beugen. Sind nur Dispositivvorschriften verletzt, Anfechtung aber nicht erfolgt, so ist der Beschluß nunmehr gültig geworden. Ein Beschwerderecht steht dem einzelnen Aktionär nicht zu.

Zusatz 3. **Auf ältere Gesellschaften** ist der Artikel anwendbar. § 19.

Artikel 190 b.

Für einen durch unbegründete Anfechtung des Beschlusses (Artikel 190a) der Gesellschaft entstandenen Schaden haften ihr solidarisch die Kläger, welchen bei Erhebung der Klage eine bösliche Handlungsweise zur Last fällt.

Die Schadensersatzpflicht bei unbegründeten Anfechtungsklagen hat den Zweck, leichtfertigen Anfechtungsklagen vorzubeugen, weil dieses außerordentlich weitgreifende Recht des Einzelaktionärs nicht blos den Kredit der Gesellschaft schädigen, sondern durch Infragestellung der Gültigkeit der gefaßten Beschlüsse Verwirrung in die Verwaltung der Gesellschaftsangelegenheiten zu bringen geeignet ist. Einleitung.

1. **Unbegründete Anfechtung** liegt vor, wenn die Abweisung als eine materiell ungerechtfertigte dargethan wird. Es genügt nicht, wie Behrend § 128 Anm. 22 annimmt, Abweisung aus formellen Gründen, doch ist auch umgekehrt in diesem Falle ein Schadensanspruch nicht ausgeschlossen, wie dies Ring in der 1. Auflage (S. 307) annahm. Vielmehr kann auch hier der Nachweis materieller Grundlosigkeit der Klage geführt werden (Zust. jetzt Ring Anm 1). § 1.

2. **Ein der Gesellschaft entstandener Schade** muß es sein. Sind Aktionäre geschädigt, indem der Kurs der Aktien etwa gefallen ist und sie dadurch sich genöthigt sehen, dieselben zu verkaufen, so kommt dieser Schade nicht in Betracht. Wenn in der Reichstagskommission (K.B. 19) bemerkt wurde, ein Kursrückgang werde regelmäßig auch ein Schade der Gesellschaft sein, so wendet sich Ring (Anm. 1) mit Recht hiergegen, indem er nicht einmal zugiebt, daß für den Aktionär der Kursrückgang an sich ein Schade ist, da er ja nicht gezwungen ist, zu verkaufen. § 2.

3. **Die Kläger** haften, nicht die Nebenintervenienten, aber die Kläger, wer sie auch seien, also auch die Vorstandsmitglieder, wenn sie als solche klagen und ihnen bösliche Handlungsweise zur Last fällt (Ring Anm. 1). § 3.

4. **Ueber bösliche Handlungsweise** vergl. § 5 zu Art. 213a. § 4.

Artikel 222 a.

Auf Antrag von Aktionären, deren Antheile zusammen den zehnten Theil des Grundkapitals darstellen, kann das Landgericht, in dessen Bezirk die Gesellschaft ihren Sitz hat, zur Prüfung eines Herganges bei der Gründung oder eines nicht mehr als zwei Jahre zurückliegenden Herganges bei der Geschäftsführung oder Liquidation der Gesellschaft Revisoren ernennen, sofern ein in der Generalversammlung gestellter Antrag auf Prüfung abgelehnt ist und dem Gerichte glaubhaft gemacht wird, daß bei dem Hergange Unredlichkeiten oder grobe Verletzungen des Gesetzes oder des Gesellschaftsvertrages stattgefunden haben. Die Antragsteller haben zugleich die Aktien bis zur Entscheidung über den Antrag gerichtlich zu hinterlegen und glaubhaft zu machen, daß sie dieselben seit mindestens sechs Monaten, von der Generalversammlung zurückgerechnet, besitzen.

Vor der Anordnung sind der Vorstand oder die Liquidatoren, sowie der Aufsichtsrath zu hören. Die Anordnung ist von einer nach freiem Ermessen zu bestimmenden Sicherheitsleistung abhängig zu machen.

Der Vorstand hat den Revisoren die Einsicht der Bücher und Schriften der Gesellschaft und die Untersuchung des Bestandes der Gesellschaftskasse, wie der Bestände an Effekten, Handelspapieren und Waaren zu gestatten.

Der Bericht über das Ergebniß der Prüfung ist von den Revisoren zu dem Handelsregister einzureichen und von dem Vorstande bei der Berufung der nächsten Generalversammlung als Gegenstand der Beschlußfassung anzukündigen.

Ist der Antrag auf Ernennung von Revisoren zurückgewiesen oder erweist er sich nach dem Ergebnisse der Prüfung als unbegründet, so sind die Aktionäre, welchen eine bösliche Handlungsweise bei Stellung des Antrages zur Last fällt, solidarisch verpflichtet, einen durch die Stellung desselben der Gesellschaft entstandenen Schaden zu ersetzen

Einleitung. **Das Untersuchungsrecht einer Aktionärfraktion.** Das Gesetz gewährt den einzelnen Aktionären das Mittel, selbst gegen den Willen der Majorität die Verhältnisse der Gesellschaft einer Untersuchung zu unterziehen. Das hier gewährte Recht ist eines der von den Motiven so genannten Individualrechte, nach unserer Auffassung ein Sonderrecht (vergl. § 1 zu Art. 221). Hervorzuheben ist, daß dieses Recht bei der Kommanditgesellschaft auf Aktien nicht besteht.

Die Materie wird wie folgt geregelt:

1. Gegenstand und Voraussetzungen des Antrages und Gerichtszuständigkeit (Abs. 1).
2. Verfahren des Gerichts (Abs. 2).
3. Die Revision (Abs. 3 u. 4).
4. Die Folgen der unbegründeten Antragstellung (Abs. 5).

§ 1. 1. (Abs. 1). **Gerichtszuständigkeit, Gegenstand und Voraussetzungen des Antrages.**

a) **Zuständigkeit des Gerichts.** Es liegt ein mit Hilfe des Gerichts ausgeübtes gesellschaftliches Herrschaftsrecht, eine Verwaltungsmaßregel vor, kein Akt bürgerlichen Prozeßverfahrens, sondern freiwilliger Gerichtsbarkeit, vergleichbar der mit Hilfe des Gerichts erfolgenden Testamenteröffnung oder Nachlaßsiegelung, und hieraus ergiebt sich zunächst die Frage der Zuständigkeit. (Zust. R.G. vom 25. 9. 1893 in J.W. S. 465/466; a. A. allein Makower). Das Landgericht ist für zuständig erklärt, aber die Kammern für Handelssachen sind dazu von Reichswegen nicht ausersehen, wie in der Reichstagskommission (K.B. 19) irrthümlich angenommen wurde. Die im G.V.G. aufgestellten Kompetenzen betreffen nur die streitige Gerichtsbarkeit (§ 2 des Einführungsgesetzes dazu). Landesgesetzlich können die Kammern für Handelssachen für zuständig erklärt werden. In Preußen ist dies nicht der Fall. Hier entscheiden daher die Civilkammern (Ring Anm. 2; Behrend § 127a Anm. 10; Förtsch Anm. 2). In Baden sind die Kammern für Handelssachen für zuständig erklärt (Badisches Gesetz vom 24. April 1886 Art. 31 in G.Z. 33 S. 382).

§ 2. b) **Gegenstand des Antrages** ist ein Hergang bei der Gründung oder ein nicht länger als zwei Jahre zurückliegender Hergang bei der Geschäftsführung oder Liquidation. Der Hergang bei der Gründung kann hiernach beliebig lange zurückliegen. Da aber die Verantwortlichkeit aus den Gründungshergängen nach Art. 213e in 5 Jahren verjährt, so wird der Artikel sinngemäß dahin gedeutet werden müssen, daß nach Ablauf von 5 Jahren dem Antrage nicht stattzugeben ist (Ring Anm. 4). Die 2jährige bezw. 5jährige Frist wird gerechnet vom Tage des gerichtlichen Antrages. Dieser allein ist entscheidend. Wollte man vom Tage der Generalversammlung zurückrechnen, so wäre die Antragstellung unbefristet, und der Gesetzgeber will doch der Untersuchungsmöglichkeit ein Ziel setzen (Petersen u. Pechmann S. 431; Ring Anm. 4; Behrend § 127a Anm. 9). Im Uebrigen ist für die Berechnung der Frist Art. 328 analog anwendbar (R.G. 11 S. 44).

§ 3. c) **Die Voraussetzungen des Antrages.** Dieselben sind als Maximal- und Minimalerfordernisse zu betrachten. Nach beiden Richtungen ist das öffentliche Recht interessirt. Weder darf das Statut höhere, noch darf es geringere Erfordernisse aufstellen: höhere nicht, damit das vom Gesetzgeber gewollte Untersuchungsrecht nicht unter Umständen illusorisch gemacht werde; geringere nicht, um den Einzelaktionären ein so exorbitantes, dem Mißbrauche ausgesetztes Recht nicht leichter zu gewähren, als unter den Kautelen, die der Gesetzgeber nach reiflicher Erwägung für nothwendig hielt. (In letzterer Hinsicht anders Behrend § 127a Anm. 8 gemäß seiner prinzipiellen Auffassung, daß alle Minderheitsrechte statutarisch erweitert werden können. S. 799.)

Die Voraussetzungen sind:

α) ein in der Generalversammlung gestellter Antrag auf Prüfung muß abgelehnt sein. § 4.

αα) In der Generalversammlung muß der Antrag gestellt sein, aber nicht gerade von denen, die den gerichtlichen Antrag stellen.

ββ) Auf Prüfung und zwar auf Prüfung bestimmter Hergänge muß der Antrag in der Generalversammlung gelautet haben, nicht gerade auf Ernennung von Revisoren, und jedenfalls nicht bloß auf Einsetzung einer Revisionskommission überhaupt, wie dies in der Praxis üblich ist.

γγ) Abgelehnt muß der Antrag sein. Doch kommt der Ablehnung gleich die Vereitelung der Verhandlung durch die Leiter der Versammlung. Natürlich muß der Antrag ordnungsmäßig auf die Tagesordnung gesetzt gewesen sein.

β) Es muß glaubhaft gemacht werden, daß bei dem Hergange Unredlichkeiten oder grobe Gesetz- oder Statutenwidrigkeiten vorgekommen sind. Der Begriff Glaubhaftmachung ist zu ergänzen aus der C.P.O. § 266. Beweisaufnahmen, die sofort erfolgen können, sind hierbei zulässig (R.G. 10 S. 322). — Vergl. Ring Anm. 5. § 5.

γ) Die Aktionäre müssen ihre Aktien im Betrage von $^1/_{10}$ des Grundkapitals bis zur Entscheidung über den Antrag hinterlegen und den 6monatlichen Besitz glaubhaft machen. Beim Vorhandensein dieser Voraussetzung kann trotz des Wortlauts des Gesetzes auch ein einzelner Aktionär den Antrag stellen. Desgleichen können es auch Aktionäre verschiedener Gattung thun. Wieviel auf die Aktien eingezahlt ist, ist gleichgültig. Der Nominalbetrag entscheidet. § 6.

αα) Hinterlegung der Aktien bis zur Entscheidung. Man verfährt richtig derart, daß man den Antrag einreicht und um Anordnung der Hinterlegung ersucht. Auf Grund der hierauf ergehenden Hinterlegungsanordnung wird hinterlegt, alsdann die Hinterlegung dem Gerichte nachgewiesen. (Zust. Ring Anm. 5.) Die Hinterlegung der Aktien hat nur den Zweck, die Antragsteller als Aktionäre festzuhalten. Die Hinterlegungsstelle muß die Aktien wieder herausgeben, sobald die Entscheidung erfolgt ist, dieselbe mag zustimmend oder abweisend lauten. Zur Sicherheit dient die Hinterlegung nicht. Dafür ist in Abs. 2 anderweit gesorgt. § 7.

ββ) Glaubhaftmachung 6monatlichen Besitzes. Wegen Glaubhaftmachung vergl. oben § 5. § 8.

Die Banquiernote über den Ankauf vor 6 Monaten würde als Glaubhaftmachung genügen, wie dies auch in der Reichstagskommission hervorgehoben wurde. Unter dem 6monatlichen Besitz ist zu verstehen der Nachweis, daß man so lange Zeit Eigenthümer der Aktien gewesen sei. Daß man sie als Pfandgläubiger oder Leiher oder Nießbraucher besessen habe, genügt nicht, wie es andererseits nicht schadet, daß man während der kritischen Zeit die Aktien verpfändet, verliehen oder einem Andern zum Nießbrauch überlassen hat. Bei Namensaktien ist nicht erforderlich, daß man 6 Monate lang eingetragener Aktionär war. Denn solches Erforderniß geht aus den Worten des Gesetzes nicht hervor. Nach diesem muß der Antragsteller zur Zeit des Antrages eingetragen sein; das ergiebt sich daraus, daß er Aktionär sein muß, d. h. der

Gesellschaft gegenüber. Bei der Berechnung des 6 monatlichen Besitzes wird die Zeit des Rechtsvorgängers, wenn es ein Universalsuccessor ist, hinzugerechnet, wenn es ein Singularsuccessor ist, natürlich nicht. (Ring Anm. 3; Behrend § 127a Anm. 15).

Die Berechnung erfolgt im Hinblick auf die anderweit von der Reichsgesetzgebung für die Berechnung von Fristen eingeführten Vorschriften (Art. 328, 329 H.G.B.; Art. 32, 92, W.O.; § 200 C.P.O.; § 43 Str.P.O.) in der Weise, daß von dem Tage des Antrages bis zum Ablauf desjenigen Tages des 6. Monats zurückgerechnet wird, welcher durch seine Benennung oder Zahl dem Tage der Antragstellung entspricht. — Vergl. Ring Anm. 3.

§ 9. d) Beim Vorliegen dieser Voraussetzungen „kann“ das Landgericht die Revisoren ernennen. Es fragt sich, wie dieses „kann“ zu deuten ist. Die Motive (I S. 248) meinen, daß, wenn das Gericht die gesetzliche Voraussetzung für gegeben erachtet, es die Anordnung treffen muß. Petersen und Pechmann S. 438 und Behrend § 127a Anmerk. 16 bestreiten dies, jedoch mit Unrecht. Stellt das Gesetz bestimmte Voraussetzungen für die Anordnung des Richters auf, so ist anzunehmen, daß das richterliche Ermessen sich nur noch auf die Würdigung dieser Requisite im Einzelfalle erstreckt. Sonst wäre nicht ersichtlich, welchen Zweck die Aufstellung der bestimmten Erfordernisse hätte, und nicht richterliches Ermessen, sondern richterliche Willkür würde entscheiden (Ring Anm. 6).

§ 10. 2. (Abs. 2.) **Das Verfahren.** Dasselbe basirt darauf, daß es sich nicht um einen bürgerlichen Rechtsstreit handelt, sondern um eine mit richterlicher Hilfe durchzusetzende Verwaltungsmaßregel, um einen Akt freiwilliger Gerichtsbarkeit (vergl. oben § 1)[1]). Der Antrag ist daher schriftlich oder zu Protokoll des Gerichtschreibers zu stellen. Der Vorschlag bestimmter Revisoren ist zulässig, aber nicht erforderlich. Von einem Anwaltszwange kann keine Rede sein, desgleichen nicht von einer obligatorischen mündlichen Verhandlung (vgl. § 1). Das Gericht kann den Antrag zurückweisen, ohne die Gesellschaftsorgane zu hören; muß sie aber, wenn auch völlig formlos, hören d. h. ihnen Gelegenheit geben, sich zu äußern, wenn es dem Antrage Statt geben will. In diesem Falle muß das Gericht auch eine Sicherheitsleistung (die auch in den hinterlegten Aktien bestehen kann, vergl. § 11 zu Art. 190a hinter Art. 222) für alle Schäden und Kosten der Gesellschaft erfordern und zwar auch ohne Antrag, ja selbst ein Verzicht der Gesellschaft wäre wirkungslos[2]) (Ring Anm. 6). Zu ernennen sind mindestens 2 Revisoren (Ring Anm. 7; Behrend § 127a Anm. 81), die Vorschläge der Antragsteller sind dabei **nicht bindend.**

Gegen die Anordnung ist im H.G.B. ein Rechtsmittel nicht gegeben, dasselbe ist mit Absicht den Landesgesetzen überlassen (K.B. 19). Völderndorff (S. 577) verweist in Folge dessen für Bayern auf das bayrische Ausführungsgesetz zur C.P.O. vom 28. Februar 1879 Art. 56 ffg. In Baden findet sofortige Beschwerde nach den Vorschriften der C.P.O. mit aufschiebender Wirkung statt. (Vergl. das oben § 1 citirte Gesetz). In Preußen giebt es unserer Ansicht nach kein Rechtsmittel. Es käme das preußische Ausführungsgesetz vom 24. April 1878 zum Deutschen Gerichtsverfassungsgesetz in Frage. Nach der Fassung desselben ist aber eine Beschwerde nicht gegeben. Als Beschwerdeinstanz kämen, da die erste Instanz das Landgericht ist, die Oberlandesgerichte in Betracht. Diesen aber steht nach § 49 des gedachten Gesetzes nur zu die Entscheidung in denjenigen Angelegenheiten, welche nach den Vorschriften „dieses Gesetzes“, d. h. des gedachten Ausführungsgesetzes, in erster Instanz zur Zuständigkeit gehören. In „diesem Gesetze“ sind aber die Landgerichte nur für Entscheidungen in bestimmten bürgerlichen Rechtsstreitigkeiten für zuständig erklärt. Im Gegensatz hierzu nimmt Ring (Anm. 6) an, „für Preußen sei

---

[1]) Auch für die Berechnung der Gerichts- und Anwaltskosten kommt in Betracht, daß es sich nicht um einen bürgerlichen Rechtsstreit handelt, so daß weder das Gerichtskostengesetz, noch die Rechtsanwaltsgebührenordnung Platz greift.

[2]) Ueber die Auszahlung der Sicherheit muß, wenn keine Einigung erzielt wird, im Prozeßwege entschieden werden (Fritsch Anm. 5).

ein Beschwerderecht schlechthin anzunehmen". Für ihn sprechen allerdings die Ausführungen des Beschlusses des Kammergerichts bei Johow 11 S. 3. Ring meint weiter, daß die ausschließliche Zuständigkeit des Kammergerichts nicht zutrifft, er erachtet also die Oberlandesgerichte für zuständig, obwohl dieselben zur Entscheidung dieser Angelegenheiten in keinem Gesetze für zuständig erklärt sind. Eine weitere Beschwerde erachtet wohl auch Ring nicht für zulässig.

Mit jener Anordnung hört die Thätigkeit des Gerichtes auf. Was weiter geschehen soll, ordnet der folgende Absatz an. Es wird nicht vom Gerichte untersucht, ob die behauptete Verletzung wirklich stattgefunden hat.

Die Kosten sind zu tragen von den Antragstellern. Sie gegen die Gesellschaft einzuklagen, ist nicht möglich (anders Schmidt S. 94; Ring Anm. 6), wohl aber eventuell gegen den Schuldigen.

3. (Abs. 3 u. 4.) **Die Revision.**

a) **Pflichten der Gesellschaftsorgane dabei.** Der Vorstand, und selbstverständlich auch die Liquidatoren, obwohl diese in diesem Absatze nicht besonders erwähnt sind, haben die Pflicht, den Revisoren alles vorzuweisen. Was insbesondere die Bücher und Skripturen betrifft, so ist diese Vorweisungspflicht nicht etwa beschränkt auf dasjenige, was auf den zu prüfenden Hergang unmittelbar Bezug hat. Der Vorstand hat ferner den Revisionsbericht auf die Tagesordnung der nächsten Generalversammlung zu bringen (und zwar zur Beschlußfassung, sodaß Anträge, die sich auf den durch die Revisoren geprüften Hergang beziehen, in der betreffenden G.V. zur Abstimmung gebracht werden können, ohne vorherige besondere Ankündigung, Behrend § 127a Anm. 20). **§ 11.**

Zur Erfüllung dieser Pflichten dient das Mittel der Ordnungsstrafen nach Art. 249g. Im Uebrigen können die Aktionäre die letztere Pflicht durch Art. 237 erzwingen.

Den Antragstellern gegenüber besteht diese Vorweisungspflicht nicht. Sie haben nicht einmal das Recht der Anwesenheit bei der Vornahme der Revision.

b) **Die Pflichten der Revisoren.** Sie haben das Ergebniß der Prüfung zum Handelsregister einzureichen. Freilich ist nicht gesagt und nicht ersichtlich, wie sie hierzu gezwungen werden sollen. In Wahrheit besteht kein Zwang. Der § 374 C.P.O., den Makower anwenden will, ist nicht anwendbar, weil, wie mehrfach betont, kein bürgerlicher Rechtsstreit vorliegt, es sich auch nicht um Sachverständige, als Gehilfen des Richters zur Bildung seines Urtheils, handelt. Das Gericht kann jedoch, wenn die Revisoren die Prüfung und Berichterstattung unterlassen, zur Ernennung anderer Revisoren schreiten. Es wird daher auch zulässig sein, ihnen zur Vermeidung dieser Folge eine Frist zu setzen (Behrend § 127a Anm. 18). **§ 12.**

Die von den Revisoren liquidirten Kosten haben die Antragsteller zu bezahlen. Dazu dient die Sicherheit. Die Gesellschaft wird sie auch auslegen können. Aber das Gericht wird auch anordnen können, daß sie den Revisoren aus dem Depot ausbezahlt werden. Die Revisoren treten zur A.G. nicht in ein Vertragsverhältniß (Behrend § 127a a. E.). Ihre rechtliche Stellung ist dieselbe, wie die der Revisoren im Gründungsstadinm. Vergl. daher Näheres, insbesondere über ihre Haftung § 1 zu Art. 209h.

c) **Nur die Einreichung des Berichts ist angeordnet,** weder die Eintragung, noch die Publikation. Aber daß den Bericht jeder einsehen kann, folgt aus § 4 zu Art. 12. **§ 13.**

4. (Abs. 5.) **Folgen der unbegründeten Antragstellung.** Dieselben treten ein, gleichviel ob die Zurückweisung aus formellen oder materiellen Gründen geschah. Den Antragstellern muß eine bösliche Handlungsweise zur Last fallen (vgl. hierüber § 5 zu Art. 213a). Der Schaden muß der Gesellschaft entstanden sein. Im Kursrückgang an sich liegt ein solcher nicht (vgl. § 2 zu Art. 190b). **§ 14.**

Zusatz. Daß der Artikel auf ältere Gesellschaften anwendbar ist, ist nicht zweifelhaft. (Ring Anm. 10).

Artikel 223.

Die Ansprüche der Gesellschaft aus der Gründung gegen die in Gemäßheit der Artikel 213a bis 213c verpflichteten Personen oder aus der Geschäftsführung gegen die Mitglieder des Vorstandes und des Aufsichtsraths, sowie aus der Liquidation gegen die Liquidatoren und die Mitglieder des Aufsichtsraths sind zu erheben, wenn in der Generalversammlung dies mit einfacher Stimmenmehrheit beschlossen oder von einer Minderheit, deren Antheile den fünften Theil des Grundkapitals darstellen, verlangt wird.

Die Erhebung des Anspruchs auf Verlangen der Minderheit muß binnen drei Monaten seit der Generalversammlung erfolgen. Die von der Minderheit bezeichneten Personen können durch das Handelsgericht als Bevollmächtigte der Gesellschaft zur Führung des Prozesses ernannt werden. Die Klage ist das Protokoll der Generalversammlung, soweit dasselbe die Erhebung des Anspruchs betrifft, in beglaubigter Abschrift beizufügen. Die Minderheit hat den fünften Theil des Grundkapitals in Aktien der Gesellschaft für die Dauer des Prozesses gerichtlich zu hinterlegen und dem Gerichte glaubhaft zu machen, daß sie dieselben seit mindestens sechs Monaten, von der Generalversammlung zurückgerechnet, besitzt. Sie hat auf Verlangen der Beklagten wegen der denselben drohenden Nachtheile eine nach freiem Ermessen des Gerichts zu bestimmende Sicherheit zu leisten. Das Verlangen ist als prozeßhindernde Einrede geltend zu machen. Wird die Sicherheit binnen der vom Gerichte gestellten Frist nicht geleistet, so ist die Klage auf Antrag für zurückgenommen zu erklären. Die Minderheit ist verpflichtet, die der Gesellschaft auferlegten Prozeßkosten ihr zu erstatten. Für den Schaden, welcher durch eine unbegründete Klage den Beklagten entstanden ist, haften ihnen solidarisch die Aktionäre, welchen bei Erhebung des Anspruchs eine bösliche Handlungsweise zur Last fällt.

Im Uebrigen kommen die Bestimmungen des Art. 194 und 195 zur entsprechenden Anwendung.

Einleitung. **Die Regreßklage gegen die für Gründungsfehler oder fehlerhafte Geschäftsführung haftenden Personen.** Für die Kommanditgesellschaft auf Aktien besteht diese Vorschrift nicht. Was dort Rechtens ist, ergiebt sich daher aus allgemeinen Rechtsvorschriften. Wenn einer solchen Gesellschaft hiernach ein Regreßrecht zusteht, so kann sie es geltend machen ohne Generalversammlungsbeschluß und ohne Minderheitsverlangen. Die Vertretung in Prozessen regelt sich alsdann nach Art 194 und 195.

Für die Aktiengesellschaft gilt zunächst, daß dem einzelnen Aktionär ein solches Klagerecht nicht zusteht, sondern nur der Gesellschaft.[1]) Die Geltendmachung des Klagerechts der Gesellschaft ist im vorliegenden Artikel wie folgt geordnet.

1. Voraussetzungen des Klagerechts (Abs. 1).
2. Prozessuale Behandlung der Regreßklage und Folgen des unbegründeten Regresses (Abs. 2).
3. Die Prozeßbevollmächtigten (Abs. 3).

§ 1. 1. (Abs. 1.) **Voraussetzung des Klagerechts.** Ihr Inhalt ist folgender: Die Ansprüche sind zu erheben, wenn dies in der Generalversammlung mit einfacher Stimmenmehrheit beschlossen oder von Aktionären, welche den 5. Theil des Grundkapitals besitzen, verlangt wird.

§ 2. a) **Die Ansprüche der Gesellschaft sind zu erheben,** wenn eine dieser Bedingungen erfüllt wird. Gestritten wird, ob das Gesetz damit sagen will, die Ansprüche seien nur unter

---

[1]) Ob dem Einzelaktionär ein solcher Anspruch zusteht, darüber siehe Art. 241 § 3 Note 1. Das Recht als Nebenintervenient beizutreten, steht ihm zu (Ring S. 490; Cosack S. 632; dagegen Behrend § 113 Anm. 2). Aber einstweiliger Verfügungen kann er, abgesehen von dem Falle des Anfechtungsprozesses nicht beantragen (vergl. § 1 Note 1 zu Art. 221).

jener Voraussetzung zu erheben, der Vorstand dürfe also ohne dieselbe die Klage nicht erheben und die gleichwohl erhobene Klage sei unbegründet und abzuweisen. Auf diesem Standpunkt steht das Reichsgericht (18 S. 61), nur daß es denselben dahin abschwächt, daß der Beklagte auf die Feststellung dieser Voraussetzung verzichten kann. Die Ausleger des Aktiengesetzes sind aber vorwiegend anderer Ansicht (vergl. Ring Anm. 2 und die dort Citirten; ferner Behrend § 113 Anm. 3; Förtsch Anm. 2; Cosack S. 632) und auch wir müssen (gegen unsere 1. Auflage) dem Reichsgericht entgegentreten. Der Vorstand ist jedenfalls zur Klageanstellung befugt, eine Beschränkung seiner Vertretungsbefugniß, die nicht vermuthet werden kann, ist in dem vorliegenden Artikel nicht enthalten, der nur sagt, wann jedenfalls die Klage zu erheben ist. Das früher von uns erhobene Bedenken, es wäre bei dieser Auffassung nicht ersichtlich, wozu die Beifügung der Protokollabschrift vorgeschrieben ist, wenn der Vorstand auch ohne dies legitimirt ist, erledigt sich durch die Erwägung, daß diese Protokollabschrift nur in dem Falle beizufügen ist, daß die Klageerhebung auf dem Verlangen der Minderheit beruht, und zwar, wie mit Förtsch Anm. 4 anzunehmen ist, nur dann, wenn nicht der Vorstand, sondern der Aufsichtsrath oder vom Handelsgericht bestellte Prozeßbevollmächtigte auftreten. Diese müssen ihre Legitimation durch die Protokollabschrift darthun, in diesem Falle sind die Minderheitsaktien zu hinterlegen, in diesem Falle hat die Minderheit Sicherheit zu leisten. Wenn dagegen der Vorstand, sei es auch aus eigener Initiative, sei es auf Grund eines Generalversammlungsbeschlusses, sei es endlich auf Grund des Minderheitsverlangens klagt, so ist er ohne weiteres legitimirt; dem Gegner geht es nichts an, auf wessen Anregung der Vorstand klagt; der Gegner kann weder Protokollabschrift noch Aktienhinterlegung, noch Sicherheit verlangen.

b) Wenn die Generalversammlung einen dahingehenden Beschluß mit einfacher Stimmenmehrheit faßt oder Repräsentanten des 5. Theis des Grundkapitals dies verlangen (Ring Anm. 4). Für den Beschluß der G.V. darf eine höhere Mehrheit statutarisch nicht gefordert werden (Behrend § 113 Anm. 6; Förtsch Anm. 3). Zu dem „Verlangen" der Minderheit genügt nicht, daß sich die betreffenden Aktienbesitzer an einer Abstimmung in diesem Sinne betheiligt haben, es muß der Ausspruch eines selbständigen Verlangens sein (Behrend § 113 Anm. 9) doch muß nicht gerade, wie Behrend will, ein ablehnender Beschluß vorangegangen sein. Das ist vom Gesetz nicht erfordert. Jener Beschluß, wie dieses Verlangen, müssen in einer rite einberufenen Generalversammlung mit gehörig publicirter Tagesordnung ausgesprochen sein. Eventuell kann die Ansetzung der Generalversammlung bezw. die Bestimmung der Tagesordnung nach Art. 237 erzwungen werden. Bei der Berechnung des repräsentirten Grundkapitals wird auf den Nominalbetrag Rücksicht genommen, nicht auf den eingezahlten Betrag, was insbesondere für Interimsscheine wichtig ist. Klägerin ist die Gesellschaft, auch dann, wenn die Minderheit die Klage verlangt hat (Ring Anm. 3). § 3.

Nicht unerwähnt kann bleiben, daß das hier gegebene Minderheitsrecht, genau besehen, wenig Bedeutung hat, da die Mehrheit der Generalversammlung die betreffenden Organe entlasten kann, nur muß diese Mehrheit, im Falle es sich um Gründungsfehler handelt, den Vorschriften des Art. 213d entsprechen (Petersen und Pechmann S. 446). Die Annahme der meisten anderen Ausleger Rings (Anm. 5) und Förtsch's (Anm. 3), Behrends (§ 126, Anm. 23) daß nach dem Ausspruch des Verlangens ein Vergleich oder Verzicht nur mit Zustimmung jener Minderheit erfolgen kann, hat im Gesetze keinen Ausdruck gefunden, ebensowenig die Annahme Cosacks (S. 635), daß diejenige Zehntelminderheit, welche nach Art. 222a eine Untersuchung fordern, auch dem Vergleiche widersprechen kann.

2. (Abs. 2.) **Die prozessuale Behandlung der Regreßklage und die Folge der ungerechtfertigten Regreßerhebung.** § 4.

a) **Prozessuale Behandlung der Regreßklage.** (sc. wenn nicht der Vorstand klagt, vergl. oben § 2).

α) Frist. Die hier vorgesehene Fristbestimmung für die auf Verlangen der Minderheit angestellte Klage hat zweierlei Bedeutung. Einmal wird dadurch eine Pflicht der zur Prozeßführung verpflichteten Organe begründet, deren Verletzung sie der Gesellschaft (nicht der Minderheit) gegenüber verantwortlich macht. Andererseits ist die Innehaltung der Frist ein Requisit der Klageanstellung, dessen Nichtvorhandensein vom Beklagten gerügt werden kann und zur Abweisung der Klage führt, doch so, daß hierdurch das Regreßrecht der Gesellschaft nicht verloren geht. Vielmehr kann in einer neuen Versammlung durch Mehrheitsbeschluß oder Minderheitsverlangen die Prozeßführung von Neuem von der Minderheit verlangt oder von der Mehrheit beschlossen werden (Motive II S. 162). Hinsichtlich des neuen Minderheitsverlangens bemerkt jedoch Behrend (§ 113 Anm. 12) mit Recht, daß es nicht statthaft ist, wenn das Verlangen seinem Inhalte nach identisch ist mit demjenigen, welches früher gestellt wurde. Der Vorstand braucht diesem erneuten Verlangen keine Folge zu geben, das Handelsgericht hat die Ernennung von Mandataren abzulehnen und der Gegner kann der gleichwohl (scil. nicht vom Vorstand vergl. oben § 2) erhobenen Klage einen dahin gehenden Einwand entgegensetzen.

§ 5. β) Beifügung der Protokollsabschrift. Dadurch wird die Legitimation dargethan (vergl. § 2). Das Requisit muß von Amtswegen beachtet werden, doch nicht schon bei der Terminsbestimmung. Eine Nachbringung heilt den Mangel (Behrend § 113 Anm. 13).

§ 6. γ) Die Minderheit hat ihre Aktien gerichtlich zu hinterlegen und sechsmonatlichen Besitz glaubhaft zu machen. Ueber gerichtliche Hinterlegung und sechsmonatlichen Besitz vergl. §§ 6—8 zu Art. 222a. Eigenthümlich gestaltet sich das Verhältniß insofern, als die Gesellschaft Klägerin, die Minderheit aber zur Hinterlegung und zum Nachweis des sechsmonatlichen Besitzes verpflichtet ist. Prozessualisch wird die Sache in der Weise verlaufen, daß die Vertreter der Gesellschaft sich mit den die Minderheit darstellenden Aktionären in Verbindung setzen, von ihnen die Hinterlegung auf Grund der gerichtlichen Anordnung und die Glaubhaftmachung des sechsmonatlichen Besitzes verlangen und diese Nachweise alsdann dem Gerichte überreichen. Das Erforderniß ist ebenfalls ex officio zu berücksichtigen, kann aber nachgebracht werden (Behrend § 113 Anm. 13).

§ 7. δ) Die Minderheit hat auf Verlangen des Beklagten Sicherheit zu bestellen. Auch hier wieder hat die Minderheit die Verpflichtung. (Vergl. zu γ). Im Uebrigen vergl. wegen der Sicherheitsleistung § 11 zu Art. 190a).

§ 8. b) **Folgen unbegründeter Regreßerhebung.** Sind der Gesellschaft Prozeßkosten auferlegt, gleichviel, aus welchem Grunde, und insbesondere ob sie vermeidlich waren oder nicht (Motive II S. 163), so hat die Minderheit sie ihr zu erstatten, und zwar (gegen Ring Anm. 9) ohne jeden Einwand (vergl. Schmidt, Gründerverantwortlichkeit S. 86). Eine solidarische Verpflichtung der Aktionäre ist dabei nicht ausgesprochen und deshalb nicht vorhanden. Die Haftung pro rata, d. h. nach der Höhe ihrer Betheilsgung, würde gleichfalls eine besondere gesetzliche Vorschrift voraussetzen, daher bleibt nur die Haftung nach Köpfen übrig (vergl. § 95 C.P.O.) — Ring Anm. 9.

Für den Schaden durch unbegründete Klageanstellung haften dem Beklagten die böslich handelnden Aktionäre. Hierüber vergl. § 5 zu Art. 213a.

§ 9. 3. (Abs. 3.) **Die Prozeßbevollmächtigten.** Die Materie ist unübersichtlich geregelt[1]), zum Theil im zweiten Abschnitt des Abs. 2 des vorliegenden Artikels, zum Theil in Abs. 3 durch Bezugnahme auf Art. 194 und 195, welche letzteren aber auf die Organisation der Aktiengesellschaft nicht sonderlich passen und daher vorsichtige Anwendung erheischen. Ins-

---

[1]) Vergl. hierzu Ring S. 488 ffg.

besondere können die Aktionäre nicht, wie die Kommanditisten, selbst gegen den Vorstand auftreten. Vielmehr kann dies nur die Gesellschaft thun.

Die Materie stellt sich wie folgt:

Primär obliegt die Erhebung der Klage dem Vorstand. Dieser hat auch dann zu klagen, wenn der Anspruch sich gegen Vorstandsmitglieder richtet, solange er nur noch aktionsfähig bleibt. Wenn dies nicht der Fall ist, hat er die G.V. anzugehen.

Wenn die G.V. die Klageerhebung gegen Vorstandsmitglieder beschließt oder die Minderheit sie, nach Art. 223, verlangt, so ist der Aufsichtsrath ordentliches Organ zur Prozeßführung. (Art. 194 Abs. 1.)[1])

Traut die G.V. diesen Organen nicht, so kann sie besondere Bevollmächtigte für die Prozeßführung bestellen, desgleichen immer dann, wenn es sich um einen Prozeß gegen Mitglieder des A.R. handelt (Art. 195 Abs. 1; Behrend § 127 Anm. 41; Cosack S. 632).

Wenn die Aktionäre an der Wahl behindert werden, so können sie die Bevollmächtigten durch das Handelsgericht bestellen lassen, auch einem einzelnen Aktionär steht dieses Recht zu. (Art. 195.)

Wenn sie aber an der Wahl auch nicht gehindert sein sollten, wenn also die Mehrheit Bevollmächtigte gewählt hat, so steht es dennoch der Minderheit, d. h. der in Art. 223 qualifizirten Minderheit, frei, weil sie diesen Bevollmächtigten nicht traut, ihrerseits andere zu bezeichnen und ihre Ernennung durch das Handelsgericht (d. h. das Registergericht) zu beantragen.

Die vom Handelsgericht ernannten Bevollmächtigten sind gesetzliche Vertreter im Sinne des § 50 C.P.O. und schließen für den Kreis ihrer Vertretungsmacht die gesetzliche Vertretungsbefugniß des Vorstandes aus.

Das Handelsgericht tritt in der Weise in Aktion, daß die Minderheit entweder ihm Personen nennt, die sie schon in der Generalversammlung bezeichnet hat, oder daß sie ex post Personen bezeichnet.

Das Handelsgericht kann aber nur die ihm bezeichneten Personen, nicht andere ernennen. (Zust. Förtsch Anm. 5; anders Behrend § 113 Anm. 11.) Auch handelt es sich hier überall nur um die Ernennung von Prozeßbevollmächtigten. Der Generalversammlungsbeschluß, der die Prozeßführung beschließt, kann vom Handelsgericht nicht ersetzt werden.

Das Handelsgericht handelt dabei nach freiem Ermessen. Dasselbe ist um so beweglicher, als das Gesetz bestimmte Erfordernisse nicht aufstellt. In abstracto ist als Erforderniß zu erachten, daß den ordnungsmäßig bestellten Organen nicht zu trauen sei. Liegen in concreto solche Umstände vor, bei deren Würdigung das freie Ermessen obwaltet, so ist dem Antrage stattzugeben, sonst muß das Gericht denselben ablehnen (vergl. über den Begriff „kann" § 9 zu Art. 237).

Ueber Rechsmittel hiergegen entscheiden die Landesgesetze. In Preußen ist Beschwerde und weitere Beschwerde zulässig (vergl. Kammergericht bei Johow 11 S. 3); in Baden sofortige Beschwerde nach Art. 39 des badischen Gesetzes vom 24. April 1886.

Zusatz. Auf ältere Gesellschaften findet die Vorschrift des Gesetzes, da sie im öffentlichen Rechte ruht, Anwendung, und zwar selbst bei Geschäftsvorgängen, die sich unter dem alten Gesetze ereignet haben (R.G. 18 S. 61), nur bei älteren Gründungshergängen nicht (§ 2 des Gesetzes). § 10.

---

[1]) Daneben besteht das Recht des Aufsichtsraths (nicht einzelner Aufsichtsrathsmitglieder, auch wenn nur die Verantwortlichkeit einzelner in Frage steht) selbständig (auch ohne, auch gegen den Beschluß der G.V.) gegen den Vorstand zu klagen, wenn es sich um die eigene Verantwortlichkeit handelt. (Art. 194 Abs. 2.) In diesen Klagen vertritt der Aufsichtsrath richtiger Ansicht nach die Gesellschaft. (Behrend § 127 Anm. 12; Alexander in G.Z. 40 S. 110; Anders Ring S. 489.)

Artikel 224.

Die für den Aufsichtsrath einer Kommanditgesellschaft auf Aktien in den Artikeln 191 und 192 gegebenen Bestimmungen finden auf den Aufsichtsrath einer Aktiengesellschaft Anwendung.[1])

(Artikel 191.)

Der Aufsichtsrath besteht, sofern nicht der Gesellschaftsvertrag eine höhere Zahl festsetzt, aus drei von der Generalversammlung der Kommanditisten zu wählenden Mitgliedern. Persönlich haftende Gesellschafter könneu nicht Mitglieder des Aufsichtsraths sein.

Die Wahl des ersten Aufsichtsraths gilt für die Dauer des ersten Geschäftsjahres und, wenn dasselbe auf einen kürzeren Zeitraum als ein Jahr seit Eintragung des Gesellschaftsvertrages in das Handelsregister bemessen ist, bis zum Ablauf des am Ende dieses Jahres laufenden Geschäftsjahres.

Später kann der Aufsichtsrath nicht auf länger als fünf Geschäftsjahre gewählt werden. Insoweit die Wahl auf einen längeren Zeitraum geschieht, ist dieselbe ohne rechtliche Wirkung.

Die Bestellung zum Mitgliede des Aufsichtsraths kann auch vor Ablauf des Zeitraums, für welchen dasselbe gewählt ist, durch die Generalversammlung widerrufen werden. Der Beschluss bedarf einer Mehrheit von drei Viertheilen des in der Generalversammlung vertretenen Gesammtkapitals.

Einleitung. **Der Artikel stellt Normen für die Zusammensetzung und Amtsdauer des Aufsichtsraths auf,** und zwar

1. Ernennungsart, Zahl der Mitglieder und Qualifikation derselben (Abs. 1).
2. Amtsdauer (Abs. 2 u. 3).
3. Erlöschen des Amts durch Widerruf (Abs. 4).

§ 1. 1. (Abs. 1.) **Ernennungsart, Zahl der Mitglieder und Qualifikation derselben.**

a) **Ernennungsart.** Das Gesetz kennt nur eine solche: das ist die Wahl in der Generalversammlung, und es herrscht darüber Einigkeit, daß sich dies auf alle Aufsichtsrathsmitglieder, nicht blos auf die Minimalzahl von 3 Mitgliedern bezieht; Kooptation und Delegation sind absolut ausgeschlossen (Motive I S. 213; Ring Anm. 4; Behrend § 127 Anm. 21; Förtsch Anm. 2). Auch eine Kooptation unter Vorbehalt der Genehmigung durch die Generalversammlung ist unzulässig. Die Wahl erfordert einen gehörigen Generalversammlungsbeschluß, stillschweigende Zustimmung giebt es nicht (Bolze 8 Nr. 808). Ist der Generalversammlungsbeschluß nicht gültig, so kann er angefochten weden. Einstweilen aber können die Aufsichtsrathsmitglieder funktioniren. Denn die Gesellschaft kann dem von ihrer Generalversammlung gewählten Organ nicht entgegenhalten, daß ihr eigener Beschluß ungültig war (vergl. § 15 zu Art. 190a, zust. Ring Anm. 4). Wird der Beschluß nicht angefochten, so wird er dadurch gültig, wenn dispositive Vorschriften des Gesetzes oder statutarische Vorschriften verletzt sind. Sind dagegen öffentlichrechtliche Bestimmungen verletzt, so bleibt der Beschluß ungültig und die Wahl gilt als nicht erfolgt. (Ring Anm. 4). So z. B. wäre öffentliches Recht verletzt, wenn die Statuten die Bestimmung enthielten, daß bei verschiedenen Aktiengattungen jede Gattung ein Mitglied wählt; denn die Generalversammlung ist eine Versammlung aller Aktionäre. Fällt dagegen die Wahl auf einen Konkursifex, obwohl das Statut dies ausschließt, so wird die Wahl durch unterlassene Anfechtung gültig (vergl. § 8). Ist die Wahl erfolgt für den Fall der Eintragung einer Statutenänderung, so tritt der Wahlbeschluß erst mit der Eintragung in Kraft. Vorher können die Aufsichtsrathsmitglieder nicht fungiren (R.G. 24 S. 54 ffg.).

---

[1]) Ueber die rechtliche Stellung des Aufsichtsraths im Allgemeinen siehe die Einleitung zu Art. 225.

Durch die Annahme der Wahl[1]) tritt der Gewählte in ein Vertragsverhältniß zur Gesellschaft (R.G. in Strafsachen 7 S. 280), nicht auch zu den Aktionären (R.O.H. 22 S. 239; R.G. 28 S. 72; O.L.G. Stuttgart in G.Z, 37 S. 555). Es liegt ein Dienstverhältniß vor (Auftragsverhältniß im weiteren Sinne, Behrend § 127 Anm. 23a, nicht reines Mandat, wie Ring Anm. 7 will), nach preußischem Recht also ein Vertrag über Handlungen, nur daß wegen der Eigenart dieses Vertrages nicht alle Vorschriften des A.L.R. von Verträgen über Handlungen Platz greifen. Insbesondere wird man dem Gewählten nach Annahme der Wahl das Recht auf Zulassung als nothwendiges Korrelat seiner Verantwortlichkeit gewähren müssen (Ring Anm. 8; vergl. R.O.H. 17 S. 107, wo aber dieses Recht auf Zulassung in heute nicht mehr zutreffender Weise als Gesellschaftsrecht charakterisirt ist).

Eine Pflicht zur Annahme der Wahl besteht nicht, selbst nicht für den Aktionär, unserer Ansicht nach kann sie auch statutarisch nicht auferlegt werden (vergl. § 2 zu Art. 219).

Aus dem Handelsregister geht, wer gewählt ist, nur um deshalb hervor, weil alle Generalversammlungsbeschlüsse eingereicht werden müssen (Art. 238a Abs. 2, beim ersten Aufsichtsrath Art. 210 Nr. 8). Die Namen der Mitglieder des ersten Aufsichtsraths sind auch zu publiziren (nicht einzutragen, wie Esser Anm. 4 sagt). Aber im Uebrigen geht die Zusammensetzung des Aufsichtsraths aus dem Handelsregister nicht hervor; man sieht also daraus nicht, wie sich der Aufsichtsrath konstituirt hat, wer der Vorsitzende ist und wer im Laufe der Wahlperiode ausgetreten ist, ja nicht einmal, ob die Gewählten die Wahl angenommen haben, es sei denn, daß das Wahlprotokoll auch die Annahmeerklärung enthält.[2]) Auch hat der Registerrichter kein Recht einzuschreiten, wenn ihm die Wahl ungültig erscheint (vergl. § 2 zu Art. 249g).

b) **Zahl der Mitglieder.** Das Gesetz bestimmt nur eine Mindestzahl. Das Statut (und zwar sowohl das ursprüngliche als das abgeänderte, R.G. 24 S. 56) kann nicht blos eine höhere Zahl festsetzen, sondern auch eine bewegliche Zahl, was sich empfiehlt, damit nicht durch jeden Austritt eines Mitgliedes der Aufsichtsrath beschlußunfähig und eine Neuwahl nöthig wird (O.L.G. Dresden und Oberstes L.G. München in GZ. 35 S. 238). Meist bestimmen denn auch die Statuten eine Minimal- und eine Maximalgrenze, z. B. die Aktiengesellschaft Zeche Dannenbaum in Bochum: mindestens 3 und höchstens 9 Mitglieder; die Eisenbahn-Hotelgesellschaft in Berlin: mindestens 4 und höchstens 10 Mitglieder. § 2.

c) **Qualifikation der Mitglieder.** In dieser Hinsicht sagt der in Bezug genommene Artikel nur, daß persönlich haftende Mitglieder nicht Aufsichtsrathsmitglieder sein sollen. Das bezieht sich auf die A.K.G. § 3.

Im Uebrigen giebt das Gesetz keine Vorschriften über die Qualifikation der Mitglieder. Daraus folgt, daß von Gesetzeswegen keine anderen Qualifikationserfordernisse als die aus allgemeinen Rechtsgrundsätzen sich ergebenden gelten. Es müssen daher die Aufsichtsrathsmitglieder physische Personen (nicht Firmen, K. B. 20) und verfügungsfähig sein. Sonst aber brauchen sie besondere Eigenschaften nicht zu haben. Insbesondere sind die von Völderndorff (in Busch' Archiv 47 S. 4) aufgestellten Beschränkungen für Personen, die einer und derselben offenen Handelsgesellschaft angehören, im Gesetze nicht begründet. Ebensowenig giebt es Beschränkungen wegen Verwandtschaft von Aufsichtsrathsmitgliedern unter einander oder mit Personen des Vorstandes. Wohl aber kann nach allen diesen Richtungen das Statut Beschränkungen auferlegen (Ring Anm. 3; Behrend § 127 Anm. 22; Förtsch

---

[1]) Die Annahme der Wahl und die daran sich schließende Aktiendeposition kann, auch wenn kein Entgeld gezahlt war, Handelsgeschäft sein (R.G. 19 S. 123).
[2]) Eine empfindliche Lücke!

Anm. 3). Esser (Anm. 2), der dies verneint, steht mit seiner Ansicht mit Recht vereinzelt da; denn das Schweigen des Gesetzes über besondere Erfordernisse der Mitgliedsqualifikation hat nur den Zweck, von Gesetzeswegen keine Beschränkungen aufzuerlegen und der Privatautonomie der Gesellschaften zu überlassen, in dieser Beziehung zu bestimmen, was ihnen am besten frommt. Die Statuten können daher bestimmen, daß Personen, welche die bürgerlichen Ehrenrechte verloren haben oder in Konkurs verfallen sind, nicht wählbar, oder daß nur Aktionäre wählbar sind, oder daß die Aufsichtsrathsmitglieder an einem bestimmten Orte wohnen, oder daß sie Kaution hinterlegen müssen (ob dies als Voraussetzung oder als Folge des Aufsichtsrathsamts angeordnet ist, ist Frage des Einzelfalls).

Ist die Wahl auf eine verfügungsunfähige Person gefallen, so ist sie ungültig und bleibt es, auch wenn der Beschluß nicht angefochten wird. Ist sie aber auf eine nach den Statuten nicht wählbare Person gefallen, so ist die Wahl ungültig und der betreffende Beschluß anfechtbar. Durch nicht erfolgte Anfechtung aber wird sie gültig.

Tritt nachträglich ein gesetzlicher Unfähigkeitsgrund ein, so hört das Mitglied ipso jure auf, Mitglied des Aufsichtsraths zu sein; tritt nachträglich ein statutarischer Unfähigkeitsgrund ein, verfällt also z. B. ein Mitglied in Konkurs, während die Statuten Konkursifexe von der Wahl ausschließen, so hört die Mitgliedschaft dadurch nicht eo ipso auf. Vielmehr muß die Wahl nach Abs. 4 widerrufen werden. (Zust. Ring Anm. 3: anders Behrend § 127 Anm. 22; Holdheim in seiner Wochenschrift I S. 187).

§ 4. 2. (Abs. 2. u. 3.) **Amtsdauer.** In dieser Beziehung unterscheidet das Gesetz den ersten und jeden folgenden Aufsichtsrath.

a) (Abs. 2.) Der erste Aufsichtsrath hat die Vermuthung gegen sich, daß er unter dem Einflusse der Gründer steht, und soll daher auf möglichst kurze Zeit gewählt werden. Daher die ihn betreffende Sonderbestimmung des Gesetzes. Dieselbe schließt nicht aus, daß der erste Aufsichtsrath durch nachträgliche Wahlen verstärkt wird. Der so verstärkte Aufsichtsrath ist aber immer noch der erste Aufsichtsrath, von dem die Bestimmung dieses Absatzes in vollem Umfange gilt (R.G. 24 S. 54 ffg.).

§ 5. b) (Abs. 3.) Amtsdauer jedes folgenden Aufsichtsraths. Jeder folgende Aufsichtsrath darf auf höchstens 5 Geschäftsjahre gewählt werden. Unter dem Geschäftsjahr versteht man nicht das Kalenderjahr, wie Löwenfeld in G.Z. 31 S. 125 ffg. beim klaren Wortlaut des Gesetzes vergebens auszuführen sucht. Der auf 5 Geschäftsjahre gewählte Aufsichtsrath hört daher mit Ablauf des fünften Geschäftsjahres zu funktioniren auf. Für die Zwischenzeit bis zur ordentlichen Generalversammlung muß daher eine Neuwahl stattfinden oder die Gesellschaft hat keinen Aufsichtsrath. Um diese Schwierigkeit zu vermeiden, empfiehlt es sich, wie dies die Gesellschaften neueren Datums meist thun, den Aufsichtsrath auf 4 Jahre zu wählen, und zwar so, daß als Jahr die Zeit bis zur ordentlichen Generalversammlung gilt (vergl. die Statuten der Kaiser-Bazar-Aktiengesellschaft). Eine Wahl auf eine kürzere Zeit, als auf ein Geschäftsjahr ist nicht üblich, aber auch nicht unzulässig (Ring Anm. 6).

Auch jeder folgende Aufsichtsrath kann während seiner Amtsdauer verstärkt werden, auch über die statutarische Höchstzahl hinaus, wenn gleichzeitig die Statuten entsprechend geändert werden. Ein solcher Beschluß lautet dahin, daß die Wahl erfolgt für den Fall der Eintragung der Statutenänderung. Geschieht letzteres, so wird damit die Wahl gültig. Aber bis dahin gilt sie als noch nicht erfolgt und die so gewählten Aufsichtsräthe dürfen bis dahin nicht funktioniren. Thun sie es dennoch, so sind ihre Handlungen ungültig. (R.G. 24 S. 54 ffg.; vgl. § 5 zu Art. 214).

§ 6. 3) (Abs. 4.) **Erlöschen des Amts durch Widerruf.** Der Generalversammlung steht das jederzeitige Widerrufsrecht zu. Dazu gehört zunächst ein ordnungsmäßiger Generalversammlungsbeschluß mit allen seinen Voraussetzungen, außerdem aber eine Mehrheit, deren Aktienbesitz $^3/_4$ des in der Generalversammlung vertretenen Grundkapitals beträgt (für die Berechnung dieser Mehrheit vergl. §§ 3 u. 4 zu Art. 215). Dieses Erforderniß ist Minimal- und Maximalerforderniß und kann daher durch Statut weder gemindert noch verschärft werden. (Ebenso Ring Anm. 9, während Behrend § 127 Anm. 28 Erleichterungen zuläßt.) Der Vorstand kann hiernach aus eigener Initiative den Widerruf nicht aussprechen. Die Anberaumung der erforderlichen Generalversammlung kann eventuell erzwungen werden nach Art. 237. Daß das abzurufende Mitglied nicht mitstimmen dürfe, ist nicht richtig (vergl. § 9 zu Art. 190, kommentirt hinter Art. 221). Die Widerrufsmöglichkeit gilt übrigens auch gegen den ersten Aufsichtsrath (R.G. 24 S. 56).

Ob das Aufsichtsrathsmitglied sein Amt auch niederlegen kann, ist nicht gesagt. § 7. Auch ist die Frage sehr streitig. Unseres Erachtens muß hier dasselbe gelten, wie beim Vorstande, da hier wie dort ein Dienstverhältniß vorliegt (vergl. oben § 1). Es sind daher die im § 6 zu Art. 227 aufgestellten Grundsätze entsprechend anzuwenden: Während der Dauer der Wahlperiode kann das Aufsichtsrathsmitglied nur aus wichtigen Gründen zurücktreten. Ob aber der unstatthafte Rücktritt der Gesellschaft gegenüber unwirksam ist oder wirksam, d. h. ob das Aufsichtsrathsmitglied diese Qualität verliert oder nicht, richtet sich nach den Vorschriften des bürgerlichen Rechts über den Dienstvertrag. Danach hört in solchem Falle die Mitgliedsqualität und damit die Rechte und Pflichten eines solchen nach preußischem Rechte auf, es bestehen nur noch Entschädigungsansprüche; nach gemeinem und französischem Recht hört die Mitgliedsqualität nicht auf, es verbleibt die Verantwortlichkeit nach jeder Richtung, und es kann die Gesellschaft auf Feststellung, wie auch auf Erfüllung klagen[1]). Es erscheint uns inkonsequent, wenn Behrend, während doch auch er annimmt, daß die Rechtsnatur des Verhältnisses analog dem der Vorstandschaft ist (§ 127 Anm. 28a), ohne ersichtlichen Grund hier andere Grundsätze aufstellt: Unbefugte Niederlegung des Amtes befreie nicht von der auf demselben ruhenden Verantwortlichkeit. Das R.G. (18 S. 50) hat allerdings diesen Grundsatz aufgestellt, aber der Fall war ein gemeinrechtlicher, allgemein kann der Grundsatz nicht acceptirt werden. Ring (Anm. 10) giebt auch hier ganz allgemein das Recht jederzeitigen Rücktritts, nur nicht zur Unzeit, und hält das unzeitig zurückkehrende Mitglied als solches fest.

Keine Vorschrift enthält das Gesetz über die Wirkungen des Widerrufs auf die Entschädigungsfrage. Hierüber zum folgenden Artikel (§ 7 u. 8).

Zusatz. Auf ältere Gesellschaften finden die Vorschriften dieses Absatzes Anwendung, da sie § 8. öffentlichen Rechtes sind. Kooptationsvorschriften älterer Statuten sind daher aufgehoben. Aufsichtsrathsmitglieder müssen sich, auch wenn sie vor dem neuen Gesetze gewählt sind, den Widerruf gefallen lassen, wenn die erforderliche Mehrheit ihn ausspricht. Einschränkungen oder erleichternde Bestimmungen älterer Statuten sind aufgehoben. Insbesondere findet auch in Bezug auf die Amtsdauer des Aufsichtsraths nur das neue Gesetz, nicht ein etwa abweichender älterer Gesellschaftsvertrag Anwendung (was Esser Anm. 5 zu § 6 des Gesetzes mit Unrecht leugnet). — Uebereinstimmend Ring S. 502. —

(Artikel 192.)

Den Mitgliedern des ersten Aufsichtsraths darf eine Vergütung für die Ausübung ihrer Thätigkeit nur durch die Generalversammlung nach Ablauf des Zeitraumes, für welchen er gewählt ist, bewilligt werden.

Der Artikel verbietet das vorherige Ausbedingen einer Vergütung für den ersten Aufsichtsrath. Ex post kann eine Belohnung für den ersten Aufsichtsrath durch die Generalversammlung bewilligt werden und für jeden zukünftigen Aufsichtsrath auch schon im Gesellschaftsvertrage. Eine in Widerspruch mit dieser Vorschrift dem ersten Aufsichtsrath bewilligte Vergütung ist ungültig und kann zurückgefordert werden (K.B. 21). Die Vorschrift bezweckt, daß der erste, präsumtiv unter dem Einflusse der Gründer stehende Aufsichtsrath § 1.

[1]) Es kann auch nicht etwa in dem Stillschweigen der Gesellschaftsorgane auf die Mandatsniederlegung eine wirksame Acceptation gefunden werden, da bei den Mitgliedern des Aufsichtsraths nur die Generalversammlung durch förmlichen Beschluß das Recht zu wählen und abzuberufen hat.

nicht im Hinblick auf die ihm gewährten Belohnungen gegen seine Ueberzeugung zu Gunsten der Gründer seine Stimme in den Aufsichtsrathssitzungen abgiebt.

§ 2. **Zusatz. Weitere Vorschriften über die Vergütung des Aufsichtsraths, außer dieser den ersten Aufsichtsrath betreffenden, enthält das Gesetz nicht. Gleichwohl erheischt die Materie von der Vergütung des Aufsichtsraths eine besondere Betrachtung.**

§ 3. 1. **Baarauslagen.** Darüber herrscht Einigkeit, daß die Mitglieder des Aufsichtsraths jedenfalls Anspruch haben auf Erstattung ihrer baaren Auslagen, wozu aber Entschädigung für Zeitversäumniß nicht gehört (vergl. Ring Anm. 1; l. 10 § 9 dig. 17, 1; §§ 65 ffg., I, 13 A.L.R.).

§ 4. 2. **Eine besondere Entschädigung** aber kann das Mitglied des Aufsichtsraths nur dann verlangen, wenn dies im Statute bestimmt ist. Dem steht zwar unter Umständen, nämlich wenn es sich um einen Kaufmann handelt, die Erwägung entgegen, daß die Annahme des Aufsichtsrathsamts im Zweifel zum Handelsgewerbe desselben zu rechnen ist (R.G. 19 S. 123), sodaß er in Konsequenz hiervon nach Art. 290 für seine Dienste Belohnung fordern kann auch ohne besonderes Versprechen (§ 74, I, 13 A.L.R. greift allerdings nicht Platz, weil immerhin die Ausübung des Amtes nicht als zum ordentlichen Gewerbe des Kaufmanns gehörig betrachtet werden kann). Ein ähnliches Bedenken greift dann Platz, wenn ein Rechtsanwalt als Aufsichtsrathsmitglied fungirt, da auch dessen Gebührenanspruch nicht von der Vereinbarung abhängt. Es steht dem obigen Rechtssatze das weitere Bedenken entgegen, daß das Statut nur die lex contractus zwischen den Aktionären ist. Dennoch ist derselbe richtig, weil in der Annahme der Wahl nicht nur die Uebernahme der gesetzlichen, sondern auch der im Statute festgesetzten Verpflichtungen liegt, weil darin der deutliche Wille beider Theile zu finden ist, daß für das so geschaffene Rechtsverhältniß alles das maßgebend sein soll, was das Statut bestimmt. Wenn nun auch, was Ring (Anm. 1), der anderer Meinung ist, uns entgegenhält, nirgends bestimmt ist, das Statut müsse über die Vergütung an den Aufsichtsrath bestimmen, so bestimmen doch die Gesellschaftsstatuten erfahrungsmäßig darüber, setzen erfahrungsgemäß wenn überhaupt eine Vergütung gewährt werden soll, die Art und Höhe derselben fest. Ein Statut, welches für den Aufsichtsrath keine Vergütung bestimmt, ist in Folge dessen dahin auszulegen, daß der Aufsichtsrath keine Belohnung erhalten soll. (Vergl. Art. 279). Die entgegengesetzte Annahme, daß damit ausgedrückt werden soll, Vergütungen sollten zwar gefordert werden können, nur sei nicht beliebt worden, dieselben bestimmt zu fixiren, ist nicht haltbar, weil es der Meinung keines der beiden hier in Rede stehenden Theile entspricht, daß für diese Thätigkeit, deren Werth sich schwer taxiren läßt, statt fester Normen Schätzungen Platz greifen sollen, die mehr oder weniger auf Willkür hinauslaufen.

Hiernach erscheint der Satz wohl begründet, daß nur dann und nur diejenige Vergütung gefordert werden kann, welche im Statute bestimmt ist. Insbesondere können daher der Rechtsanwalt und der Kaufmann nicht für ihre einzelnen Thätigkeiten (Konferenzen, Besichtigungen, Briefe u. s. w.) von Fall zu Fall angemessen liquidiren, es sei denn, daß aus der Natur des Geschäfts (Umfang desselben oder sonst), so z. B. wenn dem Anwalt ein Prozeß, dem Baumeister ein Bau übertragen wird, hervorgeht, daß die Thätigkeit aus der Sphäre der Aufsichtsrathsthätigkeit heraustritt. Will die Generalversammlung ohne statutarische Vergütungsbestimmung oder darüber hinaus dem Aufsichtsrath Vergütungen für seine Thätigkeit gewähren, so handelt sie damit gegen die Statuten. Ihr Beschluß unterliegt der Anfechtung, wird aber gültig, wenn die Anfechtung unterbleibt. (Abweichend R.O.H. 22 S. 281; Ring Anm. 1; Behrend § 127 bei Anm. 30.) Nur für den ersten Aufsichtsrath kann nach dem vorliegenden Artikel eine Belohnung durch bloßen Generalversammlungsbeschluß bewilligt werden.

§ 5. 3. **Die Art der Vergütung** ist in den Statuten verschieden normirt. Meist wird dem Aufsichtsrath außer den baaren Auslagen ein Antheil am Reingewinn zugesichert (Tantième). Die Zutheilung der Tantième setzt voraus, daß die nach den Vorschriften des Gesetzes und des Statuts aufgestellte Bilanz einen Reingewinn ergiebt. Dabei müssen diejenigen

Reservekonten, welche nur uneigentlich als solche zu betrachten sind, und eigentlich Korrektivposten gegen zu hoch bewerthete Aktivposten sind, zunächst in Abzug kommen, also insbesondere die Dotirung des Erneuerungsfonds, des Delkrederefonds, soweit diese Dotirung wegen Abnutzung, Entwerthung oder wirklicher Verlustgefahr erfolgt (vergl. R.G. 24 S. 158; Neukamp in G.Z. 38 S. 17). Dagegen darf die Summe, von welcher die Tantièmequote berechnet wird, nicht gekürzt werden um die Summen der Dotirung sonstiger Reservekonten, auch nicht um die dem gesetzlichen Reservefonds zuzuführende Summe, (Behrend § 124 Art. 17; Ring S. 501 u. 528; Neukamp in G.Z. 38 S. 17). Das Statut kann anders disponiren. In der Praxis geht man sogar noch weiter und legt nicht immer den ganzen für die Aktionäre vertheilungsfähigen Bilanzgewinn der Tantièmeberechnung für den Aufsichtsrath zu Grunde. Man zieht z. B. den sogenannten Gewinnvortrag aus dem vorigen Jahre von der Summe ab, von welcher die Tantième berechnet wird, weil dies kein Gewinn des betreffenden Jahres und von jener Summe schon im Vorjahre Tantième gezahlt ist. Diese Paxis erscheint nicht begründet. Wenn die Tantième in Prozenten des Reingewinns besteht, so ist der ganze bilanzmäßige Reingewinn darunter zu verstehen. Der Einwand, daß von dem Gewinnvortrage schon einmal ein prozentualer Theil als Tantième vertheilt ist, ist nicht stichhaltig. Denn der Gewinnvortrag ist eben in das neue Geschäftsjahr herübergenommen, die ihn darstellenden Vermögenswerthe haben in dem Geschäfte mitgearbeitet, sind von den Verwaltungsorganen mit verwaltet worden, und für diese Verwaltung besteht die gleiche Verantwortlichkeit, wie im Uebrigen. Selbstverständlich kann sich auch hier aus den Statuten das Gegentheil ergeben.

Es kann aber ferner auch eine feste Vergütung, ein Gehalt zugesichert werden, neben oder anstatt sonstiger Vergütung.

4. **Die Klage des einzelnen Aufsichtsrathsmitglieds auf Zahlung der Tantième.** Im Allgemeinen wird die Tantième für den Aufsichtsrath als geschlossenes Gesellschaftsorgan bestimmt. Die Vertheilung derselben unter die einzelnen Mitglieder liegt diesem ob, daher hat das R.O.H. erkannt, daß erst, wenn diese Vertheilung stattgefunden, gegen die Gesellschaft geklagt werden kann (R.O.H. 24 S. 357). Indessen kann auch schon im Statut deutlich ausgedrückt sein, wie viel jedes einzelne Mitglied erhält (so z. B. Allgemeine Häuserbau-Aktiengesellschaft in Berlin: der Vorsitzende zwei Theile, jedes andere Mitglied einen Kopftheil). Erhält aber das Statut keine Bestimmung über die Vertheilung, so ist zu erwägen, daß die Vertheilung im Schoße des Aufsichtsraths nicht durch Majoritätsbeschluß, sondern durch allseitige Vereinbarung erfolgt. Jedes einzelne Mitglied hindert daher durch sein Veto das Zustandekommen einer Vereinbarung und bewirkt, daß Vertheilung pro rata erfolgen muß.[1]) Daraus folgt, daß, im Gegensatze zur Ansicht des R.O.H., jedes Mitglied seinen ratirlichen Antheil direkt gegen die Gesellschaft einklagen kann, auch wenn die Belohnung für den Aufsichtsrath als geschlossenes Gesellschaftsorgan bestimmt ist. Anders natürlich, wenn die Gesellschaft bereits an den Vorsitzenden des Aufsichtsraths gezahlt hat. Alsdann muß dieser verklagt werden. § 6.

5. **Die Entschädigungsfrage beim Widerruf und bei Niederlegung des Mandats.** § 7.

a) **Beim Widerruf.** Zur Beantwortung dieser Frage bemerken Gareis-Fuchsberger (S. 469 Note 817): „Entschädigungsansprüchen abberufener Mitglieder aus bestehenden Verträgen wird selbstverständlich nicht präjudizirt.“ Das soll wohl dahin gedeutet werden, daß im Falle des Widerrufs zu untersuchen ist, ob das abberufene Aufsichtsrathsmitglied Grund zum Widerruf gegeben hat oder nicht; im ersteren Falle soll der Entschädigungsanspruch fortfallen, im letzteren bestehen bleiben. Auch Behrend (§ 127 Anm. 28) sagt in diesem Sinne: „Im Falle des Widerrufs kommt der Grundsatz des Art. 227 Abs. 3 zur Anwendung“. (Vergl. auch Cosack S. 584). Einer solchen Auffassung kann nicht zugestimmt werden. Der Widerruf erfolgt durch einen hinsichtlich seiner Motive unkontrolirbaren Mehrheitsbeschluß. Mit der Möglichkeit eines solchen Be-

[1]) Auf das Maß der Leistung kommt es nicht an, da alle die gleiche Verantwortlichkeit trifft. Auch der Vorsitzende erhält nicht mehr. Auch die Theilnahme an den Sitzungen entscheidet nicht.

schlusses, einer willkürlichen Abberufung muß jedes Mitglied des Aufsichtsraths bei Annahme seiner Wahl rechnen. Es ist als Wille beider Theile anzunehmen, daß die Wahl auf die statutarische Wahlperiode gelten soll, falls nicht eine Generalversammlung einen vorherigen Widerruf ausspricht, und daß die Aufsichtsrathsmitglieder nur so lange entschädigt werden sollen, als sie nach dem Willen der organisirten Gesammtheit Aufsichtsrathsmitglieder sind. Die statutarische Vergütung kommt den jeweiligen Aufsichtsrathsmitgliedern, im Falle des Widerrufs also fortan den Ersatzmännern zu gute. Ob die Generalversammlung Grund hatte zum Widerruf oder nicht, kann gar nicht untersucht werden. Jeder Stimmende mag einen anderen Grund gehabt haben, den er Niemandem zu verrathen braucht. Nach dem Vorstehenden sind diese Gründe gleichgültig. Der Majoritätswille ist Grund genug. Wesentlich unterstützt wird diese Ansicht durch die Auslassung des Vorbehalts von Entschädigungsansprüchen in diesem Artikel im Gegensatz zu Art. 227 Abs. 3, wo beim Widerruf der Bestellung des Vorstandes dieser Vorbehalt gemacht ist. Statutarisch kann natürlich Gegentheiliges ausgemacht werden. (Zust. Ring Anm. 9 zu Art. 191.)

§ 8. b) **Bei Niederlegung des Mandats** gilt Analoges. Das Aufsichtsrathsmitglied kann nach preußischem Rechte jederzeit niederlegen (§ 7 zum vorigen Artikel) und muß, wenn dies im Laufe der Wahlperiode geschieht, für so lange Zeit entschädigt werden, als es fungirt hat. Es darf ihm nicht entgegengehalten werden, daß es ja auf längere Zeit gewählt ist, also nicht vollständig vorgeleistet hat. Auch mit der Möglichkeit seiner Mandatsniederlegung muß von Seiten der Gesellschaft gerechnet werden. Schadensersatzansprüche für vorzeitige Mandatsniederlegung mögen compensando geltend gemacht werden. (Zust. Ring Anm. 10 zu Art. 191). Und umgekehrt kann auch das niederlegende Mitglied nicht etwa über die Zeit seiner Amtsdauer hinaus die Vergütung verlangen und dies damit begründen, daß er Grund hatte zur Niederlegung seines Amtes. Das mag sein, aber immerhin sind die statutarischen Vergütungsbestimmungen dahin zu deuten, daß der jeweilige Aufsichtsrath die Vergütung erhält. Nach gemeinem Rechte besteht der jederzeitige willkürliche Rücktritt nicht (§ 7 zum vorigen Artikel). Bei Rücktritt aus wichtigem Grunde aber erhält der Zurücktretende seinen Tantiemenantheil für seine Amtszeit, für den Rest kann er ev. Schadensersatz verlangen.

§ 9. c) **Der Inhalt des Anspruchs bei Widerruf oder Niederlegung** ist die Jahrestantième pro rata temporis. Ob in dem betreffenden Jahresabschnitt mehr oder weniger oder gar nichts verdient ist, kann, ganz abgesehen von der Schwierigkeit einer solchen Feststellung, nicht in Betracht kommen. Denn der Anspruch geht eben von vornherein auf einen Theil des Jahresgewinnes, und überdies kann das bessere oder schlechtere Resultat des zweiten Jahresabschnittes sehr wohl seine Ursachen in der Geschäftsthätigkeit des ersten Jahresabschnittes haben, in welcher die anspruchsberechtigten Aufsichtsrathsmitglieder gewirkt haben. (Vergl. § 8 zu Art. 57.) — Zust. Förtsch Anm. 4. — Die Vergütung des A.R. während der Liquidation wird gewöhnlich in einer Quote (1—2 %) des Liquidationsergebnisses festgesetzt. Ein während der Liquidation ausscheidendes Mitglied des A.R. hat auch hier Anspruch auf einen entsprechenden Theil an dieser Quote (anders Kammergericht bei Holdheim I S. 108).

Artikel 225.

Der Aufsichtsrath hat den Vorstand bei seiner Geschäftsführung in allen Zweigen der Verwaltung zu überwachen und zu dem Zwecke sich von dem Gange der Angelegenheiten der Gesellschaft zu unterrichten. Er kann jederzeit über dieselben Berichterstattung von dem Vorstande verlangen und selbst oder durch einzelne von ihm zu bestimmende Mitglieder die Bücher und Schriften der Gesellschaft einsehen, sowie den Bestand der Gesellschaftskasse und die Bestände an Effekten, Handelspapieren und Waaren untersuchen. Er hat die Jahresrechnungen, die Bilanzen und die Vorschläge zur Gewinnvertheilung zu prüfen und darüber der Generalversammlung der Aktionäre Bericht zu erstatten.

Er hat eine Generalversammlung zu berufen, wenn dies im Interesse der Gesellschaft erforderlich ist.

Weitere Obliegenheiten des Aufsichtsraths werden durch den Gesellschaftsvertrag bestimmt.

Die Mitglieder des Aufsichtsraths können die Ausübung ihrer Obliegenheiten nicht anderen Personen übertragen.

Rechte und Pflichten des Aufsichtsraths. War im vorhergehenden Artikel über die Zusammensetzung des Aufsichtsraths disponirt und eine negative Bestimmung über seine Vergütung gegeben, so beschäftigt sich dieser Artikel mit den Rechten und Pflichten des Aufsichtsraths. **Für den allgemeinen Charakter des Aufsichtsraths** ergiebt sich aus den Vorschriften dieses Artikels, sowie aus den sonstigen zerstreut vorkommenden Vorschriften des Gesetzes Folgendes: Die Gesellschaft hat geschäftsführende und vertretungsberechtigte Organe. Diese Organe sind Generalversammlung, Aufsichtsrath und Vorstand. Doch ist die Abgrenzung der Befugnisse und Obliegenheiten dieser drei Organe nicht derart, daß es gerechtfertigt wäre, in kurzer Antithese zu sagen, wie das Reichsgericht (Bd. 3 S. 129) dies thut: die Gesellschaft habe ein Willensorgan, die Generalversammlung, ein ausführendes Organ, den Vorstand, und ein kontrolirendes Organ, den Aufsichtsrath. Denn der Vorstand ist sicherlich auch ein Willensorgan, und der Aufsichtsrath ist nicht blos kontrolirendes Organ. Einleitung.

Vielmehr entspricht Folgendes der Lage der Gesetze:

Die geschäftsführenden Organe der Gesellschaft sind Generalversammlung, Aufsichtsrath und Vorstand; Vertretungsorgan ist hauptsächlich der Vorstand, ausnahmsweise auch der Aufsichtsrath und ganz ausnahmsweise (vergl. § 2 zu Art. 221) auch die Generalversammlung.

Der Aufsichtsrath ist hiernach geschäftsführendes und ausnahmsweise auch Vertretungs-Organ. Seine Geschäftsführung besteht zunächst und unveränderlich in derjenigen kontrolirenden Thätigkeit, die ihm im vorliegenden Artikel zugewiesen ist. Daneben hat ihm schon das Gesetz anderweite Thätigkeiten, reine Verwaltungsakte, zugewiesen, nämlich im Art. 234 die Ertheilung der Zustimmung zur Bestellung des Prokuristen, und im vorliegenden Artikel das Recht und die Pflicht, die Generalversammlung einzuberufen, so oft das Gesellschaftsinteresse dies erfordert; vergl. auch Art. 220, 232. Und endlich ist nach Abs. 3 des vorliegenden Artikels dem Gesellschaftsvertrage überlassen, ihm weitere Obliegenheiten, also weitere Verwaltungsgeschäfte, zu übertragen.

Ausnahmsweise aber ist der Aufsichtsrath auch Vertretungsorgan nach außen, nämlich nach positiver gesetzlicher Vorschrift bei Anfechtungsklagen gegen die Gesellschaft (Art. 190a) und bei Klagen der Gesellschaft gegen die Vorstandsmitglieder (Art. 223, 194, 195). Außerdem ergiebt sich als unabweisliche Konsequenz der gesetzlichen Bestimmungen, daß er gesetzlicher Vertreter bei den Anstellungsverträgen mit dem Vorstande ist (Behrend § 127 Anm. 17). Eine Ausdehnung dieser Ausnahmestellung auf andere Fälle ist nicht statthaft. So z. B. wenn Ring (Anm. 1) annimmt, der A.R. sei immer dann gesetzlicher Vertreter der Gesellschaft und verpflichte die Geschaft unmittelbar, wenn seine Geschäftsführung Handeln nach außen mit sich bringt, z. B. bei Engagirung von technischen Hilfskräften. — Vergl. jedoch in Rings Sinne Behrend § 127 Anm. 17 a. E.; O.L.G. Hamburg in Seufferts Archiv 47 S. 312; auch O.L.G. Karlsruhe bei Holdheim 1892 S. 58. — Auch statutarisch kann nicht, wie Cosack S. 585 annimmt, dem A.R. für andere Fälle Vertretungsmacht eingeräumt werden, und am allerwenigsten ist es statthaft, ihn zum ständigen Vertreter zu machen (Behrend § 127 Anm. 7a).

Der vorliegende Artikel beschäftigt sich nicht mit den Ausnahmefällen, in welchen der Aufsichtsrath Vertretungsorgan der Gesellschaft ist, sondern befaßt sich nur mit dem Aufsichtsrath als Kontrol- und Geschäftsführungsorgan.

In den 4 Absätzen des Gesetzes ist die Materie wie folgt abgehandelt:

1. Gesetzlicher Umfang der Kontrolthätigkeit (Abs. 1).

2. Die Pflicht, erforderlichen Falls die Generalversammlung einzuberufen (Abs. 2).

3. Die Konzession an das Statut zur Aufstellung weiterer Obliegenheiten (Abs. 3).
4. Delegationsverbot (Abs. 4).

§ 1. 1. (Abs. 1.) **Gesetzlicher Umfang der Kontrolthätigkeit.** Die dem Aufsichtsrath hier auferlegten Verpflichtungen sind uneinschränkbar. Der Gesellschaftsvertrag kann sie erweitern, aber nicht verringern.

a) Der Aufsichtsrath hat den Vorstand zu überwachen. Das Gesetz hat sich mit Recht damit begnügt, nur die allgemeine Ueberwachungspflicht aufzustellen. Was der Aufsichtsrath im Einzelnen zu thun hat, um diese seine Pflicht zu erfüllen, ist Sache seines Ermessens. Jedes Unternehmen, jede Gesellschaft, jede Zusammensetzung des Vorstandes wird in dieser Beziehung verschiedene Pflichten auferlegen. Die Sorgfalt eines ordentlichen Geschäftsmannes ist überall die Grundlage (Art. 226). Das Recht, dem Vorstande Weisungen zu ertheilen, ist hiernach vom Gesetze nicht gegeben, kann aber durch Statut vorgesehen sein (vergl. unten § 9). Daß, sofern der Geschäftsbetrieb durch andere Organe oder Personen besorgt wird, die Aufsicht sich auf diese erstrecken muß, kann freilich nicht bezweifelt werden, hier sowenig wie bei der Aktien-Komm.-Gesellschaft, obwohl hier die Fassung eine engere ist („hat den Vorstand zu überwachen"). Indessen ist es immer nur der Vorstand, bezw. der Komplementar, gegen den sich das Kontrolrecht wendet. Zu den Angestellten des Geschäfts steht der Aufsichtsrath in keiner direkten Beziehung, ihnen gegenüber hat der Aufsichtsrath bei etwaiger Weigerung, sich der Kontrole zu unterwerfen, kein direktes Machtmittel. (Zust. Ring Anm. 1).

§ 2. b) Er hat sich zu diesem Zwecke vom Gange der Angelegenheiten zu unterrichten. Die Worte „zu diesem Zwecke" sind mit Absicht hinzugefügt (K.B. 21). Sie sollen einmal einer Ausdehnung der Informationsbefugniß über den Ueberwachungszweck hinaus vorbeugen, andererseits andeuten, daß die Informationspflicht so weit geübt werden muß, als jener Zweck es erfordert.

§ 3. c) Er kann jederzeit vom Vorstande Berichterstattung fordern und selbst oder durch einzelne vom Aufsichtsrath zu bestimmende Mitglieder die Bücher und Schriften der Gesellschaft einsehen, sowie sämmtliche Bestände untersuchen. Die Stellung, die durch diese Bestimmung dem Aufsichtsrath gegenüber dem Vorstande eingeräumt ist, ist durch Statut nicht einschränkbar (Ring Anm. 2). Zum Gedeihen der Gesellschaft kann sie nur ausgefüllt werden, wenn beide Organe sich entgegenkommen. Fehlt das Entgegenkommen, so ist die Stellung nicht blos thatsächlich schwierig, sondern auch im Einzelnen rechtlich so zweifelhaft, daß eine wirksame Ausübung der Befugnisse des Aufsichtsraths nicht möglich ist.

§ 4. α) Wenn dem Aufsichtsrath das Recht gegeben ist, jederzeit Berichterstattung vom Vorstande zu erfordern, so ist das doch cum grano salis zu verstehen. Es liegt auf der Hand, daß auch hier nur vernünftige Anforderungen gestellt werden können. Der Aufsichtsrath kann nicht Berichterstattung außerhalb der Geschäftsstunden verlangen, oder wenn der Vorstand gerade anderweite unaufschiebbare Geschäfte vorhat, auch nicht zur Chikane wiederholt dieselbe Auskunft erfordern. (Zust. Ring Anm. 2).

§ 5. β) Er kann die Einsicht der Bücher und Vorweisung der Bestände nur in corpore oder durch einzelne, besonders hierzu delegirte Mitglieder erfordern. Dem einzelnen Aufsichtsrathsmitgliede ist dieses Recht versagt, um der Ausbeutung des Geschäfts durch Benutzung der Geschäftsgeheimnisse vorzubeugen (K.B. 22).

§ 6. γ) Innerhalb dieser Grenzen hat der Vorstand die Verpflichtung, die Informirung des Aufsichtsraths zu ermöglichen. Er unterliegt sonst den Ordnungsstrafen nach Art. 249g Abs. 2. Auch kann der A.R. eine G.V. einberufen (§ 8). Endlich hat er das Recht zu Klagen und einstweiligen Verfügungen (hierüber § 9 zu Art. 223 Note 1).

§ 7. δ) Er hat die Jahresrechnungen, Bilanzen und Gewinnvertheilungsvorschläge zu prüfen und darüber der Generalversammlung zu berichten. „Alljährlich" ist nicht gesagt, weil es sich auch um Semestralbilanzen handeln kann. Die Prüfung der Jahresrechnung kann nur darin bestehen, daß der Aufsichtsrath sich von der Uebereinstimmung der Bilanz mit den Büchern, insbesondere mit der Inventur überzeugt und die Grundsätze, nach denen die Bilanz aufgestellt ist, seiner Beurtheilung unterzieht. Darüber hinaus sämmtliche Inventurbestände nachzuprüfen, liegt thatsächlich außerhalb der Möglichkeit und rechtlich außerhalb der Sorgfalt eines ordentlichen Geschäftsmannes (Simon, Bilanzen, S. 92, Note 1).

2. (Abs. 2.) **Er hat die Pflicht, eine Generalversammlung einzuberufen, so oft dies im Interesse der Gesellschaft erforderlich ist.** Dieses Recht und diese Pflicht ist gegeben zur wirksameren Ausübung des Kontrolrechts, involvirt aber einen Akt selbstständiger Geschäftsführung (nicht der Vertretung, weil sich ja dieser Akt nur an die Gesellschafter wendet). Es ist dies eine derjenigen Thätigkeiten, durch welche schon kraft des Gesetzes der Aufsichtsrath aus dem Rahmen einer bloßen Aufsichtsinstanz heraustritt (vergl. oben die Einleitung). § 8.

3. (Abs. 3.) **Weitere Obliegenheiten des Aufsichtsraths werden durch den Gesellschaftsvertrag bestimmt.** Der Gesellschaftsvertrag kann neben seinen Aufsichtspflichten und den wenigen Geschäftsführungspflichten, die dem Aufsichtsrath kraft des Gesetzes obliegen, Geschäftsführungsakte der mannigfachsten Art unter die Kompetenz des Aufsichtsraths stellen, und thatsächlich machen die Statuten der Gesellschaften hiervon den umfassendsten Gebrauch. Ja es kann sogar bestimmt werden, daß der Aufsichtsrath über alles, was geschehen soll, Beschluß zu fassen hat und der Vorstand nichts thun darf, als was der Aufsichtsrath anordnet, oder auch in anderer Form alles das thun muß, was der Aufsichtsrath bestimmt. Es kann ihm somit, was Petersen u. Pechmann S. 461 ohne Grund für unzulässig erklären, die ganze Geschäftsführung übertragen sein, selbstverständlich salvis juribus der Generalversammlung und vorbehaltlich gewisser dem Vorstande vom Gesetze unentziehbar übertragener Geschäftsführungsakte (vergl. hierüber § 1 zu Art. 227). Der Vorstand kann auf diese Weise, was seine innere Stellung betrifft, im Großen und Ganzen, wenn auch nicht ganz und gar zum bloßen Exekutivbeamten des Aufsichtsraths herabgedrückt werden. In Konfliktsfällen, besonders wenn das Verlangen ungesetzlich ist, bleibt den Vorstandsmitgliedern als äußerstes Mittel die Demission. (O.L.G. Hamburg in G.Z. 35 S. 247; Ring Anm. 3.) Nach außen freilich bleibt auch in solchen extremen Fällen der Vorstand der Vertreter, seine Handlungen bleiben nach außen gültig, und umgekehrt wird der Aufsichtsrath auch in solchem Falle nicht Vertreter der Gesellschaft. § 9.

4. (Abs. 4.) **Die Mitglieder des Aufsichtsraths können die Ausübung ihrer Obliegenheiten nicht auf andere Personen übertragen.** Damit soll nur gesagt sein, daß die Aufsichtsrathsmitglieder die Erfüllung ihrer Pflichten nicht auf Andere abwälzen können (K.B. 22). § 10.

Nicht untersagt sollte damit sein, innerhalb des Aufsichtsraths zu einzelnen Thätigkeiten Mitglieder aus ihrer Mitte zu delegiren, wie schon Abs. 1 ergiebt, insbesondere zu einem Kreise von Thätigkeiten Kommissionen zu bilden. Es steht sogar nichts entgegen, daß der Aufsichtsrath sich generell in der Weise organisirt, daß ein Theil seiner Mitglieder die kontrolirende, der andere die geschäftsführende Thätigkeit ausübt. Auf diese Weise kann sich innerhalb des Aufsichtsraths ein Verwaltungsrath abzweigen. Immer ist dabei festzuhalten, daß der Gesellschaft gegenüber der Aufsichtsrath ein einheitliches Organ bildet, dessen sämmtliche Mitglieder mit der Sorgfalt ordentlicher Geschäftsmänner die Pflicht der Ueberwachung nach Abs. 1 zu erfüllen haben, und ebenso alle diejenigen Gesellschaftsführungspflichten, die ihnen das Statut auferlegt. Ob sie diesen Pflichten im einzelnen Falle genügen, wenn sie eine Thätigkeit nicht selbst, sondern durch ein delegirtes Mitglied oder eine ständige Kommission ausüben, ist Thatfrage.

Nicht untersagt sollte ferner sein, daß der Aufsichtsrath für die Ausübung seiner Funktion sich sachverständiger Hilfe bedient (Motive I S. 227; Ring Anm. 4; O.L.G. Hamburg in G.Z. 40 S. 476). Dabei ist zwischen Zuziehung und Vertretung wohl zu unterscheiden. Zu den Revisionen der Bücher einen gerichtlichen Bücherrevisor zuzuziehen, ist erlaubt, nicht erlaubt aber ist es, daß der Aufsichtsrath generell eine fremde Person anstellt, welche periodisch und selbstständig die Revision der Bücher vornehmen und ihm Bericht erstatten soll. Der Aufsichtsrath erfüllt auf diese Weise seine Pflicht nicht, und solcher Person braucht der Vorstand die Bücher nicht vorzulegen. Erlaubt ist es, zu den Sitzungen einen juristischen Beirath zuzuziehen, nicht erlaubt, sich bei der Abstimmung durch einen Bevollmächtigten, und sei es auch ein anderes Mitglied des Aufsichtsraths, vertreten zu lassen.

§ 11. Zusatz 1. **Ueber die Art und Weise, wie der Aufsichtsrath seine Funktionen zu erfüllen hat,** sagt das Gesetz nichts. Desto ausführlicher pflegen in diesem Punkte die Statuten zu sein. Das Gesetz bestimmt nicht einmal, daß der Aufsichtsrath einen Vorsitzenden haben müsse; wie abzustimmen ist; daß Protokolle über die Aufsichtsrathssitzungen zu fertigen sind u. s. w. Nach allen diesen Richtungen, insbesondere über die Befugnisse des Vorsitzenden herrscht vollständige Vertragsfreiheit. Auf alle Fälle wird man annehmen können, daß der Vorsitzende des A.R. zwar nicht legitimirt ist, im Namen des A.R. bindende Erklärungen abzugeben, wohl aber die gefaßten Beschlüsse den Betheiligten mitzutheilen und umgekehrt Mittheilungen für das Aufsichtsrathskollegium entgegenzunehmen (Mittheilungen des Vorstandes, z. B. Urlaubsgesuche der Aufsichtsrathsmitglieder, Mandatsniederlegungen — (R.G. 13 S. 50); auch Zustellungen Dritter. (Vergl. Alexander in G.Z. 40 S. 106). Ist über die Frage, wie viel Mitglieder zur Beschlußfähigkeit gehören, und über die Abstimmung nichts bestimmt, so gilt als Grundsatz, daß alle Mitglieder des Aufsichtsraths mitstimmen müssen und absolute Mehrheit entscheidet (Ring S. 492).

§ 12. Zusatz 2. **Fraglich ist geworden, ob neben dem Aufsichtsrath auch noch die Bildung eines Verwaltungsraths zulässig ist.** Ring (Anm. 5) bejaht dies auf Grund des Art. 231 Abs. 2, welcher von der Zustimmung der Generalversammlung, des Aufsichtsraths oder eines anderen Organs spricht, welches letztere füglich nur der Verwaltungsrath sein könne. Obwohl Ring mit seiner Ansicht isolirt dasteht, müssen wir uns ihm doch anschließen. Einmal ist die Bezugnahme auf Art. 231 in der That beweisend. Aber auch abgesehen davon ist als Absicht des Gesetzes nicht zu erkennen, daß nur die drei Organe, die es nennt, zu dulden seien. Vielmehr steht es mit den Tendenzen des Gesetzes in keinerlei Widerspruch, anzunehmen, daß vom Gesetze nur eine Minimalorganisation aufgestellt sei, und nichts steht dem entgegen, daß eine vorsorgliche Gesellschaft dem Vorstande außer dem Kontrolorgan des Aufsichtsraths noch ein besonderes ständiges geschäftsführendes Organ in einem Verwaltungsrath an die Seite stellt, dessen Aufgabe es ist, in mehr oder weniger ausgedehntem Umfange nach innen anzuordnen, was der Vorstand nach außen auszuführen habe. Uebrigens kommt es auf dasselbe hinaus und bedeutet nur einen Unterschied im Namen, nicht in der Sache, wenn Esser Anm. 6 zu Art. 281 sagt: „Der Verwaltungsrath ist gefallen, aber die Zulässigkeit jedes andern Organs ist aufrechterhalten. Statthaft erscheint es daher, daß die Generalversammlung kraft des Statuts außer dem Aufsichtsrath eine besondere Revisionskommission oder auch ein sonstiges Kollegium aus Aktionären oder Nichtaktionären behufs Vornahme gewisser Funktionen ernennt."

§ 13. Zusatz 3. **Auf ältere Gesellschaften** finden die Vorschriften dieses Artikels volle Anwendung. Aeltere Statutenvorschriften, welche dem Aufsichtsrath geringere Rechte einräumen, sind aufgehoben, desgleichen Vorschriften, welche eine Vertretung in der Ausübung der Funktionen gestatten (Laué Gutachten S. 25).

Artikel 225 a.

Die Mitglieder des Aufsichtsraths dürfen nicht zugleich Mitglieder des Vorstandes oder dauernd Stellvertreter derselben sein, auch nicht als Beamte die Geschäfte der Gesellschaft führen. Nur für einen im Voraus begrenzten Zeitraum kann der Aufsichtsrath einzelne seiner Mitglieder zu Stellvertretern von behinderten Mitgliedern des

Vorstandes bestellen; während dieses Zeitraums und bis zur ertheilten Entlastung des Vertreters darf der letztere eine Thätigkeit als Mitglied des Aufsichtsraths nicht ausüben.

Scheiden aus dem Vorstande Mitglieder aus, so dürfen dieselben nicht vor ertheilter Entlastung in den Aufsichtsrath gewählt werden.

Abgrenzung zwischen Aufsichtsrath und Vorstand. Nachdem das Gesetz im vorigen Artikel den Aufsichtsrath zu demjenigen Organ gemacht hat, welches die Geschäfte des Vorstandes zu überwachen hat, trifft es im vorliegenden Artikel Vorsorge dafür, daß seine Absichten nicht durch Verschmelzung der beiden Gesellschaftsorgane vereitelt werden. Daher ist hier das Prinzip aufgestellt: Wer Mitglied des Aufsichtsraths ist, darf nicht zugleich Mitglied des Vorstandes (und auch nicht geschäftsführender Beamter) sein. Von diesem Princip ist jedoch eine Ausnahme gemacht (Abs. 1). Im 2. Absatz ist darüber hinaus noch Vorsorge getroffen, daß ein ausgeschiedenes Mitglied des Vorstandes nicht früher Mitglied des Aufsichtsraths werden kann, als bis es entlastet ist. Ueber andere Kollisionen vergl. § 3 zu Art. 191, kommentirt hinter Art. 224. Einleitung.

1. (Abs. 1.) **Ein Aufsichtsrathsmitglied darf weder Vorstandsmitglied, noch dauernder Stellvertreter eines solchen, noch Beamter der Gesellschaft sein.** § 1.

a) **Das Princip.** Die Vorschrift ist absolut. Wird sie verletzt, übernehmen Mitglieder des Aufsichtsraths die Stellung eines Vorstandsmitgliedes, eines dauernden Stellvertreters desselben oder eines geschäftsführenden Beamten, so scheiden sie damit aus dem Aufsichtsrath aus (Ring Anm. 1; Behrend § 127 Anm. 19). Das Verbot, geschäftsführender Beamter zu werden, ist nur zu beziehen auf eine ständige Geschäftsführung auf Grund eines Dienstverhältnisses, sodaß den Mitgliedern des A.R. nicht verwehrt ist, die Ausführung einzelner Geschäfte zu übernehmen, thatsächlicher oder rechtlicher Natur, für Rechnung oder auch im Namen der Gesellschaft. (Ring Anm. 1; Behrend § 127 Anm. 17), nicht aber, was Behrend mit Unrecht bejaht, eine dauernde Stellung als technischer Beamter (Architekt, Vertrauensarzt, Justiziar), denn auch das ist Geschäftsführung im Sinne des H.G.B., und erfordert ebenso dringend der Kontrolle durch eine dritte Person, wie die Führung von Rechtsgeschäften.

b) **Die Ausnahme** ist im Interesse kleiner Aktiengesellschaften, denen es für Fälle der Behinderung der Vorstandsmitglieder an geeignetem Vertretungsmaterial fehlen möchte, von der Reichstagskommission eingeführt worden. Sie bezieht sich nur auf den Fall, daß ein Vorstandsmitglied eine *Zeitlang* behindert ist, die Geschäfte der Gesellschaft zu führen. Die Funktionen des Behinderten werden dann voll und ganz von dem Delegirten wahrgenommen. Nicht ist gemeint die Bestellung eines Gesellschaftsvertreters für Fälle, in denen der fungirende Vorstand wegen Kollission an der Vertretung behindert erscheint. Solche Behinderung wird allerdings, da nach der Rechtsprechung des Reichsgerichts ein Kontrahiren mit sich selbst zulässig ist (Band 6 S. 13; Band 7 S. 120) nicht leicht vorkommen. *Die Vorschrift ist nur dispositiv.* Die Statuten können dem Aufsichtsrath die hier in Rede stehende Befugniß nehmen (Ring Anm. 2; Förtsch Anm. 3; während Behrend § 127 Anm. 20 die Vorschrift für absolut erachtet, was aber nicht anzunehmen ist, da den Gesellschaften nur eine Erleichterung gewährt werden soll und benificia non obtruduntur). Sie bezieht sich, wie nicht zu übersehen ist, nur auf Delegationen in den Vorstand, *Beamte dürfen die Aufsichtsrathsmitglieder auf keinen Fall werden*, auch nicht für den Fall der Behinderung eines Gesellschaftsbeamten.

α) **Die ausnahmsweise Delegation setzt voraus**: daß die Delegation *im voraus zeitlich begrenzt ist*, doch nicht nothwendig in den Statuten, sondern in der Bestellung durch den Aufsichtsrath. Verlängerung ist zulässig. Die Delegation setzt ferner voraus, *daß es sich um einen Behinderungsfall handelt*, worunter wir mit Makower und allerdings gegen die herrschende Ansicht (vergl. Ring Anm. 2; Behrend § 127 Anm. 20) und gegen die in der Reichstagskommission (K.B. 22) vertretene Meinung den Fall des Ausscheidens eines Vorstandsmitgliedes nicht ver- § 2.

stehen. Denn von einem behinderten Mitgliede kann man nur sprechen, wenn die Person noch Mitglied ist, aber verhindert ist, ihre Funktionen auszuüben (Zust. Förtsch Anm. 3). Die Ausnahme setzt endlich voraus eine Bestellung durch den Aufsichtsrath, wobei es gleichgültig ist, wie im Uebrigen die Bestellung der Vorstandsmitglieder nach dem Statut erfolgt (K.B. 22). Eine fernere, vom Gesetze nicht erwähnte, aber aus dem Sinne des Gesetzes folgende Voraussetzung ist, daß der Aufsichtsrath durch die Delegation nicht aufhört, beschlußfähig zu sein. Dies bestreitet Behrend (§ 127 Anm. 20) mit Unrecht. Die Vorschrift bezweckt, den Erfolg zu erreichen, daß eines der Organe der Gesellschaft nicht aufhöre, so zu funktioniren, wie es im Sinne von Gesetz und Statut liegt. Aber gerade dieser Erfolg würde auf eine Weise wieder eintreten, wenn man der Behrend'schen Ansicht folgen würde (Zust. Ring Anm. 3; Förtsch Anm. 3). Wird hiergegen zuwidergehandelt, so tritt die in Note 1 erörterte Rechtsfolge ein.

Alle diese Voraussetzungen sind dem Registerrichter nachzuweisen; sonst erfolgt die Eintragung nicht (Behrend § 127 Anm. 20; Petersen und Pechmann S. 465; gegen das materielle Prüfungsrecht Ring Anm. 3). Die Eintragung enthält aber nicht die zeitliche Beschränkung und den Behinderungsfall.

§ 3. β) **Die Delegation hat zur Folge, daß der Delegirte Vorstandsmitglied wird.** Er wird dies von der Bestellung an, nicht erst vom Zeitpunkte der Eintragung, ist Dritten gegenüber durch diese Bestellung als Vorstandsmitglied legitimirt, so daß der Dritte die übrigen Voraussetzungen der Bestellung, wie sie zu α aufgestellt sind, nicht zu prüfen braucht (Art. 231 Abs. 2), und bleibt den Dritten gegenüber legitimirt, bis die Voraussetzungen eingetreten sind, unter welchen auch sonst die Legitimation des Vorstandes Dritten gegenüber erlischt, d. h. durch Löschung im Register (Art. 233 Abs. 2)[1]). Andererseits hört die Zugehörigkeit zum Aufsichtsrath nicht auf (er kann nur thatsächlich die Funktionen nicht ausüben, nicht mitstimmen) und folgeweise auch nicht der Tantièmebezug (Kayser Anm. 6; Ring Anm. 3). Der Bestellte ist Vorstandsmitglied mit derselben Rechtsstellung, wie sie der Behinderte einnahm.

§ 4. 2. (Abs. 2.) **Die Vorschrift des Abs. 2** will verhüten, daß ein Mitglied des Vorstandes in die Lage kommt, über seine Angelegenheiten zu Gericht zu sitzen. Die gleichwohl erfolgte Wahl ist ungültig und bleibt es, da gegen eine zwingende Vorschrift verstoßen ist, auch wenn der Beschluß nicht angefochten wird. Umgekehrt kann aber ein Aufsichtsrathsmitglied Vorstandsmitglied werden, ehe dem Aufsichtsrath Entlastung ertheilt ist. Das Gesetz hat dies nicht verboten, ebenso nicht, daß Gesellschaftsbeamte Aufsichtsrathsmitglieder werden können, wenn sie ihr Amt niederlegen.

§ 5. **Zusatz. Auf ältere Gesellschaften** findet nach § 6 des Aktiengesetzes der Artikel keine Anwendung, wenn der Gesellschaftsvertrag abweichende Bestimmungen enthält.

Artikel 226.

Die Mitglieder des Aufsichtsraths haben bei Erfüllung der ihnen nach Artikel 225 zugewiesenen Obliegenheiten die Sorgfalt eines ordentlichen Geschäftsmannes anzuwenden.

Dieselben sind der Gesellschaft neben den Mitgliedern des Vorstandes persönlich und solidarisch zum Ersatze verpflichtet, wenn mit ihrem Wissen und ohne ihr Einschreiten entgegen den gesetzlichen Bestimmungen:

1. Einlagen an die Aktionäre zurückgezahlt;
2. Zinsen oder Dividenden gezahlt;

---

[1]) Mit Recht wirft Behrend (§ 127 Anm. 20) angesichts dieser Rechtsfolgen die Frage auf: Worin äußert sich nun die Wirksamkeit der gesetzlichen Kautelen? Er antwortet zutreffend: Abgesehen von der Verantwortlichkeit der das Gesetz überschreitenden Aufsichtsrathsmitglieder nur darin, daß das widerrechtlich in den Vorstand abgeordnete Mitglied definitiv aus dem A.-R. ausscheidet.

3. eigene Aktien oder Interimsscheine der Gesellschaft erworben, zum Pfande genommen oder amortisirt worden;
4. Aktien vor der vollen Leistung des Nominalbetrages oder des in den Fällen der Artikel 209a Ziffer 2, 215a Absatz 2 festgesetzten Betrages, oder Aktien oder Interimsscheine im Falle einer stattgefundenen Erhöhung des Grundkapitals vor Eintragung derselben in das Handelsregister desjenigen Gerichts, in dessen Bezirke die Gesellschaft ihren Sitz hat, ausgegeben sind;
5. Die Vertheilung des Gesellschaftsvermögens, eine theilweise Zurückzahlung oder eine Herabsetzung des Grundkapitals oder im Falle des Artikels 215 Absatz 4 die Vereinigung der Vermögen der beiden Gesellschaften erfolgt ist.

Der Ersatzanspruch kann in den Fällen des zweiten Absatzes auch von den Gläubigern der Gesellschaft, soweit sie von dieser ihre Befriedigung nicht erlangen können, selbstständig geltend gemacht werden. Die Ersatzpflicht wird ihnen gegenüber dadurch nicht aufgehoben, daß die Handlung auf einem Beschlusse der Generalversammlung beruht.

Die Ansprüche auf Grund der vorstehenden Bestimmungen verjähren in fünf Jahren.

Der Artikel normirt das Maß der von den Aufsichtsrathsmitgliedern aufzuwendenden Sorgfalt (Abs. 1), **die Folgen einzelner Pflichtverletzungen** (Abs. 2 u. 3) **und die Verjährung der entstehenden Ansprüche** (Abs. 4). Einleitung

1. **Das Maß der von den Aufsichtsrathsmitgliedern aufzuwendenden Sorgfalt** ist bezeichnet als die Sorgfalt eines ordentlichen Geschäftsmannes, ein Begriff, der im Aktiengesetz häufig gebraucht ist und schon anderweit Erklärung gefunden hat (§ 3 zu Art. 213a). Dieses Maß kann durch den Gesellschaftsvertrag verschärft, aber nicht gemindert werden (K.B. 23; Ring Anm. 2). Jene Sorgfalt ist nicht bloß dann verletzt, wenn der Aufsichtsrath von unzulässigen Vorkommnissen Kenntniß hatte, ohne sie zu verhindern, sondern auch, wenn er sich schuldhaft außer Stande gesetzt hat, sie rechtzeitig zu erfahren (R.G. 18 S. 76). § 1.

Die Sorgfalt des ordentlichen Geschäftsmannes ist anzuwenden bei allen dem Aufsichtsrath nach Art. 225 zugewiesenen Obliegenheiten, d. h. also nicht bloß bei Ausübung der gesetzlichen Ueberwachungspflicht, sondern auch bei Erfüllung der weiteren nach Art. 225 Abs. 3 ihm zugewiesenen statutarischen Geschäftsführungspflichten. Dagegen ist das Gleiche für diejenigen Geschäftsführungspflichten, die das Gesetz dem Aufsichtsrath an anderen Stellen auferlegt, und bei den vereinzelten Fällen gesetzlicher Vertretungspflicht (vergl. die Einleitung zu Art. 225) nicht angeordnet. Zweifellos ist hier analoge Anwendung geboten (Ring Anm. 1).

Die Beweislast trifft das in Anspruch genommene Aufsichtsrathsmitglied. Der Enwurf wollte dies ausdrücklich hervorheben, die Kritik aber wendete sich dagegen und die Reichstagskommission strich daher die vorgeschlagene Bestimmung, jedoch nicht um die Beweislast umzukehren, sondern in der wohlbegründeten Meinung, daß schon nach allgemeinen Rechtsgrundsätzen sich das Gleiche ergebe. Dem in Anspruch genommenen Aufsichtsrathsmitglied ist hiernach nur nachzuweisen, daß die schädliche Folge entstanden ist und daß ihre Verhütung in den Kreis seiner Verpflichtungen fiel. Daß es in concreto seine Pflichten erfüllt habe, und zwar mit der Sorgfalt eines ordentlichen Geschäftsmannes, hat dann das Aufsichtsrathsmitglied excipiendo darzuthun. Es hat, wie sich dies aus dem Wesen des Mandats ergiebt, „sich zu verantworten, d. h. sein Verhalten derartig nachzuweisen, daß sich daraus die Erfüllung seiner Pflichten ergiebt." (Wiener, Kritik S. 99.) Vergl. Dernburg Preuß. Privatrecht II § 70 Nr. 2; R.O.H. 6 S. 215; 17. S. 239; übereinstimmend Petersen und Pechmann S. 298; Ring Anm. 3. Eine abweichende Ansicht vertritt Renaud in Busch Archiv 45 S. 217 ffg.; ihm folgt Esser Anm. 4.

Aus Pflichtverletzungen gegen die Gesellschaft hat im Allgemeinen nur diese einen Anspruch, in einzelnen, in Abs. 2 aufgezählten Fällen, auch die Gläubiger der Gesellschaft. Ueber die Ansprüche Dritter und der einzelnen Aktionäre siehe § 6 zu Art. 241.

Der Schadensersatzanspruch der Gesellschaft wird beseitigt durch Berufung auf einen Beschluß der Generalversammlung. Beruht die Handlung auf einem solchen, so wäre es dolus von Seiten der Gesellschaft, wenn sie ihre Organe für die Ausführung ihres Beschlusses schadenersatzpflichtig machen würde; sie kann sich weder auf die Schädlichkeit, noch auf angebliche Ungültigkeit ihrer Beschlüsse gegenüber ihren eigenen Organen berufen (vergl. Abs. 3 arg. e contrario; auch Motive I S. 364). Der Umstand, daß der Beschluß angefochten und im Prozeßwege für ungültig erklärt ist, ändert hieran nichts (vergl. § 16 zu Art. 190a). Indessen folgt doch aus allgemeinen Rechtsgrundsätzen, daß das Mitglied des A.R. sich auf den ungültigen Beschluß dann nicht berufen kann, wenn die Ungültigkeit durch seinen eigenen Dolus verursacht ist. Seinem auf den Beschluß der G.V. gestützten Einwande opponirt die Gesellschaft die replica doli (so zutreffend Behrend § 126 Anm. 21).

§ 2. 2. (Abs. 2 u. 3.) **Die hauptsächlichsten Pflichtverletzungen und ihre Folgen.** Die hauptsächlichsten Pflichtverletzungen liegen nach der Ansicht des Gesetzgebers dort, wo die hauptsächlichste Gefahr für alle Interessenten liegt, in der ungesetzlichen Verkürzung der Kreditbasis, des Grundkapitals der Gesellschaft. Ueber die regelrechte Bildung und Erhaltung desselben zum Gedeihen der Gesellschaft und zur Sicherheit der Gläubiger hat das Gesetz eine Reihe von Vorschriften erlassen, denen es hier eine neue zugesellt. Verletzen die Aufsichtsrathsmitglieder ihre Verpflichtungen bei diesen wichtigsten Interessen der Gesellschaft in so schwerer Weise, daß sie von den hier aufgezählten Grundkapitalsverkürzungen wissen und dennoch nicht einschreiten, so knüpft das Gesetz hieran die schwere Folge, daß sie persönlich und solidarisch neben den Vorstandsmitgliedern zum Ersatze verpflichtet sind und zwar nicht bloß der Gesellschaft, sondern auch den Gläubigern, letzteren überdies ohne den der Gesellschaft gegenüber zulässigen Hinweis auf einen Generalversammlungsbeschluß, doch nur subsidiär.

§ 3. a) (Abs. 2). **Der Ersatzanspruch der Gesellschaft.** Er setzt voraus, daß die sub Nr. 1—5 aufgezählten Manipulationen in gesetzwidriger Weise mit dem Wissen der Aufsichtsrathsmitglieder und ohne ihr Einschreiten erfolgt sind. Alsdann entsteht die persönliche und solidarische Verpflichtung zum Ersatze an die Gesellschaft.

Folgende Begriffe bedürfen dabei der Erläuterung:

§ 4. α) **Mit ihrem Wissen.** Es wird darüber gestritten, ob die Aufsichtsrathsmitglieder auch dann schadensersatzpflichtig sind, wenn sie die Verkürzung des Grundkapitals zwar nicht wußten, aber bei gehöriger Sorgfalt hätten wissen sollen. Die richtige Antwort ist, daß die Ersatzpflicht aus diesem Absatze nur eintritt, wenn, wie das Gesetz klar und deutlich sagt, die Verkürzung mit dem Wissen der Mitglieder geschah. Insoweit ist Behrend (§ 127 Anm. 39) zuzustimmen. Allein der vorliegende Absatz hebt ja nur einzelne Hauptfälle von Pflichtverletzungen hervor, um hinsichtlich ihrer die Folgen genau zu fixiren, aber nicht in dem Sinne, als ob auf den hier hervorgehobenen Gebieten nur unter den hier angegebenen Voraussetzungen eine Schadensersatzpflicht eintrete. Vielmehr ist nicht verkannt die Möglichkeit, daß auch auf diesen Gebieten durch Pflichtverletzungen anderer Art der Gesellschaft Schade bereitet werden kann. Die Pflichtverletzung und Ersatzpflicht fällt dann unter den allgemeinen Gesichtspunkt des Abs. 1 (vergl. Ring Anm. 6).

§ 5. β) **Ohne ihr Einschreiten.** Wie sie einschreiten sollen, sagt das Gesetz nicht. Aber es ergiebt sich aus sonstigen Grundsätzen. Anträge auf Ordnungsstrafen, Einberufung einer außerordentlichen Generalversammlung, Absetzung des Vorstandes, auch Klage und einstweilige Verfügung (vergl. § 6 zu Art. 225) sind geeignete Mittel — vergl. R.G. 13 S. 47, 49 —, unter Umständen auf Strafanzeige (Behrend § 127 Anm. 39). Umgekehrt folgt hieraus, daß sich die Aufsichtsrathsmitglieder von der Haftung befreien, wenn sie alles ihnen Mögliche thun, um die Ausführung zu verhindern (K.B. 18).

γ) **Ersatz.** Wenn das Gesetz etwas lakonisch die Verpflichtung zum „Ersatze“ ausspricht, so kann damit nichts anderes gemeint sein, als die Verpflichtung zum Ersatze des durch die Manipulation erwachsenen Schadens. Der Sprachgebrauch des Lebens und der Gesetze läßt eine andere Deutung nicht zu. Es muß hiernach einerseits der volle Schaden ersetzt werden, auch insoweit er die Beträge übersteigen sollte, um welche das Grundkapital verkürzt ist; andererseits tritt die Ersatzpflicht nur dann ein, wenn und soweit durch jene Manipulationen ein Schade erwachsen ist. Ring's formale Theorie (Anm. 4), wonach die bei diesen Manipulationen in Frage kommenden Beträge schlechtweg an die Gesellschaftskasse zu zahlen sind, gleichviel, ob im einzelnen Fall ein Schade der Gesellschaft entstanden ist oder nicht (wie z. B. bei bloß nomineller Herabsetzung der Grundkapitalsziffer oder bei Ausgabe von Aktien vor der Eintragung, aber gegen volle Zahlung), kann nicht gebilligt werden. Das wäre nicht mehr die Auferlegung einer Ersatzpflicht, sondern einer Geldstrafe. (Zust. Hergenhahn, der Vorstand der A.G., S. 336.) § 6.

δ) **Der Gesellschaft** steht dieser Anspruch zu, nicht dem einzelnen Aktionär. Ueber Ersatzansprüche der einzelnen Aktionäre siehe § 6 zu Art. 241. § 7.

Der Gesellschaft aber kann, wie sich aus Abs. 3 ergiebt, entgegengehalten werden, daß das, was geschehen ist, auf einem Beschlusse der Generalversammlung beruht. Ob derselbe gültig war oder nicht, ist im Allgemeinen gleichgültig (vergl. oben § 1).

b) (Abs. 3.) **Der Anspruch der Gläubiger.** In den in Abs. 2 hervorgehobenen hauptsächlichsten Pflichtverletzungsfällen entsteht nicht bloß ein Ersatzanspruch für die Gesellschaft, sondern auch für die Gläubiger. Es ist dadurch in den hier hervorgehobenen bestimmten Fällen ein direktes Verhältniß zwischen dem Gläubiger und den Aufsichtsrathsmitgliedern hergestellt. Sonst besteht dasselbe nicht. (Vergl. § 6 zu Art. 241.) § 8.

Nach der Bestimmung des neuen Gesetzes sind die Gläubiger selbstständig klageberechtigt unter folgenden Bedingungen: es müssen die Voraussetzungen vorhanden sein, unter welchen die Gesellschaft nach Abs. 2 klagen könnte; es muß außerdem noch der Nachweis erbracht werden, daß der Gläubiger von der Gesellschaft seine Befriedigung nicht erlangen kann. Alsdann hat der Gläubiger ein selbstständiges Recht. Der Einwand, daß die Handlung auf einem Beschlusse der Generalversammlung beruht, kann ihm nicht gemacht werden.

α) Erste Voraussetzung ist, daß die Gesellschaft nach Abs. 2 klageberechtigt wäre. Vgl. daher die Erläuterung zu Abs. 2. § 9.

β) Fernere Voraussetzung ist, daß der Gläubiger von der Gesellschaft nicht befriedigt werden kann. Klage und Zwangsvollstreckung gehören zu diesem Nachweis nicht. Auch derjenige Gläubiger, der es nach der Pflichtverletzung wurde, hat den Anspruch, außer wenn er zu dieser Zeit die Pflichtverletzung kannte (R.G. 19 S. 111). § 10.

γ) Alsdann kann der Gläubiger einen selbstständigen Anspruch geltend machen. Es ist also nicht der Anspruch der Gesellschaft, welcher etwa in Folge gesetzlicher Cession oder, wie Ring Anm. 7 will, „mittels unmittelbaren Klagerechts selbstständig“ geltend gemacht wird. Denn der Gläubiger hat den Anspruch auch dann, wenn die Gesellschaft ihn deshalb nicht hat, weil die Handlung auf einem Generalversammlungsbeschlusse beruht.[1]) Mit der Aufstellung dieses selbstständigen § 11.

---

[1]) Ring (Anm. 7) verkennt nicht, wie gewichtig dieses Argument ist. Er beseitigt es aber durch folgenden Satz: „Die Ersatzpflicht gegenüber der Gesellschaft besteht nach gesetzlicher Konstruktion auch hier. Sie ist nur in ihrer Ausübung Seitens der Gesellschaft selbst durch den Beschluß aufgehoben“. Allein was aufgehoben ist, existirt nicht, und wenn der Gläubiger nach Aufhebung des Gesellschaftsanspruchs einen solchen geltend machen kann, so ist dies in seiner Hand ein selbstständiger Anspruch. Offensichtlich übereinstimmend mit uns Behrend (§ 126 VI, besonders Anm. 29); vergl. auch Förtsch (Anm. 8).

Gläubigeranspruchs ist vielmehr ein direktes Pflicht- und Verantwortlichkeitsverhältniß der Aufsichtsrathsmitglieder gegenüber den Gläubigern statuirt, denen sie im Falle ihrer Nichtbefriedigung aus dem Gesellschaftsvermögen auf Ersatz alles dessen haften, was sie an die Gesellschaft zu leisten haben würden, wenn die Gesellschaft anspruchsberechtigt wäre.

Das Verhältniß des Gesellschaftsanspruchs zum Gläubigeranspruch ist hiernach folgendes:

Ist die Gesellschaft solvent, so besteht nur ein Gesellschaftsanspruch.

Liegt aber der Fall der Befriedigungsunmöglichkeit vor, so besteht nur ein Gläubigeranspruch. Durch seine Existenz verdrängt derselbe den Gesellschaftsanspruch. In seinem Umfange deckt er sich mit demselben: er ist, wie schon erwähnt, auf Leistung dessen gerichtet, was der Regreßpflichtige an die Gesellschaft zu leisten haben würde, wenn deren Ersatzanspruch in Frage stände.

Seine Voraussetzungen anlangend, so hat er im Großen und Ganzen dieselben wie der Gesellschaftsanspruch, nur eine mehr und eine weniger; eine mehr: Kläger muß unbefriedigter Gläubiger sein, eine weniger: es braucht nicht eine durch Generalversammlungsbeschluß nicht gestattete Handlung vorzuliegen.

Aus der Selbstständigkeit des Gläubigeranspruches und dem dargelegten Verhältnisse desselben zum Gesellschaftsanspruche ergiebt sich, daß Zahlungen an die Gesellschaft und Vergleiche mit derselben dem Gläubiger, welcher den Anspruch geltend gemacht hat, nicht mehr zum Schaden gereichen können. Anders die Motive II S. 149, welche inkonsequenter Weise die Zahlung zulassen, den Vergleich für unzulässig erklären. (Zust. Behrend § 126 Anm. 29; Förtsch Anm. 8; anders Ring (Anm. 7), welcher beides zuläßt.) Es ergiebt sich ferner daraus, daß dem Gläubiger nicht der Einwand der rechtskräftig entschiedenen Sache entgegengesetzt werden kann, wenn die Gesellschaft bereits abgewiesen ist.

§ 12. δ) Der Regreßpflichtige wird dem Gläubiger gegenüber nicht befreit durch einen Generalversammlungsbeschluß. Darin offenbart sich die Selbstständigkeit des Gläubigeranspruchs am schärfsten. Den Generalversammlungsbeschluß kann er der Gesellschaft gegenüber vorschützen, wenn diese ihn in Anspruch nimmt, dem Gläubiger gegenüber nicht. Selbst wenn er die Ungültigkeit mit aller Diligenz bis in die höchsten Instanzen gegen die Gesellschaft verfochten hat, befreit ihn dies nicht von der Regreßpflicht gegenüber dem Gläubiger (vergl. § 16 zu Art. 190a, kommentirt hinter Art. 222).

§ 13. ε) Besonderer Betrachtung werth ist der Fall des Konkurses, zumal, wie Behrend (§ 126 Anm. 27) richtig bemerkt, dies der Hauptanwendungsfall sein wird, weil sich regelmäßig erst mit diesem Falle die Befriedigungsunmöglichkeit durch die Gesellschaft ergeben wird. In G.Z. 37 S. 552 wird vom O.L.G. Hamburg ausgeführt, daß im Konkurse ein Anspruch der Einzelgläubiger neben dem durch den Konkursverwalter zu verfolgenden Anspruch undenkbar ist und daß jener von diesem absorbirt werde. Ring (Anm. 7) stimmt dem zu, ebenso Kohler, Lehrbuch des Konkursrechts S. 122. Allein der Konkursverwalter überkommt nur die Verwaltung und Verfügung über das Vermögen des Gemeinschuldners (§ 5 der Konk.O.). Wenn er dieses Vermögen auch im Interesse der Gläubiger verwalten und verwerthen soll, so überkommt er doch nicht Rechte, welche den einzelnen Gläubigern vor dem Konkurse zugestanden haben. Soweit daher dem Gemeinschuldner, hier der Gesellschaft, ein Regreßanspruch zusteht, kann ihn jetzt der Verwalter geltend machen. An die Voraussetzungen des Art. 223 (Genehmigung der Generalversammlung oder Verlangen der Minderheit) ist der Konkursverwalter in Folge der für seine Verwaltungsbefugnisse geltenden Sonderbestimmungen der Konkursordnung allerdings nicht gebunden (vgl. R.G. 14 S. 218). Aber was er zu verwalten hat, ist lediglich das Vermögen der Gesellschaft, also die ihr zustehenden Ansprüche. Soweit daher die Gläubiger der Gesellschaft durch die Thatsache ihrer Nichtbefriedigung einen selbstständigen Anspruch gegen den Regressaten erworben haben, so fällt dieser in die Konkursmasse nicht und kann nicht vom Konkursverwalter, sondern nur von dem einzelnen Gläubiger ausgeübt werden. Daß nach dem Willen des Gesetzes nicht zwei Ansprüche, der der Gesellschaft und der des Gläubigers nebeneinander bestehen können, ist wohl richtig, führt aber nicht dazu, im Konkursfalle nur einen Anspruch der Gesellschaft anzunehmen, sondern im Gegentheil nur einen solchen der Gläubiger, da der Fall des Abs. 3 ja vorliegt, daß die Gesellschaft die Gläubiger nicht befriedigen kann. Zur Geltendmachung dieser selbstständigen Ansprüche der Gläubiger aber ist der Konkursverwalter nicht legitimirt (vergl. § 5 zu Art. 169). — Zust. Cosack S. 634; Hergenhahn, der Vorstand des A.G. S. 345.

3. (Abs. 4). **Die Verjährung** gilt für alle Ansprüche, auch für die aus Abs. 1. Es gelten hier die gleichen Grundsätze, wie zu Art. 213e, auf dessen Erläuterung daher hier verwiesen wird.[1]) Nur Folgendes ist zu bemerken: § 14.

Der **Beginn** der Verjährung ist hier, anders als in Art. 213e, nicht fixirt. Hierüber sollen nach dem K.B. 28 die allgemeinen Rechtsgrundsätze entscheiden. Cosack (S. 635) stellt als solchen allgemeinen Rechtsgrundsatz den Satz auf, daß die Verjährung mit der schadenbringenden Handlung beginnt. Nach unserer Aufstellung gilt Folgendes: Was den Anspruch der Gesellschaft betrifft, so sind nicht die Grundsätze von außerkontraktlichen Schäden maßgebend, also in Preußen nicht die §§ 54 u. 55 I, 6 A.L.R., denn es liegt ein kontraktlicher Anspruch vor, also entscheiden die Grundsätze über vertragliche Schadensansprüche. (Actio nata! Wann die Gesellschaft Kenntniß erlangt hat, ist unerheblich.) Diejenigen Folgerungen, welche für Verjährungen mit fixirtem Beginn aus dieser Fixirung gezogen sind, (vergl. § 1 zu Art. 213e) fallen hier weg. Es gilt überall das bürgerliche Recht, so insbesondere auch nicht Art. 149 (R.G. 29 S. 26).

Der den Gläubigern gegenüber bestehende selbstständige Anspruch aber ist allerdings kein kontraktlicher. Allein es muß als Wille des Gesetzgebers angenommen werden, daß der Gläubigeranspruch nur in dem einen von ihm hervorgehobenen Punkte weiter geht, als der Gesellschaftsanspruch, nämlich nur insofern, als der erstere durch einen Generalversammlungsbeschluß nicht beseitigt wird. Im Uebrigen aber sind die Voraussetzungen dieselben: der unbefriedigte Gläubiger kann klagen, soweit die Voraussetzungen des Gesellschaftsanspruchs vorhanden sind. Demgemäß ist der Gläubigeranspruch verjährt, wenn auch der klagenden Gesellschaft der Einwand der Verjährung mit Erfolg entgegengehalten werden könnte.

Zusatz 1. Auf ältere Gesellschaften finden die Vorschriften dieses Absatzes voll und ganz Anwendung. Aeltere Statuten, welche ein geringeres Maß von Haftung überhaupt oder in den vorgesehenen Hauptfällen anordnen, sind aufgehoben. Andererseits trifft die Vergünstigung der Verjährung auch Pflichtwidrigkeiten aus der Zeit vor dem neuen Aktiengesetze (O.L.G. Kassel in Seufferts Archiv 48 S. 77). § 15.

Zusatz 2. Ob eine weitere Haftung, insbesondere gegenüber den einzelnen Aktionären, oder gegenüber den Gläubigern, oder endlich gegenüber Dritten, welche Aktien gekauft und daran Verlust erlitten haben, für die Aufsichtsrathsmitglieder in Ansehung der von ihnen begangenen Unregelmäßigkeiten besteht, darüber vergl. § 6 zu Art. 241. § 16.

Dritter Abschnitt.

Rechte und Pflichten des Vorstandes.

Artikel 227.

Die Aktiengesellschaft wird durch den Vorstand gerichtlich und außergerichtlich vertreten.

[1]) Insbesondere gilt diese Verjährung gleichfalls auch bei dolosen Schädigungen (vergl. § 4 zu Art. 213e)

Der Vorstand kann außer einer oder mehreren Personen bestehen; diese können besoldet oder unbesoldet, Aktionäre oder Andere sein.

Ihre Bestellung ist zu jeder Zeit widerruflich, unbeschadet der Entschädigungsansprüche aus bestehenden Verträgen.

Einleitung. **Der Artikel normirt den allgemeinen Charakter des Vorstandes** (Abs. 1), **die Zusammensetzung desselben und die Qualifikation seiner Mitglieder** (Abs. 2) **und endlich die Widerruflichkeit seiner Bestellung** (Abs. 3). Daß jede Aktiengesellschaft einen Vorstand haben muß, ist schon in Art. 209 Ziffer 5 angeordnet, allerdings auch dort in eigenartiger Form.

§ 1. 1. (Abs. 1.) **Der allgemeine Charakter des Vorstandes.** Derselbe ist hier nicht erschöpfend angegeben. Hier ist nur eine Seite desselben, seine Stellung als gesetzlicher Vertreter der Gesellschaft, hervorgehoben. Der Vorstand ist aber außerdem noch geschäftsführendes Organ der Gesellschaft. Er ist ihre ständige geschäftsführende Behörde, welcher zunächst eine Reihe von Geschäftsführungspflichten schon von Gesetzeswegen unentziehbar zugewiesen sind (Berufung zur Generalversammlung, Art. 236; Sorge für die Buchführung, Art. 239 Abs. 1; Vorlegung der Bilanz, der Gewinn- und Verlustrechnung und die Erstattung des Geschäftsberichts, Art. 239 Abs. 2; die Anzeige von Verlusten am Grundkapital, Art. 240 Abs. 1; Beantragung des Konkurses, Art. 240 Abs. 2), und welcher außerdem die ganze Geschäftsführung obliegt, soweit sie nicht durch Gesetz oder Statut anderen Organen zugewiesen ist (vergl. R.O.H. 13 S. 180). Aber hinsichtlich der Geschäftsführung kann anderen Organen soviel Macht über den Vorstand selbst zugewiesen sein, daß dieser dadurch im Großen und Ganzen zum Exekutivbeamten des Aufsichtsraths herabgedrückt wird (O.L.G. Hamburg in G.Z. 35 S. 247; vergl. § 9 zu Art. 225). Bis auf die erwähnten unentziehbaren Geschäftsführungsakte kann der Aufsichtsrath, dessen Anweisungen der Vorstand zu folgen hat, diesem die Geschäftsführung auch ganz entziehen, nicht bloß, wie Ring S. 527 will, bruchstückweise (sog. Suspension). Der vorliegende Artikel aber handelt, wie gesagt, nur von der Vertretung nach außen. Der Vorstand ist der gesetzliche Vertreter der Gesellschaft, nicht ihr Bevollmächtigter, sondern dasjenige Organ, durch welches die Gesellschaft regelmäßig nach außen im Rechtsleben auftritt, durch welches sie insbesondere ihre Rechtsgeschäfte mit Dritten abschließt.[1]) (Gegen die Auffassung als Vollmachtsverhältniß Ring Anm. 4 und besonders Neukamp S. 101 u. 122.) Der Inhalt seiner Vertretungsbefugniß ist nach außen unbeschränkbar (Art. 231 Abs. 2), nur müssen diejenigen Beschränkungen gelten, die das Gesetz selbst aufstellt, indem es gewisse Handlungen des Vorstandes ex jure publico für nichtig oder nur mit Zustimmung der Generalversammlnng für gültig erklärt (Art. 218d, Art. 215c, 223).

Die Quelle seiner Stellung ist ein mit ihm geschlossener Dienstvertrag (Behrend § 124). Doch ist dieser Dienstvertrag kein Handlungsgehülfenvertrag (vergl. § 8). Man kann auch von einem Mandatsverhältnisse sprechen, wenn man nur festhält, daß ein Vollmachtsverhältniß nicht vorliegt. Denn das Mandat besteht nicht nothwendig in der Uebertragung direkter Stellvertretung (vergl. Ring Anm. 4, während Neukamp a. a. O. gegen die Bezeichnung des Verhältnisses als Mandates entschieden Front macht, indem er hierin den Auftrag zu direkter Stellvertretung sieht).

In gerichtlichen Angelegenheiten insbesondere ist der Vorstand gesetzlicher Vertreter im Sinne des § 50 C.P.O. Demgemäß haben die Vorstandsmitglieder auch die Parteieide für die Gesellschaft zu leisten, und zwar diejenigen Vorstandsmitglieder, die es zur Zeit der Eidesleistung sind. Folgeweise können die Vorstandsmitglieder auch nicht als Zeugen vernommen werden, (R.G. 2 S. 400; vergl. Bd. 14 S. 20). Die Meinung

[1]) Er ist nicht ausschließliches Vertretungsorgan der Gesellschaft, ausnahmsweise ist es auch der Aufsichtsrath (vergl. die Einleitung zu Art. 225), und ganz ausnahmsweise auch die G.V. (vergl. § 2 zu Art. 221). Zutreffend ist die von Ring (Anm. 1) gewählte Bezeichnung des Vorstandes als des ordentlichen ständigen Organs der Gesellschaft für deren Vertretung und Geschäftsführung.

Ring's (Anm. 8), dasjenige Vorstandsmitglied, welches den Prozeß nicht führe, könne als Zeuge vernommeu werden, kann nicht gebilligt werden. Denn auch ein solches Mitglied bleibt ein gesetzlicher Vertreter der Gesellschaft und kann zum Parteieide herangezogen werden (§ 435, 436 C.P.O.). Zustellungen und Ladungen können an jedes Vorstandsmitglied gültig erfolgen, auch wenn es allein zur Vertretung nicht befugt wäre (§ 157 Abs. 3 C.P.O.); doch gilt dies nur für diejenigen Angelegenheiten, auf welche sich die C.P.O. bezieht; sonst muß die Zustellung an alle vertretungsbefugten Vorstandsmitglieder erfolgen (Ring Anm. 8). Will der Vorstand selbst die Gesellschaft verklagen, z. B. auf Gewährung von Gehalt, so kann er sich nicht selbst zustellen. Vielmehr muß event. der Gesellschaft ein Prozeßpfleger bestellt werden nach § 55 C.P.O. (R.G. 7 S. 404).

2. (Abs. 2.) **Die Zusammensetzung des Vorstandes und die Qualifikation seiner Mitglieder.** § 2.

a) **Die Zusammensetzung des Vorstandes.** Hierüber muß sich das Statut verhalten.[1]) (Art. 209 Abs. 2 Ziffer 5). Der Vorstand kann aus einer oder mehreren Personen bestehen. Besteht er aus mehreren Personen, so sind dieselben im Zweifel nur kollektiv vertretungsberechtigt, wie aus Art. 229 Abs. 1 hervorgeht. Für die Geschäftsführung muß dasselbe Prinzip gelten. (Ring Anm. 9.) Es kann aber auch jedes Vorstandsmitglied für sich voll und ganz vertretungsberechtigt sein. Alsdann repräsentirt jedes Mitglied, wenn es allein handelt, den Vorstand. Auch als Majoritätskollegium kann der Vorstand organisirt sein. Alsdann muß sich die dissentirende Minderheit fügen, kann aber durch Mehrheitsbeschluß nicht gezwungen werden, gesetz- oder statutenwidrige Beschlüsse auszuführen, wie sie auch andererseits durch Mehrheitsbeschluß nicht geschützt wird, wenn sie sich bei der Ausführung solcher Beschlüsse betheiligt. Zur Beschlußfähigkeit gehört in solchem Falle die Betheiligung aller Vorstandsmitglieder, wenn nichts Anderes statutarisch vorgesehen ist, und zum Zustandekommen des Beschlusses absolute Mehrheit (vergl. § 10 zu Art. 225; Ring Anm. 9). Auch in Abtheilungen (Komitees), welche verschiedene Materien behandeln, kann der Vorstand getheilt werden (R.O.H. 18 S. 337). Die völlige Ausschließung eines Vorstandsmitgliedes von der Vertretungsbefugniß ist unstatthaft (Petersen u. Pechmann S. 477).

Zur Annahme des Amtes als Vorstand ist Niemand verpflichtet, auch der Aktionär nicht. Auch das Statut kann eine solche Verpflichtung der Aktionäre nicht festsetzen, weil dies gegen Art. 219 verstoßen würde (vergl. § 2 zu Art. 219).

b) **Die Qualifikation der Mitglieder.** Hierüber ist nur negativ bestimmt, daß sie nicht nothwendig Aktionäre sein müssen. Hierüber, sowie über die Zulässigkeit anderer Beschränkungen und Erfordernisse (Kautionsstellung u. s. w.) gilt das Gleiche, wie für die Qualifikation der Aufsichtsrathsmitglieder (vergl. § 3 zu Art. 191, kommentirt hinter Art. 224). Es ist nur noch der Deutlichkeit wegen betont, daß eine Besoldung nicht ausgeschlossen ist, um den für das gemeine Recht möglichen Zweifel nach dieser Richtung abzuschneiden. Die Bezeichnung Vorstand ist wesentlich. Welches epitheton ornans die Gesellschaft ihren Vorstandsmitgliedern geben will (Direktor, Generaldirektor, Präsident — vergl. Preußische Central-Bodenkredit-Aktiengesellschaft —) ist gleichgültig. Solche Titel können auch anderen Personen, die blos Gesellschaftsbeamte sind, aber eine leitende Stellung im Betriebe einnehmen, beigelegt werden. Personen der letzteren Art werden, auch wenn sie Handlungsvollmacht haben, noch nicht Vorstandsmitglieder (Bolze 10 Nr. 431). Nach außen muß jedenfalls klar sein, wer gesetzlicher Vertreter der Gesellschaft ist. Diese Klarstellung erfolgt durch die Wahl des Wortes Vorstand. Der Registerrichter muß auf die Wahl dieser Bezeichnung halten. (Uebereinstimmend Ring Anm. 2. allerdings gegen die herrschende Ansicht, besonders auch Behrends (§ 124 Anm. 2). § 3.

---

[1]) Ebenso über die Bestellung des Vorstandes. Sie erfolgt meist durch den A.R., seltener durch die G.V. Die letzteren Organe sind in diesem Falle gesetzliche Vertreter der Gesellschaft (vergl. Note 1 zu § 1). Der Vorstand kann auch zur Kooptation statutarisch ermächtigt sein (Behrend § 124 Anm. 13; Cosack S. 578). Auch Bestellung durch einen Dritten ist nicht absolut unzulässig (vergl. jedoch § 4).

§ 4. 3. (Abs. 3.) **Ihre Bestellung ist zu jeder Zeit widerruflich, vorbehaltlich der Entschädigungsansprüche aus bestehenden Verträgen.**

a) **Die jederzeitige Widerruflichkeit** ist vom Gesetze ausgesprochen, damit hierüber kein Zweifel entstehe durch die verschiedenen juristischen Komplikationen, welche man dem Vertrage geben könnte. Das Gesetz will sagen, daß die Geschäftsführungs- und Vertretungsbefugniß jedenfalls jederzeit entzogen werden kann. Ob auch der ganze Dienstvertrag jederzeit aufgehoben werden kann, darüber vergl. den Zusatz. Auf die Widerruflichkeit kann auch nicht verzichtet werden (R.O.H. 140, 85; 23 S. 327; R.G. 3 S. 186; Ring Anm. 10; Behrend § 124 Anm. 19). Die Ernennung eines von den Beschlüssen der Gesellschaft unabhängigen, durch einen Dritten zu bestellenden und abzuberufenden Vorstandes ist unzulässig, ein dahin gehender Generalversammlungsbeschluß ungültig (R.G. 3 S. 129).[1])

Die Ausübung des Widerrufs beruht auf reiner Willkür. Der Vorstand kann nicht etwa auf das Fortbestehen der Vorstandschaft trotz erfolgten Widerrufs klagen (R.O.H. 14 S. 85).[2]) Es ließe sich höchstens denken, daß der Vorstand in Gemäßheit des Art. 190a den Beschluß der Generalversammlung, welcher den Widerruf ausspricht, als rechtsungültig (nicht etwa als sachlich ungerechtfertigt) zu Stande gekommen anficht. Auch sind für sachlich ungerechtfertigte Widerrufe Konventionalstrafen denkbar. Von wem der Widerruf ausgeübt wird, ist im Gesetze nicht gesagt. Die Generalversammlung ist jedenfalls dazu berechtigt, neben ihr der Aufsichtsrath, wenn ihm das Widerrufsrecht übertragen ist. Eine solche Uebertragung liegt aber implicite in der Uebertragung des Rechts, den Vorstand zu bestellen. (Ring Anm. 10; Behrend § 124 Anm. 20).

§ 5. b) **Vorbehalten sind Entschädigungsansprüche aus bestehenden Verträgen.** Hierüber vergl. das im Zusatz Gesagte, wo die Rechtsverhältnisse aus dem begleitenden Dienstvertrage im Zusammenhange erörtert werden.

§ 6. c) **Kann auch das Vorstandsmitglied sein Amt niederlegen?** Die Beantwortung ergiebt sich aus der Natur des Verhältnisses als Dienstverhältnisses (vergl. oben § 1). Während der Vertragsdauer ist das Mitglied des Vorstandes zur Niederlegung ohne weiteres nicht berechtigt, sondern nur aus wichtigen Gründen. Wenn keine Vertragsdauer vereinbart ist, darf die Niederlegung jedenfalls nicht zur Unzeit, d. h. nur nach einer angemessene Frist zur Ersatzbeschaffung freilassenden Kündigung. Die Kündigung kann stets an den A.R. geschehen, auch wenn die Wahl des neuen Vorstandes durch die G.V. zu bewirken ist (Behrend § 124 Anm. 26), also zu Händen des Vorsitzenden des A.R. (§ 11 zu Art. 225).

Eine andere Frage ist, ob die unstatthafte Niederlegung der Gesellschaft gegenüber wirksam ist oder nicht, d. h. ob auch der unrechtmäßige Rücktritt bewirkt, daß der Zurücktretende aufhört, Vorstandsmitglied zu sein, sodaß also seine Rechte und Pflichten als Vorstandsmitglied aufhören und für Ersatz gesorgt werden muß. Nach preußischem Recht hört die Eigenschaft als Vorstandsmitglied nach den Regeln von Verträgen über Handlungen auf, es bleiben nur Entschädigungsansprüche übrig (vergl. unten § 12). Anders nach gemeinem und französischem Recht. Ist die Niederlegung unwirksam, so kann die Gesellschaft sowohl eine Feststellungsklage, als auch eine Klage auf Erfüllung der Obliegenheiten anstellen (Zwang nach § 774 C.P.O.) Auch bleibt das betreffende Mitglied nach jeder Richtung verantwortlich (strafrechtlich, civilrechtlich, gegenüber dem Registergericht) — (Vergl. Behrend § 124 Anm. 27.) Ring Anm. 12 nimmt dagegen

---

[1]) Aus dieser Entscheidung ergeben sich bedenkliche Konsequenzen in Bezug auf die Gültigkeit der von der preußischen Regierung geschlossenen Verträge, durch welche Privatbahnen unter Staatsverwaltung genommen sind (Behrend § 124 Anm. 7).

[2]) Von dem Widerruf der Stellung ist noch zu scheiden die Behinderung an der Ausübung der mit derselben verbundenen Thätigkeit. Hier steht Klage zu; nach Behrend (§ 124 Anm. 22) gegen das betreffende hindernde Organ, nach Ring (Anm. 10) gegen die Gesellschaft, nach unserer Ansicht gegen den einen oder andern, je nachdem die Störung Namens der Gesellschaft erfolgt oder nicht.

ohne Rücksicht auf den Stand des Civilrechts an, daß das Vorstandsmitglied jeder Zeit zur Niederlegung befugt ist, nur nicht zur Unzeit, und daß bei unzeitiger Niederlegung das Mitglied solange seine Qualität als Vorstand behält, bis für Ersatz gesorgt werden kann.

Zusatz. **Die sonstigen Dienstverhältnisse der Vorstandsmitglieder** sind im vorstehenden Artikel nicht erörtert. Er beschäftigt sich lediglich mit der Geschäftsführungs- und Vertretungsbefugniß. § 7.

a) **Die Natur dieses Dienstverhältnisses ist nicht die des Dienstvertrags zwischen Handlungsgehilfen und Prinzipal.** Vielmehr ist der Vorstand gegenüber den Handlungsgehilfen der Gesellschaft selbst Prinzipal. Es liegt hiernach ein nach landesrechtlichen Grundsätzen zu beurtheilender Dienstvertrag vor, die Vorschriften über Handlungsgehilfen finden nicht einmal analoge Anwendung. Es ist dies schon im § 1c zu Art. 57 ausgeführt und mit Aussprüchen der höchsten Gerichtshöfe belegt. § 8.

b) **Ueber das, was für diesen Dienstvertrag im Einzelnen Rechtens ist, entscheidet hiernach das bürgerliche Recht** in Verbindung mit dem, was sich auf Grund der Beschaffenheit dieses Verhältnisses aus der Natur der Sache ergiebt. (Für Preußen §§ 869—993, I, 11 in Verbindung mit § 408, I, 5 A.L.R.) § 9.

α) Die Besoldung. Auslagen kann das Vorstandsmitglied jedenfalls erstattet verlangen (Cosack S. 578). Seine sonstige Besoldung kann verschiedenen Inhalt haben: Gehalt; freie Wohnung und Beköstigung (R.G. 22 S. 85); freie Wohnung nebst Garten (Bolze 11 Nr. 345: den Garten hat er selbst zu bestellen); auch Pensionsversprechen als remuneratorische Schenkungen sind prinzipiell nicht unzulässig (Bolze 14 Nr. 256), ob sie im Einzelfall sachlich berechtigt, ist eine andere Frage; ferner Provision an den durch den Vorstand abgeschlossenen Geschäften (§ 9 zu Art. 57), endlich Tantième. Anlangend aber die Tantiemen, so entsteht dadurch ein Zweifel, daß bei Aktiengesellschaften ein bilanzmäßiger Reingewinn dann nicht vorhanden ist, wenn zwar in dem betreffenden Jahre, falls man dasselbe für sich betrachtet, ein Gewinn erzielt ist, derselbe aber absorbirt oder verkleinert wird durch eine von früherher übernommene Unterbilanz. Das Reichsgericht hat in dieser Beziehung ausgesprochen, daß im Zweifel der Gewinn des betreffenden Jahres für die Berechnung der Tantiemen von Vorstandsmitgliedern und Gesellschaftsbeamten maßgebend sei, nicht der bilanzmäßige Reingewinn (R.G. 11 S. 163). Mit Recht bemängelt dies Ring (Anm. 7). Darin aber ist dem Reichsgericht a. a. O. beizustimmen, daß der Tantièmeanspruch fällig und klagbar ist mit der definitiven Bilanzgenehmigung; der Umstand, daß die Generalversammlung wegen Illiquidität der Mittel die Auszahlung der Dividende vertagt, berührt den Tantiemeanspruch nicht. Wie die Tantieme zu berechnen ist, welche Reservekonten dabei in Abzug kommen, darüber vergl. § 5 zu Art. 192 hinter Art. 224. Die Frage, ob die Generalversammlung Vorstandsmitgliedern auch dann Tantiemen bewilligen kann, wenn solche im Statute nicht vorgesehen sind, hat das R.O.H. 22 S. 281 bejaht. Dem ist beizutreten, denn darin liegt nichts, als die Vereinbarung einer bestimmten Besoldungsart. In dem Schweigen des Statuts kann hier (anders als bei der Besoldung der Mitglieder des A.R.) die Meinung der Nichtbesoldung nicht gefunden werden, weil erfahrungsmäßig die Statuten über die Besoldung von Vorstandsmitgliedern erschöpfende Bestimmungen nicht enthalten, dies vielmehr der Vereinbarung von Fall zu Fall überlassen wird. Ergeben aber die Statuten, daß dem Vorstand nur ein bestimmter Prozentsatz des Reingewinns zugebilligt werden darf, so verstößt die Stipulirung eines höheren Prozentsatzes gegen die Statuten. (Vergl. R.O.H. 19 S. 334.) § 10.

Bei gerechtfertigter Abberufung im Laufe des Jahres ist die Tantieme des ganzen Jahres antheilig zu zahlen, nicht etwa die Tantieme des betreffenden Zeitabschnitts (Vergl. § 8 zu Art. 57 und § 9 zu Art. 192, kommentirt hinter Art. 224).

Die Tantième steht im Zweifel dem Vorstande als Organ der Gesellschaft zu. Ueber die Theilung derselben unter die einzelnen Mitglieder gilt das Gleiche wie für den Aufsichtsrath (vergl. § 6 zu Art. 192, kommentirt hinter Art. 224).

§ 11. β) **Für Krankheitsfälle** greift nicht Art. 60 Platz, vielmehr muß dem Vorstandsmitglied, solange es im Amte belassen wird, das Gehalt gezahlt werden (R.O.H. 19 S. 63; Ring Anm. 11; abweichend Cosack S. 579). Urlaubsreisen zum Zwecke der Erholung kann das Vorstandsmitglied auf eigene Faust machen. Es ist ja Prinzipal und hat daher nicht um Urlaub zu bitten. Eine Aenderung tritt in dieser Hinsicht ein durch ausdrückliche Abmachung oder durch eine Normirung des Dienstverhältnisses, aus welcher hervorgeht, daß der Aufsichtsrath oder dessen Vorsitzender der generelle Vorgesetzte des Vorstands nach innen sein soll. Immer aber ist der Aufsichtsrath die überwachende Behörde und aus diesem Grunde dürfte eine Anzeige der beabsichtigten Urlaubsreise und wohl auch eine Rechtfertigung derselben an den Vorsitzenden des Aufsichtsraths stets erforderlich, eine Unterlassung der Anzeige als Pflichtverletzung zu erachten sein.

§ 12. γ) **Was den Fall des Rücktritts** betrifft, so ist zunächst zu bemerken, daß eine gesetzliche Kündigungsfrist nicht besteht. Die Bestimmungen über die Handlungsgehilfen sind nicht anwendbar. (Vergl. oben § 8.) Die Vorstandsmitglieder werden sich also ihre Stellung durch vertragliche Kündigung sichern müssen, sonst können sie jederzeit willkürlich ohne Entschädigung entlassen werden. Besteht aber eine vereinbarte Kündigungsfrist oder Vertragsdauer,[1]) so gestalten sich die Rechtsfolgen des Rücktritts in den einzelnen Rechtsgebieten verschieden.

Nach gemeinem und französischem Recht hört durch den einseitigen willkürlichen Rücktritt das Verhältniß nicht auf, auch wenn es sich um Verträge über Handlungen handelt. Daraus ergiebt sich für das Rechtsverhältniß des Vorstandsmitgliedes Folgendes: Sein Vertretungsrecht erlischt durch den Widerruf allerdings. Aber im Uebrigen bleibt der Dienstvertrag bestehen und es kann daher das abberufene Vorstandsmitglied nicht blos Entschädigungsansprüche geltend machen — der Ausdruck in Abs. 3 ist nicht dahin zu pressen —, sondern auch Erfüllungsansprüche, soweit diese nicht etwa den eigentlichen Inhalt der Vorstandschaft betreffen. So muß das abberufene Vorstandsmitglied z. B. die mit der Vorstandschaft wesentlich verknüpften Diensträume zwar verlassen, kann aber die Fortgewährung einer als Nebenleistung neben dem Gehalte gewährten Privatwohnung verlangen (R.G. 22 S. 35 ffg.).

Nach preußischem Recht dagegen besteht das freie Rücktrittsrecht des § 408, I, 5 A.L.R., und daraus folgt, daß nicht nur die Vollmacht jederzeit wiederrufen, sondern auch vom Dienstvertrage jederzeit willkürlich zurückgetreten werden kann, so zwar, daß im letzteren Falle nur Geldentschädigungsansprüche bestehen bleiben. Eine Dienstwohnung muß er also unter allen Umständen räumen. (R.G. 30 S. 373.)

Ueber die Höhe des Schadensanspruchs und die der A.G. verstatteten Einwendungen (anderweiter Erwerb) siehe zu Art. 62.

§ 13. Die Gründe des Rücktritts anlangend, so ist Art. 64 nicht maßgebend. Vielmehr ist Alles dem richterlichen Ermessen überlassen. Die Landesrechte geben keine Anhaltspunkte, die Natur des Verhältnisses ist der einzige Anhaltspunkt. Daß gerade strengere Grundsätze hier obwalten müssen, wie das R.O.H. 13 S. 182 sagt, kann nicht unbedingt acceptirt werden, in gewisser Hinsicht auch mildere; so wird z. B. das Fortbleiben vom Geschäft nicht so streng zu nehmen sein, wie beim Handlungsgehilfen. In der Praxis wurde ausgesprochen, daß Indiskretion einen Grund zur Entlassung abgeben kann (R.O.H. 21 S. 376), ebenso Widersetzlichkeit gegen den Aufsichtsrath, wenn z. B. der Vorstand sich weigert, dem Verlangen des Aufsichtsraths, einen Inspektor zu entlassen, nachzukommen (Bolze 5 Nr. 761). Das wird aber nur dann richtig sein, wenn der Vorstand nach den Statuten oder seinem Dienstvertrage verpflichtet ist, den

[1]) Auch lebenslängliche Anstellung ist zulässig, doch so, daß nur die Gesellschaft gebunden ist (Behrend § 124 Anm. 18).

Weisungen des Aufsichtsraths Folge zu leisten. Als Entlassungsgründe sind ferner erachtet worden: ungerechtfertigte Eigenmacht, Verheimlichung und falsche Buchführung in Bezug auf einen einer Firma gewährten Erlaß (Bolze 2 Nr. 1125); Annahme einer Gratifikation aus Anlaß einer Bestellung Seitens der Gesellschaft, unbefugte Bereicherung auf Kosten der letzteren, Bestechlichkeit (R.O.H. 13 S. 182); Vertrauensmißbrauch (R.O.H. 21 S. 376); dauernde Krankheit (R.O.H. 19 S. 61); unerlaubte Konkurrenz (Art. 232). Der Eintritt der Liquidation ist nicht ohne Weiteres Auflösungsgrund. Der Vorstand hat nunmehr die Funktionen des Liquidators, sein Dienstverhältniß geht zunächst weiter (R.G. 24 S. 70).

Die Vorstandsmitglieder können, wenigstens nach preußischem Recht, wie von ihrem Vollmachtsverhältnisse, so auch vom Dienstvertrage zurücktreten (vergl. oben § 6). Geschah dies ohne Grund, so sind sie entschädigungspflichtig. Geschah dies aber mit Grund, so können sie nach Maßgabe der obigen Ausführungen Fortbezug ihrer Emolumente bezw. Entschädigung verlangen. Als Grund zum Rücktritt ist es zu erachten, wenn die Generalversammlung oder der Aufsichtsrath von ihnen ungesetzliche Handlungen verlangt. Daß die ihnen übergeordneten Organe von ihnen Handlungen verlangen, die zwar gesetzlich, nach ihrer Ansicht aber der Gesellschaft nachtheilig sind, ist kein gerechtfertigter Rücktrittsgrund. Solchen Anweisungen gegenüber sind sie durch ihre Pflicht, den Anweisungen Folge zu leisten, gedeckt. Grund zum Rücktritt aber ist es, wenn Generalversammlung oder Aufsichtsrath mehr von ihnen verlangen, als wozu sie nach dem Dienstvertrag verpflichtet sind, oder wenn ihnen der Aufsichtsrath die ihnen nach der Beschaffenheit des Verhältnisses gebührende Behandlung nicht zukommen läßt, wenn z. B. der Vorsitzende des Aufsichtsraths sich Grobheiten anmaßt.

δ) Für den Konkurs ist § 19 der Konkursordnung maßgebend. Auch haben sie den Konkursvorzug des § 54¹ (Cosack S. 578). **§ 14.**

ε) Nach Beendigung des Verhältnisses hat das Vorstandsmitglied Rechnung zu legen über das in Verwaltung genommene Gesellschaftsvermögen und dasselbe herauszugeben, alsdann kann es erst seine Kaution zurückfordern (R.O.H. 24 S. 365).

Artikel 228.

Die jeweiligen Mitglieder des Vorstandes müssen alsbald nach ihrer Bestellung zur Eintragung in das Handelsregister (Art. 210, 212) angemeldet werden. Der Anmeldung ist ihre Legitimation beizufügen.

Sie haben ihre Unterschrift vor dem Handelsgerichte zu zeichnen, oder die Zeichnung derselben in beglaubigter Form einzureichen.

Der Artikel schreibt die Anmeldung der Vorstandsmitglieder zur Eintragung in das Register und die Zeichnung ihrer Unterschrift vor dem Handelsgericht vor.

1. **Die Anmeldung.**

a) Die Vorschrift der Anmeldung der Vorstandsmitglieder bezieht sich nicht blos, wie Hergenhahn Anm. 1 und Förtsch Anm. 2 meinen, auf die späteren Vorstandsmitglieder, sondern auch auf den ersten Vorstand. Es ist nicht richtig, daß in Bezug auf die Eintragung des ersten Vorstandes die strenge Vorschrift des Art. 210 Abs. 4 gilt. Der Artikel 210 hat es vielmehr nur mit der Eintragung des Gesellschaftsvertrages zu thun. Schon dieser Anmeldung sind die Urkunden über die Bestellung des Vorstandes beizufügen, weil der Registerrichter sich hiervon überzeugen muß, ehe er die Eintragung des Gesellschaftsvertrages vornimmt. Auf Grund jener Anmeldung erfolgt aber keine Eintragung der Vorstandsmitglieder. Um diese zu bewirken, muß eine besondere Anmeldung erfolgen, und diese ist im vorliegenden Artikel angeordnet (Zust. Ring Anm. 1). Die Wiederwahl eines Vor- **§ 1.**

standsmitglieds aber ist nicht einzutragen. Der Vorstand gilt nach außen so lange bestellt, als er eingetragen ist (vergl. Registerakten der Berlinischen Lebensversicherungsgesellschaft).

§ 2. b) Durch wen die Anmeldung erfolgt, ist nicht gesagt. Als allgemeiner Geschäftsführer und gesetzlicher Vertreter der Gesellschaft besorgt der Vorstand die Anmeldung. Er meldet sich also selbst an. Dabei ist nicht nothwendig eine Mitwirkung sämmtlicher Vorstandsmitglieder erforderlich, wie das O.L.G. Dresden (in G.Z. 85 S. 246); Ring (Anm. 1) und Behrend (§ 124 Anm. 28) annehmen. Vielmehr übt der Vorstand diese Thätigkeit so aus, wie jede andere nach Art. 229. Die Citirung des Art. 210 hinter dem Worte Handelsregister zwingt zu keinem anderen Ergebnisse, da sie nach den Motiven (II S. 228) lediglich den Zweck haben sollte, den Begriff Handelsregister zu fixiren, d. h. in Verbindung mit dem citirten Art. 212 zu sagen, bei welchen Handelsregistern die Anmeldung erfolgen solle, nämlich beim Register am Sitze der Gesellschaft und beim Gerichte jeder Zweigniederlassung. Man kann auch nicht sagen, daß durch die Bezugnahme auf Art. 210 ein anderer Erfolg erzielt ist, als beabsichtigt war. Denn von einer entsprechenden Anwendung des Art. 210 ist nicht die Rede, sondern die Citirung ist nur in Klammern erfolgt und im engen Anschluß an das Wort Handelsregister, sodaß schon aus dem Gesetze klar ersichtlich ist, was die Motive wollten. (Vergl. Esser Anm. 1; Petersen u. Pechmann S. 484; Förtsch Anm. 2).

§ 3. c) Der Anmeldung ist beizufügen die Legitimation, d. h. der Akt, durch welchen die Bestellung erfolgt ist; der betreffende Generalversammlungs- oder Aufsichtsrathsbeschluß, und zwar in beglaubigter Form.

§ 4. d) Beschränkungen dürfen nicht eingetragen werden. Der Vorstand ist unbeschränkter Vertreter der Gesellschaft. Nur die aus dem Gesetze selbst hervorgehenden Beschränkungen der Vertretungsbefugniß gelten (vergl. § 1 zu Art. 227). Beschränkungen nach Zeit oder nach Wirkungskreisen sind ungültig und von der Eintragung auszuschließen. Daraus folgt, daß für eine Zweigniederlassung kein besonderer Vorstand eingetragen werden darf. Es giebt nur einen Vorstand der Gesellschaft. Ob ein Vorstandsmitglied dazu verwendet wird, die Zweigniederlassung zu leiten, ist Sache interner Geschäftsführung. Die engegengesetzte Meinung des Landgerichts Frankfurt (G.Z. 37 S. 526), welcher auch Kayser Anm. 3 folgt, ist mit dem Gesetze nicht vereinbar. (Uebereinstimmend Kammergericht bei Johow 12 S. 34). Es ist ferner unrichtig, wenn der Berliner Handelsrichter in den Registerakten der Berliner Omnibusaktiengesellschaft die Eintragung eines Vorstandes verweigerte, weil derselbe nach den Statuten nur die Geschäfte zu leiten hatte, nach dem Wahlprotokolle aber auch Grundstücke veräußern durfte. Beides sind Angesichts des Art. 230 nur Instruktionen nach innen und der Eintragung gar nicht fähig, nach außen ist jeder Vorstand unbeschränkter Vertreter.

§ 5. 2. (Abs. 2.) **Die Zeichnung der Unterschrift** ist vorgeschrieben, d. h. die Zeichnung des persönlichen Namens, nicht der Firma (vergl. Art. 229 Abs. 2; Ring Anm. 2).

§ 6. **Zusatz 1. Zur Erzwingung der Vorschriften** dienen Ordnungsstrafen (Art. 249g).

§ 7. **Zusatz 2. Ueber die Wirkung der Eintragung** verhält sich ein Erkenntniß des Reichsoberhandelsgerichts dahin, daß dieselbe Dritten gegenüber die Legitimation derart herstellt, daß der Dritte der Eintragung gegenüber nicht etwa die Ungültigkeit der Wahl behaupten kann. Solange der Vorstand eingetragen ist, ist er auch legitimirt (R.O.H. 20 S. 208), (nicht auch gegenüber den Aktionären, Ring Anm. 1; Neukamp S. 129; vergl. auch bei uns § 2 zu Art. 116). Die Eintragung hat andererseits nicht die Wirkung, daß von ihr die Rechtsgültigkeit der Bestellung abhängt. Von der Bestellung ab ist der Vorstand legitimirt, auch nach außen. Nur die Offenkundigkeit und deren Folgen datiren von der Eintragung und Publikation (R.G. 9 S. 91).

Zusatz 3. Die Publikation der Eintragung erfolgt auf Grund der allgemeinen Vorschrift des Art. 13; beim ersten Vorstande ist die Anwendung des Art. 13 überflüssig, da die Publikation schon auf Grund des Art. 210 Abs. 2 erfolgt. § 8.

Artikel 229.

Der Vorstand hat in der durch den Gesellschaftsvertrag bestimmten Form seine Willenserklärungen kundzugeben und für die Gesellschaft zu zeichnen. Ist nichts darüber bestimmt, so ist die Zeichnung durch sämmtliche Mitglieder des Vorstandes erforderlich.

Die Zeichnung geschieht in der Weise, daß die Zeichnenden zu der Firma der Gesellschaft oder zu der Benennung des Vorstandes ihre Unterschrift hinzufügen.

Der Artikel verhält sich über die Art, wie der Vorstand seine Willenserklärungen kundzugeben und wie er für die Gesellschaft zu zeichnen hat.

1. **Die rechtliche Bedeutung der gegebenen Vorschriften.** § 1.

a) Die Vorschriften beziehen sich auf das Verhältniß nach außen: wie die Gesellschaft nach außen verpflichtende Willenserklärungen abzugeben hat, nicht auf den Verkehr nach innen: wie der Vorstand seine Geschäftsführungspflichten im Innern ausübt (Renaud, Aktiengesellschaften S. 548, 549). Daher ist z. B. bei den für die Aktionäre bestimmten Bekanntmachungen, Einladungen zu Generalversammlungen u. s. w., die Beifügung einer Unterschrift nicht geboten, wenn nicht das Statut auch für solche Erklärungen etwas Besonderes bestimmt. In statutarischen Bestimmungen, welche für Willenserklärungen der Gesellschaft eine bestimmte Form vorschreiben, liegt aber eine besondere, auf die nach innen bestimmten Kundgebungen gerichtete Vorschrift nicht.

b) Allein, wenn die Vorschrift sich auch auf den Verkehr nach außen bezieht, so ist sie doch nicht in dem Sinne aufgestellt, als wenn der Gesellschaftsvertrag mit bindender Wirkung nach außen bestimmen könne, in welcher Form der Vorstand seine Willenserklärungen kundzugeben und in welcher Form die Vorstandsmitglieder zu zeichnen haben. Solche Bestimmungen des Gesellschaftsvertrages würden gesetzwidrig und unwirksam sein. Würde z. B. der Gesellschaftsvertrag anordnen, daß der Vorstand nur in schriftlicher Form die Gesellschaft verpflichten könnne, so verstieße dies einmal gegen die Formvorschrift des Art. 317 (die Gesellschaft kann nicht, wie Neukamp S. 109 richtig bemerkt, im Voraus rechtsverbindlich erklären, daß ihre Willenserklärungen nur in bestimmer Form gelten sollen, wie dies auch eine physische Person nicht im Voraus rechtsverbindlich erklären kann), und es enthielte dies zweitens eine dem Dritten gegenüber unwirksame Beschränkung der Vertretungsbefugniß (R.O.H. 16 S. 34; Reichsgericht in Blums Annalen 2 S. 9). Unwirksam ist es ferner, wenn der Gesellschaftsvertrag auch nur anordnet, daß die schriftliche Willenserklärung des Vorstandes eine bestimmte Form haben müsse, um rechtsverbindlich zu sein (R.O.H. 18 S. 341). Ja selbst eine Bestimmung, daß Willenserklärungen, welche nach dem Gesetze nur in schriftlicher Form gültig sind, in bestimmter Form gezeichnet werden müssen, würde gegen Art. 231 verstoßen. § 2.

Die Vorschrift dieses Artikels hat vielmehr lediglich die Bedeutung einer Ordnungsvorschrift, zu deren Befolgung der Vorstand allerdings verpflichtet ist, um seinen Pflichten der Gesellschaft gegenüber zu genügen, von deren Beachtung aber nicht die Rechtsgültigkeit der Erklärungen abhängt (R.O.H. 18 S. 340).

Nur diese Bedeutung hat die in ihrer kategorischen Form anscheinend auf eine größere Tragweite hindeutende Vorschrift: „Der Vorstand hat in der durch den Gesellschaftsvertrag bestimmten Form seine Willenserklärung kundzugeben."

Und die gleiche, bloß instruktionelle Bedeutung haben die beiden andern Vorschriften dieses Artikels: daß, wenn nichts Anderes bestimmt ist, die Zeichnung durch alle Mitglieder und durch Fertigung der Unterschrift neben Firma oder Vorstandsbenennung zu erfolgen hat. Auch diese beiden Vorschriften haben nicht die Bedeutung, daß der Vorstand rechtsgültig nur in dieser Weise seine schriftlichen Erklärungen abgeben könne, wie Art. 317 und 230 klar ergeben (Ring Anm. 5; Behrend § 125 Anm. 7; Neukamps Bedenken (S. 111), daß der vorliegende Artikel mit den Artikeln 44, 48 und 139 nicht parallel gehe, weil es sich hier um eine juristische Person handle, trifft nicht zu).

§ 3. c) Hat hiernach der Inhalt dieses Artikels nicht diejenige Bedeutung, die ihm auf den ersten Anblick innezuwohnen scheint, und ist die wahre Bedeutung seines unmittelbaren Inhalts eine sehr geringe, so hat sich bei der Anwendung und Auslegung des Gesetzes ergeben, daß dem vorstehenden Artikel eine andere erhebliche Bedeutung zukommt infolge der Schlüsse, die für die Vertretungsbefugniß des Vorstandes überhaupt aus ihm zu ziehen sind.

Es wird nämlich die Vorschrift, daß mangels statutarischer Bestimmung die Zeichnung durch sämmtliche Vorstandsmitglieder erfolgen müsse, auf das Vertretungsverhältniß des Vorstandes überhaupt angewendet. Es wird angenommen, daß nach dem Willen des Gesetzes ein mehrgliedriger Vorstand derart die Gesellschaft überhaupt vertreten kann, daß jeder Einzelne befugt ist, die Gesellschaft zu vertreten, daß aber auch Kollektivvertretungen bestehen können, und zwar eine Kollektivität aller Mitglieder des Vorstandes, oder so, daß Einzelne nur kollektiv, Andere auch allein die Vertretungsbefugniß haben; und es wird endlich aus jener Vorschrift gefolgert, daß, wenn nichts Entgegenstehendes statutarisch angeordnet ist, Allen gemeinsam die Vertretungsbefugniß zusteht, mit anderen Worten, daß die Kollektivvertretung präsumirt wird. (Vergl. Näheres §§ 7 ffg.)

§ 4. 2. **Praktische Einzelfragen** knüpfen sich an den Inhalt des Artikels selbst naturgemäß wenig, weil seine Bedeutung, wie oben (§ 2) erörtert, eine geringe ist, desto erheblicher knüpfen sie sich an die sehr erheblichen Schlußfolgerungen, die aus dem Inhalte des Artikels gezogen werden für den Fall des mehrgliedrigen Vorstandes (§§ 7 ffg.)

§ 5. a) Hinsichtlich des Artikels selbst.

α) Zu Abs. 1 ist fraglich geworden, ob auch dem Aufsichtsrath überlassen werden könne, dem Vorstand die Form seiner Willenserklärung vorzuschreiben. Es ist dies zu verneinen, weil Abs. 1 klar vorschreibt, daß der Gesellschaftsvertrag diese Form bestimmen müsse, und ferner vorschreibt, was gelten soll, wenn der Gesellschaftsvertrag die Form nicht bestimmt. Eine statutarische Delegation an den Aufsichtsrath wäre in dieser Beziehung ungültig (Oberstes L.G. München in G.Z. 35 S. 246; Behrend § 125 Anm. 11, anders Kammergericht bei Johow 10 S. 84; Ring Anm. 1). Anweisungen des Aufsichtsraths nach dieser Richtung wären hiernach unbeachtlich, und der Vorstand würde nicht, wie Petersen und Pechmann S. 486 annehmen, verpflichtet sein, solchen Anweisungen Folge zu leisten.

§ 6. β) Zur Erfüllung der Ordnungsvorschrift des Abs. 2 ist es für genügend gehalten worden, wenn die Firma vorgedruckt, ja auch schon, daß die Firma oben auf den Briefbogen gedruckt ist (R.O.H. 14 S. 317). Auch facsimilirte Unterschriften, wenn sie auf einer Verfügung des Vorstandes beruhen, sind zulässig, soweit die Verkehrsitte dies gestattet (R.G. 14 S. 94). Wenn bei Formalakten, wie Wechselunterschriften die strikte Befolgung der Vorschrift des Abs. 2 nöthig wird, so folgt dies nicht aus dem vorstehenden Artikel, sondern aus der Bestimmung und dem Wesen des Wechselrechts (R.O.H. 12 S. 172 ffg.; 14 S. 174, 201; 16 S. 209).

§ 7. b) Erheblicher sind die Fragen, welche sich an die Uebertragung des Artikels auf die Vertretungsbefugniß überhaupt knüpfen.

α) Es ist schon betont worden (§ 3), daß durch Schlußfolgerungen aus dem Abs. 1 der Rechtssatz hergeleitet wird, das Gesetz ordne das Zusammenwirken der sämmtlichen Mitglieder des Vorstandes für dessen Auftreten nach außen überhaupt an, jedoch nur in dispositiver Weise, sodaß es dem Gesellschaftsvertrage überlassen bleibt die Vertretungsbefugniß anders zu ordnen, sei es so, daß immer eine bestimmte Anzahl zusammenwirken muß, oder auch so, daß Einzelne selbstständig auftreten können, Andere in Gemeinschaft mit Anderen. (Behrend § 125 Anm. 8; Ring Anm. 2 mit weiteren Citaten; vergl. auch die deutlichere Fassung des § 85 des Gesetzes, betreffend die Gesellschaften mit beschränkter Haftung). Es ist sogar angenommen worden, daß auch das Zusammenwirken eines Vorstandsmitgliedes mit einem Prokuristen zulässig ist (R.O.H. 8 S. 337); nur beim Vorhandensein eines Vorstandsmitgliedes ist dies für nicht zulässig erklärt worden (R.O.H. 6 S. 131). Ueber unseren Standpunkt zu dieser Frage vergl. § 3 zu Art. 43 (siehe auch § 4 zu Art. 231). Hinzuzufügen ist, daß auch Behrend (§ 125 Anm. 12) auf unserem Standpunkte steht.

β) Es ist ferner mit Recht angenommen worden, daß eine Bestimmung der Statuten über die Art der Zusammenwirkung mehrerer Vorstandsmitglieder bei der Zeichnung wegen der vorwiegenden Bedeutung, welche die Zeichnung für die Vertretung hat, dahin gedeutet werden muß, daß das Zusammenwirken bei der Vertretung überhaupt in der so angeordneten Weise erfolgen soll (vergl. R.O.H. 3 S. 183; 16 S. 35; R.G. 24 S. 27). Von Bedeutung wird dies natürlich nur dann sein, wenn das Statut Erleichterungen gegen die Kollektivität in dieser Weise anordnet. Denn wenn es die Kollektiv-Zeichnung aller Vorstandsmitglieder anordnet, so wiederholt es nur das, was ohne diese statutarische Anordnung schon von Gesetzes wegen gilt. Aber wenn das Statut bestimmt, schon Einer von mehreren Vorstandsmitgliedern sei zur Zeichnung berechtigt, so gilt dies für jede Art von Vertretung, insbesondere auch für den mündlichen Geschäftsverkehr. § 8.

γ) Ueber die Art, wie mehrere Vorstandsmitglieder zusammenwirken müssen, damit ihre Handlungen die Gesellschaft verbinden, gilt im Allgemeinen das, was für das Zusammenwirken mehrerer Kollektivprokuristen gilt. Es ist daher das im § 6 zu Art. 41 Gesagte zu vergleichen. Insbesondere ist dabei hervorzuheben, daß auch hier die Kenntniß eines der Kollektivvertreter genügt, wo es auf das Wissen ankommt. (Vergl. außer den dortigen Citaten Behrend § 125 bei Anm. 18; R.G. vom 22. Febr. 1893 in J.W. S. 429 gegen Ring Anm. 3.) Es ist ferner darauf hinzuweisen, daß auch hier das Zusammenwirken der kollektiv Befugten darin bestehen kann, daß der Eine handelt, während der Andere vorher oder nachher zustimmt, wofür außer der an gedachter Stelle angezogenen Entscheidung des R.O.H. noch auf die Entscheidung des R.O.H. 16 S. 33 und des R.G. in Bolze 8 Nr. 548 zu verweisen ist. Ueberall aber ist auch hier daran festzuhalten, daß zwar im einzelnen Falle eine konkludente Handlung oder der ertheilte Ausführungsauftrag die gleichzeitige Mitwirkung ersetzen kann (vergl. R.O.H. 6 S. 392; 12 S. 34), daß aber ein allgemeiner Auftrag des einen Kollektivvertreters an den andern nicht genügt (Bolze 4 Nr. 807). Vergl. hier überall Behrend § 125 Anm. 10. Zutreffend hebt dieser Schriftsteller hervor, daß sich die vorherige oder nachträgliche Zustimmung als Mitwirkung bei dem Rechtsakte darstellen muß. Sie darf nicht Internum des Vorstandes bleiben. Indessen ist, wo hiernach zwar eine Zustimmung, aber doch eine Mitwirkung nicht vorliegt, jene nicht nothwendig wirkungslos, indem sie sich als Ertheilung einer Handlungsvollmacht oder als Ratihabition darstellen und als solche Rechtswirkungen erzeugen kann.[1]) In diesem Sinne ist auch eine allgemeine § 9.

[1]) Ob Mitwirkung oder sonstige Zustimmung (Handlungsvollmacht bezw. Ratihabition) vorliegt, kann im Einzelfalle wichtig werden. So z. B. wenn das Statut einer A.G. nur Vertretung durch gesetzliche Vertreter in der G.V. zuläßt. Alsdann kann das Stimmrecht nur durch die gemeinsam erscheinenden kollektivberechtigten Vorstandsmitglieder wirksam ausgeübt werden (vergl § 4 zu Art. 190 hinter § 221).

Ermächtigung zulässig[1]) (Cosack S. 582; anders Behrend § 125 bei Anm. 10), und diese allgemeine Ermächtigung ist hier, wie stets im Handelsrecht (Art. 47) in dem in die äußere Erscheinung tretenden Verhalten der anderen Kollektivberechtigten zu erblicken. Unbegründet ist dagegen der Standpunkt des O.L.G. Hamburg (in G.Z. 35 S. 246), wonach es für den mündlichen Verkehr zur Obligirung der Gesellschaft genügen soll, „wenn das Vorstandsmitglied unter solchen Umständen redend auftritt, die den Dritten zu der Annahme berechtigen, daß aus seinem Munde der Vorstand spricht". War vielmehr in solchem Falle das Vorstandsmitglied nicht beauftragt, so hat es seine Vollmacht überschritten und verpflichtet die Gesellschaft nicht, sondern sich selbst nach Art. 55 (vergl. § 7 zu Art. 230).

Das nur kollektiv berechtigte, aber einzeln handelnde Vorstandsmitglied kann auch durch gesetzliche Vollmacht legitimirt sein. (Z. B. Zahlung im Laden der A.G., Cosack S. 582.)

Artikel 230.

Die Gesellschaft wird durch die von dem Vorstande in ihrem Namen geschlossenen Rechtsgeschäfte berechtigt und verpflichtet; es ist gleichgültig, ob das Geschäft ausdrücklich im Namen der Gesellschaft geschlossen worden ist, oder ob die Umstände ergeben, daß es nach dem Willen der Kontrahenten für die Gesellschaft geschlossen werden sollte.

Einleitung. **Die Rechtswirkungen der vom Vorstande geschlossenen Rechtsgeschäfte werden hier abgehandelt**, und zwar in folgender Weise: Es wird bestimmt, daß durch diese Rechtsgeschäfte die Gesellschaft berechtigt und verpflichtet wird (erster Satz) und es wird dabei dem ausdrücklichen Kontrahiren im Namen der Gesellschaft die Konkludenz der Umstände gleichgestellt (zweiter Satz).

Der vorliegende Artikel, dessen Inhalt den Charakter des vorigen Artikels als bloßer Ordnungsvorschrift in das hellste Licht setzt (R.O.H. 18 S. 340), korrespondirt mit der Bestimmung des Art. 52, in welchem die Rechtswirkungen der von dem Prokuristen und Handlungsbevollmächtigten geschlossenen Rechtsgeschäfte für den Prinzipal normirt werden. Es empfiehlt sich, diese Korrespondenz der beiden Bestimmungen bei der Erläuterung des vorliegenden Artikels im Auge zu behalten. Die dabei hervorzuhebenden Unterschiede tragen zur Klärung bei. Die Unterschiede ergeben sich aus der prinzipiellen Verschiedenheit in der Stellung beider Arten von Vertretern; zwar darin kommen sich beide Arten gleich, daß sie beide gewählte Vertreter sind, aber verschieden sind sie darin, daß der Vorstand *gesetzlicher* Vertreter der Gesellschaft, also dasjenige Organ ist, durch welches die Aktiengesellschaft im Allgemeinen überhaupt nur im Rechtsleben auftreten kann. Dies hat der Vorstand mit dem vertretungsbefugten offenen Gesellschafter gemeinsam.

§ 1. 1. (Erster Satz.) **Durch die vom Vorstande in ihrem Namen geschlossenen Rechtsgeschäfte wird die Gesellschaft berechtigt und verpflichtet.**

a) **Vorausgesetzt ist zunächst, daß der Vorstand gehandelt hat.** Die entsprechende Voraussetzung im Art. 52 geht nicht bloß dahin, daß der Prokurist oder Handlungsbevollmächtigte gehandelt hat, sondern daß er gemäß seiner Vollmacht gehandelt hat. Das Gesetz hat diese Hervorhebung hier nicht gemacht, weil der Vorstand gesetzlicher Vertreter der Gesellschaft und als solcher unbeschränkt bevollmächtigt erscheint. Immerhin wäre die Hervorhebung nicht gegenstandslos. Denn in Wahrheit ist auch die Vollmacht des Vorstandes nicht schrankenlos. Es giebt Rechtsakte, zu denen auch der Vorstand nicht befugt ist (vergl. Art. 213d, 223; 215a Abs. 4).

Daß der Vorstand gehandelt haben muß, bedeutet bei einem *mehrgliedrigen Vorstande*, daß so viele Mitglieder und derart bei der Rechtshandlung mitgewirkt haben müssen, wie dies erforderlich ist, um die Gesellschaft zu verpflichten und für sie Rechte zu erwerben (vergl. hierüber § 1 zu Art. 229).

---

[1]) Hierauf beruht z. B. die Gültigkeit der von einem Vorstandsmitgliede auf Grund allgemeiner Ermächtigung abgeschlossenen Börsengeschäfte.

b) **Vorausgesetzt ist ferner ein Handeln im Namen der Gesellschaft.** Diese Voraussetzung deckt sich mit der gleichen in Art. 52. Die dort gegebene Erläuterung gilt auch hier. Insbesondere ist vorliegend hervorzuheben, daß im praktischen Rechtsverkehr auch die Vorstände der Aktiengesellschaften bei den Verhandlungen im Namen der Gesellschaft sich mit dieser identifiziren und sich als von ihrer eigenen Person redend einführen. Redewendungen, wie „ich verspreche Ihnen", „ich garantire Ihnen", „ich zahle die Pacht", „ich rathe Ihnen", schließen ein Handeln im Namen der Gesellschaft nicht aus (R.O.H. 17 S. 98, 18 S. 296). § 2.

Hinzuzufügen ist, daß der Vorstand auch selbst ein Rechtsgeschäft mit der Gesellschaft schließen kann, z. B. ihr ein Darlehn gewähren oder an sie ein Grundstück verkaufen kann (vergl. R.G. 6 S. 13, 7 S. 120 im Gegensatz zu R.O.H. 8 S. 392). Die Gesellschaft braucht zu solchen Rechtsakten keinen Spezialpfleger.[1]) Näheres § 12 zu Art. 52. Will aber der Vorstand die Gesellschaft verklagen, so kann er sich nicht selbst zustellen, vielmehr ist dazu, wenn die übrigen Vorstandsmitglieder nicht ausreichen, um die Gesellschaft zu vertreten, die Bestellung eines Prozeßpflegers nach § 55 C.P.O. nothwendig (R.G. 7 S. 405).

c) **Die Wirkungen des Geschäfts treffen alsdann die Gesellschaft.** § 3.

α) Sie treffen die Gesellschaft. Dieselbe wird berechtigt und verpflichtet und kann dabei einerseits die Mängel der Willenserklärung aus der Person der handelnden Vorstandsmitglieder für sich geltend machen, muß aber andererseits Betrug, Zwang, Irrthum, verübt von ihren gesetzlichen Vertretern, mit einem Worte, jede Verschuldung bei Eingehung oder Ausführung von Rechtsgeschäften gegen sich gelten lassen (vergl. hierüber §§ 4 und 7 zu Art. 52 und ferner R.G. 8 S. 236). § 4.

β) Sie treffen nur die Gesellschaft. Also zunächst nicht die Vorstandsmitglieder selbst. Dies ist hinsichtlich der Handlungsbevollmächtigten im Art. 52 ausdrücklich hervorgehoben. Hinsichtlich der Vorstandsmitglieder ist es ebenfalls hervorgehoben, jedoch nicht in diesem Artikel, sondern im Art. 241 (vergl. die Erläuterung dazu). Die Wirkungen des Geschäfts treffen ferner nicht die Aktionäre. Diese werden direkt weder berechtigt noch verpflichtet und haften daher insbesondere in keiner Weise den Gläubigern direkt für die Schulden der Gesellschaft, auch dann und insoweit nicht, als sie mit Einlagen im Rückstande sind (R.O.H. 22 S. 344; Renaud, Aktiengesellschaften S. 867; Wiener in G.Z. 24 S. 463). § 5.

2. (Zweiter Satz.) **Dem ausdrücklichen Kontrahiren im Namen der Gesellschaft wird die Konkludenz der Umstände gleichgestellt.** Dieser Satz entspricht vollständig dem zweiten Absatz im Art. 52. Die dort gegebene Erläuterung gilt hier voll und ganz.

Zusatz 1. Haftung für außerkontraktliche Schäden, insbesondere für Delikte des Vorstandes. § 6.
Bei der Berathung des H.G.B. war folgende Bestimmung aufgenommen worden: „Die Gesellschaft haftet für den Schaden, welchen der Vorstand in Ausführung der Geschäfte der Gesellschaft einem Dritten zufügt." Diese Bestimmung ist aber wieder gestrichen worden (P. 1057, 1068, 4544). Aus dieser Vorgeschichte folgt indessen nicht, daß die Gesellschaft für Delikte des Vorstandes nicht haftet. Sondern es folgt daraus lediglich, daß das H.G.B. eine ausdrückliche positive Bestimmung nach dieser Richtung nicht enthält. Es ist aber nicht ausgeschlossen und selbstständig zu prüfen, ob sich nicht aus der rechtlichen Stellung, welche das H.G.B. dem Vorstande der Aktiengesellschaft verleiht, in Verbindung mit dem Rechtscharakter, welcher der Aktiengesellschaft nach dem H.G.B. zukommt, jene Haftung ergiebt. Hier wird die in der Einleitung hervorgehobene Verschiedenheit des Vorstandes vom Prokuristen von Bedeutung. Der Vorstand ist gesetzlicher Vertreter, was der Prokurist nicht ist. Es ist aber schon im § 10 zu Art. 52 darauf hingewiesen worden, daß die neuere Rechtsprechung und Wissenschaft eine ganz allgemeine Haftung der juristischen Personen für die von ihren

---

[1]) Ring (S. 557) will dies bei Aktiengesellschaften nicht gelten lassen, weil es sich hier um den Vertreter einer nicht physischen Person handle. Indessen liegt in den vom Reichsgericht entschiedenen Fällen die Sache nicht anders (Eingetr. Genossenschaft, A. G.)

gesetzlichen Vertretern bei Ausübung ihrer Funktionen angerichteten Schäden annehmen, als Gebot der Gerechtigkeit und juristischen Konsequenz aus der Stellung der gesetzlichen Vertreter juristischer Personen, während eine gleiche Haftung für die Delikte der gewählten Vertreter abgelehnt wird (§ 9 zu Art. 53). Da nun die Aktiengesellschaft als juristische Person zu betrachten ist (vergl. § 1 zu Art. 207), so folgt daraus, daß jener allgemeine Grundsatz hier Platz greift. (Vergl. Behrend § 125 Anm. 17.)

Hiernach haftet die Aktiengesellschaft nicht blos für jeden Schaden, den ihr Vorstand beim Kontraktschluß oder bei Ausführung des Kontraktes verübt (vergl. oben § 3).

Sie haftet vielmehr auch für Delikte, und zwar für diese nicht nur insoweit, als die Gesellschaft bereichert ist (R.G. 18 S. 120), sondern ganz allgemein für die Folgen des Delikts in ihrem vollen Umfange. Zu vergleichen ist hierüber § 10 zu Art. 52; ferner speciell für Aktiengesellschaften Renaud A.G. S. 618; R.G. in Blums Annalen 7 S. 95; Bolze 10 Nr. 641; R.G. 22 S. 259.

Nur eine Konsequenz des Gesagten ist es, daß auch Besitzstörungen, die der Vorstand in Ausübung seiner Funktionen ausübt, die Gesellschaft verantwortlich machen (Str. Arch. 89 S. 371; R.G. 15 S. 182; Ring S. 298) und daß die Gesellschaft für fehlerhafte Rathsertheilung ihres Vorstandsmitgliedes gegenüber einem Geschäftsfreunde haftet; vergl. hierüber § 17 zu Art. 281.

Alles das betrifft aber nur die civilrechtliche Haftung. **Strafrechtlich verantwortlich ist die Gesellschaft ihrem Wesen nach nicht.** Auch zu Geldstrafen kann sie nicht verurtheilt werden (R.O.H. 8 S. 204; 13 S. 290; 21 S. 360; R.G. in Strafsachen 5 S. 182; Ring S. 297). Vielmehr sind für die strafrechtlichen Folgen die Vorstandsmitglieder selbst nach Maßgabe der Strafgesetze verantwortlich. Insbesondere haften sie für die Stempelkontraventionen im Betriebe der Gesellschaftsgeschäfte, auch wenn sie mit den betreffenden Geschäften selbst nicht befaßt waren (Urtheil des Reichsgerichts vom 12. Januar 1866 in Jurist. Wochenschr. 1886 S. 108). Ebenso hat von Vorstandsmitgliedern einer Aktiengesellschaft ein Jeder ohne Rücksicht auf die etwa unter einander getroffene Geschäftsvertheilung der Behörde gegenüber die Verpflichtung, für die gesetzlich vorgeschriebene rechtzeitige Anmeldung des Gewerbebetriebes zu sorgen und macht sich durch Verabsäumung dieser Pflicht strafbar (Kammergericht bei Johow u. Küntzel 7 S. 213).

Der Vorstand selbst haftet übrigens aus seinen Delikten auch civilrechtlich, auch wenn er sie für die Gesellschaft begangen hat; (Vergl. hierüber § 11 zu Art. 52), und zwar solidarisch neben der Gesellschaft (R.G. 30 S. 44). Nicht aber haftet er dem Dritten für seine culpa in contrahendo, es sei denn, daß diese sich als eine dem Dritten gegenüber begangene unerlaubte Handlung darstellt. (R.G. 30 S. 50.)

§ 7. Zusatz 2. **Wer sich fälschlich als Vorstandsmitglied ausgiebt,** haftet persönlich nach Analogie des Art. 55, desgleichen wer seine Befugnisse überschreitet, z. B. nur kollektivberechtigt ist und (ohne Auftrag) allein handelt. (Vergl. hierüber Näheres § 1 zu Art. 241).

Artikel 231.

Der Vorstand ist der Gesellschaft gegenüber verpflichtet, die Beschränkungen einzuhalten, welche in dem Gesellschaftsvertrage oder durch Beschlüsse der Generalversammlung für den Umfang seiner Befugniß, die Gesellschaft zu vertreten, festgesetzt sind.

Gegen dritte Personen hat jedoch eine Beschränkung der Befugniß des Vorstandes, die Gesellschaft zu vertreten, keine rechtliche Wirkung. Dies gilt insbesondere für den Fall, daß die Vertretung sich nur auf gewisse Geschäfte oder Arten von Geschäften erstrecken, oder nur unter gewissen Umständen oder für eine gewisse Zeit oder an einzelnen Orten stattfinden soll, oder daß für einzelne Geschäfte die Zustimmung der Generalversammlung, des Aufsichtsraths oder eines anderen Organs der Gesellschaft erfordert ist.

Einleitung. **Der Artikel handelt von den Beschränkungen in den Befugnissen des Vorstandes.** Die Frage nach der Möglichkeit und Gültigkeit von Beschränkungen ist von Grund aus verschieden zu beantworten, je nachdem es sich um das Verhältniß des Vorstandes nach innen, die Geschäftsführung, oder nach außen, die Vertretung, handelt. Von der ersteren Seite wird die Materie in Abs. 1, von der zweiten in Abs. 2 betrachtet.

1. (Abs. 1.) **Beschränkungen in dem Verhältnisse des Vorstandes nach innen, in der Geschäftsführungsbefugniß.** In seinem inneren Verhältnisse zur Gesellschaft ist der Vorstand eines der geschäftsführenden Organe derselben. Das oberste geschäftsführende Organ ist die Generalversammlung, ein zweites der Aufsichtsrath, das dritte der Vorstand. Dieser ist die ständige geschäftsführende Behörde. In dieser seiner Eigenschaft sind seine Befugnisse nicht unbeschränkt. Er hat, wie dieser Artikel hervorhebt, diejenigen Beschränkungen innezuhalten, welche der Gesellschaftsvertrag oder die Generalversammlung für den Umfang seiner Befugniß, „die Gesellschaft zu vertreten", richtiger die Geschäfte der Gesellschaft zu führen, festgesetzt hat. Diese Gesetzesworte reichen weiter, als sich auf den ersten Blick erkennen läßt. Denn unter den Beschränkungen, welche der Gesellschaftsvertrag festsetzt, sind nicht bloß die unmittelbar von ihm hervorgehobenen zu verstehen. Vielmehr kann diese Festsetzung auch darin bestehen, daß er den Vorstand in Bezug auf bestimmte Geschäfte oder gar auch generell den Weisungen des Aufsichtsraths unterordnet. (§ 1 zu Art. 227.) Und dasselbe vermag auch die Generalversammlung. (Ring Anm. 2.) Zu den Beschränkungen des Gesellschaftsvertrages gehören ferner auch solche, die sich aus der Statutenbestimmung über den Gegenstand des Unternehmens ergeben. Darnach beantwortet sich die Frage, ob der Vorstand Grundstücke kaufen oder verkaufen, Darlehne aufnehmen, Interzessionen und Schenkungen vornehmen, im Prozesse Vergleiche schließen, Schiedsverträge eingehen kann. Zu allen solchen Handlungen ist der Vorstand auch nach innen für befugt zu erachten, soweit nicht eine statutarische Beschränkung oder der statutarisch festgesetzte Gegenstand des Unternehmens das ausschließt. Ueber Ausgaben ohne Aequivalent (Schenkungen, Erlasse, Verzichte, Befriedigung von juristisch nicht bestehenden, aber billigen Ansprüchen, Gaben zu milden, gemeinnützigen, patriotischen, durch die Anschauungen von Ehre und Anstand gebotenen Zwecken) vergl. § 6 zu Art. 249. § 1.

Endlich aber ist zu erwähnen, daß der Vorstand nicht blos diejenigen Beschränkungen einhalten muß, die der Gesellschaftsvertrag oder die Generalversammlung ausdrücklich oder implicite aufstellen, sondern auch diejenigen Beschränkungen, die in seinem Dienstvertrage ihm auferlegt sind. Diese sind im vorliegenden Artikel nicht erwähnt.

Wie nun, wenn die Generalversammlung oder der Aufsichtsrath Ungesetzliches oder Statutenwidriges vom Vorstande verlangen? Der Gesellschaft gegenüber ist er durch die Weisung gedeckt, nicht aber den Gläubigern gegenüber (Art. 241 Abs. 4). Wegen der letzteren Verantwortlichkeit ist ihm auch das Anfechtungsrecht gegeben (Art. 190a). Da er sich aber der Gefahr der Haftung gegen die Gläubiger aussetzt, so kann er nicht für verpflichtet gehalten werden, derartige Beschlüsse auszuführen, kann vielmehr, wenn auf der Ausführung solcher Beschlüsse bestanden wird, aus diesem Grunde zurücktreten und eventuell seine Rechte aus dem Dienstvertrage verfolgen.

2. (Abs. 2.) **Beschränkungen im Verhältnisse nach außen, der Vertretung,** haben Dritten gegenüber keine Wirkung. Das Vertretungsverhältniß des Vorstandes kommt, wenn es auch, wie beim Prokuristen, auf Wahl und Bestellung beruht, dennoch seiner Natur nach dem Vertretungsverhältniß des offenen Gesellschafters gleich. Wie dieser ist er gesetzlicher Vertreter. Das wirkt auch auf den Umfang der Vertretungsbefugniß zurück. § 2.

a) Der Vorstand ist nach außen zu allen Rechtshandlungen berechtigt, soweit nicht das Gesetz selbst Ausnahmen macht (z. B. Art. 213d, 223, Art. 215a Abs. 4). Es macht keinen Unterschied, ob die Handlung zum Betriebe des betreffenden Handelsgewerbes oder eines gewerblichen Unternehmens überhaupt gehört oder nicht. Wo sonst Spezialvollmacht erforderlich ist, wird sie hier durch die allgemeine Vertretungsbefugniß ersetzt; die Bestimmungen der preußischen und anderer Einführungsgesetze, welche dies ausdrücklich anordnen, sind § 3.

selbstverständlich (Ring Anm. 6; Behrend § 125 Anm. 4). Handelt es sich um Stellvertreter des Vorstandes, so ist die Vertretungsbefugniß nicht davon abhängig, daß der Vertretungsfall auch wirklich vorlag (R.G. 24 S. 82).

Landesgesetzliche Vorschriften, welche zur Gültigkeit gewisser Rechtshandlungen der Aktiengesellschaften die Genehmigung des Staats verlangen, sind jedoch nicht unverbindlich. Das ist insbesondere wichtig hinsichtlich der Bestimmung des preußischen Gesetzes vom 3. November 1838 § 7, wonach die Aufnahme von Darlehen und die Veräußerung von Grundstücken der Eisenbahngesellschaften von der Staatsgenehmigung abhängig gemacht ist. Die entgegengesetzte, von Ring Anm. 6 und auch von uns in der 1. Auflage vertretene Ansicht muß gegenüber Neukamps Ausführungen (S. 119) aufgegeben werden. Mit Recht erklärt dieser Schriftsteller, daß durch die vorliegende Vorschrift in das Staatsrecht nicht eingegriffen werden sollte, und daß ferner jene landesrechtlichen Vorschriften keine Beschränkung der Vertretungsbefugniß des Vorstandes, sondern der Willens- und Handlungsfähigkeit der Gesellschaft darstellen.

§ 4. b) Irgendwelche Beschränkungen der Vertretungsbefugniß, sie mögen von der Generalversammlung beschlossen oder schon im Statut vorgesehen oder gar — unzulässiger Weise — eingetragen sein, sind dem Dritten gegenüber wirkungslos. Einzelne Arten nach außen wirkungsloser Beschränkungen hebt der zweite Satz des Abs. 2 hervor. Weitere Beispiele sind: die Vorschrift, daß alle die Gesellschaft verpflichtenden Urkunden von einer nicht zum Vorstande gehörigen Person, also z. B. von einem Mitgliede des Verwaltungsraths, gezeichnet sein müssen (R.O.H. 6 S. 133); daß der Vorstand Vollmachten nur schriftlich ertheilen (R.O.H. 12 S. 34); oder nur zusammen mit einem Prokuristen zeichnen (anders Kammergericht bei Johow und Küntzel 10 S. 39: vergl. § 7 zu Art. 229); oder Bevollmächtigte und Beamte nicht oder nur in gewissem Umfange bestellen dürfe (R.G. 22 S. 70); oder die Vorschrift, daß er nur eine Zweigniederlassung zu vertreten habe (vergl. § 4 zu Art. 228). Die von Petersen u. Pechmann (S. 438) ventilirte Frage, ob einem Vorstande auch aufgegeben werden kann, nur eine von mehreren Firmen zu zeichnen, ist gegenstandslos, da die Aktiengesellschaft nur eine Firma haben kann (vergl. § 7 zu Art. 22; auch Ring S. 551.)

Statutarische Beschränkungen sind aus diesen Gründen in das Register nicht einzutragen. Soweit sie die Geschäftsführung betreffen, interessiren sie das Publikum nicht (G.Z. 11 S. 579), soweit die Vertretungsbefugniß damit beschränkt sein soll oder wenigstens ein solcher Anschein erweckt werden könnte, sind sie unwirksam und schon deßhalb von der Eintragung auszuschließen (Kammergericht bei Johow und Küntzel 3 S. 13). Eingetragen wird allerdings der Gesellschaftsvertrag, auch wenn er solche Beschränkungen enthält; aber bei der Eintragung des Vorstandes dürfen Beschränkungen nicht vermerkt werden.

§ 5. c) Beschränkungen haben keine Wirkung. Die Gesellschaft ist also an die Rechtshandlungen gebunden und erwirbt folgeweise auch die Rechte aus solchen. Der Gesellschaft aber ist der Vorstand verantwortlich nach Art. 241.

§ 6. d) Dritten gegenüber. Wer als Dritter zu betrachten, ist zweifelhaft geworden, ob es Beamte, Aktionäre, der Vorstand selbst ist, wenn diese Personen mit der Gesellschaft in Rechtsbeziehungen treten. Aktionäre sind als Dritte nicht zu betrachten, weil die Bestimmung von dem Rechtsverkehr der Gesellschaft nach außen, nicht von der Rechtsbeziehung zu den Gesellschaftern handelt. (Anders Willenbücher Anm. 2 unter Bezugnahme auf R.O.H. 7 S. 416; 9 S. 70, die jedoch die vorliegende Rechtsbeziehung nicht im Auge hatten.) Das kann z. B. wichtig werden, wenn es sich um die Frage handelt, ob der Aktionär bemängeln kann, daß die durch den Vorstand erfolgte Einforderung der Einlage nicht auf gültigem Beschlusse des in dieser Hinsicht nach den Statuten kompetenten Aufsichtsraths beruht (R.G. 24 S. 59). Geht der Aktionär mit der Gesellschaft ein selbstständiges Rechtsgeschäft ein, so ist er als Dritter zu betrachten

(R.G. 4 S. 72; Bolze 10 Nr. 297). Beamte, die mit dem Vorstande kontrahiren, sind Dritte (R.O.H. 6 S. 132; R.G. 22 S. 72), Vorstandsmitglieder selbst aber nicht, z. B. wenn sie sich Erhöhung des Gehalts stipuliren lassen oder ein Darlehen der Gesellschaft gewähren v. s. w. Denn sie sind eben ein Theil des Vertretungsorgans. (R.O.H. 19 S. 335; Bolze 5 Nr. 761; Ring Anm. 3; Behrend § 125 Anm. 3; Neukamp S. 118.)

Auch der Grundbuchrichter kann den Nachweis der etwaigen statutarisch erforderlichen Genehmigung des Aufsichtsraths zu Grundstücksverkäufen nicht verlangen, weil Dritten gegenüber der Grundstücksverkauf auch ohne diese Genehmigung gilt, und die Gesellschaft gar nicht anders kann, als die Auflassung bewirken, zu welcher sich ihr Vorstand verpflichtet hat.

c) Eine scheinbare Ausnahme macht der Fall der Kollusion. Derselbe liegt aber nicht schon dann vor, wenn der Dritte weiß, daß die erforderliche Genehmigung nicht eingeholt war, sondern nur in einem dolosen Zusammenwirken bei absichtlicher Schädigung der Gesellschaft (R.O.H. 6 S. 135; 15 S. 22; 9 S. 432; R.G. 9 S. 148; 22 S. 75; Bolze 10 Nr. 297; vergl. § 3 zu Art. 114). § 7.

Artikel 232.

Die Bestimmungen des Artikels 196a über den Betrieb von Geschäften in dem Handelszweige der Gesellschaft, sowie über die Theilnahme an einer anderen gleichartigen Gesellschaft finden auf die Mitglieder des Vorstandes entsprechende Anwendung.

(Artikel 196a.)

Die Bestimmungen der Artikel 96 und 97 über den Betrieb von Geschäften in dem Handelszweige der Gesellschaft sowie über die Theilnahme an einer anderen gleichartigen Gesellschaft finden auf die persönlich haftenden Gesellschafter mit der Massgabe Anwendung, dass

1. die Genehmigung seitens der Kommanditisten durch die Generalversammlung erfolgt, sofern nicht die Befugniss zur Ertheilung durch den Gesellschaftsvertrag oder durch Beschluss der Generalversammlung dem Aufsichtsrath übertragen worden ist;
2. das Recht der Gesellschaft in ein von einem persönlich haftenden Gesellschafter für eigene Rechnung gemachtes Geschäft einzutreten oder Schadensersatz zu fordern, nach drei Monaten von dem Zeitpunkte an erlischt, in welchem die übrigen persönlich haftenden Gesellschafter und der Aufsichtsrath von dem Abschlusse des Geschäfts Kenntniss erhalten haben.

Der Artikel normirt das Konkurrenzverbot und die Folgen seiner Uebertretung. Die Aufstellung des Konkurrenzverbots geschieht in der Weise, daß der für die Aktienkommanditgesellschaften gegebene Art. 196a für entsprechend anwendbar erklärt wird. Dieser wieder erklärt die Bestimmungen der Art. 96 und 97 für entsprechend anwendbar mit einigen durch das Wesen der Aktienkommanditgesellschaft bedingten Modifikationen. Einleitung.

Bei diesen etwas krausen Verweisungen und Modifikationen erscheint es zum Verständniß des Gesetzes geboten, die Fassung der Art. 96 und 97 so zu geben, wie sie sich für die Aktiengesellschaften stellen würde, wenn die Verweisung vermieden wäre. Es geschieht dies im Anschluß an Richters zutreffende Formulirung (Das Recht der Aktiengesellschaften S. 89). Die Erläuterung wird an diese Formulirung angeschlossen.

1. **Der auf die Aktiengesellschaften übertragene Art. 96** würde folgendermaßen lauten: § 1.
Ein Mitglied des Vorstandes darf ohne Genehmigung der Generalversammlung oder, sofern die Befugniß zur Ertheilung derselben durch Gesellschaftsvertrag oder durch Generalversammlungsbeschluß dem Auf-

sichtsrath übertragen ist, ohne Genehmigung des Aufsichtsraths weder im Handelszweige der Gesellschaft für eigene Rechnung oder für Rechnung eines Dritten Geschäfte machen, noch an einer gleichartigen Handelsgesellschaft als offener Gesellschafter Theil nehmen.

Der Abs. 2 des Art. 96 fällt in der Uebertragung auf die Aktiengesellschaft fort (vergl. unten § 7).

§ 2. a) **Tendenz und Umfang des Konkurrenzverbots** sind nicht unzweifelhaft. Nach den Motiven soll es den Zweck verfolgen, daß die Vorstandsmitglieder ihre Thätigkeit ausschließlich der Gesellschaft widmen. Das wäre dasjenige Motiv, welches dem Konkurrenzverbot des Art. 58 bei den Handlungsgehilfen zu Grunde liegt. Allein bei den Vorstandsmitgliedern, die ja die Gesellschaft als Prinzipale leiten, besteht an sich noch ein anderes Motiv für das Verbot, nämlich die Verhütung der Ausbeutung der herrschenden Stellung zur Etablirung von Konkurrenzunternehmungen. Und obwohl nur jenes Motiv von der Begründung betont wird, so hat doch unbewußt dieses letztere Motiv bei der Heranziehung der Art. 96 und 97 den Ausschlag gegeben. Denn bei den offenen Handelsgesellschaften ist nur das letztere Motiv entscheidend. Die Vorschriften über die Handlungsgehilfen sind jedenfalls auf die Vorstandsmitglieder in keiner Weise anwendbar (vergl. § 1c zu Art. 57; ferner Ring Anm. 1).

§ 3. b) **Das Verbot bezieht sich** — wir befolgen hier die auch in der Erläuterung des Art. 96 beachtete Reihenfolge —

α) **auf alle Vorstandsmitglieder,** die ja alle, gleichviel ob mit größerer oder geringerer Befugniß an der Geschäftsführung Theil nehmen, weil sie alle durch Kenntniß der Bücher und Beziehungen der Gesellschaft gefährliche Konkurrenz machen könnten, jedoch nur für die Zeit ihres Verhältnisses, also einerseits nicht nach Aufhören der Vorstandschaft, gleichviel, ob dieselbe von der Gesellschaft widerrufen oder von einem Vorstandsmitgliede niedergelegt ist (R.O.H. 16 S. 170 ffg.; Ring Anm. 1), und andererseits nur bis zur Auflösung der Gesellschaft (R.O.H. 21 S. 140).

§ 4. β) **auf das Geschäfte machen aller Art.** Hierüber vergl. § 1b zu Art. 96. Hinzuzufügen ist, daß die Funktion als Aufsichtsrathsmitglied einer anderen Gesellschaft nicht darunter fällt. Denn im Wesentlichen ist der Aufsichtsrath Kontrolorgan; und auch wo er einen größeren Einfluß auf die Geschäftsführung hat, so besteht derselbe doch immerhin nur in Anweisungen an den Vorstand, der allein die Geschäfte der Gesellschaft nach außen besorgt. An sich ist daher einem Vorstandsmitglied die Annahme einer Aufsichtsrathsstelle bei einer anderen Aktiengesellschaft nicht verwehrt. (Zust. Ring Anm. 1). Vorstandsmitglied einer anderen A.-G. aber darf er nicht sein (§ 1b zu Art. 96; Behrend § 126 Anm. 8).

§ 5. γ) **auf Geschäfte in dem Handelszweige der Gesellschaft.** Hierüber vergl. § 2 zu Art. 96. Bei der von vielen Aktiengesellschaften beliebten weiten Ausdehnung des Gegenstandes des Unternehmens ist das Konkurrenzverbot auch ein sehr ausgedehntes und in demselben Maße lästiges. Es entscheidet dabei der statutarische Gegenstand des Unternehmens, nicht eine thatsächliche Beschränkung des Geschäftsbetriebes (a. M. Ring Anm. 1). Bei Immobilien-Aktiengesellschaften fällt auch ein Immo-
§ 6. biliengeschäft in den „Handelszweig" der Gesellschaft.

δ) **Die Genehmigung** ist hier ausdrücklich dahin normirt, daß sie von der Generalversammlung ausgehen muß oder kraft Delegation vom Aufsichtsrath. Eine Genehmigung, welche von solchen Organen ausgeht, erfordert aber einen ausdrücklichen Beschluß (vergleiche für die Generalversammlung Bolze 8 Nr. 808), und deshalb ergiebt die Uebertragung des Art. 96 auf die Aktiengesellschaft eine Modifikation dahin, daß die Genehmigung hier ausdrücklich erfolgen muß. Ring (Anm. 2) läßt eine Genehmigung durch den A.R., Behrend (§ 126 Anm. 9) sogar die durch G.V. ohne Beschluß zu, sie soll hier in dem Geschehenlassen trotz Kenntniß liegen.

Allein es ist nicht ersichtlich, wie ein Kollegium anders genehmigen soll, als im Wege beschließender Thätigkeit. (Vergl. Ring S. 106.)

ε) **Daher kommt es auch, daß die Vermuthung des Abs. 2 des Art. 96 fortfällt.** Denn dieselbe setzt die Rechtswirksamkeit einer konkludenten Genehmigung im Principe voraus (Petersen u. Pechmann S. 259). § 7.

ζ) Einer vertragsmäßigen Ausdehnung des Verbots über die Dauer der Vorstandschaft hinaus steht nichts entgegen. Auf solche Konkurrenzverbote sind die in §§ 2 ffg. zu Art. 59 entwickelten Grundsätze maßgebend. Vergl. auch § 4 zu Art. 97. § 8.

2. **Der auf die Aktiengesellschaft übertragene Art. 97** würde folgendermaßen lauten: § 9.

Ein Vorstandsmitglied, welches den vorstehenden Bestimmungen zuwiderhandelt, muß sich auf Verlangen der Gesellschaft gefallen lassen, daß die für seine Rechnung gemachten Geschäfte als für Rechnung der Gesellschaft geschlossen angesehen werden; auch kann die Gesellschaft statt dessen den Ersatz des entstandenen Schadens fordern.

Das Recht der Gesellschaft, in ein von einem Mitgliede des Vorstandes für eigene Rechnung gemachtes Geschäft einzutreten oder Schadensersatz zu fordern, erlischt nach drei Monaten von dem Zeitpunkte an, in welchem die übrigen Vorstandsmitglieder und der Aufsichtsrath von dem Abschlusse des Geschäftes Kenntniß erhalten haben.

Hier sind die Folgen des Zuwiderhandelns gegen das Konkurrenzverbot normirt in Gestalt eines Wahlrechts zwischen Eintritt und Schadensersatz (Abs. 1), für dessen Ausübung eine Frist festgesetzt ist (Abs. 2).

a) Abs. 1.) **Die Gesellschaft hat die Wahl zwischen Eintrittsrecht und Schadensersatz.** § 10.

α) Die Ausübung des Wahlrechts erfolgt hier durch ein Vorgehen derjenigen Personen, welche die Geschäfte der Gesellschaft zu führen haben. Bleibt der Vorstand auch ohne das zuwiderhandelnde Mitglied hierzu fähig, so kann er ohne Weiteres vorgehen. Sonst ist der Aufsichtsrath, wenn er neben seinen Geschäften solche Geschäfte führen kann, hierzu legitimirt. Andernfalls ist die Entschließung der Generalversammlung herbeizuführen. Kommt es zum Prozesse, so ist in diesem Fall der Aufsichtsrath zur Prozeßführung legitimirt (Art. 229 Abs. 3; 194). Doch kann die Generalversammlung auch andere Bevollmächtigte bestellen (Art. 195). Ist die Gesellschaft in Liquidation getreten, so sind die Liquidatoren legitimirt.

β) Ueber die Geltendmachung des Eintrittsrechts und des Schadensersatzrechts insbesondere vergl. §§ 2 u. 3 zu Art. 97. § 11.

b) (Abs. 2.) **Die hier aufgestellte Frist** ist keine Verjährungsfrist, sondern eine Präklusivfrist. Hierüber und über die Wirkungen des Fristablaufs vergl. § 4 zu Art. 97. § 12.

Unter der Kenntniß der Gesellschaft, mit welcher die Frist beginnt, ist hier, wie aus Art. 196 a in Verbindung mit den Abweichungen in der Organisation der Aktiengesellschaft folgt, die Kenntniß aller übrigen Vorstandsmitglieder und des Aufsichtsraths zu verstehen. Obgleich die Motive (S. 208) diese letztere schon dann annehmen, wenn eine beschlußfähige Zahl von Mitgliedern die Wissenschaft erlangt hat, so ist doch richtiger Ansicht nach eine officielle Kundmachung an dieses Organ erforderlich, also entweder: daß die Angelegenheit in einer regelrechten Sitzung offiziell zur Sprache kam, oder daß ein officielles Rundschreiben des Vorstandes einer beschlußfähigen Zahl von Aufsichtsrathsmitgliedern die Mittheilung gemacht hat. Die private Kenntniß eines Aufsichtsrathsmitgliedes genügt nicht. (Behrend § 126 Anm. 11 gegen Ring Anm. 3.)

Zu beachten ist, daß das Wahlrecht in allen Fällen erst erlischt, wenn es trotz der Kenntniß des Aufsichtsraths und aller übrigen Mitglieder des Vorstandes nicht ausgeübt wird, und zwar auch in dem Falle, daß der Aufsichtsrath allein die Genehmigung zu ertheilen befugt ist. Dadurch allein, daß das Wahlrecht nicht ausgeübt wird, obwohl der Aufsichtsrath allein offizielle Kenntniß erlangt, erlischt das Wahlrecht nicht nothwendig. (Ungenau Cosack S. 580.)

§ 13. c) Daß außer den beiden gedachten alternativen Rechten auch noch die Klage auf **Unterlassung pro futuro** und der **Anspruch auf Rechnungslegung** besteht, darüber vergl. § 5 zu Art. 97. Auch die Entlassung wird regelmäßig gerechtfertigt sein (vergl. § 13 zu Art. 227).

§ 14. d) Auch daß andererseits **die Ungültigkeit der verbotenen Geschäfte an die Uebertretung des Verbots nicht geknüpft ist,** gilt hier ebenso wie in Art. 97 (§ 5).

§ 15. Zusatz 1. **Auf ältere Gesellschaften** finden die vorstehenden Vorschriften keine Anwendung, sofern die Mitglieder des Vorstandes vor dem neuen Gesetze bestellt sind (§ 6 des Gesetzes). Sind sie nach dem neuen Gesetze wieder bestellt, so unterfallen sie dem Konkurrenzverbot. Wenn aber ihre Funktion auf einem älteren, durch unterlassene Kündigung fortgesetzten Vertrage beruht, so gilt dies nicht als Neubestellung. Indessen kann doch dieser Konkurrenzbetrieb unter Umständen als Verstoß gegen Art. 249 aufgefaßt werden (Ring Anm. 1).

§ 16. Zusatz 2. **Ein Verbot an den Vorstand mit der Gesellschaft Geschäfte zu machen,** wie es sich in ausländischen Gesetzgebungen findet, enthält unser Gesetz nicht (Ring Anm. 4). Ueber die rechtliche Möglichkeit eines Kontrahirens des Vorstandsmitgliedes mit sich selbst als Vertreter der Gesellschaft vergl. § 2 zu Art. 230.

Artikel 232a.

Die für Mitglieder des Vorstandes gegebenen Bestimmungen gelten auch für Stellvertreter von Mitgliedern.

§ 1. 1. Die Vorschrift dieses Artikels bezieht sich auf jeden Fall der Stellvertretung, wenn dabei auch zunächst an die gemäß Art. 225a für zulässig erklärte Delegation aus dem Aufsichtsrath gedacht worden ist (K.B. 24).

Inhaltlich ist die Vorschrift selbstverständlich. Denn das stellvertretende Vorstandsmitglied ist eben Vorstandsmitglied.

§ 2. 2. Daß die für die Vorstandsmitglieder geltenden Vorschriften auch für die stellvertretenden Vorstandsmitglieder gelten, bedeutet: daß auch die letzteren unter Beifügung ihrer Legitimation zum Handelsregister anzumelden sind und ihre Unterschrift zu zeichnen haben; daß auch sie im Zweifel nur Kollektivbefugniß haben. Treten sie an die Stelle eines kollektiv berechtigten Vorstandsmitgliedes, so müssen mit ihnen so viele Vorstandsmitglieder zusammenwirken, als nach dem Statut erforderlich ist, außer selbstverständlich demjenigen Vorstandsmitgliede, welches ersetzt werden soll.

§ 3. 3. Insbesondere findet auch die Vorschrift des Art. 231 auf die stellvertretenden Vorstandsmitglieder Anwendung, und daraus wird mit Recht die Schlußfolgerung gezogen, daß ihre Legitimation Dritten gegenüber nicht davon abhängig ist, daß der Vertretungsfall wirklich vorlag. Der Gesellschaft gegenüber sind sie verpflichtet, nicht vor Eintritt desselben in Aktion zu treten. Es liegt eben eine Beschränkung dahin vor, daß sie „nur unter gewissen Umständen" vertretungsbefugt sind (R.G. 24 S. 82).

Artikel 233.

Jede Aenderung in der Zusammensetzung des Vorstandes muß zur Eintragung in das Handelsregister (Art. 210, 212) angemeldet werden.

Dritten Personen kann die Aenderung nur insofern entgegengesetzt werden, als in Betreff dieser Aenderung die im Artikel 46 in Betreff des Erlöschens der Prokura bezeichneten Voraussetzungen vorhanden sind. Entscheidend hierfür ist die Eintragung bei dem Handelsgerichte, in dessen Bezirke die Gesellschaft ihren Sitz hat.

Einleitung. **Der Artikel behandelt die Fälle der Aenderung in der Zusammensetzung des Vorstandes,** und zwar 1. in formeller Hinsicht, d. h. die Pflicht zur Eintragung (Abs. 1), 2. in materieller Hinsicht d. h. die Wirkungen der erfolgten und nicht erfolgten Eintragung und Publikation (Abs. 2)

I. **Allgemeines.** Unter Veränderung in der Zusammensetzung des Vorstandes ist im Gegensatze zu Art. 228, wo von der Bestellung des ersten oder eines neuen Vorstandes die Rede ist, das Ausscheiden von Vorstandsmitgliedern verstanden, sodann aber auch Aenderungen in der Art ihrer Vertretung, wenn sich die Kollektivvertretung in Einzelvertretung oder umgekehrt verwandelt. § 1.

II. **Die einzelnen Vorschriften.** § 2.

1. (Abs. 1.) **Die formelle Vorschrift ist die Pflicht zur Eintragung.**

Dieselbe liegt ob dem Vorstande, und zwar nicht so, daß nothwendig sämmtliche Vorstandsmitglieder zusammenwirken müssen, sondern so, daß der Vorstand in derjenigen Zusammensetzung, in welcher er überhaupt zur Vertretung der Gesellschaft befugt ist, aufzutreten hat (vergl. § 2 zu Art. 228). Das ausscheidende Mitglied hat dabei nicht mitzuwirken, weil es zu dieser Zeit die Vertretungsbefugniß nicht mehr besitzt. Um so weniger ist der Antrag des ausscheidenden Mitgliedes ausreichend, um die Eintragung zu bewirken (Ring Anm. 1). Ist in Folge der eingetretenen Veränderung der Vorstand nicht mehr so zusammengesetzt, daß er zur Vertretung der Gesellschaft legitimirt ist, so muß erst die Ergänzung des Vorstandes erfolgen, ehe die Anmeldung bewirkt werden kann.

Die Anmeldung muß erfolgen beim Gerichte des Gesellschaftssitzes und der Zweigniederlassungen, jedoch ist das letztere nur von formeller, das erstere allein von materieller Bedeutung (vergl. Schlußsatz des Artikels).

Die Pflicht zur Eintragung wird erzwungen durch Ordnungsstrafen. Die Eintragung erfolgt nicht von Amtswegen.

2. (Abs. 2). **Die materielle Vorschrift. Die Vorschrift enthält die Wirkung der erfolgten und nicht erfolgten Eintragung und Publikation,** wobei aber nur die Eintragung am Sitze der Gesellschaft entscheidend ist. In dieser Beziehung ist auf Art. 46 Bezug genommen, dessen Bestimmungen wiederum denen des Art. 25 entsprechen. Es wird daher auf die Erläuterung dieser beiden Artikel verwiesen. § 3.

Hervorgehoben wird:

a) Die Eintragung ist nicht Bedingung der Rechtsgültigkeit der Bestellung des neuen Vorstandes. Auch der nicht eingetragene Vorstand ist legitimirt, selbst nach außen; nur die Wirkung der Offenkundigkeit nach Art. 46 datirt von der Publikation (R.G. 9 S. 91). § 4.

b) Die Vorschriften über die Wirkung der erfolgten und nicht erfolgten Eintragung beziehen sich auf das Verhältniß zu dritten Personen, welche mit der Gesellschaft in Rechtsbeziehungen treten, nicht auf das Verhältniß des Vorstandes zur Gesellschaft und ihren Mitgliedern selbst. Die Rechtshandlungen des Vorstandes gegenüber den Aktionären hängen nicht davon ab, daß die Aktionäre die Bestellung des Vorstandes kannten oder nicht kannten oder kennen konnten oder nicht kennen konnten. Von solchen Fragen hängt die Gültigkeit von Beschlüssen solcher Generalversammlungen, die von dem rechtsgültig bestellten, aber nicht eingetragenen Vorstande berufen sind, nicht ab (Kammergericht bei Johow und Küntzel 3 S. 18; Jastrow, Rechtsgrundsätze S. 158, 159). § 5.

c) Ist der Vorstand eingetragen, so kann dem Dritten, der sich mit ihm einläßt, nicht entgegengehalten werden, daß seine Bestellung nicht rechtsgültig ist (R.O.H. 20 S. 208; vergl. Näheres hierüber § 7 zu Art. 228). § 6.

d) Darin, daß zufolge der Bezugnahme auf Art. 46 trotz erfolgter Eintragung und Publikation der Aenderung der Dritte den früheren Vorstand als legitimirt erachten kann, wenn Thatsachen vorliegen, welche die Annahme begründen, er habe diese Umstände weder gekannt, noch kennen müssen, erblickt Renaud (Aktiengesellschaft S. 541) eine bedenkliche Bestimmung, indem er darauf hinweist, daß hiernach Aktiengesellschaften in das Unendliche für alles dasjenige verantwortlich gemacht werden können, was Jemand, der einmal Vorstandsmitglied gewesen, unterzeichnen § 7.

würde. Allein es ist dem gegenüber darauf hinzuweisen, was diesseits schon zu Art. 25 (§ 8) ausgeführt wurde, daß nämlich der Dritte, wie der Ausdruck „kennen müssen" ergiebt, die gesetzliche Erkundigungspflicht hat, und so leicht nicht wird beweisen können, daß er trotz sorgsamer Erkundigung die publicirte Thatsache nicht erfahren konnte.

Artikel 234.

Der Vorstand kann, sofern nicht durch den Gesellschaftsvertrag oder durch Beschluß der Generalversammlung ein Anderes bestimmt ist, einen Prokuristen nur mit Zustimmung des Aufsichtsraths bestellen. Die Beschränkung hat Dritten gegenüber keine rechtliche Wirkung.

Einleitung. **Der Artikel handelt von der Möglichkeit der Prokuristenbestellung für die Aktiengesellschaft.** Durch die Vorschrift sollte einmal die vom R.O.H. (8 S. 339) schon früher im bejahenden Sinne entschiedene Streitfrage, ob auch Aktiengesellschaften Prokuristen bestellen können, gesetzlich entschieden werden. Und ferner sollte eine Bestimmung über die Vorbedingung der Prokuraertheilung getroffen werden.

In der folgenden Erläuterung soll jedoch, damit alle hinsichtlich dieser Materie wichtigen Punkte zur Erörterung gelangen, **die Prokura bei Aktiengesellschaften vollständig behandelt werden** und zwar in der Reihenfolge der Art. 41 ffg.

§ 1. 1. **Der Begriff der Prokura, die Art ihrer Entstehung und der Specialfall der Kollektivprokura** (vergl. Art. 41 und die §§ 1 ffg. dazu).

a) Der Begriff der Prokura ist hier selbstverständlich unverändert (§ 1 zu Art. 41). Der Unterschied der Prokuristen vom Vorstande liegt darin, daß der letztere gesetzlicher Vertreter der Gesellschaft und deshalb zu allen Rechtshandlungen befugt ist, ersterer nur zu einem begrenzten Kreise von Geschäften, wenn auch diese Grenzen sehr weit gezogen sind.

Der Prokurist vertritt, wie festzuhalten ist, nicht den Vorstand, sondern die Gesellschaft.

§ 2. b) Die Ertheilung der Prokura. Sie erfolgt auf dieselbe Weise, wie im Art. 41 vorgesehen. Es ist aber im vorliegenden Artikel eine Specialvorschrift gegeben, deren Sinn und Tragweite hier zu erörtern ist. Diese Specialvorschrift geht dahin, daß, wenn Gesellschaftsvertrag oder Generalversammlung nichts Anderes bestimmen, der Vorstand nur mit Zustimmung des Aufsichtsraths Prokuristen bestellen kann. Die Vorschrift hat jedoch keine rechtliche Wirkung Dritten gegenüber.

Diese Vorschrift ist erstens rein dispositiv, zweitens eine lediglich nach innen wirkende.

§ 3. α) Die Vorschrift ist rein dispositiv. Sie gilt nur, wenn der Gesellschaftsvertrag oder die Generalversammlung nicht anders bestimmen. Der Gesellschaftsvertrag oder die Generalversammlung aber können den Vorstand von dieser Beschränkung auch befreien, oder auch umgekehrt ihm andere Beschränkungen auferlegen, z. B. die Zustimmung der Generalversammlung, oder die Prokuraertheilung ganz untersagen. Die Privatautonomie ist in keiner Weise beschränkt.

§ 4. β) Die Vorschrift wirkt nur nach innen. Nach außen ist der Vorstand auch in dieser Hinsicht gesetzlicher Vertreter mit schrankenloser Befugniß. Hat der Vorstand auf eine der im Art. 41 Abs. 2 bezeichneten Arten schriftlich oder mündlich oder durch Erklärung einem Dritten gegenüber Jemandem Prokura ertheilt, so ist derselbe Prokurist mit allen Rechtswirkungen nach außen (Art. 231). Ob die Prokuraertheilung aus inneren Gründen zu Unrecht geschah d. h. dem Gesellschaftsvertrage oder einer Anordnung der inneren Organe zuwiderlief, hat der Vorstand nach innen zu verantworten. Nach außen ist seine Rechtshandlung jedenfalls wirksam. (Vergl. unten § 8.)

c) Die Kollektivprokura. Darüber vergl. § 3 zu Art. 41; auch §§ 9 und 10 zu Art. 229, indem die dortigen Erörterungen über das Zusammenwirken der kollektivberechtigten Vorstandsmitglieder auf die Kollektivprokuristen Anwendung finden.

2. **Der Umfang der in der Prokura enthaltenen Vollmacht.** Der im Art. 42 vorgesehene Umfang der Prokura erleidet hier eine Erweiterung dadurch, daß nach Art. 208 jede Aktiengesellschaft Handelsgesellschaft, die Geschäfte jeder Aktiengesellschaft daher Handelsgeschäfte sind, bis auf die Verträge über Grundstücke. Daher erstreckt sich der Umfang der Prokura bei Aktiengesellschaften nicht bloß auf den Betrieb eines Handelsgewerbes, sondern auf den Betrieb eines jeden Gewerbes einer Aktiengesellschaft, außer auf die Veräußerung oder auf die Belastung von Grundstücken. (Ring Anm. 3.) § 5.

Bei der Aktiengesellschaft ist es aber fraglich, ob der Prokurist auch die Gesellschaft gegenüber den Aktionären vertreten kann. Soweit dies zum Betriebe des Handelsgewerbes gehört, ist er hierzu berechtigt. Nicht aber kann der Prokurist an Stelle des Vorstandes die internen Akte vornehmen, welche dem Vorstande als solchem obliegen, also insbesondere nicht die für die Aktionäre bestimmten Publikationen erlassen. Der Prokurist kann daher nicht die Generalversammlung einberufen, auch nicht die Publikation wegen Einforderung der rückständigen Einlagen erlassen. Wohl aber kann er die eingeforderten Einzahlungen einziehen, eventuell durch Klage (R.O.H. 7 S. 412. — Ring Anm. 3 —.

3. **Die Unbeschränktheit der Prokura** gilt auch hier als Princip (vergl. Art. 43). Und auch hier giebt es keine Ausnahmen von diesem Princip (vergl. § 3 zu Art. 43, insbesondere über die Frage, ob ein Prokurist derart bestellt werden kann, daß er nur zusammen mit einem Vorstandsmitgliede zeichnen darf). Vergl. ferner § 4 zu Art. 231. § 6.

Aus der Unbeschränkbarkeit der Prokura ist in § 3 zu Art. 43 weiter gefolgert worden, daß ein Kaufmann für eine unter ungeänderter Firma bestehende Zweigniederlassung keinen besonderen Prokuristen bestellen kann. (Vergl. besonders Kammergericht in Johow 12 S. 30). Für die Aktiengesellschaft ergiebt sich hieraus das mißliche Resultat, daß dieselbe, da sie nur eine Firma führen kann, einen Prokuristen mit auf die Zweigniederlassung beschränkter Vollmacht überhaupt nicht bestellen kann. (Zust. Ring Anm. 4 gegen seine 1. Aufl. S. 526).

Die Kenntniß des Dritten von einer gleichwohl statuirten Beschränkung macht dieselbe auch hier nicht wirksam, wohl aber Kollusion, die aber in bloßer Kenntniß der Beschränkung nicht liegt (R.G. 22 S. 75).

4. **Die Vorschriften über die Form der Prokurazeichnung** gelten hier unverändert (vergl. Art. 44). § 7.

5. **Die Eintragung der Prokura und ihres Erlöschens** (vergl. Art. 45). § 8.

a) Die Eintragung der Prokura ist auch hier nicht wesentlich für ihre Ertheilung und Existenz. Hat der Vorstand — gleichviel ob mit oder ohne Genehmigung der Organe, an deren Zustimmung er gebunden ist — auf irgendwelche Weise die Prokura ertheilt, so ist dieselbe anzumelden. Nicht bloß daß der Registerrichter bei der Anmeldung nicht zu prüfen hat, ob der Vorstand bei der Ertheilung innerhalb der statutarischen Beschränkungen gehandelt hat, sondern er muß die Prokura sogar dann eintragen, wenn er in dieser Beziehung das Gegentheil weiß. Denn auch dann liegt eine nach außen wirksame Prokura vor, und das ist allein für den Registerrichter entscheidend (Ring Anm. 2 mit weiteren Citaten; Behrend § 126 Anm. 2; anders Förtsch Anm. 4 — im Interesse der Gesellschaft soll die Prüfung stattfinden? —) Die Zustimmung des Aufsichtsraths ist hiernach dem Registerrichter nicht beizubringen. Gleichwohl geschieht dies in der Berliner Praxis, und der Berliner Registerrichter verlangt sie auch (vergl. die Registerakten der Preußischen Centralbodenkreditaktiengesellschaft). Ganz unbegründet ist es, wenn der Registerrichter die Eintragung dann versagt, wenn die Statuten über die Bestellung der Prokura nichts enthalten; denn dann greift eben die gesetzliche Bestimmung Platz (L.G. I Berlin bei Perl u. Wreschner 1893 S. 68).

Das Gleiche gilt, wenn die Statuten die Bestimmung enthalten, daß die Gesellschaft durch ein oder mehrere Vorstandsmitglieder vertreten wird. Denn damit ist nur die gesetzliche Vertretung geregelt, nicht aber ausgeschlossen, daß die Gesellschaft durch Prokuristen als gewillkürte Vertreter vertreten werden kann. Ja selbst wenn die Statuten die Bestimmung enthielten, daß Prokuristen nicht bestellt werden dürfen, wäre das nach außen nicht gültig, denn darin läge eine Beschränkung der Vertretungsbefugniß des Vorstandes dahin, daß er Prokuristen nicht bestellen könne, und diese Beschränkung wäre eben nach außen nicht wirksam (Art. 231 u. § 4 dazu).

§ 9. b) Die Anmeldung der Prokura ist zu bewirken vom Vorstande, und zwar in derjenigen Zusammensetzung, in welcher er auch sonst die Gesellschaft vertritt. Der Vorstand kann nach Art. 45 Abs. 4 eventuell durch Ordnungsstrafen zur Anmeldung angehalten werden.

§ 10. c) Das Erlöschen der Prokura ist in gleicher Weise anzumelden, und zwar wiederum vom Vorstande, Generalversammlung und Aufsichtsrath können nur durch die ihnen zustehenden Machtmittel auf den Vorstand einwirken, daß er die Löschung bewirke. Selbst Anträge stellen können sie nicht.

Es fragt sich aber weiter: wer die Prokura widerufen kann. Nach innen wird man annehmen müssen, daß diejenigen Organe, welche zur Ertheilung ihre Zustimmung ertheilen müssen, auch vom Vorstande verlangen können, daß er die Prokura widerrufe. Außerdem aber muß man den Vorstand stets für befugt halten, die Vollmacht zu widerrufen. Mit Wirkung nach außen sicherlich, aber auch nach innen ist er auch dann selbstständig zum Widerruf befugt, wenn andere Organe zur Ertheilung der Prokura ihre Zustimmung geben müssen, es sei denn, daß ihm der Widerruf ausdrücklich untersagt wäre. Denn das für die Prokurenbestellung aufgestellte Konsenserforderniß hat seinen besonderen legislativen Grund und leidet keine analoge Ausdehnung auf den Prokurenwiderruf. (Ring Anm. 6; Behrend § 126 Anm. 2; Förtsch Anm. 5.)

§ 11. 6. **Die Bestimmungen über die Wirkung der erfolgten und nicht erfolgten Registrirung des Erlöschens der Prokura** (Art. 46) gelten hier unverändert.

§ 12. 7. **Die Rechtswirkungen der auf Grund der Prokura abgeschlossenen Rechtsgeschäfte** (Art. 52) treffen hier die Gesellschaft, nicht etwa den Vorstand. Denn der Prokurist ist Vertreter der Gesellschaft, nicht des Vorstandes, das Gleiche gilt von kontraktlichem Versehen. Bei außerkontraktlichem Versehen (§ 9 zu Art. 52) haftet die Gesellschaft nicht, weil der Prokurist nicht ihr gesetzlicher Vertreter ist.

Es kann aber die Frage aufgeworfen werden, ob für Versehen der Prokuristen nicht auch der Vorstand schlechthin haftet. Eine Bemerkung der Motive (I S. 349) deutet darauf hin, als ob der Autor derselben diese Auffassung hätte. Denn es heißt dort, „daß durch die Bestellung von Prokuristen die Verantwortlichkeit des Vorstandes für deren Handlungen weder der Gesellschaft, noch den Gläubigern gegenüber beseitigt werde". Allein eine ganz allgemeine Haftung des Vorstandes für die Versehen der Prokuristen ist aus keinem Gesetze und Rechtsgrundsatze herzuleiten. Vielmehr haften sie nicht anders wie sonst, d. h. für eigene Pflichtverletzung (Art. 241). Daraus folgt, daß sie für Versehen des Prokuristen schlechthin verantwortlich sind, wenn sie ihn ohne die vorgeschriebene Genehmigung bestellt haben, sonst nur bei culpa in eligendo aut custodiendo. (Behrend § 126 Anm. 14; Ring Anm. 5; Förtsch Anm. 6).

Artikel 235.

Der Betrieb von Geschäften der Gesellschaft, sowie die Vertretung der Gesellschaft in Bezug auf diese Geschäftsführung kann auch sonstigen Bevollmächtigten oder Beamten der Gesellschaft zugewiesen werden. In diesem Falle bestimmt sich die Befugniß derselben nach der ihnen ertheilten Vollmacht; sie erstreckt sich im Zweifel auf alle Rechtshandlungen, welche die Ausführung derartiger Geschäfte gewöhnlich mit sich bringt.

Der Artikel spricht aus, daß zur Führung der Geschäfte und zur Vertretung der Gesellschaft auch sonstige Bevollmächtigte und Beamte, außer Vorstand und Prokuristen, bestellt werden können. Der Artikel ist überflüssig. Denn da nach Art. 5 alle Vorschriften über Kaufleute auch auf Handelsgesellschaften Anwendung finden, jede Aktiengesellschaft aber nach Art. 208 Handelsgesellschaft ist, so ergiebt sich daraus ohne Weiteres die Anwendbarkeit der Art. 47 ffg. auf die Aktiengesellschaften und damit die Zulässigkeit von Handlungsbevollmächtigten bei denselben. Einleitung.

Hinsichtlich der Erläuterung dieses Artikels ist daher im Wesentlichen auf die Art. 47 ffg. zu verweisen. Es genügt, folgende bei der Aktiengesellschaft besonders zur Sprache gekommenen Punkte hervorzuheben:

1. **Zur Bestellung der Handlungsbevollmächtigten ist nach außen der Vorstand befugt.** Denn er ist der gesetzliche Vertreter der Gesellschaft, und die Bestellung eines Bevollmächtigten bindet die Gesellschaft ebenso wie jede andere Rechtshandlung des Vorstandes (Art. 230). Keineswegs kann man annehmen, daß die Befugniß des Vorstandes zur Bestellung von Bevollmächtigten nach außen abhängig ist von der Genehmigung der Generalversammlung oder vom Inhalt des Gesellschaftsvertrages (so Thöl I S. 522; übereinstimmend mit uns R.G. 22 S. 75; Ring Anm. 1). § 1.

   Auch Generalbevollmächtigte kann der Vorstand bestellen. (Ring Anm. 2)

   Im Uebrigen kann auch der Prokurist und selbst der Handlungsbevollmächtigte einen Handlungsbevollmächtigten für die Aktiengesellschaft bestellen (Art. 42 und Art. 52 und Erläuterung dazu). Die Generalversammlung aber, welche Ring (Anm. 1) für zweifellos berechtigt erachtet, Bevollmächtigte zu bestellen oder den Aufsichtsrath damit zu beauftragen, können wir hierzu nicht für befugt erachten. Jene beiden Organe, G.V. und A.R., sind nur in bestimmten Ausnahmefällen, die hier nicht vorliegen, in der Lage, die Gesellschaft nach außen zu vertreten, und in der Bestellung einer dritten Person zum Bevollmächtigten der Gesellschaft liegt ein Akt der Vertretung.

2. **Inwieweit der Vorstand nach innen befugt erscheint zur Bestellung von Handlungsbevollmächtigten und Beamten,** ist Sache des Statuts und der Generalversammlungsbeschlüsse. Wenn ihm keine Beschränkung auferlegt ist, so ist seine Befugniß nach innen unbeschränkt: d. h. er ist insoweit dazu befugt, als es das Gesellschaftsinteresse erfordert. Die Meinung Essers (S. 181), als sei der Vorstand zur Bestellung von generellen Handlungsbevollmächtigten schon von Gesetzeswegen an die Zustimmung des Aufsichtsraths gebunden, ist ebensowenig gerechtfertigt, wie Rings Annahme, daß hier die Generalversammlung genehmigen müsse. Nur das Gesellschaftsinteresse entscheidet. § 2.

3. **Der Umfang der Vollmacht** richtet sich auch hier nach dem in die Erscheinung tretenden Verhalten des Principals. Danach richtet sich auch, wann und inwieweit der Dritte, der mit dem Bevollmächtigten kontrahirt, sich Beschränkungen der Vollmacht entgegenhalten lassen muß (Art. 47 ffg. und die Erläuterung dazu). Der Handlungsbevollmächtigte darf insbesondere nicht Wechselverbindlichkeiten eingehen, Darlehen aufnehmen und Prozesse führen. Ob er dabei den Titel Direktor führt und dem ganzen Handelsgewerbe vorsteht, ist gleichgültig (dagegen Hofgericht Wiesbaden in G.Z. 11 S. 600, vergl. jedoch Bolze 10 Nr. 431). § 3.

4. **Einzutragen ist die Handlungsvollmacht von Reichswegen nicht.** Ueber die Eintragung derselben nach den Landesgesetzen siehe § 2 zu Art. 12. § 4.

5. **Hinsichtlich der Haftung der Gesellschaft für Versehen der Handlungsbevollmächtigten und Beamten** gelten die in den §§ 7—9 zu Art. 52 aufgestellten Grundsätze. § 5.

6. **Inwieweit Vorstandsmitglieder für die Versehen der von ihnen bestellten Handlungsbevollmächtigten und Beamten haften,** richtet sich danach, wie weit ihnen selbst ein Versehen zur Last fällt (vergl. § 12 zu Art. 234). § 6.

7. **Die Beamten der Aktiengesellschaft sind nicht nothwendig Handlungsgehilfen,** wie die Beamten eines Einzelkaufmanns es auch nicht nothwendig sind (vergl. § 1 zu Art. 57). § 7.

8. **Für die Dienstverhältnisse der Beamten gelten die allgemeinen,** anderweit entwickelten **Grundsätze.** Wegen der Berechnung der **Tantieme** gilt hier dasselbe wie bei den Vorstandsmitgliedern (vergl. § 10 zu Art. 227).

§ 8. 9. **Aufsichtsrathsmitglieder** können Beamte der Aktiengesellschaft nicht sein, wohl aber an der Geschäftsführung im Einzelnen Theil nehmen (Art. 225a).

§ 9. 10. **Der Widerruf** der bestellten Handlungsbevollmächtigten und Beamten folgt der Regel des Art. 54. Zum Widerruf ist nach außen und innen der Vorstand befugt, letzteres auch dann, wenn die Bestellung an den Konsens eines anderen Organs geknüpft ist. Doch können dem Vorstand nach innen Beschränkungen hinsichtlich des Widerrufsrechts auferlegt sein. Dieselben gelten aber nicht nach außen, auch nicht dem Beamten oder Bevollmächtigten gegenüber, der im Verhältniß zur Gesellschaft ein Dritter ist (Behrend § 127a Anm. 4; vergl. § 6 zu Art. 231).

Artikel 236.

Die Generalversammlung der Aktionäre wird durch den Vorstand berufen, soweit nicht nach dem Gesetze oder dem Gesellschaftsvertrage auch andere Personen dazu befugt sind.

Die Generalversammlung ist, außer den im Gesetze oder im Gesellschaftsvertrage ausdrücklich bestimmten Fällen, zu berufen, wenn es im Interesse der Gesellschaft erforderlich erscheint.

Einleitung. **Der Artikel bestimmt, durch wen und wie oft die Generalversammlung der Aktionäre** zu berufen ist: durch wen in Abs. 1, wie oft in Abs. 2. Nach beiden Richtungen ist die Bestimmung aber nicht erschöpfend.

§ 1. 1. (Abs. 1.) **Durch wen erfolgt die Berufung zur Generalversammlung?** Jedenfalls ist der Vorstand hierzu legitimirt. Das Gesetz oder der Gesellschaftsvertrag können „auch" andere Personen dazu bestimmen. Statutarische Bestimmungen über die Ertheilung des Berufungsrechts an andere Personen, insbesondere an den Vorsitzenden des Aufsichtsraths, sind daher, auch wenn ihr Wortlaut auf einen exclusiven Sinn hindeutet, von Gesetzeswegen nur dahin aufzufassen, daß dieses Berufungsrecht neben dem des Vorstandes besteht. Die durch den Vorstand berufene Generalversammlung ist jedenfalls ordnungsmäßig berufen.

Von Gesetzeswegen ist übrigens der Aufsichtsrath neben dem Vorstande stets berechtigt und verpflichtet, die Generalversammlung zu berufen, so oft dies im Interesse der Gesellschaft erforderlich erscheint (Art. 225). Statutarisch können auch andere Personen, wie etwa Prokuristen, Beamte, für berufungsberechtigt erklärt werden. Auch Aktionäre? Von Behrend (§ 121 Anm. 11) wird dies bejaht. Allein der ganze Artikel, insbesondere aber Abs. 2, läßt deutlich erkennen, daß es sich hier um eine Berufung im Namen der Gesellschaft, als deren Vertreter handelt. Die Verleihung des Berufungsrechts als Aktionärrechts ist in Art. 237 geregelt, und zwar erschöpfend (§ 1c daselbst).

§ 2. 2. (Abs. 2.) **Wie oft erfolgt die Berufung?** In erster Linie entscheiden die sonstigen gesetzlichen Bestimmungen. So ist aus der Vorschrift des Art. 239 die alljährliche Berufung der sogenannten „ordentlichen Generalversammlung" zu folgern (das Gesetz gebraucht diesen Ausdruck nicht, wohl aber die Praxis allgemein; vergl. auch Behrend § 121 II); im Falle des Art. 240 ist unverzüglich die Generalversammlung zu berufen. Sonstige Fälle kann das Statut bestimmen. Der vorliegende Artikel enthält aber außerdem die clausula generalis, daß die Generalversammlung (sc. vom Vorstande, über die gleiche Pflicht des A.R. siehe Art. 225) immer dann zu berufen ist, wenn das Gesellschaftsinteresse dies erfordert.

Unterlassung der Berufung, wo die Pflicht sie gebietet, macht den Vorstand nach Art. 241 verantwortlich. Auf das Selbsthilferecht der Aktionäre nach Art. 237 kann der Vorstand sich zur Befreiung von seiner Verantwortlichkeit nicht berufen. Andererseits sind die Aktionäre auf diese Selbsthilfe angewiesen, da sie keine Macht haben, den Vorstand zur Einberufung zu zwingen. Der Vorstand kann nur in den gesetzlich vorgeschriebenen Fällen durch Ordnungsstrafen zur Einberufung angehalten werden (Art. 249g).

Zusatz. Aus dem Rechte der Berufung folgt auch das Recht, die Berufung aufzuheben. § 3.
Dasjenige Organ, welches nach dem Gesetze oder den Statuten die Generalversammlung einzuberufen hat, ist mit Wirkung gegenüber den Aktionären befugt, die Berufung rückgängig zu machen (Kammergericht bei Johow u. Küntzel 3 S. 18; Jastrow, Rechtsgrundsätze S. 158). Die bloße Nichttheilnahme an der Generalversammlung aber ist keine Aufhebung. Die einmal berufene Generalversammlung kann vielmehr abgehalten werden, die einmal eingeladenen Aktionäre können ihre Beschlüsse fassen. Nehmen die Gesellschaftsorgane an der von ihnen selbst einberufenen Generalversammlung nicht Theil, so mag darin auf ihrer Seite eine Pflichtverletzung liegen, nicht aber eine Vereitelung der Generalversammlung. Diese kann ihren Vorsitzenden selbst wählen und ungehindert tagen.

Artikel 237.

Aktionäre, deren Antheile zusammen den zwanzigsten Theil des Grundkapitals darstellen, sind berechtigt, in einer von ihnen unterzeichneten Eingabe unter Angabe des Zwecks und der Gründe die Berufung der Generalversammlung zu verlangen. Ist in dem Gesellschaftsvertrage das Recht, die Berufung der Generalversammlung zu verlangen, an den Besitz eines geringeren Antheils am Grundkapital geknüpft, so hat es hierbei sein Bewenden.

In gleicher Weise haben die Aktionäre das Recht, zu verlangen, daß Gegenstände zur Beschlußfassung einer Generalversammlung angekündigt werden.

Wird dem Verlangen nicht entsprochen, so kann das Handelsgericht die Aktionäre, welche das Verlangen gestellt haben, zur Berufung der Generalversammlung oder zur Ankündigung des Gegenstandes ermächtigen. Mit der Berufung oder Ankündigung ist die gerichtliche Ermächtigung zu veröffentlichen.

Der Artikel gewährt den Aktionären die Möglichkeit, eine außerordentliche Generalversammlung zu erzwingen.

I. Allgemeiner Charakter der Vorschrift. § 1.

a) Subsumirung des Rechts. Dieses Recht ist eines derjenigen Rechte, welche die Motive unzutreffend Individualrechte nennen. Nach unseren Anschauungen ist es eines der dem Aktionär zustehenden gesellschaftlichen Herrschaftsrechte oder Mitverwaltungsrechte. Es ist dem Aktionär ex jure publico gegeben und daher eines der unentziehbaren Aktionärrechte, ein sogenanntes Sonderrecht (§§ 1 u. 2 zu Art. 221).

b) Die praktische Wichtigkeit des Rechts ist eine außerordentliche. Denn es giebt dem Aktionär die Möglichkeit, in die Verwaltungsthätigkeit der ständigen Gesellschaftsorgane wirksam einzugreifen. Ohne dieses Recht würden die Aktionäre nur in denjenigen Generalversammlungen Beschlüsse fassen können, welche die Gesellschaftsorgane anberaumen (vergl. § 2 zu Art. 236).

c) Die Natur der Vorschrift. Daß die hier gegebenen Voraussetzungen die Maximalbedingungen des hier gewährten Rechts enthalten, darüber kann kein Zweifel bestehen. Das Recht ist ex jure publico gegeben und wie unentziehbar, so auch uneinschränkbar. Das Statut kann daher erschwerende Bedingungen nicht aufstellen.

Aber eine andere Frage ist, ob das Statut leichtere Bedingungen für die Ausübung des Rechts aufstellen kann, oder ob die Vorschriften auch Minimalvorschriften sind. Im Gegensatz zu der von Laué (Gutachten S. 28) inaugurirten herrschenden Ansicht sind wir der Meinung, daß das Statut auch nicht leichtere Bedingungen aufstellen kann.

Wir folgern dies aus der Entstehungsgeschichte der Vorschrift, aus ihrem Zwecke und ihrem Wortlaut.

Die Entstehungsgeschichte anlangend, so ist die Vorschrift an die Stelle des früheren Art. 237 Abs. 2 getreten. Derselbe bestimmte, daß Generalversammlungen auch dann berufen werden müssen, wenn ein Aktionär, der den zehnten Theil des Grundkapitals besitzt, die Berufung verlangt. Den Gesellschaftsorganen war hierdurch die absolute Pflicht auferlegt, einem solchen Verlangen der Aktionäre zu entsprechen. Sie konnten sonst durch Klage dazu gezwungen werden, ohne daß auch der Richter das gestellte Verlangen auf seine Zweckmäßigkeit hin zu prüfen berechtigt gewesen wäre (Protokolle S. 386; vergl. Renaud in Buschs Archiv 45 S. 43).

Dieser Vorschrift gegenüber enthält die Vorschrift des neuen Gesetzes nicht nur, wie allgemein angenommen wird, eine Vergrößerung der Aktionärrechte (in Bezug auf die Höhe des erforderlichen Aktienbesitzes), sondern auch eine Verringerung derselben, worauf Ring (Anm. 1) zutreffend hinweist. Denn nunmehr haben die Aktionäre nicht mehr die absolute Moglichkeit, die Generalversammlung zu erzwingen, sondern sind bei Weigerung der Gesellschaftsorgane darauf angewiesen, ob das Gericht, das nicht einmal das ordentliche Prozeßgericht ist, nach freier Prüfung der Zweckmäßigkeit der Maßregel ihrem Antrage stattgiebt. Die absolute Verpflichtung der Gesellschaftsorgane ist hiernach beseitigt, und zwar wohlbedacht, „um mögliche Chikane, die Verfolgung von Sonderinteressen und sonstige Schädigungen der Gesellschaft auszuschließen" (Motive II. S. 166).

Der Gesetzgeber hat hiernach bei Abänderung der Vorschrift des Art. 237 Abs. 2 nicht blos die Absicht gehabt, Erleichterungen zu schaffen, sondern überhaupt die Materie nach neuen Grundsätzen reformiren wollen, und zwar derart, wie ihm dies aus öffentlichrechtlichen Gesichtspunkten am angemessensten erschien, auf der einen Seite im Interesse der Aktionäre, welche den Antrag stellen, auf der anderen Seite im Interesse der Gesellschaft und der Gesammtheit der Interessenten.

Soweit daher in der neuen Vorschrift Verringerungen der Aktionärrechte enthalten sind, sind auch diese im Interesse der Gesammtheit ex jure publico gewollt und daher statutarischer Erweiterung nicht fähig.

Diese Konsequenz ergiebt sich auch daraus, daß das neue Gesetz den prozessualen Zwang zur Anberaumung einer außerordentlichen Generalversammlung für unangemessen erachtet und deshalb aufgehoben, das richterliche Ermächtigungsrecht aber an bestimmte Voraussetzungen geknüpft hat, denen das Statut nicht willkürlich andere substituiren kann. Diese anderen Voraussetzungen würden leges contractus imperfectae sein. Prozessualer Zwang wäre principiell ausgeschlossen und das richterliche Ermächtigungsrecht griffe auf sie nicht Platz.

In Uebereinstimmung hiermit befindet sich der Wortlaut der neuen Vorschrift. Wo dieselbe eine Erleichterung durch Statut zulassen will, da hebt sie dies besonders hervor. Das ist in Abs. 1 hinsichtlich der erforderlichen Größe des Aktienbesitzes der Fall. Die Vorschrift wäre unnöthig, wenn statutarische Vergrößerungen des Rechts überhaupt zulässig wären. (Zust. Ring Anm. 1.)

Für die folgenden Einzelerläuterungen ist dieses Ergebniß sehr wichtig.

§ 2. II. **Der Inhalt der Vorschriften ist folgender:**

1. Das Verlangen an die Gesellschaft auf Einberufung einer außerordentlichen Generalversammlung (Abs. 1).
2. Das Verlangen an die Gesellschaft auf Ankündigung von Gegenständen zur Beschlußfassung (Abs. 2).
3. Die richterliche Ermächtigung (Abs. 3).

§ 3. 1. (Abs. 1.) **Das Verlangen an die Gesellschaft auf Einberufung einer außerordentlichen Generalversammlung.**

a) Welches sind die Voraussetzungen des Verlangens? Die Voraussetzung des Verlangens ist nach dem Gesetze keine andere, als die, daß der Antragsteller (denn auch ein Aktionär kann den Antrag stellen) Aktien besitzt, welche den 20. Theil des Grundkapitals darstellen. Interimsscheine zählen dabei nach der Nominalziffer; Stammaktien sind den Prioritätsaktien gleich zu achten, und nach keiner dieser Richtungen vermag das Statut Erschwerungen aufzustellen.

Wie bei Inhaberaktien der Antragsteller seinen Aktienbesitz den Gesellschaftsorganen zu beweisen hat, ist im Gesetze nicht gesagt. In der Praxis erfolgt der Nachweis, um jeden Zweifel und jede Diskussion abzuschneiden, durch Niederlegung der Aktien bei der Gesellschaft. Es fragt sich aber, ob die Gesellschaftsorgane diese Deposition auch verlangen können. Sie können sie nicht verlangen, wenn hierin eine Erschwerung der Rechtsausübung liegt. Unter dieser Voraussetzung können auch die Statuten die Deposition nicht anordnen, und es wäre die in vielen Statuten (z. B. der Braunschweigischen Kohlenwerke) enthaltene Bestimmung der Aktiendeposition ungültig. In der That enthält das Verlangen der Deposition eine Erschwerung und die Gesellschaft kann daher weder in den Statuten, noch sonst die Deposition verlangen, muß sich vielmehr mit jedem anderen Nachweise der Aktionäreigenschaft, z. B. dem Depotschein der Reichsbank oder einer anderen Bank, begnügen. Denn es kann sein, daß der Aktionär auf seine Aktien Kredite entnommen hat. Dann gehören sie ihm zwar eigenthümlich, und er ist wirklicher Aktionär; gleichwohl kann er von seinem Gläubiger nicht Herausgabe verlangen, und ist daher zur Niederlegung bei der Gesellschaftskasse nicht im Stande. (Zust. Ring Anm. 2; Förtsch Anm. 3.) Ueberall ist bei Inhaberaktien nur die Inhaberschaft nachzuweisen, nicht, wie Ring Anm. 2 will, Aktieneigenthum. Bei Namensaktien entscheidet die Berufung auf das Aktienbuch.

Eine Erleichterung kann nach dem vorliegenden Artikel das Statut schaffen, nämlich in Betreff der Höhe des Aktienbesitzes. Das Statut kann also auch jedem Aktionär, auch wenn er nur eine Aktie besitzt, das hier in Rede stehende Recht gewähren. Auch in der Weise kann das Statut Erleichterungen schaffen, daß es einen geringeren Aktienbesitz erfordert, wenn es sich um bestimmte Punkte handelt (z. B. Antrag auf Wahl eines neuen Aufsichtsraths, wenn kein solcher besteht). (Zust. Ring Anm. 2.) Der Berliner Handelsregisterrichter regt für solche Fälle an, daß jedem Aktionär ohne Rücksicht auf die Höhe seines Aktienbesitzes das Recht aus Art. 237 gegeben werde (vergl. die Registerakten der Aktiengesellschaft für öffentliche Wasch- und und Badeanstalten zu Berlin).

b) Das Verlangen selbst muß Zweck und Gründe des Antrages enthalten. Manche Statuten stellen, wohl in Folge nachlässiger Redigirung, nur das Erforderniß auf, daß der Antrag den Zweck der Generalversammlung enthalten müsse. Auch solchen Statuten gegenüber bleibt das gesetzliche Erforderniß bestehen, da das Statut auch Erweiterungen des Rechts nicht anordnen kann (vergl. oben § 1). Enthält der Antrag daher keine Gründe, so ist er in jedem Falle abzuweisen. Die Gesellschaftsorgane brauchen überhaupt nicht darauf zu reagiren, können aber durch Rückfrage die Gründe eruiren. § 4.

c) An wen wird das Verlangen gerichtet? Ring (Anm. 2) meint, es müsse an alle berufungsberechtigten Organe der Reihe nach oder zu gleicher Zeit gerichtet werden, weil die richterliche Ermächtigung nur ein subsidiärer Rechtsbehelf ist. Das Letztere soll zugegeben werden. Allein der Vorstand ist auch in seiner Stellung nach innen, den Aktionären gegenüber, das ständige, geschäftsführende Organ. Wird ihm ein an die Gesellschaft als solche gerichteter Antrag behändigt, so richtet sich derselbe zwar in erster Linie an ihn, zugleich aber muß er für verpflichtet erachtet werden, den Antrag denjenigen Gesellschaftsorganen zu übermitteln, welchen der betreffende Zweig der Geschäftsführung obliegt. Ein an die Gesellschaft zu Händen des Vorstandes gerichteter Antrag genügt daher (vergl. Esser Anm. 2). § 5.

d) Das Verhalten der Gesellschaftsorgane. Trotz des Wortlauts des Gesetzes haben die Verwaltungsorgane nicht die absolute Verpflichtung, dem an sie gestellten, den formellen Voraussetzungen entsprechenden Verlangen zu entsprechen. Denn da das subsidiär anzurufende Gericht gleichfalls zu prüfen hat, ob in concreto das Verlangen als angebracht erscheint, so folgt daraus, daß auch die Gesellschaftsorgane dem Verlangen nicht blind zu entsprechen, sondern es nur dann zu erfüllen haben, wenn es nicht aus § 6.

Muthwillen oder Chikane gestellt ist (Ring Anm. 8; Petersen u. Pechmann S. 217; Esser Anm. 6). Auch die Statuten können hieran nichts ändern (vergl. § 9).

In welcher Zeit sie dem Verlangen zu entsprechen haben, ist nicht gesagt. Keinesfalls früher, als die Antragsteller dies verlangen. Haben diese keine Frist gesetzt, oder haben sie sofortige Anberaumung verlangt, so ist dem Antrage sofort stattzugeben. Was darunter zu verstehen ist und was umgekehrt als übermäßige Verzögerung, die der Ablehnung gleichkommt, gilt, entscheidet der Einzelfall. Dabei wird insbesondere zu berücksichtigen sein, daß die Gesellschaftsorgane erst ordnungsmäßig zu berathen haben; und daß besonders in großen Städten die Mitglieder des Aufsichtsraths nicht täglich oder stündlich zu einer Sitzung eingeladen werden können.

Die Statuten bestimmen oft eine Zeit, oft sogar von mehreren Monaten, innerhalb welcher dem Antrage stattzugeben ist. (Z. B. Statuten des Aktienbauvereins Passage.) Eine solche statutarische Vorschrift ist bedeutungslos. Denn aus dem Gesetze ergiebt sich als Konsequenz, daß die sofortige Anberaumung Pflicht der Gesellschaftsorgane ist. Dem gegenüber kann das Statut das Recht nicht durch eine Verlängerung der Frist verkürzen, noch auch durch eine Verkürzung der im Einzelfalle angemessenen Frist erweitern (vergl. oben § 1). — Zust. Ring Anm. 8 —.

§ 7. 2. (Abs. 2.) **Das Recht auf Ankündigung von Gegenständen zur Beschlußfassung** hat dieselben Voraussetzungen, wie das in Abs. 1 behandelte Recht. Auch das Verhalten der Gesellschaft ist im Princip im Allgemeinen ein gleiches, nur daß hier der Begriff „sofort" im Sinne einer schleunigeren Erledigung verstanden werden muß, da hier kurze Fristen innezuhalten sind (vergl. Art. 238 Abs. 2). Unter Ankündigung ist hier Bekanntmachung zu verstehen, nicht Anzeige an die Gesellschaftsorgane.

§ 8. 3. (Abs. 3.) **Die richterliche Ermächtigung.**

a) **Voraussetzung** derselben ist, daß dem an die Gesellschaft gestellten Verlangen nicht entsprochen ist, obgleich die Voraussetzungen desselben nach Abs. 1 vorlagen. Der Antrag an das Handelsgericht (vergl. § 9) wird gestellt in einfacher schriftlicher Form, auch zu Protokoll des Gerichtsschreibers. Auch dem Handelsgerichte wird der Nachweis geführt werden müssen, daß der Antragsteller Besitzer der erforderlichen Aktien ist. Eine Frist zur Antragstellung ist nicht vorgesehen. Uebermäßige Verzögerung wird jedoch einen Grund zur Versagung bilden.

§ 9. b) **Das Verhalten des Handelsgerichts.** Dasselbe kann die Ermächtigung ertheilen. Darin und in der Substitution des Handelsgerichts (also in Preußen des Amtsgerichts vergl. Art. 3; auch Johow 11 S. 3) an die Stelle des ordentlichen Prozeßgerichts besteht die wesentlichste Neuerung gegen früher (vergl. oben § 1). Das Wort „kann" bedeutet zunächst, daß trotz des Vorliegens der formellen Voraussetzungen das Gericht nicht verpflichtet ist, dem Antrage stattzugeben. Es bedeutet aber andererseits nicht, daß das Gericht nach seiner Willkür die Ermächtigung ertheilen oder versagen darf. Gegen solche Auffassung haben wir schon in einem anderen Falle Front gemacht (§ 9 zu Art. 222). Allerdings hat das Gesetz dort bestimmte materielle Requisite aufgestellt. Allein auch dort, wo solche nicht aufgestellt sind, wollen die Gesetze beim weitesten Ermessen der Gerichte nicht richterliche Willkür etabliren. Vielmehr muß in solchem Falle aus dem Geiste der Vorschrift entnommen werden, welche Gesichtspunkte der Richter für maßgebend zu erachten hat. Beim Vorliegen derselben ist der Richter verpflichtet, die Anordnung zu treffen. Vorliegend entspricht es dem Geiste des Gesetzes, wenn die Prüfung sich darauf erstreckt, ob die Maßregel etwa leichtfertig oder chikanös erscheint. Wird dies zu Ungunsten des Antragstellers verneint, dann ist die Ermächtigung zu ertheilen, sonst zu versagen.

Dem Beschwerdegericht (vergl. unten § 13) unterliegt die Nachprüfung der vom Handelsgericht angestellten Erwägungen.

An dieser Befugniß des Gerichts, nach seinem Ermessen über die Ermächtigung zu entscheiden, kann auch das Statut nichts ändern. Wenn daher einzelne Statuten (z. B. der Berliner Bockbrauerei) die Vorschrift enthalten, der Aufsichtsrath müsse, wenn der 20. Theil des Aktienkapitals den Antrag stellt, denselben bewilligen, so ist gleichwohl der Registerrichter nicht verpflichtet, ohne Prüfung der Sachlage die Ermächtigung zu ertheilen. Denn abgesehen davon, daß auch Erleichterungen des hier fraglichen Rechts durch die Statuten nicht aufgestellt werden können (vergl. § 1), so können Privatabmachungen anstatt eines gesetzlich vorgesehenen richterlichen Ermessens nicht eine richterliche Zwangspflicht setzen. (Zust. Ring Anm. 5.)

Das Handelsgericht kann vor Ertheilung der Ermächtigung Erhebungen jeder Art anstellen (Motive I S. 251), die Anhörung der Gesellschaftsorgane empfiehlt sich stets. Bei Ertheilung der Ermächtigung wird es zweckmäßiger Weise eine Frist bestimmen, bis zu welcher von der Ermächtigung Gebrauch gemacht werden muß.

c) **Das Verhalten des Antragstellers nach erhaltener Ermächtigung.** Das Gesetz behandelt in dieser Beziehung nur einen Punkt, indem es vorschreibt, daß mit der Berufung oder Ankündigung die richterliche Ermächtigung[1]) zu publiciren ist. Das Gesetz geht hier scheinbar von der Ansicht aus, es müsse jede Berufung der Generalversammlung von Gesetzes wegen durch Publikation erfolgen, was doch nicht der Fall ist (vergl. Art. 209 Ziffer 6 u. 7). Wie das Gesetz aber einmal gefaßt ist, wird angenommen werden müssen, daß die Berufung dieser Generalversammlung stets im Reichsanzeiger zu publiziren ist (Ring Anm. 6; Esser Anm. 9). Daneben muß sie auf die statutarisch vorgesehene Weise einberufen werden. Eine Frist, innerhalb welcher dies geschehen muß, ist von Gesetzeswegen nicht vorgesehen, kann aber in der Ermächtigung enthalten sein (vergl. § 8). § 10.

Im Uebrigen aber ist daran festzuhalten, daß die auf richterliche Ermächtigung einberufene Generalversammlung immerhin eine Generalversammlung der Gesellschaft ist, auf welche daher im Uebrigen die gesetzlichen und statutarischen Vorschriften über die Generalversammlungen überhaupt Anwendung finden. Daraus folgt:

α) Den Vorsitz in der Generalversammlung führt derjenige, der ihn nach den Statuten führt. Das Verlangen des Einberufers, den Vorsitz zu führen, ist ohne Weiteres nicht begründet. Die Statuten bestimmen allerdings oft, daß der Einberufer den Vorsitz führt. Eine solche Statutenbestimmung ist unbedenklich gültig, aber nicht zweckmäßig. Andererseits ist es auch nicht zweckmäßig, daß diejenige Person, welche regelmäßig den Vorsitz führt, ihn auch in dieser Generalversammlung führt. Denn eine solche Generalversammlung ist immer der Ausfluß eines Kampfes zwischen dem Antragsteller und den Organen der Verwaltung. Es ist daher keine Gewähr vorhanden, daß die Verhandlung unparteiisch geleitet wird, wenn der Antragsteller oder ein Mitglied der Gesellschaftsorgane die Leitung übernimmt. Vielmehr erscheint es zweckmäßig, daß die Statuten bestimmen, zunächst habe der Notar die Versammlung zu eröffnen und durch die Generalversammlung selbst einen Vorsitzenden wählen zu lassen. § 11.

β) Die Kosten der Vorbereitung der Generalversammlung (Inserate, Saalmiethe, Notariatskosten) hat nach unserer Ansicht die Gesellschaft zu tragen, nicht weil der Antragsteller im Namen der Gesellschaft gehandelt habe, indem er die Versammlung einberief — denn wir stehen auf dem Standpunkt, daß er sein Specialinteresse wahrnimmt, nicht das der Gesellschaft —, sondern weil er eine Rechtshandlung vorgenommen hat, zu welcher die Gesellschaft verpflichtet war, wie dies nach der Entscheidung des Handelsgerichts nunmehr in derjenigen bindenden Weise feststeht, welche das Gesetz für genügend erachtet. Eine Nachprüfung der Nothwendigkeitsfrage durch das Prozeßgericht erachten wir für ausgeschlossen. (Zust. § 12.

[1]) Ist die Ermächtigung in Form eines motivirten Beschlusses ertheilt, so genügt die Publikation des Tenors. Das folgt aus dem Zwecke der Vorschrift. Es soll damit den Aktionären die Gewißheit verschafft werden, daß das Gericht die Ermächtigung ertheilt hat. Die Vorbereitung auf die G.V. erfolgt durch die Publikation der Tagesordnung.

Förtsch Anm. 5 und — mit theilweise anderer Begründung — Ring Anm. 6, anders Makower Anm. 17b.) Die Regelung des Kostenpunktes wird sich in der Praxis regelmäßig so gestalten, daß der Antragsteller, um nicht Zeit zu verlieren, die Kosten verauslagen und dann von der Gesellschaft Erstattung verlangen wird, ev. im Wege der Klage. Aber er kann auch auf Verauslagung klagen; auch eine einstweilige Verfügung auf Verauslagung der Kosten, gestützt auf die handelsrichterliche Ermächtigung, ist statthaft.

Wenn die Anträge des Antragstellers in der Generalversammlung abgelehnt werden, liegt die Sache nicht anders. Eine Kostenpflicht auf Grund böslicher Handlungsweise, wie in Art. 222a Abs. 5, ist hier nicht vorgesehen.

Daraus folgt auch, daß statutarische Vorschriften oder gar bloße Generalversammlungsbeschlüsse, durch welche die Kosten der Generalversammlung dem Antragsteller auferlegt werden, ungültig sind. Sie widersprechen nicht nur dem vorliegenden Artikel, weil sie eine unzulässige Erschwerung des Rechts enthalten, sondern auch dem Artikel 219. (Zust. Ring Anm. 6; anders Makower Anm. 17b).

§ 13. Zusatz 1. **Gegen die Entscheidung des Handelsgerichts,** sie mag auf Ertheilung oder Versagung der Ermächtigung lauten, **ist Beschwerde nach Maßgabe der Landesgesetze zulässig.** In Preußen greift die Beschwerde und weitere Beschwerde nach Maßgabe des Ausführungsgesetzes zum G.V.G. vom 24. April 1878 Platz (§§ 25, 40 daselbst; Kammergericht bei Johow 11 S. 3 — Fall der Versagung —; in Baden sofortige Beschwerde (Art. 39 des Gesetzes vom 24. April 1886).

§ 14. Zusatz 2. **Auf ältere Gesellschaften** finden die Vorschriften voll und ganz Anwendung. In Konsequenz der Ausführungen im § 1 sind ältere statutarische Vorschriften nicht nur dann beseitigt, wenn sie erschwerende Bedingungen enthalten, sondern auch wenn sie Erleichterungen des Rechts festsetzen (zust. Ring Anm. 8; anders Laué, Gutachten S. 28).

Artikel 238.

Die Berufung der Generalversammlung hat in der durch den Gesellschaftsvertrag bestimmten Weise mit einer Frist von mindestens zwei Wochen zu erfolgen. Ist in dem Gesellschaftsvertrage die Ausübung des Stimmrechts davon abhängig gemacht, daß die Aktien bis zu einem bestimmten Zeitpunkte vor der Generalversammlung hinterlegt werden, so ist die Frist derart zu bemessen, daß für die Hinterlegung mindestens zwei Wochen frei bleiben.

Der Zweck der Generalversammlung soll jederzeit bei der Berufung bekannt gemacht werden. Ueber Gegenstände, deren Verhandlung nicht in der durch den Gesellschaftsvertrag oder durch Artikel 237 Absatz 3 vorgesehenen Weise mindestens eine Woche vor dem Tage der Generalversammlung angekündigt ist, können Beschlüsse nicht gefaßt werden; hiervon ist jedoch der Beschluß über den in einer Generalversammlung gestellten Antrag auf Berufung einer außerordentlichen Generalversammlung ausgenommen.

Zur Stellung von Anträgen und zu Verhandlungen ohne Beschlußfassung bedarf es der Ankündigung nicht.

Der Artikel bestimmt die Minimalfristen für die Berufung der Generalversammlung (Abs. 1), **giebt eine Vorschrift über den Inhalt der Berufung** (Abs. 2) und gestattet schließlich Verhandlungen, die nicht mit Beschlußfassung verknüpft sind, ohne Ankündigung (Abs. 3).

§ 1. 1. (Abs. 1.) **Die Minimalfrist für die Berufung der Generalversammlung** ist 2 Wochen. Diese zweiwöchige Frist ist aber verschieden zu bemessen, je nachdem das Statut die Ausübung des Stimmrechts von der Deposition der Aktien abhängig macht oder nicht. Wenn die Deposition der Aktien nicht erforderlich ist, so ist nichts weiter vorgeschrieben als die zweiwöchige Frist. Dieselbe beginnt mit dem Tage, an welchem das Publikationsorgan ausgegeben worden ist, und endet mit dem entsprechenden Wochentage der zweiten Woche (Kammerger. bei Johow u. Küntzel 2 S. 23.) Daß die Frist von 2 Wochen dazwischen frei bleiben müsse, wodurch sich die Frist um einen Tag verlängern würde, ist im Gegensatze zu den Motiven (I S. 353), zumal Angesichts der abweichenden Fassung des Gesetzes bei Festsetzung der Hinterlegungsfrist nicht anzunehmen (Ring Anm. 2). Es können vielmehr der Tag der Ausgabe des Blattes und der Tag der Generalversammlung mitgezählt werden, sodaß, wenn das Blatt Sonnabend ausgegeben wird, die Generalversammlung an dem Sonnabend der darauf folgenden zweiten Woche abgehalten werden kann (Petersen u. Pechmann S. 520). Wenn mehrere Blätter ausgegeben sind, so beginnt die Frist mit der letzten Publikation (Motive I S. 353; O.L.G. Dresden in G.Z. 35 S. 248). Ist dagegen die Deposition angeordnet, so müssen für die Deposition mindestens 2 Wochen frei bleiben. Es muß hiernach der Zeitraum, welcher zwischen der Hinterlegung und der Generalversammlung zu liegen hat, der Frist von 2 Wochen zugeschlagen werden. Das Gesellschaftsstatut kann hieran nichts ändern, die Vorschrift ist zwingend.

2. (Abs. 2.) **Ueber die Form der Berufung** hat der Gesellschaftsvertrag Bestimmung zu treffen (Art. 209 Ziffer 6). Es ist das ein essentiale desselben. § 2.

Von Gesetzeswegen ist hier nur eine Vorschrift gegeben; andere gesetzliche Vorschriften bestehen nicht, insbesondere nicht, daß die Berufung allgemein durch öffentliche Blätter erfolgen muß, auch nicht, daß auf die statutarisch erforderliche Aktiendeposition aufmerksam gemacht werden muß (R.G. vom 24. März 1887 in Seufferts Archiv 42 S. 440 ffg.).

Die eine hier gegebene Vorschrift geht dahin: daß der Zweck der Generalversammlung jederzeit bei der Berufung bekannt gemacht werden soll, mindestens eine Woche vor der Generalversammlung aber bekannt gemacht werden muß, widrigenfalls keine Beschlüsse gültig gefaßt werden können.

a) Der Zweck der Generalversammlung soll jederzeit bei der Berufung bekannt gemacht werden.

α) Der Zweck der Generalversammlung, genannt die Tagesordnung, muß, wenn auch in aller Kürze, doch derart klar und präcise bezeichnet sein, daß jeder Aktionär weiß, worüber verhandelt und eventuell Beschluß gefaßt werden soll, und sich daher gehörig darauf vorbereiten kann (O.L.G. Dresden in G.Z. 35 S. 248). Nur den Gegenstand der Berathung und Beschlußfassung, nicht aber die auf diesen Gegenstand bezüglichen Anträge muß die Tagesordnung enthalten (O.L.G. Köln in G.Z. 37 S. 553). Nicht genügend würde die Bekanntmachung sein: Abänderung der Statuten. Es muß vielmehr der zur Abänderung in Aussicht genommene Paragraph der Statuten bezeichnet sein. Dagegen braucht der Wortlaut der beabsichtigten Aenderung nicht genannt zu werden (vergl. R.G. 17 S. 172). Andere Beispiele von gültigen Tagesordnungen: Wahl von Aufsichtsrathsmitgliedern; Abberufung des Aufsichtsraths; Veräußerung von Gesellschaftsgrundstücken; Modalitäten der Begebung der neu auszugebenden Aktien u. s. w. § 3.

Ist der Zweck nicht gehörig bekannt gemacht, so ist der Beschluß ungültig und anfechtbar, wird aber durch unterlassene Anfechtung gültig (Art. 190a).

Die Kraft einer ordnungsmäßigen Berufung kann wieder aufgehoben werden durch Hinzufügungen, welche die Vorbedingungen der Ausübung des Stimmrechts in statutenwidriger Weise beschränken; ein solcher Umstand kann die Wirkung äußern, daß von einer Ordnungsmäßigkeit der Berufung nicht mehr die Rede ist und die Aktionäre berechtigt sind, solcher Berufung die Beachtung zu versagen (vergl. Bolze 4 Nr. 808).

β) „Soll" bekannt gemacht werden, d. h. die Bekanntmachung des Zweckes ist kein essentiale der Berufung. Die ohne Tagesordnung einberufene Generalversammlung ist nicht ungültig, wenn nur innerhalb einer Woche vor derselben die § 4.

Publikation der Tagesordnung erfolgt. Aber die Gesellschaftsorgane sind doch immerhin verpflichtet, die Tagesordnung gleichzeitig mit der Berufung zu publiciren, und verletzen ihre Pflicht und machen sich verantwortlich, wenn sie dies nicht thun. Sie sind dazu schon deshalb verpflichtet, damit die Aktionäre sehen können, welche Tagesordnung von den Gesellschaftsorganen in Aussicht genommen ist, und Gelegenheit haben, Ergänzungsanträge nach Art. 237 zu stellen.

§ 5. γ) Jederzeit, also auch bei der ordentlichen Generalversammlung, deren Tagesordnung zwar stereotyp ist (Vorlegung der Bilanz; Entlastung; Dividendenbeschluß), aber jedesmal publicirt werden muß.

§ 6. b) **Eine Woche vor der Generalversammlung muß die Ankündigung der Tagesordnung spätestens erfolgen.** Die Statuten können diese Frist nicht verkürzen. Sie sind sonst in diesem Punkte ungültig.

§ 7. 3. (Abs. 3.) **Ohne Beschlußfassung können Anträge gestellt und Verhandlungen gepflogen werden, ohne daß es der Publikation bedarf.** Das Gesetz hat dabei besonders Beschwerden und Aussprachen der Aktionäre im Auge. Die einmal berufene Generalversammlung hat zur Besprechung von Gesellschaftsangelegenheiten Gelegenheit, und diese soll ihnen nicht wieder von Gesellschaftsorganen, denen diese Besprechung vielleicht unbequem ist, genommen werden durch den Hinweis darauf, daß der Gegenstand der Besprechung nicht publicirt sei.

§ 8. **Zusatz 1. Folgen der nicht ordnungsmäßigen Berufung.** Hier ist zu unterscheiden der Fall der Berufung durch ein unzuständiges Organ und der Fall der ordnungswidrigen Berufung durch das zuständige Organ.

Im ersteren Falle liegt eine Generalversammlung überhaupt nicht vor, weil auch eine Berufung nicht vorliegt (vergl. Petersen und Pechmann S. 219). Beschlüsse, die trotzdem in einer solchen Versammlung gefaßt sind, sind ungültig, brauchen nicht angefochten zu werden und werden durch unterlassene Anfechtung nicht gültig.

Hat aber das zuständige Organ berufen, so ist die Generalversammlung zwar auch ungültig. Aber nach Art. 190a gilt eine solche Versammlung doch immerhin als Generalversammlung. Die in ihr gefaßten Beschlüsse unterliegen der Anfechtung, und diese Anfechtung ist an eine Frist gebunden, deren Ablauf die Gültigkeit zur Folge hat. Immerhin ist Ring (Anm. 6) zuzustimmen, daß außerdem jedenfalls eine solche Einberufung vorliegen muß, welche allen Betheiligten die Möglichkeit einer Theilnahme gewährt hat. Andernfalls liegt eine Generalversammlung überhaupt nicht vor.

Bei Beschlüssen, die der Eintragung bedürfen, liegt die Sache noch anders. Hier hat der Registerrichter das selbstständige Prüfungsrecht der Gültigkeit der Beschlüsse, und dazu gehört auch die Prüfung, ob die Generalversammlung, in welcher die Beschlüsse gefaßt sind, gehörig einberufen ist. Er hat die Eintragung abzulehnen, wenn er in dieser Hinsicht einen Mangel entdeckt. Die unterlassene Anfechtung durch die Aktionäre bindet ihn nach unserer, allerdings von der herrschenden Ansicht abweichenden Auffassung nicht. Das Gesetz hat eben bei eintragungspflichtigen Beschlüssen zwei Wächter der Gültigkeit hingestellt: die Aktionäre selbst und den Registerrichter. Es genügt, wenn der eine Wächter auf der Hut war (vergl. § 18 zu Art. 190a, kommentirt hinter Art. 222).

§ 9. **Zusatz 2. Wer den Vorsitz in der Generalversammlung führt und nach welchen Regeln derselbe die Versammlung zu leiten hat,** hat das Aktiengesetz nicht bestimmt.

1. Wer hat den Vorsitz zu führen? Fast durchgängig ist in den Statuten der Vorsitzende des Aufsichtsraths zum Leiter der G.V. bestimmt. Enthält das Statut keine Bestimmung, und disponirt auch das Landesrecht hierüber nicht,[1]) so hat die G.V. einen Vorsitzenden zu wählen (vergl. Behrend S. 822). Ebenso wenn der statutarische Vor-

[1]) In erster Linie entscheiden, wenn die Statuten schweigen, die Landesrechte, d. h. die Bestimmungen derselben über die Leitung der Versammlungen von Privatkorporationen. In Preußen liegt hiernach die Leitung dem Vorstande ob (§ 142 II 6 A.L.R.). Unzutreffend will Neukamp S. 172 zunächst die Versammlung entscheiden lassen.

sitzende verhindert ist oder sich weigert, den Vorsitz zu führen. Es kann nicht etwa der statutarische Vorsitzende einen Andern substituiren. Dadurch, daß der Antrag sich gegen ihn richtet, wird er nicht unfähig, den Vorsitz zu führen. Ueber den Vorsitz im Falle des Art. 287 siehe § 11 daselbst.

2. Zur Verhandlung in der G.V. ist erforderlich, daß Anträge gestellt werden. Die Publikation der Tagesordnung ist nicht Antragstellung, sondern Ankündigung derselben, auch dann, wenn sie in die Form eines bestimmten Antrages gefaßt ist. (O.L.G. Köln in G.Z. 37 S. 553). Innerhalb der Tagesordnung, auch wenn sie die Form eines bestimmten Antrages hat, können beliebige Anträge gestellt werden (Amendements). O.L.G. Köln a. a. O.; Ring Anm. 4; Behrend S. 822 Anm. 23. — Innerhalb der Tagesordnung und ehe der betreffende Punkt verlassen ist, kann auch ein gestellter, aber zurückgenommener Antrag von demselben oder einem andern Aktionär wieder aufgenommen werden. (Anders Ring Anm. 4.) Ist dagegen über einen Antrag Beschluß gefaßt, so ist der betreffende Punkt der Tagesordnung erledigt und es kann ein Wiederaufhebungsantrag nicht in derselben Sitzung zugelassen werden. Das bedarf vielmehr erneuter Ankündigung. § 9a.

3. Die Leitung der Versammlung. § 9b.

a) Zuächst ist zu betonen, daß der Vorsitzende nur die Verhandlungen zu leiten und dahin zu wirken hat, daß ordnungsmäßig berathen und beschlossen wird. Dagegen steht ihm nicht die Befugniß zu, die Verhandlung eigenmächtig zu vertagen oder zu schließen. Will er die Verhandlung nicht mehr leiten, so mag er den Vorsitz niederlegen und die Versammlung wählt einen anderen Vorsitzenden (vergl. § 9). Nimmt er überhaupt nicht theil, so liegt darin noch nicht eine Zurücknahme der Berufung (§ 3 zu Art. 236). Er darf auch nicht die Verhandlung oder Abstimmung über einen Antrag ablehnen, weil er ihn für unbegründet hält.

b) Nach welchen Regeln hat die Leitung zu erfolgen? In erster Linie entscheidet hierüber der Gesellschaftsvertrag. Aber bei dem empfindlichen Mangel, welchen die Statuten der Aktiengesellschaften in dieser Hinsicht aufweisen, frägt es sich, was sonst maßgebend ist für die Leitung der Versammlung. Behrend (S. 822) giebt hierauf die Antwort: § 9c.

„Eventuell ist auf die allgemeinen Grundsätze über die Handhabung parlamentarischer Versammlungen zurückzugehen".

Bei der Wichtigkeit dieser Frage ist diesem Ausspruche näher zu treten.

Es frägt sich: α) Ist es zutreffend, daß subsidiär die allgemeinen parlamentarischen Regeln in Anwendung zu bringen sind? β) Kraft welcher Rechtsquelle sollen dieselben gelten? γ) Welche Regeln sind als allgemeine parlamentarische Regeln anzuerkennen? δ) Kann auf die Verletzung der allgemeinen parlamentarischen Regeln die Anfechtungsklage gestützt werden?

Zu α) Es ist zutreffend, daß eventuell die allgemeinen parlamentarischen Regeln für die Leitung der Generalversammlungen anzuwenden sind. Denn irgend eine Ordnung muß herrschen, der Vorsitzende soll nicht nach Willkür, sondern nach Gerechtigkeit leiten. Soll aber irgend eine Ordnung herrschen, so kann es nur diejenige sein, welche sich aus der Uebertragung von allgemeinen parlamentarischen Regeln ergiebt, d. h. von Regeln, die als selbstverständliche Gebote der Ordnung und Gerechtigkeit in den offiziellen Parlamenten und bei sonstigen Vereinen, in denen parlamentarisch verhandelt wird, zu betrachten sind, sich als solche bewährt haben und unseren an parlamentarische Verhandlungen gewöhnten Bürgern gewissermaßen in Fleisch und Blut übergegangen sind. So kann denn auch derjenige, der Gelegenheit hat, Generalversammlungen beizuwohnen, beobachten, wie die Versammlung sich immer dann beugt, wenn der Vorsitzende eine allgemeine parlamentarische Regel zur Anwendung bringt. § 9d.

Zu β) Kraft welcher Rechtsquelle gelten die allgemeinen parlamentarischen Regeln? Wird die Geltung der allgemeinen parlamentarischen Regeln für die Generalversammlungen § 9e.

angenommen, so kann die Rechtsquelle dieser Geltung nur ein Handelsgebrauch nach Art. 1, ein Handelsgewohnheitsrecht, sein. Man könnte auch an einen Handelsgebrauch nach Art. 279 denken. Doch wäre dieser Gedanke um deshalb verfehlt, weil die Geltung auch da anzunehmen ist, wo der Gesellschaftsvertrag kein Handelsgeschäft ist, überdies ist den parlamentarischen Regeln Jeder unterworfen, auch der, der den Gesellschaftsvertrag nicht mit abgeschlossen hat, auch ohne seinen Willen, selbst gegen seinen Willen (vergl. § 8 zu Art. 1).

§ 9f. Zu γ) Welche Regeln sind als parlamentarische Regeln anzuerkennen? Bei der Beantwortung dieser Frage muß mit größter Vorsicht verfahren werden. Es dürfen nur solche in unseren Parlamenten geltenden Grundsätze übertragen werden, welche ihren Grund lediglich in den Geboten der Ordnung und Gerechtigkeit haben und die derart beschaffen sind, daß man sagen kann: eine andere Regelung der betreffenden Frage sei schlechterdings nicht möglich. Von diesem Gesichtspunkte aus kann man folgende allgemeine parlamentarische Regeln aufstellen:

§ 9g. $\alpha\alpha$) Kein Mitglied der Versammlung darf sprechen, ohne vorher das Wort verlangt und vom Vorsitzenden erhalten zu haben (§ 42 der Geschäftsordnung des Reichstags; § 43 der Geschäftsordnung des Preußischen Abgeordnetenhauses; § 64 der Geschäftsordnung der Württembergischen Kammer der Abgeordneten; Art. 38 der Geschäftsordnung der Kammer der Abgeordneten von Bayern). An der Anerkennung dieser Regel als allgemeiner parlamentarischer Regel ist nicht zu zweifeln. Die Folge ist, daß eine Anfechtung des Beschlusses darauf nicht gestützt werden kann, daß der Vorsitzende Jemandem zu reden nicht gestattet, der sich nicht zum Worte gemeldet hat. (Vergl. zu § 9s.)

§ 9h. $\beta\beta$) Der Vorsitzende hat demjenigen das Wort zu ertheilen, welcher nach Eröffnung der Diskussion zuerst darum nachsucht. Diese reine Prioritätsordnung muß überall dort gelten, wo etwas anderes nicht vorgeschrieben ist. So gilt sie auch im Reichstage (§ 47) und in Bayern (Art. 39). In anderen Parlamenten wechseln die Redner für und wider ab. (Preußen § 47; Württemberg § 68.) Aber, wie gesagt, jede Abweichung von der reinen Prioritätsordnung kann nur dort gelten, wo sie angeordnet ist; denn jede Abweichung ist Willkür und kann zu Ungerechtigkeiten führen. Wird dies als allgemeine parlamentarische Regel anerkannt, so ist der Vorsitzende nicht befugt, irgend eine andere Reihenfolge walten zu lassen, als die nach der Anmeldung, damit er nicht durch eine geschickte Reihenfolge der Reden die Entschließungen beeinflusse. Jede Verletzung dieser Regel würde die Anfechtung begründen. (Vergl. zu § 9s.)

§ 9i. $\gamma\gamma$) Will der Vorsitzende selbst an der Debatte theilnehmen, so muß er den Vorsitz niederlegen. Das gilt allgemein (Reichstag §42; Preußen § 43; Württemberg § 71; Bayern Art. 38) und darf als allgemeine parlamentarische Regel betrachtet werden, weil es mit der Stellung des unparteiischen Leiters der Versammlung unverträglich ist, in die Diskussion einzugreifen, so Partei zu ergreifen und dadurch das Vertrauen in seine Unparteilichkeit zu erschüttern. An der Abstimmung aber darf er sich betheiligen.

§ 9k. $\delta\delta$) Persönliche Bemerkungen sind erst am Schlusse gestattet. Dies muß, obwohl Württemberg (§ 71) gerade umgekehrt zur persönlichen Bemerkung stets das Wort gestattet, dennoch als derart selbstverständliche allgemeine parlamentarische Regel betrachtet werden, daß die Uebertragung auf die G.V. unbedenklich ist (vergl. Reichstag § 44; Preußen § 45, Bayern Art. 40). Unter persönlichen Bemerkungen sind solche zu verstehen, welche zur Abwehr eines persönlichen Angriffes dienen (Bayern Art. 40). Sie gehören ihrer Natur nach nicht zur Sache, stören die Verhandlungen, weil sie zu leidenschaftlicher Erregung führen, und sind deshalb an den Schluß zu verweisen.

ε) Zu Bemerkungen zur Geschäftsordnung ist jederzeit das Wort zu ertheilen. Sie würden sonst ihren Zweck verfehlen (Reichstag § 44; Preußen § 45; Bayern Art. 40). § 9l.

ζ) Schluß der Debatte. Tritt derselbe nicht von selbst ein, so entsteht die Gefahr, daß die Abstimmung unmöglich gemacht wird durch immerwährendes Reden. Hier muß es als allgemeine parlamentarische Regel gelten, daß zwar nicht der Vorsitzende, wohl aber die Versammlung auf den Antrag eines ihrer Mitglieder beschließen kann, daß die Debatte geschlossen werde, ehe die Rednerliste erschöpft ist. Dem Zwecke einer solchen Regel nach kann es auch nicht gestattet werden, für oder gegen den Schlußantrag zu sprechen, sonst würde sich hieraus eine Schraube ohne Ende ergeben. (Vergl. Reichstag § 53; Bayern Art. 44; Preußen § 54). § 9m.

η) Von mehreren Anträgen ist der weitergehende zur Abstimmung zuerst zu stellen. Diese Regel liegt in der Natur der Sache und gilt allgemein, auch dort, wo sie nicht in die Geschäftsordnung ausdrücklich aufgenommen ist (vergl. Württemberg § 78; Bayern Art. 46). Dabei ist der Antrag auf Vertagung immer der weitgehendste. § 9n.

ϑ) Jeder Redner muß in deutscher Sprache reden. Das gilt als allgemeine parlamentarische Regel für die deutschen Parlamente und muß auch für Generalversammlungen gelten. Es kann von den Theilnehmern einer deutschen parlamentarischen Versammlung verlangt werden, daß Jeder in der allgemeinen Landessprache sich ausläßt, damit Jeder ihn versteht und imstande ist, den Redner zu widerlegen. Bei dem Einverständniß Aller, einschließlich der Urkundsperson, wird dem Gebrauche einer fremden Sprache aber nichts entgegenstehen. § 9o.

ι) Es muß in freier Rede gesprochen werden. Auch das gilt als allgemeine parlamentarische Regel, und nur dann machen die Parlamente eine Ausnahme, wenn das Mitglied der deutschen Sprache nicht mächtig ist (Reichstag § 45; Preußen § 46). Es kann nicht gestattet sein, große Abhandlungen am Studiertisch auszuarbeiten und sie alsdann der Versammlung vorzulesen. Das ist keine Verhandlung, darunter wird gemeiniglich ein freies Aussprechen verstanden. § 9p.

κκ) Die Mitglieder des Vorstandes und Aufsichtsraths können keineswegs verlangen, daß ihnen jederzeit das Wort ertheilt wird. Die Analogie mit den Vertretern der Regierung in den Parlamenten ist nicht gestattet. Diese letzteren sind die koordinirten Vertreter einer Körperschaft, welche gleich dem Parlament zur Wahrung des Volkswohles berufen ist, und die darüber wachen soll, daß die Berathungen der Parlamente zum gedeihlichen Ziele führen. Vorstand und Aufsichtsrath aber sind der Generalversammlung subordinirte Organe, und es ist der Versammlung keineswegs zuzumuthen, daß sie sie anhören müsse. § 9q.

λ) Die Entscheidungen des Vorsitzenden sind definitiv (vorbehaltlich der Anfechtung — vergl. zu § 9s). Keineswegs kann (im Gegensatz zu unserer 1. Auflage) angenommen werden, daß die Anordnungen des Vorsitzenden nur provisorisch sind und man stets das Recht habe, an die Versammlung selbst zu appelliren. Denn das würde darauf hinauslaufen, daß über die Leitung der Geschäfte die Majorität entscheidet. Ist es aber schon nicht zu umgehen, daß bei der Abstimmung die Macht entscheidet, so soll doch wenigstens bei der Verhandlung selbst die Gerechtigkeit entscheiden. Dies durch eine unparteiische Leitung zu bewirken, ist die Funktion des Vorsitzenden, der die Minderheit gegen die Majorität gerade schützen soll. Der Grundsatz, daß an die Versammlung (in der Regel) nicht appellirt werden kann, besteht auch, obwohl ungeschrieben, in den Parlamenten; § 9r.

ihn auf die Generalversammlung zu übertragen, ist um so unbedenklicher, als ja hier das Recht der Anfechtung besteht. (Vergl. § 9s.)

§ 9s. Zu δ) Kann auf die Verletzung der allgemeinen parlamentarischen Regeln die Anfechtungsklage gegen die Beschlüsse der G.V. gestützt werden? Das muß bejaht werden, nachdem wir uns dafür entschieden haben, daß diese Regeln kraft Gewohnheitsrechts gelten (oben zu § 9o); vergl. § 1β zu Art. 190a hinter Art. 222). In dieser Bejahung liegt das Schwergewicht dieser ganzen Frage und das wichtigste Ergebniß unserer Untersuchung.

§ 9t. 4. Die Verhandlung kann durch Majoritätsbeschluß auch vertagt werden (Ring Anm. 8).

§ 9u. 5. Das Statut kann selbstverständlich überall anders bestimmen. Alsdann kann auch die G.V. hieran nichts ändern. Doch wird ein abweichendes Verfahren durch unterlassene Anfechtung gültig (vergl. § 18 zu Art. 190a).

§ 9v. 6. Ueber Abstimmungsregeln vergl. § 10 zu Art. 190.

§ 10. **Zusatz 3. Ueber den Ort der Generalversammlung** sagt das Gesetz gleichfalls nichts. Die Statuten enthalten aber darüber gewöhnlich ausreichende Bestimmungen. Daß die Statuten nothwendig einen Ort im Gerichtssprengel des Gesellschaftssitzes bestimmen müssen, wie Völderndorff (im Archiv für bürgerliches Recht 4 S. 170) annimmt, ist gesetzlich nicht begründet. Der Privatautonomie ist vielmehr keine Schranke gesetzt. Nur wird man annehmen müssen, daß ein Ort im Inlande gewählt sein muß, schon deshalb, weil sonst die gerichtliche oder notarielle Form nicht beobachtet werden kann. Denn damit sind Urkunden deutscher Beamten gemeint. (Zust. Ring Anm. 5.) Hat das Statut keinen Ort bestimmt, so ist damit nicht gemeint, die Gesellschaftsorgane können die Aktionäre an einen beliebigen Ort berufen. Vielmehr ist das Schweigen dahin auszulegen, daß der Gesellschaftssitz der Ort der Generalversammlung sein soll.

§ 11. **Zusatz 4. Auf ältere Gesellschaften** ist der Artikel voll und ganz anwendbar (Laué Gutachten S. 29; Ring Anm. 9).

Artikel 238a.

Jeder Beschluß der Generalversammlung bedarf zu seiner Gültigkeit der gerichtlichen oder notariellen Beurkundung. Die Zuziehung von Zeugen ist nicht erforderlich.

Eine beglaubigte Abschrift der Urkunde ist ohne Verzug nach der Generalversammlung von dem Vorstande zu dem Handelsregister einzureichen.

Einleitung. **Der Artikel schreibt die Form der Generalversammlungsbeschlüsse vor** (Abs. 1) **und ordnet die Einreichung zum Handelsregister an** (Abs. 2).

§ 1. 1. (Abs. 1.) **Die Form der Generalversammlungsbeschlüsse.** Das Gesetz schreibt in dieser Beziehung für alle Beschlüsse der Generalversammlung allgemein und zur Vermeidung der Ungültigkeit vor, daß sie in gerichtlicher oder notarieller Form beurkundet werden müssen.

a) **Gegenüber dem früheren Recht liegt hierin insofern eine Neuerung,** als früher nur einzelne Beschlüsse zu ihrer Gültigkeit dieser feierlichen Form bedurften. Doch war die notarielle Form im Aktienverkehr für alle Generalversammlungen üblich. Die Befreiung von der Zeugenzuziehung soll eine Erleichterung für diejenigen Landestheile sein, in welchen die Notariatsgesetze die Zeugenzuziehung überhaupt oder für gewisse Fälle vorschreiben.

§ 2. b) **Was bedeutet die Beurkundung in notarieller Form?** Ist dazu ein förmliches Protokoll erforderlich? Die Aufnahme einer förmlichen Verhandlung? Wer hat zu unterschreiben? Und wie verhalten sich statutarische Vorschriften über die Unterzeichnung hierzu?

Die Beantwortung aller dieser Zweifelsfragen ergiebt sich aus folgender Betrachtung:

Das Aktiengesetz schreibt nichts weiter vor, als eine Beurkundung in notarieller Form. Was darunter zu verstehen ist, ergiebt sich aus dem Wesen des zu beurkundenden Gegenstandes, dem Zwecke der Vorschrift und etwaigen sonstigen Bestimmungen.

Was nun zunächst die sonstigen Bestimmungen betrifft, so ist vorerst in Betracht zu ziehen, daß hier nicht, wie in Art. 209, von einer notariellen Verhandlung die Rede ist. Daraus könnte man schließen, als sei hier keine Verhandlung mit den Betheiligten aufzunehmen, sondern als hätte hier der Notar lediglich zu hören, was geschieht, und über den Vorgang alsdann eine von ihm selbst unterschriebene Bescheinigung auszustellen. Allein eine andere Bestimmung des Gesetzes zeigt, daß der Gesetzgeber die Aufnahme eines förmlichen Protokolls im Auge gehabt hat. Denn er giebt dem anwesenden Aktionär das Anfechtungsrecht nur, wenn derselbe seinen Widerspruch zum Protokoll erklärt hat (Art. 190a). Mit Unrecht zieht Werner (Die preußischen Notariatsgesetze S. 30) hieraus keine weitere Folgerung, als daß im Falle des Widerspruchs ein Protokoll aufzunehmen ist; der Aktionär habe eben nur seinen Widerspruch zu Protokoll zu erklären. Allein es heißt nicht, wie Werner das Gesetz citirt, „zu Protokoll", sondern „zum Protokoll". Der Widerspruch muß zum Protokoll d. h. zu dem Protokoll, welches der Notar über die Verhandlungen überhaupt aufnimmt, erklärt werden. (Protokoll wird auch erfordert von Ring Anm. 1; Behrend S. 823).

Hat hiernach der Notar über die Verhandlungen überhaupt ein Protokoll aufzunehmen, wie es ja auch in der Praxis durchweg geschieht, so ist über den Inhalt und die Form des Protokolls alles Uebrige aus dem Zweck desselben und aus dem Wesen des zu beurkundenden Gegenstandes zu entnehmen. Der Zweck ist — wir folgen hier der Grundauffassung Renauds (S. 488) und den zutreffenden Einzelausführungen Werners (S. 22 ffg.)[1] — die Feststellung zum öffentlichen Glauben, daß der Beschluß der Generalversammlung nach Vorschrift des H.G.B. und des Gesellschaftsvertrages zu Stande gekommen sei. Der zu beurkundende Gegenstand aber ist nicht ein Rechtsgeschäft, beruhend auf der Willensübereinstimmung, sondern der Vorgang der Abstimmung, deren Inhalt bejahende und verneinende Erklärungen sind. § 3.

Aus dem Wesen des zu beurkundenden Gegenstandes folgt, daß das Protokoll des Notars von Gesetzeswegen nicht von Allen, welche anwesend waren oder abgestimmt haben, unterschrieben werden muß. Die Unterschrift der dissentirenden Minderheit zur Gültigkeit des Aktes zu fordern, wäre ein Nonsens. Sie würde es durch Verweigerung ihrer Unterschrift in der Hand haben, den Beschluß zu vereiteln und so ihren Willen auf diesem Wege durchzusetzen. Ist aber die Unterschrift der Dissentienten nicht erforderlich, so wäre es willkürlich, die der Konsentienten zu fordern. Entweder es sind die Unterschriften Aller erforderlich, oder es sind alle Unterschriften überflüssig. § 4.

Desgleichen ergiebt sich aus der Natur der Sache keine Nothwendigkeit, daß ein Gesellschaftsorgan unterschreibt, oder auch nur der Widersprechende. Der ganze Vorgang wird, wenn auch in Form eines Protokolls, doch einseitig vom Notar festgestellt, beurkundet.[2])

Zur Gültigkeit der Generalversammlungsbeschlüsse gehört hiernach keine höhere Form, als ihre Beurkundung durch Gericht oder Notar. Dieser Grundsatz ist publici juris und hat zur Folge, daß ein Mehr, bestehend insbesondere in der Mitunterschrift gewisser Personen, durch keine Rechtsquelle gefordert werden kann. Sollte es daher auch herkömmlich sein, daß bestimmte Interessenten unterschreiben, so würde dies gleichwohl nicht zur Gültigkeit erforderlich sein (dies gegen Behrend S. 823). Desgleichen können Landesgesetze die Mitunterschrift nicht zur Gültigkeit erfordern, und das sächsische Gesetz vom 9. April 1872, welches die Unterschrift des Vorsitzenden, zweier Theilnehmer

[1]) denen auch Ring (Anm. 1) im Wesentlichen zustimmt.
[2]) Auch eine Verlesung des Protokolls ist nicht erforderlich (Werner S. 23, 24; Ring Anm. 1).

und zweier Zeugen zur Gültigkeit fordert, ist als aufgehoben zu erachten (so zutreffend Schultze-Görlitz S. 327). Endlich sind aber hiernach auch statutarische Vorschriften, welche so häufig zur Gültigkeit bestimmte Unterschriften fordern, nicht rechtsgültig, und der Beschluß auch ohne diese Unterschriften gültig. (Dies gegen Kammergericht bei Johow und Küntzel 4 S. 30, wo die statutarisch angeordneten Unterschriften für genügend erachtet werden). [1])

§ 5. Was den Inhalt des Protokolls betrifft, so ergiebt sich derselbe aus dem Zwecke desselben, wie er oben bezeichnet ist. Zur Feststellung, daß ein Beschluß der Generalversammlung nach Vorschrift des H.G.B. und des Gesellschaftsvertrages zu Stande gekommen ist, gehört:

α) Die Feststellung, daß die Generalversammlung gemäß den Vorschriften des H.G.B. und des Gesellschaftsvertrages berufen ist. (In dieser Beziehung anders Ring Anm. 1).

§ 6. β) Die Feststellung der erschienenen Stimmberechtigten und ihres Stimmrechts. Dabei genügt es, wenn Personen sich melden, welche sich als Aktionäre legitimiren durch Berufung auf das Aktienbuch oder durch Präsentation von Aktien, welcher die vorherige Deposition gleichkommt. Die Feststellung der Identität d. h. der Frage, ob der Herr, welcher sich als Ignaz Schulze ausgiebt, auch wirklich Ignaz Schulze heißt, ist nicht erforderlich. (In dieser Hinsicht anders Werner, dagegen zust. Ring Anm. 1).

§ 7. γ) Das zahlenmäßige Ergebniß der Abstimmung, wobei es einer Bezeichnung derjenigen, welche bejahend oder verneinend gestimmt haben, nicht bedarf.

Das vorstehende Ergebniß wird den Bedürfnissen der Praxis gerecht und steht auch in Einklang mit der thatsächlichen Uebung der Aktiengesellschaften.

§ 8. 2. (Abs. 2.) **Die Einreichung der Generalversammlungsbeschlüsse zum Handelsregister** ist dem Vorstande zur Pflicht gemacht. Er ist durch Ordnungsstrafe dazu anzuhalten (Art. 249 g). Einer Eintragung und Veröffentlichung bedarf es nur in bestimmten Fällen. Alle Beschlüsse aber müssen Jedem zugänglich sein, um so über die Rechtslage der Gesellschaft ein möglichst getreues Bild zu geben.

Auf solche Weise gelangen auch die Wahlen, insbesondere zum Aufsichtsrath, zur allgemeinen Kenntniß. (Vergl. hierüber § 1 zu Art. 191, kommentirt hinter Art. 224).

Die Einreichung erfolgt zum Gerichte der Hauptniederlassung. So Ring (Anm. 2), während Behrend (S. 823 Anm. 30) auch Einreichung zur Zweigniederlassung will. Indessen ist überall, wo das Aktiengesetz vom Handelsregister schlechtweg spricht, nur das der Hauptniederlassung zu verstehen.

Ueber Prüfung der Beschlüsse durch die Registerrichter siehe § 18 zu Art. 190a, kommentirt hinter Art. 222.

§ 9. **Zusatz 1.** **Etwaige Vollmachten** sind dem Generalversammlungsprotokoll nicht beizufügen, sondern verbleiben in Verwahrung der Gesellschaft. Das folgt aus Art. 190, welcher zwar in diesem Punkte nicht für analog anwendbar erklärt ist, aber ohne Weiteres analog anwendbar ist. Für Preußen ist durch Verf. vom 9. Januar 1885 angeordnet, daß die Notare in ihren Protokollen zu vermerken haben, ob ein Stempel und in welchem Betrage zu den in der G.V. vorgelegten Vollmachten verwendet ist.

§ 10. **Zusatz 2.** **Für ältere Gesellschaften** gelten die Bestimmungen des Gesetzes ebenfalls. Gegentheilige Bestimmungen älterer Statuten sind aufgehoben (Oberstes L.G. München in G.Z. 35 S. 248; Ring Anm. 3).

---

[1]) Auch die Entscheidung des R.G. (25 S. 195), welcher Förtsch (Anm. 2) zustimmt, wonach die Unterschrift der leitenden Organe gefordert wird, kann nicht gebilligt werden. Sonst würden diese Organe durch ihre Nichtunterschrift das Zustandekommen eines ihnen unbequemen Beschlusses vereiteln können.

Artikel 239.

Der Vorstand ist verpflichtet, Sorge zu tragen, daß die erforderlichen Bücher der Gesellschaft geführt werden.

Er muß in der durch den Gesellschaftsvertrag bestimmten Frist, welche über die ersten sechs Monate des Geschäftsjahres nicht erstreckt werden kann, und in Ermangelung einer solchen Frist in den ersten drei Monaten desselben für das verflossene Geschäftsjahr eine Bilanz, eine Gewinn- und Verlustrechnung, sowie einen den Vermögensstand und die Verhältnisse der Gesellschaft entwickelnden Bericht dem Aufsichtsrath und mit dessen Bemerkungen der Generalversammlung vorlegen. Er hat die Vorlagen mindestens zwei Wochen vor der Versammlung in dem Geschäftslokale der Gesellschaft zur Einsicht der Aktionäre auszulegen. Jeder Aktionär ist berechtigt, auf seine Kosten eine Abschrift der Bilanz, der Gewinn- und Verlustrechnung, sowie des Geschäftsberichts zu verlangen.

Der Artikel enthält die Verpflichtungen des Vorstandes in Bezug auf die Buchführung (Abs. 1) **und in Bezug auf die Vorbereitung der Bilanzprüfung** (Abs. 2).

1. (Abs. 1.) **Die Verpflichtungen des Vorstandes in Bezug auf die Buchführung.** § 1.

a) **Der Vorstand ist verpflichtet.** Es handelt sich hier um eine gesetzliche Verpflichtung, welche dem Vorstande als solchem obliegt. Statuten, Dienstverträge oder Generalversammlungsbeschlüsse vermögen an dieser gesetzlichen Verpflichtung insoweit nichts zu ändern, als die kriminelle Verantwortlichkeit in Frage ist. Diese verbleibt vielmehr immer bei allen Mitgliedern des Vorstandes (Plenarurtheil des Reichsgerichts in Strafsachen 13 S. 235; vergl. ebenda S. 358). Doch wird eine Geschäftsvertheilung nicht immer ohne Einfluß sein, da dem zur Führung der Bücher Verpflichteten immerhin auch der Strafbehörde gegenüber der Entschuldigungsbeweis offensteht, daß er aus gerechter Ursache nicht in der Lage gewesen ist, der gesetzlichen Verpflichtung zu genügen. Ist z. B. das von der Buchführung entlastete Vorstandsmitglied über die ordnungsmäßige Buchführung getäuscht worden, so kann dies Straffreiheit zur Folge haben (vergl. § 1 zu Art. 28). Ueberall ist aber dabei festzuhalten, daß dem Vorstande nicht etwa zur Pflicht gemacht ist, die Bücher eigenhändig zu führen. Er hat nur dafür „Sorge zu tragen", daß sie ordnungsmäßig geführt werden.

b) **Die erforderlichen Bücher der Gesellschaft müssen geführt werden.** Dazu gehören vor Allem die Handelsbücher, welche jeder Kaufmann führen muß. Denn jede Aktiengesellschaft ist Handelsgesellschaft (Art. 208) und hat daher nach Art. 5 die Pflichten eines Kaufmanns zu erfüllen. Bei Aktiengesellschaften tritt bei Namensaktien hinzu das Aktienbuch, welches jedoch nicht als Handelsbuch zu betrachten ist, da es nicht zur Herstellung der Vermögensübersicht gehört, und ferner die Aufbewahrung der Zeichenscheine, Generalversammlungsbeschlüsse u. s. w. Es gehören diese Urkunden zu den übrigen erforderlichen Aufzeichnungen nach Art. 32. Was die Führung der Handelsbücher insbesondere anbetrifft, so sind die Vorschriften der Art. 28 ffg. hierher zu übertragen: § 2.

α) Art. 28. Derselbe ist voll und ganz anwendbar. Ueber Zahl und Art der Geschäftsbücher ist auch hier nichts Besonderes vorgeschrieben. Allein da den Aktiengesellschaften eine Gewinn- und Verlustrechnung zur Pflicht gemacht ist, diese aber blos bei doppelter Buchführung möglich ist, so liegt hierin implicite das Gebot der doppelten Buchführung (vergl. § 2 zu Art. 28). § 3.

Ueber die Gewinn- und Verlustrechnung vergl. unten § 9.

β) Art. 29. Auch die Aktiengesellschaft hat Inventur und Bilanz anzufertigen, zuerst die Eröffnungsbilanz und dann alljährlich.[1] § 4.

[1] Eine Genehmigung der Eröffnungsbilanz ist durch die G.V. nicht geboten. Doch ist die G.V. nach Ablauf des ersten Geschäftsjahres selbstverständlich an die Ansätze der Eröffnungsbilanz nicht gebunden.

Die Eröffnungsbilanz ist in dem Augenblicke aufzustellen, in welchem die rechtliche Existenz der Aktiengesellschaft beginnt, d. h. an dem Tage der Eintragung. Den Stand des Vermögens an diesem Tage muß die Eröffnungsbilanz ersehen lassen. Hiergegen fehlen die Aktiengesellschaften oft. In Einbringungs- und Uebernahmeverträgen wird oft ein bestehendes Geschäft derart erworben, daß dasselbe als von einem früheren Zeitpunkte an für Rechnung der Gesellschaft geführt gilt. Z. B. der Erwerbsvertrag wird am 1. Juni 1891 abgeschlossen, aber auf Grundlage der Bilanz per 31. Dezember 1890. Von da ab soll das Geschäft als für Rechnung der künftigen Gesellschaft geführt gelten. Die in solchen Fällen in dem Prospekt veröffentlichte und demnächst in die Bücher eingetragene Einstandsbilanz deckt sich nach der Uebung der Aktiengesellschaften mit der Bilanz des Geschäftsvorgängers per 31. Dezember 1890. Das ist nicht richtig. Vielmehr muß am Tage der Eintragung ein neues Inventar und eine neue Bilanz aufgenommen werden, die dann die Eröffnungsbilanz bildet. Es kann dies im Einzelfall wesentliche Unterschiede besonders für die Gewinnvertheilung zur Folge haben. Es kann z. B. in der Zwischenzeit zwischen dem 1. Januar bis zum 1. Juli, wo die Gesellschaft eingetragen wird, ein Gewinn erzielt sein. Dieser darf aber nicht als Gewinn gebucht werden. Nur was die Gesellschaft selbst während ihrer Existenz an Gewinn erzielt hat, kann als solcher gebucht und vertheilt werden. Die Bilanz per 31. Dezember 1890 hat in solchem Falle nur die Grundlage der Preisberechnung abgegeben. Das verkaufte Geschäft ist in Wahrheit das Geschäft, wie es sich zur Zeit der Uebergabe stellt. Ist diesem Objekte in der Zwischenzeit etwas zugewachsen, so ist eben das Objekt werthvoller, billiger geworden, aber es darf nur zu dem vertragsmäßig stipulirten Erwerbspreise in die Bilanz eingestellt werden (überall zust. O.L.G. Jena bei Holdheim II S. 219).

Ueber die alljährliche Ziehung der Bilanzen vergl. § 2 zu Art. 29 und über den materiellen Inhalt der jährlichen Bilanz Art. 185a, kommentirt hinter Art. 239b.

§ 5. c) Art. 30. Die Pflicht der Unterzeichnung liegt hier den Vorstandsmitgliedern ob, und zwar sämmtlichen (vergl. § 1 zu Art. 30, insbesondere die Entscheidungen des Reichsgerichts in Strafsachen 7 S. 87 und 8 S. 424).

d) Art. 31. Hierüber verhält sich Art. 185a, kommentirt hinter Art. 239b.

e) Art. 32—40 sind analog anwendbar.

§ 6. 2. (Abs. 2.) **Die Vorbereitung der Bilanzprüfung.** Die hier aufgestellte Pflicht der Vorstandsmitglieder ist eine wesentlich verschiedene von der in Abs. 1 erwähnten. Es handelt sich hier nicht um eine Präcisirung der Pflichten des Vorstandes in Bezug auf die Bilanzaufstellung. Vielmehr gelten für die Aufstellung der Bilanz die allgemeinen Pflichten jedes Kaufmannes. Insbesondere ist dieselbe so zeitig aufzustellen, als dies aus allgemeinen Rechtsgrundsätzen folgt (vergl. § 2 zu Art. 29). Hier handelt es sich um die Pflichten des Vorstandes, die dieser darüber hinaus gegenüber den Aktionären hat, um diesen die wichtigste Theilnahme an der Geschäftsführung, die Kontrole derselben, zu ermöglichen.

Zu diesem Zwecke sind die hier erwähnten Vorlagen angeordnet.

§ 7. a) Die Vorlegung der Bilanz, der Gewinn- und Verlustrechnung und des Geschäftsberichts an den Aufsichtsrath und mit dessen Bemerkungen an die Generalversammlung.

α) Die Zeit der Vorlegung. Sie muß erfolgen in den ersten 3 Monaten des Geschäftsjahres. Die Statuten können aber diese Frist auf 6 Monate verlängern. Auf die Aufstellung der Bilanz beziehen sich diese Fristen nicht. Die Aufstellung muß so zeitig erfolgen, wie dies aus allgemeinen Rechtsgrundsätzen folgt (vergl. oben § 6). Geriethe daher die Gesellschaft in den ersten 2 Monaten in Konkurs und die Bilanz wäre, obgleich dies nach der Sachlage sehr wohl möglich, nicht aufgestellt, so wären die Vorstandsmitglieder strafbar. Auch die Vorlegung der Bilanz bezieht sich nur auf die Generalversammlung. Vorher muß sie schon dem Aufsichtsrath vorgelegt sein. Dieser wird übrigens die Vorlegung verlangen können sofort nach der Fertigstellung, bezw. so schnell, als die Fertigstellung möglich sein wird. Das folgt aus seiner allgemeinen Ueberwachungspflicht (Art. 225).

Spätestens innerhalb 3 bezw. 6 Monaten muß die Vorlegung an die Generalversammlung erfolgt sein. Daraus folgt gleichzeitig die Anberaumung der ordentlichen Generalversammlung als absolute Pflicht, von welcher auch das Statut nicht befreien kann. Es handelt sich hier um ein Gebot öffentlichrechtlicher Natur.

β) Gegenstand der Vorlegung. Die Bilanz, die Gewinn- und Verlustrechnung und der Geschäftsbericht sind zunächst dem Aufsichtsrath und mit dessen Bemerkungen der Generalversammlung vorzulegen. Der Aufsichtsrath kann außerdem auch noch die Vorlegung der Inventur, wie überhaupt der Geschäftsbücher und aller Unterlagen verlangen (Art. 225). Desgleichen kann die Generalversammlung Vorlegung aller Geschäftsbücher an sie selbst oder an eine ad hoc gewählte Revisionskommission durch Beschluß anordnen. Ein einzelner, wenn auch noch so stark betheiligter Aktionär als solcher kann dies natürlich nicht verlangen. § 8.

Die Gewinn- und Verlustrechnung insbesondere, deren Vorlegung dem Vorstande zur Pflicht gemacht ist, ist etwas von der Bilanz Verschiedenes. § 9.

In der Gewinn- und Verlustrechnung wird das Jahresergebniß der einzelnen Konten zusammengestellt, in der Bilanz die gesammten bisherigen Geschäftsergebnisse der einzelnen Konten.

Wie kommt es nun aber, daß das Facit der Gewinn- und Verlustrechnung bei der Aktiengesellschaft übereinstimmt mit dem Facit der Bilanz, da doch das Ergebniß eines Jahres nicht gleich zu sein braucht der Summe der gesammten bisherigen Geschäftsergebnisse? Das erklärt sich wie folgt:

Im ersten Jahre ist es selbstverständlich, daß die Endziffern jener beiden Berechnungen die gleichen sind: wenn das Geschäft erst ein Jahr besteht, so decken sich die Begriffe Jahresergebniß und Gesammtgeschäftsergebniß.

Die Gewinn- und Verlustrechnung des zweiten Jahres aber enthält nicht blos das Jahresergebniß der einzelnen Konten, sondern nimmt außerdem als ersten Gewinnposten den etwa unvertheilt gebliebenen Gewinnbestand des Vorjahres auf, als ersten Verlustposten den ungedeckt gebliebenen Verlust des Vorjahres. Mit mathematischer Nothwendigkeit folgt hieraus, daß sich das Facit der Gewinn- und Verlustrechnung des zweiten Jahres mit dem Bilanzfacit des zweiten Jahres deckt. Denn es ist rechnerisch dasselbe, ob man

1. einerseits (bei der Gewinn- und Verlustrechnung) das Jahresergebniß der einzelnen Konten zusammenstellt und diesen hinzurechnet den übrig gebliebenen Werthsüberschuß des Vorjahres, bezw. davon abzieht die ungedeckt gebliebenen Bedürfnisse des Vorjahres,
2. oder ob man andererseits (bei der Bilanz) die sämmtlichen vorhandenen Werthe und Bedürfnisse zusammenstellt.

Ebenso wird in den folgenden Jahren verfahren und deshalb haben die Gewinn- und Verlustrechnung einerseits und die Bilanz andererseits immer nothwendig dieselben Endziffern.

Der Geschäftsbericht soll mit möglichster Offenheit und ohne Schön- und Schwarzfärberei, möglichst objektiv und ohne Nebenabsicht auf Kurs und eigene Verantwortlichkeit, nicht blos die Ansätze der Bilanz erläutern, sondern Alles enthalten, was für einen ordentlichen Geschäftsmann erforderlich erscheint, um den Männern, die ihm das Vertrauen der Verwaltung schenkten, die Geschäftslage darzulegen. § 10.

§ 11. b) **Das Auslegen zur Einsicht der Aktionäre.**[1]) Mindestens 14 Tage vorher muß es erfolgen. Nach der G.V. kann es nicht mehr verlangt werden. Es handelt sich ja um eine Vorbereitung für die Ausübung der Rechte in der Generalversammlung.

§ 12. c) **Die Ertheilung der Abschriften an die Aktionäre**[1]) gestaltet sich in der Praxis anders. Die Geschäftsberichte werden hier gemeiniglich gedruckt und Jedem gegeben, der sie verlangt, insbesondere aber Vertretern der Presse. Eigentlich kann sie nur derjenige verlangen, der sich als Aktionär ausweist. Doch scheut eine redliche Verwaltung die Oeffentlichkeit nicht und vertheilt ihren Geschäftsbericht im weitesten Umfange.

§ 13. **Zusatz 1. Von einer eigentlichen Rechnungslegungspflicht** kann beim Vorstande nur insoweit die Rede sein, als er selbst Geschäfte abgeschlossen hat und Verwahrer von Gesellschaftsvermögen gewesen ist. Aber auch in diesem Falle liegt principiell seine Rechnungslegung in seiner Buchführung. Nur soweit diese nicht ausreicht, ist weitere Rechnungslegung seine Pflicht (R.O.H. 25 S. 179). Ist weitere Rechnungslegung erforderlich, so kann er seine Kaution nicht früher zurückfordern, als bis er dieser Pflicht nachgekommen ist (R.O.H. 24 S. 364).

§ 14. **Zusatz 2. Auf ältere Gesellschaften** finden die Vorschriften Anwendung. Die Uebergangsbestimmung des § 7 des Gesetzes hat ihr aktuelles Interesse verloren.

Artikel 239a.

Zur Prüfung der Bilanz können durch die Generalversammlung besondere Revisoren bestellt werden.

Die Verhandlung ist zu vertagen, wenn dies mit einfacher Stimmenmehrheit beschlossen oder von einer Minderheit, deren Antheile den zehnten Theil des Grundkapitals darstellen, verlangt wird, auf Verlangen der Minderheit jedoch nur, soweit von ihr bestimmte Ansätze der Bilanz bemängelt werden.

Ist die Verhandlung auf Verlangen der Minderheit vertagt, so gilt bezüglich der nicht bemängelten Ansätze der Bilanz die Entlastung des Vorstandes als erfolgt.

Einleitung. **Der Artikel giebt Vorschriften über die Prüfung der Bilanz und die Verhandlung über dieselbe,** nachdem der vorangehende Artikel diejenigen Pflichten des Vorstandes und diejenigen Aktionärrechte erörtert hat, welche auf die Vorbereitung dieser Prüfung und Verhandlung Bezug haben.

§ 1. 1. (Abs. 1.) **Die Prüfung der Bilanz.** Sie ist Sache der Generalversammlung. Diese ist es, welcher die Vorlagen zu unterbreiten sind (Art. 239), sie ist es, welche darüber zu beschließen hat, ob die Bilanz zu genehmigen ist (Art. 185c, kommentirt hinter Art. 239b). Daß die Generalversammlung ihre eigene Prüfung durch andere Personen, Revisoren, vorbereiten lassen kann, ist selbstverständlich. Es kann dies statutarisch vorgesehen, aber auch von jeder Generalversammlung beschlossen werden. Wenn dennoch der vorliegende Abs. 1 der Generalversammlung dieses Recht noch besonders vindicirt, so kann dies nur die Bedeutung haben, daß hiermit ein Recht der Generalversammlung ex jure publico konstituirt und dem Statute die Möglichkeit entzogen werden soll, dieses Recht aufzuheben.

Einer Ankündigung dieses Gegenstandes bedarf es nicht. Ein solcher Beschluß bewegt sich innerhalb der Tagesordnung: Prüfung der Bilanz, oder, wie in der Praxis gesagt wird: Genehmigung der Bilanz (Ring Anm. 1; Petersen u. Pechmann S. 536).

Durch Uebernahme des Amtes treten die Revisoren in ein Dienstverhältniß zur Ge-

---

[1]) Das Recht ist unentziehbar, also ein Sonderrecht in unserem Sinne (vergl. § 2 zu Art. 221). Es kann ferner von jedem Aktionär einzeln geltend gemacht werden, zunächst dadurch, daß er richterlichen Zwang durch Ordnungsstrafen nach Art. 249g in Anregung bringt; sodann aber auch durch Klage und einstweilige Verfügung; endlich aber auch durch Anfechtung der Beschlüsse der ohne diese Voraussetzungen abgehaltenen Generalversammlung. (Für letzteres R.G. in Bolze 14 Nr. 494d, wo selbst der Umstand die Anfechtung nicht hinderte, daß der Anfechtende selbst die Vorlegung durch eine Denunziation unmöglich gemacht hatte; es hätte in diesem Falle die G.V. verlegt werden müssen; anders Kammergericht bei Johow 12 S. 25: bloße Ordnungsvorschrift).

sellschaft, es kommen daher die landesrechtlichen Grundsätze über den Dienstvertrag zur Anwendung (Ring Anm. 1).

2. (Abs. 2 u. 3.) **Die Verhandlung und Beschlußfassung über die Bilanz.** Hierüber giebt das Gesetz keineswegs erschöpfende Vorschriften. Es beschränkt sich vielmehr darauf, einen ihm wichtig erscheinenden Nebenpunkt gesetzlich zu ordnen, nämlich die Möglichkeit, die Verhandlung zu vertagen und die Folge dieser Vertagung. § 2.

Es erscheint aber erforderlich, bei der Erläuterung dieses Artikels auch die principielle Seite der Sache zu beleuchten. Es wird daher hier gehandelt werden: a) von der Verhandlung und Beschlußfassung über die Bilanz überhaupt, b) von der Vertagung der Verhandlung und ihren Folgen.

a) *Die Verhandlung und Beschlußfassung über die Bilanz überhaupt.* Gegenstand dieser Verhandlung und Beschlußfassung sind zwei Fragen, die begrifflich auseinander gehalten werden müssen: einmal die Frage, ob die Ansätze der Bilanz und damit ihr Facit richtig sind, und die andere Frage, *ob der Verwaltung Entlastung zu ertheilen ist.* Die Ansätze der Bilanz können richtig und eine Versagung der Genehmigung daher ausgeschlossen sein, ohne daß die Generalversammlung Veranlassung hätte, Entlastung zu ertheilen: so wenn ein ungetreuer Vorstand eine Summe unterschlagen oder nicht genügend über die Geschäftsführung eines unredlichen Beamten gewacht hatte. Das Fehlen der Summen in den Aktiven der Bilanz entspricht der Sachlage und die Bilanz muß genehmigt werden. Aber darin liegt noch keine Entlastung. Umgekehrt könnte dem Vorstande Entlastung wegen seiner Geschäftsführung ertheilt und der eine oder andere der in die Bilanz eingestellten Werthe als zu hoch oder zu niedrig gegriffen bezeichnet werden (vergl. hierüber Simon, Bilanzen S. 8).

Allein wenn auch die beiden Fragen begrifflich zu scheiden sind, so besteht doch immerhin ein so enger Zusammenhang zwischen denselben — denn die Bilanz ist doch immerhin gewissermaßen das Resultat der Geschäftsführung —, daß man in einer vorbehaltlosen Bilanzgenehmigung den Entlastungswillen erblicken kann. Und von diesem Gedanken geht offensichtlich das Gesetz aus, wie Abs. 3 dieses Artikels ergiebt. Als Wille des Gesetzes muß daher betrachtet werden, daß ein vorbehaltloser Bilanzgenehmigungsbeschluß die Entlastung der Verwaltung involvirt. *Soll die Bilanz genehmigt, die Verwaltung aber nicht entlastet werden, so muß dies zum Ausdruck kommen.* (Ring Anm. 4).

Das Gesetz spricht nur von einer Entlastung des Vorstandes. In der Praxis gelangt regelmäßig auch der Antrag auf *Entlastung des Aufsichtsraths* zur Vorlage und es entspricht dies auch dem Sach- und Rechtsverhältniß. Denn auch der Aufsichtsrath ist Geschäftsführer der Gesellschaft, nach den Statuten sogar meist in großem Umfange, aber schon nach dem Gesetze. Auch die kontrolirende Thätigkeit ist eine sehr verantwortungsvolle. Der Aufsichtsrath bedarf rechtlich und thatsächlich der Entlastung ebenso wie der Vorstand (unzutreffend Esser Anm. 7).

Die Entlastung kann nur von der Generalversammlung ausgesprochen und keinem andern Organ übertragen werden[1] [2] (Ring Anm. 3 mit ausführlicher Begründung und weiteren Citaten; anders Simon, Bilanzen S. 10). § 3. *Hinsichtlich der Bilanzgenehmigung,* also der Befugniß, die Bilanzposten festzusetzen, besteht in dieser Hinsicht keine Meinungsverschiedenheit: sie ist lediglich Sache der Generalversammlung (Art. 185c; Simon S. 11 Anm. 2). Die Generalversammlung ist dabei an die in Gemäßheit des Art. 185c Abs. 2 im Statute auf-

---

[1] Die Entlastung kann auch einzelnen Betheiligten ertheilt, andern versagt werden (R.O.H. 20 S. 222).

[2] Der Entlastungsbeschluß kann von dem Einzelaktionär nicht mit der Begründung angefochten werden, daß die Gesellschaftsorgane durch ungesetzliche oder unsachgemäße Geschäftsführung die Gesellschaft geschädigt haben. Denn das fehlerhaft Begangene kann fehlerlos verziehen werden. Nur darauf kommt es an, ob der Entlastungsbeschluß auf rechtsgültige Weise zu Stande gekommen ist. (Vergl. auch Ring Anm. 5).

gestellten Grundsätze der Bilanzaufstellung und an die gesetzlichen Bestimmungen gebunden. Eine im Statute angeordnete Delegation der definitiven Bilanzfeststellung an andere Organe ist unzulässig: Vorstand und Aufsichtsrath haben nur Bilanzvorschläge zu machen. Esser (S. 242) folgert das Gegentheil aus Art. 185c Abs. 2. Allein eine Bestimmung, daß der Vorstand die Bilanzposten festzusetzen hat, ist „kein Grundsatz, nach welchem die Bilanz aufzunehmen ist." Daher ist z. B. die Bestimmung der Statuten der Sächsischen Maschinenfabrik Kappel zu Chemnitz, daß die Höhe der Abschreibungen durch Direktion und Aufsichtsrath bestimmt wird, ungültig.

§ 4. Von beiden Beschlüssen, dem Bilanzgenehmigungs- und dem Entlastungsbeschlusse, zu unterscheiden ist ein dritter: nämlich der Beschluß über die Vertheilung der Dividende. An sich bedarf es eines solchen nicht. Denn die Aktionäre haben das unentziehbare Recht, das Sonderrecht auf die Vertheilung dessen, was sich als jährlicher Reingewinn ergiebt (Art. 217), sofern dieser Reingewinn nach den Statuten zur Vertheilung bestimmt ist. Es können nun die Statuten über die Verwendung des Reingewinnes bestimmte Normen aufstellen. Es kann aber auch statutarisch bestimmt sein, daß die Generalversammlung nach ihrem Gutdünken über die Verwendung des Reingewinnes zu beschließen hat (vergl. § 4 zu Art. 216). Alsdann ist ein besonderer Dividendenvertheilungsbeschluß noch erforderlich.

Der Bilanzgenehmigungs- und der Gewinnvertheilungsbeschluß können übrigens durch eine neue Generalversammlung nicht aufgehoben werden, weil sie den Dividendenanspruch des Einzelaktionärs als reines, dem Willen der Gesammtheit entwickeltes Gläubigerrecht zur Existenz gebracht haben. Trotz eines solchen Aufhebungsbeschlusses könnte der Dividendenanspruch eingeklagt werden.

§ 5. b) **Die Vertagung der Verhandlung.** Wegen der großen Bedeutung, welche dem Bilanzgenehmigungsbeschlusse zukommt, schafft das Gesetz Kautelen gegen einen übereilten Beschluß. Es giebt nicht blos der einfachen Mehrheit der Generalversammlung, welcher statutarisch eine andere Mehrheit nicht substituirt werden darf, sondern auch schon einer bestimmten Minderheit das Vertagungsrecht. Ein Bilanzgenehmigungsbeschluß, der ohne Rücksicht auf das Verlangen der Minderheit gefaßt würde, wäre ungiltig und anfechtbar. Die Minderheit hat das Recht allerdings nur, wenn sie bestimmte Ansätze der Bilanz bemängelt. Aber da sie die Bemängelung nicht zu begründen braucht, so stößt die Ausübung dieses Rechts nicht auf Schwierigkeiten und ist es ein gefährliches Recht. Aber es würde noch gefährlicher werden, wenn man der Meinung Essers (Anm. 5) folgen würde, daß die Minderheit dieses Recht in infinitum habe. Dieser Meinung kann nicht beigetreten werden. Nur die zur Prüfung der Bilanz angesetzte ordentliche Generalversammlung ist der Ort, an welchem die Minderheit dieses Recht ausüben kann. Hier mag sie es gehörig ausüben, mag Revisoren ernennen lassen, mag, wenn dies nicht bewilligt wird, von dem Rechte des Art. 222a Gebrauch machen. Aber die nächste Generalversammlung hat sich dann definitiv mit der Frage zu befassen, ob die Bilanz zu genehmigen sei oder nicht. Selbst die Mehrheit der Generalversammlung kann jetzt keine Vertagung mehr beschließen (in dieser Beziehung abweichend Petersen und Pechmann S. 537). Denn auf die Fassung des Bilanzgenehmigungsbeschlusses in der ordentlichen, spätestens in der auf die Vertagung anberaumten Verhandlung hat der Aktionär ein der Willkür der Gesammtheit nicht unterworfenes Recht. Ein abermaliger Vertagungsbeschluß ist daher ungültig und anfechtbar. (Ring Anm. 6.)

Die vertagte Verhandlung findet in einer neuen Versammlung, welche vom Vorstande so schleunig zu berufen ist, als dies im Interesse der Gesellschaft erforderlich erscheint, oder als dies die vorige Verhandlung bestimmt hat, von neuem statt. D. h. es wird eine neue Generalversammlung mit neuer Berufung, neuer Anmeldung u. s. w. abgehalten, nicht etwa eine Fortsetzung der alten Versammlung unter den Theilnehmern derselben. Auf die Anberaumung der neuen Verhandlung kann gemäß Art. 237 hingewirkt werden.

c) **Die Folgen der Vertagung.** Hierüber verhält sich Abs. 3. Diese unglücklich formulirte Vorschrift kann in der Allgemeinheit, in der sie aufgestellt ist, nicht für richtig erachtet werden. Wenn nichts weiter vorliegt, als das Verlangen der Minderheit auf Vertagung, so kann darin unmöglich eine Entlastung des Vorstandes hinsichtlich der nicht bemängelten Ansätze der Bilanz liegen. Hiervon kann nur die Rede sein, wenn die Mehrheit beschlossen hat, die Bilanz zu genehmigen, die Minderheit aber bestimmte Ansätze bemängelt und Vertagung durchgesetzt hat. Ist blos dem Vertagungsantrage der Minderheit entsprochen worden, ohne daß die Mehrheit zu einem Genehmigungsbeschlusse kam, so kann der vorliegende Artikel nicht Platz greifen. (Ring Anm. 7.) § 6.

Zusatz 1. Der Anspruch auf Entlastung und die Bedeutung der ertheilten Entlastung. § 7.

a) Der Anspruch auf Entlastung. Vorstand und Aufsichtsrath, die ständigen geschäftsführenden Organe der Gesellschaft, haben einen ihrer Verantwortlichkeit entsprechenden civilrechtlichen Anspruch auf Entlastung. Derselbe setzt voraus, daß sie durch Vorlegung der Bilanz und eventuell Vorlegung der Bücher und sonstigen Unterlagen an die Revisoren der Generalversammlung die Resultate ihrer Geschäftsführung zur Prüfung unterbreiten. Verweigert die Generalversammlung die Entlastung, so steht ihnen ein Klagerecht gegen die Gesellschaft zu. Die Vertreter der Gesellschaft mögen dann im Prozesse die Weigerung begründen. Dasselbe gilt, wenn die Entlastung nicht durch verneinenden Beschluß, aber doch durch Verzögerung der Beschlußfassung verweigert wird. Die Verwaltungsorgane brauchen nur so lange zu warten, als bis normaler Weise die Entlastung ausgesprochen werden kann, d. h. bis zur ordentlichen Generalversammlung, in welcher sie die Bilanz vorlegen, bezw. für den Fall der Vertagung dieser bis zur nächsten Versammlung. Alsdann können sie klagen.

b) Die Bedeutung der ertheilten Entlastung. Die Entlastung umfaßt die ganze Geschäftsführung. Es kann dem Reichsgericht nicht beigetreten werden, wenn es in dem Dechargebeschlusse lediglich die Erklärung erblickt, daß die Generalversammlung aus den ihr gemachten Vorlagen keine Veranlassung zur Monitur entnimmt und deshalb den Vorstand für seine Geschäftsführung, soweit dieselbe aus jenen Vorlagen erkennbar ist, entlastet (R.G. 12 S. 77). Denn der Generalversammlung ist direkt oder indirekt alles zugänglich, was sich auf die Geschäftsführung der Verwaltung bezieht: sie kann durch Revisoren alles prüfen lassen. Es ist ihre Sache, inwieweit sie diese Prüfung vornehmen oder ohne Prüfung genehmigen will. Jedenfalls bezieht sich ihr Beschluß auf alles, was ihrer Prüfung zugänglich war, nicht blos auf das, was ihr zunächst vorgelegt wurde. Daher hat denn auch in der Entscheidung Band 18 Seite 63 dasselbe Höchstgericht die Gültigkeit jenes Rechtssatzes dahingestellt sein lassen. Aber wenn es in dieser letzteren Entscheidung den anderen Rechtssatz ausspricht, daß ein auf Grund unvollständiger oder irreführender Vorlagen gefaßter Dechargebeschluß nicht verbindlich ist, so ist dem nur insoweit zuzustimmen, als der durch irreführende Vorlagen herbeigeführte Entlastungsbeschluß vom Vorstande nicht für sich in Anspruch genommen werden kann. Die bloße Unvollständigkeit der Vorlagen aber nimmt dem Entlastungsbeschlusse seine Rechtsverbindlichkeit nicht, da die Vervollständigung in der Macht der Generalversammlung liegt. (Vergl. Bolze 15 Nr. 126). § 8.

Für den Fall, daß die Prüfung durch eine Revisionskommission thatsächlich stattgefunden, hat übrigens schon das R.O.H. (22 S. 278) entschieden, daß die Verbindlichkeit des Dechargebeschlusses nicht um deshalb angefochten werden kann, weil ein Irrthum der Generalversammlung, nicht aber ein Irrthum der Revisionskommission behauptet werden konnte.[1])

Soweit die Decharge wirksam ist, bezieht sie sich auch auf grobfahrlässige und auf dolose Pflichtverletzungen.

---

[1]) Die Kenntniß des Aufsichtsraths von den Vorlagen ist nicht entscheidend, woran auch dadurch nichts geändert wird, daß die Majorität der G.V. aus Mitgliedern des A.R. bestand (Bolze 9 Nr. 479).

Zusatz 2. Auf ältere Gesellschaften finden die Vorschriften, da sie dem öffentlichen Rechte angehören, Anwendung.

Artikel 239b.

Die Vorschriften der Artikel 185a, 185b, 185c über die Bilanz und den Reservefonds finden entsprechende Anwendung.

(Artikel 185a.)

Für die Aufstellung der Bilanz kommen die allgemeinen Vorschriften des Artikels 31 mit folgenden Massgaben zur Anwendung:

1. Werthpapiere und Waaren, welche einen Börsen- oder Marktpreis haben, dürfen höchstens zu dem Börsen- oder Marktpreise zur Zeit der Bilanzaufstellung, sofern dieser jedoch den Anschaffungs- oder Herstellungspreis übersteigt, höchstens zu letzterem angesetzt werden;
2. andere Vermögensgegenstände sind höchstens zu dem Anschaffungs- oder Herstellungspreise anzusetzen;
3. Anlagen und sonstige Gegenstände, welche nicht zur Weiterveräusserung, vielmehr dauernd zum Geschäftsbetrieb der Gesellschaft bestimmt sind, dürfen ohne Rücksicht auf einen geringeren Werth zu dem Anschaffungs- oder Herstellungspreise angesetzt werden, sofern ein der Abnutzung gleichkommender Betrag in Abzug gebracht oder ein derselben entsprechender Erneuerungsfonds in Ansatz gebracht wird;
4. die Kosten der Organisation und Verwaltung dürfen nicht als Aktiva, müssen vielmehr ihrem vollen Betrage nach in der Jahresrechnung als Ausgabe erscheinen;
5. Der Betrag des Gesammtkapitals der Kommanditisten, der Antheil der persönlich haftenden Gesellschafter an sonstigen Gesellschaftsvermögen und der Betrag eines jeden Reserve- und Erneuerungsfonds sind unter die Passiva aufzunehmen.
6. der aus der Vergleichung sämmtlicher Aktiva und sämmtlicher Passiva sich ergebende Gewinn oder Verlust muss am Schlusse der Bilanz besonders angegeben werden.

§ 1. 1. **Allgemeines über die Bilanzvorschriften.**

a) **Die rechtliche Bedeutung der Bilanzvorschriften** ist zunächst dieselbe, wie die Bedeutung der Bilanz-Vorschriften beim Einzelkaufmann (vergl. die Einleitung zu Art. 28). Eine durch Nichtbeachtung derselben verursachte Uebersichtslosigkeit hat bei hinzutretendem Vermögensverfall die strafrechtliche Verantwortlichkeit der Vorstandsmitglieder zur Folge. Es kommt aber hinzu, daß die falsche Aufstellung von Bilanzen auch unter die Strafvorschrift des Art. 249b fällt. Dies die öffentlich-rechtliche Bedeutung.

Was aber die privatrechtliche Bedeutung der Bilanzvorschriften betrifft, so sind die gesetzlichen Bewerthungsvorschriften sowohl Maximal- als Minimalvorschriften, beides aber in verschiedener Bedeutung.

Sie sind zunächst Maximalvorschriften. Das Gesetz will nicht, daß die Aktiva höher bewerthet werden, als es in Art. 31 und den Ziffern 1—3 des vorliegenden Artikels vorgeschrieben ist. Es giebt diese Maximalvorschriften zum Wohle aller Interessenten, sowohl der Aktionäre selbst als der Gläubiger, hauptsächlich im Interesse der letzteren und insoweit haben sie öffentlichrechtlichen Charakter. Statutarische Anordnungen, welche diese Maximalansätze überschreiten, sind nicht zulässig. Das geht auch aus Art. 185c hervor, wonach die Statuten nur „im übrigen" die Bilanzgrundsätze enthalten sollen. Noch weniger ist ein einfacher Generalversammlungsbeschluß gültig, der höhere Werthansätze enthielte, als sie gesetzlich zugelassen sind. Ein solcher Generalversammmlungsbeschluß wäre gesetzwidrig und daher ungültig. Auch durch unterlassene Anfechtung würde er, da er gegen öffentliches Recht verstößt, nicht gültig werden. Den Gläubigern gegenüber wären die Vorstandsmitglieder nach Art. 241 Abs. 4 ersatzpflichtig, wenn dadurch dem Gesetze zuwider Dividenden ausgezahlt würden.

Die Bilanzvorschriften sind aber auch Minimalvorschriften. Das Gesetz will, daß mindestens die von ihm vorgesehenen Werthe angesetzt werden. Allein in dieser Beziehung hat das Gesetz an der Beachtung seiner Vorschriften kein öffentliches Interesse, da es im Gegentheil nur zum Segen der Aktiengesellschaft und zum Vortheil der Gläubiger gereicht, wenn Objekte unter ihrem Werthe angesetzt werden, indem dies zur Konservirung des Gesellschaftsvermögens führt. Bestimmen daher die Statuten derartige geringere Bewerthungen, so liegt darin ein vertraglicher Verzicht auf die gesetzliche Minimalbewerthung, der von den Aktionären gültig erklärt werden und den Gläubigern nur recht sein kann. Solche Statutenbestimmungen liegen in den häufig vorkommenden Vorschriften prozentualer Abschreibungen ohne Rücksicht auf wirkliche Werthverminderungen. Bestimmen aber die Statuten solche Minderbewerthungen nicht, so hat jeder Aktionär ein Recht auf Bewerthung in gesetzlicher Höhe. Ein Generalversammlungsbeschluß, der die Werthe geringer ansetzte, wäre willkürlich und gesetzwidrig und unterläge der Anfechtung, würde aber durch unterlassene Anfechtung gültig. Und diese Erscheinung ist die im Aktienverkehr durchaus praktische. Auch ohne statutarische Fürsorge schlagen die Verwaltungen der Aktiengesellschaften Abschreibungen in einer Höhe vor, welche die wahre Werthverminderung übersteigen, sie wollen dadurch die Gesellschaft konsolidiren, Gesellschaftsvermögen von der Vertheilung ausschließen, und die Aktionäre genehmigen die so vorgeschlagene Bilanz, indem sie die Fürsorge der Verwaltung theilen oder sich um die Gesellschaft nicht kümmern. Anfechtungen nach dieser Richtung kommen selten vor. Solche Minderbewerthungen bilden geradezu den Stolz der Aktiengesellschaften, und nichts heben die Vorstände in den Geschäftsberichten lieber hervor, als daß ihre gesammten Utensilien, Maschinen rc. mit einer Mark zu Buche stehen. Wenn trotz dieser niedrigen Bewerthung bestimmter, in Wahrheit vielleicht werthvoller Objekte die Gesammtziffer der Aktiva eine erhebliche, der Ueberschuß der Aktiva über die Passiva gleichwohl bedeutend ist, so ist dies ein Zeichen eines guten Vermögensstandes.[1])

b) **Die Bedeutung der Bilanzposten.** § 2.

α) Unter den Aktiven darf Alles figuriren, was als Vermögenswerth zu betrachten ist, nicht blos greifbare Objekte, sondern auch Rechte, insbesondere Forderungen, Patente, Verlagsrechte, die Kundschaft eines Geschäfts, insofern sie mit dem Geschäfte erworben ist, wogegen selbstverständlich die selbsterworbene Kundschaft nicht plötzlich als Aktivum eingestellt werden kann (K.B. 25).

β) Die Passiva. Dieser Begriff bedeutet das nicht, was das Wort vermuthen läßt. § 3. Bei der doppelten Buchführung, die ja bei Aktiengesellschaften nothwendig ist (vergl. § 3 zu Art. 239), bedeuten die Passiva nicht die Schulden, sondern die Geschäftserfordernisse oder Geschäftsbedürfnisse. Unter den Passiven wird registrirt, wieviel die Gesellschaft, sei es in Folge gesetzlicher oder statutarischer Vorschrift oder aus wohlerwogener freier Selbstbestimmung der Generalversammlung an Werthen besitzen muß, damit sie zum Wohle der Interessenten gedeihe. Besitzt sie mehr als ihr zum Gedeihen erforderlich ist, so ist der Ueberschuß entbehrlich und vertheilbar. Besitzt sie weniger, so hat sie eine Unterbilanz. Zu den Passiven gehören in erster Reihe die Schulden der Gesellschaft, weil es im Interesse der Gesellschaft in erster Reihe erforderlich ist, daß ein dem Betrage der Schulden gleichkommender Theil des Gesellschaftsvermögens von der Vertheilung ausgeschlossen,

---

[1]) Kann eine in einer Bilanz geschehene Minderbewerthung in der nächsten Bilanz wieder aufgehoben, d. h. kann der Gegenstand wieder zu höherem Werthe in die Bilanz eingestellt werden? Die Antwort hierauf siehe § 2 zu Art. 185c.

reservirt werde. Es befindet sich aber ferner darunter die Grundkapitalsziffer. Diese stellt zwar keine Schuld der Gesellschaft dar. Der Aktionär ist nicht Gläubiger. Aber das Gedeihen der Gesellschaft macht es absolut erforderlich, daß ein der Grundkapitalsziffer gleichkommender Werthsbetrag von der Vertheilung ausgeschlossen, reservirt bleibe, damit er den Gesellschaftszwecken, denen er gewidmet ist, fortgesetzt dienen könne. Unter den Passiven befinden sich ferner alle sogenannten Reservefonds — die man richtiger als Reservekonten bezeichnen würde — welche sämmtlich nichts anderes bedeuten, als daß ein bestimmter Werthsbetrag von der Vertheilung ausgeschlossen, reservirt werden soll. So ist die Bilanz der Aktiengesellschaft keine Vermögensbilanz, welche den Ueberschuß der Aktiven über die Schulden bedeutet, sondern sie ist eine Vertheilungsbilanz, welche ersehen läßt, wieviel die Gesellschaft an Werthen besitzt (Aktiva), und wie hoch der Betrag der für die Gesellschaft erforderlichen und daher nothwendig zu reservirenden Werthe ist. Das letztere sind die Passiva, die man richtiger Reservanda oder Reservekonten oder deutsch Geschäftserfordernisse nennen würde, um den Gedanken, daß es sich überall um Schulden der Gesellschaft handelt, fern zu halten. Auch eine Gesellschaft, die keinen Pfennig Schulden hat, kann erhebliche Passivkonten aufweisen, und nichts ist verkehrter, als das von Simon (S. 53) berichtete Vorgehen eines Berliner Gerichts, welches über eine Gesellschaft deswegen den Konkurs verhängte, weil sie eine Unterbilanz hatte.

c) Das Beispiel einer Bilanz, auf deren einzelne Posten im Verlaufe der Darstellung zurückgekommen wird, ist (nach Cosack S. 597) folgendes:

Aktiva.		Passiva.	
Grundstücke	300 000 M.	Schulden	220 000 M.
Maschinen	50 000 „	Grundkapital	500 000 „
Waarenvorräthe	150 000 „	Gesetzlicher Reservefonds	30 000 „
Forderungen	100 000 „	Delkrederefonds	30 000 „
Geld- und Werthpapiere	260 000 „	Erneuerungsfonds	50 000 „
		Gewinn:	30 000 „
		Hiervon a) zum Reservefonds 1 500 M. b) 5 % Dividende 25 000 „ c) Tantieme . . 3 000 „ d) Vortrag auf neue Rechnung 500 „ 30 000 M.	
Summa:	860 000 M.	Summa:	860 000 M.

§ 4. 2. **Der Inhalt der Bilanzvorschriften.** Im Allgemeinen wird Bezug genommen auf Art. 31. Es sind daher die dort aufgestellten Gesichtspunkte maßgebend. Insbesondere ist darauf aufmerksam zu machen, daß auch bei den Aktiengesellschaften der Werth zur Zeit des Jahresschlusses (vergl. unten § 8) maßgebend ist. Werthsminderungen, die in der Zeit zwischen dem Jahresschluß und der Vorlegung der Bilanz an die Generalversammlung eintreten, treffen das neue Geschäftsjahr (Näheres hierüber § 3 zu Art. 217). Daß bei Aktiengesellschaften zweifelhafte Forderungen zu ihrem Nennwerthe eingestellt und die zu hohe Bewerthung durch ein Delkredere-Reservekonto auf der Passivseite, einem sogenannten Delkrederefonds, ausgeglichen wird, ist keine Eigenthümlichkeit der Aktiengesellschaft, sondern eine Gepflogenheit der doppelten Buchführung (vergl. oben § 3c). Ein solches Delkrederekonto hat lediglich die Bedeutung eines Korrektivpostens, einer Abschreibung (R.O.H. 25 S. 326, R.G. 22 S. 162). Spätere Eingänge über den Taxwerth vermehren den Gewinn des neuen Geschäftsjahres (R.O.H. 25 S. 327). Sollte freilich das Delkrederekonto auf Grund statutarischer Anordnung oder auf Beschluß der Generalversammlung die für Abschreibungen erforderlichen Beträge übersteigen, so läge insoweit ein wirkliches

Reservekonto, sogenannter echter Reservefonds vor, der den allgemeinen Regeln der freiwilligen Reservefonds unterläge (vergl. § 3 zu Art. 185c).

Für andere Vermögensgegenstände kommen die in Ziffer 1—3 verzeicheten Modifikationen des Art. 31 zur Anwendung. Die Tragweite derselben ergiebt sich aus der Erläuterung der einzelnen Ziffern. (Eine besondere Bemerkung über die Eröffnungsbilanz vergl. § 4 zu Art. 239.)

Ziffer 1. **Werthpapiere und Waaren, welche einen Börsen- oder Marktpreis haben, dürfen höchstens zum Börsen- oder Marktpreise zur Zeit der Bilanzaufstellung und höchstens zum Anschaffungs- oder Herstellungspreise angesetzt werden, je nachdem der eine oder der andere niedriger ist.** § 5.

a) Allgemeines. Sinn und Bedeutung der Vorschrift. Nach Art. 31 sind sämmtliche Vermögensstücke zu ihrem wirklichen Werthe anzusetzen. Diese Vorschrift erleidet bei Aktiengesellschaften eine Modifikation. Die Rücksicht auf alle Interessenten, Gläubiger und Aktionäre, gebietet hier, daß nicht Gewinne vertheilt werden, welche lediglich durch Werthssteigerung der vorhandenen Objekte, durch Schätzung und Rechnung entstehen, sondern in der Regel nur solche, welche durch Realisation erzielt sind. Aus diesem Grunde ist vorgeschrieben, daß bei Gegenständen, welche einen Markt- oder Börsenpreis haben, der Geschäftswerth nach Art. 31 dann nicht anzusetzen ist, wenn er den Herstellungs- oder Marktpreis übersteigt. Ist dies letztere der Fall, dann ist der Herstellungs- oder Marktpreis, je nachdem der eine oder der andere niedriger ist, das Maximum der Bewerthung. Der Geschäftswerth bleibt daneben als selbstständiges Maximum der Bewerthung bestehen. Mehr als die Waare für das Geschäft werth ist, darf für sie nicht angesetzt werden, weshalb z. B. eine Waare, die für das Geschäft einen geringeren Werth hat, als der Anschaffungspreis beträgt, nur zu dem geringeren Werthe angesetzt werden kann. Aber auch wenn sie mehr Werth für das Geschäft hätte, so soll sie nach dem vorliegenden Artikel doch höchstens zum Marktpreise oder zum Herstellungspreise angesetzt werden. Diese Vorschrift hat eine doppelte Bedeutung: sie enthält die Maximal- und die Minimalgrenze der Bewerthung, aber beides mit verschiedener Tragweite. Dieselbe ist oben im § 1 auseinandergesetzt.

b) Der Begriff Marktpreis ist derselbe wie in Art. 353 (siehe dort Näheres). § 6.

Ist der Marktpreis höher als zur Zeit der letzten Bilanz, so kann der höhere Marktpreis eingestellt werden, wenn er nur nicht höher ist als der Anschaffungspreis oder der wahre Geschäftswerth der Waare. Auf diese Weise kann es doch kommen, daß ein Gewinn vertheilt wird, der nicht Ergebniß des Betriebes ist.

Geht der Kurs in der Folgezeit, zwischen Aufstellung der Bilanz und Vorlegung an die Generalversammlung herunter, so ist deshalb allein die Bilanz nicht entsprechend zu ändern, wie dies die Motive (I S. 259) von der Sorgfalt ordentlicher Geschäftsleute als selbstverständlich fordern. Doch wird dies unter Umständen geboten sein, nämlich wenn sich hierdurch der Geschäftswerth, den die Waare zur Zeit der Bilanzaufstellung in Wahrheit gehabt hat, nunmehr als zu hoch herausstellt.

c) Der Anschaffungs- und Herstellungspreis der Waare. Was unter dem Anschaffungspreise zu verstehen ist, ist klar. Es ist Alles, was dazu aufgewandt wurde, um den Gegenstand anzuschaffen, also nicht blos der nackte Kaufpreis, sondern auch die Provisionen, der Stempel u. s. w., die dabei verausgabt wurden. Vergl. unten § 12. Dagegen kommen Rabatte, Skonti in Abzug. Bei eingelegten Gegenständen muß der volle angesetzte Preis angenommen werden, da auch das Aktienkapital in solcher Höhe in die Bilanz eingestellt wird. Ob die Aktien der Gesellschaft den Pariwerth haben oder nicht, ist gleichgültig. (Vergl. § 1 zu Art. 209g.) § 7.

Unter dem Herstellungspreis ist nicht blos, wie vielfach angenommen wird (Simon S. 176, Petersen u. Pechmann S. 188, Ring Anm. 6), der Betrag der Materialien und Löhne zu verstehen, sondern auch, wie Esser in G.Z. 34 S. 327 ausführt, derjenige Theil der allgemeinen Verwaltungskosten, der mittelbar verwandt wurde zu den mit der Herstellung in Verbindung stehenden Aufwendungen und Leistungen: also die Ausgaben für die zur Aufsicht der Arbeiter bestimmten Personen, Meister, Techniker und Betriebsinspektoren; Versicherungsbeiträge; Unterhaltung der für die Herstellung der Waaren erforderlichen Anlagen, Maschinen und Geräthe. Esser hat seine Ansicht a. a. O. eingehend und zutreffend begründet und die Gegengründe ausreichend widerlegt. (Zust. Holdheim in seiner Wochenschrift II S. 161.) Leistet ein Beamter, etwa der Direktor, zweierlei Thätigkeiten, z. B. eine technische, auf die Fabrikation sich beziehende, und eine allgemeine geschäftsleitende, so muß das Gehalt des Beamten zu angemessenen Theilen bei den Herstellungskosten in Ansatz kommen.

Mit Recht hebt Simon (S. 177) hervor, daß es Fälle giebt, in welchen sich der Herstellungspreis gar nicht ziffermäßig nachweisen läßt, und daß alsdann entweder der Durchschnittsherstellungspreis oder, wenn auch dieser nicht ermittelt werden kann, eine Schätzung des Herstellungspreises eintreten muß.

§ 8. d) Die Zeit der Bilanzaufstellung bedeutet die Zeit, für welche die Bilanz gilt, d. h. der Schluß des Geschäftsjahres (Simon S. 182). Sind an dem hiernach entscheidenden Tage verschiedene Börsen- oder Marktpreise notirt worden, so bildet der zuletzt notirte die Grenze der zulässigen Bewerthung (Simon S. 181).

§ 9. e) Im Einzelnen entstehen Zweifel:

α) bei Waaren, welche bestellt und angefertigt, aber noch nicht abgesandt sind. Bei diesen ist der erzielte Kaufpreis nach seinem wahren Werthe (also unter Berücksichtigung des Ziels, der Solvenz des Käufers) einzustellen. Sicherlich trifft das zu, wenn der Kaufpreis geringer ist, als der Herstellungspreis, denn der niedrigere Preis thut den geringeren Realisirungswerth unwiderleglich dar (Ring Anm. 7). Aber das Gleiche muß mit Simon (S. 178) mit Entschiedenheit angenommen werden, wenn der erzielte Kaufpreis höher ist. Daß die nackte Eigenthumsübergangsfrage entscheidet, wie Ring (1. Aufl. S. 260) meinte, ist dem Gesetze nicht zu entnehmen und wird auch von Ring nicht mehr aufrecht erhalten. Aber ebenso wenig zutreffend ist das, was Ring in der 2. Aufl. (Anm. 7) zur Begründung seiner Ansicht anführt: „Es entscheidet, daß nach der Absicht des Gesetzes nicht eingegangene, wenn auch noch so sichere Gewinne nicht ansatzfähig sind". Allein dieser Satz ist nicht richtig, er würde auch bei einem verkauften und schon übergebenen Gegenstande hindern, den vollen kreditirten Kaufpreis in die Bilanz einzustellen, wenn der Eingang noch so sicher wäre.

Ist die Waare noch anzufertigen, so kommt das betreffende Kaufgeschäft regelmäßig nicht in Betracht. (Esser Anm. 1) vergl. jedoch § 4 zu Art. 81.

§ 10. β) Halbfabrikate können als Waaren, welche einen Markt- oder Börsenpreis haben, nicht gelten und fallen daher unter Ziffer 2 (vergl. Esser Anm. 1; Simon S. 186).

§ 11. γ) Geschenkte Gegenstände sind nur pro notitia in die Bilanz einzustellen, höchstens kann das dem Ueberbringer gegebene Trinkgeld oder ähnliche kleine Aufwendungen, wie Abtragsporto als Anschaffungspreis gelten. Ring (Anm. 7) will den objektiven Tauschwerth gelten lassen; aber das widerspricht dem klaren Wortlaut des Gesetzes, über welchen nichts hinweghilft, abgesehen davon, daß nicht ersichtlich ist, inwiefern hier Hilfe erforderlich wäre, da das Ergebniß doch gerade nicht mißlich und der Fall überdieß sehr selten ist. Unsere Anschauung vom Trinkgeld als Anschaffungspreise versieht Ring mit einem Ausrufungszeichen. Warum? Was setzt ihn in Erstaunen? Wir können nicht anders, als mit diesen Fragezeichen erwidern, da unsere Anschauung mit dem Begriffe des Anschaffungspreises (vergl. oben § 7) im Einklange steht.

§ 12. Ziffer 2. **Andere Vermögensgegenstände, d. h. solche, die keinen Börsen- oder Marktpreis haben, sind höchstens zum Anschaffungs- oder Herstellungspreise anzusetzen.** Auch hier ist zunächst der wahre Geschäftswerth maßgebend. Bleibt derselbe aber hinter dem Anschaffungs- oder Herstellungspreise zurück, so ist dieser entscheidend. Grund und Sinn dieser

Bestimmung sind hier die gleichen wie bei Ziffer 1, desgleichen die Begriffe Anschaffungs- und Herstellungspreis. In dieser Beziehung aber ist noch Folgendes anzuführen:

Zum Anschaffungs- und Herstellungspreise gehört auch die gezahlte Provision. Z. B. bei Aufnahme eines Darlehns zum Zweck der Herstellung einer Fabrikeinrichtung bildet die aufgenommene Summe einschließlich der dafür gezahlten Provision den Herstellungspreis für die Einrichtung (R.G. in Seufferts Archiv 43 S. 428).

Bei Kauf in der Subhastation ist der ganze dafür eingesetzte Verlust der Erwerbspreis. Wenn also z. B. eine Aktiengesellschaft ein Grundstück, auf welchem hinter 20 000 Mark eine Hypothek von 30 000 Mark für sie haftet, um Stempel zu sparen, zum Nominalpreise von 20 000 Mark ersteht, so ist nicht, wie Esser Anm. 1 annimmt, der Preis von 20 000 Mark, sondern der Betrag von 50 000 Mark als Erwerbspreis in die Bilanz einzustellen, vorausgesetzt, daß die Ausfallsforderung werthlos ist. Denn dann gehört dieser Ausfall zu den Opfern, welche die Gesellschaft bringen mußte, um das Grundstück für 20 000 Mark zu erwerben. Würde sie das Opfer des Ausfalls nicht gebracht haben, so würde sie das Grundstück 50 000 Mark gekostet haben. (Simon S. 178; Ring Anm. 7.)

Ziffer 3. **Anlagen oder sonstige nicht zur Weiterveräußerung, sondern dauernd zum Geschäftsbetriebe bestimmte Werthe dürfen ohne Rücksicht auf einen geringern Werth zu dem Anschaffungs- oder Herstellungspreise angesetzt werden, sofern nur die Abnutzung durch Abschreibung oder durch einen Erneuerungsfonds berücksichtigt wird.** § 13.

a) Sinn und Grund der Bestimmung. Diese Vorschrift enthält eine Erleichterung, während die beiden vorangehenden eine Erschwerung enthalten. Während nach Art. 31 zunächst der wahre Geschäftswerth entscheidet und jedenfalls ein höherer Werth nicht angesetzt werden darf, so soll es bei den sogenannten stabilen Werthen den Aktiengesellschaften gestattet sein, eine andere Bewerthungsart zu wählen, bei welcher es vorkommen kann, daß ein höherer als der wahre Geschäftswerth in der Bilanz erscheint. Diese Art der Bewerthung wurde schon früher in der Praxis beliebt und auch von der Judikatur gebilligt (R.O.H. 25 S. 317). Allein wenn sie nach früherem Recht bedenklich war, so ist sie jetzt gesetzlich gutgeheißen und damit erledigen sich alle Bedenken. Es kann hiernach vorkommen, daß ein der Gesellschaft gehöriges Fabrikgrundstück, welches zu theurem Preise erworben und wenig abgenutzt wird, fortgesetzt zu hohem Preise in der Bilanz erscheint, obgleich der wahre Werth desselben sich, etwa durch Verschlechterung der Kommunikation, erheblich verringert hat oder obgleich es von vornherein zu theuer gekauft ist. Desgleichen kann das bei Maschinen vorkommen, deren Werth durch neue Erfindungen erheblich sinkt.

Es ist aber zu beachten, daß es den Gesellschaften nur freigestellt ist, von dieser Bewerthungsart Gebrauch zu machen. Ihr eigenes wohlverstandenes Interesse wird sie bestimmen, von dieser Freiheit dann keinen Gebrauch zu machen, wenn sich ein zu auffälliges Mißverhältniß zwischen wahrem Werth und Bilanzansatz herausstellen würde und so die Vertheilung von unentbehrlichem Gesellschaftsvermögen als Dividende die Folge wäre.

Macht die Aktiengesellschaft von Ziffer 3 nicht Gebrauch, so kommt Ziffer 2 zur Anwendung.

b) Was unter Anlagen und sonstigen Gegenständen, welche nicht zur Weiterveräußerung, sondern dauernd zum Geschäftsbetriebe bestimmt sind, zu verstehen ist, ist schon im § 1 zu Art. 213f auseinandergesetzt. Materialien und Waarenvorräthe, welche zur Verarbeitung bestimmt sind, gehören nicht dazu. Sie sind, wenn auch im verarbeiteten Zustande, zur Weiterveräußerung bestimmt und fallen daher unter Ziffer 1 und 2 (Esser Anm. 1; Neukamp S. 149; anders Ring Anm. 7 und Simon S. 166). Sonstige Mobilien mannigfachster Art wie Geräthe und Utensilien, welche der Abnutzung unterliegen, gehören allerdings dazu. § 14.

§ 15. c) **Es muß ein der Abnutzung gleicher Betrag in Abzug oder ein Erneuerungsfonds in Ansatz gebracht sein.** Beide Wege führen rechnerisch zu demselben Ziele. Der letztere aber empfiehlt sich deshalb, weil er stets den Anschaffungs- oder Herstellungspreis des Gegenstandes ersehen läßt, was zur Klarheit der Bilanz beiträgt (vergl. oben § 3c). Der Erneuerungsfonds, von welchem hier die Rede ist, wird richtiger Erneuerungsreservekonto oder kurz Erneuerungskonto genannt. Denn ein eigentlicher Fonds ist nicht zu bilden (vergl. § 1 zu Art. 185b). Er bildet ein sogenanntes unechtes Reservekonto, da er lediglich einen Korrektivposten gegen ein zu hoch angesetztes Aktivum bildet. Enthält er aber durch statutarische Fürsorge oder durch Generalversammlungsbeschluß einen höheren Betrag als den der thatsächlichen Abnutzung, dann liegt insoweit ein echtes Reservekonto vor und zwar ein freiwilliges. Für dasselbe gelten die allgemeinen Grundsätze über freiwillige Reservekonten (vergl. § 3 zu Art. 185c).

§ 16. Ziffer 4. **Die Kosten der Organisation und Verwaltung dürfen nicht als Aktivum in der Bilanz, sondern müssen in der Jahresrechnung als Ausgabe erscheinen.** Von den Verwaltungskosten versteht es sich von selbst, daß sie kein Aktivum sind. Dasselbe ist begrifflich von den Organisationskosten der Fall. Organisationskosten sind die Kosten der Ingangsetzung des Betriebes und deren Vorbereitung (R.O.H. 20 S. 216). So wichtig und werthvoll es auch sein mag, diese Ausgaben zu machen, so sind sie doch nicht das, was man unter einem Aktivum versteht. Denn darunter kann man doch nur wirkliche Verkehrsobjekte verstehen. Dennoch waren die Bestimmungen des Gesetzes gegenüber einer Praxis nothwendig, welche gegen diese begriffliche Rechtslage fehlte: die Organisationskosten wurden oft als Aktivum gebucht. Das verbietet nunmehr das Gesetz. Das daran geknüpfte Gebot, daß die Organisationskosten in der Jahresrechnung als Ausgabe erscheinen müssen, war überflüssig, da es sich von selbst versteht, daß Kosten in der Jahresrechnung (Gewinn- und Verlustrechnung) als Verlust erscheinen müssen. Außerdem können sie in der Bilanz unter den Passiven (Kreditorenkonto) erscheinen, soweit sie nämlich noch nicht bezahlt sind.

Zu den Organisationskosten sind insbesondere zu zählen die Gründungsentschädigungen, Maklerprovisionen, Notariats- und Gerichtskosten, Stempel, Druckkosten für Prospekte 2c.

Dasselbe gilt für die bei Einrichtung eines neuen Geschäftszweiges entstehenden Vorbereitungskosten.

Soweit aber durch die aufgewendeten Kosten der Organisation und Verwaltung Vermögensobjekte geschaffen sind, welche für den Geschäftsbetrieb von Werth sind, sind diese nach Ziffer 1—3 als Aktiva in die Bilanz einzustellen. Was die Verwaltungskosten anbelangt, so ist dies bei Ziffer 1 hinsichtlich des Herstellungspreises ausgeführt. Die Organisationskosten aber kommen bei der Bewerthung der neuen Einrichtung in Betracht, also z. B. bei Herstellung eines neuen Fabrikgebäudes, von Maschinen, Mustern, Utensilien. Solche Gegenstände können nach Ziffer 3 zum vollen Herstellungspreise angesetzt werden. Dazu gehört z. B. das Gehalt, welches dem die Fabrik einrichtenden Ingenieur und den Arbeitern gezahlt wird für die Zeit der Einrichtung bis zur Ingangsetzung. Ist eine Fabrik theilweise in Gang gesetzt, wird aber gleichwohl noch an der Einrichtung, z. B. an der Herstellung von Maschinen gearbeitet, so müssen die betreffenden Löhne und Gehälter auseinandergehalten bezw. angemessen repartirt werden. (Ring Anm. 13 mit weiteren Citaten; Neukamp S. 149.) Die Kosten für Entwässerungsanlagen, Kanalisationen, Wasserleitungen sind nicht, wie Völderndorff S. 695 will, Organisationskosten, vielmehr Wertherhöhungen der betreffenden Anlagen (Esser Anm. 1).

§ 17. Ziffer 5. **Der Betrag des Grundkapitals und jedes Reserve- oder Erneuerungsfonds ist unter die Passiva aufzunehmen.** Grundkapital-, Reserve- und Erneuerungsfonds sind keine Schulden der Gesellschaft. Aber das ist eben auch nicht der Begriff der Passiva bei der Aktiengesellschaft. Vielmehr umfaßt der Begriff Passiva die Erfordernisse der Gesellschaft (vergl. oben § 3). Es ist aber ein gesetzliches Haupterforderniß der Aktiengesellschaft, daß das Grundkapital möglichst in seinem vollen Bestande erhalten werde. Deshalb muß die Ziffer des Grundkapitals unter den sogenannten Passiven figuriren. Dadurch wird bewirkt, daß ein dieser Ziffer gleichkommender Betrag von der Vertheilung ausgeschlossen, reservirt und daß nicht eher Gewinn vertheilt wird, als bis die verminderten Aktiva mindestens wiederum diese Werthsziffer erreicht haben.

Dabei ist, wenn die Einzahlung noch nicht voll erfolgt ist, entscheidend der statutarische Grundkapitalsbetrag, nicht die Summe der erfolgten Einzahlung. Das ist nicht blos, wie Gareis-Fuchsberger (S. 518 Note 435) meinen, ein rechnerischer, materiell aber wesenloser Unterschied. Denn es ist z. B. die nach Art. 185b an den gesetzlichen Reservefonds abzuführende Summe eine verschiedene, je nachdem die eine oder die andere Ziffer als Grundkapitalsbetrag in das Passivum eingestellt wird, und korrekter Weise muß die gesetzliche Quote von der vollen Grundkapitalsziffer berechnet werden (vergl. Neukamp in G.Z. 38 S. 79). Daß die statutarische Grundkapitalsziffer entscheidet, folgt aus der ganzen Struktur der Aktiengesellschaft. Zu ihrem Wesen gehört es, daß das Betheiligungsverhältniß der Mitglieder zum Ausdruck gelangt durch eine fixe Grundziffer (§ 1 zu Art. 207), ihre Fixirung ist ein essentiale des Gesellschaftsvertrages (Art. 209 Ziffer 3), durch die Eintragung steht die Ziffer fest und ist nicht anders veränderlich als durch Abänderung des Gesellschaftsvertrages. Daß diese Grundziffer erst dann zur vollen Höhe zum Ausdruck und zur Geltung kommen soll, wenn alle Einzahlungen voll geleistet sind, hat das Gesetz nicht vorgeschrieben. Das Gesetz hat sich mit einer geringeren Bedingung begnügt, nämlich mit der Viertelsdeckung. (Vergl. Simon 122 und dessen Polemik gegen Ring.)

Ob die Grundkapitalsziffer bei Kapitals-Reduktionen und Amortisationen unverkürzt stehen bleibt, bis den Vorschriften der Art. 243 und 245 Genüge geschehen ist, oder sofort zu ändern ist, darüber vergl. § 10 zu Art. 248. Daß jeder andere Reserve- oder Erneuerungsfonds unter den Passiven zu buchen ist, ist nach der hier niedergelegten Anschauung vom Wesen der Passiva eine Tautologie. Denn darnach ist die Bezeichnung Passiva überhaupt eine verfehlte. In Wahrheit sind die Passivposten sämmtlich Reservekonten (vergl. § 3).

Ziffer 6. **Der Gewinn und der Verlust müssen besonders angegeben sein.** In der Praxis ist viel dagegen gesündigt worden. Bald steckte der Reingewinn, soweit er dem Reservefonds zufließt, in diesem, soweit er unter die Aktionäre zu vertheilen ist, in dem Dividendenkonto (vergl. Simon S. 57). Dem gegenüber schreibt das Gesetz vor, daß der Gewinn oder Verlust am Schlusse der Bilanz besonders, d. h. getrennt von allen anderen Bilanzposten und in einer Ziffer angegeben werden muß. Durch die Zerstückelung des Gewinns in verschiedene Posten geht die Erkennbarkeit desselben verloren. (Simon S. 58.) Dagegen ist nicht nothwendig, daß der Gewinn oder Verlust als solcher bezeichnet werden muß. Wer überhaupt eine Bilanz versteht, der weiß, daß die letzte Ziffer der Aktiva als Ausgleichsziffer den Verlust, die letzte Ziffer der Passiva als Ausgleichsziffer den Gewinn darstellt.[1] § 18.

Die Vertheilung des Gewinnes gehört begrifflich nicht in die Bilanz der Aktienvereine. Nach Art. 193, 225 sind die Jahresrechnungen, die Bilanz und die Vorschläge zur Gewinnvertheilung getrennte Begriffe. Doch steht nichts entgegen, daß die Gesellschaften, wie sie es meist thun, die Gewinnvertheilung vor dem Strich skizziren (vergl. das Beispiel oben § 3c).

---

[1] Das klingt allerdings sonderbar: der Verlust soll die letzte Ziffer der Aktiva, der Gewinn die letzte Ziffer der Passiva sein? Indessen das beruht auf den Regeln der doppelten Buchführung und hängt wie folgt zusammen: An sich ergeben die Aktiva und die Passiva, wenn sie nicht zufällig gleich lauten, ungleiche Summen: entweder überwiegen die Aktiva oder die Passiva. Die Kaufleute schaffen aber die Ungleichheit fort, indem sie die Ueberschußsumme an die Posten der kleineren Seite als letzten fingirten Posten anreihen. So betragen z. B. in der Bilanz oben § 3c die Aktiva 860 000 M., die Passiva, wie eine Zusammenrechnung ergiebt, 830 000 M., der Ueberschuß der Aktiva also 30 000 M. Dieser Ueberschuß wird als letzter Posten den Passivposten hinzugefügt. Dann sind beide Seiten gleich groß.

Die hier in Rede stehende Gewinnziffer ist übrigens dieselbe, welche sich als Ergebniß der Gewinn- und Verlustrechnung ergiebt, da auch die letztere nicht nur die Ergebnisse des betreffenden Jahres registrirt, sondern als ersten Posten noch den Gewinn- oder Verlustvortrag aus der letzten Bilanz enthält (vergl. § 10 zu Art. 239 und Simon S. 500; Neukamp S. 150; Ring S. 622.) Die gegentheilige Ausführung von Gareis-Fuchsberger (S. 518 Note 436) ist verfehlt. (Gegen dieselbe ausführlich unsere 1. Aufl. S. 525.)

(Artikel 185b.)

Zur Deckung eines aus der Bilanz sich ergebenden Verlustes ist ein Reservefonds zu bilden; in denselben ist einzustellen:

1. von dem jährlichen Reingewinn mindestens der zwanzigste Theil so lange, als der Reservefonds den zehnten oder den im Gesellschaftsvertrage bestimmten höheren Theil des Gesammtkapitals nicht überschreitet;
2. der Gewinn, welcher bei Errichtung der Gesellschaft oder einer Erhöhung des Gesammtkapitals durch Ausgabe der Aktien für einen höheren als den Nominalbetrag erzielt wird.

Einleitung. **Der Artikel handelt von den Zwecken und der Bildung eines gesetzlichen Reservefonds.** Es muß aber zunächst die Natur und alsdann auch die Umwandlung desselben beleuchtet werden.

Ueber die Reservekonten überhaupt vergl. § 3 zu Art. 185c (Zur Litteratur vergl. besonders die vorzügliche Abhandlung von Neukamp in G.Z. 38 S. 10 ffg.)

§ 1. 1. **Die Natur des gesetzlichen Reservefonds.** Während im Art. 185a Ziffer 5 für die Erhaltung bezw. Neuansammlung von der Grundkapitalsziffer gleichkommenden Werthen dadurch gesorgt wird, daß ein der Grundkapitalsziffer gleichkommender Betrag in die Reservekonten oder Passiven eingestellt und dadurch der Vertheilung entzogen wird, ist hier für die Erhaltung weiteren Vermögens gesorgt, indem angeordnet wird, daß ein bestimmter Prozentsatz der erzielten Gewinne als gesetzliches Reservekonto κατ᾽ ἐξοχήν unter die sogenannten Passiva eingestellt und dadurch ebenfalls der Vertheilung entzogen wird. Verwendet soll dieses in guten Geschäftsjahren gebildete Reservekonto dazu werden, um in schlechten Jahren eine Unterbilanz auszugleichen. Alsdann soll dieses gesetzliche Reservekonto soweit gestrichen werden, als die Unterbilanz reicht. Dadurch wird die Unterbilanz beseitigt und die Aktionäre kommen dem Dividendenbezuge näher, weil sich nunmehr im nächsten Jahre leichter ein Bilanzüberschuß ergiebt, als wenn die Unterbilanz für das nächste Jahr vorgetragen würde.

Um den vom Gesetze intendirten Zweck zu erreichen, genügt die Bildung eines Reservekontos. Von der Bildung eines Reservefonds hätte besser nicht gesprochen werden sollen. Das Wort Fonds wird sonst nur von einem Komplex greifbarer und getrennt verwalteter Vermögensobjekte gebraucht. Daß aber ein dem Betrage des gesetzlichen Reservekontos entsprechender Theil der Gesellschaftsaktiva versilbert und besonders angelegt und verwaltet werden solle, das ist vom Gesetz nicht gewollt. Es war erwogen worden, ob man dies anordnen solle, aber man hat hiervon abgesehen (K.B. 25). Nur hätte man alsdann das Wort Fonds vermeiden sollen, weil es dem Irrthum Raum giebt, als sei auch ein entsprechender Theil der Aktiva als besonderer Fonds zu verwalten. Daß ein Fonds ein Passivum ist, ist nicht Jedem verständlich.

Andererseits ist es auch nicht richtig, wenn gesagt wird, der Reservefonds bestehe in einer bloßen Buchoperation. Denn die Einstellung unter die Reservekonten oder die Passiva hat gleichzeitig den realen Erfolg, daß ein entsprechender Theil von im Betriebe gewonnenen Aktiven von der Vertheilung unter die Aktionäre ausgeschlossen wird. Es wird also nicht bloß ein Reservekonto gebucht, sondern durch diese Buchung gleichzeitig bewirkt, daß in dem betreffenden Jahre um soviel weniger vertheilt wird.

Eine ganz andere, hiervon unabhängige, nach selbstständigen Grundsätzen zu beantwortende Frage ist es, ob es sich im Einzelfalle im Interesse der Gesellschaft empfiehlt, einen ebenso großen Theil der Gesellschaftswerthe, wie er auf solche Weise der Vertheilung entzogen ist, in getrennte Verwaltung zu nehmen, z. B. eine entsprechende Summe in Werthpapieren anzulegen und von der Verwendung im Geschäftsbetriebe fernzuhalten. Das liegt im Ermessen der Gesellschaftsorgane, ist Sache ihrer Verwaltungspflichten (K.B. 25; Neukamp in G.Z. 38 S. 89). Bei Industriegesellschaften, wo möglichst alle Mittel parat sein müssen, wird eine Anlegung meist dem Gesellschaftsinteresse widersprechen. Wo besondere Anlegung und Nichtverwendung im Geschäftsbetriebe nicht angeordnet ist, da kann der durch Zuführung zum Reservekonto bei der Bilanzfeststellung von der Vertheilung ausgeschlossene Theil des Gesellschaftsvermögens im Laufe des Geschäftsjahres beliebig zu den Zwecken des Geschäftes verwandt werden, „im Geschäfte arbeiten" (O.L.G. Dresden in G.Z. 35 S. 238).

Ist eine Anlegung in zinstragenden Papieren erfolgt, so sind die Zinsen Gesellschaftsgewinn und es versteht sich keinesfalls von selbst, daß die Zinsen dem Reservekonto zufließen, d. h. ein der Höhe der aufgelaufenen Zinsen gleichkommender Betrag am Schlusse des Jahres dem Reservekonto zugeschrieben und gleichfalls der Vertheilung entzogen wird. Die Statuten können dies anordnen (K.B. 25).

2. **Zweck und Bildung des gesetzlichen Reservekontos.** Das ist der eigentliche Gegenstand des vorliegenden Artikels. § 2.

a) **Der Zweck des gesetzlichen Reservekontos** ist die Deckung eines aus der Bilanz sich ergebenden Verlustes. Diesem Zwecke ist das Reservekonto ausschließlich und obligatorisch gewidmet.

α) Ausschließlich darf das gesetzliche Reservekonto verwandt werden zur Deckung eines Bilanzverlustes: es darf lediglich dann wieder gekürzt oder gestrichen werden, wenn dies erforderlich ist, um eine Unterbilanz auszugleichen. Der Erfolg ist dann der, daß im nächsten Jahre sich leichter ein Bilanzüberschuß erwarten läßt. Aber nur eine Unterbilanz, nicht ein Geschäftsverlust im Laufe des Jahres darf in dieser Weise ausgeglichen werden. Ist z. B. im Laufe des Jahres ein Kessel explodirt, ohne daß durch den hierdurch entstandenen Schaden eine Unterbilanz sich ergeben hätte, so kann das Reservekonto zur Deckung dieses Verlustes nicht verwendet werden (Neukamp in G.Z. 38 S. 92; Cosack S. 605). Auf welche Weise die Deckung der Unterbilanz aus dem Reservekonto bilanzmäßig zum Ausdruck gebracht wird, ob so, daß der Verlust zunächst angegeben und alsdann vermerkt wird, daß er durch entsprechende Streichung des Reservekontos gedeckt werden soll, oder so, daß er bereits gedeckt erscheint, soll nach Petersen u. Pechmann S. 204 gleichgültig sein. Das erachten wir aber nicht für richtig. Nach Art. 185a Ziffer 6 muß der Jahresverlust, zu dessen Deckung nach Art. 185c der Reservefonds bestimmt ist, besonders in die Erscheinung treten (vergl. Simon S. 135; Ring Anm. 6).

β) Obligatorisch ist diese Verwendungsart. Das Gesetz bestimmt sie und dadurch wird sie obligatorisch, d. h. die Aktionäre haben ein Recht darauf, daß das Reservekonto in dieser Weise verwendet, daß eine Unterbilanz so ausgeglichen werde, damit sie dem Dividendenbezuge näher kommen. Sollte die Generalversammlung hiergegen verstoßen, z. B. die Unterbilanz unausgeglichen lassen oder zur Ausgleichung ein anderes als das gesetzliche Reservekonto verwenden, so ist der Beschluß ungültig und anfechtbar, wird aber durch unterlassene Anfechtung gültig (Petersen u. Pechmann S. 204; Neukamp in G.Z. 38 S. 92; Simon S. 136; Förtsch Anm. 3; anders Ring Anm. 6). § 3.

b) **Die Bildung des gesetzlichen Reservekontos.** Seine Bestandtheile sind die in Ziffer 1—2 aufgezählten. § 4.

Ziffer 1. Es sind ihm zuzuführen 5 Prozent des jährlichen Reingewinns, solange, als das Reservekonto 10 Prozent des Gesammtkapitals nicht übersteigt.

Das Statut kann aber eine höhere Quote anordnen, sowohl der zuzuführenden Summe, als der Höhe des Reservekontos.

α) 5 Prozent des jährlichen Reingewinns. Unter dem jährlichen Reingewinn ist der am Schlusse der Bilanz sich ergebende Ueberschuß der Aktiva über die Passiva zu verstehen. Die Praxis der Aktiengesellschaften zieht hiervon zunächst den Gewinnvortrag des Vorjahrs ab, ehe sie die 5 Prozent berechnet, und in der Theorie wird diese Praxis gebilligt (Esser Anm. 1; Hergenhahn S. 197; Petersen u. Pechmann S. 202), jedoch mit Unrecht. Unter dem jährlichen Reingewinn kann füglich nichts Anderes verstanden werden, als was das Gesetz in den unmittelbar vorangehenden Gesetzesworten (Art. 185a Ziffer 6) definirt hat. Auch kommt derselbe Ausdruck im Art. 217 vor und bedeutet dort zweifellos nichts Anderes als den bilanzmäßigen Gewinn. Wollte man unter dem jährlichen Reingewinn im Sinne des vorliegenden Artikels nur die Gewinnergebnisse des betreffenden Jahres verstehen und den Gewinnvortrag des Vorjahres deshalb unberücksichtigt lassen, weil er dazu nicht gehört, so müßte man konsequenter Weise auch den Verlustvortrag des Vorjahrs unberücksichtigt lassen und käme auf diese Weise zu einer Reservefondsdotirungspflicht auch in solchen Jahren, in denen die Bilanz keinen Gewinn ergiebt. (Zust. Ring Anm. 2; Förtsch Anm. 4).

Unter dem jährlichen Reingewinn ist daher zu verstehen das, was übrig bleibt nach Dotirung der unechten Reservekonten (Erneuerungsfonds, Delkrederefonds, soweit sie die Stelle von Abschreibungen ersetzen) und der anderen gesetzlichen Reservekonten: Schulden und Aktienkapital, dagegen ohne Rücksicht auf die Dotirung der freiwilligen Reservekonten (über die verschiedenen Reservekonten vergl. § 3 zu Art. 185c). Die Tantiemen sind vorher in Abzug zu bringen, weil sie den Charakter von Verwaltungskosten haben, auch dann, wenn sie als Quote des Reingewinns zu berechnen sind (Ring S. 528 u. 625; Neukamp in G.Z. 38 S. 17). Das Statut kann anders bestimmen.

Widersinnig ist es, den Reservefonds aus dem Grundkapital zu dotiren, wie dies bei Eisenbahngesellschaften vorgekommen ist. Zum Reservekonto verwendet können nur vorhandene Aktiva werden, nicht ein Passivposten der Bilanz und überdies ist das Aktienkapital-Reservekonto ein unveränderlicher Faktor der Bilanz.

Ebenso ist es widersinnig, — Petersen und Pechmann ventiliren dies im Anschluß an einen praktischen Fall — den für die Prioritätentilgung verwandten Betrag als gesetzliche Reserve in Ansatz zu bringen. Die Tilgung von Schulden ist zwar ein für die Gesellschaft sehr werthvoller Akt, indessen man vermehrt seine Güter damit nicht. Es ist das kein Gewinn, sondern ein Ausgleich, Gewinn nur dann, wenn und soweit hierbei Abzüge (Dekorts u. s. w.) erzielt werden.

Ist Reingewinn nicht erzielt, so unterbleibt die Dotirung des Reservekontos. Es braucht im nächsten Jahre, wenn in demselben Gewinn erzielt ist, nicht etwa um soviel mehr eingestellt zu werden.

Die Zuführung von 5 Prozent ist nicht blos gesetzliches Minimum, sondern auch gesetzliches Maximum, aber beides in verschiedenem Sinne. Unter das Minimum darf das Statut nicht heruntergehen, soweit liegt jus publicum vor; das Maximum dagegen darf überschritten werden, aber eben auch nur statutarisch, nicht durch einfachen Generalversammlungsbeschluß. Dieser wäre, wenn die Generalversammlung nicht etwa über den Reingewinn nach Gutdünken zu befinden hätte, ungesetzlich und daher anfechtbar, würde aber durch unterlassene Anfechtung gültig werden.

β) Bis das Reservekonto 10 Prozent des Gesammtkapitals beträgt. Unter dem Gesammtkapital ist das gezeichnete, nicht das eingezahlte zu verstehen (vergl. § 17 zu Art. 185a; O.L.G. Dresden in G.Z. 35 S. 238). Ist diese Grenze erreicht, so hört die Dotirung des Reservekontos auf. Wodurch diese Höhe erreicht ist, ist gleichgültig, ob durch Zuführung von Reingewinn oder von Emissionsagio. Wenn daher eine Aktiengesellschaft gleich bei der Gründung 10 Proz. des Aktienkapitals als Agio erzielt, so braucht eine weitere Dotirung von Gesetzeswegen nicht zu erfolgen. Weitere Zuführungen sind event. ungesetzlich und anfechtbar, wenn das Statut sie nicht anordnet (Simon S. 145; Neukamp S. 82). § 5.

Ziffer 2. Der Agiogewinn,[1]) d. h. derjenige Betrag der Einlage, der erzielt wird über den Nominalbetrag der Aktie. Derselbe fließt in den Reservefonds ohne Rücksicht auf seine Höhe und ohne Rücksicht auf die Höhe des gesetzlichen Reservekontos, also auch dann, wenn sich dasselbe bereits weit über die gesetzliche Höhe hinaus gefüllt hat. Abzuführen ist das volle Agio über 100 Proz. Auch die Stückzinsen, welche nach den Emissionsbedingungen von den Zeichnern neuer Aktien regelmäßig dann gefordert werden, wenn die letzteren im Laufe des Geschäftsjahres ausgegeben werden, aber doch an der Dividende des ganzen Jahres theilnehmen, gehören in den Reservefonds. Die Praxis verfährt allerdings anders. Allein auch die Stückzinsen sind zweifellos ein Gewinn, den die Gesellschaft dadurch erzielt, daß sie für die Aktien mehr als den Nominalbetrag erhält (vergl. § 4 zu Art. 215a; anders Ring Anm. 3, weil der Betrag „muthmaßlich" als Dividende zur Vertheilung gelangt). Wenn ferner allgemein angenommen wird (vergl. Esser Anm. 2; Neukamp in G.Z. 38 S. 76; Petersen und Pechmann S. 394), daß die Emissionskosten (Stempel, Provisionen, Gerichtskosten) abgehen und nur der um diese Kosten gekürzte Betrag dem Reservekonto zuzuführen ist, so entspricht dies zwar der Uebung der Aktiengesellschaften, aber nicht dem Gesetze. Nach dem Gesetze soll der durch Ausgabe über pari erzielte Gewinn abgeführt werden. Die Emissionskosten entstehen aber auch dann, wenn die Aktien zu 100 ausgegeben werden. Dadurch, daß sie zu 105 ausgegeben werden, werden daher volle 5 Proz. gewonnen. Bei der Gründung ist man denn auch darüber einig, daß die Gründungskosten nicht abgehen, bei der Emission muß dasselbe gelten. (Zust. Ring Anm. 3; abweichend Neukamp bei Holdheim II S. 339, dem nur zuzugeben ist, daß die hier vertretene Ansicht unter Umständen lediglich eine andere Buchung zur Folge hat, als die gegentheilige Ansicht.) Tantièmen kommen von dem Agiogewinn nicht in Abzug, wohl aber die Einkommensteuer, da dieselbe doch einmal von demselben gefordert wird (vergl. Note 1). Daß nur der von der Gesellschaft erzielte Gewinn dem Reservekonto zuzuschreiben ist und nicht der von dem Aktienübernehmer durch geschickte Verwerthung der Aktien erzielte, ist selbstverständlich. Mit seiner entgegengesetzten Ansicht steht Völderndorff S. 706 isolirt da. § 6.

3) **Die Umwandlung des gesetzlichen Reservefonds.** Hier sind die folgenden Grundsätze aufzustellen: § 7.

a) Soweit das gesetzliche Reservekonto auf gesetzlichem Gebote beruht, kann weder ein gewöhnlicher Generalversammlungsbeschluß, noch ein Statutenänderungsbeschluß dasselbe verkürzen, weder für die Folgezeit noch für die Vergangenheit. Daraus folgt: soweit das Reservekonto 10 Proz. des Aktienkapitals noch nicht übersteigt oder soweit es aus angesammeltem Agiogewinn besteht, ist es jeglicher statutarischer Einwirkung entzogen.

---

[1]) Ein eigentlicher Gewinn ist damit nicht gemeint. [Vergl. § 1 zu Art. 207; ferner Neukamp bei Holdheim 1892 S. 34 ffg.; Simon, die Einkommensteuer der A.G. S. 90 ffg.; Ring Anm. 3; anders das preußische Oberverwaltungsgericht vom 27. März 1893 in Reinick, die Entscheidungen des Oberverwaltungsgerichts in Staatssteuersachen Band I S. 292, auch mitgetheilt bei Holdheim II S. 251; ebenso die Urtheile desselben Gerichtshofes vom 31. Mai und 14. Juni 1893 (ebenda S. 316).]

§ 8. b) Soweit aber das Reservekonto auf Statutenbestimmungen beruht, kann dieselbe Rechtsquelle es wieder aufheben, und zwar nicht blos für die Folgezeit, sondern ein Statutenänderungsbeschluß kann auch bestimmen, daß das bisher auf Grund statutarischer Bestimmung angesammelte Reservekonto aufgehoben und entweder zu einem anderen Konto (Erneuerungs-, Delkrederekonto oder sonst) umgewandelt oder daß es gestrichen werde. Diejenige Rechtsquelle, die eine Anordnung treffen kann, kann sie auch aufheben, nicht blos für die Zukunft, sondern auch für die Vergangenheit. In gleicher Weise muß sich der Aktionär ja auch gefallen lassen, daß der Gegenstand des Unternehmens, also das Fundament der Betheiligung und der Gewinnvertheilung, per majora abgeändert werde. (Neukamp in G.Z. 38 S. 10 ffg.; R.G. 28 S. 45; Cosack S. 605; Förtsch Anm. 5; dagegen Ring Anm. 7.)

§ 9. c) Soweit endlich das gesetzliche Reservekonto auf einfachem Generalversammlungsbeschluß beruht, kann es durch einen ebensolchen Beschluß umgewandelt und gekürzt werden. Hätte z. B. eine Generalversammlung ohne Statutenänderung beschlossen, einen höheren als den gesetzlichen oder den statutarischen Betrag dem gesetzlichen Reservekonto zuzuführen — ein Beschluß, der nur dann zulässig wäre, wenn die Generalversammlung über den Reingewinn nach Gutdünken zu verfügen hätte, der aber auch sonst durch unterlassene Anfechtung gültig wird —, so kann eine spätere Generalversammlung durch einfachen Beschluß diesen Betrag dem Reservekonto entziehen. (Vergl. auch hierfür R.G. 28 S. 43; Neukamp in G.Z. 38 S. 113.

§ 10. **Zusatz. Aeltere Gesellschaften** sind den Bestimmungen des vorliegenden Artikels unterworfen. Entgegenstehende Bestimmungen älterer Statuten sind aufgehoben (§ 7 des Gesetzes).

(Artikel 185c.)

Nach erfolgter Genehmigung durch die Generalversammlung sind die Bilanz, sowie die Gewinn- und Verlustrechnung ohne Verzug von den persönlich haftenden Gesellschaftern in den hierzu bestimmten öffentlichen Blättern bekannt zu machen und zu dem Handelsregister einzureichen.

Im Uebrigen werden die Grundsätze, nach welchen die Bilanz aufzunehmen, Reservefonds zu bilden und anzulegen sind und die Prüfung der Bilanz zu erfolgen hat, durch den Gesellschaftsvertrag bestimmt.

Der Artikel enthält in Abs. 1 eine formelle Bestimmung über die Publikation der Bilanz, im Abs. 2 eine sehr wichtige materielle Schlußbestimmung über die Bilanz.

§ 1. 1. (Abs. 1.) **Die formelle Bestimmung über die Publikation** geht dahin, daß die Bilanz (nicht auch die Gewinn- und Verlust-Rechnung, die Bestimmungen über diese sind im Art. 239b, wenn auch in Folge eines Versehens, nicht für anwendbar erklärt, vergl. O.L.G. Hamburg in G.Z. 35 S. 249; anders Ring Anm. 2) nach erfolgter Genehmigung ordnungsmäßig zu publiciren und zu dem Handelsregister einzureichen ist. Diese Pflicht liegt dem Vorstande ob, zur Erfüllung derselben kann er durch den Handelsrichter mittelst Ordnungsstrafe angehalten werden (Art. 249g). Zur Einreichung der Belagsblätter über die erfolgte Publikation ist der Vorstand nach dem Wortlaut des Gesetzes nicht verpflichtet. Das Berliner Amtsgericht I erfordert trotzdem konstant die Einreichung der Belagsblätter. Von anderer Seite ist dies im Allgemeinen nicht für zulässig erklärt worden, sondern nur, wenn im konkreten Fall Grund zu der Annahme vorliegt, der Vorstand habe seiner Verpflichtung nicht genügt (Petersen und Pechmann). Die Anschauung des Berliner Handelsgerichts muß aber gebilligt werden. Die Aufgabe des Handelsgerichts ist es, in den gesetzlich hervorgehobenen Fällen darüber zu wachen, daß die Vorstände ihre gesetzlichen

Pflichten erfüllen. Es hat sie dazu durch Ordnungsstrafen anzuhalten. Seiner Ueberwachungspflicht kann der Registerrichter nicht wirksam genügen, wenn ihm zugemuthet wird, auf eigene Faust nachzuforschen, ob die Vorschrift befolgt sei oder nicht. Das steht weder mit der Stellung des Richters, noch mit der Natur der Ueberwachungspflicht im Einklang. Vielmehr ist demjenigen, der in Bezug auf die Erfüllung seiner Pflichten der Kontrole eines Anderen untersteht, implicite die Verpflichtung auferlegt, dem Kontrolberechtigten Rede und Antwort zu stehen über die Erfüllung der Pflicht und den Nachweis zu führen, daß die Pflicht erfüllt sei. Das ist ein Annexum der Hauptpflicht und deshalb bezieht sich das Recht der Ordnungsstrafe auch hierauf (vergl. O.L.G. Dresden in G.Z. 35 S. 238; Ring Anm. 2).

Die Einreichung erfolgt nur zum Gericht der Hauptniederlassung.

Wird die Bilanz nicht genehmigt, so braucht sie auch nicht publicirt zu werden (Birkenbihl bei Gruchot Band 35 S. 819).

Der Entlastungsbeschluß bedarf nicht der Publikation (K.B. 26). Auch ist der Geschäftsbericht nicht dem Gerichte einzureichen, sondern nur der Generalversammlung vorzulegen. Nur daß Letzteres geschehen sei, muß dem Registerrichter nachgewiesen werden. Wenn das Berliner Handelsgericht weiter geht und Einreichung des Geschäftsberichts zum Register verlangt, so ist dies nicht gerechtfertigt, es ist dies aber eine de lege ferenda empfehlenswerthe Bereicherung des Handelsregisters, da auf solche Weise die Entwicklung auch der wirthschaftlichen Verhältnisse der Gesellschaft den Interessenten offenbart wird.

2. (Abs. 2.) **Hier wird die sehr wichtige Bestimmung getroffen, daß im Uebrigen die Grundsätze, nach welchen die Bilanz aufgenommen, Reservefonds zu bilden und anzulegen sind und die Prüfung der Bilanz zu erfolgen hat, durch den Gesellschaftsvertrag bestimmt werden.** § 2.

a) **Die Grundsätze, nach welchen die Bilanz aufzunehmen ist, bestimmt im Uebrigen der Gesellschaftsvertrag.** Der Satz darf in Folge der Worte „im übrigen" nicht dahin aufgefaßt werden, als sei der Gesellschaftsvertrag an die Bewerthungsvorschriften der Art. 185a und 185b in aller und jeder Hinsicht gebunden. Vielmehr muß sorgfältig unterschieden werden, inwieweit die Vorschriften öffentlichrechtlichen Charakter haben. Insoweit sind sie unabänderlich, sonst unterliegen sie der Abänderung durch Statut. Insbesondere ist den Statuten unbenommen, noch geringere Bewerthungsgrundsätze aufzustellen, bestimmte Abschreibungsvorschriften zu geben, welche die an sich erforderliche Abschreibung überschreiten (vergl. § 1 zu Art. 185a). — Daraus folgt aber als Kehrseite der Medaille, daß derartige Ansätze unter dem Werth gültiger Weise nur vom Statut angeordnet werden können. Die einfache Generalversammlung hat bei Ansetzung der Bilanzposten Gesetz und Statut zu beachten und darf nicht willkürlich Aktiva unter ihrem Werth ansetzen. Allein wenn sie es dennoch thut, ist der Beschluß nur anfechtbar und wird durch unterlassene Anfechtung gültig. — Interessant und wichtig ist die Frage, ob Minderbewerthungen in künftigen Jahren rückgängig gemacht werden können, oder anders gestellt: ob die Gesellschaft an ihre Abschreibungen gebunden ist. Die Frage ist weder allgemein zu bejahen, noch allgemein zu verneinen. Vielmehr ist zu unterscheiden: Eine auf zwingender Gesetzesvorschrift beruhende Minderbewerthung kann durch die Willkür der Gesellschaft nicht aufgegeben werden, eine auf einer statutarischen Anordnung beruhende kann durch Statutenänderungsbeschluß aufgegeben werden, eine auf einfachem Generalversammlungsbeschluß beruhende wiederum durch einfachen Generalversammlungsbeschluß (aber dies natürlich nur bis zur gesetzlichen Bewerthungsgrenze des Art. 185a). Der solchergestalt erzielte Bilanzgewinn kann vertheilt werden (vergl. §§ 7 und 8 zu Art. 185b).[1] — Freiwillige Abschreibungen

[1] Für den Fall früheren Irrthums ist der gleichen Meinung R.G. 28 S. 55 und R.G. vom 15. 12. 1892 in J. W. 1893 S. 78 (auch citirt, aber kürzer bei Bolze 14 Nr. 494 f); ebenso Ring S. 617. Im Uebrigen will Ring die Heraufsetzung der abgeschriebenen Werthe nicht zulassen, weil in der Abschreibung ein Verzicht auf die Minderansetzung liege und die Freilassung der letzteren der Willkür

über das Bedürfniß hinaus nennt die Kaufmannswelt versteckte Reserven (vergl. unten § 4.)

§ 3. b) **Die Grundsätze, nach welchen Reservefonds zu bilden sind, bestimmt im übrigen der Gesellschaftsvertrag.** Zum richtigen Verständniß dieser Vorschrift muß zunächst darauf zurückgegriffen werden, daß die sogenannten Passiva der Bilanz durchweg Reservekonten sind. Sie enthalten die von der Vertheilung auszuschließenden, für die Gesellschaft erforderlichen Werthsbeträge (vergl. § 3 zu Art. 185a). Streng genommen gehören in diese Rubrik nicht diejenigen Posten, welche eigentlich als Abschreibungen, als Gegenposten gegen zu hohe Bewerthungen der Aktiva zu betrachten sind. Diese Posten enthalten nicht einen vorhandenen, aber von der Vertheilung auszuschließenden Werth, sondern sind nur die Korrektur einer zu hohen Werthsansetzung in der Rubrik der Aktiva. Man kann dieselben Korrektivposten oder unechte Reservekonten nennen. Dahin gehört normaler Weise der Erneuerungsfonds nach Art. 185a Ziffer 3; der Delkrederefonds als Gegenposten gegen voll angesetzte, in Wirklichkeit nicht unzweifelhafte Forderungen (R.G. 22 S. 162), ein Reservefonds wegen Unsicherheit der in Ansatz gebrachten Werthe (R.G. 4 S. 102 ffg.).

Diese uneigentlichen Reservekonten beruhen auf gesetzlicher Vorschrift, nicht auf derjenigen, welche von den gesetzlichen Reservekonten handelt, sondern schon auf derjenigen, welche von der richtigen Bewerthung der Aktiva handelt.

Das Statut kann hier keine Abweichungen treffen, d. h. es kann nicht anordnen, daß die Bildung solcher Konten unterbleibe, außer wenn sie durch richtige Bewerthung der betreffenden Aktiva überflüssig werden.

Zu unterscheiden von diesen unechten Reservekonten sind die echten. Diese deuten in Wahrheit an, wieviel von den wirklich vorhandenen Werthen von der Vertheilung unter die Aktionäre auszuschließen und im Vermögensbestande der Gesellschaft zu reserviren ist.

Die Quelle der Bildung dieser echten Reservekonten ist entweder das Gesetz oder das Statut.

Auf dem Gesetz beruhen drei echte Reservekonten: Die Schulden, die Einstellung der Grundkapitalsziffer und die Einstellung des sogenannten gesetzlichen Reservefonds *κατ᾽ ἐξοχήν*.

Die letzten beiden sind ausdrücklich angeordnet, die Bildung des ersten Reservekontos, der Schulden, ist so selbstverständlich und naturgemäß, daß das Gesetz hierüber keinen besonderen Ausspruch zu thun brauchte.

Das Statut kann auch in dieser Hinsicht nichts ändern, kann von der Bildung dieser Reservekonten nicht abstehen, da sie auf jus publicum beruht.

Dagegen kann das Statut, wie der vorliegende Artikel sagt, im Uebrigen die Grundsätze aufstellen, nach welchen Reservefonds zu bilden sind. Darin liegt zweierlei:

α. Das Statut hat diese Macht. *β*. Nur das Statut hat diese Macht.

§ 4. *α*) Das Statut kann die Bildung beliebiger Reservekonten anordnen. Es kann den Aktionären nicht verwehrt werden, durch statutarische Vereinbarung

---

die Bahn öffnen würde. Indessen haben die freiwillige Abschreibung und das freiwillige Reservekonto materiell durchaus die gleiche Bedeutung, sodaß die Kaufleute mit Recht die erstere mit versteckter Reserve bezeichnen. Ein Verzicht liegt bei jener ebensowenig vor, wie bei den freiwilligen Reservekonten und die Willkür in der Ansetzung und Absetzung ist bei beiden gleich groß und gleich berechtigt. Das Reichsgericht (28 S. 55) spricht, wenn auch unsicher, die gleiche Meinung wie Ring aus, weil die Kontinuität der Bilanzwahrheit entspreche. Allein das Prinzip der Bilanzwahrheit ist durchbrochen durch die Zulassung von Minderbewerthungen. Diese stellen im Grunde genommen eine Bilanzunwahrheit dar. Und nun soll es die Bilanzwahrheit erfordern, daß die Unwahrheit kontinuirlich beibehalten wird? Und es sollte nicht statthaft sein, zur Wahrheit zurückzukehren, obwohl die Rückkehr zur Wahrheit sich in den gesetzlichen Bewerthungsgrenzen bewegt? (Ausführlich hierüber Staub bei Holdheim II S. 365.)

einen beliebigen Theil des Gesellschaftsvermögens von der Vertheilung auszuschließen. Auf Seiten der Aktionäre liegt darin ein Verzicht auf Vertheilung von Gesellschaftsgewinn, eine Ermäßigung des abstrakten Dividendenrechts, den Gesellschaftsgläubigern kann dies nur willkommen sein, da die Kreditbasis der Gesellschaft dadurch verstärkt wird. Das öffentliche Recht ist daher nicht interessirt. Die Statuten können demach beliebige Reservekonten anordnen: Spezialreserven für bestimmte Zwecke, Extrareserven für außerordentliche Verluste, Arbeiterunterstützungsreserven, Dividendenergänzungskonto [1]), Delkrederekonto und Erneuerungskonto über das wahre Bedürfniß hinaus. — Derartige Dotirungen von unechten Reservekonten über das Bedürfniß hinaus nennt man versteckte Reserven (vergl. § 2); der unbefangene, nicht eingeweihte Betrachter hält sie für bloße Korrektivposten, in Wahrheit sind sie mehr als das. — Insbesondere steht auch nichts entgegen, daß die Statuten einen sogenannten Dispositionsfonds des Aufsichtsraths als Reservekonto anordnen, was das Kammergericht bei Johow 8 S. 12 mit Unrecht verneint hat (vergl. § 6 zu Art. 209a).

Eine solche statutarische Anordnung liegt übrigens auch schon in der Bestimmung, daß die Generalversammlung den Gewinn nach Gutdünken vertheilen, nach ihrem Gutdünken Reservekonten bilden kann.

β) Nur das Statut kann die Bildung von anderen als gesetzlichen Reservekonten anordnen. Zwar kann die Generalversammlung über die Vertheilung des Gewinns Beschluß fassen. Aber wenn ihr dabei durch das Statut nicht freigestellt ist, nach Gutdünken zu verfahren, so muß sie nach gesetzlicher Vorschrift verfahren; sonst verfährt sie ungesetzlich und ihr Beschluß unterliegt der Anfechtung. § 5.

Allein durch unterlassene Anfechtung wird solcher Beschluß der Generalversammlung gültig und deshalb kann eine Dotirung von freiwilligen Reservekonten auch auf Generalversammlungsbeschluß beruhen (vergl. § 4 zu Art. 239a).

Was die Umwandlung von freiwilligen Reservekonten betrifft, so gilt hier dasselbe, was im §§ 7—9 zu Art. 185b entwickelt ist. Ein auf statutarischer Anordnung beruhendes Reservekonto kann durch statutarische Anordnung umgewandelt und auch gestrichen werden, ein auf Generalversammlungsbeschluß beruhendes Reservekonto durch einfachen Generalversammlungsbeschluß (Neukamp in G.Z. 38 S. 113; Cosack S. 605). § 6.

c) **Die Grundsätze, nach denen Reservefonds anzulegen sind, bestimmt der Gesellschaftsvertrag.** Vergl. § 1 zu Art. 185b. § 7.

d) **Die Grundsätze, nach denen die Prüfung der Bilanz zu erfolgen hat, bestimmt im Uebrigen der Gesellschaftsvertrag.** Vergl. hierüber zu Art. 239a. § 8.

Artikel 240.

Erreicht der Verlust, welcher aus der Jahresbilanz oder einer im Laufe des Geschäftsjahres aufgestellten Bilanz sich ergiebt, die Hälfte des Grundkapitals, so muß der Vorstand unverzüglich die Generalversammlung berufen und dieser davon Anzeige machen.

Sobald Zahlungsunfähigkeit der Gesellschaft eintritt, muß der Vorstand die Eröffnung des Konkurses beantragen; dasselbe gilt, wenn aus der Jahresbilanz oder

[1]) Vergl. über diesen § 6 zu Art. 217. Verschieden hiervon ist das Dividendenkonto für fällige, aber noch nicht abgehobene Dividenden. Die letzteren sind wirkliche Schulden.

einer im Laufe des Geschäftsjahres aufgestellten Bilanz sich ergiebt, daß das Vermögen nicht mehr die Schulden deckt.

Einleitung. **Der Artikel normirt die Pflichten des Vorstandes bei eintretenden Schwierigkeiten der Gesellschaftsverhältnisse.** Dabei hat Abs. 1 das Interesse der Aktionäre, Abs. 2 das Interesse der Gesellschaftsgläubiger im Auge.

§ 1. 1. (Abs. 1.) **Im Interesse der Aktionäre ist angeordnet, daß der Vorstand einen Bilanzverlust in Höhe der Hälfte der Grundkapitalsziffer unverzüglich der Generalversammlung anzeigen muß.**

a) Die Jahresbilanz oder eine sonstige im Laufe des Geschäftsjahres aufgestellte Bilanz muß den Verlust ergeben haben. Aus welchem Anlaß die Zwischenbilanz aufgestellt ist, ist gleichgültig. Eine gesetzliche Verpflichtung zu Zwischenbilanzen, etwa Semestralbilanzen, besteht nicht. Sie können statutarisch angeordnet, auch von der Generalversammlung oder dem Aufsichtsrath kraft seiner statutarischen Befugnisse gefordert oder aus eigener Initiative des Vorstandes aufgestellt sein.

§ 2. b) Ein bilanzmäßiger Verlust muß vorhanden sein. Ein Geschäftsverlust im Laufe des Jahres ist gleichgültig, wenn der Saldo der Bilanz keinen Verlust in der hier gemeinten Höhe ergeben hat.

§ 3. c) Der Bilanzverlust muß ziffermäßig so viel betragen, als die Hälfte der Ziffer des Grundkapitals beträgt, d. h. des gezeichneten, nicht etwa des eingezahlten Grundkapitals (Ring Anm. 1; Lippold in Busch Archiv 30 S. 244). Alsdann ist der Verlust so erheblich, daß die Aktionäre davon verständigt werden müssen, um zu berathen, was nun geschehen soll.

§ 4. d) Der Vorstand hat diese Verpflichtung, d. h. der Vorstand in seiner Gesammtheit, oder vielmehr in derjenigen Zusammensetzung, in welcher er zur Geschäftsführung befugt ist, doch muß jedes Mitglied auf die Erfüllung dieser Pflicht hinwirken und nöthigenfalls dem Aufsichtsrath davon Anzeige machen, da auch dieser die Verpflichtung hat, über die Erfüllung dieser Pflicht zu wachen. (Auf Grund des Art. 225 Abs. 2.)

§ 5. e) Der Vorstand muß. Er ist dazu verpflichtet und kann durch Ordnungsstrafe zur Erfüllung dieser Pflicht angehalten werden (Art. 249g). Außerdem ist er für Erfüllung dieser Pflicht civilrechtlich haftbar (Art. 241), jedoch nicht strafrechtlich.

§ 6. f) Das Statut kann den Vorstand von dieser Verpflichtung nicht befreien. Wenn auch die Vorschrift nur im Interesse der Aktionäre gegeben ist (vergl. die Einleitung) und an die Zuwiderhandlung eine Strafe nicht geknüpft ist, so folgt doch daraus nicht, daß die Bestimmung keinen öffentlichrechtlichen Charakter hat. Sie hat nur nicht eine so hohe Bedeutung, daß auch kriminelle Mittel am Platze erschienen.

§ 7. g) Die Generalversammlung muß unverzüglich berufen und ihr Anzeige gemacht werden. Aus Art. 238 folgt die fernere Verpflichtung, bei der Berufung den Zweck der Generalversammlung bekannt zu machen. Der Zweck ist aber die Anzeige. Eine Verhüllung oder Verschleierung dieses Zwecks, wenn auch in wohlmeinender Absicht, ist unstatthaft, und insbesondere entspricht die von Völderndorff (S. 711) vorgeschlagene Tagesordnung: „Berathung und Beschlußfassung über Beschaffung weiterer Mittel zum Betriebe des Unternehmens" nicht der gesetzlichen Vorschrift. Andrerseits wird mit der bloßen Anzeige des Bilanzverlustes wenig geholfen sein, da die Generalversammlung ohne vorherige Ankündigung sachliche Beschlüsse nicht fassen kann. Es wird sich daher empfehlen, daß der Vorstand gleichzeitig seine Vorschläge zur Abhilfe des Uebelstandes publicirt. Auch können die Aktionäre Anträge nach dieser Richtung zur Publikation anmelden (Art. 237).

§ 8. h) Die Generalversammlung nimmt die Anzeige entgegen und erörtert die einschlägigen Gesichtspunkte. Sachliche Beschlüsse kann sie aber, wie eben ausgeführt ist, nur dann fassen, wenn die Tagesordnung entsprechend publicirt ist. Sonst muß für eine neue Generalversammlung Sorge getragen werden. Ihre Maßnahmen können sehr verschiedenartig sein; Liquidation der Gesellschaft; Absetzung des Vorstandes; Aufnahme von Anleihen; Erhöhung des Grundkapitals; Herabsetzung desselben u. s. w.

2. (Abs. 2.) **Im Interesse der Gesellschaftsgläubiger ist hier angeordnet, daß der Vorstand bei eintretender Zahlungsunfähigkeit oder bei der aus einer Bilanz sich ergebenden Ueberschuldung die Konkurseröffnung beantragen muß.** § 9.

a) Die eine der alternativen Voraussetzungen der Konkursantragspflicht ist die Zahlungsunfähigkeit. Dieser Begriff ist civil- und strafrechtlich viel ventilirt und durch die Rechtsprechung wohl hinlänglich klargestellt. Die Zahlungsunfähigkeit ist das Fehlen bereiter Mittel zur Tilgung fälliger Schulden, doch so, daß sich dasselbe nach außen fühlbar gemacht hat (R.G. in Strafsachen 3 S. 195; 3 S. 294; 4 S. 61). Zahlungsunfähigkeit ist insbesondere anzunehmen, wenn Zahlungseinstellung vorliegt (§ 94 K.O.). Dies ist der Zustand, in welchem der Schuldner aufhört, seine fälligen Verbindlichkeiten in der Allgemeinheit zu erfüllen (R.G. 6 S. 95; R.G. in Strafsachen 14 S. 222).

b) Die andere der alternativen Voraussetzungen ist die Ueberschuldung, sofern sie sich aus der Jahres- oder aus einer Zwischenbilanz ergiebt. § 10.

α) Die Ueberschuldung. Sie ist vorhanden, wenn das Vermögen nicht mehr die Schulden deckt, wie dieser Artikel wörtlich sagt. Bei Feststellung dieses Begriffes ist von den für die Aktiengesellschaftsbilanz geltenden Vorschriften ganz und gar abzusehen. Man muß es gerade umgekehrt machen, wie jenes Gericht, als es über eine Aktiengesellschaft den Konkurs verhängte, weil nach ihrer normalen Geschäftsbilanz die Aktiva hinter den Passiven zurückblieben (vergl. § 3 zu Art. 185a, kommentirt hinter Art. 239b). Die Geschäftsbilanz der Aktiengesellschaft und der Saldo derselben hat mit dem Begriffe der Ueberschuldung nichts zu thun. Die regelmäßige Bilanz der Aktiengesellschaft wird nicht aufgestellt, um festzustellen, wieviel Vermögen und wieviel Schulden die Gesellschaft hat, sondern wieviel Werthe die Gesellschaft hat und wieviel an Werthen sie zu ihrem Gedeihen gebraucht. Es ist aber durchaus nicht blos der Betrag der Schulden, der zum Gedeihen der Gesellschaft und zum Schutze der Gläubiger zurückbehalten werden muß (vergl. § 3 zu Art. 185a). Und was die Aktiva betrifft, so erfolgt bei der normalen Geschäftsbilanz ihre Bewerthung von Gesetzeswegen nicht von dem Standpunkte aus, daß der wahre Werth und nur dieser zum Ansatz kommt, sondern wiederum vom Standpunkte der Vertheilungsfähigkeit (§ 5 zu Art. 185a).

Für die Feststellung der Ueberschuldung sind dagegen ganz andere Gesichtspunkte maßgebend. Gleichviel, ob die Aktiva sich zur Vertheilung unter die Aktionäre eignen oder nicht, soll hier nichts weiter festgestellt werden als die Frage: wieviel Geschäftsvermögen besitzt die Gesellschaft? und wieviel betragen ihre Schulden, ihre wirklichen Passiva?

Zum Vermögen gehören dabei alle Aktiva, bei nicht eingezahlten Aktien selbstverständlich auch die Forderungen auf die fehlenden Einzahlungen, was die Motive (I S. 360) noch besonders hervorheben. Zu bewerthen aber sind die Aktiva nach ihrem wahren Werthe. Der Buchwerth als solcher, den Petersen und Pechmann (S. 547, sowie Ring Anm. 3) zu Grunde legen wollen, ist gerade nicht maßgebend. Denn gebucht werden die Werthe vom Gesichtspunkte der Vertheilungsbilanz. Dort finden sich oft Abschreibungen weit über das Bedürfniß hinaus. Oft sind werthvolle Gegenstände auf 1 Mk. abgeschrieben. Auch die Bewerthungsvorschriften der Ziffern 1 und 2 des Art. 185a kommen nicht zur Anwendung. Diese Modifikationen des Grundsatzes von der Ansetzung des wahren Werthes stehen ebenfalls unter dem Zeichen der Vertheilungsfrage, um welche es sich hier nicht handelt. Würde z. B.

eine Gesellschaft einen so großen und nach dem zeitigen Marktpreise so werthvollen Waarenvorrath haben, daß ihre Schulden dadurch reichlich gedeckt werden können, so dürfte der Vorstand den Konkurs nicht anmelden, weil etwa unter Zugrundelegung des vielleicht außerordentlich niedrigen Herstellungspreises sich eine ziffermäßige Ueberschuldung ergiebt. Aber andererseits fällt auch die Konzession der Ziffer 3 des Art. 185a weg. Hier, wo es sich um die Frage der Ueberschuldung handelt, kommt nur der wahre Werth in Ansatz. Der Einwurf Rings, daß der wahre Werth sich aus der Bilanz nicht ergiebt, sodaß eine Ueberschuldung aus der Bilanz nach der diesseitigen Ansicht niemals ersichtlich wäre, ist nicht stichhaltig. Zunächst kann die Bilanz die wahren Werthe ohne weiteres ergeben, wenn es auch in Folge der gesetzlichen Maximalbewerthungsvorschriften und der freiwilligen Abschreibungen regelmäßig nicht der Fall sein wird. Aber das Gesetz darf auch nicht formalistisch dahin aufgefaßt werden, daß die Ueberschuldung aus den Ziffern der Bilanz unmittelbar in die Augen springen muß. Die Bilanz ergiebt die Ueberschuldung auch dann, wenn die in derselben enthaltene Zahlengruppirung in Verbindung mit sonstigen den Gesellschaftsorganen bekannten Momenten die Ueberschuldung erkennen läßt. (Zust. Neukamp S. 236; Förtsch Anm. 5).

Soviel die Aktiva betreffend.

Als Passiva kommt das in Betracht, was eigentlich allein so genannt werden dürfte: die Schulden, und nur diese. Was sonst in der Aktienbilanz auf der Passivseite steht, sind keine Schulden, sondern sind Beträge, welche der lebenden Gesellschaft aus irgend einem Grunde erhalten werden müssen. Die sämmtlichen übrigen Reservekonten, einschließlich der Grundkapitalsziffer, fallen also fort und bleiben außer Ansatz.

§ 11. c) Die hier aufgestellte Verpflichtung steht unter dem Präjudiz der Bestrafung (Art. 249c). Außerdem treffen den Vorstand selbstverständlich die civilrechtlichen Folgen jeder Pflichtverletzung.

§ 12. d) Die Jahresbilanz oder eine sonstige Bilanz muß auch hier die Ueberschuldung ergeben haben, um die Verpflichtung existent werden zu lassen. Eine sonst bekannt gewordene Ueberschuldung berechtigt wohl den Vorstand zum Konkursantrage nach § 193 K.O., verpflichtet ihn aber nicht dem Gesetze gegenüber.

§ 13. Zusatz 1. Der Konkursantrag kann nicht blos vom Vorstande gestellt werden, sondern auch von den Gläubigern der Gesellschaft, vom Einzelaktionär dann, wenn er wirklicher Gläubiger ist, z. B. wegen eines fälligen Dividendenanspruchs (vergl. § 4 zu Art. 216). Der Antrag kann nicht gestellt werden von der Generalversammlung (vergl. § 2 zu Art. 221; anders Ring Anm. 5, zust. Neukamp S. 238) oder dem Aufsichtsrath, diese können aber auf den Vorstand wirken, daß er den Antrag stelle. Der A.R. hat darüber zu wachen, daß der Vorstand ihn pflichtgemäß stelle.

§ 14. Zusatz 2. Auch eine in Liquidation befindliche Aktiengesellschaft kann in Konkurs gerathen (§ 193 K.O.). Vergl. Art. 242 § 5.

Artikel 241.

Die Mitglieder des Vorstandes sind aus den von ihnen im Namen der Gesellschaft vorgenommenen Rechtshandlungen Dritten gegenüber für die Verbindlichkeiten der Gesellschaft persönlich nicht verpflichtet.

Die Mitglieder des Vorstandes haben bei ihrer Geschäftsführung die Sorgfalt eines ordentlichen Geschäftsmannes anzuwenden.

Mitglieder, welche ihre Obliegenheiten verletzen, haften der Gesellschaft solidarisch für den dadurch entstandenen Schaden. Insbesondere sind sie in den Fällen des

Artikels 226 Ziffer 1 bis 5, sowie in dem Falle einer nach der Zahlungsunfähigkeit oder Ueberschuldnng der Gesellschaft (Art. 240 Abs. 2) geleisteten Zahlung zum Ersatze verpflichtet.

In den vorbezeichneten Fällen kann der Ersatzanspruch auch von den Gläubigern der Gesellschaft, soweit sie von dieser ihre Befriedigung nicht erlangen können, selbständig geltend gemacht werden. Die Ersatzpflicht wird ihnen gegenüber dadurch nicht aufgehoben, daß die Handlung auf einem Beschlusse der Generalversammlung beruht.

Die Ansprüche auf Grund der vorstehenden Bestimmungen verjähren in fünf Jahren.

Der Artikel trifft zunächst die Bestimmung, daß die Mitglieder des Vorstandes aus den Namens der Gesellschaft vorgesehenen Rechtshandlungen persönlich nicht verpflichtet sind (Abs. 1) **und regelt alsdann die Haftpflicht für ihre Handlungen gegenüber der Gesellschaft und den Gläubigern.** (Abs. 2—5.) Einleitung.

1. (Abs. 1.) **Die Bestimmung, daß die Mitglieder des Vorstandes aus den Namens der Gesellschaft vorgenommenen Rechtshandlungen persönlich nicht verpflichtet sind,** ergiebt sich ohne Weiteres als Konsequenz aus Art. 230. Sie ist ein Ausfluß des Princips der direkten Stellvertretung. Dabei ist jedoch zu beachten, daß sich diese Vorschrift nicht auf Delikte bezieht. Aus diesen haftet zwar nach allgemeinen Rechtsgrundsätzen auch die Gesellschaft, aber auch diejenigen Vorstandsmitglieder selbst, denen sie zur Last fallen (vergl. § 6 zu Art. 230 am Schlusse). § 1.

War das im Namen der Gesellschaft handelnde Vorstandsmitglied zu der fraglichen Rechtshandlung nicht oder nicht allein legitimirt, so haftet die Gesellschaft nicht, wohl aber das Vorstandsmitglied selbst als falsus procurator, und zwar sowohl auf Erfüllung, als auf Schadensersatz, weil die in Art. 55 und 298 ausgesprochenen Vorschriften nur Ausfluß eines allgemeinen Princips sind (R.G. 6 S. 214). Ob der Dritte den Mangel der Vertretungsmacht hat kennen müssen, ist gleichgültig (§ 8 zu Art. 55), ebenso kommt es darauf, ob auf Seiten des Pseudo-Stellvertreters ein schuldhaftes Verhalten vorliegt, nicht an (vergl. § 3 zu Art. 55; Bolze 10 Nr. 302 b). Durch nachträgliche Genehmigung wird der Mangel der Vertretungsvollmacht geheilt.

Die Vorschrift schließt selbverständlich nicht aus, daß ein Vorstandsmitglied sich ausdrücklich für eine Schuld der Gesellschaft verbindlich macht. Allein so weit geht seine Vollmacht nicht, daß es den jeweiligen Vorstand verbindlich machen könnte. Ist solche Vertragsbestimmung dennoch getroffen, so liegt in dem bloßen Eintritt in den Vorstand unter Kenntniß jener Bestimmung noch nicht die Uebernahme der Verpflichtung (O.L.G. Hamburg in G.Z 35 S. 247).

2. (Abs. 2—5.) **Haftung für mangelhafte Geschäftsführung.** Die Vorschriften sind den für den Aufsichtsrath gegebenen nachgebildet (Art. 226). Im Großen und Ganzen ist auf die dort gegebene Erläuterung zu verweisen. Im Einzelnen wird bemerkt: § 2.

a) **Abs. 2. Das Maß der Sorgfalt** ist das gleiche wie bei den Aufsichtsrathsmitgliedern. Es ist zu verweisen auf § 1 zu Art. 226, woselbst auch die Frage der Beweislast erörtert ist. Ueber letztere siehe außerdem R.G. 20 S. 269. Unzulässige Handlungen (sei es, daß sie dem Gesetz oder dem Statute oder einer zu befolgenden Anweisung der G.V. oder des A.R. widersprechen) verpflichten übrigens ohne Weiteres zum Schadensersatz, sonst ist zu untersuchen, ob die vorgeschriebene Sorgfalt prästirt ist. (Ring Anm. 4; Behrend S. 850.) Wenn in § 1 zu Art. 226 am Schlusse gesagt ist, daß jede Haftung ausgeschlossen ist, wenn das Handeln auf einem Beschlusse der Generalversammlung beruht, so ist hinsichtlich der Vorstandsmitglieder hinzuzufügen, daß jede Haftung auch dann ausgeschlossen ist, wenn das Handeln auf einer Weisung sonstiger Organe beruht, denen der Vorstand zu gehorsamen verpflichtet ist (Ring Anm. 7).

§ 3. b) **Absatz 3. Folgen der Pflichtverletzung im Allgemeinen und in besonders hervorgehobenen Fällen gegenüber der Gesellschaft.**

α) Die Folge der Pflichtverletzung im Allgemeinen ist die Schadensersatzpflicht gegenüber der Gesellschaft. Diese ist im Art. 226 nicht besonders hervorgehoben. Einen sachlichen Unterschied begründet dies nicht.

β) Hinsichtlich der besonders hervorgehobenen Fälle verweist dieser Artikel auf die in Art. 226 Ziffer 1—5 verzeichneten und fügt den Fall der Zahlung nach Insolvenz oder Insufficienz der Gesellschaft hinzu. Im Allgemeinen ist auch hier auf Art. 226 (§ 2) zu verweisen. Zu bemerken ist nur, daß hier die Ersatzpflicht nicht davon abhängig gemacht ist, daß die betreffenden Handlungen mit dem Wissen und ohne das Einschreiten der Vorstandsmitglieder erfolgt sind. Daraus folgt, daß nicht dieses Requisit zu Grunde zu legen ist, sondern das allgemeine Requisit, daß sie an jenen Manipulationen durch schuldhaftes Handeln oder Geschehenlassen schuld sind.

§ 4. c) **Absatz 4. Haftung den Gläubigern gegenüber.** Die Vorschrift deckt sich mit Abs. 3 des Art. 226 (vergl. daher § 8 daselbst).

§ 5. d) **Absatz 5. Verjährung.** Auch diese Vorschrift deckt sich mit Abs. 4 des Art. 226 (vergl. daher § 14 daselbst).

§ 6. **Zusatz. Haftung der Gesellschaftsorgane (Vorstand und Aufsichtsrath) Dritten gegenüber.** Nach Art. 226 u. 241 haften die Gesellschaftsorgane für den der Gesellschaft entstandenen Schaden nur der Gesellschaft, in einigen bestimmten Fällen auch den Gläubigern. (Die frühere Fassung des Art. 241 war weiter; vergl. R.O.H. 19 S. 181; R.G. 10 S. 79.) Daraus folgt:

1. Auch den Gläubigern haften die Gesellschaftsorgane nicht, wenn nicht einer der hervorgehobenen Fälle vorliegt, also z. B. nicht, wenn sie eine Unterschlagung schuldhaft passiren ließen oder gar selbst verübten (Cosack S. 634; Behrend § 126 Anm. 29), und auch in den bestimmten Fällen haften sie nur auf Auszahlung des Gesellschaftsschadens, nicht auf Erstattung etwaigen weiteren den Gläubigern erwachsenen Schadens (R.G. 22 S. 187).

2. Den Aktionären und Dritten haften die Gesellschaftsorgane für Verletzungen ihrer Pflichten gegen die Gesellschaft in keinem Falle. Mit ihnen stehen sie in keiner direkten Rechtsbeziehung. (R.O.H. 19 S. 179; R.G. 22 S. 133.)[1] Anders, wenn die ungehörige Geschäftsführung zugleich eine Pflichtverletzung dem Aktionär gegenüber enthielt. Das kann in mehrfacher Hinsicht der Fall sein, immer aber nur vom Gesichtspunkte außerkontraktlicher Haftung, sodaß hier lediglich die Grundsätze des bürgerlichen Rechts über außerkontraktlichen Schadensersatz Platz greifen. Diese sind durch Art. 226 u. 241 nicht beseitigt, denn dieselben regeln nur die Folgen der gegen die Gesellschaft begangenen Pflichtverletzung (vergl. Behrend § 126 Anm. 20; Ring S. 520). Hiernach muß eine dem Aktionär gegenüber begangene unerlaubte Handlung, ein gegen seine Rechtssphäre gerichteter rechtswidriger Eingriff vorliegen.[2] Das kann in der Weise der Fall sein, daß die Handlung ihm persönlich gegenüber begangen ist (z. B. falsche Auskunft auf eine an die Gesellschaft gerichtete Frage) oder dem Publikum gegenüber (z. B. Publikation falscher Jahresberichte oder Bilanzen). Für den durch solche unerlaubten Handlungen nachweislich erzeugten Schaden haften diejenigen Mitglieder der Organe, welche die Handlungen begangen haben.

---

[1] Auch nicht nach Beendigung der Liquidation (R.G. 28 S. 73), zu Unrecht vom R.G. (29 S. 1) dahin abgeschwächt, daß zu diesem Zeitpunkte ein solcher Regreßanspruch nur dann nicht besteht, wenn der Aktionär vorher in der Lage war, die Verfolgung des Schuldigen durch die Gesellschaft herbeizuführen.

[2] Nicht jede Handlung eines Menschen, durch welche in Folge irgend welcher Verkettung von Umständen einem Andern ein Schaden erwächst, erzeugt die Ersatzpflicht. So wird z. B., wenn der Vorstand schuldhafter Weise ein schlechtes Geschäft für die Gesellschaft macht und dadurch ein Kurssturz eintritt, der Vorstand darum nicht verpflichtet sein, einem hierdurch nervös gewordenen Aktionär seine Kurkosten zu ersetzen.

3. Nicht hierher gehörig sind die Fälle, in denen ein Mitglied eines Gesellschaftsorganes durch eine andere Handlung, die sich nicht als Akt der Geschäftsführung darstellt, einen Aktionär oder Dritten schädigt, z. B. durch dolose Anpreisung von Aktien (R.O.H. 19 S. 179).

Vierter Abschnitt.

Auflösung der Gesellschaft.

Artikel 242.

Die Aktiengesellschaft wird aufgelöst:

1. durch Ablauf der im Gesellschaftsvertrage bestimmten Zeit;
2. durch Beschluß der Generalversammlung; der Beschluß bedarf einer Mehrheit von drei Viertheilen des in der Generalversammlung vertretenen Grundkapitals. Der Gesellschaftsvertrag kann außer dieser Mehrheit noch andere Erfordernisse aufstellen;
3. durch Eröffnung des Konkurses.

Wenn die Auflösung einer Aktiengesellschaft aus anderen Gründen erfolgt, so finden die Bestimmungen dieses Abschnittes ebenfalls Anwendung.

I. **Allgemeines über den Begriff und die Folgen der Auflösung.** § 1.

1. Begriff der Auflösung. Auch hier ist, wie bei der offenen Handelsgesellschaft (§ 1 zu Art. 123), der Satz an die Spitze zu stellen: daß die Auflösung das nicht ist, was die Bezeichnung besagt. Der Ausdruck geht auch hier zu weit, indem er auf ein Aufhören der Rechtspersönlichkeit der Aktiengesellschaft hindeutet. In Wahrheit hört die Aktiengesellschaft nicht zu existiren auf, sondern sie hört nur auf, ihre bisherigen Existenzzwecke zu verfolgen. Wollte man andererseits sagen: sie höre nur auf, ein Handelsgewerbe oder ein Gewerbe zu betreiben, so würde man diejenige Aktiengesellschaft nicht treffen, welche kein Gewerbe betreibt. Das Betreiben eines Gewerbes gehört ja, anders als bei der offenen Handelsgesellschaft, nicht zum Wesen der Aktiengesellschaft. Der Begriff der Auflösung besteht also darin, daß die Aktiengesellschaft ihre bisherigen Existenzzwecke zu verfolgen aufhört und statt deren nur den einen Zweck verfolgt, zu liquidiren, d. h. das Vermögen zu versilbern, die Schulden zu bezahlen, den Ueberschuß zu vertheilen und so allmälig ihr Vermögenssubstrat und damit sich selbst zu vernichten. Die A.G. giebt ihre Existenz nicht auf, sondern verändert nur ihre Art: aus der irgend welchen Lebenszweck verfolgenden Aktiengesellschaft wird eine Liquidationsaktiengesellschaft, „ein Liquidationsverein auf Aktien", wie Gierke (Die Genossenschaftstheorie und die deutsche Rechtsprechung S. 885) sagt. Diese Liquidationsaktiengesellschaft besteht so lange, bis die Liquidation beendigt, d. h. jedes vermögensrechtliche Substrat beseitigt ist. Auch hier sollte man eher von einer in der Auflösung begriffenen, als von einer aufgelösten Gesellschaft sprechen (vergl. R.O.H. 19 S. 163; 19 S. 194; R.G. 3 S. 55; 15 S. 102; O.L.G. Dresden in G.Z. 37 S. 534; Ring Anm. 8.)

2. Die Folgen der Auflösung entsprechen dem eben entwickelten Begriffe derselben. Die Gesellschaft hört nicht zu existiren auf. Daher dauert ihre Organisation fort, nur daß ihre gesetzlichen Vertreter (jetzt Liquidatoren genannt) nicht mehr die unbeschränkte Vertretungsbefugniß haben, sondern nur die durch den veränderten und zusammengeschrumpften Zweck gebotenen Befugnisse. Ist der Konkurs der Grund der Auflösung oder während der Liquidation entstanden, so tritt die weitere Folge hinzu, daß der Konkursverwalter nach § 5 der Konkursordnung die Verfügung über das Vermögen überkommt. Dadurch werden die Befugnisse der Gesellschaftsorgane soweit zurückgedrängt, als die des Konkursverwalters reichen (vergl. unten § 5). Da die Aktiengesellschaft zu existiren nicht aufhört, so gelangen auch die mit ihr geschlossenen Verträge durch die Liquidation nicht schlechthin § 2.

zur Auflösung (R.G. 5 S. 7; 24 S. 70) und die nicht fälligen Leistungen werden nicht eo ipso fällig, abgesehen von besonderen Gründen (R.G. 9 S. 15). Der Eintritt in Liquidation bewirkt auch keine Firmenänderung im Sinne des Art. 25 H.G.B. und des § 5 Nr. 2 des Markenschutzgesetzes (R.G. 15 S. 105; R.G. 29 S. 68; weitere Citate in § 1 zu Art. 139). Die bestehenden Handlungsvollmachten erlöschen nicht ohne Weiteres (O.L.G. Dresden in Buschs Archiv 45 S. 361), wohl aber die bestehenden Prokuren (Art. 244a Abs. 2).

Die Folgen der einmal eingetretenen Auflösung können aber nicht wieder durch Fortsetzung der alten Gesellschaft, etwa durch Wiederaufnahme des Betriebes, aufgehoben werden. Zwar hat die Gesellschaft nicht aufgehört zu existiren, sie hat nur ihre Art, ihre Rechtsnatur verändert (vergl. oben § 1). Bei der offenen Handelsgesellschaft haben wir aus diesem Umstande die Möglichkeit der Fortsetzung der Gesellschaft durch Wiederaufnahme des Handelsbetriebes gefolgert (§ 1 zu Art. 123). Allein bei der A.G. muß anderes gelten. In dem Auflösungsbeschluß liegt der öffentliche Ausspruch der Gesellschaft, daß sie nicht länger im Verkehrsleben als Erwerbsgesellschaft auftreten könne oder wenigstens wolle. Der Wiedereintritt ins Verkehrsleben aber kann hier bei der A.G. nur geschehen unter Beobachtung derjenigen öffentlichrechtlichen Vorschriften, welche für die Entstehung einer Verkehrsaktiengesellschaft gegeben sind, d. h. der Gründungsvorschriften. Nur die Beobachtung dieser Vorschriften birgt die vom Gesetze zum Schutze des Publikums erforderte Gewähr in sich, daß die Gesellschaft, welche nach ihrem eigenen Ausspruche die Lebensbedingungen einer A.G. nicht mehr hatte, diese doch hat oder wiedergewonnen hat. Zu diesem Ergebnisse gelangt man auch von dem Gesichtspunkte aus, daß die G.V. der liquidirenden A.G. nicht Beschlüsse fassen kann, welche außerhalb des Rahmens der Liquidationsthätigkeit liegen. (Vergl. § 2 zu Art. 244). Und was überschritte mehr diesen Rahmen, als ein Beschluß, nicht mehr zu liquidiren, sondern wieder eine Erwerbsgesellschaft zu werden?

Im Ergebniß übereinstimmend Ring S. 646 mit weiteren Citaten; Förtsch Anm. 2.

§ 3. II. **Den Inhalt des vorstehenden Artikels bilden die Gründe der Auflösung.** Dabei zählt Abs. 1 bestimmte Auflösungsgründe auf, während Abs. 2 die Möglichkeit anderer Auflösungsgründe ausspricht.

1. (Abs. 1.) **Die drei benannten Auflösungsgründe.**

Ziffer 1. **Ablauf der im Gesellschaftsvertrage bestimmten Zeit.** Eine stillschweigende Fortsetzung der Gesellschaft giebt es hier nicht. Nach Ablauf der statutarischen Gesellschaftsdauer tritt die Auflösung von selbst ein (R.O.H. 14 S. 366.) Wollen die Aktionäre die Gesellschaft über die statutenmäßig vorgesehene Zeit fortsetzen, so müssen sie dies durch einen Statutenänderungsbeschluß in der Generalversammlung bestimmen, so lange die Gesellschaft noch nicht aufgelöst ist. Nach eingetretener Auflösung ist eine Fortsetzungsvereinbarung nicht mehr zulässig, sondern nur noch Neugründung. (Vergl. § 2).

Andererseits kann die Generalversammlung auch Verkürzung der statutenmäßigen Dauer beschließen, doch liegt darin nicht nur eine Statutenänderung, sondern auch ein auf Auflösung abzielender Beschluß, weshalb nach beiden Richtungen die gesetzlichen und statutarischen Erfordernisse des Beschlusses vorhanden sein müssen.

§ 4. Ziffer 2. **Beschluß der Generalversammlung.** Gesetzlich erfordert ist hierfür eine Mehrheit, welche $^3/_4$ des in der Generalversammlung vertretenen Grundkapitals repräsentirt. Der Gesellschaftsvertrag kann noch andere Erfordernisse aufstellen, nicht aber die Erfordernisse erleichtern. Ueber die Berechnung der Mehrheit und den Begriff des vertretenen Grundkapitals vergl. §§ 3 und 4 zu Art. 215. Wenn der Auflösungsbeschluß gleichzeitig eine Statutenänderung enthält (vergl. § 3), so müssen auch die Erfordernisse der Statutenänderung gewahrt sein.

§ 5. Ziffer 3. **Konkurs.** Derselbe hat ipso jure Auflösung der Gesellschaft zur Folge, d. h. er bewirkt ipso jure das Wegfallen jeder auf einen anderen Zweck gerichteten Thätigkeit und substituirt den alleinigen Zweck der Befriedigung der Gläubiger und der Vertheilung des Ueberschusses an die Aktionäre.

Verwaltung und Verfügung über das der Gesellschaft gehörige Vermögen gehen dabei (§ 5 der K.O.) auf den Verwalter über. Er hat hierbei die Organe der Gesellschaft nicht zu befragen, weder den Aufsichtsrath, noch die Generalversammlung. Auch den Aktionären gegenüber hat er die Forderungen der Gesellschaft auf rückständige Einlagen geltend zu machen. Es kann ihm nicht der Einwand gemacht werden, daß die Einzahlung ihrem Zwecke nicht mehr dienen könne, da die Gesellschaft die Verfolgung ihrer Zwecke aufgegeben habe. Denn einer der Hauptzwecke der Einlagen ist die Befriedigung der Gläubiger, und diese wird gerade durch den Verwalter intendirt (R.O.H. 19 S. 227; 20 S. 270). Nur muß der Konkursverwalter selbstverständlich den zahlenden Aktionären Aktienurkunden aushändigen. (R.O.H. 19 S. 233; Bolze 7 Nr. 643). Daß den Aktionären gegen die Einlagenforderung Kompensation mit ihren Forderungen verwehrt ist, ist schon nach früherem Recht angenommen worden (R.G. 6 S. 69) und vom neuen Aktiengesetze ausdrücklich angeordnet (Art. 184c.). Im Uebrigen ist der Aktionär zur Anmeldung von Forderungen (z. B. der festgestellten Dividenden; vergl. hierüber § 4 zu Art. 216) und zur Geltendmachung von Gegenforderungen nach allgemeinen Rechtsgrundsätzen berechtigt. Neben dem Konkursverwalter fungiren aber die Organe der Gesellschaft weiter: Liquidatoren, Aufsichtsrath und Generalversammlung. Die Gesellschaft ist gleichzeitig im Konkurse und in Liquidation, nur daß selbstverständlich die Aufgaben der Organe soweit zurückgedrängt sind, als die Aufgabe des Konkursverwalters reicht (R.G. 14 S. 418). Dennoch ist ihre Aufgabe nicht inhaltslos. Sie kommt in verschiedener Richtung zur Geltung. Es wird in dieser Beziehung verwiesen auf die §§ 101, 115, 132 Abs. 2, 123 K.O.; auf den Zwangsvergleich, der auch bei der Aktiengesellschaft möglich ist. (Warum sollte der Zwangsvergleich bei der Aktiengesellschaft nicht möglich sein? Gareis-Fuchsberger H. 874 Note 102 meinen, „weil es hier an einer Person mangelt, welche die Akkordverpflichtung auf ihr Vermögen übernehmen kann und dadurch die Ausantwortung der bisherigen Debitmasse erreicht". Dieser Ausspruch ist in dem Urtheil des R.O.H. 16 S. 285 enthalten, aber nicht in dem positiven Sinne, um damit die Unzulässigkeit des Akkordes bei der Aktiengesellschaft, die dort nicht in Frage stand, zu begründen. In Wahrheit trifft der Grund nicht zu. Die im Zustande der Auflösung befindliche Aktiengesellschaft ist vermöge ihrer fortbestehenden Organisation durchaus geeignet, die Akkordverpflichtung zu übernehmen und die Ausantwortung der Masse zu erreichen.) Nach Beendigung des Konkurses entfalten sich die Funktionen der Liquidatoren, des Aufsichtsraths und der Generalversammlung zu vollem gesetzlichen Umfange. Aber die Gesellschaft bleibt eine Liquidationsgesellschaft. Die Thatsache der eingetretenen Auflösung kann nicht ungeschehen gemacht werden, Das normale Leben der Aktiengesellschaft ist definitiv vernichtet, nur Neugründung ist noch möglich (vergl. § 2).

2. (Abs. 2.) **Von anderen Auflösungsgründen spricht das Gesetz, ohne sie zu benennen.** § 6.

a) Ein anderer Auflösungsgrund, den das Gesetz selbst anderweit nennt, ist die Fusion. Doch liegt hier mehr als Auflösung, nämlich Untergang der Gesellschaft vor (vergl. § 1 zu Art. 247).

b) Weitere Auflösungsgründe sind Entziehung der obrigkeitlichen Genehmigung, wenn dieselbe zur Existenz der Gesellschaft erforderlich ist, und sonstige Auflösung aus öffentlich-rechtlichen Gründen. In letzterer Beziehung ist zu verweisen auf Art. 12 § 5 des Preußischen Einführungsgesetzes, welcher in Kraft geblieben ist (vergl. Primker bei Endemann 1 S. 651). Danach kann eine Aktiengesellschaft, wenn sie sich rechtswidriger Handlungen oder Unterlassungen schuldig macht, durch welche das gemeine Wohl gefährdet wird, aufgelöst werden, und zwar durch gerichtliches Erkenntniß auf Betreiben der Verwaltungsbehörde. Durch den § 7.

Machtspruch der Verwaltungsbehörde und den Richterspruch ist in diesem Falle der Aktiengesellschaft unmöglich gemacht, ihre normale Existenz fortzusetzen. Sie ist im Sinne des Gesetzes aufgelöst und besteht nur noch als Liquidationsgesellschaft. Die Entziehung der Konzession zum Gewerbebetriebe ist aber ein Auflösungsgrund nicht (Neukamp S. 226 gegen unsere 1. Aufl.)

§ 8. c) Kein Auflösungsgrund ist die Vereinigung aller Aktien in einer Hand (R.G. 23 S. 202; Renaud Aktiengesellschaften S. 822; Gareis, Das deutsche Handelsrecht, 8. Aufl. S. 314; Petersen und Pechmann S. 559, vergl. auch den Fall in R.G. 22 S. 116; anders Ring Anm. 5). Es liegt kein Grund vor, daß die selbstständige Rechtspersönlichkeit der Aktiengesellschaft dadurch aufhören sollte. Es wird zwar geltend gemacht, daß die Organisation der Gesellschaft beseitigt sei, da der Aufsichtsrath zu funktioniren aufhöre. Allein einmal ist das nicht unbedingt richtig, da ja gesetzlich der Aufsichtsrath aus Aktionären nicht zu bestehen braucht. Im Uebrigen gehört die Organisation nicht derart zum Wesen der juristischen Person, daß ihre zeitweilige Zerstörung die juristische Persönlichkeit für immer vernichtete. Es liegt dann weiter nichts vor, als daß die juristische Person zeitweilig ohne Willenslenker besteht, wie wenn ein unmündiges Kind zur Zeit keinen Vormund hätte. Auf die Rechtspersönlichkeit hat dies keinen Einfluß (vergl. Art. 249c).

§ 9. d) Mehr als Auflösungsgrund ist die Amortisation sämmtlicher Aktien (Art. 215d). In dieser liegt nicht blos die Auflösung, sondern der Untergang der Gesellschaft, ein Unterschied, den Hahn (I S. 664) zutreffend hervorhebt und Petersen u. Pechmann (S. 560) mit Unrecht leugnen. Durch den Rückkauf sämmtlicher Aktien hört nicht blos die normale Geschäftsthätigkeit der Aktiengesellschaft und nicht blos ihre Organisation zeitweilig auf, sondern es ist auch gar nicht möglich, daß eine Organisation sich wieder bildet. Die juristische Person entbehrt nicht blos momentan der Leitung, sondern es fehlt ihr überhaupt das persönliche Substrat. So selbstständig sie auch ist, so besteht sie doch nur durch Personen und um der Personen willen, die ihre Mitglieder bilden. Besteht nach Aufhören jeder Mitgliedschaft noch Vermögen, so ist dies herrenloses Gut. Es tritt dann keine Liquidation der Gesellschaft, sondern die Verwaltung herrenlosen Gutes durch die hierzu legitimirten Personen oder Behörden ein.

§ 10. e) Daß in Beschlüssen anderen Inhalts unter Umständen implicite eine Auflösung der Gesellschaft zu finden ist, wird mit Unrecht auf Grund der Entscheidung des Reichsgerichts Bd. 7 S. 70 angenommen. Dort hat das Reichsgericht gesagt, daß durch die Verlegung des Sitzes in das Ausland die Gesellschaft ihre im Inlande anerkannte Rechtspersönlichkeit verliert und dieser Beschluß daher die Wirkungen der Auflösung hat. Allein ein solcher Beschluß hat nicht, wie das R.G. formulirt, die Wirkungen, sondern die Voraussetzungen des Auflösungsbeschlusses, und alsdann selbstverständlich auch die Wirkungen. Denn zum Wesen der A.G. gehört, daß sie einen Sitz im Inlande habe (Art. 209 u. § 6 dazu). Will sie den Sitz im Inlande aufgeben, so will sie damit ihre Eigenschaft als inländische A.G. aufgeben. Das kann nur im Wege der Auflösung und Liquidation geschehen, bei welcher allerdings auch statt der Vertheilung des Vermögens die Uebertragung desselben auf eine andere A.G., und sei dies eine ausländische, beschlossen werden kann (vergl. § 4 zu Art. 245). Zu den Voraussetzungen eines Auflösungsbeschlusses aber gehört vor Allem auch eine Fassung, die deutlich den Willen dokumentirt, aufzulösen und zu liquidiren. Ein bloßer Sitzverlegungsbeschluß entbehrt nun aber dieser Deutlichkeit; denn eher scheint derselbe auf den Willen hinzudeuten, nicht aufzulösen, nicht zu liquidiren und keine neue Gesellschaft im Auslande zu gründen, sondern einfach die hiesige Gesellschaft als identisches Rechtssubjekt in das Ausland zu übertragen. Gerade das aber ist nicht möglich (dies auch gegen Neukamp S. 225). Ein einfacher Beschluß auf Verlegung des Sitzes ins Ausland hat daher nicht die Wirkungen der Auflösung, sondern ist wirkungslos; um den beabsichtigten gleichen wirthschaftlichen Zweck zu erreichen, muß die Auflösung rite beschlossen werden.

f) Der einzelne Aktionär oder eine irgendwie qualificirte Minderheit hat kein Recht, die Auflösung zu verlangen. Es war im Entwurf geplant, einer qualificirten Minderheit das Recht zu gewähren, dieser Plan ist aber schon im zweiten Entwurf auf Grund der allgemein verurtheilenden Kritik aufgegeben worden (Motive II S. 240; Ring Anm. 7). § 11.

g) Der einzelne Aktionär hat auch kein Recht auf eigene Abschichtung. Will er in der Gesellschaft nicht verbleiben, so mag er seinen Antheil veräußern. Will oder kann er auch dies nicht, so muß er auf das Zustandekommen eines Auflösungsbeschlusses in der Generalversammlung hinwirken. § 12.

Artikel 243.

Die Auflösung der Gesellschaft muß, wenn sie nicht eine Folge des eröffneten Konkurses ist, durch den Vorstand zur Eintragung in das Handelsregister (Art. 210, 212) angemeldet werden; sie muß zu drei verschiedenen Malen durch die hierzu bestimmten öffentlichen Blätter bekannt gemacht werden.

Durch diese Bekanntmachung müssen zugleich die Gläubiger aufgefordert werden, sich bei der Gesellschaft zu melden.

Der Artikel ordnet an die Anmeldung der Gesellschaftsauflösung zur Eintragung, die Publikation in öffentlichen Blättern und die Aufforderung an die Gläubiger, sich zu melden. Einleitung.

1. **Die Anmeldung zur Eintragung in das Handelsregister.** § 1.

a) Die Eintragung gehört regelmäßig nicht zur Gültigkeit des Auflösungsbeschlusses. Das ist das Erste, was hier betont werden muß, insbesondere gegenüber Gareis-Fuchsberger (S. 537 Note 471), welche der Bemerkung, daß der Auflösungsgrund einzutragen sei, die Parenthese hinzufügen: „(Nichtigkeit des Generalversammlungsbeschlusses ohne Registrirung im Handelsregister Art. 214)." Es ist hier nicht, wie in Art. 214, die Gültigkeit von der Eintragung abhängig gemacht. Nur wenn in dem Auflösungsbeschlusse zugleich eine Statutenänderung liegt, also z. B. bei Verkürzung der statutenmäßigen Gesellschaftsdauer, muß außerdem der Vorschrift des Art. 214 gemäß die Eintragung erfolgen, damit der Beschluß gültig werde. (Zust. Ring Anm. 2; Förtsch Anm. 2.)

b) Die Anmeldung liegt dem Vorstande ob, d. h. in derjenigen Zusammensetzung, in welcher ihm die Vertretung der Gesellschaft zusteht (vergl. § 2 zu Art. 228; § 2 zu Art. 233). Er kann durch Ordnungsstrafen zu dieser Anmeldung angehalten werden. § 2.

c) Die Anmeldung erfolgt bei dem Gerichte der Hauptniederlassung und auch der Zweigniederlassungen, wie aus der Bezugnahme des Art. 212 hervorgeht. § 3.

d) Das Handelsgericht hat die Eintragung zu publiciren (Art. 13). § 4.

2. **Die Auflösung muß durch die Gesellschaft publicirt werden**, also neben der eben erwähnten Publikation durch das Handelsgericht. Auch hierzu kann der Vorstand durch Ordnungsstrafen angehalten werden (Art. 249g). § 5.

3. **Außerdem müssen hierbei gleichzeitig die Gläubiger aufgefordert werden, sich zu melden.** Damit wird bezweckt, die Gläubiger zur Wahrung ihrer Rechte zu veranlassen und die Gesellschaftsorgane in den Stand zu setzen, den Umfang der Ansprüche zu ermitteln (R.O.H. 24 S. 254). Zu dieser Aufforderung kann der Vorstand durch Ordnungsstrafen nicht angehalten werden, da Art. 249g nur den Abs. 1 citirt. (Anders Ring Anm. 1; auch unsere 1. Aufl.) § 6.

Zusatz 1. **Die Bedeutung der Eintragung liegt darin**, daß die Gesellschaftsauflösung dem Dritten nur entgegengesetzt werden kann, wenn sie eingetragen ist (Art. 233). Dabei ist aber nur die Eintragung am Gesellschaftssitze maßgebend. § 7.

§ 8. **Zusatz 2. Alles Vorstehende ist angeordnet für diejenigen Fälle der Auflösung, die nicht auf der Konkurseröffnung beruhen. Für den Fall des Konkurses** greift die Bestimmung des § 104 der Konkursordnung Platz. Danach hat der Gerichtsschreiber die Formel des Eröffnungsbeschlusses unter Bezeichnung des Konkursverwalters dem Registerrichter mitzutheilen. Das weitere Verfahren richtet sich nach Landesrecht. In Preußen (§ 13 Ausf.Ges. zur K.O.) ist angeordnet, daß alsdann die Eintragung der Auflösung von Amtswegen erfolgt; von Reichswegen ist dies nicht angeordnet, wie Gareis-Fuchsberger (S. 538 Note 473) irrig lehren.

Artikel 244.

Die Liquidation geschieht durch den Vorstand, wenn nicht dieselbe durch den Gesellschaftsvertrag oder einen Beschluß der Generalversammlung an andere Personen übertragen wird.

Auf den Antrag des Aufsichtsraths oder von Aktionären, deren Antheile zusammen den zwanzigsten Theil des Grundkapitals darstellen, kann die Ernennung von Liquidatoren durch den Richter erfolgen. Die Aktionäre haben bei Stellung des Antrages glaubhaft zu machen, daß sie die Aktien mindestens seit sechs Monaten besitzen.

Die Anmeldung der ersten Liquidatoren zur Eintragung in das Handelsregister (Art. 210, 212) ist durch den Vorstand zu machen.

Die Abberufung der Liquidatoren kann durch den Richter unter denselben Voraussetzungen, wie die Bestellung erfolgen. Liquidatoren, welche nicht vom Richter ernannt sind, können auch durch die Generalversammlung vor Ablauf des Zeitraums, für welchen sie bestellt sind, abberufen werden.

Der Artikel enthält Vorschriften über die Berufung (Abs. 1 und 2), **die Anmeldung** (Abs. 3) **und die Abberufung der Liquidatoren.** Vorauszuschicken ist:

§ 1. I. Allgemeines über die Liquidation.

1. Die Liquidation ist die obligatorische Folge der Auflösung. Für die offene Handelsgesellschaft giebt Art. 133 die Vorschrift: „Nach Auflösung der Gesellschaft erfolgt die Liquidation". Eine gleiche Vorschrift fehlt hier. Vielmehr wird hier die Liquidation als selbstverständliche Folge der Auflösung betrachtet, indem unter Weglassung einer Vorschrift, daß nach Eintritt der Auflösung die Liquidation erfolge, sofort angeordnet wird, durch wen sie geschieht. Einen materiellen Unterschied bedeutet dies nicht. Dennoch besteht ein solcher, aber aus anderem Gesichtspunkte. Bei der offenen Handelsgesellschaft wurde nämlich die Liquidation als die auf dispositiver Gesetzesvorschrift beruhende gesetzliche Folge der Auflösung bezeichnet (vergl. § 1 zu Art. 133). Die gesetzliche Folge der Auflösung ist nun die Liquidation auch hier. Aber es ist kein bloßes Dispositivgesetz, welches sie anordnet. Die Liquidation ist hier vielmehr die absolute, durch Statut oder Generalversammlungsbeschluß nicht ausschließbare Folge der Auflösung. Bei der offenen Handelsgesellschaft sind die Gläubiger nicht so erheblich interessirt an der Art, wie die Versilberung und Ausschüttung des Gesellschaftsvermögens erfolgt, wie hier. Denn dort verbleiben ihnen die Gesellschafter als persönliche Schuldner. Hier aber bedeutet die Ausschüttung des Gesellschaftsvermögens den Fortfall des realen Substrats der Aktiengesellschaft, das Aufhören der juristischen Person, welche auf diesem Substrat beruht, mit einem Worte: den Wegfall des Schuldners. Hier muß daher die Versilberung und Ausschüttung in den Formen und Fristen erfolgen, welche vom Gesetze angeordnet sind. Die Vorschriften sind publici juris. Die in dieser Hinsicht abweichende Entscheidung des Kammergerichts (bei Johow 5 S. 87), welche für alle Handelsgesellschaften die Liquidation für nicht absolut erforderlich hält, trifft nicht zu. Zwar kann das Gesellschaftsvermögen durch einen Vertrag auf eine andere Person übertragen werden, es kann auch dieser selbst oder einer von ihr zu bezeichnenden Person die Durchführung der Liquidation übertragen werden. Immerhin ist auch in diesem Falle der Liquidator als Beauftragter der Gesell-

schaft anzusehen und den Weisungen der Generalversammlung und der Ueberwachung durch den Aufsichtsrath unterworfen. Eine davon abweichende Regelung würde den gesetzlichen Vorschriften widersprechen und unwirksam sein (Wiener in G.Z. 27 S. 349; Ring S. 660).

2. Das Wesen der Liquidation ergiebt sich aus der bereits entwickelten Formel, daß die Auflösung zwar zur Folge hat, daß die A.G. ihr normales Leben als Erwerbsgesellschaft aufgiebt, aber als Liquidationsgesellschaft, als Selbstvernichtungsgesellschaft, bleibt sie zunächst bestehen, bis dieser ihr einziger Zweck, die Selbstvernichtung, erzielt ist. Die Gesellschaft wird eine Liquidations-Aktiengesellschaft, sie hat lediglich die Aufgabe, zu liquidiren, und das hat zur Folge, daß ihre Organe zwar bestehen (Vorstand, jetzt Liquidatoren genannt, Generalversammlung, Aufsichtsrath), aber mit veränderten, eingeengten Befugnissen. Insbesondere bleibt der Aktionär in der Liquidation an die Beschlüsse der Generalversammlung gebunden (R.G. 3 S. 54), und auch Rechte aus Art. 237 können geltend gemacht werden (O.L.G. Hamburg in Seufferts Archiv 43 S. 207; R.G. in Seufferts Archiv 41 Nr. 165). Aber es kann z. B. der Vorstand kein neues Geschäft erwerben, die Generalversammlung keine Erhöhung oder Herabsetzung des Aktienkapitals beschließen, weil dies dem Wesen der Liquidation widerstreiten würde. Eine solche Handlung des Vorstandes würde dem analog anwendbaren Art. 137 widersprechen und ungültig sein (L.G. Hamburg in G.Z. 35 S. 234), auch nach außen; desgleichen ein solcher Generalversammlungsbeschluß (O.L.G. Dresden in Buschs Archiv 47 S. 78). Am allerwenigsten kann die G.V. die Aufgabe der Liquidation und die Umwandlung in eine Erwerbsaktiengesellschaft beschließen (§ 2 zu Art. 242). § 2.

II. Dies vorausgeschickt, ist zur Erläuterung des vorliegenden Artikels zu bemerken: § 3.

1. (Abs. 1 und 2.) **Die Berufung der Liquidatoren.** Sie erfolgt, analog wie bei der offenen Handelsgesellschaft, durch Uebereinkunft oder Gesetz, unter Umständen auch durch den Richter.

a) (Abs. 1.) Uebereinkunft oder Gesetz. Die Uebereinkunft ist entweder eine im Gesellschaftsvertrage bereits enthaltene oder eine ad hoc getroffene. Wird sie ad hoc getroffen, so geschieht dies in derselben Weise, wie Gesellschafterübereinkünfte stets bei Aktiengesellschaften zu Stande kommen: durch einfachen Generalversammlungsbeschluß. Der letztere kann gegen das Statut auch andere Personen ernennen, da ihm insoweit das Abberufungsrecht zusteht und er dieses auch sofort ausüben kann (Ring Anm. 2 gegen unsere 1. Aufl.).

Der Aufsichtsrath dagegen kann den Liquidator nicht ernennen, während er, falls das Statut dies bestimmt, den Vorstand ernennen kann. Legt daher der bestellte Liquidator sein Amt nieder, so vermag nur die Generalversammlung oder der Richter Ersatz zu schaffen. Es war daher auch unrichtig, wenn bei der Patentpapierfabrik-Aktiengesellschaft zu Berlin die Generalversammlung beschlossen hatte, an Stelle eines ausscheidenden Liquidators solle der Aufsichtsrath einen anderen ernennen; eine solche Delegation erscheint durch die Gesetzesworte ausgeschlossen. (Zust. Ring Anm. 2.)

Durch Gesetz ist der Vorstand berufen. Die Funktionen desselben verwandeln sich durch die Auflösung in die Funktionen der Liquidatoren. Sie haben nur noch die Auflösung und die ersten Liquidatoren anzumelden, sowie die Auflösung zu publiciren, alsdann beginnt ihre veränderte Aufgabe als Liquidatoren.

b) (Abs. 2.) Unter Umständen erfolgt auch richterliche Ernennung. Um Mißbräuchen zu begegnen, welche bei den Entgründungen vorgekommen sind, wird damit die Möglichkeit gegeben, in Widerspruch mit der herrschenden Mehrheit die Berufung eines Liquidators durchzusetzen, nämlich auf Antrag des Aufsichtsraths oder einer qualificirten Minderheit, nicht auch fremder Personen, etwa der Gläubiger (Kammergericht bei Perl und Wreschner 1890 S. 79; auch citirt in G.Z. 40 S. 477). § 4.

α) Der Antrag richtet sich an das Handelsgericht, in Preußen an das Amtsgericht. Es ist nicht der Prozeßrichter, der anzugehen ist. Bei der offenen Handelsgesellschaft haben wir uns allerdings dafür entschieden, daß der Prozeßrichter zuständig ist, und zwar im Gegensatz zum Reichsgericht (13 S. 155), welches nur im Streitfall den Prozeßrichter entscheiden läßt. Hier vertreten wir umgekehrt die Ansicht, daß stets das Handelsgericht durch summaria cognitio entscheidet. Wir folgern dies aus dem Sprachgebrauch des Aktiengesetzes und dem Sinne dieser und verwandter Vorschriften. Wo das Aktiengesetz den Weg der Klage vorschreiben will, da bestimmt es dies ausdrücklich (Art. 190a). Sonst ist im Aktiengesetz ein bloßer Antrag gemeint, der vom Handelsgericht (in Preußen Amtsgericht) oder dem sonst bezeichneten Gericht (nach Art. 222a dem Landgericht) im Wege der summaria cognitio zu erledigen ist (vergl. Art. 222a, 223 Abs. 2, 237 Abs. 3). Daß hier kein reiner Akt freiwilliger Gerichtsbarkeit, sondern ein Streitfall vorliegt, steht nicht entgegen. Bei den übrigen hier angezogenen Gesetzesstellen ist das Gleiche der Fall. Im Aktienrecht soll eben nicht jeder Streitfall durch Prozeß erledigt werden. Das kommt daher, daß sich nicht gerade gleichberechtigte Parteien gegenüberstehen, sondern die juristischen Herren der Gesellschaft gegenüber den zur Wahrung ihrer Interessen bestellten Mandatarien (vergl. Kammergericht bei Johow und Küntzel 9 S. 23; 11 S. 5; Ring Anm. 3; Delius bei Holdheim 1892 S. 334, der auch Beläge aus den Motiven beibringt).

§ 5. β) Ueber den Inhalt des Antrages ist materiell nichts vorgeschrieben. Er muß natürlich begründet werden, etwa durch den Hinweis darauf, daß die Generalversammlung ungeeignete oder gar keine Liquidatoren bestellt hat, während die Funktionen der früher bestellten erloschen sind durch Tod, Niederlegung oder sonst. Daß die Gründe wichtig oder erheblich sein müssen, ist selbstverständlich. Die Aktionäre haben außerdem glaubhaft zu machen, daß sie die Aktien seit mindestens sechs Monaten besitzen. Ueber Glaubhaftmachung und Besitz vergl. §§ 5 u. 8 zu Art. 222a. Ueber Beschwerde gilt das Gleiche, wie in § 13 zu Art. 237.

γ) Die Kosten der Liquidation sind bei richterlicher Ernennung durch die Gesellschaft zu tragen. Denn es ist eben in solchem Falle in einer vom Gesetze für genügend erachteten Weise festgestellt, daß die Gesellschaft sich den von einer Minderheit beantragten Liquidator gefallen lassen müsse.

§ 6. 2. (Abs. 3.) **Die Anmeldung der ersten Liquidatoren** erfolgt durch den Vorstand. Das ist eine seiner letzten Aufgaben. Die folgenden Liquidatoren sind von den Liquidatoren selbst anzumelden. Außerdem haben die Liquidatoren ihre Unterschrift persönlich vor dem Handelsgericht zu zeichnen oder beglaubigt demselben einzureichen (Art. 244a Abs. 1 u. 2, 135, 228 Abs. 2). Auch die richterlich ernannten Liquidatoren sind anzumelden.

Die Anmeldung der ersten Liquidatoren erfolgt durch den Vorstand in derjenigen Zusammensetzung, in welcher er auch sonst berechtigt ist, die Gesellschaft zu vertreten. Nicht bloß bei dem Handelsgerichte der Hauptniederlassung, sondern auch beim Gerichte der Zweigniederlassung. Dies folgt aus der Citirung des Art. 212.

§ 7. 3. (Abs. 4.) **Die Abberufung der Liquidatoren.** Sie erfolgt durch die Generalversammlung oder durch den Richter.

a) Durch die Generalversammlung kann jeder Liquidator abberufen werden, der nicht vom Richter bestellt ist. Ein Recht auf Durchführung der Liquidation hat der bestellte Liquidator nicht. Er kann in keinerlei Weise im Wege Rechtens durchsetzen, daß er Liquidator bleibe (Kammergericht bei Johow und Küntzel 3 S. 29). Er ist eben Beauftragter der Gesellschaft (R.G. 7 S. 106) und deshalb ist sein Mandat jederzeit widerruflich. Entschädigungsansprüche aus bestehenden Dienstverträgen sind von selbst vorbehalten, das Gesetz brauchte dies nicht besonders auszusprechen.

Die Generalversammlung hat aber nicht die Macht, den vom Richter bestellten Liquidator abzusetzen. Dies weicht von Art. 134 ab, liegt aber hier in der Natur der Sache. Denn wenn auch die Generalversammlung das oberste Willensorgan der Gesellschaft ist, so ist es doch kein allgemeiner consensus, durch welchen ihre Beschlüsse zustande kommen, sondern ein Majoritätswille, gegen dessen Uebermacht gerade das richterliche Ernennungsrecht Schutz bieten soll. Eine andere Frage wäre es, ob nicht die Aktionäre die Macht haben, durch einstimmigen Beschluß die richterlich ernannten Liquidatoren abzusetzen. Bei der strikten Vorschrift des Gesetzes ist auch dies zu verneinen.

b) Der Richter und zwar das Handelsgericht (vergl. oben § 4, insbesondere Kammergericht bei Johow 9 S. 23) kann unter denselben Voraussetzungen, wie Liquidatoren ernennen, auch Liquidatoren abberufen, und zwar ohne Rücksicht auf die Art der Berufung, dieselbe mag auf dem Gesetze, Statut, Generalversammlungsbeschluß oder richterlicher Verfügung beruhen.

Zusatz 1. **Das Dienstverhältniß der Liquidatoren.** Wenn die Vorstandsmitglieder Liquidatoren werden, so ändert sich dadurch allein der Dienstvertrag nicht (R.G. 24 S. 70). Eine Besoldung kann auch nachträglich durch die Generalversammlung beschlossen werden (R.O.H. 24 S. 222). Näheres über den Dienstvertrag vergl. §§ 7 ffg. zu Art. 227. Durch den Konkurs des Liquidators hört derselbe nicht ohne Weiteres auf, Liquidator zu sein. Ob dies ein Abberufungsgrund ist, ist Frage des Einzelfalles (Bolze 1 Nr. 1189). § 8.

Zusatz 2. **Dritten Personen** kann die Ernennung von Liquidatoren, sowie das Austreten eines Liquidators nur insofern entgegengesetzt werden, als hinsichtlich dieser Thatsachen die Voraussetzungen der Art. 25, 46, 135 Abs. 4 vorliegen. § 9.

Artikel 244 a.

Auf die Liquidation finden, soweit nicht in diesem Abschnitte ein Anderes bestimmt ist, die für die Liquidation einer offenen Handelsgesellschaft gegebenen Bestimmungen entsprechende Anwendung.

Die Liquidatoren haben die Rechte und Pflichten des Vorstandes und unterliegen gleich diesem der Ueberwachung des Aufsichtsraths. Die Beschränkungen des Artikels 232 und die im Artikel 234 zugelassene Bestellung von Prokuristen finden nicht statt.

Die Liquidatoren haben bei Beginn der Liquidation eine Bilanz aufzustellen. Dieselbe ist von ihnen ohne Verzug in den hierzu bestimmten öffentlichen Blättern bekannt zu machen und zu dem Handelsregister einzureichen.

Die Veräußerung unbeweglicher Sachen kann durch die Liquidatoren, sofern nicht der Gesellschaftsvertrag oder ein Beschluß der Generalversammlung anders bestimmt, nur durch öffentliche Versteigerung bewirkt werden.

Der Artikel giebt Vorschriften über die Liquidation und die Liquidatoren. Zunächst verweist Abs. 1 wegen der Regeln, nach welchen die Liquidation erfolgt, auf die entsprechend anzuwendenden Vorschriften für die offene Handelsgesellschaft, Abs. 2 stellt die Liquidatoren hinsichtlich ihrer Rechte und Pflichten dem Vorstande gleich und erwähnt insbesondere die Ueberwachungspflicht des Aufsichtsraths, Abs. 2, 3 und 4 geben Sonderbestimmungen für die Liquidatoren. Einleitung.

I. **Allgemeines über die Liquidation und die Liquidatoren.** Durch die sogenannte Auflösung der Aktiengesellschaft wird dieselbe eine Liquidations-Aktiengesellschaft. Schon aus dieser Bezeichnung ergiebt sich, was für die Liquidation und die liquidirenden Organe Rechtens ist. Die Gesellschaft liquidirt, d. h. sie übt diejenige Rechtsthätigkeit aus, die bei der offenen Handelsgesellschaft ausführlich gesetzlich geregelt ist. Die Gesellschaft ist eine Aktiengesellschaft, d. h. die Ausübung jener Rechtsthätigkeit muß sich in denjenigen Normen und innerhalb derjenigen Organisation vollziehen, welche für die Geschäftsführung und die Vertretung der Aktiengesellschaft überhaupt maßgebend sind. Zugleich stehen beide Elemente in Wechselwirkung. Daß die Gesellschaft liquidirt, modificirt die Vertretungsbefugnisse der Organe, schränkt sie ein; daß es eine Aktiengesellschaft ist, die liquidirt, ist nicht ohne Einfluß auf den Charakter der liquidirenden Gesellschaft: sie bleibt eine Handelsgesellschaft, da ja eine Aktiengesellschaft auch ohne Handelsbetrieb Handelsgesellschaft ist, ihre Geschäfte sind daher auch jetzt Handelsgeschäfte (R.O.H. 22 S. 328). Aus jenen beiden Elementen und der Wechselwirkung derselben auf einander ergiebt sich, was für § 1.

die Liquidation einer Aktiengesellschaft und die Stellung der liquidirenden Organe Rechtens ist. Das Gesetz drückt dies in der Weise aus, daß es einerseits die Liquidationsvorschriften der offenen Handelsgesellschaft für entsprechend anwendbar erklärt, andererseits aber betont, daß die Liquidatoren die Stellung des Vorstandes einer Aktiengesellschaft haben.

§ 2. II. **Die Vorschriften des vorliegenden Artikels.**

1. (Abs. 1.) **Die entsprechende Anwendung der Liquidationsvorschriften für die offene Handelsgesellschaft** findet statt, soweit als dieselben für die Aktiengesellschaft passen, insbesondere nicht aus der rechtlichen Natur und der Organisation derselben folgt, daß die Anwendung ausgeschlossen ist (R.G. 7 S. 108). Die entsprechende Anwendung wird am besten an der Hand der einzelnen in Frage stehenden Artikel erläutert.

a) Die Art. 133 und 134 (Person der Liquidatoren, Ernennung und Abberufung derselben) sind ersetzt durch Art. 244 Abs. 1, 2 und 4.

b) Art. 135 (An- und Abmeldung der Liquidatoren, Zeichnung ihrer Unterschrift) erübrigt sich durch Art. 244 Abs. 3 und 244a Abs. 1 in Verbindung mit Art. 228, 233 Abs. 1.

§ 3. c) Art. 136 (Kollektivvertretung der Liquidatoren) erübrigt sich bei der Aktiengesellschaft, weil hier der Vorstand, dessen Stellung ja auf die Liquidatoren übergeht, im Zweifel immer Kollektivvollmacht hat (Art. 244a Abs. 2 in Verbindung mit Art. 229 Abs. 1). Der Gesellschaftsvertrag oder die Generalversammlung können hierüber anders bestimmen.

d) Art. 137 Abs. 1 findet voll und ganz Anwendung. Er giebt den Umfang der Liquidationsvollmacht an und bezieht sich sowohl auf die Geschäftsführung, wie auf die gesetzliche Vertretung. Wenn Art. 244a Abs. 2 sagt, die Liquidatoren hätten die Rechte und Pflichten des Vorstandes, so wird diese Bestimmung wesentlich modificirt durch die analoge Anwendung des Art. 137. Den Liquidatoren steht danach nicht, wie dem Vorstande, die uneingeschränkte Vertretungsbefugniß zu, sondern nur die Vertretungsbefugniß in den hier gezogenen Grenzen, und auch ihre Geschäftsführung hat sich in diesen Grenzen zu bewegen. Wegen der Erläuterung vergl. zu Art. 137. Dabei ist festzuhalten, daß auch hier Art. 137 lediglich Schranken für die Liquidatoren, nicht für die Gesellschaft selbst aufstellt. Dem Ermessen der letzteren, wie es sich durch Beschluß der Generalversammlung (bei der Aktien-Kommanditgesellschaft durch Uebereinkunft der Komplementare und der Kommanditistengesammtheit) offenbart, ist es überlassen, andere Wege zum Zwecke der Durchführung der Liquidation einzuschlagen, z. B. die Liquidatoren zu ermächtigen, das ganze Geschäft zu verkaufen (vergl. unten § 4g und ferner § 4 zu Art. 245).

Abs. 2 dieses Artikels ist ersetzt durch Art. 244a Abs. 4.

§ 4. e) Art. 138 (Prinzip der Unbeschränkbarkeit der Liquidationsvollmacht) erübrigt sich durch Art. 231.

f) Art. 139 (Abgabe der Unterschrift) ist analog anwendbar. Ein Geschäftslokal zu halten, ein solches dem Registerrichter anzuzeigen, ist der Liquidator nicht verpflichtet (Kammergericht bei Johow u. Küntzel 1 S. 10).

g) Art. 140 (Omnipotenz der Gesellschafter) modificirt sich durch die verschiedene Organisation der Aktiengesellschaft. Nicht die gesammten Gesellschafter sind es hier, deren Anweisung Folge zu leisten ist, sondern die organisirte Gesammtheit, die Generalversammlung oder ein von dieser delegirtes Organ, nicht aber der einzelne Aktionär als solcher (Art. 221, 231, 241 Abs. 3 und 4).

h) Art. 141 (Vertheilung der entbehrlichen Gelder) greift nicht Platz, hier ist die Sonderbestimmung des Art. 245 getroffen.

i) Art. 142 findet analoge Anwendung.

§ 5. k) Der Fall des Art. 143 kann nicht eintreten, weil der inferirende Gesellschafter definitiv in Aktien abgefunden ist.

l) Art. 144 Abs. 1 und 2 erkennt den Fortbestand der Gesellschaft über die Auflösung hinaus und die Fortsetzung der bisherigen Rechtsverhältnisse sowohl der Gesellschafter unter einander als der Gesellschaft zu Dritten an und findet analoge Anwendung. Das Gleiche gilt von Abs. 8 (Zustellung an einen Liquidator).

m) Art. 145 (Aufbewahrung des Handelsbücher und Schriften) wird ersetzt durch Art. 246.

2. (Abs. 2.) **Die Gleichstellung der Liquidatoren mit dem Vorstande** bedeutet zweierlei: § 6.
einmal, daß sie bei Erfüllung der ihnen durch Abs. 2 zugewiesenen Aufgaben die Stellung des Vorstandes haben, d. h. daß sie nach Außen gesetzliche Vertreter der Gesellschaft (jedoch keineswegs mit unbeschränkter Vertretungsmacht gegenüber Dritten, vergl. § 3d), nach Innen aber ein Glied innerhalb der Organisation der Gesellschaft, insbesondere von den Weisungen der Generalversammlung event. auch des Aufsichtsraths abhängig sind, und ferner bedeutet jene Gleichstellung, daß die Liquidatoren außer den ihnen durch Abs. 1 zugewiesenen Verpflichtungen alle Rechte und Pflichten haben, welche mit dem Amte des Vorstandes verknüpft sind, soweit nicht das Wesen der Liquidation entgegensteht. So haben sie z. B. die Generalversammlung zu berufen, so oft dies nöthig ist (Art. 236), insbesondere nothwendigerweise in den Fällen des Art. 239 Abs. 2, 240 Abs. 2; auch Art. 240 Abs. 1 muß gegen Ring (S. 639) für anwendbar erachtet werden; denn die Liquidation kann beschlossen werden, ehe ein Verlust in dieser Höhe zu verzeichnen war. Von dem Eintritt dieses Ereignisses muß auch während der Liquidation die Gesammtheit der Aktionäre Kenntniß erhalten, um event. weitere Maßregeln zu treffen. Die Liquidatoren haben ferner die Bilanzen zu ziehen, für die Buchführung Sorge zu tragen 2c.

Besonders ist vorgeschrieben, daß das Konkurrenzverbot des Art. 232 und die im Art. 234 zugelassene Bestellung von Prokuristen nicht stattfindet. Die Prokura insbesondere ermächtigt zu allen Handlungen, welche ein Handelsgewerbe mit sich bringt. Da die Liquidationsgesellschaft ein Gewerbe nicht mehr betreibt, so ist die Prokura begrifflich nicht möglich. Das Verbot ist absolut und bewirkt, daß auch die bestehenden Prokuren erlöschen und abzumelden sind (R.O.H. 13 S. 225). Auf Handlungsvollmachten bezieht es sich aber nicht. Die gegentheilige Annahme der Motive (II S. 243) ist unzutreffend und hat in dem Gesetze selbst nicht Ausdruck gefunden (siehe auch Petersen u. Pechmann S. 572, Ring Anm. 5).

3. (Abs. 3.) **Eine Liquidationsbilanz** d. h. eine aktienrechtliche Bilanz für den Zeitpunkt der § 7.
Gesellschaftsauflösung ist den Liquidatoren zur Pflicht gemacht. Es ist aber nur angeordnet, daß die Bilanz aufzustellen, zu publiziren und zum Register einzureichen, nicht aber auch, daß sie einer Generalversammlung oder auch nur dem Aufsichtsrath vorzulegen ist. Sie dient zur eigenen Information der Liquidatoren und zu derjenigen der Aktionäre. Die Pflicht wird erzwungen durch Ordnungsstrafen (Art. 249g).

Auf die Pflicht zur Ziehung, Vorlegung und Publikation weiterer Bilanzen ist dies ohne Einfluß. Diese Pflicht bleibt sowohl im Princip unberührt, als auch hinsichtlich der Form und insbesondere der Zeit. Nicht das Liquidationsjahr, sondern das Geschäftsjahr ist maßgebend, die Liquidationsbilanz ist eine Zwischenbilanz. Die Motive (I S. 372) wollen zwar für die ferneren Bilanzen das Liquidationsjahr entscheiden lassen, aber ihr Ausspruch ist mit Erfolg bekämpft worden von Ring (Anm. 4). Ihm schließen sich alle nachfolgenden Ausleger an: Esser (Anm. 3); Petersen und Pechmann (S. 576); Hergenhahn (S. 222), Willenbücher (Anm. 3). Dagegen tragen Kayser (Anm. 2) und Gareis-Fuchsberger (S. 542 Note 482) den Ausspruch der Motive in zustimmendem Sinne vor. Die Praxis des Berliner Handelsgerichts geht übrigens dahin, nur die Publikation der Liquidationsbilanz, nicht auch die der regelmäßigen Bilanzen zu kontroliren (vergl. z. B. die Registerakten der Aktiengesellschaft Patent-Papierfabrik). Diese Praxis ist nach dem Gesagten unrichtig.

4. (Abs. 4.) **Die freihändige Veräußerung unbeweglicher Sachen** ist im Art. 137 Abs. 2 § 8.
bei der offenen Handelsgesellschaft von der Zustimmung aller Gesellschafter abhängig gemacht. Bei der Organisation der Aktiengesellschaft würde sich dies in eine Zustimmung der Generalversammlung ändern. Der Gesellschaftsvertrag würde selbstverständlich im Voraus von dieser Zustimmung absehen können. Diese Konsequenzen spricht der Klarheit

wegen der vorliegende Absatz aus. Der Beschluß der Generalversammlung ist kein qualificirter (R.G. 3 S. 54). Freihändige Veräußerung ohne Freistellung durch Statut oder Generalversammlungsbeschluß ist nichtig. (Ring Anm. 6). Auch der Grundbuchrichter hat diese Prüfungspflicht.

Artikel 245.

Das Vermögen einer aufgelösten Aktiengesellschaft wird nach Tilgung ihrer Schulden unter die Aktionäre nach Verhältniß ihrer Aktien vertheilt.

Die Vertheilung darf nicht eher vollzogen werden, als nach Ablauf eines Jahres von dem Tage an gerechnet, an welchem die Bekanntmachung in den öffentlichen Blättern (Art. 243) zum dritten Male erfolgt ist.

In Ansehung der aus den Handelsbüchern ersichtlichen oder in anderer Weise bekannten Gläubiger und in Ansehung der noch schwebenden Verbindlichkeiten und streitigen Forderungen kommen die bei der Kommanditgesellschaft auf Aktien gegebenen Bestimmungen (Art. 202) zur Anwendung.

Nach gelegter Schlußrechnung ist die Beendigung der Liquidation von den Liquidatoren in den hierzu bestimmten öffentlichen Blättern bekannt zu machen.

(Artikel 202.)

Die aus den Handelsbüchern der Gesellschaft ersichtlichen oder in anderer Weise bekannten Gläubiger sind durch besondere Erlasse aufzufordern, sich zu melden; unterlassen sie dies, so ist der Betrag ihrer Forderungen gerichtlich zu hinterlegen.

Das letztere muss auch in Ansehung der noch schwebenden Verbindlichkeiten und streitigen Forderungen geschehen, sofern nicht die Vertheilung des Gesellschaftsvermögens bis zu deren Erledigung ausgesetzt bleibt, oder den Gläubigern eine angemessene Sicherheit bestellt wird.

Einleitung. Der Artikel stellt hinsichtlich der Ausschüttung der Liquidationsmasse Schutzvorschriften zu Gunsten der Gläubiger auf (Abs. 1, 2 und 3), gestaltet erst nach Beachtung dieser Vorschriften die Ausschüttung der Masse (Abs. 1) und gebietet schließlich die Legung der Schlußrechnung und die Publikation der Liquidationsbeendigung (Abs. 4).

§ 1. 1. (Abs. 1, 2 und 3.) **Die Schutzvorschriften zu Gunsten der Gläubiger.** Es ist schon im § 1 zu Art. 244 betont worden, daß die Liquidationsvorschriften bei der Aktiengesellschaft insoweit öffentlichen Rechtes sind, als sie das Interesse der Gläubiger zum Gegenstande haben. Hier bei der Aktiengesellschaft kann nicht, wie bei der offenen Handelsgesellschaft, das vorhandene Gesellschaftsvermögen kurzer Hand aus der Welt geschafft, veräußert, vertheilt werden. Es muß vielmehr zunächst den Gläubigern Gelegenheit gegeben werden, sich zu melden, und auch sonst alles gethan werden, um ihr Interesse zu schützen.

a) Zunächst erfolgt die Publikation der Auflösung und die daran geknüpfte Aufforderung an die Gläubiger, sich zu melden, nach Art. 243.

b) (Abs. 2.) Alsdann muß mit der Ausschüttung des Vermögens jedenfalls ein Jahr lang gewartet werden (Sperrjahr). Diese Zeit ist das gesetzliche Spatium für die Gläubiger, um ihre Rechte wahrzunehmen. Eine Ausschüttung vor dieser Zeit wäre ungesetzlich und verpflichtete die Gesellschaftsorgane zum Schadensersatz nach Art. 241 und 226 (R.G. 7 S. 105). In Ansehung der Gläubiger ist aber dieses Sperrjahr keine Präklusivfrist. Wenn sie sich später melden und noch Gesellschaftsvermögen vorhanden ist, so müssen sie befriedigt werden. Sie haben dabei nicht einmal den Nachweis zu führen, daß noch Gesellschaftsvermögen vorhanden sei, vielmehr ist dies Sache des Einwandes (R.O.H. 19 S. 160). Dem öffentlich rechtlichen Charakter dieser Vorschriften entspricht es denn auch, daß weder durch Vertrag, noch durch Partikulargesetz der Frist die Wirkung der Präklusion verliehen werden kann (Reichsgerichtsurtheil vom 24. Februar 1886, Juristische Wochenschrift 1886 S. 119). Das Sperrjahr beginnt mit der letzten Publikation (nicht mit der letzten Publikation im Reichsanzeiger, wie Völdernndorff S. 741 ohne Grund annimmt).

c) Eine weitere kumulativ angeordnete Vorbedingung der Vermögensausschüttung ist die Berücksichtigung der Gläubiger. § 2.

An sich bewirkt nämlich die Liquidation keine Veränderung der Gläubigerrechte: weder werden längere Verträge einem vorzeitigen Ende zugeführt, noch befristete Forderungen fällig, außer wenn das produktive Fortbestehen der Gesellschaft bei Eingehung des Vertragsverhältnisses allseitig vorausgesetzt wurde (R.O.H. 24 S. 245; R.G. 5 S. 7; 9 S. 14); noch liegt an sich ein Arrestgrund vor, sondern höchstens bei Verletzung der Schutzvorschriften (R.O.H. 23 S. 150). Diese Schutzvorschriften aber sind:

α) Die bekannten Gläubiger sind durch besonderen Erlaß aufzufordern, sich zu melden. Eine allgemeine Aufforderung würde daher nicht genügen. Soweit die Namen bekannt sind, muß vielmehr eine besondere Mittheilung an den einzelnen Gläubiger ergehen. Im übrigen gilt als bekannt nicht blos ein dem Namen nach bekannter Gläubiger, sondern auch eine Forderung, deren Existenz und Betrag bekannt ist, insbesondere bei Order- oder Inhaberpapieren (Hahn I S. 757). Unterlassung der Publikationen hat civilrechtliche Ansprüche (vergl. § 4), nicht Strafe zur Folge. § 3.

β) Wer sich innerhalb eines Jahres meldet und eine fällige, unbedingte, unstreitige Forderung hat, muß befriedigt werden. Ueber spätere Meldungen vergl. § 1.

γ) Meldet sich ein Gläubiger nicht, und ist seine Forderung liquid, so wird der Betrag hinterlegt.

δ) Ist die Forderung befristet, bedingt oder streitig, so wird entweder die Ausschüttung ausgesetzt oder aber es wird der Betrag der Forderung hinterlegt oder eine angemessene Sicherheit bestellt. Die Wahl haben die Liquidatoren. Ueber die Frage der Angemessenheit der Sicherheit entscheidet in Streitfällen der Prozeßrichter (Petersen und Pechmann S. 580). Daß der Gläubiger bereits eine Sicherheit besitzt, wie z. B. bei Hypothekenforderungen, befreit von der Stellung der Sicherheit dann nicht, wenn die bestehende nicht genügt. Denn die bestehende Sicherheit hat die Existenz der Gesellschaft und ihr normales Leben zur Voraussetzung. Ob sie beim Absterben der Gesellschaft und der bevorstehenden Ausschüttung noch angemessen ist, ist eine andere Frage. Anders bei rein dinglichen Verpflichtungen, wie Grundschulden. Hier kann eine verstärkte Sicherheit nicht gefordert werden.

ε) Für die Erfüllung dieser Vorschriften haften die Liquidatoren und event. auch der Aufsichtsrath nach Art. 241 und 226 (R.G. 7 S. 105). Insbesondere haften sie dafür, daß die Gläubiger gleichmäßig befriedigt werden und keiner bevorzugt wird. Keineswegs haben die in dieser Beziehung etwa benachtheiligten Gläubiger ein Rückgriffsrecht gegen die bevorzugten (vergl. R.G. 5 S. 7; 7 S. 109; 9 S. 14).

2. **Erst nach Erfüllung dieser Schutzvorschriften darf die Ausschüttung erfolgen** (sc. an die Aktionäre, die Auszahlung von Tantiemen ist durch Art. 245 nicht beschränkt). Erfolgt sie früher, so haben die benachtheiligten Gläubiger ein Regreßrecht gemäß Art. 241 und 226 gegen die Liquidatoren und den Aufsichtsrath (R.G. 7 S. 105), ob auch gegen die Aktionäre, darüber vergl. den Zusatz 2. § 4.

Sind aber die Vorschriften erfüllt, dann kann die Ausschüttung erfolgen. Das Gesetz spricht speziell von Vertheilung des Gesellschaftsvermögens. Insoweit aber ist die Vorschrift nicht zwingenden Rechts. Sie ist es nur, soweit das

Interesse Dritter berührt wird (vergl. oben § 1). Wie aber die Ausschüttung des gemeinsamen Vermögens erfolgen soll, das ist interne Sache der Aktionäre. Hier greifen folgende Gesichtspunkte Platz: Es steht zwar den Aktionären frei, eine andere Art der Ausschüttung als die Vertheilung anzuordnen, und wenn das Statut eine andere Ausschüttungsart, etwa durch Zuwendung an eine wohlthätige Anstalt oder an eine bestimmte Person, etwa gegen eine Gegenleistung, bestimmt, so ist dies gültig (R.G. 7 S. 70). Aber der im Statut einmal festgesetzte Anspruch auf die Liquidationsrate ist ein unentziehbarer Anspruch des Aktionärs, ein sogenanntes Sonderrecht desselben und kann daher durch einen nachträglichen Generalversammlungsbeschluß, selbst in Form einer Statutenänderung, nicht beseitigt werden. Bestimmen die Statuten nichts über die Vertheilung, so ist gemeint, daß die Versilberung und die Vertheilung in Geld erfolgen soll, und es ist dann dieser Anspruch unentziehbar. Wohl aber ist es zulässig, durch Generalversammlungsbeschluß die Liquidatoren zu beauftragen, das ganze Geschäft gegen Entgelt zu veräußern. Das ist nur eine besondere Art der Vermögensversilberung, deren Bestimmung der Generalversammlung freisteht (vergl. Wiener in G.Z. 27 S. 352), ein Verwaltungsbeschluß, der in seinen wirthschaftlichen Folgen auf die Gestaltung der Liquidationsquote allerdings von Einfluß ist, nicht aber eine Entziehung des Anspruchs auf die Liquidationsrate. Solche Modalitäten kommen bei den sogen. Verstaatlichungen vor. In solchem Falle kann auch die Firma auf den Erwerber übergehen. Dies bestätigt auch das Kammergericht (bei Johow 5 S. 36). Nur geht es insofern fehl, als es in solchem Falle den Liquidationszustand der Gesellschaft für beseitigt hält. Das ist nicht richtig; denn die Liquidation ist bei der Aktiengesellschaft obligatorisch (vergl. § 1 zu Art. 244). Weil das Recht auf die Liquidationsrate ein unentziehbares ist, deßhalb kann ferner hier, wie beim Dividendenanspruche, zwar durch ursprüngliches Statut, nicht aber durch nachträglichen Statutenänderungsbeschluß festgesetzt werden, daß die innerhalb gewisser Zeit nicht erhobenen Liquidationsquoten zu Gunsten der Gesellschaft verfallen. Das Urtheil des Reichsgerichts (Bd. 7 S. 32) läßt zwar auch die Festsetzung einer solchen Präklusivfrist durch nachträglichen Statutenänderungsbeschluß zu, doch ist das unzutreffend (vergl. Ring S. 677; Petersen u. Pechmann S. 581). Jedenfalls gilt das Sperrjahr nicht blos für die Vertheilung, sondern für jede Art der Ausschüttung.

Erfolgt die Ausschüttung durch Vertheilung, so geschieht dies nach Verhältniß der Aktien. Auch dies ist nicht zwingenden Rechts. Die Statuten können hier Vorzugsrechte schaffen (K.B. 28), können auch anordnen, daß bei nicht voll eingezahlten Aktien nicht der Nominalbetrag, sondern der eingezahlte Betrag entscheidet (Petersen u. Pechmann S. 584). Mangels statutarischer Anordnung aber entscheidet der Nominalbetrag (Petersen u. Pechmann S. 582, anders Willenbücher Anm. 3a), nur kann natürlich in solchem Falle die Gesellschaft mit der restirenden Einlage kompensiren.

Wie die Vertheilung zu erfolgen hat, ist gesetzlich nicht vorgesehen. Insbesondere ist eine Aufforderung an die Aktionäre, sich zu melden, nicht angeordnet. Sie kann aber statutarisch oder auch durch Generalversammlungsbeschluß angeordnet werden. Andernfalls hat sie zu erfolgen, wenn dies Treu und Glauben im Geschäftsverkehr erfordern. Die Folge nicht erfolgter Erhebung ist Hinterlegung des Betrages; wird auch der hinterlegte Betrag nicht abgehoben, so wird er nach Ablauf der Verjährung herrenlos. Die Verjährung ist die 30jährige. In welcher Weise auch eine kürzere Präklusivfrist angeordnet werden kann, ist schon oben gesagt.

Der rechtliche Charakter des Liquidationsanspruchs ist ein obligatorischer. Vermag der Aktionär nachzuweisen, daß nach Berücksichtigung der Gläubiger vertheilbarer Bestand vorhanden ist, so ist er zur Klage berechtigt. Freilich wird ihm jener Nachweis nicht leicht werden. Denn die Liquidatoren sind nicht jedem Einzelaktionär zur Vorlegung der Rechnung verpflichtet (vergl. unten § 5), sondern nur der Generalversammlung, aber auch dieser nicht ohne Weiteres zur Vorlegung des Theilungsplans, etwa einer Vertheilungsbilanz, sondern nur der jährlichen Bilanz und der Schlußrechnung, wie sie sich nach erfolgter Ausschüttung stellt. Der Einzelaktionär muß sich daher das Material durch Anträge aus Art. 237 beschaffen. Gelingt ihm aber der Nachweis vorhandenen Bestandes, so ist er zur Klage legitimirt, weil ein obligatorischer Anspruch vorliegt. In dieser Hinsicht ist das Urtheil des R.O.H. 3 S. 336 zutreffend. (Im Uebrigen vergl. über dieses Urtheil unten § 5.)

3. (Abs. 4.) **Nach erfolgter Ausschüttung des Gesellschaftsvermögens haben die Liquidatoren Schlußrechnung zu legen und die Beendigung der Liquidation zu publiciren.** § 5.

a) **Die Schlußrechnung** wird demjenigen Organe gelegt, welches normaler Weise zur Entgegennahme der Verwaltungsrechnung bestimmt ist: der Generalversammlung (Motive I S. 373; Reichsgericht vom 6. Februar 1885 in der juristischen Wochenschrift pro 1885 S. 128). Delegation an andere Organe oder Personen erachten wir für ausgeschlossen, nur Vorbereitung der eigenen Prüfung kann die Generalversammlung anordnen (anders Ring Anm. 5; Petersen u. Pechmann S. 585, Willenbücher Anm. 4).

Die Liquidatoren haben die hierzu erforderliche Generalversammlung gehörig einzuberufen, sowohl in ihrem Interesse, als in dem der Aktionäre. Thun sie es nicht, so kann die Einberufung nach Art. 237 erzwungen werden.

Zugleich folgt hieraus, daß der einzelne Aktionär keinen Anspruch auf Nachweisung des Liquidationsstandes hat (vergl. Art. 221). Dem von den meisten Auslegern citirten Urtheil des R.O.H. 3 S. 336 kann in dieser Hinsicht unsererseits nicht beigetreten werden (vergl. O.L. Köln in Buschs Archiv 47 S. 74; Bolze 1 Nr. 1190; Förtsch Anm. 9).

b) **Die Publikation der Liquidationsbedingung** ist ohne Präjudiz vorgeschrieben, nicht einmal die Erzwingung durch Ordnungsstrafe ist im Art. 249g vorgesehen. Erwächst der Gesellschaft ein Schaden durch Unterlassung der Publikation, so haften die Liquidatoren nach Art. 241, 241a Abs. 2. § 6.

c) **Daß die Beendigung der Liquidation zum Handelsregister anzumelden und dort einzutragen ist,** ist auch nicht direkt vorgeschrieben, dürfte aber aus Art. 135 Abs. 2 und Art. 233 und dem Zwecke des Handelsregisters überhaupt folgen. Das Kammergericht Bd. 3 S. 24 und Bd. 5 S. 34 ist konstant dagegen; ebenso dagegen O.L.G. Dresden in G.Z. 37 S. 554; desgleichen die Praxis des Berliner Amtsgerichts (vergl. die Registerakten der Aktiengesellschaft Patentpapierfabrik). Vergl. jedoch Petersen u. Pechmann S. 585 (vergl. auch unten § 7).

d) **Auch daß die mit Beendigung der Liquidation erlöschende Firma abzumelden ist,** schreibt das Gesetz nicht ausdrücklich vor. Das Kammergericht a. a. O. (vergl. § 6) nimmt hier wiederum an, daß die Abmeldung nicht zu erfolgen habe, der gleichen Ansicht ist das O.L.G. Dresden in Seufferts Archiv 45 S. 180. Die Ausleger des Gesetzes sind aber der hier vertretenen, in § 1 zu Art. 25 ausführlich entwickelten Ansicht (vergl. Ring Anm. 5; Petersen u. Pechmann S. 585; Esser § 1 zu Art. 241; Förtsch Anm. 9; Neukamp S. 282). Der Umstand, daß man mit Sicherheit nicht wissen kann, ob wirklich alles Vermögen der Aktiengesellschaft ausgeschüttet ist, steht den diesseitigen Ausführungen nicht entgegen. Es genügt, daß dies nach menschlichem Ermessen der Fall ist. Wenn sich gleichwohl nachträglich Vermögen finden sollte, so ist dies ein Ausnahmefall, durch welchen man sich von der Anwendung der Rechtsregeln nicht abhalten lassen darf. Uebrigens läßt das Recht auch in diesem Ausnahmefall uns nicht im Stich. Vergl. den Zusatz 1. § 7.

Zusatz 1. Es ist in der Praxis vorgekommen, daß lange Zeit nach Beendigung der Liquidation sich Gegenstände vorgefunden haben, welche zum Vermögen der Gesellschaft gehörten und vertheilungsfähig waren, oder Vermögensgegenstände, auf welche eine dritte Person einen speciellen Anspruch hatte. Es fragt sich, wie in solchem Falle zu helfen ist. Die Aktionäre können sich leicht helfen durch Art. 237 oder Art. 244 Abs. 2. Die Gläubiger aber haben einen Anspruch auf Ernennung eines Pflegers nach Maßgabe der Landesgesetze ev. eines Prozeßpflegers nach § 55 C.P.O. § 8.

Daß die Beendigung der Liquidation und das Erlöschen der Fima einzutragen ist (vergl. § 7), ändert an der vertheidigten Möglichkeit, auch noch nachträglich Gläubiger- und Aktionärrechte geltend zu machen, nichts. Denn die Eintragung der Liquidationsbeendigung beurkundet nur einen Zustand, der als vorhanden angenommen wird, schafft keinen, wenn er in Wahrheit nicht vorhanden ist. Das Erlöschen der Firma aber bedeutet nicht das Erlöschen der juristischen Persönlichkeit, so lange ihr vermögensrechtliches Substrat, Gesellschaftsvermögen, und ihr personenrechtliches Substrat, antheilsberechtigte Mitglieder, in Wahrheit vorhanden sind.

§ 9. **Zusatz 2.** Sind die Aktionäre zur Rückzahlung an die Gläubiger verpflichtet, wenn an sie Gesellschaftsvermögen vertheilt worden ist, ohne daß alle Gläubiger voll befriedigt waren? Die Frage ist, obgleich Art. 198 nicht anwendbar ist, zu bejahen, und zwar aus dem Gesichtspunkte der rechtlosen Bereicherung. Denn der Aktionär hat nicht einen Anspruch auf Rückzahlung seiner Einlage, sondern auf die Liquidationsrate. Diese aber besteht in dem, was nach Befriedigung der Gläubiger übrig bleibt. Was er darüber hinaus erhält, dadurch ist er auf Kosten des Gläubigers rechtlos bereichert. (Ebenso Förtsch Anm. 8; im Ergebniß auch Ring Anm. 1.) Guter Glaube schützt den Aktionär hier nicht, Art. 218 ist nicht anwendbar, da er nur von Zinsen und Gewinnen spricht.

Artikel 246.

Die Handelsbücher der aufgelösten Gesellschaft sind nach der Bekanntmachung von der Beendigung der Liquidation an einem von dem Handelsgerichte zu bestimmenden sicheren Orte zur Aufbewahrung auf die Dauer von zehn Jahren niederzulegen.

Die Aktionäre und die Gläubiger können zur Einsicht der Handelsbücher vom Handelsgerichte ermächtigt werden.

Aufbewahrung der Handlungsbücher (Abs. 1) **und Benutzung der aufbewahrten Handlungsbücher durch die Interessenten** (Abs. 2).

§ 1. 1. (Abs. 1.) **Die Aufbewahrung der Handlungsbücher** erfolgt an einem stets vom Handelsgericht zu bestimmenden sicheren Orte. Die Verfügung des Handelsgerichts nachzusuchen, **ist Sache der Liquidatoren,** welche dafür auf Grund der allgemeinen Verantwortlichkeit des Art. 241 haften. Durch Ordnungsstrafe kann diese Pflicht nicht erzwungen werden, da Art. 249g diesen Artikel nicht erwähnt. Zu den Handelsbüchern im Sinne dieses Artikels gehören nicht blos die Handelsbücher im engeren Sinne, sondern auch die Handelsbriefe und die sonstigen Schriften, Inventuren und Bilanzen (Motive I S. 373), auch das Aktienbuch (Ring Anm. 1; Petersen und Pechmann S. 587).

Die Kosten der Aufbewahrung trägt die Gesellschaft. Ein entsprechender Betrag ist daher bei der Vertheilung zu reserviren (P. 367).

Die Vorschrift bezieht sich auf die bei Beendigung der Liquidation (nicht, wie Ring Anm. 1 will, auf die zur Zeit der Auflösung der Gesellschaft) vorhandenen Bücher. Diese müssen ausnahmsweise 10 Jahre vom Tage der Liquidationsbeendigung aufbewahrt werden, während sonst nach Art. 33 H.G.B. die 10jährige Aufbewahrungsfrist an anderen Zeitpunkten beginnt (Tag des Empfanges bei Briefen, der Aufstellung bei Inventuren, der letzten Eintragung bei Büchern).

§ 2. 2. (Abs. 2.) **Benutzung der aufbewahrten Bücher durch die Interessenten.**

a) Als Interessenten sind genannt die Gläubiger und die Aktionäre. Unter den Aktionären können aber nur diejenigen verstanden sein, welche es zur Zeit sind. Dieser Satz bedarf der Begründung; denn er widerspricht der herrschenden Ansicht (Ring Anm. 2; Petersen und Pechmann S. 588). Wer seine Mitgliedschaft veräußert hat, hat keine Rechte an die Aktiengesellschaft. Seine Rechte sind übergegangen auf den Erwerber. Nur wer zur Zeit die Mitgliedschaft besitzt, kann Kontrolrechte gegen die Gesellschaft ausüben. Das vorliegende Kontrolrecht steht naturgemäß nur dem zu, der zur Zeit der Liquidationsbeendigung Mitglied ist, und geht ebenso naturgemäß mit dem Aktienrechte auf den Rechtsnachfolger über. Zu den Gläubigern gehören ferner nicht blos die bei der Liquidation hervorgetretenen, im Gegentheil die dabei nicht hervorgetretenen werden ein viel größeres Interesse an der Einsicht haben. (L.G. I Berlin in den Registerakten der A.G. für Holzarbeit.)

b) Die Interessenten haben kein unbedingtes Recht auf Einsichtnahme. Das Handelsgericht „kann" ihnen die Einsicht gestatten. Selbstverständlich soll damit keine Willkür des Gerichts etablirt werden, vielmehr haben die Interessenten das Recht dann, wenn sie ein berechtigtes Interesse nachweisen können. Ob dieses vorhanden, hat das Gericht nach freiem Ermessen zu prüfen, und wenn es solches für vorliegend erachtet, muß es die Einsicht gestatten (Motive I S. 373). Die Prüfung des Handelsgerichts unterliegt der Nachprüfung durch das Beschwerdegericht. (Beschwerde wie nach § 13 zu Art. 237.) § 3.

c) Nur die Einsicht der Handelsbücher kann verlangt werden, keine anderweite Benutzung, insbesondere nicht Auslieferung (R.O.H. 7 S. 75). § 4.

d) Die Rechtsfolge der Ermächtigung ist, daß der Antragsteller nunmehr das Recht hat, die Bücher einzusehen. Da sie aber am dritten Orte, also von einer dritten Person verwahrt werden, so fragt es sich, wie der Antragsteller die Einsicht erzwingen kann. Das Handelsgericht selbst hat kein Zwangsmittel nach dem Gesetze (vergl. die Verfügung des Berliner Handelsgerichts in den Registerakten der A.G. für Holzarbeit). Man wird dem Antragsteller auf Grund der Ermächtigung das Recht geben, durch Klage und einstweilige Verfügung die Vorlegung der Bücher zu erzwingen. § 5.

Artikel 247.

Bei der Auflösung einer Aktiengesellschaft durch Vereinigung derselben mit einer anderen Aktiengesellschaft (Art. 215) kommen folgende Bestimmungen zur Anwendung:

1. Das Vermögen der aufzulösenden Gesellschaft ist so lange getrennt zu verwalten, bis die Befriedigung oder Sicherstellung ihrer Gläubiger erfolgt ist.
2. Der bisherige Gerichtsstand der Gesellschaft bleibt für die Dauer der getrennten Vermögensverwaltung bestehen, dagegen wird die Verwaltung von der anderen Gesellschaft geführt.
3. Die Mitglieder des Vorstandes und des Aufsichtsraths der letzteren Gesellschaft sind den Gläubigern der aufgelösten Gesellschaft für die Ausführung der getrennten Verwaltung persönlich und solidarisch verantwortlich, die Mitglieder des Aufsichtsraths, soweit eine Vereinigung der Vermögen beider Gesellschaften mit ihrem Wissen und ohne ihr Einschreiten erfolgt ist.
4. Die Auflösung der Gesellschaft ist zur Eintragung in das Handelsregister anzumelden.
5. Die öffentliche Aufforderung der Gläubiger der aufgelösten Gesellschaft (Art. 243) kann unterlassen oder auf einen späteren Zeitpunkt verschoben werden. Jedoch ist die Vereinigung der Vermögen der beiden Gesellschaften erst in dem Zeitpunkte zulässig, in welchem eine Vertheilung des Vermögens einer aufgelösten Aktiengesellschaft unter die Aktionäre erfolgen darf (Art. 245).

Der Artikel handelt von der Fusion und zwar lediglich in der Weise, daß er Schutzvorschriften für die Gläubiger giebt. Die Erläuterung des Artikels erfordert aber, daß darüber hinaus das Wesen der Fusion und der Hergang derselben erörtert wird. Einleitung.

I. **Allgemeines über die Fusion.**

1. **Begriff und Folge der Fusion.** (Literatur hierfür besonders: Wiener in G.Z. 27 S. 365; R.G. 9 S. 11 ffg.) Fusion liegt vor, wenn eine Aktiengesellschaft ihr gesammtes Ver- § 1.

mögen, Aktiva und Passiva, auf eine andere Gesellschaft überträgt, wogegen diese die Mitglieder der übertragenden Gesellschaft zu ihren eigenen Mitgliedern macht, mit anderen Worten: Fusion ist Uebertragung des Vermögens und der Schulden einer Aktiengesellschaft an eine andere gegen Gewährung von Aktien dieser letzteren (Art. 215 Abs. 4).

Die Folge einer solchen Uebertragung und Uebernahme ist, daß die übertragende Gesellschaft ihr vermögensrechtliches Substrat und damit ihre rechtliche Existenz verliert. Es liegt also mehr vor, als was das Gesetz sonst Auflösung nennt, nämlich wirkliche Auflösung oder Untergang der übertragenden Gesellschaft. Für eine Liquidation ist kein Raum. Die Aktiva gehen auf die aufnehmende Gesellschaft über, werden Eigenthum derselben. Die Schulden gehen gleichfalls auf die aufnehmende Gesellschaft über, welche nunmehr allein wegen derselben anzugehen ist (vergl. die oben citirte Literatur, inssondere R.G. 9 S. 17). Ueber weitere begriffliche Fragen (Wann wird der Fusionsvertrag perfekt? Auf welche Art erfolgt die Uebertragung des Vermögens? Liegt Universalsuccession vor?) siehe unten § 6.

Diese Rechtsfolgen bergen für die Gläubiger der untergehenden Gesellschaft Gefahren in sich, denen durch die Schutzvorschriften dieses Artikels vorgebeugt wird. Dieselben werden zu II erörtert. Hier soll zunächst an der Hand der aufgestellten Begriffsbestimmung die Fusion von ähnlichen Rechtserscheinungen unterschieden werden:

§ 2. a) Die Uebertragung muß an eine andere Aktiengesellschaft erfolgen. Die Uebertragung an eine Gesellschaft anderer Art, und sei es auch eine Kommanditgesellschaft auf Aktien, oder an eine andere Person, etwa an den Staat (sogenannte Verstaatlichung), ist keine Fusion (Bolze 6 Nr. 644). Daher war auch der Uebergang des Geschäfts der Akt.Ges. Internationale Bank in Berlin auf die A.K.G. Berliner Handelsgesellschaft im Wege der Fusion nicht zu bewirken. Es wurde daher ein anderer Weg gewählt (vergl. § 4).

§ 3. b) Eine Uebertragung des Vermögens muß erfolgen. Keine Fusion liegt vor, wenn die beiderseitigen Unternehmungen gemeinsam betrieben werden, beide Gesellschaften aber unter ihrer Firma bestehen bleiben und die Erträgnisse unter vereinbarten Quoten unter sich theilen (Renaud, Aktiengesellschaften S. 806 Anm. 17).

§ 4. c) Die aufnehmende Gesellschaft muß die Mitglieder der übertragenden Gesellschaft zu ihren eigenen machen. Mit andern Worten: Abfindung der Aktionäre durch Aktien der aufnehmenden Gesellschaft muß vereinbart sein. Ist Geldabfindung vereinbart, so liegt nicht Fusion, sondern einfache Auflösung mit der Folge der Liquidation vor (Wiener in G.Z. 27 S. 382). Dagegen hat die Judikatur angenommen, daß, wenn den Aktionären der übertragenden Gesellschaft das Wahlrecht zwischen Geld- und Aktienabfindung eingeräumt und die Absicht auf wirkliche Fusion gerichtet war, Fusion vorliegt, falls alle Aktionäre die Aktien der aufnehmenden Gesellschaft gewählt haben (R.G. 9 S. 19, 20, vergl. auch R.O.H. 14 S. 361; ebenso Ring Anm. 1). Der Ansicht der beiden höchsten Gerichte kann nicht beigetreten werden. Zum Wesen der Fusion gehört die Verwandlung sämmtlicher Mitgliedschaften der übertragenden in Mitgliedschaften der aufnehmenden Gesellschaft. Nur ein Beschluß, der lediglich diesen Erfolg erzielen will und kann, ist ein Fusionsbeschluß. Beschließt die Generalversammlung ein Wahlrecht zwischen Geld- und Aktienabfindung, so gilt dieses als gewollt. Nur der in dem Beschlusse zu Tage getretene Wille der Gesammtheit kommt in Betracht, nicht versteckte Nebenabsichten, Hoffnungen und Wünsche, die überdies nicht kontrolirbar sind und sich nicht nothwendig zu verwirklichen brauchen. Auch daß im Erfolge nur von der Alternative des Aktienumtausches Gebrauch gemacht ist, ändert hieran nichts. Denn der Umtausch der Aktien ist ein Rechtsvorgang wesentlich verschiedener Art und von wesentlich verschiedener Wirkung, je nachdem er in Ausführung eines wirklichen Fusionsbeschlusses oder in Ausführung eines Wahlrechtsbeschlusses bewirkt wird. Beim wirklichen Fusionsbeschlusse geht mit der Ausführung des Fusionsvertrages die übertragende Gesellschaft unter, es erlöschen ihre Mitgliedschaften, die Aktienurkunden sind nur noch eine Legitimation dafür, daß ihre Inhaber

Aktionäre gewesen sind und um deshalb ein Recht auf Aushändigung von Aktien der aufnehmenden Gesellschaft in Gemäßheit des Fusionsvertrages haben. Beim Wahlrechtsbeschlusse dagegen bestehen die Mitgliedschaften zunächst weiter. Daß uno actu alle untergehen und sich in Mitgliedschaften der aufnehmenden Gesellschaften verwandeln, davon kann keine Rede sein. Denn die Aktionäre haben ja das Wahlrecht und Niemand weiß, ob der Umtausch durchweg gewählt werden wird. Wer den Umtausch wählt, tauscht nicht zum Ersatze für sein untergegangenes Mitgliedsrecht ein bestehendes ein, sondern ein an der übertragenden Gesellschaft bestehendes gegen ein an der aufnehmenden Gesellschaft bestehendes. Mit jedem Umtausch erwirbt die aufnehmende Gesellschaft eine Mitgliedschaft der übertragenden, aber fortbestehenden Gesellschaft; und wenn durchweg der Umtausch gewählt wird, so erwirbt sie alle Mitgliedschaften der übertragenden Gesellschaft und wird ihr einziger Aktionär. Eine Fusion aber, ein Untergang der alten Gesellschaft und ihrer Mitgliedschaften tritt nicht ein. Vielmehr liegt Auflösung und Liquidation vor, deren Vorschriften beobachtet werden müssen.

Am besten wird die Transaktion in der Weise gemacht, daß die Liquidation beschlossen wird, die Liquidatoren beauftragt werden, das Geschäft mit Aktiven und Passiven auf die andere Gesellschaft zu übertragen, und gleichzeitig durch einen Vertrag für die Aktionäre der übertragenden Gesellschaft das Recht des Aktienumtausches stipulirt wird.

Diesen Weg hat die Internationale Bank in Berlin gewählt, die ihr Geschäft auf die Berliner Handelsgesellschaft übertragen und ihren Aktionären die Möglichkeit gewähren wollte, ihre Aktien gegen Aktien der Berliner Handelsgesellschaft einzutauschen. Die Fusion war bei dieser Transaktion nicht möglich, weil die Berl. Handelsges. eine Kommanditgesellschaft auf Aktien ist (vergl. oben § 2).

d) Eine Aktiengesellschaft muß die andere aufnehmen. Wollen zwei Gesellschaften ihre beiden Vermögensmassen aufgeben und auf eine dritte übertragen, so muß zunächst diese dritte gegründet werden. Eine analoge Anwendung der Vorschriften dieses Artikels ohne Beachtung der Gründungsvorschriften ist nicht gestattet, wie Ring (Anm. 1) gegen die herrschende Meinung mit Recht ausführt. Die Gründungsvorschriften sind absoluter Natur und gestatten nur ausdrückliche Ausnahmen. § 5.

2. **Der Hergang der Fusion.** Das Gesetz behandelt die Fusion nur sehr summarisch. Es erwähnt im Art. 215 Abs. 4 nur die Erfordernisse des Vereinigungsbeschlusses, der auf Seiten der übertragenden Gesellschaft gefaßt wird, das ist Alles. Im vorliegenden Artikel werden nur Schutzvorschriften für die Gläubiger gegeben, deren Beobachtung die Fusion als vollendet voraussetzt. § 6.

Zur Veranschaulichung dürfte es dienen, den Hergang der Fusion zu zergliedern.

Zunächst verständigen sich die Vorstände bezw. Aufsichtsräthe der beiden Aktiengesellschaften über die Bedingungen der Vereinigung. Sie nennen zwar diese Verständigung gewöhnlich den Fusionsvertrag. Aber die bindende Kraft eines Vertrages hat diese Verständigung in Wahrheit nicht. Denn er zielt ab auf der einen Seite auf die Auflösung durch Uebertragung des Vermögens, welche wirksam nur durch die Generalversammlung mit qualificirter Mehrheit und hinzukommender Eintragung beschlossen werden kann (Art. 215 Abs. 4), und auf der andern Seite auf Kreirung neuer Mitgliedschaften, also auf eine Erhöhung des Grundkapitals, was gleichfalls einen qualificirten Generalversammlungsbeschluß und Eintragung des Beschlusses voraussetzt (Art. 215a). Auch wäre die Zusicherung von Aktien vor dem Kapitalserhöhungsbeschluß ungültig (Art. 215a Abs. 4). Immerhin kann ohne vorbereitendes Abkommen naturgemäß nichts geschehen, da es für keine der beiden Gesellschaften einen Sinn hätte, auf Fusion hinzielende Beschlüsse zu fassen, ohne eine gewisse Aussicht dafür zu haben, daß die Gegenseite die Fusion zu vollziehen bereit ist.

Nach erfolgter Verständigung der Verwaltungsorgane fassen die beiden Generalversammlungen die erforderlichen Beschlüsse. Die aufzulösende Gesellschaft faßt den Fusionsbeschluß nach Art. 215 Abs. 4, die aufnehmende Gesellschaft einen Kapitalserhöhungsbeschluß. Der Fusionsbeschluß insbesondere setzt zugleich in Gemäßheit des vorläufigen

Abkommens fest, in welchem Verhältnisse die Mitglieder der übertragenden Gesellschaft bei der aufnehmenden Gesellschaft betheiligt werden sollen. Es ist durchaus nicht erforderlich, daß auf jede Aktie der untergehenden eine Aktie von gleichem Nennwerthe der aufnehmenden entfällt. Nur muß das Betheiligungsverhältniß so normirt sein, daß kein Aktionär der übertragenden Gesellschaft nöthig hat, Aufwendungen zu machen, um Mitglied der aufnehmenden Gesellschaft zu werden. So z. B. war es nicht dem Gesetze entsprechend, daß bei der bekannten Berliner Fusion der Tivoli- und Schultheißbrauerei auf mehrere Aktien der Tivoli-Gesellschaft nur eine der Schultheißgesellschaft entfiel (vergl. § 3 zu Art. 248). Der Erhöhungsbeschluß kann keine Angabe des Mindestkurses enthalten, weil ja die Gewährung der Aktien gegen ein ganz bestimmtes Gesammtäquivalent erfolgen soll. Die Vorschrift des Art. 215a modifizirt sich demgemäß.

Haben die beiden Gesellschaften die erforderlichen Generalversammlungsbeschlüsse gefaßt und eintragen lassen, dann wird der eigentliche Fusionsvertrag geschlossen. Den Vertrag schließen die Vorstände der beiden Aktiengesellschaften, als die gesetzlichen Vertreter derselben, gewöhnlich in der Weise, daß sie das vorläufige Abkommen definitiv bestätigen.[1])

Der rechtliche Inhalt des Fusionsvertrages geht dahin: es wird vereinbart, daß das gesammte Vermögen (Aktiva und Passiva) der übertragenden Gesellschaft auf die aufnehmende Gesellschaft übergehen soll, sobald letztere die Mitglieder der übertragenden als Mitglieder aufnimmt.

Nach Abschluß dieses Vertrages führen die Organe der aufnehmenden Gesellschaft gemäß Art. 215b die von dieser beschlossene Kapitalserhöhung durch, wobei sich aus der Verknüpfung der Kapitalserhöhung mit der Fusion wiederum Abweichungen ergeben: es macht hier nicht jeder Aktionär eine Einlage, sondern es wird das Aequivalent für die von der aufnehmenden Gesellschaft zu gewährenden Aktien insgesammt von der übertragenden geleistet. Es ist daher nur zu bescheinigen, daß die übertragende Gesellschaft die Fusion beschlossen und mit der aufnehmenden vereinbart hat. Demgemäß finden auch keine Zeichnungen statt.

Durch Anmeldung und Eintragung der stattgefundenen Kapitalserhöhung in Gemäßheit des mutatis mutandis anzuwendenden Art. 215b ist die Fusion vollzogen. Das Vermögen der übertragenden Gesellschaft geht in diesem Augenblicke in Gemäßheit der Vereinbarung des Fusionsvertrages durch Universalsuccession auf die übertragende über, die übertragende Gesellschaft hat dadurch ihr vermögensrechtliches Substrat verloren und ist untergegangen, ihre bisherigen Mitglieder sind Mitglieder der aufnehmenden Gesellschaft geworden und haben einen Anspruch auf Aushändigung von Aktienurkunden. Daß eine Universalsuccession vorliegt, nimmt auch das R.G. (28 S. 36), das Kammergericht (Johow 11 S. 129), desgleichen Ring (Anm. 2) an. (Anders unsere 1. Aufl.) Infolge dessen gehört zum Eigenthumsübergange keine Uebergabe der Mobilien, keine Indossirung von Orderpapieren, keine Cession von Forderungen, keine Auflassung von Grundstücken.[2]) Daß aber der Uebergang des Vermögens einschließlich der Schulden und der Untergang der Gesellschaft sich in dem Augenblicke der Eintragung der stattgefundenen Kapitalserhöhung vollzieht, ergiebt das Wesen der Sache. In Frage könnte nur ein früherer Zeitpunkt kommen: der Abschluß des Fusionsvertrages (so Ring Anm. 2).[3]) Allein das würde zu einer unmöglichen Rechtserscheinung führen. Die Mitglieder der übertragenden Gesellschaft würden, da diese in diesem Augenblicke untergehen würde, aufhören, ihre Mitglieder zu sein. Andererseits würden sie noch nicht Mitglieder der aufnehmenden sein, ehe bei dieser die stattgefundene Kapitalserhöhung angemeldet und eingetragen ist. In der

[1]) Es kann Ring (Anm. 2) nicht zugestimmt werden, daß schon in der Eintragung der beiden sich entsprechenden Generalversammlungsbeschlüsse die Perfektion des Fusionsvertrages liege. Der Beschluß einer G.V. ist ein interner Gesellschaftsakt, hier ist es der Wille des obersten Willensorgans, daß die Vereinigung erfolge, d. h. von dem gesetzlichen Vertretungsorgan vereinbart und vollzogen werden soll. Ein Vertrag zwischen zwei Rechtssubjekten kommt nur zu Stande durch die einander erklärte Willensübereinstimmung, bei juristischen Personen erfolgt diese Erklärung durch die gesetzlichen Vertreter.

[2]) Ueber den Wegfall der Auflassung siehe besonders Kammergericht bei Johow 11 S. 129; Ring Anm. 6: „es tritt ein Ereigniß in die Erscheinung, welche den Eigenthumsübergang mit Rechtsnothwendigkeit mit sich zieht".

[3]) welchen Abschluß Ring überdies in einen Zeitpunkt verlegt, der es nach unserer Ansicht aus begrifflichen Gründen nicht sein kann (vergl. Note 1).

Zwischenzeit würden sie in der Luft hängen, und dort unter Umständen hängen bleiben, wenn die aufnehmende Gesellschaft zögern oder gar sich weigern würde, die zur Eintragung der Kapitalserhöhung erforderlichen Schritte zu thun. Das will das Gesetz nicht. Es drückt vielmehr seinen Willen, der Vermögensübergang solle Zug um Zug gegen Kreirung der neuen Mitgliedschaften erfolgen, deutlich aus durch Fixirung des Fusionsbeschlusses im Art. 215 Abs. 4: „Uebertragung des Vermögens gegen Gewährung der Aktien.[1])

Der so erfolgte Untergang der übertragenden Gesellschaft ist der Ordnung wegen zum Handelsregister der untergegangenen Gesellschaft anzumelden (vergl. Nr. 4 dieses Artikels und unten § 12). Durch wen, sagt das Gesetz nicht, offenbar durch den bisherigen Vorstand.

Eine Liquidation der übertragenden Gesellschaft findet nicht statt. Für eine solche ist kein Raum (vergl. § 1; ferner L.G. I Berlin bei Perl u. Wreschner 1891 S. 114). Auch werden die Gläubiger der übertragenden Gesellschaft nicht benachrichtigt.

II. **Die Schutzvorschriften für die Gläubiger.**

1. **Allgemeines über die Rechtslage der Gläubiger bei der Fusion.** Die Fusion hat für die Gläubiger die Rechtsfolge eines Schuldnerwechsels (vergl. §§ 1 u. 6), aber das ist auch die einzige Rechtsfolge für die Gläubiger. Sonstige Veränderungen der materiellen Rechtslage treten nicht ein, insbesondere werden die befristeten Forderungen durch die Fusion allein nicht fällig, nur durch besondere Umstände müßte dies begründet werden (R.G. 9 S. 18, 21). Auch können die Gläubiger die Fusion nicht hindern. (Vergl. Wiener in G.Z. 27 S. 381.) Nur das wäre denkbar, daß sie beim Vorliegen von Arrestgründen die Vermögensstücke der aufzulösenden Gesellschaft verstricken, ehe sie auf die neue Gesellschaft übergehen. § 7.

Weil aber die Folge der Fusion ein Schuldnerwechsel ist, so müssen die Gläubiger gegen die hierin liegenden wirthschaftlichen Gefahren geschützt werden; sie können leicht anstatt eines solventen und soliden Schuldners einen insolventen und unsoliden erhalten. Diesen Gefahren wollen die Schutzvorschriften des vorliegenden Artikels begegnen.

2. **Die einzelnen Schutzvorschriften.** § 8.

Ziffer 1. Das Vermögen der aufzulösenden Gesellschaft ist getrennt zu verwalten, bis die Befriedigung oder sonstige Sicherstellung ihrer Gläubiger erfolgt ist.

a) Das Vermögen der aufzulösenden Gesellschaft. Korrekt hätte es heißen müssen: das Vermögen der untergegangenen Gesellschaft. Denn wenn die Verwaltung der aufnehmenden Gesellschaft beginnt, dann ist der Fusionsvertrag bereits geschlossen und wirksam, die alte Gesellschaft also schon untergegangen. Mindestens hätte das Gesetz von der aufgelösten Gesellschaft sprechen müssen.

b) Ueber die Begriffe Befriedigung und Sicherstellung vergl. § 3 zu Art. 245.

c) Die getrennte Verwaltung ist nicht etwa als bloße Liquidirung des Vermögens gedacht, vielmehr kann dieselbe stets und wird zumeist produktiven Zwecken dienen (R.G. 9 S. 18). Die getrennte Verwaltung soll den Gläubigern die Gewähr dafür bieten, daß das von der früheren Gesellschaft überkommene Vermögen nicht den Zwecken der aufnehmenden Gesellschaft dient und nicht durch die sonstigen geschäftlichen Transaktionen der aufnehmenden Gesellschaft in Mitleidenschaft gezogen wird. Die geschäftsführenden Organe der aufnehmenden Gesellschaft dürfen daher weder das übertragene Vermögen noch den demselben zuwachsenden Gewinn zu den Zwecken der übrigen Betriebszweige verwenden. Sie haften dafür nach Ziffer 3. § 9.

Andererseits liegt nichts weiter vor, als die Pflicht getrennter Verwaltung. Eine materielle Bedeutung nach außen hat die getrennte Verwaltung nicht. Es steht den Gläubigern immer nur ein einheitlicher Schuldner in der aufnehmenden Gesellschaft gegenüber. Diese haftet mit ihrem ganzen Vermögen, wie jeder andere persönliche Schuldner, den überkommenen sowohl, als den sonstigen Gläubigern, alten und neuen. Und wenn davon gesprochen wird, daß die getrennte Verwaltung

[1]) Gewährung der Aktien ist nicht etwa Aushändigung der Aktienurkunden. Die Aktie als Aktienrecht ist gewährt durch Eintragung der stattgefundenen Kapitalserhöhung.

ein ausschließliches Zugriffsrecht der Gläubiger der alten Gesellschaft auf diese Vermögensbestandtheile zur Folge hat und zwar ausschließlich in doppeltem Sinne: nur sie dürfen es ergreifen, und nur diese Bestandtheile dürfen sie ergreifen — (vergl. Ring Anm. 4, auch R.G. 9 S. 17), so können wir dem nicht beistimmen. Es ist auch gar nicht ersichtlich, wie die Gläubiger der alten Gesellschaft es hindern könnten, daß der Gerichtsvollzieher für andere Gläubiger die Gegenstände der getrennten Verwaltung pfändet. Ein die Veräußerung hinderndes dingliches Recht nach § 690 C.P.O. steht ihnen nicht zu. Noch weniger theilen wir die Ringsche, von Hergenhahn reproducirte, übrigens auch von Petersen und Pechmann (S. 594) vertheidigte Ansicht, daß über die getrennt verwaltete Vermögensmasse ein getrennter Konkurs eröffnet werden könnte. An der Spitze der Konkursordnung steht der Satz, daß nur über das gesammte Vermögen eines Schuldners Konkurs eröffnet werden kann, nicht über einzelne Vermögensmassen eines und desselben Schuldners. Aus § 193 Abs. 2 K.O. aber, den die Gegner citiren, ergiebt sich keine Ausnahme für den vorliegenden Fall. Diese Gesetzesstelle setzt die Fälle der Auflösung voraus, d. h. diejenigen Fälle, in denen das Gesetz zwar von Auflösung spricht, aber keine wirkliche Auflösung, keinen Untergang der Gesellschaft meint, in denen vielmehr das vermögensrechtliche Substrat der Gesellschaft und damit ihre rechtliche Existenz erhalten bleibt. Das ergiebt sich daraus, daß das Konkursverfahren nur so lange für zulässig erklärt wird, als das Vermögen noch unvertheilt ist. Hier aber ist das Vermögen, wenn auch nicht vertheilt, so doch auf eine andere Gesellschaft übergegangen. Die alte Gesellschaft ist von der juristischen Bildfläche verschwunden und es kann daher über sie kein Konkurs mehr eröffnet werden, sondern nur über die aufnehmende Gesellschaft, auf welche mit dem Vermögen die Schulden übergegangen sind.

Eine andere Frage wäre es, ob die Gläubiger der alten Gesellschaft einen konkursrechtlichen Anspruch auf abgesonderte Befriedigung aus dem getrennt verwalteten Vermögen haben. (So Cosack S. 619.) Aber auch dies ist zu verneinen. Die Konkursordnung zählt die Rechte auf abgesonderte Befriedigung auf, ohne für den vorliegenden Fall ein solches zu gewähren. Geräth die aufnehmende Gesellschaft in Konkurs, so hat sich eben gezeigt, daß auch die getrennte Verwaltung kein genügender Schutz für die Gläubiger war, und sie haben die Konsequenzen zu tragen, da ihnen das Gesetz einen höheren Schutz nicht gewährt.

Auch insofern hat die getrennte Verwaltung keine materielle Bedeutung, als durchaus nicht ausgeschlossen ist, daß der in dieser getrennten Verwaltung erzielte Gewinn der gesammten Gesellschaft zu Gute kommt; desgleichen haben sämmtliche Aktionäre der aufnehmenden Gesellschaft das Beschlußrecht auch in Ansehung dieser getrennten Verwaltung (R.G. 9 S. 19).

§ 10. Ziffer 2. **Der Gerichtsstand der übertragenden Gesellschaft bleibt.** Das mußte festgesetzt werden, um eine Erschwerung der Rechtslage der Gläubiger zu verhindern, die durch den Untergang der alten Gesellschaft entsteht. Die Sache stellt sich hiernach so: daß die Gläubiger der alten Gesellschaft zwar die aufnehmende Gesellschaft zu verklagen haben, dies aber am Gerichtsstande der alten Gesellschaft thun dürfen (nicht etwa thun müssen; der Gerichtsstand ist elektiv).

§ 11. Ziffer 3. **Die Organe der aufnehmenden Gesellschaft sind für die Ausführung der getrennten Verwaltung den Gläubigern haftbar.** Die Organe der übertragenden Gesellschaft fallen nach erfolgter Uebertragung bzw. nach Anmeldung der vollzogenen Fusion fort.

§ 12. Ziffer 4. **Die Auflösung der Gesellschaft ist zur Eintragung in das Handelsregister anzumelden.** Durch wen und in welchem Zeitpunkte dies zu geschehen hat, darüber vergl. oben § 6.

§ 13. Ziffer 5. **Die öffentliche Aufforderung an die Gläubiger kann verschoben oder unterlassen werden. Eine Vereinigung der beiden Vermögensmassen ist aber nur zulässig unter Beachtung der Vorschriften des Art. 245.** Die getrennte Verwaltung kann daher in infinitum fortdauern.

Zusatz. Der Fusionsvertrag erfordert keinen Kaufpreisstempel. Er ist, wie schon aus seinem im § 1 erörterten Wesen folgt, ein Gesellschaftsvertrag. Er hat zum Inhalte, daß die Mitglieder der einen Gesellschaft Mitglieder der anderen werden sollen gegen das Aequivalent der Uebertragung des Vermögens der alten Gesellschaft (R.G. 2 S. 303 Anm. 1; Entscheidung des Reichsgerichts vom 2. Februar 1888, Deutscher Reichsanzeiger 1888 Nr. 91). Daß keine Auflassung erforderlich ist, darüber vergl. § 6. § 14.

Artikel 248.

Eine theilweise Zurückzahlung des Grundkapitals an die Aktionäre oder eine Herabsetzung desselben kann nur auf Beschluß der Generalversammlung und nur unter Beobachtung derselben Bestimmungen erfolgen, welche für die Vertheilung des Gesellschaftsvermögens im Falle der Auflösung maßgebend sind (Art. 243, 245). Der Beschluß hat zugleich die Art, in welcher die Zurückzahlung oder Herabsetzung erfolgen soll, und die zu ihrer Durchführung erforderlichen Maßregeln festzusetzen. Er muß, sofern der Gesellschaftsvertrag für die Beschlußfassung nicht noch andere Erfordernisse aufstellt, durch eine Mehrheit von drei Viertheilen des in der Generalversammlung vertretenen Grundkapitals erfolgen. Sind verschiedene Gattungen von Aktien ausgegeben, so bedarf es zu dem von der gemeinschaftlichen Generalversammlung gefaßten Beschlusse der Zustimmung einer besonderen Generalversammlung der benachtheiligten Aktionäre, deren Beschlußfassung derselben Vorschrift unterliegt.

Der Beschluß ist in das Handelsregister einzutragen; auf die Eintragung finden die Vorschriften im Artikel 214 Anwendung.

Der Artikel handelt von der theilweisen Rückzahlung des Grundkapitals und der Herabsetzung desselben.

I. **Rechtliche und wirthschaftliche Bedeutung der Rückzahlung und Herabsetzung.** Nach Art. 185a Ziffer 5, der nach Art. 239b auch für die Aktiengesellschaften gilt, bildet die Grundkapitalsziffer einen ständigen Passivposten der Bilanz. Dadurch wird die Gesellschaft beständig genöthigt, Werthe, die der Ziffer des Aktienkapitals gleichkommen, von der Vertheilung auszuschließen und in ihrem Bestande zu erhalten, bzw. so lange Werthe aufzusparen, bis der Werthbestand den Betrag aller Passivposten einschließlich der Aktienkapitalsziffer deckt, und dann erst eine Gewinnvertheilung vorzunehmen. Es kann sein, daß die Gesellschaft auf solche Weise genöthigt wird, eine größere Werthsmenge in ihrem Bestande aufzuspeichern, als sie nach Lage ihres Betriebes, etwa in Folge von Einschränkungen desselben, gewinnbringend verwerthen kann. In solchem Falle ist es besser für ihre Mitglieder, daß sie den entbehrlichen Theil des Gesellschaftsvermögens wieder erhalten, damit sie ihn anderweit besser verwerthen können. Das ist der Fall der Kapitalsrückzahlung. § 1.

Es kann aber ferner sein, daß die Gesellschaft, sei es in Folge von Werthsüberschätzungen bei der Einbringung, oder durch rückläufige Werthskonjunkturen oder durch verfehlte geschäftliche Unternehmungen, eine Unterbilanz hat, deren Ausgleichung selbst dadurch nicht bewirkt wird, daß das gesetzliche Reservekonto als Passivposten gestrichen wird. In solchem Falle bleibt, wenn auch sonstige Reserveposten für diesen Zweck nicht zur Verfügung stehen, nichts übrig, als das stabile Reservekonto, die Ziffer des Aktienkapitals, zu mindern. Je geringer dieser Posten wird, desto geringer wird die Summe der Passivkonten, desto geringer das Zurückbleiben der Aktiva hinter den Passiven, desto geringer die Unterbilanz. Das ist der Fall der Kapitalsherabsetzung ohne Rückzahlung. Für die Aktionäre hat dies die wirthschaftliche Bedeutung, daß sie hierdurch dem Dividendenbezuge näher kommen, da nunmehr leichter ein Ueberschuß der Aktiva über die Passiva, also vertheilbarer Gewinn eintreten kann. Ihre Antheilsquoten aber ändern sich durch diese Minderung der Ziffer nicht (R.O.H. 25 S. 280). Betrug z. B. die Ziffer des Aktienkapitals 30 000 M., so ist der Besitzer einer Aktie von 3000 M. mit $^1/_{10}$ an der zu vertheilenden Gewinn- und etwaigen Liquidationsmasse betheiligt. Wird nun die Gesammtziffer des Grundkapitals auf 10 000 M. herabgesetzt und somit der Betrag jeder Einzelaktie auf 1000 M., so bleibt jene Betheiligungsquote $^1/_{10}$, also unverändert.

Eine Werthsherabminderung tritt also durch die Herabsetzung des Grundkapitals und des Nennwerths der Aktien nicht ein, im Gegentheil ist der Zweck der Maßregel eine Verbesserung der Verhältnisse vom Gesichtspunkte der Gewinnvertheilungsmöglichkeit, also vom Standpunkte des Aktionärinteresses. Immerhin ist die Minderung des Nennwerthes der Aktien doch nicht ohne Einfluß auf den Werth der Aktie. Denn wenn auch in Wahrheit weder juristisch noch wirthschaftlich eine Werthsminderung des Aktienantheils eintritt, so ist dies doch für den großen Verkehr insofern der Fall, als die Aktie prima facie nunmehr so aussieht, als sei sie eine solche, auf welche nur der geringere Nominalbetrag eingezahlt ist. Wie überhaupt der Nennwerth der Aktie derselben das Ansehen giebt, als stelle sie einen dem Nennwerth entsprechenden unwandelbaren Werth dar (vergl. § 1 zu Art. 207), so wird eben dieses Ansehen durch Herabsetzung des Nominalbetrages entsprechend geschmälert, die Signatur der Aktie verändert sich zu ihrem Nachtheil, und darin liegt ein zwar nicht juristischer und wirthschaftlicher, aber doch ideeller Unterschied, der auf die Werthschätzung im Aktienverkehr von Einfluß und daher nicht ohne Bedeutung ist.

Kapitalsrückzahlung und Kapitalsherabsetzung, das sind die Maßregeln, von denen der vorliegende Artikel spricht. Es giebt noch eine dritte Maßregel, bei welcher ebenfalls die Ziffer des Grundkapitals herabgesetzt wird. Das ist die im Artikel 215d erwähnte Amortisation von Aktien. Sie unterscheidet sich von den beiden hier behandelten Maßregeln dadurch, daß jene die gänzliche Vernichtung einzelner Aktien zum Gegenstande hat, während hier eine theilweise und gleichmäßige Minderung der Nennwerthe aller Aktien vorliegt. Daß dieser Unterschied zwischen Amortisation und Kapitalsherabsetzung in dem Generalversammlungsbeschlusse, welcher den Gegenstand der Entscheidung des Reichsgerichts Bd. 26 S. 132 bildete, nicht festgehalten wurde, ist der wesentlichste Mangel jenes Beschlusses. Gemeint war dort ersichtlich Amortisation durch Rückkauf, der Wortlaut des Beschlusses aber läßt eher auf Rückzahlung schließen. In beiden Beziehungen aber ist er nicht genügend bestimmt; war Rückkauf gemeint, so fehlt, wie das Reichsgericht hervorhebt, die Angabe, wie er bewerkstelligt werden soll: Minuslizitation, Ankauf im Markte, Bestimmmung des zu bewilligenden Maximalpreises; war Rückzahlung gemeint, so fehlt die Bestimmung, daß und wieviel auf jede Aktie zurückgezahlt werden soll.

Die hier behandelten beiden Maßregeln sind für alle Interessenten, Aktionäre und Gläubiger, von erheblichster Tragweite und deshalb mit einer Reihe von Schutzmaßregeln umgeben. Die Gläubiger insbesondere sind dadurch gefährdet, daß der Betrag des im Bestande der Gesellschaft zu reservirenden Vermögens gemindert und dadurch die Kreditbasis geschädigt wird. Es liegt daher eine Gefahr von gleicher Art, wenn auch nicht von gleicher Größe wie bei der Auflösung der Gesellschaft vor, und deshalb sollen dieselben Vorschriften wie bei dieser beachtet werden.[1])

§ 2. II. **Der Rückzahlungs- und Herabsetzungsbeschluß und die daran geknüpften Schutzvorschriften für die Gläubiger.**

1. **Der Inhalt des Rückzahlungs- und des Herabsetzungsbeschlusses.** Die Beschlüsse müssen nach gesetzlicher Vorschrift zum Inhalte haben die Art, in welcher die Rückzahlung und Herabsetzung erfolgen soll, und die zu ihrer Durchführung erforderlichen Maßregeln.

a) **Die Art, in welcher die Rückzahlung oder Herabsetzung erfolgen soll.**

α) Die Rückzahlung kann in Baar oder auch durch Sachrückgabe erfolgen. Letzteres ist durchaus nicht ausgeschlossen, muß aber in der Generalversammlung selbst beschlossen werden, anders als beim Kapitalserhöhungsbeschluß (Ring Anm. 4 und § 4 zu Art. 215a). Auch in einem Erlaß der fälligen Einzahlung kann die Rückzahlung bestehen (Motive II S. 245; Petersen und Pechmann S. 290; Esser Anm. 6; jetzt auch Kayser Anm. 4).

§ 3. β) Die Herabsetzung erfolgt normaler Weise durch die Bestimmung, daß das Grundkapital und damit auch der Nennwerth der Aktien fortan eine bestimmte geringere Ziffer haben soll, also beispielsweise fortan nicht mehr 30 000 M., sondern nur 10 000 M., und damit fortan nicht mehr jede Aktie 3000 M., sondern nur noch 1000 M. betragen soll.

---

[1]) Eine schlanke Vertheilung von Gesellschaftsvermögen ohne Beobachtung der Formen des Art. 248 ist unzulässig. (Vergl. auch Art. 216, 226 Ziffer 5.)

Zu beachten ist dabei, daß nicht jede Art der Herabsetzung gültig beschlossen werden kann, sondern nur diejenige, welche mit den sonstigen zwingenden Gesetzesvorschriften im Einklang steht.

Insbesondere kann wegen Art. 207a Abs. 1 die Herabsetzung des Nennwerths nicht unter 1000 M. erfolgen (R.O.H. 20 S. 94; Motive II S. 245; K.B. 5).

Des Ferneren ist eine Herabsetzung des Grundkapitals durch sogenannte Zusammenlegung richtiger Ansicht nach nicht statthaft, wenigstens nicht durch Majoritätsbeschluß, sondern nur mit Zustimmung aller Aktionäre. Diese bei Aktiengesellschaften in Uebung befindliche Art der Kapitalsreduktion besteht darin, daß bestimmt wird, zwei oder mehrere Aktien sollen fortan nur noch den Nennwerth einer Aktie oder einen etwas höheren Nennwerth als den einer Aktie haben. Zur Durchführung dieser Reduktion wird bestimmt, daß die Aktionäre zwei oder mehrere Aktien einzureichen und dafür entweder eine alte abgestempelt oder eine neue zurückerhalten. Diese Art der Kapitalsreduktion ist schon von dem früheren R.O.H. (Entsch. 20 S. 96, 25 S. 262; Gutachten des Plenums in G.Z. 21 S. 445) als ungesetzlich erklärt worden, weil sie denjenigen Aktionär, der die erforderliche Mehrzahl von Aktien nicht hat, zu Aufwendungen nöthigt, was dem Art. 219 widerspricht. Zwar vertheidigen die Motive des neuen Aktiengesetzes (I S. 376) die Zulässigkeit dieser Kapitalsreduktion, wenn auch nicht in der Art, daß der an der Zusammenlegung nicht theilnehmende Aktionär seines Mitgliedsrechts einfach verlustig gehe, so doch in der Weise, daß die Gesellschaft die an der Zusammenlegung nicht theilnehmenden Aktien zwangsweise veräußert oder gegen Entschädigung an die Gesellschaft für verfallen erklärt. Auch wird in der Praxis das von den Motiven für zulässig erklärte Verfahren häufig eingeschlagen (vergl. z. B. Aktiengesellschaft Frister u. Roßmann in Berlin; weitere Beispiele bei Hergenhahn S. 239). Allein die Ansicht der Motive hat im Gesetze keinen Ausdruck gefunden. Als wissenschaftliche Ansicht ihres Verfassers aber ist sie von Ring (Anm. 4) zutreffend widerlegt worden, vergl. auch Völderndorff (S. 752). Ihm folgen denn auch Petersen und Pechmann (S. 288), Esser (in Buschs Archiv 47 S. 806). Anders Makower; Kayser; Oberstes L.G. München bei Holdheim I S. 107; vergl. auch R.G. 26 S. 184, wo das Reichsgericht die Zusammenlegung von Aktien als eine Art der Herabsetzung des Grundkapitals betrachtet.[1]) Auch Hergenhahn (S. 239) pflichtet den Motiven bei. Doch vertheidigt er ihren Ausspruch nicht glücklich. Er weist darauf hin, daß eine Zwangsenteignung des Mitgliedsrechts gegen Entschädigung auch sonst: bei der Fusion, bei der Amortisation durch das Loos zulässig sei. Das aber ist von Ring nicht übersehen, vielmehr wird einem solchen Einwande gegenüber zutreffend von demselben hervorgehoben, daß die gedachten Maßregeln alle Aktionäre gleichmäßig treffen, keinen unverschont lassen, keinem die Möglichkeit gestatten, sich durch Aufwendung von dem Nachtheil zu befreien, und daher keinen zu Aufwendungen nöthigen, um sich gleichfalls den Vortheil der besseren Rechtslage zu verschaffen. Bei der Amortisation durch das Loos wird der Grundsatz der Gleichberechtigung nicht verletzt, weil das Loos Jeden treffen kann und nur der blinde Zufall entscheidet. So wird auch der Grundsatz der allgemeinen Wehrpflicht dadurch nicht verletzt, daß man den entbehrlichen Theil der Ausgehobenen auslooſt. Aber wohl würde er verletzt werden, wenn es möglich

[1]) Das Kammergericht (Beschluß vom 26. Juni 1883 bei Holdheim II S. 318) läßt die rechtliche Gültigkeit eines Zusammenlegungsbeschlusses dahingestellt, hält aber den Registerrichter für verpflichtet, die Eintragung zu bewirken, wenn der Beschluß unanfechtbar geworden ist, weil nur Aktionärinteressen in Frage stehen. Es ist dies die Konsequenz seiner Ansicht, daß der Registerrichter die Verletzung von Dispositivvorschriften nicht zu berücksichtigen hat, wenn die Aktionäre sie nicht oder vergeblich angefochten haben. (Vergl. § 18 zu Art. 190a.) Sollte dem nicht aber das Bedenken entgegenstehen, daß der Beschluß, indem er den Art. 219 verletzt, dem öffentlichen Rechte, dem Wesen der A.G. zuwiderläuft und aus diesem Grunde auch durch unterlassene Anfechtung nicht gültig wird?

wäre, sich durch Geld von der Wehrpflicht zu befreien. So wird auch der Grundsatz der Gleichberechtigung verletzt durch die Reduktion mittelst Zusammenlegung. Zwar „gestattet" ein solcher Beschluß jedem Aktionär, an der Zusammenlegung theilzunehmen. Aber von einer Gestattung kann in Wahrheit nicht gesprochen werden, wo derjenige, der von der Konzession keinen Gebrauch macht, mit erheblichen Rechtsnachtheilen bedroht wird. Das ist kein freies Belieben mehr. Was in solchem Falle Gestattung genannt wird, ist in Wahrheit Zwang. Der Besitzer einer Aktie muß Aktien hinzuerwerben, wenn er die gleichen Vortheile wie die glücklichen Besitzer mehrerer Aktien genießen und nicht sein Mitgliedsrecht, wenn auch gegen Entschädigung, verlieren will. Das eben widerstrebt dem Art. 219.[1])

§ 4. b) **Die zu ihrer Durchführung erforderlichen Maßregeln.** Zum Unterschiede vom Kapitalserhöhungsbeschlusse, welcher nur den Mindestbetrag des Ausgabekurses zu bestimmen hat, alles Uebrige aber anderen Organen übertragen kann, muß hier der Beschluß auch die Durchführungsmaßregeln festsetzen. Delegation an Vorstand und Aufsichtsrath ist hier unzulässig. Ein Beschluß, der hiergegen verstieße, würde zwingendes Recht verletzen und daher ungültig, nicht eintragungsfähig und trotz Eintragung und unterlassener Anfechtung ungültig sein.

Zu den zur Durchführung der Beschlüsse erforderlichen Maßregeln gehören vorzugsweise die Bestimmungen darüber, in welcher Weise die Aktienurkunden den veränderten Ziffern anzupassen sind: Einreichung, Abstempelung ꝛc.; ferner beim Rückzahlungsbeschlusse: in welcher Weise die Rückzahlung erfolgen soll, Zeit, Ort und Form, insbesondere bei Rückgabe von Sachen; endlich in welcher Weise die Mittel der Rückzahlung beschafft werden sollen. Zu weit geht es, wenn Petersen und Pechmann (S. 291) zu diesen Maßregeln außerdem noch die Fürsorge dafür rechnen, wie die Gläubiger befriedigt oder sichergestellt werden sollen. Das sind Maßnahmen, die von den Gesellschaftsorganen bei der Rückzahlung oder Herabsetzung außerdem noch zu treffen sind, sie gehören aber begrifflich nicht zur Durchführung dieser Maßregeln.

§ 5. 2. **Erfordernisse der Gültigkeit und Wirksamkeit des Kapitalsrückzahlungs- und des Herabsetzungsbeschlusses.**

a) Der Beschluß bedarf mindestens einer Mehrheit, welche $^3/_4$ des in der Generalversammlung vertretenen Grundkapitals darstellt (vergl. über diese Erfordernisse §§ 3 und 4 zu Art. 215). Das Statut kann noch schwerere Erfordernisse aufstellen, insbesondere doppelte Generalversammlung, Einstimmigkeit ꝛc.

§ 6. b) Bei mehreren Gattungen muß die benachtheiligte Gattung besonders zustimmen. Benachtheiligt ist diejenige Gattung, deren Aktien reduzirt werden sollen (der Ausdruck des Art. 215: „daß das Rechtsverhältniß unter den verschiedenen Aktiengattungen zum Nachtheile einer derselben geändert werden soll" ist hier nicht gebraucht). Soll daher das ganze Aktienkapital ohne Ausnahme reduzirt werden, so müssen die sämmtlichen Gattungen in Sonderversammlungen zustimmen.

§ 7. c) Der Beschluß bedarf der Eintragung. Sonst ist er nicht wirksam. Daraus folgt, daß die Eintragung nicht etwa von der Beachtung der Schutzvorschriften für die Gläubiger (Aufforderung, Befriedigung, Sicherstellung, Ablauf des Sperrjahres) abhängig gemacht werden kann. Auf die Befolgung dieser Vorschriften hat der Registerrichter nicht zu achten, die Gläubiger mögen sich selbst schützen. Es haften ihnen die Gesellschaftsorgane nach Art. 241 und 226 (Kammergericht bei Johow 1 S. 18; 5 S. 26; 9 S. 20).

§ 8. d) Der Beschluß muß stets die Erfordernisse einer Statutenänderung haben. Denn er zielt auf die Abänderung desjenigen Theiles der Statuten hin,

---

[1]) De lege ferenda muß allerdings der Zulässigkeit der Zusammenlegung das Wort geredet werden. Die Praxis bedarf dieses Instituts dringend und wo die Zusammenlegung trotz aller theoretischen Bedenken durchgeführt worden ist, sind keine Unzuträglichkeiten und auch kein Widerspruch Seitens der vom theoretischen Standpunkte aus „vergewaltigten" Aktionäre hervorgetreten.

welcher die Grundkapitalsziffer angiebt. Schon aus diesem Grunde bedarf er übrigens auch der Eintragung.

3. **Die rechtlichen Folgen des Beschlusses.** Während bei der Kapitalserhöhung zunächst beschlossen wird, das Kapital zu erhöhen, alsdann die Erhöhung durch Werbung von Zeichnungen, Empfang der Viertelsdeckung ausgeführt und endlich die Ausführung der Erhöhung eingetragen wird, ist der hier vorgesehene Beschluß so beschaffen, daß er nur eine Eintragung im Gefolge hat, mit welcher die Folgen des Beschlusses sofort ins Leben treten. Mit der Eintragung des Rückzahlungs- oder Herabsetzungsbeschlusses ist die Grundkapitalsziffer um den Betrag gemindert, um welchen sie nach dem Beschlusse gemindert werden soll. Der geminderte Betrag ist die nunmehrige Kreditbasis der Gesellschaft. Diese erscheint fortan als Grundkapitalsziffer in den Büchern und in der Bilanz (vergl. Kammergericht bei Johow 9 S. 22). Die entgegenstehende Ansicht des R.O.H. (18 S. 426), wonach die Grundkapitalsziffer erst nach Durchführung der Gläubigerschutzvorschriften und nach Ablauf des Sperrjahres berichtigt werden darf, wird von Ring (Anm. 5) zu Unrecht gebilligt. Ergiebt die nächste Bilanz einen Ueberschuß der Aktivsumme über die Passivsumme, wie sie sich unter Zugrundelegung des verminderten Aktienkapitals stellt, so ist dies ein Bilanzgewinn [1]), auf dessen Vertheilung nach Art. 216 die Aktionäre Anspruch haben, der aber nach dem vorliegenden Artikel allerdings zunächst von der Vertheilung ausgeschlossen werden muß, bis die Gläubiger befriedigt oder sichergestellt sind und das Sperrjahr abgelaufen ist. Beim Rückzahlungsbeschluß scheidet zwar der zurückzuzahlende Betrag nicht sofort aus dem Vermögen der Gesellschaft aus, — wie sollte er dies auch? — er gehört also noch zum Gesellschaftsvermögen und ist somit Exekutionsobjekt für alle, auch die nach der Eintragung des Rückzahlungsbeschlusses hinzukommenden Gesellschaftsgläubiger; aber jeder einzelne Aktionär ist in Höhe des auf ihn entfallenden Betrages Gläubiger der Gesellschaft, und wenn es auch richtig ist, daß Gewinn nicht vorhanden ist, ehe außer den sonstigen Passiven auch dieser Betrag gedeckt ist, so liegt das nicht daran, wie Petersen und Pechmann (S. 292) meinen, daß der zurückzuzahlende Betrag nach wie vor einen Bestandtheil der Grundkapitalsziffer bilde, sondern weil er als Schuld der Gesellschaft an die Aktionäre zu den Passivkonten gehört. Die Forderung auf die Rückzahlungsrate ist eine befristete und bedingte, befristet durch den Ablauf des Sperrjahrs, bedingt durch die Befriedigung oder Sicherstellung derjenigen Personen, welche vor der Eintragung des Rückzahlungsbeschlusses Gläubiger waren. Aus dieser Formulirung ergeben sich auch die Rechtsverhältnisse beim Ausbruch des Konkurses vor Ablauf des Sperrjahrs. Mit den neu hinzutretenden Gläubigern konkurriren die Aktionäre, welche eine Rückzahlungsrate zu fordern haben; mit den alten Gläubigern nicht, denn in Ansehung ihrer ist ihre Forderung bedingt durch die Befriedigung oder Sicherstellung derselben; sie müssen also insoweit zurücktreten, als die Befriedigung der alten Gläubiger nicht möglich ist. (Ebenso Ring Anm. 5. Dagegen Neukamp S. 243. Sein Einwand, daß die Konkursordnung dieses Vorrecht nicht kennt, ist nicht erheblich, das Vorrecht ergiebt sich aus der Natur der Sache. Im Uebrigen gilt gegen Neukamp das in § 4 zu Art. 216 Gesagte.) § 9.

Diesen Ausführungen gemäß ist auch mit der Eintragung des Reduktionsbeschlusses die Aktie auf den geminderten Betrag herabgesetzt. Die Abstempelung ist nur eine der Ordnung und Verkehrssicherheit wegen vorzunehmende Maßregel. Anders freilich bei der Zusammenlegung, falls man diese überhaupt für zulässig hält. Hier vollzieht sich die Reduktion erst mit der Einreichung, Zurückhaltung, Abstempelung. Damit in absehbarer Zeit Gewißheit entsteht über die definitive Gestaltung der Grundkapitalsziffer, muß der Beschluß den äußersten Endtermin der Einreichung festsetzen. (Oberstes L.G. München bei Holdheim I S. 107.) Der Reduktionsbeschluß kann ferner auch bedingt gefaßt sein, alsdann datirt seine Rechtswirksamkeit erst vom Eintritt der Bedingung. Aber damit diese

[1]) Natürlich nur ein Bilanzgewinn, kein Gewinn im Sinne einer Vermögensvermehrung.

Wirkung eintrete, muß auch der bedingte Beschluß eingetragen werden; nicht aber ist anzunehmen, daß der bedingte Beschluß erst nach Eintritt der Bedingung eintragungsfähig sei, wie dies Maßmann bei Holdheim II S. 375 ausführt.

§ 10. 4. **Die Schutzvorschriften für die Gläubiger** sind dieselben wie im Art. 243 und 245, auf welche hier verwiesen werden kann. (Vergl. im Einzelnen Ring Anm. 6.) Insbesondere ist zu beachten, daß auch bei der Rückzahlung und auch bei der nominellen Kapitalsherabsetzung die Gläubiger zu befriedigen oder sicherzustellen sind, ehe Gewinn vertheilt werden kann. Bei Hypotheken kann das zu Schwierigkeiten führen, da auch in Ansehung ihrer selbstständig zu prüfen ist, ob die bestellte Sicherheit auch unter der Voraussetzung der Kapitalsreduktion noch sicher ist (vergl. § 3 zu Art. 245). An sich werden die Gläubigerrechte auch durch die Herabsetzung und Rückzahlung nicht geändert, insbesondere werden befristete Forderungen nicht fällig (R.O.H. 25 S. 260).

§ 11. **Zusatz 1. Die nominelle Kapitalsherabsetzung kommt in der Praxis häufig in Verbindung mit anderen Beschlüssen vor.** Insbesondere häufig tritt sie in Verbindung mit Kapitalserhöhungsbeschlüssen auf (R.O.H. 25 S. 260). Oft genügt es nämlich nicht, daß die bisherige Grundkapitalsziffer herabgesetzt und so die Unterbilanz ausgeglichen wird. Vielmehr braucht die Gesellschaft außerdem neue Betriebsmittel, um fruchtbringend zu wirken. Zu ihrer Beschaffung dient die Kapitalserhöhung. Noch komplicirter, aber ebenso häufig sind die Fälle, wo beschlossen wird: einmal, daß das Kapital erhöht wird und die neuen Aktien Vorzugsrechte genießen sollen; zweitens, daß bei dieser Erhöhung die bisherigen Aktien zu einem bestimmten Kurse in Zahlung genommen und amortisirt werden, und endlich, daß diejenigen Aktionäre, welche von dieser Befugniß keinen Gebrauch machen und ihre Aktien nicht in Vorzugsaktien umgewandelt haben, sich die Herabsetzung des Nennwerths ihrer Aktien um einen bestimmten Betrag gefallen lassen müssen (vergl. z. B. Aktienbaugesellschaft Unter den Linden in Berlin; Berliner Kohlenwerke in Berlin; Nienburger Maschinenfabrik in Nienburg). Ein solcher Beschluß ist in seinen beiden ersten Theilen ohne Bedenken und schon an anderer Stelle erwähnt worden (vergl. § 6 zu Art. 209a). Der letzte Theil des Beschlusses aber ist ungesetzlich, weil er einen Verstoß gegen Art. 219 enthält. Denn er zwingt jeden Aktionär, zu seiner alten Aktie einen bestimmten Betrag zuzuzahlen, wenn er an denjenigen Vorrechten theilnehmen will, welche die neuen Vorzugsaktien gewähren (vergl. oben § 3). Erst wenn die beiden ersten Beschlüsse ausgeführt sind, kann solcher Herabsetzungsbeschluß gefaßt werden; alsdann muß die Sondergattung derjenigen Aktionäre, welche an der Umwandlung nicht theilgenommen haben, in besonderer Generalversammlung zustimmen.

§ 12. **Zusatz 2. Ueber die Haftung des Aktionärs für die zu Unrecht erhaltenen Beträge** vergl. § 9 zu Art. 245.

§ 13. **Zusatz 3. Die Stempelpflicht** anlangend, so hat das Reichsgericht entschieden, daß eine Stempelabgabe nicht zu entrichten ist, wenn jede einzelne Aktie auf einen geringeren Betrag herabgemindert wird (Urtheil vom 17. Sept. 1885, Jurist. Wochenschrift pro 1885 S. 325), wohl aber, wenn mehrere Aktien zusammengelegt werden und statt deren eine neue über einen höheren Nominalbetrag ausgegeben wird. Der Stempel ist im letzteren Falle vom ganzen Nominalbetrage zu entrichten, dagegen ist überhaupt kein Stempel zu entrichten, wenn jeder Aktionär eine bestimmte Anzahl von Aktien einliefert und davon eine abgestempelt zurückerhält. Dann liegt ein Abandonniren einer gewissen Anzahl von Aktien vor (R.G. 18 S. 51).

§ 14. **Zusatz 4. Auf die älteren Gesellschaften** findet der Artikel ohne Weiteres Anwendung (vergl. auch R.G. 22 S. 1). Insbesondere können auch ältere Gesellschaften ihre Aktien nicht unter 1000 M. herabsetzen. Betrugen sie schon weniger als 1000 M., so ist eine weitere Herabsetzung ihres Nennwerthes unzulässig. Wollte man hiervon absehen, so wäre ihnen auch ein Heruntergehen auf 1 M. gestattet. Denn der frühere Mindestbetrag gilt ja nicht mehr (anders Kammergericht 8 S. 10, ebenso die Praxis des Berliner Amtsgerichts I, vergl. Registerakten der A.G. Tattersall). Auch sind Statutenbestimmungen ungültig geworden, wonach der Aufsichtsrath die Durchführungsmaßregeln zu beschließen hat. (Vergl. auch Ring Anm. 7 mit weiteren Citaten.)

Vierter Titel.

Strafbestimmungen.

Artikel 249.

Persönlich haftende Gesellschafter, Mitglieder des Aufsichtsraths und Liquidatoren einer Kommanditgesellschaft auf Aktien, sowie Mitglieder des Vorstandes und des Aufsichtsraths und Liquidatoren einer Aktiengesellschaft werden, wenn sie absichtlich zum Nachtheile der Gesellschaft handeln, mit Gefängniß und zugleich mit Geldstrafe bis zu zwanzigtausend Mark bestraft.

Zugleich kann auf Verlust der bürgerlichen Ehrenrechte erkannt werden.

Vorbemerkung: Allgemeines über die Strafbestimmungen des Aktiengesetzes. Die Strafbestimmungen des Aktiengesetzes verdanken ihre Entstehung der Erfahrung, daß die allgemeinen Strafbestimmungen nicht ausreichten, um den auf dem Gebiete des Aktienwesens zu Tage getretenen Mißständen zu begegnen. Deshalb hatte schon die Novelle von 1870 Sonderbestimmungen eingeführt, mehr noch das neue Aktiengesetz. Die Vorschriften des letzteren haben insbesondere die Tendenz, nicht blos den vollendeten Betrug, sondern schon das betrügliche, auf Täuschung und Schädigung Anderer abzielende Gebahren, das betrügerische Manöver ohne Rücksicht auf den täuschenden oder schädigenden Erfolg zu bestrafen, so insbesondere bei der Gründung, beim Aktienhandel, bei Wahrnehmung der Rechte in der Generalversammlung und bei Ausübung der Pflichten gegenüber der Gesellschaft.

Die allgemeinen Bestimmungen des Strafgesetzbuchs finden selbstverständlich auch auf diese Vorschriften Anwendung: wegen der Theilnahme insbesondere die §§ 47—50 Str.G.B., wegen der Verjährung § 67, ebenso wegen des Versuches. Daraus folgt, daß der Versuch bei allen hier in Rede stehenden Delikten nicht strafbar ist, da es sich überall um Vergehen handelt und der Versuch hier nicht ausdrücklich für strafbar erklärt ist (§ 43 Str.G.B.).

Auch die Bestimmungen der Strafprozeßordnung und des Gerichtsverfassungsgesetzes finden Anwendung auf diese Delikte. Daraus folgt, daß sie alle zur Zuständigkeit der Strafkammer gehören (§§ 73 Ziffer 1; 27 Ziffer 1; 27 Ziffer 2 G.V.G.).

Der vorstehende Artikel bestraft absichtliche Benachtheiligung der Gesellschaft durch ihre Leiter. Die Vorschrift ist nachgebildet dem Untreue-Paragraphen des Strafgesetzbuchs (§ 266). Zum Thatbestande des Delikts gehören folgende Merkmale: § 1.

1. **Komplementare, Vorstandsmitglieder, Liquidatoren oder Aufsichtsrathsmitglieder** müssen es sein. Bei den Komplementaren wird insbesondere kein Unterschied gemacht zwischen geschäftsführenden und nicht-geschäftsführenden, obwohl regelmäßig nur die ersteren in Versuchung kommen werden, das Delikt zu begehen. Mit Unrecht will Katz (Die strafrechtlichen Bestimmungen S. 91) die nicht-geschäftsführenden Komplementare von der vorstehenden Strafbestimmung eximiren. Auch auf ein Handeln vor Eintragung der Gesellschaft ist der Artikel zu beziehen (Kleinfeller bei Stenglein, Strafrechtliche Nebengesetze S. 169, 170; vergl. R.G. 5 S. 18).
2. **Handeln.** Der Begriff ist nicht wörtlich zu nehmen: auch absichtliche und pflichtwidrige Unterlassungen gehören zum Thatbestande (RG. in Strafsachen 11 S. 414). So ist z. B. ein Mitglied des Aufsichtsraths oder des Vorstandes strafbar, wenn es absichtlich zum Nachtheil der Gesellschaft unterlassen hat, dem Vorstand oder Aufsichtsrath Anzeige von der Handlung eines anderen Vorstandsmitgliedes zu machen, durch welche die Gesellschaft geschädigt wird (Petersen und Pechmann S. 603). Immerhin wird bei bloßen Unterlassungen sorgfältig zu erwägen sein, ob mehr als Fahrlässigkeit vorliegt. § 2.
3. **Absichtlich.** Nach der in den Berathungen geäußerten (K.B. 34) und in Wissenschaft und Praxis herrschenden Ansicht deckt sich dieser Begriff mit „vorsätzlich" oder „wissentlich", so daß nicht etwa eine besondere, auf Benachtheiligung hinzielende böse Absicht vorzuliegen braucht, vielmehr das Bewußtsein, daß die Handlung den benachtheiligenden Erfolg habe, genügt (vergl. R.G. in Strafsachen I S. 329; 7 S. 282; Ring Anm. 1). Auch der § 3.

eventuelle Dolus genügt; derselbe liegt vor, wenn der Handelnde das Bewußtsein hatte, die Handlung werde möglicher Weise den benachtheiligenden Erfolg haben, und er sie auch für diesen Fall wollte (R.G. in Strafsachen 7 S. 279). Vergl. Weiteres zu § 6. Der dolus fehlt, wenn die Handlung sich als Ausführung eines Generalversammlungsbeschlusses oder der Anweisung des Aufsichtsraths, dem der Vorstand zu gehorsamen verpflichtet ist, darstellt; denn man kann nicht Untreue begehen, indem man dem Willen des Machtgebers gemäß handelt.

§ 4. 4. **Nachtheil der Gesellschaft.** Das Kriterium ist gleichbedeutend mit dem der Vermögensbeschädigung beim Betruge (vergl. R.G. in Strafsachen 14 S. 404; 16 S. 79). Der Nachtheil muß ferner eingetreten sein. Eine dauernde Benachtheiligung ist aber nicht erforderlich (Rechtsprechung des Reichsgerichts I S. 275; 2 S. 154). Späterer Ersatz beseitigt das Delikt nicht (Reichsgericht in Blums Annalen 7 S. 24). Entgangener Gewinn ist nur ausnahmsweise Nachtheil, nämlich wenn auf die Erlangung desselben ein rechtsbegründeter Anspruch bestand oder wenn die Erlangung ohne die schädigende Handlung gewiß war (R.G. in Strafsachen 23 S. 57).

§ 5. 5. **Nicht vorausgesetzt ist, daß in concreto die Absicht vorliegt, sich oder einem Andern einen Vermögensvortheil zu verschaffen,** obwohl der Gesetzgeber davon ausging, daß dies meist der Fall sein wird, und aus diesem Grunde neben der Gefängnißstrafe gleichzeitig die Geldstrafe normirt hat (Motive II S. 250).

§ 6. 6. **Die Anwendung des Artikels, insbesondere der Kriterien absichtlicher Benachtheiligung,** darf nicht aus den Augen lassen, daß der Artikel nur dolose Schädigungen treffen will.

Es muß nun bei Beurtheilung der Thätigkeit von Leitern der Aktienvereine in Betracht gezogen werden, daß ihre Stellung eine ganz andere ist, als die von Vormündern. Der Vormund hat ein vorhandenes Vermögen zu verwalten, es zusammenzuhalten und nutzbringend, aber sicher anzulegen. Die Aktiengesellschaft dagegen ist eine Erwerbsgesellschaft. Die Leitung derselben bringt es nothwendig mit sich, daß nicht immer gefahrlose Geschäfte gemacht werden, sondern daß gewagt wird, daß Ausgaben gemacht werden, denen nicht auf der Stelle ein verwerthbares Aequivalent auf dem Fuße folgt, wie z. B. kostspielige Insertionen, Reisen, Ausstellungen, Experimente. Die Absicht der Benachtheiligung kann aber nur dann als vorliegend erachtet werden, wenn die Absicht vorliegt, für die Gesellschaft eine Vermögensminderung herbeizuführen, nicht um ihr gleichzeitig nützen zu wollen, sondern um Zwecke zu verfolgen, die außerhalb der Gesellschaftsinteressen liegen.

Deshalb fallen auch Freigebigkeiten unter den vorliegenden Artikel nicht, wenn man der Gesellschaft dadurch nützen will, wie z. B. wenn eine Versicherungsgesellschaft formell nicht zu Recht bestehende Ansprüche befriedigt, um ihr geschäftliches Renommée zu heben.

Das der Gesellschaft Nützen darf auch dabei nicht zu eng gefaßt werden, nicht in der Bedeutung von bloßen vermögensrechtlichen Vortheilen. Vielmehr darf nicht aus den Augen gelassen werden, daß die Aktiengesellschaft nicht blos in juristischer Hinsicht eine Person ist und ihre Stellung mitten im Kreise der Rechtsgenossen hat, sondern daß sie durch die Entfaltung ihrer Thätigkeit im wirthschaftlichen Leben auch in dieser Hinsicht gewissermaßen ein Mitglied der menschlichen Gesellschaft geworden ist. Diese soziale Stellung der Aktiengesellschaft ehrenvoll zu gestalten, gehört ebenso zu den Aufgaben ihrer Leiter, wie die Erzielung von Gewinn.

Hieraus folgt, daß es durchaus in den Bereich der Aufgaben von Aktienvereinsleitern gehört, sich bei freiwilligen Gaben zur Erreichung von gemeinnützigen, milden oder auch patriotischen Zwecken zu betheiligen oder sonst Ausgaben zu machen, die zwar den Charakter von freiwilligen Zuwendungen haben, aber bei Ausübung der von der Aktiengesellschaft entwickelten gewerblichen Thätigkeit üblich sind, so z. B. wenn es sich um das übliche Richtfest bei Erbauung eines neuen Fabrikgrundstücks handelt, um Gratifikationen an das Personal, um Unterstützungen bei Erkrankungen und Unglücksfällen, um Gnadengehälter für Beamtenwittwen, um Niederlegung eines Kranzes auf das Grab des Vorsitzenden des Aufsichtsraths, um Illuminirung des Gesellschaftsgrundstückes zu des Landesherrn Geburtstagsfeier.

In allen diesen Fällen ist der Thatbestand des vorliegenden Artikels zu verneinen, nicht weil das Bewußtsein der Rechtswidrigkeit mangelt — sonst würden juristisch gebildete

Direktoren dem Strafgesetze verfallen —, sondern weil der richtig aufgefaßte Begriff der Benachtheiligungsabsicht fehlt. (Zust. Ring Anm. 1; Förtsch Anm. 5.)

7. **Strafe.** Der geringste Betrag der Geldstrafe ist 3 Mark, die Gefängnißstrafe bewegt sich zwischen einem Tage und 5 Jahren (§§ 16 u. 27 Str.G.B.). § 7.

8. **Ueber Versuch und Theilnahme** vergl. die Vorbemerkung. § 8.

Artikel 249a.

Mit Gefängniß und zugleich mit Geldstrafe bis zu zwanzigtausend Mark werden bestraft:

1. persönlich haftende Gesellschafter oder Mitglieder des Aufsichtsraths einer Kommanditgesellschaft auf Aktien, sowie Gründer, Mitglieder des Vorstandes oder des Aufsichtsraths einer Aktiengesellschaft, welche behufs Eintragung des Gesellschaftsvertrages in das Handelsregister rücksichtlich der Zeichnung oder Einzahlung des Gesammtkapitals der Kommanditisten oder des Grundkapitals der Aktiengesellschaft oder der im Artikel 175b oder 209b vorgesehenen Festsetzungen wissentlich falsche Angaben machen;
2. diejenigen, welche rücksichtlich der bezeichneten Thatsachen wissentlich falsche Angaben in einer im Artikel 180a, 213b vorgesehenen Ankündigung von Aktien machen;
3. persönlich haftende Gesellschafter oder Mitglieder des Aufsichtsraths einer Kommanditgesellschaft auf Aktien, sowie Mitglieder des Vorstandes und des Aufsichtsraths einer Aktiengesellschaft, welche behufs Eintragung einer Erhöhung des Gesammtkapitals der Kommanditisten oder des Grundkapitals der Aktiengesellschaft in das Handelsregister (Art. 180h und 180i, 215a und 215b) rücksichtlich der Einzahlung des bisherigen oder rücksichtlich der Zeichnung oder Einzahlung des erhöhten Kapitals wissentlich falsche Angaben machen.

Zugleich kann auf Verlust der bürgerlichen Ehrenrechte erkannt werden.

Sind mildernde Umstände vorhanden, so tritt ausschließlich die Geldstrafe ein.

Der Artikel bestraft wissentlich falsche Angaben bei der Gründung und bei der Ausgabe von Aktien und will dadurch verhindern, daß Gesellschaften eingetragen werden, ohne daß die gesetzlichen Voraussetzungen ihrer Entstehung thatsächlich und reell vorhanden sind, und daß Aktien emittirt und in den Verkehr gebracht werden, die nur Scheinwerthe sind. Bestraft ist auch hier das betrügliche Manöver als solches, ohne Rücksicht darauf, ob Jemand getäuscht oder geschädigt wurde (vergl. die Vorbemerkung zu Art. 249). Einleitung.

1. **Bestraft werden:**

a) Die bei der Gründung betheiligten Personen wegen wissentlich falscher Angaben über die wesentlichen Voraussetzungen der Entstehung einer Gesellschaft. Die Angaben müssen behufs Eintragung eines Gesellschaftsvertrages gemacht sein. Daraus folgt, daß auch die in Art. 209g vorgesehene Erklärung darunter fällt (R.G. in Strafsachen 18 S. 111). Eine Gründungsvergütung muß als solche angegeben und darf nicht in den Illationspreis eingekleidet werden (R.G. in Strafsachen 18 S. 105). Vergl. hierzu § 2 zu Art. 213a. Mehrere falsche Angaben, auch in verschiedenen Schriftstücken, durch dieselbe Person behufs Eintragung desselben Gesellschaftsvertrages sind *eine* strafbare Handlung (R.G. in Strafsachen 18 S. 115). Eine Erklärung, daß die Einzahlung erfolgt sei, ist falsch, wenn die Einzahlung zwar formell erfolgt ist, etwa eine Vorzählung vor dem Notar formell stattgefunden hat, in Wahrheit aber ein Scheinmanöver vorliegt (R.G. in Strafsachen 24 S. 286). Zu bemerken ist, daß nur falsche Angaben über Zeichnung und Einzahlung, nicht auch über den gegenwärtigen Besitz des Geldes durch den Vorstand erwähnt sind. Nach R.G. in Strafsachen 24 S. 291 sollen sie gleichwohl mitgetroffen sein, weil der Besitz nur eine Modalität der Einzahlung sei. Die Entscheidung ist bedenklich. Der gedachte Grund ist nicht zutreffend. Auch erwähnt der Art. 210 die § 1.

Einzahlung und den Besitz als zwei gesonderte Begriffe, die vorliegende Strafvorschrift aber nur den ersten, und nulla poena sine lege.

§ 2. b) Die Emissionshäuser wegen wissentlich falscher Ankündigung. Ueber den Begriff der Ankündigung und über ähnliche Fragen vergl. Art. 213b. Insbesondere wird hierunter eine vom Börsenvorstand erlassene Ankündigung nicht fallen, auch wenn sie im Auftrage des Emissionshauses erlassen ist (anders Kayser Note 8; R.G. in Strafsachen 3S. 95).

§ 3. c) Die bei der Kapitalserhöhung betheiligten Personen für wissentlich falsche Angaben über die wesentlichen Voraussetzungen der Kapitalserhöhung. Ueber die hier in Frage kommenden Begriffe vergl. §§ 1 u. 2 zu Art. 215a. Insbesondere wird hier wichtig die Entscheidung in Strafsachen 14 S. 36. Durch dieselbe wurden Vorstandsmitglieder für strafbar erklärt, weil sie, obwohl noch einige Restanten, gegen welche das Kaduzirungsverfahren schwebte, vorhanden waren, dennoch die Volleinzahlung des bisherigen Aktienkapitals versicherten. In strafrechtlicher Hinsicht war es allerdings nicht unbedenklich, in jenem Falle Bestrafung eintreten zu lassen, weil den Vorstandsmitgliedern § 59 Str.G.B. doch wohl zur Seite stand. In civilrechtlicher Beziehung aber ist aus dieser Entscheidung als zutreffend zu entnehmen, daß der Begriff der Volleinzahlung nur die wirklich volle Einzahlung ohne jeden Rest begreift.

Zu bemerken ist hier, daß im Gegensatz zu Ziffer 1 nur die Angaben über die Zeichnung und Einzahlung des erhöhten Kapitals, nicht auch diejenigen über etwaige Sacheinlagen, den Emissionsaufwand oder etwaige besondere Vortheile getroffen sind.

§ 4. 2. **Ueber die Strafe** vergl. § 7 zu Art. 249.

3. **Der Versuch** ist auch hier nicht strafbar.

4. **Wegen Theilnahme** vergl. die Vorbemerkung zu Art. 249.

5. **Konkurrenz mit anderen Delikten,** insbesondere mit Betrug und Fälschung ist nicht ausgeschlossen.

6. **Wegen der Zuständigkeit** vergl. die Vorbemerkung zu Art. 249.

Artikel 249b.

Persönlich haftende Gesellschafter, Mitglieder des Aufsichtsraths und Liquidatoren einer Kommanditgesellschaft auf Aktien, sowie Mitglieder des Vorstandes und des Aufsichtsraths und Liquidatoren einer Aktiengesellschaft werden mit Gefängniß bis zu einem Jahre und zugleich mit Geldstrafe bis zu zwanzigtausend Mark bestraft:

1. **wenn sie wissentlich in ihren Darstellungen, in ihren Uebersichten über den Vermögensstand der Gesellschaft oder in den in der Generalversammlung gehaltenen Vorträgen den Stand der Verhältnisse der Gesellschaft unwahr darstellen oder verschleiern;**
2. **wenn sie vor der vollen Leistung des Nominalbetrages der Aktien oder des in den Fällen der Artikel 175a Ziffer 2, 180h Absatz 2, 209a Ziffer 2, 215a Absatz 2 festgesetzten Betrages Aktien ausgeben;**
3. **wenn sie in dem Falle einer stattgefundenen Erhöhung des Gesammtkapitals oder des Grundkapitals vor Eintragung derselben in das Handelsregister (Art. 180i Absatz 3, 215c Absatz 3) Aktien oder Interimsscheine ausgeben;**
4. **wenn sie auf einen geringeren Betrag als eintausend Mark gestellte Aktien oder Interimsscheine ausgeben, welche nicht die im Artikel 181a Absatz 3, 215c Absatz 4 vorgeschriebenen Angaben enthalten.**

Im Falle der Ziffer 1 kann zugleich auf Verlust der bürgerlichen Ehrenrechte erkannt werden.

Sind mildernde Umstände vorhanden, so tritt ausschließlich Geldstrafe ein.

Der Artikel straft Pflichtwidrigkeiten der Gesellschaftsleiter durch unrichtige Darstellungen und unzulässige Ausgabe von Aktien.

1. Ziffer 1. **Unrichtige Darstellungen.**

a) Die Darstellungen müssen von den Leitern in ihrer amtlichen Eigenschaft ausgehen. Private Erklärungen genügen nicht; ebensowenig Nachrichten, die, wie man sich ausdrückt, in die Presse lancirt sind, wohl aber Bekanntmachungen, die ersichtlich von den Leitern ausgehen, wobei nicht entscheidend ist, daß sie von ihnen unterschrieben sind, und auch nicht, ob letztere zu der Bekanntmachung verpflichtet waren, wie z. B. bei Publikationen einer Semestralbilanz ohne Unterschrift des Vorstandes und Aufsichtsraths. Die Vorträge brauchen nicht gerade in der Generalversammlung gehalten zu sein, auch Berichte an den Aufsichtsrath, selbst wenn sie nicht für die Aktionäre bestimmt waren, fallen darunter (R.G. in Strafsachen 5 S. 146). Einer unwahren falschen Darstellung macht sich auch der Aufsichtsrath schuldig, wenn er die falsche Darstellung des Vorstandes in seinem Geschäftsberichte bewußter Weise passiren läßt, ohne in seinen Bemerkungen auf die Unrichtigkeit hinzuweisen (R.G. in Strafsachen 14 S. 80).

b) Unwahr ist die Darstellung nicht blos dann, wenn falsche Thatsachen darin enthalten sind, sondern auch, wenn sie bewußt unrichtige Schätzungen enthält, z. B. wenn die Außenstände erheblich über ihre wahrscheinlichen Werthe angegeben sind (R.G. in Strafsachen 14 S. 80), ebenso, wenn Grundstücke über ihren Werth angegeben sind, eingetretene Abnutzungen nicht abgeschrieben, Waarenvorräthe zu hoch abgeschätzt sind u. s. w. Freilich wird man bei Schätzungen stets sehr vorsichtig in der Anwendung der Strafbestimmung sein müssen. Nur auffällige, in die Augen springende Fehlschätzungen werden hier geahndet werden können. Denn Differenzen kommen hier immer vor, oft auch sehr erhebliche. Schätzungen sind eben Meinungssache und fallen immer verschieden aus. Das Sprichwort „Taxen sind Faxen" enthält zwar eine Uebertreibung, aber doch einen wahren Kern.

Die unwahre Darstellung braucht nicht gerade für die Gesellschaft günstig zu sein, auch ungünstige Darstellungen fallen darunter. Denn durch solche unrichtige Darstellungen kann ungünstig auf den Kurs eingewirkt und dadurch der Markt unzulässig beeinflußt werden.

c) Verschleierung ist diejenige Art der Darstellung, welche die wahre Thatsache undeutlich oder unkenntlich macht, und zwar dergestalt, daß dadurch eine unrichtige Beurtheilung der Sachlage veranlaßt wird (Renaud, Aktiengesellschaften S. 623). Das Verschweigen einer erheblichen Thatsache kann darunter fallen. (Kleinfeller S. 179.)

d) Der Stand der Verhältnisse ist ein weiterer Begriff als der Begriff Vermögensstand. Er umfaßt nicht blos, wie dieser, die Aktiva und die Schulden, sondern alle Verhältnisse: den Gang des Geschäfts, die Aussichten für die Zukunft u. s. w. (Vergl. R.G. in Strafsachen 21 S. 172.)

2. Ziffer 2—4. **Unzulässige Ausgabe von Aktien.**

a) Ueber die einzelnen hier vorkommenden Begriffe vergl. die Erläuterung zu den angezogenen Artikeln.

b) Daß hier überall die fahrlässige Begehung strafbar sein soll, ist allerdings herrschende Ansicht (Ring Anm. 2 mit weiteren Citaten; Behrend § 126 Anm. 36; Förtsch Anm. 3; Kleinfeller S. 180, 181). Wir können uns derselben jedoch nicht anschließen. Es steht fest, daß die allgemeinen Grundsätze des Strafgesetzbuchs auf die hier behandelten Delikte anzuwenden sind. Zu den allgemeinen Grundsätzen aber gehört es, daß überall dort, wo nicht die fahrlässige Begehung für strafbar erklärt ist, der Vorsatz das Hauptforderniß des Thatbestandes ist. Die Hervorhebung des Begriffes wissentlich in Ziffer 1, aus welcher Ring seine Meinung entnimmt, findet ihre genügende Erklärung in der Natur des in Ziffer 1 abgehandelten Gegenstandes. Es ist dort von unrichtigen Darstellungen die Rede. Nichts aber kann häufiger vorkommen, als eine unrichtige Darstellung, begangen durch Irrthum. Es sollte Angesichts dieser Erscheinung deutlich hervorgehoben werden, daß nicht die zahlreichen Fälle irrthümlicher Unrichtigkeiten, sondern nur die bewußte Unwahrheit getroffen sein soll.

3. **Ueber Strafe, Versuch, Theilnahme, Konkurrenz, Verjährung u. s. w.** vergl. § 4 zu Art. 249 a.

Artikel 249c.

Mit Gefängniß bis zu drei Monaten und zugleich mit Geldstrafe bis zu fünftausend Mark werden bestraft:

1. die persönlich haftenden Gesellschafter, die Mitglieder des Aufsichtsraths und die Liquidatoren einer Kommanditgesellschaft auf Aktien, sowie die Mitglieder des Vorstandes und des Aufsichtsraths und die Liquidatoren einer Aktiengesellschaft, wenn länger als drei Monate die Gesellschaft ohne Aufsichtsrath geblieben ist oder in dem letzteren die zur Beschlußfähigkeit erforderliche Zahl von Mitgliedern gefehlt hat;
2. die Mitglieder des Vorstandes und die Liquidatoren einer Aktiengesellschaft, wenn sie entgegen der Vorschrift des Artikels 240 Absatz 2 es unterlassen haben, die Eröffnung des Konkurses zu beantragen.

Sind mildernde Umstände vorhanden, so ist auf die Geldstrafe ausschließlich zu erkennen.

Die Strafe tritt nicht gegen denjenigen ein, welcher nachweist, daß die Bestellung oder Ergänzung des Aufsichtsraths oder der Eröffnungsantrag ohne sein Verschulden unterblieben ist.

Einleitung. **Der Artikel bestraft die Gesellschaftsleiter, wenn sie nicht für einen gehörigen Aufsichtsrath sorgen oder nicht den Konkurs beantragen, wo das Gesetz dies erfordert.**

1. **Objektiv ist vorausgesetzt:**

§ 1. a) bei Ziffer 1: Daß länger als 3 Monate gar kein Aufsichtsrath[1]) oder kein solcher mit beschlußfähiger Zahl vorhanden ist.

α) Es kommt hiernach nur auf das Vorhandensein der vorschriftsmäßigen Zahl an. Ob die vorhandenen Mitglieder (etwa durch Krankheit) verhindert sind zu funktioniren, darauf kommt es nicht an. Auch handelt es sich nur um die zur Beschlußfassung erforderliche Zahl. Ob im Uebrigen die statutarische Zahl vorhanden ist, ist gleichgültig, so z. B. wenn das Statut beim Ausscheiden von Mitgliedern sofortige Ergänzung anordnet, aber auch eine geringere Zahl für beschlußfähig erklärt (O.L.G. Dresden in Annalen Bd. 8 S. 502). Daß der Aufsichtsrath sich besonders konstituirt, d. h. einen Vorsitzenden u. s. w. wählt, ist gesetzlich nicht vorgeschrieben; wo es statutarisch vorgesehen ist, fällt die Unterlassung gleichwohl nicht unter die vorliegende Strafbestimmung.

§ 2. β) Die vorschriftsmäßige Zahl aber muß unbedingt vorhanden sein. Das Fehlen einer diesbezüglichen statutarischen Bestimmung ändert daran nichts (R.G. in Strafsachen 5 S. 162), ebensowenig eine statutarische Bestimmung, daß die Erneuerung des Aufsichtsraths nach längerer Zeit vorgesehen oder daß bestimmt ist, die Ergänzung oder Neuwahl finde nur in der ordentlichen Generalversammlung statt. Solche Bestimmungen sind ungültig, soweit sie mit vorstehendem Artikel in Widerspruch treten (Ring Anm. 1). Ja selbst, daß der Gesellschaftsvertrag und damit die Gesellschaft wegen wesentlichen Mangels in ihren Existenzbedingungen als ungültig zu betrachten ist, ändert hieran nichts; entscheidend ist vielmehr die äußere Erscheinung als Aktiengesellschaft in Folge der Eintragung in das Handelsregister (R.G. in Strafsachen 5 S. 162).

Wann Beschlußfähigkeit vorhanden ist, darüber vergl. § 11 zu Art. 225.

Ob ältere Gesellschaften, die keinen Aufsichtsrath haben, einen solchen errichten müssen, darüber vergl. § 3 zu Art. 209f.

§ 3. b) bei Ziffer 2, daß der Konkurs nicht beantragt wird, obwohl ein Fall des Art. 240 Abs. 2 vorliegt. Wann ein Fall des Art. 240 Abs. 2 vorliegt, darüber

---

[1]) Der Aufsichtsrath wird nicht bestraft, wenn länger als 3 Monate kein Vorstand vorhanden ist.

vergl. die Erläuterung zu diesem Artikel. Nachträgliche Konkursbeantragung beseitigt die Strafbarkeit nicht. Der Konkurs soll zum Schutze aller Interessenten sofort beantragt werden, sobald die Voraussetzungen gegeben sind.

2. **Subjektiv** wird hier ausnahmsweise nicht der Beweis der Schuld (Vorsatz oder Fahrlässigkeit) vorausgesetzt; vielmehr genügt der objektive Thatbestand (Fehlen des Aufsichtsraths, Zahlungsunfähigkeit, Ueberschuldung) und nicht erbrachter Exkulpationsbeweis. Daß der Exkulpationsbeweis nicht erbracht ist, muß allerdings stets festgestellt werden (§ 262 Str.P.O., R.G. in Strafsachen 2 S. 382; abweichend Förtsch Anm. 4, welcher stets ein Verschulden erfordert, aber nicht erklärt, welche Bedeutung dann Abs. 3 hat, da er doch nicht die selbstverständliche Wahrheit ausdrücken soll, daß Niemand verurtheilt werden darf, der seine Unschuld beweist). Er muß dahin geführt werden, daß weder Vorsatz, noch Fahrlässigkeit vorliegt. Als genügende Entschuldigung werden nach Bewandtniß der Umstände Krankheit, Abwesenheit gelten, jedenfalls aber, daß die Gesellschaftsleiter das Ihrige gethan haben, um die Wahl des Aufsichtsraths herbeizuführen. Sie selbst können die Wahl nicht vornehmen. Sie können nur die Generalversammlung zu diesem Zwecke einberufen und ihr die Vorlage machen. Kommt hierbei eine Wahl nicht zu Stande, oder nimmt der Gewählte die Wahl nicht an, so sind die Leiter der Gesellschaft von ihrer Verantwortlichkeit frei. Ebenso wenn die Gesellschaft die Mittel nicht besitzt, welche die Einberufung einer Generalversammlung erfordert. Rechtsirrthum schließt die Fahrlässigkeit dann nicht aus, wenn es sich um Unkenntniß des Strafgesetzes handelt, wohl aber dann, wenn der Leiter der Gesellschaft trotz vorsichtiger Erkundigung über seine Pflichten im Irrthum geblieben ist (R.G. in Strafsachen 5 S.161). § 4.

Subjekte des Deliktes sind bei Ziffer 1 auch die nicht geschäftsführenden Komplementare, bei Ziffer 2 jedes Vorstandsmitglied und jeder Liquidator, der letztere deshalb, weil auch während der Liquidation der Konkursfall eintreten kann, und jedes Mitglied ohne Rücksicht darauf, ob es im Kollegium überstimmt ist, weil jedes den Antrag stellen kann (§ 199 K.O.).

3. **Strafe.** Die kumulativ vorgesehene Geldstrafe kann bei der Umwandlung in Gefängnißstrafe mehr betragen, als die Gefängnißstrafe. Die für den Fall der mildernden Umstände aber angeordnete Geldstrafe darf bei der Umwandlung jedenfalls nicht den Höchstbetrag der principiell angeordneten Gefängnißstrafe betragen (R.G. in Strafsachen 11 S. 182). § 5.

Zusatz. Das Ordnungsstrafrecht ist hier nicht gegeben. Der Berliner Registerrichter wacht trotzdem darüber, daß immer ein gehörig besetzter Aufsichtsrath vorhanden ist (vergl. § 2 zu Art. 249g). § 6.

Artikel 249d.

Mit Gefängniß bis zu einem Jahre und zugleich mit Geldstrafe bis zu zehntausend Mark wird bestraft:

1. wer in öffentlichen Bekanntmachungen wissentlich falsche Thatsachen vorspiegelt oder wahre Thatsachen entstellt, um zur Betheiligung an einem Aktienunternehmen zu bestimmen;
2. wer in betrügerischer Absicht auf Täuschung berechnete Mittel anwendet, um auf den Kurs von Aktien einzuwirken;
3. wer über die Hinterlegung von Aktien oder Interimsscheinen Bescheinigungen, welche zum Nachweise des Stimmrechts in einer Generalversammlung dienen sollen, wissentlich falsch ausstellt oder verfälscht, oder von einer solchen Bescheinigung, wissend, daß sie falsch oder verfälscht ist, zur Ausübung des Stimmrechts Gebrauch macht.

Zugleich kann auf Verlust der bürgerlichen Ehrenrechte erkannt werden.

Sind mildernde Umstände vorhanden, so tritt ausschließlich die Geldstrafe ein.

Ist die öffentliche Bekanntmachung ad 1 im Inseratentheil einer periodischen Druckschrift erfolgt, und der Verfasser des Inserates nicht nur unter demselben genannt, sondern auch in dem Bereiche der richterlichen Gewalt eines deutschen Bundesstaates, so findet § 20 Alinea 2 des Gesetzes über die Presse vom 7. Mai 1874 (Reichs-Gesetzbl. S. 65) keine Anwendung.

Einleitung. Während sich die vorangehenden Artikel gegen die Leiter der Aktienvereine wenden, richtet sich der vorstehende Artikel „gegen Jeden, der in allgemein gefährdender Weise auf dem Gebiete des Aktienverkehrs Schwindeleien begeht" (Motive II S. 253), 1. sei es durch arglistige Bestimmung zur Betheiligung, 2. sei es durch betrügerisches Treiben der Kurse, 3. sei es durch Ausstellung oder Benutzung falscher Bescheinigung behufs Abstimmung.

I. **Der Artikel bestraft drei Delikte und trifft in Abs. 4 noch eine Sonderbestimmung über Preßdelikte.**

§ 1. 1. (Ziffer 1.) **Publikationen zum Zwecke der betrüglichen Verleitung zur Betheiligung an einem Aktienunternehmen.** Die Betheiligung an einem Aktienunternehmen ist immer mit vermögensrechtlichen Gefahren verbunden. Die allgemeinen Strafgesetze reichen auf diesem Gebiete nicht aus, um den in betrügerischem Verhalten Einzelner der großen Menge drohenden Gefahren vorzubeugen. Denn nicht immer läßt sich die Wirkung von Publikationen im Einzelnen ermitteln. Das Gesetz straft daher schon die Publikation an sich, ohne Rücksicht auf den Nachweis des täuschenden und schädigenden Erfolges. Sie muß aber, um strafbar zu sein, wissentlich falsche Thatsachen oder Entstellung wahrer Thatsachen enthalten und zu dem Zwecke erfolgt sein, um zur Betheiligung an einem Aktienunternehmen zu bestimmen.

§ 2. a) Die öffentliche Bekanntmachung braucht nicht gerade in einer periodischen Druckschrift oder in einer Broschüre zu erfolgen, auch Börsenanschläge oder Cirkulare genügen. Es muß ein unbegrenzter Leserkreis sein, an welchen sich die Bekanntmachung richtet. Als Publikant gilt derjenige, der sich mittelst ihrer an das Publikum wendet. Auf die Unterschrift kommt es dabei nicht an (vergl. Anm. 1a zu Art. 213 b).

§ 3. b) Wissentlich falsche Thatsachen oder Entstellung wahrer Thatsachen muß vorliegen. Das Verschweigen wahrer Thatsachen soll nach den Motiven (II S. 253) damit nicht getroffen sein. Doch kann das absichtliche Fortlassen wahrer Momente bei Erzählung eines Herganges sehr leicht als Entstellung wahrer Thatsachen aufgefaßt werden. (Zust. Kleinfeller S. 186; anders Ring Anm. 1.) Sollte ein Entstellen dieser Art vom Gesetze nicht getroffen sein, so hätte das zum Ausdruck kommen müssen.

§ 4. c) Die Absicht, zur Betheiligung an einem Aktienunternehmen zu bestimmen, muß vorliegen. Auf den Erfolg kommt es dabei nicht an; auch eine förmliche Aufforderung ist nicht erforderlich. Der Ausdruck Aktienunternehmen ist gewählt, um auch die Aktienkommanditgesellschaft zu umspannen (K.B. 38). Das Aktienunternehmen kann ein inländisches oder ausländisches, bestehend oder entstehend sein. Die Betheiligung an einem Aktienunternehmen ist lediglich im Sinne von Art. 207 und 173 zu verstehen: also im Sinne einer Betheiligung als Aktionär bezw. Kommanditist oder Komplementar. Weder die Gläubiger, noch die Angestellten, noch auch, wie Kayser (Anm. 6) annimmt, die Mitglieder des Vorstandes und des Aufsichtsraths, noch auch, wie Förtsch Anm. 2 annimmt, der stille Gesellschafter sind darunter zu verstehen. (Uebereinstimmend Petersen und Pechmann S. 619; Ring Anm. 2.)

§ 5. d) Eine betrügerische Absicht ist hier nicht Thatbestandsmerkmal.

e) Wegen Bestrafung des Vergehens, wenn es durch die Presse begangen ist, vergl. unten § 10.

§ 6. 2. (Ziffer 2.) **Betrügliche Einwirkungen auf den Kurs.** Die einzelnen Thatbestandsmerkmale sind:

a) Betrügerische Absicht. Die Absicht, Andere zu benachtheiligen (Motive II S. 254), reicht nicht aus. Vielmehr muß der Thäter die gleiche Absicht in allgemeiner Richtung haben, wie sie in spezieller Richtung zum Betrugsversuche gehört: er muß täuschen wollen, muß einen rechtswidrigen Vermögensvortheil sich verschaffen wollen und muß wissen, daß er Andere schädigen werde oder wenigstens könne (dolus eventualis).

§ 7. b) Auf Täuschung berechnete Mittel. Zur Täuschung geeignet brauchen sie allerdings nicht zu sein, weder überhaupt, noch auch in concreto (vergl. Plenarentscheidung des Reichsgerichts in Strafsachen 1 S. 439). Indessen wird man bei Mitteln, die überhaupt nicht geeignet sind, wohl meist den Rückschluß ziehen müssen, daß alsdann auch der Thäter bei ihrer Anwendung nicht auf Täuschung gerechnet hat. Das wird insbesondere im Auge zu behalten sein bei fingirten Telegrammen oder fingirten Briefkastennotizen einer Zeitschrift. Bestand die Fiktion nur darin, daß sich die Notizen als Antworten auf in Wahrheit nicht gestellte Fragen darstellten, so wird, wenn die Antwort sachlich richtig ist, ein auf Täuschung berechnetes Mittel schwerlich vorliegen.

Wirklich auf Täuschung berechnete Mittel sind Scheingeschäfte an der Börse, durch welche man den Glauben erweckt, als sei der Kurs durch wirkliche Geschäfte erzielt. (Motive II S. 254.) Und es ist schon bedenklich, wenn die Reichstagskommission (K.B. 38) „das bei Einführung neuer Papiere vielfach an der Börse vorkommende und nach allgemeiner Ansicht zulässige Abschließen fingirter Käufe und Verkäufe, um nur überhaupt erst einen Kurs festzustellen, ohne hinzutretende betrügerische Absicht nicht strafbar" erklärt.

Andere Täuschungsmittel sind: Falsche Berechnungen auf Grund der von der Verwaltung veröffentlichten Berichte; falsche Gruppirungen der betreffenden Zahlen; falsche Schlußfolgerungen, immer aber den dolus vorausgesetzt. Auch wird man beim bloßen Aussprechen von Meinungen, Hoffnungen, Urtheilen das Strafgesetz nur vorsichtig anwenden dürfen. Ob Meinungen und Urtheile zutreffend sind oder nicht, und wenn unzutreffend, ob sie absichtlich falsch ausgesprochen sind oder der Ueberzeugung des Schreibers entsprochen haben, läßt sich schwer feststellen. Man bewegt sich da auf einem sehr unsicheren Boden. Ob es berechtigt war, eine Hoffnung auszusprechen, die sich nachträglich als trügerisch erwiesen hat, darüber ist man ex post, wenn man die Entwicklung der Ereignisse gesehen hat, geneigt, strenger zu urtheilen. Jedenfalls aber braucht nicht, wie beim Betruge, Vorspiegelung, Entstellung oder Unterdrückung von Thatsachen vorzuliegen (R.G. in Strafsachen 23 S. 139 u. 440).

c) Die Absicht, auf den Kurs von Aktien einzuwirken. Auf den Erfolg kommt es nicht an; auch nicht auf die Art, in welcher man einwirken wollte: ob die Aktien steigen oder fallen, oder das Steigen oder Fallen gehindert, der Kurs „gehalten" werden soll. Auch das ist gleichgültig, ob der Thäter bestimmte Aktien im Auge hatte; auch dann, wenn er auf den ganzen Börsenmarkt belebend oder ermattend einwirken will, liegt das Delikt vor. Um Aktien aber muß es sich handeln, nicht um andere Werthe, etwa Obligationen oder Kuxe. Ob aber die Antheilsrechte zunächst nur durch Interimsscheine verbrieft sind, ja ob sie überhaupt verbrieft sind, ist wiederum gleichgültig. Unter Kurs ist jede in die Oeffentlichkeit tretende Feststellung des Durchschnittspreises einer Aktie, nicht blos der amtlich notirte Durchschnittspreis zu verstehen. Die Absicht unmittelbarer Einwirkung ist nicht vorausgesetzt, weshalb z. B. der Thatbestand erschöpft ist, wenn Jemand einer Zeitungsredaktion einen falschen Bericht sendet, damit diese ihn publizire und auf diese Weise auf den Kurs gewirkt werde. (R.G. in Strafsachen 23 S. 141.) § 8.

3. (Ziffer 3.) **Falsche Bescheinigungen und Benutzung falscher Bescheinigungen zur Ausübung des Stimmrechts in der Generalversammlung.** Die Vorschrift setzt ein Statut voraus, welches die Hinterlegung von Aktien zum Zwecke der Ausübung des Stimmrechts erfordert. Bescheinigungen über solche Hinterlegungen dürfen nicht falsch ausgestellt werden, d. h. nicht von unlegitimirten Personen, und von den Legitimirten nicht über einen falschen Inhalt. Sonst sind die Aussteller strafbar und außerdem der Benutzer. Die Strafbarkeit des letzteren setzt aber voraus, daß derselbe wußte, daß die Bescheinigung wissentlich falsch ausgestellt war. Zum Gebrauchmachen genügt, daß die Bescheinigung dem zur Prüfung zuständigen Organ vorgezeigt werde zu dem Zwecke, um sich als Stimmberechtigter zu legitimiren. Als solches zuständiges Organ ist diejenige Person zu betrachten, welche im Namen der Gesellschaft die Stimmrechtslegitimation prüft. Unter Umständen § 9.

ist dies auch ein Thürsteher, der zu kontroliren hat, ob die in den Saal Tretenden die Bescheinigung oder die bei der Deposition ausgestellte Stimmkarte besitzen. Dagegen genügt nicht die Aushändigung der Bescheinigung an Jemanden, der von ihr vertretungsweise Gebrauch machen soll; vielmehr muß jene Vorzeigung hinzukommen (R.G. in Strafsachen 1 S. 230). Nicht erforderlich aber ist, daß das Stimmrecht wirklich schon ausgeübt ist.

Gar nicht unter den Thatbestand fällt eine Manipulation der Art, daß eine echte Bescheinigung von dem legitimirten Inhaber mitten in der Versammlung einer anderen Person übergeben wird, damit diese in seinem Namen stimmen solle, während der Berechtigte die Versammlung verläßt. Handelt diese Person dem Auftrage gemäß, — und bei großen Versammlungen kann dies sehr leicht unbemerkt geschehen —, so liegt intellektuelle Urkundenfälschung vor, weil der Notar veranlaßt wird, zu beurkunden, daß der Auftraggeber mitgestimmt hat, was doch nicht der Fall ist.

§ 10. 4. (Abs. 4.) **Preßdelikte.** Sowohl das in Ziffer 1, als das in Ziffer 2 vorgesehene Delikt kann mittelst der Presse begangen werden, hauptsächlich aber das erstere.

a) Ist dies der Fall, so greift zunächst § 20 Abs. 1 des Preßgesetzes Platz. Derselbe lautet: „Die Verantwortlichkeit für Handlungen, deren Strafbarkeit durch den Inhalt einer Druckschrift begründet wird, bestimmt sich nach den bestehenden gesetzlichen Bestimmungen." Es ist daher zunächst derjenige, zu bestrafen, auf welchen die Thatbestandsmerkmale des Delikts Platz greifen, derjenige, von welchem festgestellt wird, bei Ziffer 1: daß er die Publikation erlassen und dabei wissentlich falsche Thatsachen vorgespiegelt hat, um zur Betheiligung zu bestimmen, und bei Ziffer 2: daß er in betrügerischer Absicht dieses Mittel angewendet hat, um auf den Kurs von Aktien einzuwirken. Bei Ziffer 1 wird, wenn die übrigen Merkmale zutreffen, der Redakteur, der Inserent, der Mitarbeiter, der den Artikel gezeichnet hat, darunter zu verstehen sein, nicht auch der Verleger. Denn man kann nicht sagen, daß der Verleger die Publikation erläßt, daß sie von ihm ausgeht. Er sorgt nur für ihre Verbreitung. Wohl aber kann der Verleger als Anstifter oder Gehilfe bestraft werden. Bei Ziffer 2 dagegen kann der Verleger oder Herausgeber sehr wohl derjenige sein, der sich dieses Mittels bedient. Bei einem zur Unterstützung eines Bankgeschäfts geschriebenen Börsenblatte wird die Sache wohl meist so gehandhabt, daß das Bankgeschäft das Blatt in Verlag nimmt und Redakteure engagirt, die auf Anweisung des Bankiers bald diese, bald jene Papiere empfehlen oder von ihrer Anschaffung abrathen. Wird hierbei im Auftrage des Verlegers getäuscht, in der Absicht, auf den Kurs zu wirken, so ist der Verleger der Thäter. Hier wird der Redakteur als Theilnehmer zu bestrafen sein.

§ 11. b) Das Preßgesetz hat aber darüber hinaus eine gegen den Redakteur einer periodischen Zeitschrift gerichtete besondere Verantwortlichkeit statuirt. § 20 Abs. 2 des Preßgesetzes lautet: „Ist die Druckschrift eine periodische, so ist der verantwortliche Redakteur als Thäter zu bestrafen, wenn nicht durch besondere Umstände die Annahme seiner Thäterschaft ausgeschlossen wird." Bei Berathung des Aktiengesetzes herrschte über die Tragweite dieses Gesetzes durchaus keine Einigkeit. Vielmehr waren, wie Ring (Anm. 5) treffend sagt, fast ebenso viele Meinungen wie Redner vorhanden, die sehr erheblich darüber differirten, ob der § 20 Abs. 2 auf Seiten des Redakteurs Vorsatz voraussetze, oder ob hier eine formelle strafrechtliche Verantwortlichkeit vorliege. Das Reichsgericht hat durch Entscheidung der vereinigten Civilsenate diese Zweifel endgültig gelöst. Danach ist § 20 Abs. 2 lediglich eine Beweiserleichterung: zur Bestrafung gehört zwar der Vorsatz, doch wird derselbe präsumirt; die Präsumtion kann entkräftet werden durch den Nachweis besonderer Umstände; dies sind jedoch nicht besonders geartete, außergewöhnliche, sondern die besonderen Umstände des Falles, aus welchen hervorgeht, daß dem verantwortlichen Redakteur der Vorsatz fehlt. (R.G. in Straffachen 22 S. 65; auch S. 223; vergl. auch unsere 1. Aufl., wo die frühere abweichende Judikatur des Reichsgerichs in Bezug auf die „besonderen **Umstände**" ausführlich bekämpft war.)

Um die formelle Verantwortlichkeit des Redakteurs für das hier vorgesehene Delikt zu erleichtern, hat Abs. 4 des vorliegenden Artikels einen Strafausschließungsgrund geschaffen.

c) Wenn endlich nach Abs. 1 und 2 des § 20 des Preßgesetzes bezw. nach Abs. 4 des vorliegenden Artikels die Strafbarkeit nicht begründet ist, so bleibt immer noch die in § 21 des Preßgesetzes vorgesehene Verantwortlichkeit für Fahrlässigkeit übrig. § 12.

II. **Ueber Strafe, Versuch, Zuständigkeit, Theilnahme, Konkurrenz** vergl. § 4 zu Art. 249a. Mit Ziffer 1 und 2 konkurrirt, wenn die Geschädigten ermittelt werden, Betrug. Verjährung tritt bei Preßdelikten in 6 Monaten ein (§ 22 des Preßgesetzes). § 13.

Artikel 249e.

Wer sich besondere Vortheile dafür hat gewähren oder versprechen lassen, daß er bei einer Abstimmung in der Generalversammlung von Kommanditisten oder Aktionären in einem gewissen Sinne stimme, wird mit Geldstrafe bis zu dreitausend Mark oder mit Gefängniß bis zu einem Jahre bestraft.

Der Artikel wendet sich gegen den sogenannten Stimmenkauf. Er will die Fälschung des Mehrheitswillens verhüten und durch seine Strafbestimmung verhindern, daß anders als aus freier Ueberzeugung gestimmt werde. Nachgebildet ist die Vorschrift dem § 213 K.O. Einleitung.

Ueber die einzelnen Thatbestandsmerkmale ist Folgendes zu bemerken:

1. **Bestraft wird derjenige, der sich die Vortheile versprechen oder gewähren läßt.** Ob auch derjenige, der verspricht oder gewährt, darüber vergl. unten § 7. Ob derjenige, dem die Vortheile gewährt oder versprochen wurden, sich zum Stimmen erboten hat, oder ob er nur dem Drängen des andern Theils gefolgt ist, ist gleichgültig. § 1.

2. **Besondere Vortheile für das Stimmen in einem gewissen Sinne.** Der Aktionär muß sich also die Freiheit seiner Entschließung durch besondere Vortheile, d. h. durch Vortheile, welche sich nicht als Folge der Abstimmung selbst ergeben, haben abkaufen lassen. § 2.

   a) Unter besonderen Vortheilen sind nicht blos materielle zu verstehen, sondern auch ideelle oder sinnliche (zugesagte Protektion, Fetirung). Vergl. R.G. in Strafsachen 4 S. 48; 9 S. 166; Katz, Strafrechtliche Bestimmungen S. 109; Ring Anm. 1. Doch ist dies streitig. Anders Hergenhahn Anm. 4.

   b) Das Stimmen in gewissem Sinne muß zugesagt sein. Wer sich dafür, daß er überhaupt der Generalversammlung beiwohnen oder stimmen werde, bezahlen läßt, ist nicht strafbar, weil er die Freiheit seiner Entschließung nicht verkauft hat. Die Zusage des Stimmens in gewissem Sinne liegt aber schon dann vor, wenn man sich verbindlich gemacht hat, im Interesse einer bestimmten Person oder mit einer bestimmten Person zu stimmen, mit ihr durch Dick und Dünn zu gehen. § 3.

   Der Zweck braucht nicht ausdrücklich ausgesprochen zu werden; die Erkennbarkeit des Zweckes genügt (R.G. in Strafsachen 11 S. 222). Daß unter dem Einfluß gestimmt wurde, ist nicht erforderlich; wenn Gareis-Fuchsberger (S. 437 Note 284) und ihnen folgend Förtsch Anm. 5, dieses Erforderniß aufstellen, so widerspricht dies dem Gesetze (zust. Ring Anm. 1; Kleinfeller S. 189). Aber der Zweck muß dahin gehen, daß gestimmt wird; das Versprechen dafür, daß man nicht stimme, ist nicht strafbar.

3. Getroffen sind nicht blos Aktionäre und Kommanditisten, sondern auch Bevollmächtigte und gesetzliche Vertreter. So sagen die Motive (II 256) und die Ausleger wiederholen dies mit Recht, auch fügen die letzteren hinzu, daß auch solche Personen, welche auf Grund einer Scheinübertragung in der Lage sind, eine Stimme abzugeben, sogenannte Strohmänner, getroffen sind. (Daß man gerade in dem Augenblicke § 4.

der Versprechung Aktionär ist, ist nicht nothwendig; auch wer erst im Hinblick darauf Aktien erwerben will, fällt darunter [Ring Anm. 1].) In Bezug auf die Bevollmächtigten und Strohmänner aber muß zur Vermeidung von Irrthümern eine Erläuterung hinzugefügt werden.

Was zunächst den Bevollmächtigten angeht, so bezieht sich das Strafverbot des vorliegenden Artikels nur insofern auf ihn, als er sich nicht von einem Dritten dafür bezahlen lassen darf, daß er in einem gewissen Sinne stimme. Von seinem eigenen Mandanten aber kann er selbstverständlich dafür Belohnung annehmen, und der bezahlte Mandatar ist nicht minder, wie der unbezahlte, verpflichtet, die Instruktionen seines Mandanten zu befolgen. Das geht nicht blos aus den Grundsätzen des Mandats hervor, sondern auch aus der ratio des vorliegenden Artikels, die ja nur eine Fälschung des Mehrheitswillens verhindern will. Eine solche liegt aber nicht vor, wenn der Mandatar im Sinne seines Mandanten stimmt, da es für den Mehrheitswillen gleichgültig ist, wer die Stimme in diesem Sinne abgiebt: Mandant oder Mandatar. (Zust. Ring Anm. 1; ebenso Kleinfeller S. 188.)

Was nun den Strohmann anlangt, so steht dieser hinsichtlich der vorliegenden Frage dem Bevollmächtigten gleich. Ist er auch der Gesellschaft gegenüber der eigentliche Aktionär, so ist er doch in Bezug auf das innere Verhältniß zu demjenigen, der ihm die Aktien zum Zwecke der Theilnahme an der Versammlung übertragen hat, der Mandatar. Daß er sich für seine Theilnahme an der Generalversammlung und Abstimmung ungestraft bezahlen lassen darf, ist zweifellos (vergl. oben § 3). Aber man muß weiter gehen und annehmen, daß der bezahlte Strohmann sich auch eine gebundene Marschroute auferlegen lassen darf. Er darf sich ungestraft verbindlich machen, in gewissem Sinne, nämlich im Sinne und Interesse seines Mandanten zu stimmen. Diesem gegenüber ist er ja sogar verpflichtet, nach seinen Instruktionen zu handeln. Auch hier ist eine Verfälschung des Mehrheitswillens nicht zu befürchten, da es für die Majorität gleichgültig ist, wer das Stimmrecht ausübt: Mandant oder Mandatar, wahrer Eigenthümer oder Strohmann. In Berlin giebt es Personen, die gewerbsmäßig die Vertretung in Generalversammlungen übernehmen, selbstverständlich gegen Entgelt. Sie erhalten zu ihrer Legitimation Aktien, und werden von einem Hauptaktionär oder einer Aktionärgruppe engagirt, um sie durch ihre Beredsamkeit in der Durchsetzung ihres Standpunktes zu unterstützen, und dann selbstverständlich auch mit den Aktien in ihrem Sinne zu stimmen. In alle dem liegt nichts Unerlaubtes. So ist auch der Inhaber eines Inkassobüreaus nach § 213 K.O. nicht strafbar, wenn er sich einen Wechsel giriren läßt, lediglich zu dem Zwecke, um die Rechte des Gläubigers im Konkurse zu vertreten, dann nach den Anweisungen seines Mandanten für oder gegen den Akkord stimmt, und sich für diese Thätigkeit von seinem Auftraggeber natürlich bezahlen läßt. Nur der starre Wortlaut des Gesetzes paßt auf solche Thatbestände, nicht Sinn und Geist desselben, und daher ist zweifelsohne Straflosigkeit anzunehmen. (Zust. Ring Anm. 1; dagegen Kleinfeller S. 188, weil der Strohmann nicht Bevollmächtigter sei, aber er ist Mandatar, und das entscheidet.)

§ 5. 4. Nicht getroffen sind ferner Verabredungen von Aktionären über die Ausübung des Stimmrechts und Kompromisse. Die Abstimmungen in den Generalversammlungen sind ebenso wenig, wie in Parlamenten, Zufallsergebnisse oder die Früchte der gepflogenen Diskussionen. Schon vorher bilden sich meist Gruppen von Aktionären. Die zu einer Gruppe Gehörigen verabreden sich vorher, in welchem Sinne sie stimmen werden. Selbstverständlich setzt da Jeder voraus, daß alle zur Gruppe Gehörigen in demselben Sinne stimmen werden, und nur unter dieser Voraussetzung verspricht Jeder, selbst so zu stimmen. Die zu verschiedenen Gruppen Gehörigen aber schließen oft unmittelbar vor der Abstimmung Kompromisse. Es wird z. B. vereinbart, daß man von den gegenseitig aufgestellten Wahlkandidaten einzelne fallen läßt und dafür von jeder Gruppe einzelne Kompromißkandidaten wählt. Auch hier verpflichtet man sich in gewissem Sinne zu stimmen auf Grund des Versprechens, daß auch die Andern so stimmen werden. Alle diese Verabredungen sind durch den vorstehenden Artikel nicht verboten. Es liegt hier nicht das Kriterium der besonderen Vortheile vor. Besondere Vortheile dürfen eben nicht solche sein, die sich aus der betreffenden Abstimmung ergeben, sondern die außerhalb derselben liegen. (Zust. Ring Anm. 1.)

5. **Abstimmungen in den Generalversammlungen** sind gemeint, nicht Abstimmungen im Schoße des Vorstandes und Aufsichtsraths. § 6.

6. **Ueber Zuständigkeit, Versuch, Theilnahme** vergl. § 4 zu Art. 249a. Hinsichtlich der Theilnahme ist besonders fraglich geworden, ob der Käufer der Stimme als Gehilfe oder Anstifter bestraft werden kann. Ersteres ist zu verneinen, letzteres wird von der Judikatur, unseres Erachtens mit Recht, bejaht (R.G. in Strafsachen 12 S. 122). Doch ist diese Frage streitig; zustimmend Petersen u. Pechmann S. 626; Kleinfeller S. 188; anders Ring Anm. 1 mit weiteren Citaten. § 7.

Artikel 249f.

Wer in der Generalversammlung die Aktien eines Anderen, zu dessen Vertretung er nicht befugt ist, ohne dessen Einwilligung zur Ausübung des Stimmrechts benutzt, wird mit einer Geldstrafe von zehn bis dreißig Mark für jede der Aktien, jedoch nicht unter eintausend Mark, bestraft. Die gleiche Strafe trifft denjenigen, welcher Aktien eines Anderen gegen Entgelt leiht und für diese das Stimmrecht ausübt, sowie denjenigen, welcher hierzu durch Verleihung der Aktien wissentlich mitgewirkt hat.

Der Artikel wendet sich gegen den Mißbrauch fremder Aktien zum Zwecke der Fälschung des Mehrheitswillens.

I. **Es werden bestraft:** § 1.

1. **Wer die Aktien eines Andern, zu dessen Vertretung er nicht befugt ist, ohne dessen Einwilligung zur Ausübung des Stimmrechts benutzt.** Die Vorschrift wendet sich vornehmlich gegen die frühere Praxis der Bankhäuser, die in ihrem Depot befindlichen Aktien ohne Zustimmung der Deponenten als ihre eigenen anzumelden und mit ihnen zu stimmen (K.B. 39).

 a) Die Aktien eines Andern. Hier kommt nicht das Verhältniß zur Gesellschaft, nicht die Inhaberschaft der Aktie oder die Eintragung in das Aktienbuch in Betracht, sondern das Verhältniß unter den Betheiligten, die civilrechtlichen Regeln über das Eigenthum. Durch Reportgeschäft erworbene sind die eigenen Aktien des Erwerbers. § 2.

 b) Zu dessen Vertretung er nicht befugt ist. Die Befugniß zur Vertretung kann auf General- und Spezialvollmacht, Prokura, Handlungsvollmacht, auf einem gesetzlichen Vertretungsverhältniß beruhen. Pfandrecht und Pfändungspfandrecht gewähren kein solches Vertretungsrecht. Gegen den Mißbrauch durch die Bankhäuser als Pfandgläubiger wendet sich ja gerade die Vorschrift (vergl. § 1). § 3.

 c) Ohne dessen Einwilligung. Die Einwilligung kann schriftlich oder mündlich, auch durch konkludente Handlungen erklärt werden. So wird es sicher genügen, wenn das Bankhaus mit Beziehung auf eine angekündigte Generalversammlung seinen Kunden mittheilt, daß es, wenn keine Gegenordre eingeht, die im Depot befindlichen Aktien in der Generalversammlung vertreten werde. Vorsichtige Bankhäuser bringen jetzt in ihre Geschäftsbedingungen einen Passus hinein, wonach sie berechtigt sein sollen, die deponirten Aktien in den Generalversammlungen zu vertreten. Das ist gültig und bindend. Dagegen vergeht sich gegen den vorliegenden Artikel, wer die Aktien ohne generelle oder spezielle Erlaubniß benutzt und dabei nur voraussetzt, daß, wenn der Aktionär um seine Einwilligung angegangen wäre, er nichts dagegen gehabt haben würde. Denn immerhin liegt in solchem Falle die Einwilligung nicht vor. Und sicherlich genügt es nicht, wenn die Einwilligung nachträglich nach Ausübung des Stimmrechts ertheilt wird. Die entgegengesetzte Ansicht vertritt Katz (Strafrechtliche Bestimmungen S. 111), allein mit Unrecht. Das Vergehen ist alsdann schon konsumirt. § 4.

d) Zur Ausübung des Stimmrechts. Benutzung zur Berufung einer Generalversammlung nach Art. 237, oder zur Ausübung sogenannter Minderheitsrechte, etwa des Rechts aus Art. 222a fällt nicht darunter.

§ 5. 2. **Wer die Aktien eines Andern gegen Entgelt leiht.** Das Verleihen liegt auch dann vor, wenn Jemand gestattet, daß seine Aktien auf seinen Namen angemeldet und zum Stimmen benutzt werden, und er gegen Entgelt die Vollmacht ertheilt (Petersen und Pechmann S. 629). Der Hauptton aber liegt auf Entgelt. Das Leihen von Aktien kommt im Aktienverkehr außerordentlich häufig vor. Wer nicht genügend Stimmen hat, um seine Meinung durchzusetzen, wendet sich an ihm bekannte Firmen, und erbittet sich Aktien zur Erlangung der Majorität. Solange hierfür nichts gezahlt wird, wird der Mehrheitswille nicht gefälscht, vielmehr ist alsdann immer noch anzunehmen, daß die Aktien der Ueberzeugung der Eigenthümer gemäß zur Abstimmung benutzt werden. Diese Annahme fällt weg, sobald das Leihen gegen Entgelt erfolgt.

§ 6. II. **Nicht getroffen und straflos ist das sogenannte Strohmännerthum.** Nichts ist häufiger im Aktienverkehr, als daß man einem Anderen seine Aktien übergiebt, damit dieser sie auf seinen Namen anmelde und vertrete. Bankhäuser erlassen in den Tageszeitungen Annoncen, in denen sie sich zur Vertretung in Generalversammlungen anbieten. Schon civilrechtlich ist eine solche Manipulation nach jeder Richtung gesetzlich, wie in § 5 zu Art. 183 (hinter Art. 220) des Nähern auseinandergesetzt ist. Strafrechtlich gilt dies erst recht, und es muß für unzulässig erklärt werden, wenn hin und wieder in Generalversammlungen die Strohmänner gewarnt werden, mit abzustimmen, weil sie sich dadurch angeblich strafbar machen. (Zust. Ring Anm. 2.)

Das Strohmännerthum ist auch dann straflos, wenn es sich dokumentirt als Vertheilung von Aktien zum Zwecke der Umgehung der Beschränkungen, welchen die Besitzer einer Mehrzahl von Aktien hinsichtlich der Ausübung des Stimmrechts für die mehreren Aktien statutenmäßig unterliegen. Ob ein so zu Stande gekommener Beschluß civilrechtlich anfechtbar ist, ist schon im § 5 zu Art. 183 (hinter Art. 220) auseinandergesetzt. Daß nichts Strafbares darin liegt, ist von der Reichstagskommission (K.B. 39) ausgesprochen worden.

Man muß aber weitergehen und auch eine Schiebung der Art, daß derjenige, der durch die Abstimmung entlastet werden soll oder mit welchem ein Rechtsgeschäft geschlossen werden soll, seine Aktien einem Andern zum Zwecke der Ausübung des Stimmrechts übergiebt, für straflos erklären. (Zust. Ring Anm. 2.) Ob civilrechtliche Anfechtbarkeit vorliegt, darüber vergl. § 5 zu Art. 183 (hinter Art. 220).

§ 7. III. **Ueber Strafe, Versuch, Theilnahme, Konkurrenz, Zuständigkeit** vergl. § 4 zu Art. 249a; die angedrohte Geldstrafe ist trotz des Ausdrucks „10—30 M. für jede Aktie", nicht für jede Aktie, sondern für jede Strafthat zu verhängen (Petersen und Pechmann S. 629).

Artikel 249g.

Die persönlich haftenden Gesellschafter und die Liquidatoren einer Kommanditgesellschaft auf Aktien sind zur Befolgung der in den Artikeln 179, 185, 185c, 190a Absatz 4 und 5, 193 Absatz 2 und 205 Absatz 3 enthaltenen Vorschriften von dem Handelsgerichte durch Ordnungsstrafen anzuhalten.

In gleicher Weise sind die Mitglieder des Vorstandes und die Liquidatoren einer Aktiengesellschaft zur Befolgung der in den Artikeln 212, 213f Absatz 4, 222 (Art. 190a Absatz 4, 5), 222a Absatz 3 und 4, 225 Absatz 1, 228, 233 Absatz 1, 238a Absatz 2, 239 Absatz 2, 239b (Art. 185c), 240 Absatz 1, 243 Absatz 1, 244 Absatz 3, 244a Absatz 3 und 247 Ziffer 4 enthaltenen Vorschriften anzuhalten.

Der Artikel regelt das dem Handelsgericht zustehende Ordnungsstrafrecht.

§ 1. 1. **Rechtlicher Charakter des Ordnungsstrafrechts.** Dasselbe ist wohl zu scheiden von der Thätigkeit des Handelsgerichts bei Eintragung von Beschlüssen und Vereinbarungen, die nur durch Eintragung gültig werden, und bei Ertheilung von Ermächtigungen und Erlaß von Anordnungen, wie z. B. in Art. 237 und 222a. Jene Thätigkeiten des Handelsgerichts tragen einen judiziellen, wenn auch nicht gerade prozeßrichterlichen Charakter. Vermittelst der Ordnungsstrafen dagegen übt der Registerrichter eine Art disziplinarer Gewalt über die Gesellschaftsorgane aus.

2. **Umfang des Ordnungsstrafrechts.** Die hier normirte Disziplinargewalt ist erschöpfend geregelt. Der Richter hat nicht etwa eine allgemeine Disziplinargewalt über die Organe der Aktienvereine (Kammergericht bei Johow und Küntzel 1 S. 11). Insbesondere darf er keine Ordnungsstrafe verhängen über Mitglieder des Aufsichtsraths (O.L.G. Dresden in G.Z. 35 S. 249); kann auch die Komplementare und Vorstände nicht anhalten zur Erfüllung blos statutarischer Verpflichtungen (dasselbe Gericht ebenda S. 250) oder zur Erfüllung anderer gesetzlicher Verpflichtungen, als sie der vorliegende Artikel aufzählt, z. B. zur Veranlassung der Wahl von Aufsichtsrathsmitgliedern (L.G. Altenburg in G.Z. 40 S. 475); kann auch nicht die Giltigkeit von Generalversammlungsbeschlüssen prüfen, die der Eintragung nicht bedürfen (Johow 12 S. 35) oder Korrekturen der Bilanz verlangen, wenn ihre Ansätze den gesetzlichen Vorschriften nicht entsprechen, z. B. die erforderlichen Abschreibungen nicht gemacht sind (Ring). Demgemäß hat der Registerrichter auch keine Befugniß, die alten Gesellschaften zur Umbildung ihrer Statuten in Gemäßheit des neuen Gesetzes zu zwingen (O.L.G. Dresden in G.Z. 35 S. 249). Dagegen wird man ihm wohl das Recht zugestehen müssen, in allen Fällen, wo er befugt ist, die Erfüllung der Pflicht durch Ordnungsstrafen zu erzwingen, auf gleiche Weise auch den Nachweis der erfüllten Pflicht zu verlangen (vergl. hierüber § 1 zu Art. 185c; auch Ring S. 720). Und ferner ist zu beachten, daß sich eine Erweiterung des Ordnungsstrafrechts daraus ergiebt, daß gewisse Vorschriften über andere Handelsgesellschaften analog anwendbar erklärt sind (z. B. Art. 135 Abs. 3). § 2.

Der Berliner Handelsregisterrichter übt seine überwachende Thätigkeit aber in viel weiterem Umfange aus. Obwohl er hierzu ein Zwangsmittel nicht hat, fordert er die Vorstände auf, für Bestellung des Aufsichtsraths zu sorgen, wenn derselbe nicht vollzählig ist (vergl. § 6 zu Art. 249c); verlangt er redaktionelle Aenderung der Statuten, wo ihr Wortlaut zu Zweifeln Anlaß giebt; verlangt er, wenn die Statuten mehrfach stückweise geändert sind, eine neue Gesammtredaktion, ja sogar einen Neudruck der Statuten und Ueberreichung des Druckexemplars zu den Gerichtsakten; verlangt er die Einreichung der Geschäftsberichte; ja er verfolgt sogar die Anzeigen im Reichsanzeiger über bevorstehende Generalversammlungen, prüft, ob dieselben dem Gesetze und Statut entsprechen, und fordert zur Remedur auf, wenn sie gegen jene Vorschriften verstoßen, wenn z. B., wogegen häufig gefehlt wird, den Statuten zuwider der Name der Vorstandsmitglieder unter der Publikation fehlt. Er bewegt sich bei dieser ganzen Thätigkeit mehr in patriarchalischen, als in streng gesetzlichen Formen. Immerhin widerstrebt seine Thätigkeit, da er in solchem Falle keine Ordnungsstrafe androht, nicht dem Gesetze und ist eine außerordentlich segensreiche und nachahmenswerthe.

3. **Alles Nähere über die Ordnungsstrafen: Höhe, Verjährung, Verfahren richtet sich nach den Landesgesetzen.** Wir haben hierüber schon zu Art. 26 gehandelt. Hierauf wird verwiesen. (Vergl. auch § 28 des Preußischen Ausführungsgesetzes zur C.P.O.; Näheres für Preußen Delius in G.Z. 38 S. 426 ffg.; Theodor Cohn, Das Handels- und Genossenschaftsregister; Schultze-Görlitz, Die Führung des Handels- und Musterregisters; für andere Bundesstaaten Keyßner in G.Z. 25 S. 449 ffg.) § 3.

Zusatz zu Buch 2.

Die Uebergangsbestimmungen des Aktiengesetzes.

Dieselben sind in den §§ 2—7 des Gesetzes vom 18. Juli 1884 enthalten. Die Kommentirung ist im Wesentlichen bereits bei den einzelnen in Frage kommenden Artikeln gegeben.

§ 2.

Die in den Artikeln 173, 173a, 174a, 175 Absatz 1 und 2, 175a bis 177, 180 und 207, 207a, 209 Absatz 1 und 2, 209a bis 210c, 213a der neuen Fassung enthaltenen Bestimmungen finden auf Gesellschaften, welche vor dem Tage des Inkrafttretens dieses Gesetzes angemeldet sind, aber erst an oder nach diesem Tage zur Eintragung in das Handelsregister gelangen, keine Anwendung, sofern schon vor dem bezeichneten Tage die Voraussetzungen erfüllt sind, an deren Nachweis die bisherigen Bestimmungen die Eintragung knüpfen.

Dasselbe gilt für diese Gesellschaften sowie für die schon bestehenden Gesellschaften von den Vorschriften der Artikel 180a bis 180e, 181 und 213b bis 213f.

Die Vorschrift im Artikel 181a und 215c über die Unzulässigkeit der Ausgabe von Interimsscheinen vor der Eintragung des Gesellschaftsvertrages in das Handelsregister findet auf die im ersten Absatze bezeichneten Gesellschaften Anwendung.

1. Eine allgemeine Vorschrift über die Frage seiner Rückwirkung enthält das Gesetz nicht. Von uns ist diese Seite der Sache in der Vorbemerkung 2 zu Art. 207 und zu den im vorliegenden Paragraphen angezogenen Artikeln beleuchtet. Insbesondere ist die Vorschrift des § 2 nach den an verschiedenen Stellen gemachten Ausführungen dahin zu deuten, daß für die zur Zeit des Inkrafttretens des Gesetzes im Stadium der Anmeldung befindlichen Gesellschaften die betreffenden Vorschriften nicht zur Anwendung kommen, soweit es sich um die Gründung handelt. Dagegen finden für das spätere Leben dieser Gesellschaften auch die hier eximirten Vorschriften Anwendung, z. B. die Bestimmung über den Nennbetrag der Aktien. Und ebenso müssen für das spätere Leben der zur Zeit des Gesetzes bereits bestandenen Gesellschaften die hier eximirten Vorschriften zur Anwendung kommen.
2. Was die Strafbestimmungen anlangt, so ist hierfür § 2 Abs. 2 des Strafgesetzbuchs maßgebend (Nulla poena sine lege; bei Verschiedenheit der Strafgesetze ist das mildere anzuwenden).
3. Esser giebt zu diesem Paragraphen eine Aufzählung von älteren Statutenbestimmungen, welche durch das neue Gesetz aufgehoben oder abgeändert sind und daher am besten neu redigirt werden. Diese Aufzählung ist allerdings dankenswerth. Jedoch dürfte sie heute, nachdem das Gesetz etwa ein Jahrzehnt in Kraft ist, überflüssig sein, da die alten Gesellschaften wohl durchweg die Anpassung ihrer Statuten an das neue Gesetz bereits bewerkstelligt haben, soweit sie überhaupt die Absicht dazu hatten.

§ 3.

Auf eine Erhöhung des Grundkapitals der Kommanditisten oder des Grundkapitals bestehender Gesellschaften kommen die Bestimmungen dieses Gesetzes nicht zur Anwendung, sofern der auf die neu auszugebenden Aktien eingeforderte Betrag vor dem Inkrafttreten dieses Gesetzes geleistet ist.

Die rückwirkende Kraft der Kapitalserhöhungsbestimmungen ist in § 10 zu Art. 215a des Näheren beleuchtet.

Zusatz. Eine Uebergangsbestimmung hinsichtlich der Kapitalsherabsetzungsvorschriften ist nicht gegeben. Es greifen daher die allgemeinen Prinzipien Platz, wie sie in Vorbemerkung 2 zu Art. 207 entwickelt sind, wobei davon auszugehen ist, daß die Reduktion, anders als die Erhöhung, schon mit der Eintragung des Beschlusses als erfolgt gilt. Eine noch nicht beschlossene oder noch nicht eingetragene Reduktion muß sich daher nach den öffentlich-rechtlichen Vorschriften des neuen Gesetzes richten; auch Vertragsrechte aus früherer Zeit müssen weichen (vergl. R.G. 22 S. 1). Eine bereits wirksam beschlossene, d. h. eingetragene Reduktion aber kann durchgeführt werden. Insbesondere steht in solchem Falle der Abstempelung der Aktien auf den reduzirten Betrag, auch wenn dieser unter 1000 M. lauten sollte, nichts entgegen. Anders wohl bei der Zusammenlegung von Aktien (vergl. § 9 zu Art. 248).

§ 4.

Die Vorschriften im Artikel 190 Absatz 1 und 4 (Art. 221) über das Stimmrecht finden auf die bestehenden und die im § 2 Absatz 1 bezeichneten Gesellschaften nicht Anwendung, soweit der Gesellschaftsvertrag zur Zeit des Inkrafttretens dieses Gesetzes andere Bestimmungen enthält.

Dieser Paragraph ist bereits erläutert in § 13 zu Art. 190 (kommentirt hinter Art. 221).

§ 5.

Die bestehenden und die im § 2 Absatz 1 bezeichneten Gesellschaften dürfen auf Grund des Artikels 222 Ziffer 3 der alten Fassung von dem Inkrafttreten dieses Gesetzes ab die Zeichner nicht vollständig eingezahlter Aktien von der Haftung für weitere Einzahlungen nicht befreien und Interimsscheine, welche auf Inhaber lauten, nur insoweit ausstellen, als die Befreiung des Zeichners schon vor diesem Tage eingetreten ist.

Diese Uebergangsbestimmung hat ihre praktische Bedeutung inzwischen verloren. Zur Erläuterung mag bemerkt werden, daß nach den zutreffenden Bemerkungen der Motive (I S. 399) Liberirungen durch Ausgabe von Inhaberpromessen und Kaduzirungen, welche unter der Herrschaft des früheren Gesetzes erfolgt waren, gültig bleiben; daß aber das bisherige Recht auch dann zur Anwendung kommt, wenn die Nichtleistung der früher geforderten Einzahlungen oder die Einforderung einer Zahlung auf die Aktie erst nach dem Inkrafttreten des neuen Gesetzes erfolgt, weil, wie Esser zutreffend ausführt, es sich hier um die Wirkungen der unter der Herrschaft des früheren Rechts geschehenen Aktienzeichnung handelt. Nur darf selbstverständlich eine Liberirung unter der Herrschaft des neuen Gesetzes nicht erfolgen.

§ 6.

Die Vorschrift des Artikels 225a der neuen Fassung findet auf die vor der Geltung des Handelsgesetzbuchs errichteten Gesellschaften keine Anwendung, soweit der Gesellschaftsvertrag nach Maßgabe der früheren Vorschriften abweichende Bestimmungen enthält.

Die Vorschriften der Artikel 196a, 232 finden auf Mitglieder des Vorstandes einer bestehenden oder einer im § 2 Absatz 1 bezeichneten Gesellschaft keine Anwendung, sofern die Bestellung des Mitgliedes vor dem Inkrafttreten dieses Gesetzes erfolgt ist.

1. Der Absatz 1 bezieht sich auch auf die vor dem Handelsgesetzbuch als Landesgesetz bestandenen Gesellschaften, nicht blos auf die vor dem Handelsgesetzbuch als Reichsgesetz errichteten (vergl. Kayser Anm. 2). Er greift übrigens in bestehende Verhältnisse ein, obwohl er sie anscheinend schonen will. Denn auch dort, wo der Gesellschaftsvertrag Delegationen der hier in Rede stehenden Art nicht ausdrücklich zuließ, waren sie üblich und nicht verboten. Das frühere Recht war nicht verbietend.
2. Absatz 2 ist schon anderweit erläutert (vergl. § 15 zu Art. 196a hinter Art. 232).

§ 7.

Die Vorschriften im Artikel 185b Ziffer 2 (Art. 239b) über den Gewinn aus einer Erhöhung des Kapitals finden auf die bestehenden Gesellschaften schon für das beim Inkrafttreten des Gesetzes laufende Geschäftsjahr, die übrigen Vorschriften über Bilanz und Reservefonds (Art. 185a bis 185c, Art. 239 bis 239b der neuen Fassung) erst vom Beginn des folgenden Geschäftsjahres Anwendung.

Für Werthpapiere und Waaren, welche die Gesellschaft schon in dem letzten Geschäftsjahre vor dem Inkrafttreten dieses Gesetzes besessen hat, kann an Stelle des Anschaffungs- oder Herstellungspreises der Betrag angesetzt werden, mit welchem sie in der Bilanz des vorbezeichneten Geschäftsjahres enthalten sind.

Werden in Gemäßheit der Vorschrift im Artikel 185a Ziffer 3 und 239b dauernd zum Geschäftsbetriebe der Gesellschaft bestimmte Gegenstände unter Zugrundelegung des Anschaffungs- oder Herstellungspreises zu einem Betrage angesetzt, welcher den Werth übersteigt, mit welchem sie in der Bilanz des letzten Geschäftsjahres vor dem 1. Oktober 1883 enthalten sind, so dürfen hierauf beruhende Dividenden nur unter Beobachtung der Vorschriften gezahlt werden, welche für eine Herabsetzung des Kapitals der Kommanditisten oder des Grundkapitals maßgebend sind.

Urkundlich 2c.

Die Vorschrift hatte lediglich vorübergehende Bedeutung. Näheres über sie vergl. in unserer 1. Aufl.; ferner Ring S. 729.

Anhang.

Derselbe enthält einzelne im vorliegenden Buche in Bezug genommene Stellen des Hauptwerkes, des Kommentars zum H.G.B. desselben Verfassers.

Zu S. 280 (§ 2).

§ 5 (nicht § 6, dieser ist irrig citirt) zu Art. 85 enthält folgende Erläuterung:

c) **Zwei oder mehrere Personen** müssen es sein, die das Handelsgewerbe betreiben. Besondere Voraussetzungen für die Qualität dieser Personen sind vom Gesetze nicht gefordert. Von selbst aber ergiebt sich das Erforderniß, daß nur solche Rechtssubjekte fähig sind, Mitglieder einer offenen Handelsgesellschaft zu sein, welche die Fähigkeit haben, unter fremdem Handelsnamen ein Handelsgewerbe zu betreiben. Die Ehefrau kann hiernach Mitglied einer offenen Handelsgesellschaft sein, aber nur mit Zustimmung ihres Ehemannes, weil sie nur mit dieser Zustimmung ein Handelsgewerbe betreiben kann (Art. 7). Durch Zurückziehung des Konsenses entzieht der Ehemann seiner Frau die Qualität als Handelsfrau und bringt dadurch die Gesellschaft zur Auflösung (Behrend § 64 Anm. 7).

Eine offene Handelsgesellschaft kann nicht Mitglied einer offenen Handelsgesellschaft sein, weil sie nicht unter fremdem Handelsnamen im Rechtsverkehr auftreten kann; es ist eine logische Unmöglichkeit, daß ein rechtliches Gebilde, dessen Wesen und Eigenart darin besteht, daß zwei Personen unter einer bestimmten Firma Geschäfte machen, solche unter einer andern Firma machen. Das Gleiche trifft auf die Kommanditgesellschaft zu. Ob juristische Personen Mitglieder einer offenen Handelsgesellschaft sein können, hängt davon ab, ob sie nach ihrer Verfassung unter fremdem Handelsnamen im Rechtsleben auftreten können. Aktiengesellschaften können dies nicht (vergl. § 7 zu Art. 22). Das Gleiche gilt von der Aktienkommanditgesellschaft; ob auch von der eingetragenen Genossenschaft und von der Gesellschaft mit beschränkter Haftung, ist hier nicht der Ort zu untersuchen; doch erachten wir dasselbe für zutreffend. Das Kammergericht nimmt den principiellen Standpunkt ein, aus den Vorschriften des H.G.B. über die o.H.G. (insbesondere Art. 86 Abs. Ziffer 1; 88; 105; 123 Ziffer 2; 123 Ziffer 6; 126 Abs. 2 Ziffer 1; 129 Abs. 3—5 u. a.) ergebe sich, daß nur physische Personen Mitglieder einer offenen Handelsgesellschaft sein können und kommt aus diesem Grunde zu dem gleichen Ergebnisse wie wir bezüglich der offenen Handelsgesellschaften (Johow 11 S. 17; ebenso O.L.G. Hamburg in G.Z. 40 S. 457), und bezüglich der eingetragenen Genossenschaften (Beschluß des Kammergerichts vom 9. 1. 93 in Holdheims Wochenschrift für Aktienrecht II S. 99). Doch ist der Grund unseres Erachtens nicht zutreffend. Die Vorschriften des H.G.B. über die o.H.G. sprechen nur a potiori von physischen Personen, weil dies der gewöhnlichere Fall ist, sie sind nicht so gehalten, daß man annehmen müßte, sie erheischten dies Erforderniß gebieterisch. Vergl. z. B. auch Art. 209 1 und dazu § 2 zu Art. 209.

d) **Unter einer gemeinschaftlichen Firma** muß das Gewerbe betrieben werden. Sie bezeichnet die Gesellschafter in ihrer Vereinigung und ist wesentliches Erforderniß (R.G. 13 S. 230; Bolze 3 Nr. 789), ohne welches die Gesellschaft nach bürgerlichem Recht zu beurtheilen ist (R.O.H. 5 S. 388; 8 S. 248; Bolze 1 Nr. 1158). Ob die Firma den Vorschriften des Handelsgesetzbuchs entspricht, ist dabei nicht erheblich (Behrend § 64 Anm. 3: vergl. Bolze 2 Nr. 1095).

Zu §. 301 (§ 1).

Die §§ 4, 5 u. 7 zu Art. 158 enthalten folgende Erläuterung:

e) **Art. 103.** Ungewöhnliche oder dem Gesellschaftszwecke fremde Geschäfte können nur auf gemeinsamen Beschluß aller Gesellschafter vorgenommen werden. Also haben auch die Kommanditisten dieses Recht. In dieser Beziehung ist ihnen das Einspruchsrecht im vorliegenden Artikel nicht entzogen. Art. 103 ist nicht allegirt. (So auch Cosack S. 519.) Das trotz des Widerspruchs vorgenommene Geschäft ist nach außen gültig, wenn der handelnde Gesellschafter Vertretungsbefugniß nach außen hatte. (Vergl. die Erläuterung zu Art. 103.)

f) **Art. 104.** Zur Bestellung des Prokuristen — die an sich bei Kommanditgesellschaften zulässig ist (R.O.H. 7 S. 415) — ist ebenfalls ein Beschluß sämmtlicher geschäftsführenden Gesellschafter erforderlich, wenn keine Gefahr im Verzuge ist. Sind keine solchen ernannt, so müssen bei der offenen Handelsgesellschaft alle Gesellschafter zustimmen. Der Fall, daß keine geschäftsführenden Gesellschafter ernannt sind, kann aber hier nicht eintreten, da bei der K.G. die Komplementare vom Gesetz dazu ernannt sind (Behrend § 88 Anm. 10). Mit Wirkung nach außen kann selbstverständlich jeder vertretungsberechtigte Komplementar Prokura ertheilen (Art. 167). Zum Widerruf der Prokura gehört wiederum die Zustimmung aller geschäftsführenden Gesellschafter in derselben Bedeutung. (Vergl. Näheres Erläuterung zu Art. 104.)

3. (Abs. 3.) **Der Kommanditist hat kein Widerspruchsrecht,** jedoch nur, soweit es sich um die Geschäftsführungsakte der Art. 99—102 handelt, wohl aber gegen solche aus Art 103 u. 104 (vergl. oben § 4).

Zu §. 307 (§ 1).

Die §§ 1—5 zu Art. 167 geben folgende Erläuterung:

(Abs. 1.) **Die Komplementare sind die Vertreter der Gesellschaft nach Außen.** Sie sind dies in demselben Sinne, in welchem es die offenen Gesellschafter sind, und alle für diese gegebenen Bestimmungen (Art. 114—118) gelten auch für die Komplementare einer Kommanditgesellschaft.

Insbesondere sind sie:

a) (vergl. Art. 114) zu allen Rechtshandlungen im Namen der Gesellschaft ermächtigt (§ 1 daselbst), können auch mit sich kontrahiren (§ 2), und es kann dem Gegenkontrahenten kein anderer Einwand entgegengesetzt werden, als der der Kollusion (§ 3); durch alle Rechtshandlungen wird die Gesellschaft unmittelbar verpflichtet (§ 4), dieselbe steht insbesondere für den dolus des Komplementars ein (O.L.G. Dresden in Busch Archiv 47 S. 71; R.G. 10 S. 301), und selbst Delikte, welche er im Namen der Gesellschaft bei Führung der Gesellschaftsgeschäfte begeht, erzeugen eine Haftpflicht der Gesellschaft (§ 5 zu Art. 114; vergl. für letzteres Bolze 1 Nr. 960).

b) (vergl. Art. 86 Nr. 4 und Art. 115). Die Komplementare können auch von der Vertretung ausgeschlossen werden, jedoch nicht alle, und auch zu Kollektivvertretern können sie bestellt werden, jedoch nicht so, daß ein Komplementar nur zusammen mit einem Prokuristen, z. B. mit einem zum Prokuristen bestellten Kommanditisten die Gesellschaft vertreten darf.

c) (vergl. Art. 116). Ihre Vertretungsmacht ist Dritten gegenüber uneinschränkbar.

d) (vergl. Art. 117). Ihre Vertretungsmacht erstreckt sich insbesondere auch auf die Vertretung vor Gericht, in specie auf die Eidesleistung (vergl. auch § 3 zu Art. 164).

e) (vergl. Art. 118). Sie haben endlich die Prokuristen zu ernennen und abzusetzen.

Zu H. 307 (§ 2).

Der § 6 zu Art. 167 giebt folgende Erläuterung:

(Abs. 2). **Zustellungen erfolgen mit Rechtswirkung an die Komplementare**, und zwar an jeden von ihnen, wenn sie auch kollektivberechtigt sind. An die Kommanditisten kann die Zustellung unter Umständen mit Rechtswirkung erfolgen, wenn sie Prokuristen oder Handlungsgehilfen sind. Klagt der Komplementar gegen die Gesellschaft, so kann er nicht an sich selbst zustellen lassen (R.G. 7 S. 404). Fehlt es in solchem Falle an einem gesetzlichen Vertreter, so greift § 55 C.P.O. Platz.

Zu H. 312 (§ 6).

Der § 5 zu Art. 123 giebt folgende Erläuterung:

Nr. 2. **Tod eines Gesellschafters**, wenn nicht der Vertrag das Fortbestehen mit den Erben bestimmt. Die Gesellschaft besteht in der Vereinigung mehrerer bestimmter Personen und löst sich naturgemäß auf durch den Fortfall einer Person. Aber im Interesse der Stetigkeit begründeter geschäftlicher Vereinigungen gewährt das Gesetz die Möglichkeit, die Gesellschaft auch mit den Erben fortbestehen zu lassen.

Ueber diese Fortsetzung der Gesellschaft mit den Erben gilt Folgendes: (Zur Literatur vergl. besonders R.G. 16 S. 40 ff.; Viezens in G.Z. 35 S. 91 ff.)

Die Fortsetzung beruht auf dem Gesellschaftsvertrage einerseits und der Erbenqualität andererseits. Das ist der unzweideutige Wille der vorliegenden Gesetzesstelle, und es führt zu demselben Ziele, ob man mit dem Reichsgericht annimmt, daß diese Gesetzesstelle die Quelle sei, aus welcher diese beiden Momente ihre rechtsgestaltende Kraft schöpfen, oder ob man mit Viezens davon ausgeht, daß jene beiden Momente schon an sich diese rechtsgestaltende Kraft haben und das vorliegende Gesetz nur eine Zulassung, eine Bestätigung im Gegensatz zum gemeinrechtlichen Verbot einer derartigen Vertragsabrede enthalten.

a) **Erforderlich ist eine auf die Fortsetzung der Gesellschaft gerichtete Bestimmung des Gesellschaftsvertrages.** Dieses braucht nicht der Gründungsvertrag (vergl. § 1 zu Art. 90), es muß aber eine vertragliche Bestimmung sein, dem Testamente wohnt die gleiche Kraft nicht inne, da es ja den andern Socius nicht bindet. Die vertragliche Bestimmung muß unzweideutig dahin gehen, daß an Stelle des verstorbenen Gesellschafters seine Erben eintreten sollen. Eine Fortsetzung der Gesellschaft mit den Erben, ohne daß dies im Gesellschaftsvertrage vorgesehen ist, ist übrigens auch durch nachträgliche Vereinbarung möglich (vergl. oben § 1; Bolze 11 Nr. 264).

b) **Erforderlich ist ferner die Qualität als Erbe des Gesellschafters.** Diese richtet sich nach bürgerlichem Recht. Es ist gleichgültig, ob die Erbenqualität auf Testament oder Gesetz beruht; bei fideikommissarischer Substitution wird bis zum Substitutions-Fall der Fiduziar Mitglied der Gesellschaft (R.G. a. a. O.), von da ab der fideikommissarische Substitut. Besondere persönliche Eigenschaften des Erben sind nur erforderlich, wenn der Gesellschaftsvertrag ihr Vorhandensein zur Bedingung gemacht hat, was zulässig ist. Im Uebrigen ist auch die Fortsetzung der Gesellschaft mit einem Minderjährigen möglich, der in der Ausübung seiner Rechte durch den Vormund vertreten wird (R.G. 2

S. 32 steht nicht entgegen, dort ist von gewählten, nicht von gesetzlichen Vertretern die Rede). (Vergl. Viezens S. 138.)

c) **Nicht erforderlich dagegen ist ein weiteres Moment: der Beitritt des Erben,** wie z. B. Lastig bei Endemann I § 93 und Gareis-Fuchsberger (S. 254 Note 155) annehmen. Hat der Eingesetzte die Erbschaft angetreten oder ihr nicht entsagt, und ist er dadurch Erbe geworden, so ist er damit auch Gesellschafter geworden. Er hat nicht das Recht beizutreten, sondern er hat das Recht, die Erbschaft auszuschlagen; macht er hiervon keinen Gebrauch, so ist er in Konsequenz des Gesellschaftsvertrags Gesellschafter geworden (vergl. R.G. a. a. O.).

d) **Die Folge der Fortsetzung ist, daß der Erbe Gesellschafter wird mit allen den Konsequenzen, welche die Zugehörigkeit zu einer offenen Handelsgesellschaft mit sich bringt,** also insbesondere mit der solidarischen Haft aus Art. 112, ohne Rücksicht auf die Rechtswohlthat des Inventars (R.G. a. a. O.). Die Mitgliedschaft des Erben-Gesellschafters muß demzufolge auch zur Eintragung angemeldet werden; ein Verzicht des Erben hierauf ist rechtsungültig (Bolze 3 Nr. 794). Mehrere Erben bilden keinerlei Korporation oder Einheit, vielmehr treten sie als ebensoviel einzelne, nach Maßgabe ihrer Antheile und des Gesellschaftsvertrages vollberechtigte und vollverpflichtete Gesellschafter ein (vergl. Viezens a. a. O.; R.G. 16 S. 56). Sie üben ihre Gesellschaftsrechte jeder für sich aus und haben daher weder einen Repräsentanten zu stellen, noch dürfen sie es, selbst dann nicht, wenn solches im Gesellschaftsvertrage vereinbart wäre (vergl. R.G. 2 S. 30). Das Reichsgericht legt in dieser letzteren Entscheidung eine solche Vertragsklausel dahin aus, daß ein Prokurist für die Gesellschaft bestellt werden sollte, dessen Widerruf vertraglich den anderen Socien verwehrt ist. Doch ist diese Auslegung bedenklich. Wohl aber ist eine Bestimmung dahin, daß es den Erben gestattet ist, einen Miterben als Socius zu präsentiren, gültig (vergl. § 2 zu Art. 98). Ob die Erbengesellschafter Geschäftsführungs- oder Vertretungs-Befugniß, bzw. Geschäftsführungspflicht haben, richtet sich nach der Stellung, die der Gesellschafter in dieser Hinsicht einnahm (Lastig a. a. O. S. 418).

Zu S. 312 (§ 10).

Der § 6 zu Art. 123 giebt folgende Erläuterung:

Nr. 3. **Konkurs oder Dispositionsunfähigkeit eines Gesellschafters.** Es ist zu beachten, daß der Konkurs eines Gesellschafters nicht den Konkurs, sondern die Auflösung der Gesellschaft herbeiführt. Es erfolgt neben jenem Konkurse die Liquidation der Gesellschaft (Keyßner, Erhaltung der Handelsgesellschaft (S. 25). Ob es sich um einen geschäftsführenden und vertretungsberechtigten Gesellschafter handelt oder nicht, ist gleichgültig. Die rechtliche Unfähigkeit zu disponiren ist wohl zu unterscheiden von der physischen. Die rechtliche Unfähigkeit richtet sich nach den Landesgesetzen, sie tritt hauptsächlich durch Blödsinnigkeits- oder Prodigalitätserklärung ein. Auch die Verheirathung wäre an sich ein solcher Grund zur Auflösung; sie ist es aber um deshalb nicht, weil die Einwilligung des Ehemannes schon durch das Geschehenlassen des Handeltreibens erfolgt (Art. 7), so daß die Folgerung nicht berechtigt erscheint, es höre die Frau durch die Verheirathung an sich auf, Handelsfrau zu sein; vielmehr kann sie zunächst den Handelsbetrieb fortsetzen, und erst wenn der Mann dem widerspricht, treten die Folgen ein. Der Mann kann daher allerdings durch sein Veto die Gesellschaft zur Auflösung bringen (§ 5 zu Art. 55).

Die zwingende Natur des Auflösungsgrundes bringt es mit sich, daß nicht schon im Gesellschaftsvertrage die Fortsetzung der Gesellschaft mit dem unfähig Gewordenen trotz Konkurses oder eintretender Dispositionsunfähigkeit eines Gesellschafters vereinbart werden kann; wohl aber bleiben die Gesellschafter trotz der eintretenden Auflösung vereinigt, und es kann die fortbestehende Vereinigung durch Vereinbarung mit dem Verwalter des Konkurses oder mit dem Vormund des Unfähigen das Handelsgewerbe wieder aufnehmen, so sich in eine neue Handelsgesellschaft umwandeln und hierbei das Geschäft und die Firma fortführen (vgl. oben § 1).

Zu S. 313 (§ 13).

Der § 7 zu Art. 123 giebt folgende Erläuterung:

Nr. 4. **Gegenseitige Uebereinkunft.** Sie erfordert die Zustimmung aller Gesellschafter, auch der nichtvertretungsbefugten. Sie ist an keine Form gebunden, kann auch durch konkludente Handlungen erfolgen (R.G. vom 15. Oktober 1881 bei Puchelt Anm. 6), und liegt vor, wenn alle Gesellschafter gleichzeitig gegen einander auf Auflösung klagen (G.Z. 35 S. 233). Sie kann auch erfolgen, wenn die Gesellschaft überschuldet ist, paulianische Anfechtung vorbehalten. Daß dieser Auflösungsgrund nicht zwingend ist, sondern durch die entgegengesetzte Uebereinkunft wieder beseitigt werden kann, ist schon oben erwähnt (§ 1). Eine Fortsetzung der Gesellschaft durch gegenseitige Uebereinkunft ist auch dann vorhanden, wenn auf Grund gegenseitiger Uebereinkunft ein Gesellschafter austritt, ein anderer aber gleichzeitig eintritt (R.O.H. 14 S. 151; Bolze 9 Nr. 478).

Zu S. 313 (§ 15).

Der § 9 zu Art. 123 giebt folgende Erläuterung:

Nr. 6. **Kündigung bei Gesellschaften von unbestimmter Dauer.** Als letztere wird vom Gesetz die auf Lebenszeit geschlossene angesehen, gleichviel auf welchen Gesellschafters Lebenszeit der Vertrag gestellt ist (R.G. 20 S. 166). Ob sonst eine Gesellschaft auf unbestimmte Zeit eingegangen ist, ist Thatfrage; aus den Umständen kann entnommen werden, daß sie jedenfalls auf eine bestimmte kürzeste Frist eingegangen sein sollte. So hat das R.O.H. (13 S. 418) insbesondere angenommen, daß ein auf bestimmte Zeit geschlossener, demnächst auf Lebenszeit erweiterter Gesellschaftsvertrag mindestens auf die ursprünglich festgesetzte Zeit geschlossen gilt. Umgekehrt kann die Festsetzung eines bestimmten Ereignisses als Endtermin sowohl den Sinn haben, daß die Gesellschaft jedenfalls bis dahin dauern solle, als auch den Sinn, daß sie auf unbestimmte Zeit geschlossen, mit dem Eintritt jenes Ereignisses aber jedenfalls sich auflösen solle. Die Feststellung des Sinnes ist Auslegungssache (vergl. Keyßner, Anm. 11).

Die Bestimmtheit der Dauer kann sowohl durch Hinzufügung eines dies, als auch durch Hinzufügung einer Resolultivbedingung erreicht werden (P. 1007; v. Hahn Bd. I S. 475), z. B. Aufhebung eines Einfuhrverbots, Erlöschen eines Verlagsrechts oder Erfindungspatents.

Ueber Form und Frist der Kündigung vergl. die Erläuterung zum folgenden Artikel. Die Vorschrift des vorliegenden Artikels ist insofern zwingender Natur, als ein völliger Ausschluß der Kündigung, sei es durch Vereinbarung oder durch Verzicht, unzulässig ist, wohl aber kann die Kündigung vor Erreichung eines bestimmten Zwecks ausgeschlossen oder nur unter gewissen Voraussetzungen für zulässig erklärt werden (R.G. 21 S. 93). Auch ein Verzicht auf eine bestimmte Zeit ist gültig. Und endlich kann die Kündigungsfrist durch Vertrag verändert werden, worüber jedoch im folgenden Artikel.

Ueber Fortsetzung der Gesellschaft ohne den Kündigenden siehe Art. 127.

Zu S. 599 (§ 3).

Der § 1 zu Art. 26 giebt folgende Erläuterung:

Der Artikel handelt von den Befugnissen des Registerrichters zum Zwecke der Befolgung der Registrirungsvorschriften. Sie bestehen und erschöpfen sich in der Androhung und Festsetzung von Ordnungsstrafen zum Zwecke der Erzwingung der Anmeldungen; die Befugniß, eine Eintragung oder Löschung von Amtswegen vorzunehmen, ist in diesem Artikel dem Registerrichter nicht gegeben. Vergleiche jedoch jetzt das im Zusatz zu diesem Artikel erwähnte Gesetz.

Diese Befugnisse sind im öffentlichen Rechte begründet, ein Privatrecht des Einzelnen auf Beobachtung dieser Bestimmungen besteht nicht. Die Voraussetzungen solcher Privatrechte werden im Artikel 27 bestimmt (R.G. 22 S. 59).

Das Nähere über die Höhe der Ordnungsstrafe und das Verfahren bei Verhängung derselben ist den Landesgesetzen überlassen (für Preußen vergl. Einführungs-Gesetz Art. 5, 6 und 7 in Verbindung mit § 28 des Ausf.Ges. zur C.P.O. vom 24. 3. 1879.) Danach ist Einspruch und sofortige Beschwerde statthaft.

Es ist ein Administrativ-Verfahren besonderer Art, weder das Strafgesetzbuch noch die Reichsprozeßgesetze finden dabei Anwendung (R.G. 2 S. 228); nur kann freilich in dem unbefugten Gebrauch einer Firma zugleich ein Verstoß gegen das Strafgesetzbuch liegen (§ 360 Ziffer 8). Alsdann kann außerdem strafrechtliche Verfolgung eintreten, ohne daß das ne bis in idem Platz griffe (Puchelt Anm. 6). Es ist ferner ein Offizialverfahren. Mag es auch oft auf Anregung einer interessirten Person in Gang kommen, so ist diese doch nicht Partei, sie hat deshalb kein ordentliches Beschwerderecht, sondern kann nur im Dienstaufsichtswege remonstriren (Kammergericht bei Johow und Küntzel 4 S. 14).

Register.

(Die Zahlen verweisen auf die Seiten.)

A.

B.

C (siehe auch unter K).

D.

E.

F.

G.

H.

L.

M.

N.

O.

P.

Q.

R.

S.

T.

U.

V.

W.

Z.

Druck von Ullstein & Co., Berlin SW.

FSC
www.fsc.org
MIX
Papier | Fördert
gute Waldnutzung
FSC® C083411

Kolibri 360 GmbH
Ferdinand-Jühlke-Straße 7
99095 Erfurt, Deutschland
produktsicherheit@kolibri360.de